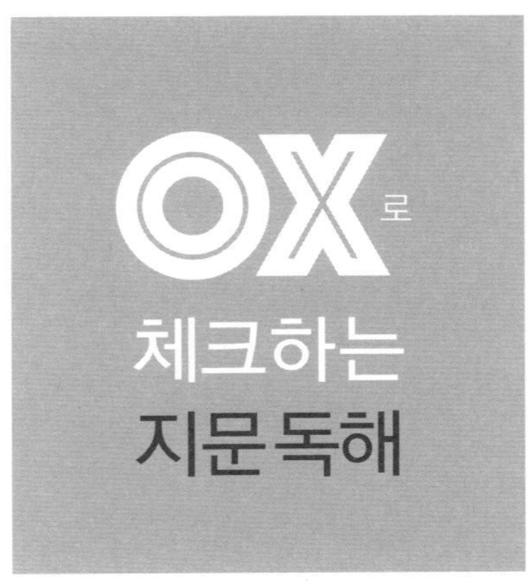
OX로
체크하는
지문 독해

더 개념 블랙라벨 국어 독서

O X로 체크하는 지문 독해

저자 **노진한** 국어 전문 저자 / 상명고등학교   **정승철** 진성고등학교

집필·검토 위원 **변진한** 여름한 국어학원   **탁형준** 서초 종로학원   **홍석영** 단국대사범대학부속고등학교

기획·검토 위원

강경한 영신여자고등학교	박경원 성균관국어논술학원	우강제 유신고등학교	정경은 김정욱 국어논술학원
강영애 강영애 국어	박노덕 건민재(박노덕 국어논술)	유희진 파인만학원	정성아 성아 국어
강인혜 탕정삼성국어학원	박동춘 국풍학원	육근일 제일학원	정수진 석적고등학교
강지훈 매쓰프라임	박두선 공부의정석학원	윤미정 천개의고원	정유니 장박사국어연구소/GOS에듀/보듬교육
강찬 새강입시학원	박상준 필(必)통(通)국어	윤선중 윤스터디/제이에듀영수학원	정유정 아인스국어학원
곽기범 곽기범 국어학원	박선영 두날개독서논술국어학원	윤소라 텀브교육	정지윤 봉쌤국어
권지혜 창동고등학교	박소미 두다국어	윤호정 윤샘국어교습소	정찬흠 일취월장국어학원
김광철 희망학원	박여진 리민영수전문학원	이광은 안산 동산고등학교	정충현 서초 종로학원
김동훈 KENNEDY학원	박은영 박은영 국어논술/스카이국어논술	이기연 원주 TheY(더와이)국어논술학원	정홍희 월드탑플러스학원
김명호 김샘국어전문학원	박주현 연세나로학원	이성우 연세학원	정희원 남성고등학교
김민기 청라 제이원학원	박한나 최용훈 국어전문학원	이성훈 국풍2000마석관	조수현 안산 최강국어학원
김상희 강주희 국어논술학원	박혜영 동화세상에듀코	이수 이수 국어논술	차수연 차수연 국어
김석우 하제입시학원	박희주 스카이화인학원/ 박희주 국어의힘연구소	이순형 늘찬국어학원	차주원 서울 광문고등학교
김선아 나랏말싸미	봉정훈 뉴클래스학원	이승용 중동고등학교	차효순 우등생교실
김솔 잘풀리는국어과외	서가영 대치명인학원 미금캠퍼스	이예은 뿌리와샘	최근영 최근영 국어논술
김영웅 생각올림국영수학원	서동민 계피맛국어학원	이정승 미지학원	최동수 정음국어학원
김윤정 분당 파인만학원	송상은 성안고등학교	이종욱 이종욱대학학원국어학원	최수연 채움국어
김정욱 김정욱 국어논술학원	송화진 송화진 국어논술학원	이지영 리드인 이지국어학원	최용수 황은영 국어학원
김정호 김정호 국어입시연구소	신영수 엠스트학원	이지훈 이지훈 국어	최홍민 성문학원
김종덕 갓국어학원	신정호 청산학원	이진태 포항 중앙여자고등학교	하랑 에듀서강
김지유 잠실 샘이깊은국어학원	신혜영 수오재	이진호 갓국어학원	하영아 하영아 국어
김채연 김채연 국어	안민정 잠실 오름국어학원	이현국 HG국어논술학원	한기연 해라시아국어시강원
김흙 김흙 국어전문학원	안소연 목동 국어학원	이효정 이효정 국어논술학원	한용원 동탄 비상에듀
노경임 푸른국어	안정광 안비국어학원	임승택 두드림학원	한정원 울산 공감스터디학원
노희성 천호 하나학원	양성룡 경기북과학고등학교	임채경 임채경 국어	홍혜란 이지수능교육
류성일 경복여자고등학교	양형준 대들보수학원	장경화 국어사랑	황현지 언남고등학교
문아람 아람국어	양희선 양희선 국어학원	장종주 장박사국어연구소/GOS에듀/보듬교육	
민상용 수문재국어전문학원	오지훈 유튜브에오지훈국어정원	전혜진 전혜진 국어	

초판3쇄 2024년 11월 11일   **펴낸이** 신원근   **펴낸곳** ㈜진학사 블랙라벨부   **디자인** 이지영   **마케팅** 박세라 문서연

주소 서울시 종로구 경희궁길 34   **학습 문의** booksupport@jinhak.com   **영업 문의** 02 734 7999   **팩스** 02 722 2537   **출판 등록** 제 300-2001-202호

● 잘못 만들어진 책은 구입처에서 교환해 드립니다. ● 이 책에 실린 모든 내용에 대한 권리는 ㈜진학사에 있으므로 무단으로 전재하거나, 복제, 배포할 수 없습니다.

www.jinhak.com

더 THE 개념

블랙라벨

BLACKLABEL

국어 독서

더 쉽고, 더 명확한 독해 가이드!

 독해 과정 집중 연습

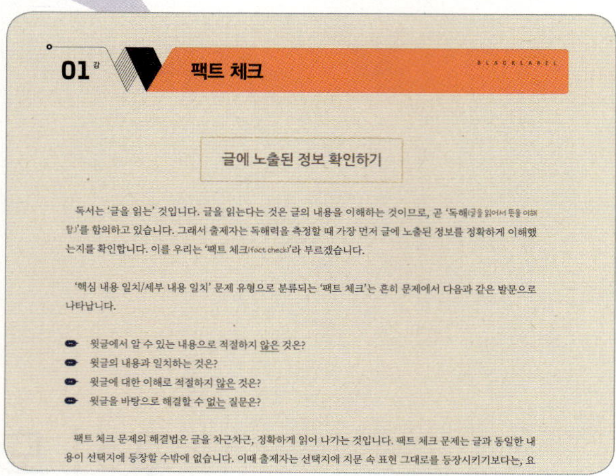

1 **독해 과정을 단순명료하게 푼 '독해 가이드'**

실전에서 독해력을 평가하는 문제에 기반하여, 독해의 과정을 4개로 나누었습니다. 지문 독해는 지문 속 팩트 (fact)를 정확하게 파악하는 것에서 출발합니다. 그리고 이를 토대로 독해의 단계를 확장시켜 나갑니다. '독해 가이드'는 독해의 각 과정을 명쾌하게 설명함으로써 지문에 보다 쉽게 다가갈 수 있도록 합니다.

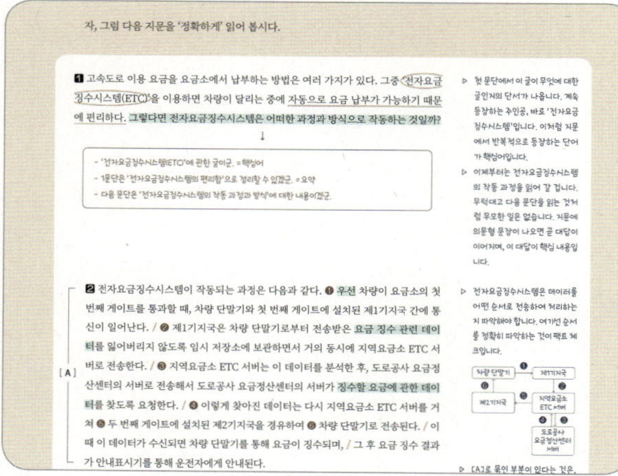

2 **눈으로 따라 푸는 '독해 예시 문제'**

모든 '독해 가이드'에는 각 과정을 대표하는 예시 문제를 수록하였습니다. 쉽고 친절한 첨삭 설명과 함께 예시 문제를 눈으로 따라 풀며, '독해 가이드'를 문제에 적용시키는 방법을 배울 수 있습니다.

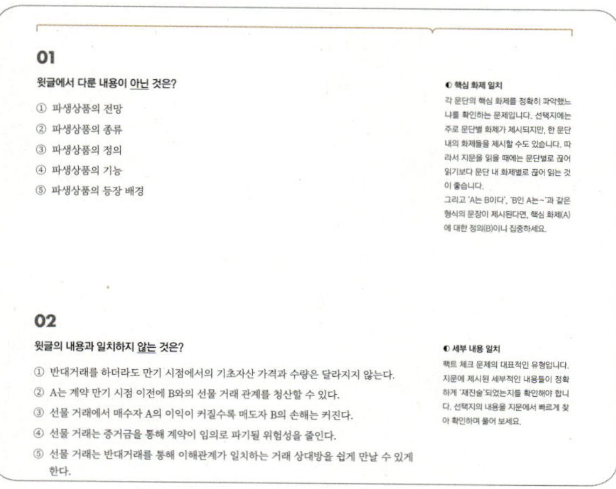

3 **과정별 문제만 모아 놓은 '연습 문제'**

독해 과정에 해당하는 문제들만 선별하여 집중적으로 독해 연습을 할 수 있게 구성하였습니다. 지문은 달라져도 독해 원리는 같다는 점을 인식하고, 독해에 대한 자신감을 얻을 수 있습니다. 또한 문제마다 덧붙인 날개 설명을 통해 구체적인 풀이 전략을 확인할 수 있습니다.

PART II 독해 제재 종합 연습

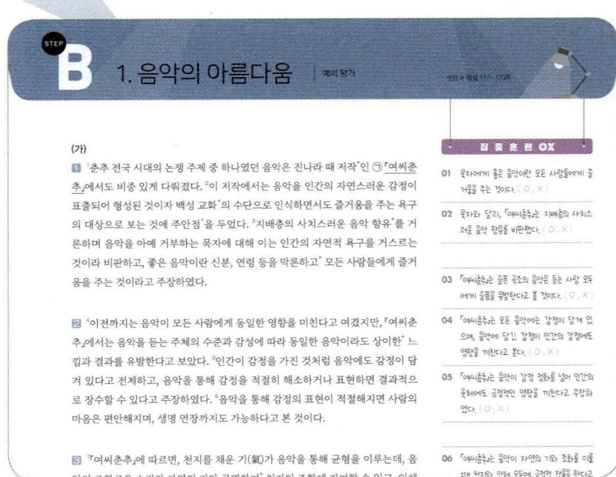

4 문맥을 놓치지 않는 꼼꼼한 독해 'OX 문제'

모든 지문에는 문단별 핵심 내용을 확인하고, 숨겨진 정보를 추론해 나가는 OX 문제를 수록하였습니다. OX 문제를 통해 지문을 꼼꼼하게 이해하고, 실전 문제로 이어지는 정보의 고리를 찾아낼 수 있습니다.

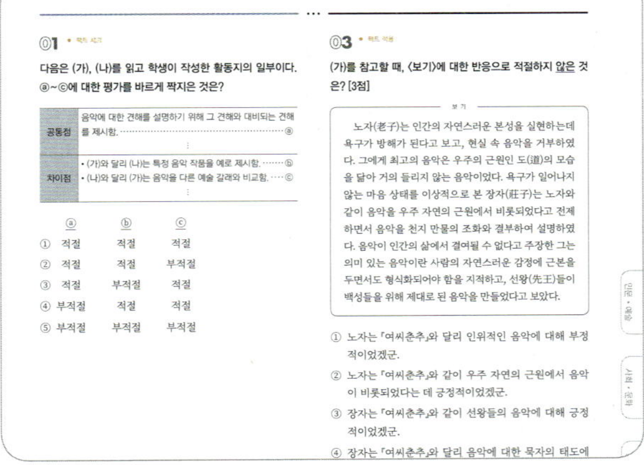

5 실력을 끌어올리는 '수준별 문제'

A STEP에서는 교과서·EBS 연계 교재의 주요 화제를 다룬 예상 문제와 최신 교육청 기출 문제를 수록하였습니다. 그리고 B STEP에서는 꼭 풀어 봐야 할 최신 평가원·수능 기출 문제와 사고력을 키워 주는 LEET 문제를 수록하였습니다. 독해 과정을 종합하여 연습함으로써 독해력이 날로 향상되어 가는 것을 체감할 수 있습니다.

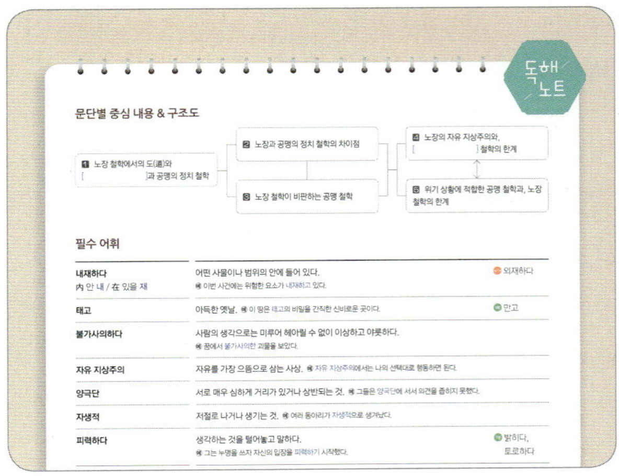

6 깔끔하게 마무리하는 '독해 노트'

모든 지문은 '독해 노트'로 마무리하였습니다. '독해 노트'에서 지문의 구조와 중심 내용을 확인하고, 필수 어휘를 정리함으로써 독해력의 기초 토대를 탄탄하게 쌓아갈 수 있습니다.

– 지문 속 ●은 지문 하단에서 뜻을 제공하는 어휘를 표시한 기호입니다.

– 지문 속 *은 '독해 노트'에서 뜻을 제공하는 어휘를 표시한 기호입니다. 어휘에 대한 이해를 돕기 위해 한자와 유의어, 반의어, 예문을 함께 수록하였습니다.

PART I 독해 과정 집중 연습

PART II 독해 제재 종합 연습

I am extraordinarily patient,

provided I get my own way in the end.

결국 내 뜻대로만 된다면 나는 얼마든지 기다릴 수 있다.

... 마가릿 대처(Margaret Thatcher)

B L A C K L A B E L

독해 과정
집중 연습

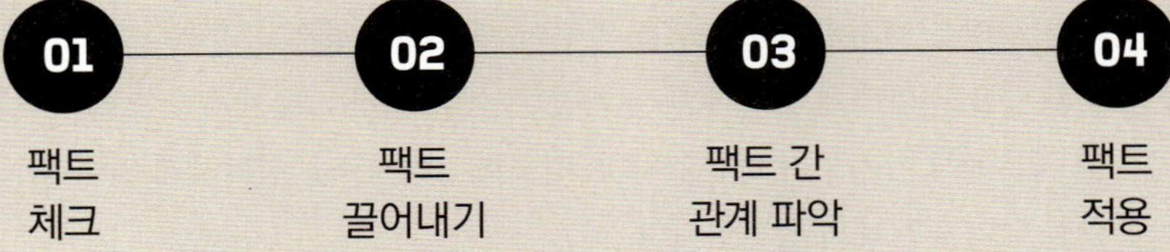

01 팩트
체크

02 팩트
끌어내기

03 팩트 간
관계 파악

04 팩트
적용

글에 노출된 정보 확인하기

독서는 '글을 읽는' 것입니다. 글을 읽는다는 것은 글의 내용을 이해하는 것이므로, 곧 '독해(글을 읽어서 뜻을 이해함.)'를 함의하고 있습니다. 그래서 출제자는 독해력을 측정할 때 가장 먼저 글에 노출된 정보를 정확하게 이해했는지를 확인합니다. 이를 우리는 '팩트 체크(fact check)'라 부르겠습니다.

'핵심 내용 일치/세부 내용 일치' 문제 유형으로 분류되는 '팩트 체크'는 흔히 문제에서 다음과 같은 발문으로 나타납니다.

- 윗글에서 알 수 있는 내용으로 적절하지 <u>않은</u> 것은?
- 윗글의 내용과 일치하는 것은?
- 윗글에 대한 이해로 적절하지 <u>않은</u> 것은?
- 윗글을 바탕으로 해결할 수 <u>없는</u> 질문은?

팩트 체크 문제의 해결법은 글을 차근차근, 정확하게 읽어 나가는 것입니다. 팩트 체크 문제는 글과 동일한 내용이 선택지에 등장할 수밖에 없습니다. 이때 출제자는 선택지에 지문 속 표현 그대로를 등장시키기보다는, 요약한 형태로 제시하거나 표현을 바꾸어 제시하는 경우가 많습니다. 그러니 글을 정확하게 읽어야 합니다. 무엇보다 글을 정확하게 읽어야 하는 가장 큰 이유는 바로 출제자가 오답 시비를 막기 위해 모든 문제의 정답의 근거를 지문에서 가져오기 때문입니다. 강조합니다. '글을 정확하게 읽어라.'라는 말이 뻔한 소리로 들려도 결국 정확한 읽기가 독해의 정석입니다.

이 훈련을 반복하면서 '점차' 속도를 올리세요. 처음부터 지문 읽는 시간을 재며 쫓기듯 읽는 것은 발전이 없는 기계적인 반복에 불과합니다.

1단계: 글을 문단별로 쪼개 요약하기
= {'핵심어^{=키워드}'에 대한 ○○○}

글^{=지문}의 내용을 이해할 때에는 이 글이 무엇^{=핵심어 = 키워드 = 화제}에 대한 글인지를 알아야 합니다. 한 편의 글에서 핵심어를 바로 알아차리기는 어려울 테니, 문단마다 쪼개어 찾아내야 합니다. 그리고 문단의 내용을 한마디로 줄여 {'핵심어^{=키워드}'에 대한 ○○○}으로 정리합니다. 이것이 요약입니다.

요약은 지루하고 의미 없는 행동? 물론 수능이든 중간고사든 시험을 볼 때 문단마다 요약을 한 뒤 문제를 풀 시간은 없을 것입니다. 그런데 문단의 내용을 한마디로 정리하지도 못하면서 글 전체를 이해할 수 있을까요? 독서 실력이 이미 뛰어나다면 요약하기 단계는 건너뛸 수도 있습니다. 그러나 그 수준에 이를 때까지 훈련하는 지금은 기본기를 확실히 다져야 합니다. 독서 실력은 요령을 통해 향상되지 않습니다. 꼼수를 부리면 아무리 뛰어도 1등급으로 올라서지 못합니다.

자, 그럼 다음 지문을 '정확하게' 읽어 봅시다.

1 고속도로 이용 요금을 요금소에서 납부하는 방법은 여러 가지가 있다. 그중 '전자요금징수시스템(ETC)'을 이용하면 차량이 달리는 중에 자동으로 요금 납부가 가능하기 때문에 편리하다. 그렇다면 전자요금징수시스템은 어떠한 과정과 방식으로 작동하는 것일까?

⋮

> - '전자요금징수시스템(ETC)'에 관한 글이군. = 핵심어
> - 1문단은 '전자요금징수시스템의 편리함'으로 정리할 수 있겠군. = 요약
> - 다음 문단은 '전자요금징수시스템의 작동 과정과 방식'에 대한 내용이겠군.

▷ 첫 문단에서 이 글이 무엇에 대한 글인지의 단서가 나옵니다. 계속 등장하는 주인공, 바로 '전자요금징수시스템'입니다. 이처럼 지문에서 반복적으로 등장하는 단어가 핵심어입니다.

▷ 이제부터는 전자요금징수시스템의 작동 과정을 읽어 갈 겁니다. 무턱대고 다음 문단을 읽는 것처럼 무모한 일은 없습니다. 지문에 의문형 문장이 나오면 곧 대답이 이어지며, 이 대답이 핵심 내용입니다.

[A]
2 전자요금징수시스템이 작동되는 과정은 다음과 같다. ❶ 우선 차량이 요금소의 첫 번째 게이트를 통과할 때, 차량 단말기와 첫 번째 게이트에 설치된 제1기지국 간에 통신이 일어난다. / ❷ 제1기지국은 차량 단말기로부터 전송받은 요금 징수 관련 데이터를 잃어버리지 않도록 임시 저장소에 보관하면서 거의 동시에 지역요금소 ETC 서버로 전송한다. / ❸ 지역요금소 ETC 서버는 이 데이터를 분석한 후, 도로공사 요금정산센터의 서버로 전송해서 도로공사 요금정산센터의 서버가 징수할 요금에 관한 데이터를 찾도록 요청한다. / ❹ 이렇게 찾아진 데이터는 다시 지역요금소 ETC 서버를 거쳐 ❺ 두 번째 게이트에 설치된 제2기지국을 경유하여 ❻ 차량 단말기로 전송된다. / 이때 이 데이터가 수신되면 차량 단말기를 통해 요금이 징수되며, / 그 후 요금 징수 결과가 안내표시기를 통해 운전자에게 안내된다.

⋮

> - 2문단은 '전자요금징수시스템의 작동 과정'으로 정리할 수 있겠군. = 요약
> - 순서에 대한 내용이니 순서마다 '/'로 끊어 읽으면 덜 복잡하겠군.
> - [A]로 묶인 걸 보니, 이 문단에만 해당하는 문제가 있겠군.

▷ 전자요금징수시스템은 데이터를 어떤 순서로 전송하여 처리하는지 파악해야 합니다. 여기선 순서를 정확히 파악하는 것이 팩트 체크입니다.

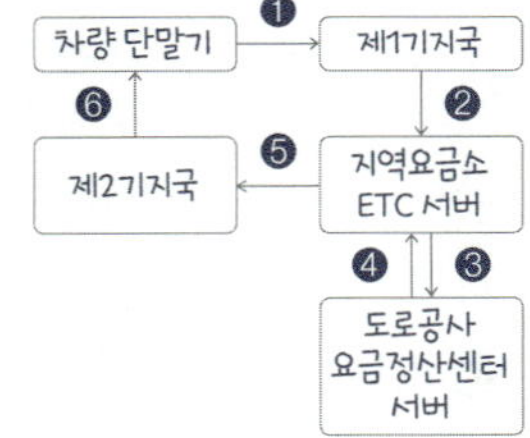

▷ [A]로 묶인 부분이 있다는 것은, 여기에만 해당하는 문제가 있다는 표시입니다. 이때는 이 부분을 읽고 바로 해당 문제를 풀어도 좋습니다.

❸ 이러한 과정에서 차량 단말기와 기지국 간에는 무선으로 데이터 전송이 이루어진다. 이때 통신 규약에 따라 정해진 전자요금징수시스템의 데이터 처리 방식은 시분할 방식이다. 이는 동일한 크기로 분할된 시간의 단위인 타임 슬롯을 차량 단말기에서 전송된 각각의 데이터에 할당하여 데이터를 처리하는 방식이다. 타임 슬롯은 차량이 진입하지 않아도 항상 만들어지는데, 차량이 지나가게 되면 규약으로 정해진 데이터 종류의 순서에 따라 데이터에 타임 슬롯이 할당된다. 차량 한 대가 지나가는 경우 데이터에 할당된 타임 슬롯들에 의해 하나의 집합체가 구성되는데 이를 프레임이라고 한다. 이때 타임 슬롯이 데이터에 할당되는 방식과 프레임이 구성되는 방식은 시분할 방식의 종류에 따라 동기식과 비동기식으로 ⓐ 나누어 볼 수 있다.

⋮

> - 3문단은 '전자요금징수시스템의 데이터 처리 방식(시분할 방식)'으로 정리할 수 있겠군. = 요약
> - 3문단에서 시분할 방식은 동기식과 비동기식으로 나뉜다고 하였으니, 다음 문단에는 두 개의 방식에 대한 설명이 나오겠군.

❹ 동기식 시분할 방식은 통신 규약에 따라 타임 슬롯을 데이터 종류 각각에 지정해 놓는다. 그리고 데이터가 전송되면 그 데이터의 종류에 지정된 타임 슬롯이 해당 데이터에 할당된다. 하지만 데이터가 전송되지 않으면 타임 슬롯은 빈 채로 남아 있게 된다. 그래서 하나의 프레임에 포함된 타임 슬롯의 개수는 차량마다 동일하다. ㉠ 결국 동기식 시분할 방식은 데이터를 처리하는 과정에서 오류가 발생할 가능성은 낮지만, 데이터에 할당되지 않은 타임 슬롯이 존재할 수 있다는 점에서 타임 슬롯이 일부 낭비된다.

⋮

> - 4문단은 '동기식 시분할 방식의 특성과 장단점'으로 정리할 수 있겠군. = 요약
> - 3문단에서 시분할 방식은 동기식과 비동기식으로 나뉜다고 하였으니, 다음 문단은 '비동기식 시분할 방식의 특성과 장단점'에 대한 내용이겠군.

❺ 비동기식 시분할 방식은 전송되는 데이터가 없는 경우 타임 슬롯을 비워 두지 않고 다음 순서에 해당하는 데이터에 타임 슬롯이 할당된다. 그래서 하나의 프레임에 포함된 타임 슬롯의 개수는 차량에 따라 다를 수 있다. 그리고 데이터의 종류에 따라 정해진 타임 슬롯이 해당 종류의 데이터에 할당되지 않기 때문에 전송되는 모든 데이터마다 그 데이터의 종류를 확인할 수 있는 주소 필드를 포함시켜 프레임이 구성된다. ㉡ 결국 비동기식 시분할 방식은 타임 슬롯이 낭비되지는 않지만, 데이터를 처리하는 과정에서 오류가 발생할 가능성이 상대적으로 높다.

⋮

> - 5문단은 4문단과 짝을 이루는 '비동기식 시분할 방식의 특성과 장단점'으로 정리할 수 있겠군. = 요약

❻ 최근 통신 기술의 발전과 교통 환경의 변화에 의해 새로운 장비가 도입되거나 통신 규약이 바뀌기도 하는 등 전자요금징수시스템의 변화는 계속되고 있다.

⋮

> - 6문단은 '전자요금징수시스템의 변화 요인'으로 정리할 수 있겠군. = 요약

2단계: 팩트 체크
= 지문 복사 `Ctrl` + `C` → 선택지 붙여넣기 `Ctrl` + `V`

지문을 읽었으니 문제를 풀며 팩트 체크 문제를 푸는 원리를 확인합시다. 팩트 체크 문제를 만나면, 선택지의 핵심어를 보고 지문에서 해당 부분을 정확하게 찾아 지문의 팩트와 일치하는지 비교해야 합니다.

선택지를 보고 해당하는 부분을 지문에서 바로 찾기는 쉽지 않습니다. 그래서 지문을 읽을 때 핵심어나 인물에 표시(○, □, △, ☆)를 해 두는 것입니다. 바로 '흔적'을 남기는 것이지요. 그럼 지문과 선택지를 연결하는 시간을 줄일 수 있습니다.

그런데 지문에 표시가 너무 많으면 어지럽겠죠? 지문에 지저분하게 표시하며 읽지 말고, 중요한 부분에만 표시를 해 두어야 하는 이유가 여기에 있습니다.

Q 윗글의 내용과 일치하지 <u>않는</u> 것은?

① 전자요금징수시스템을 이용하면 요금 납부를 편리하게 할 수 있다.

→ 전자요금징수시스템의 편리함 → 1문단

`팩트 체크` **1** 그중 '전자요금징수시스템(ETC)'을 이용하면 차량이 달리는 중에 자동으로 요금 납부가 가능하기 때문에 편리하다.

∟ O, 문장 형태가 달라 보이나요? '자동으로'가 빠졌을 뿐, 지문과 선택지는 '복사 - 붙여넣기' 수준입니다.

② 차량 단말기와 기지국 간에는 데이터 전송이 무선으로 이루어진다.

→ 차량 단말기와 기지국 간 데이터 전송 → 3문단

`팩트 체크` **3** 이러한 과정에서 차량 단말기와 기지국 간에는 무선으로 데이터 전송이 이루어진다.

∟ O, '무선으로'의 위치가 뒤로 갔을 뿐(논리 순서가 달라지진 않음.) 지문의 내용이 '복사 - 붙여넣기' 되어 있습니다.

③ 시분할 방식에서 타임 슬롯은 차량이 진입하지 않아도 항상 만들어진다.

→ 시분할 방식 → 3문단

`팩트 체크` **3** 타임 슬롯은 차량이 진입하지 않아도 항상 만들어지는데,

∟ O, 문장 그대로입니다.

④ 타임 슬롯은 동일한 크기로 분할된 시간의 단위들에 의해 구성된 집합체이다.

→ 타임 슬롯 → 3문단

`팩트 체크` **3** 이는 동일한 크기로 분할된 시간의 단위인 타임 슬롯을 … 차량 한 대가 지나가는 경우 데이터에 할당된 타임 슬롯들에 의해 하나의 집합체가 구성되는데 이를 프레임이라고 한다.

∟ X, '동일한 크기로 분할된 시간의 단위'까진 맞지만, 뒷부분은 프레임에 대한 설명입니다.

⑤ 비동기식 시분할 방식은 전송되는 모든 데이터마다 주소 필드를 포함시켜 프레임이 구성된다.

→ 비동기식 시분할 방식 → 5문단

`팩트 체크` **5** 전송되는 모든 데이터마다 그 데이터의 종류를 확인할 수 있는 주소 필드를 포함시켜 프레임이 구성된다.

∟ O, 지문 내용과 동일합니다!

¹⁾ 파생상품의 거래 | 교육청 기출

❶ ¹파생상품이란 기초자산의 가치 변동에 따라 가격이 결정되는 금융상품이다. ²이때 기초자산은 농축산물이나 원자재 같은 실물 자산*뿐만 아니라 주식이나 채권 등 가격이 매겨질 수 있는 모든 대상을 의미하는데, 기초자산의 가치 변동에 따른 파생상품의 가격 변화는 거래 당사자에게 손익*을 발생시킨다.

❷ ³파생상품은 기초자산에 해당하는 거래대상의 미래 가격이 불확실하기 때문에 미래의 특정 시점에서 발생할 수 있는 손실의 위험에 대비하기 위해 만들어졌다. ⁴파생상품이 만들어지기 이전에는, 이러한 불확실성으로 인해 거래대상을 팔려는 매도자는 가격 하락에 대한, 거래대상을 사려는 매수자는 가격 상승에 대한 두려움이 클 수밖에 없었다. ⁵그래서 거래 당사자들은 그들의 이해관계가 일치하는 경우 기초자산을 계약 체결* 시점에 정해 놓은 가격과 수량으로 미래의 특정 시점, 즉 계약 만기* 시점에 인수*·인도*하기로 약속하는 계약을 통해 미래의 위험에 대비하고자 하였다. ⁶19세기 중반 이전까지는 ㉠ 선도라는 파생상품이 이러한 계약으로서 기능하였다. ⁷그런데 선도는 정해진 가격으로 계약과 동시에 물품을 인수·인도하는 현물* 거래와는 형태가 달랐다. ⁸그래서 선도의 경우 거래 당사자들이 자기가 거래하고자 하는 물품의 가격, 수량, 만기 시점 등에 있어 이해관계가 일치하는 거래 상대방을 찾기가 어려웠다. ⁹또한 계약을 체결했더라도 만기 이전에 그 계약을 임의로 파기할* 위험이 높다는 불안정성이 늘 존재했다.

❸ ¹⁰이런 문제점을 해결하기 위해, 경제 활동의 규모가 커지게 된 19세기 중반부터는 ㉡ 선물이라는 파생상품이 나타났다. ¹¹선물은 기초자산을 계약 체결 시점에 정해 놓은 가격과 수량으로 계약 만기 시점에 거래한다는 점에서는 선도와 동일하다. ¹²하지만 공인된* 거래소에서 거래가 이루어진다는 점에서는 차이가 있다. ¹³거래소의 역할은 다음과 같다. ¹⁴첫째, 이해관계가 일치하는 거래 당사자들이 쉽게 만날 수 있는 장을 마련해 주었다. ¹⁵둘째, 거래 당사자들 사이에서 거래의 매개적* 역할을 하였다. ¹⁶셋째, 거래와 관련된 다양한 제도적 장치를 마련해 주었다. ¹⁷이를 통해 거래 안정성이 확보되어 계약 만기 전에 이루어지는 선물 거래로 차익*을 얻고자 하는 사람들의 거래가 활발하게 이루어지게 되었다. ¹⁸그 결과, 선물은 미래의 위험에 대비하려는 수단이자 현재의 이익 창출*을 위한 투자 수단으로 활성화되었다.

❹ ¹⁹선물 거래의 안정성을 확보하기 위한 제도적 장치로는 반대거래, 증거금, 일일정산 등이 있다. ²⁰반대거래는 계약 만기 시점 이전에 거래 당사자들이 원할 경우 언제든지 선물을 거래할 수 있는 장치이다. ²¹이를 통해 선물 거래의 당사자는 바뀌지만, 정해진 가격과 수량의 기초자산을 만기 시점에 인수·인도하는 계약 자체는 유지되므로 안정적인 거래가 가능해진다. ²²증거금은 계약 당사자가 해당 계

집중 훈련 OX

01 파생상품은 기초자산의 구성 요소이다.
(O , X)

02 파생상품의 가격 변화는 거래 당사자에게 항상 이익을 발생시킨다. (O , X)

03 파생상품은 미래의 불확실성에 대비하기 위해 만들어졌다. (O , X)

04 선도는 계약 체결 시점에 정한 가격과 수량으로 미래의 특정 시점에 인수·인도하는 계약이다. (O , X)

05 선도는 계약의 안정성이 담보되지 않았다.
(O , X)

06 거래 원리 측면에서 볼 때, 선물은 선도와 다르다. (O , X)

07 공인된 거래소를 통해 선물의 거래 안정성이 높아진다. (O , X)

08 계약의 안정성을 유지하기 위해 반대거래를 제한하고 있다. (O , X)

09 선물 거래에서는 계약 만기 시점이 아니더라도 계약 당사자가 선물을 거래할 수 있다. (O , X)

약을 확실히 이행*한다는 것을 보증하여 거래의 안정성을 확보하기 위한 장치인데, 대표적으로 개시증거금과 유지증거금이 있다. [23]개시증거금은 계약 당사자가 선물 거래를 시작하기 위해 맡겨야 하는 증거금으로, 계약 체결 시점에 정해진 기초자산의 가격에 수량을 곱한 액수의 일부이므로 상대적으로 적은 금액이다. [24]유지증거금은 선물 거래가 유지되기 위한 최소한의 증거금을 의미한다. [25]일일정산은 선물 거래가 유지되는 동안 날마다 당일의 거래 마감 시점의 가격으로 선물 거래 당사자의 손익을 계산하여 이를 증거금에서 차감* 또는 가산*하는 장치이다. [26]이를 통해, 거래 당사자들은 매일매일의 손익을 따지면서 반대거래 여부를 결정할 수 있기 때문에 거래의 안정성이 확보된다. [27]한편 일일정산의 결과 특정 거래자의 증거금 계좌 잔고*가 유지증거금 이하로 떨어졌을 경우 거래소는 계약의 이행 가능성을 회복하기 위해 증거금 계좌 잔고가 개시증거금 이상이 되도록 증거금의 추가 납부를 요구하는데 이를 마진콜이라고 한다. [28]이러한 마진콜을 충족하기 전까지 마진콜을 받은 당사자의 일일정산은 불가능하다.

5 [29]주식을 기초자산으로 하는 선물 거래를 통해 만기 시점과 반대거래 시점에서의 손익 계산 방법을 파악해 보면 다음과 같다. [30]현재 시점에서 A가 B에게 특정 기업의 주식을 미래의 특정 시점에, 정해진 수량만큼 정해진 가격으로 사겠다는 계약을 B와 체결한다. [31]이는 곧 A가 B에게 그 계약, 즉 선물을 산 것을 의미한다. [32]계약 체결 시점의 선물 가격은 계약 만기 시점에 거래하기로 정한 주식 한 주당 가격이다. [33]만약 이 계약이 만기 시점까지 유지된다면 A의 손익은 계약 만기 시점의 주식 가격에서 계약 체결 시점의 선물 가격을 뺀 것에 거래승수*를 곱하고, 이것에 다시 계약 수*를 곱한 금액이 된다. [34]이때 B의 손익은 A의 손익과 정반대가 된다. [35]그런데 만약 계약 만기 시점 이전에 A가 C에게 자신이 보유한 선물을 파는 반대거래가 이루어져 A와 B 사이의 선물 거래 관계가 청산되는* 경우를 가정해 보자. [36]A의 손익은 A가 B와 계약을 만기까지 유지한 경우 A의 손익 계산 방법에서, 계약 만기 시점의 주식 가격을 반대거래가 이루어진 시점의 선물 가격으로 바꾸기만 하면 된다. [37]이때 B의 손익은 A의 손익과 정반대가 된다. [38]한편 앞에서 언급한 반대거래가 발생하면 그 시점에서 A는, 선물 계약에 따른 만기 시점의 주식 거래와 관련된 B에 대한 의무를 C에게 넘기게 된다. [39]그러므로 선물 계약의 만기 시점이 되면 C는 계약에서 정한 대로 특정 기업의 주식을 정해진 가격과 수량으로 B에게 사게 된다.

• 거래승수: 선물 거래의 수량을 표준화하기 위해 곱해 주는 수치.
• 계약 수: 선물 거래의 표준화된 단위를 1계약이라고 할 때, 그 계약의 수량.

10 선물 거래를 시작하기 위해서는 개시증거금과 유지증거금을 합한 금액을 거래소에 맡겨야 한다. (O , X)

11 선물 거래는 계약 만기 이전에도 손익을 확인할 수 있다. (O , X)

12 선물 거래를 하다가 마진콜을 받았다면, 당사자는 선물 거래에 있어서 손해를 보는 중이다. (O , X)

13 선물 거래가 만기까지 유지되면 손익 여부는 거래승수와 계약 수에 의해 결정된다. (O , X)

14 A가 C에게 자신이 보유한 선물을 파는 반대거래를 한 경우, A의 손익은 계약 만기 시점의 가격에 영향을 받지 않는다. (O , X)

15 반대거래로 당사자가 바뀌어도 계약 만기 시점에 거래하기로 정한 주식 한 주당 가격은 바뀌지 않는다. (O , X)

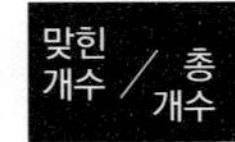

/ 15

01

윗글에서 다룬 내용이 <u>아닌</u> 것은?

① 파생상품의 전망
② 파생상품의 종류
③ 파생상품의 정의
④ 파생상품의 기능
⑤ 파생상품의 등장 배경

02

윗글의 내용과 일치하지 <u>않는</u> 것은?

① 반대거래를 하더라도 만기 시점에서의 기초자산 가격과 수량은 달라지지 않는다.
② A는 계약 만기 시점 이전에 B와의 선물 거래 관계를 청산할 수 있다.
③ 선물 거래에서 매수자 A의 이익이 커질수록 매도자 B의 손해는 커진다.
④ 선물 거래는 증거금을 통해 계약이 임의로 파기될 위험성을 줄인다.
⑤ 선물 거래는 반대거래를 통해 이해관계가 일치하는 거래 상대방을 쉽게 만날 수 있게 한다.

03

㉠과 ㉡에 대한 설명으로 적절하지 <u>않은</u> 것은?

① ㉠과 ㉡은 모두 기초자산의 가치 변동에 따라 거래 당사자의 손익이 결정되는 금융상품이다.
② ㉠은 ㉡과 달리 계약을 체결하더라도 만기 이전에 그 계약을 임의적으로 파기할 위험이 높았다.
③ ㉠은 ㉡과 달리 계약 체결 시점에 정해 놓은 가격과 수량으로 미래의 특정 시점에 기초자산을 거래한다는 계약이다.
④ ㉡은 ㉠과 달리 거래의 안정성을 확보하기 위해서 반대거래, 증거금, 일일정산 등의 제도적 장치를 갖추고 있다.
⑤ ㉡은 ㉠과 달리 이해관계가 일치하는 거래 당사자들의 매개적 역할을 하는 공인된 거래소에서 거래가 이루어진다.

문단별 중심 내용 & 구조도

1 [   ]의 뜻 과 파생상품의 가격 변화 → **2** 파생상품의 등장 배경과 기능 및 [   ] → **3** 선물 및 [   ]의 역할 → **4** 선물 거래의 안정성 확보를 위한 제도적 장치들 – 반대거래, 증거금, 일일정산

5 선물 거래의 손익 계산 방법

필수 어휘

실물 자산	부동산, 골동품, 금, 기념주화처럼 형체가 있는 자산. 예 이 회사는 실물 자산을 넉넉히 갖고 있다.	
손익 損 덜 손 / 益 더할 익	손해와 이익을 아울러 이르는 말. 예 손익을 따지다.	⇔ 득실
체결	계약이나 조약 따위를 공식적으로 맺음. 예 한국과 미국의 조약 체결	
만기 滿 찰 만 / 期 기약할 기	미리 정한 기한이 다 참. 또는 그 기한. 예 적금의 만기가 다가온다.	⇔ 만료
인수 引 끌 인 / 受 받을 수	물건이나 권리를 건네받음. 예 물품 인수를 받다.	⇔ 인도
인도 引 끌 인 / 渡 건널 도	사물이나 권리 따위를 넘겨줌. 예 물품 인도를 하다.	⇔ 인수
현물	1. 현재 있는 물건. 예 현물 거래를 원합니다. 2. 현재 있는 물건을 곧 받아 넘기는 매매 계약.	
파기하다 破 깨뜨릴 파 / 棄 버릴 기	계약, 조약, 약속 따위를 깨뜨려 버리다. 예 당신과의 계약을 파기합니다.	⇔ 취소하다
공인되다	국가나 공공 단체 또는 사회단체 등으로부터 어느 행위나 물건이 인정을 받다. 예 이것은 정부로부터 공인된 특허품입니다.	
매개적	중간에서 양편의 관계를 맺어 주는. 예 그는 우리 두 사람 사이를 이어 주는 매개적 역할을 한다.	
차익	매매의 결과나 가격, 환시세의 개정이나 변동 따위로 생기는 이익. 또는 그 이익의 액수. 예 장사를 시작한 그가 차익을 남기다.	
창출	전에 없던 것을 처음으로 생각하여 지어내거나 만들어 냄. 예 새로운 리더십의 창출	
이행	1. 실제로 행함. 예 반장으로서의 의무 이행 2. 법률 채무자가 채무의 내용을 실행하는 일.	⇔ 실행
차감	비교하여 덜어 냄. 또는 비교하여 줄어든 차이. 예 적립금에서 차감하겠습니다.	
가산 加 더할 가 / 算 계산 산	더하여 셈함. 예 원래 돈에 가산하여 드리겠습니다.	⇔ 감산
잔고	나머지 금액. 예 통장 잔고가 100원밖에 없다.	
청산되다	서로 간에 채무·채권 관계가 셈하여져 깨끗이 해결되다. 예 이것으로 자네한테 진 빚은 다 청산된 셈이지?	

2) 조각과 장소의 관련성

교육청
기출

BLACKLABEL

정답과 해설 5~7쪽

❶ [1]근대 이전의 조각은 고유한 미술 영역의 독립적인 작품으로서가 아니라 신전*이나 사원*, 왕궁과 같은 장소의 일부로서 존재했다. [2]중세 유럽의 성당 곳곳에 성서*와 관련 있는 각종 인물이 새겨지거나 조각상으로 놓였던 것, 왕궁 안에 왕이나 귀족의 인물상들이 놓였던 것이 그 예이다. [3]이러한 조각은 그것이 놓여 있는 장소의 성격에 따라 종교적인 분위기를 조성하거나 왕의 권력을 상징함으로써 사람들을 감화시키는* 기능을 수행하였다.

❷ [4]조각이 장소와 긴밀한* 관련성을 지니고 그 장소의 맥락과 의미를 강조하는 수단으로 활용되는 경향은 근대에 들어서면서 큰 변화를 맞이했다. [5]종교의 영향력 및 왕권이 약화되면서 관련 장소가 지녔던 권위도 퇴색하여*, 그 장소에 놓인 조각에 부여되었던 종교적, 정치적 의미도 약해진 것이다. [6]또 특정 장소의 상징으로서의 조각이 원래의 장소에서 물리적으로 분리되어 기존의 맥락을 상실하는* 경우도 생겨났다. [7]이러한 상황이 전시 및 교육을 목적으로 하는 박물관, 미술관 등 근대적 장소가 출현하는* 상황과 맞물리면서 조각에 대한 새로운 관점이 부각되기* 시작했다. [8]조각이 박물관이나 미술관에 놓이면서 미적 감상의 대상인 '작품'으로서의 성격이 강조된 것이다. [9]사람들은 조각을 예술적인 기법이나 양식 등 순수한 미적 현상이 구현된* 독립적인 작품으로 감상하게 되었다.

❸ [10]이러한 경향은 19세기 이후 미술의 흐름 속에서 더욱 두드러졌고, 작품 외적 맥락에 구속되기보다는 작품 자체에서 의미의 완결을 추구하는 경우가 많아졌다. [11]그래서 작품 바깥의 대상을 지시하거나 재현하기*보다는 감상자의 시선을 작품에만 집중시키는 단순하고 추상화된 작품들이 이 시기부터 많이 등장하였다. [12]이러한 작품들은 대개 미술 전시장의 전형적*인 화이트 큐브, 즉 출입구 이외에는 사방이 막힌 실내 공간 안에서 받침대 위에 놓여 실제적인 장소나 현실로부터 분리된 느낌을 주었다.

❹ [13]이렇게 조각이 특정 장소로부터 독립해 가는 경향 속에서 미니멀리즘이 등장하였다. [14]미니멀리즘은 1960년대에 미국을 중심으로 발달한 예술 사조로, 작품의 의미가 예술가의 의도에 의해 결정되는 것을 최소화하고 꾸밈과 표현도 최소화하여 극단적*으로 단순화된 기하학적 형태를 추구했다. [15]미니멀리즘 작가들은 가공하지* 않은 있는 그대로의 산업 재료들을 사용하는 등의 방법으로 무의도성과 단순성을 구현했기 때문에, 그 결과물은 작품이라기보다는 사물로 인식되기도 하였다. [16]또한 미니멀리즘 조각은 감상자들이 걸어 다니는 바닥이나 전시실 벽면과 같은 곳에 받침대 없이 놓임으로써 감상자와 작품 간의 거리를 축소하고, 동선*에 따라 개별적이고 다양한 경험과 의미 형성이 가능하도록 하였다. [17]그 결과 미니멀리즘 조각은 단순성과 추상성을 특징으로 한다는 점에서 이전 시기의 추상 조각과

01 근대 이전에는 조각이 독립적인 미술 작품으로서의 가치를 지니지 못했다. (O , X)

02 근대 이전의 인물상들은 종교적인 분위기를 조성하거나 권력을 상징하였다. (O , X)

03 근대 이전의 조각은 사람들을 감화시키기 위해 장소와 관계없이 창작되었다. (O , X)

04 근대 이전과 달리, 근대에는 조각이 미술로서의 독립성을 갖게 되는 변화가 나타났다. (O , X)

05 근대에 들어 조각은 원래의 장소에서 분리되어 기존의 상징적 맥락을 상실하며 점차 쇠퇴하였다. (O , X)

06 종교와 왕권의 영향력 약화는 조각에 대한 새로운 관점을 부각시켰다. (O , X)

07 박물관과 미술관은 조각에 대한 새로운 관점이 부각되는 데에 기여하였다. (O , X)

08 19세기 이후 조각을 독립적인 작품으로 감상하는 경향이 강화되었다. (O , X)

09 화이트 큐브는 실제적인 장소나 현실로부터 분리된 느낌을 주어, 감상자의 시선을 작품에만 집중시키게 한다. (O , X)

10 19세기 이후 조각의 경향에 대한 반발로 미니멀리즘이 시작되었다. (O , X)

11 미니멀리즘은 작품의 의미에 있어서 감상자의 역할을 중시한다. (O , X)

12 미니멀리즘은 작품에 대해 일관된 의미를 형성하도록 감상자의 동선을 계산한다. (O , X)

공통점을 지니면서도, 전시장이라는 실제 장소의 물리적 특성을 작품에 의도적으로 결부하여 활용했다는 점에서 차별성을 띠게 되었다. [18]이런 특징은 근대 이전의 조각이 장소의 특성에 종속되어* 있었던 것과도 차별화된다.

5 [19]이후 미술에서는 미니멀리즘을 통해 부각된 작품과 장소 간의 관련성을 새롭게 실현하려는 시도들이 이어져 왔다. [20]미니멀리즘 작품이 장소와의 관련성을 모색하고 구현한 것이기는 해도 미술관이라는 공간 내부에 제한된다는 점을 간과한* 일부 예술가들은, 미술관 바깥의 도시나 자연을 작업의 장소이자 대상으로 삼아 장소와의 관련성을 다양한 방식으로 실현하려 하였다. [21]대지 미술은 이러한 시도 중 하나로, 대지의 표면에 형상을 디자인하고 자연 경관 속에 작품을 만들어 냄으로써 지역이나 환경 자체를 작품화하였다. [22]구체적인 장소의 특성을 작품 의미의 근원*으로 삼는 이러한 작품들에서는 작품과 장소, 감상자 간의 상호 작용을 통해 의미가 형성된다는 특징이 드러났다.

13 조각과 장소와의 관련성은 '근대 이전 > 19세기 이후 > 미니멀리즘' 순으로 밀접하다.
(O , X)

14 19세기 이후와 미니멀리즘의 조각은 모두 전시 공간 내부에 제한된 채 작품의 의미가 결정되었다. (O , X)

15 대지 미술은 구체적인 장소의 특성에서 벗어나 작품의 독자적 의미를 형성하였다.
(O , X)

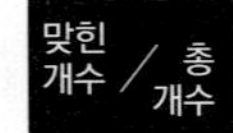
맞힌 개수 / 총 개수 　　　　/ 15

01

윗글의 논지 전개 방식으로 가장 적절한 것은?

① 논쟁이 벌어지게 된 배경을 다각도로 분석하고 있다.
② 통념에 대한 비판을 통해 특정 이론을 도출하고 있다.
③ 하나의 현상을 해석하는 대립적인 관점을 절충하고 있다.
④ 역사적 사건에 영향을 미친 요소를 구체적으로 나열하고 있다.
⑤ 논의의 대상이 변모해 온 양상을 시간적 순서로 설명하고 있다.

◑ 전개 방식

논지 전개 방식을 파악하는 유형도 크게는 팩트 체크 문제 유형에 속합니다. 단지 정보를 확인하는 문장 단위의 팩트 체크가 아니라 글 전체의 팩트 체크라는 점이 다를 뿐입니다.

[내용 전개 방식]

① 일반＋구체/예시/나열/묘사: 일반적인 내용을 제시한 뒤, 구체적으로 설명하거나 예시 등을 제시합니다.

② 주장＋근거: 주장을 밝힌 뒤, 이를 뒷받침하는 근거들을 나열합니다.

③ 질문/문제＋답변/해결: 질문이나 문제를 제기한 뒤, 이에 대한 답변(문제를 해결하는 방법)을 제시합니다.

④ 시간순/관점별＋종합/절충: 시간 순서에 따른 이론들을 제시하거나 대상에 대한 여러 관점들을 제시한 뒤, 마지막에 이를 종합하거나 절충합니다.

⑤ 통념/특정 의견＋역접: 널리 알려진 의견 또는 특정 의견을 제시한 뒤, 이와 반대되는 의견을 제시합니다.

02

윗글의 내용과 일치하지 <u>않는</u> 것은?

① 대지 미술가들은 자연을 창작 작업의 장소이자 대상으로 삼았다.

② 화이트 큐브는 현실로부터 작품이 분리된 느낌을 완화해 주는 역할을 하였다.

③ 왕권이 약해짐에 따라 왕의 모습을 담은 인물상에 부여되는 상징적 의미가 변화되었다.

④ 19세기 이후의 추상 조각은 감상자의 시선을 작품 외적 맥락보다 작품 자체에 집중시키는 경향이 있었다.

⑤ 미니멀리즘 작가들은 가공하지 않은 산업 재료들을 사용하여 무의도성과 단순성을 구현하기도 하였다.

03

윗글을 읽고 대답할 수 <u>없는</u> 질문은?

① 조각이 단순해지고 추상화된 까닭은 무엇인가?

② 근대적 장소의 출현이 조각 미술에 끼친 영향은 무엇인가?

③ 미니멀리즘과 이전 시기의 조각은 어떤 공통점을 지니는가?

④ 조각이 고유한 미술 영역의 독립적인 작품으로서 감상되기 시작한 시기는 언제인가?

⑤ 대지 미술 외에 구체적인 장소의 특성을 작품 의미의 근원으로 삼는 시도에는 어떤 것이 있는가?

04

'근대 이전의 조각(A)'과 '근대의 조각(B)'에 대한 설명으로 적절하지 <u>않은</u> 것은?

① A는 장소의 일부로 존재했으나, B는 독립적 작품으로 인정되었다.

② A는 사람들을 감화시키는 기능이 중요하였으나, B는 순수한 미적 현상의 구현 대상으로 나타났다.

③ A는 특정 인물의 권위나 상징적 의미를 중시하는 인물상이 중심이었으나, B는 그 맥락을 상실하였다.

④ A가 지닌 종교적·정치적 의미의 쇠퇴로 인해 종교의 영향력이나 왕권의 약화가 촉발되었다.

⑤ B는 박물관이나 미술관에 놓이면서 예술적인 기법이나 양식 등이 구현된 작품으로서의 성격이 강조되었다.

문단별 중심 내용 & 구조도

1 근대 이전에 [　　　　　] 의 일부로서 존재한 조각

2 근대에 작품으로서의 성격이 강조된 조각

3 19세기 이후 단순하고 추상화된 경향을 띠게 된 조각

4 1960년대 [　　　　　] 의 등장과 미니멀리즘 조각의 특징

5 작품과 장소 간의 관련성을 새롭게 실현하려는 시도들

필수 어휘

어휘	뜻	
신전	신령을 모신 곳. 예 누가 성스러운 신전에서 떠드느냐?	
사원	승려가 불상을 모시고 불도(佛道)를 닦으며 교법을 펴는 집. 예 한밤중 사원 내부는 조용했다.	유 절
성서 聖 성인 **성** / 書 글 **서**	각 종교에서 교리를 기록한 경전. 기독교에서는 성경을 이른다. 예 그는 성서를 가슴에 품고 기도했다.	
감화시키다 感 느낄 **감** / 化 될 **화**	좋은 영향을 받아 생각이나 감정이 바람직하게 변화시키다. 예 친구가 나를 감화시켰다.	
긴밀하다	서로의 관계가 매우 가까워 빈틈이 없다. 예 두 나라는 군사적으로 긴밀하다.	반 엉성하다
퇴색하다 退 바랠 **퇴** / 色 빛 **색**	무엇이 낡거나 몰락하면서 그 존재가 희미해지거나 볼품없이 되다. 예 이 책의 주장은 시대 변화에 따라 퇴색했다.	
상실하다	어떤 것을 아주 잃거나 사라지게 하다. 예 주인공이 기억을 상실했다.	반 획득하다
출현하다	나타나거나 또는 나타나서 보이다. 예 UFO가 출현하다.	유 나타나다
부각되다	주목받는 사람, 사물, 문제 따위로 나타나게 되다. 예 저출산 문제가 부각되고 있다.	
구현되다	어떤 내용이 구체적인 사실로 나타나다. 예 정의가 구현되는 사회를 만들자.	
재현하다 再 다시 **재** / 現 나타날 **현**	다시 나타나다. 또는 다시 나타내다. 예 백 년 전 모습을 재현하다.	
전형적	어떤 부류의 특징을 가장 잘 나타내는 것. 예 놀부는 전형적인 악인이다.	
극단적	한쪽으로 크게 치우치는 것. 예 좌우익이 극단적으로 대립했다.	
가공하다 加 더할 **가** / 工 장인 **공**	원자재나 반제품을 인공적으로 처리하여 새로운 제품을 만들거나 제품의 질을 높이다. 예 우유를 가공하여 치즈를 만든다.	
동선 動 움직일 **동** / 線 선 **선**	사람이나 물건이 어떤 목적이나 작업을 위하여 움직이는 자취나 방향을 나타내는 선. 예 여행 동선을 짰다.	
종속되다 從 좇을 **종** / 屬 무리 **속**	자주성이 없이 주가 되는 것에 딸려 붙게 되다. 예 돈에 종속되어 살지 말자.	
간파하다 看 볼 **간** / 破 깨뜨릴 **파**	속내를 꿰뚫어 알아차리다. 예 적의 의도를 간파했다.	유 알아차리다
근원	사물이 비롯되는 근본이나 원인. 예 질투는 불행의 근원이다.	유 기원

노출되지 않은 정보 찾아내기

글에 직접적으로 노출된 정보는 문제를 풀 때 근거가 되는 '팩트'입니다. 그럼 글에서 생략된 정보나 노출된 정보끼리 연결하여 알아낼 수 있는 정보도 팩트일까요? 네, 이 또한 팩트입니다. 이처럼 노출되지 않은 정보까지 모두 찾아내야 글을 온전히 읽었다고 말할 수 있습니다.

문학에서는 겉으로 드러내지 않고 속에 간직한 것이나, 문맥을 통해 여러 가지 뜻을 암시한 표현을 '함축적 의미'가 있다고 말합니다. 함축적 의미를 파악하는 것을 독서 영역에 적용한 것이 '팩트 끌어내기'입니다.

'추론' 문제 유형으로 분류되는 '팩트 끌어내기'는 흔히 문제에서 다음과 같은 발문으로 나타납니다.

- 윗글을 통해 이끌어 낼 수 있는 것은?
- ㉠의 의미를 추론한 내용으로 가장 적절한 것은?
- ㉠의 이유로 가장 적절한 것은?

1단계: 노출되지 않은 정보 = 문맥 읽기

직접적으로 노출된 정보가 아닌데도 '팩트'로 여길 수 있으려면, 문맥을 통해 '누구나' 다르지 않게 끌어낼 수 있는 정보여야 합니다.

- 팩트와 팩트가 연결될 때, 생략되는 정보가 생긴다.
- 팩트와 팩트가 연결될 때, 그 연결고리 = 공통 요소를 확인한다.
- 팩트와 팩트가 연결될 때, 연결된 정보 각각의 팩트를 체크한다.

팩트 끌어내기는 결국 지문에 제시된 팩트들을 조합하여 직접 노출되지 않은 정보를 알아내는 것입니다. 그럼 팩트 체크와 팩트 끌어내기가 전혀 다른 것일까요? 아닙니다. 팩트 끌어내기가 적절한지를 판단하는 근거는 '팩트 체크'에서 나오므로, 팩트 체크를 충실히 했다면 팩트 끌어내기를 수월하게 할 수 있습니다.

팩트 끌어내기에서 앞뒤의 정보를 연결하는 센스도 필요하지만, 무엇보다 중요한 것은 연결된 팩트들이 정확한지 체크하는 것입니다. 우리가 앞에서 팩트 체크를 충실히 했다면 팩트 끌어내기를 수월하게 할 수 있습니다. 그렇기 때문에 문단의 내용을 정리하고 문단들의 관계를 파악하며 지문을 충실하게 이해하는 훈련을 계속해 나가야 합니다.

1 현대 생명과학의 핵심적인 키워드들 중 하나는 오믹스(omics)이다. 단일 유전자, 단일 단백질의 기능과 구조 분석에 집중하였던 과거의 생명과학과 달리, 오믹스는 거시적인 관점에서 한 개체, 혹은 하나의 세포가 가지고 있는 유전자 전체의 집합인 '유전체'를 연구하는 유전체학, RNA 전체 즉 '전사체'에 대한 연구인 전사체학, 단백질 전체의 집합인 '단백질체'를 연구하는 단백질체학 등의 연구를 통칭한다.

> - '오믹스'에 관한 글이군. = 핵심어
> - 1문단은 '오믹스를 이루는 요소의 종류'로 정리할 수 있겠군. = 요약

2 분자생물학 이론에 따르면 DNA가 가지고 있는 유전자 정보의 일부만이 전사 과정을 통해 RNA로 옮겨진다. 그리고 RNA 중의 일부만이 번역 과정을 통해 단백질로 만들어진다. 어떠한 생물 개체나 어떠한 세포와 같은 특정 생명 시스템의 유전체는 그 시스템이 수행 가능한 모든 기능에 대한 유전 정보를 총괄하여 가지고 있다. 한 인간이라는 시스템과 그 인간의 간(肝)세포라는 또 다른 시스템의 유전체는 동일한 정보를 가지고 있지만, 인간의 간세포와 생쥐의 간세포의 유전체는 각각 서로 다른 정보를 가지고 있다. 한편 전사체는 유전체 정보의 일부분 즉 유전체 정보들 중 현재 수행 중일 가능성이 큰 기능에 대한 정보를 가지고 있고, 단백질체는 전사체의 일부분 즉 실제로 수행 중인 기능에 대한 정보를 담고 있다. 생명체에서 생화학 반응의 촉매 작용과 같은 필수적인 '일'을 직접 수행하는 물질은 단백질체를 이루는 단백질들이다.

> - 1문단에서 언급한 오믹스를 이루는 요소(유전체, 전사체, 단백질체)를 각각 설명하고 있군.
> - 2문단은 '오믹스를 이루는 요소들의 특성과 기능'으로 정리할 수 있겠군. = 요약

3 인간에게는 2만 종 이상의 단백질이 있고, 인체의 세포들은 종류에 따라 전체 단백질 중 일부를 서로 다른 조합으로 가지고 있다. 즉 피부 세포, 신경 세포, 근육 세포 등에서 공통으로 발견되는 단백질도 있고, 한 종류의 세포에서만 발견되는 단백질도 있다. 세포는 외부의 자극이나 내재된 프로그램에 의해 한 종류에서 다른 종류의 세포로 변화하는 과정을 겪는데, 이러한 현상을 '분화'라고 한다. 분화를 통해 다른 세포로 변하게 되면 가지고 있는 단백질의 조합도 달라진다. 세포의 분화는 개체 발생 과정에서 주로 관찰되지만, 정상 세포가 암세포로 바뀌는 과정도 분화 과정이라 할 수 있다.

> - 세포를 이루는 단백질에 대해 설명한 후, 분화에 따른 단백질의 변화를 설명하고 있군.
> - 3문단은 '세포 종류에 따른 단백질과 세포 분화'로 정리할 수 있겠군. = 요약

4 어떤 환자의 암세포와 정상 세포를 대상으로 단백질체학 응용 연구를 수행하는 경우를 생각해 보자. 암세포의 단백질체와 정상 세포의 단백질체를 서로 비교해 보면, 정상 세포에 비하여 암세포에서 양이 변화되어 있는 단백질을 발견할 수 있다. 과학자들은 이러한 단백질을 새로운 암 치료 표적 단백질 후보로 찾아내어 연구를 진행한다. 암세포에서

▷ 첫 문단에서 '오믹스'라는 낯선 화제를 던집니다. 그리고 오믹스가 무엇인지를 설명합니다. 이 글은 '오믹스'와 관련된 글임을 알 수 있습니다.

오믹스
유전체학 전사체학 단백질체학

▷ 갑자기 분자생물학이 튀어나와 당황스럽지만, 다시 보니 오믹스의 정의에서 언급한 요소들(유전체, 전사체, 단백질체)이 보입니다. 2문단은 1문단의 내용을 상세하게 풀어 주는 문단이라 볼 수 있습니다.

▷ 오믹스의 요소 중 단백질체가 있었는데, 3문단에서 세포의 단백질에 대해 상세하게 설명하며 세포 분화와 단백질의 조합의 관계를 밝히고 있습니다.

▷ 3문단에서 세포의 단백질 조합이 다르다는 점을 언급하더니, 4문단에서는 정상 세포에 비해 암세포의 단백질은 양이 변화되어 있음을 설명하고 있습니다.

정상 세포보다 양이 늘어나 있는 단백질은 발암 단백질의 후보가 될 수 있고, 암세포에서
정상 세포보다 양이 줄어든 단백질은 암 억제 단백질의 후보가 될 수 있다.

5 그렇다면 이렇게 찾아낸 단백질이 2만 종 이상의 단백질 중 어느 것인지 알아내는 과정은 어떻게 진행될까? 단백질은 20종류의 아미노산이 일렬로 연결된 형태를 가지며, 단백질 하나의 아미노산 개수는 평균 500개 정도이다. 서로 다른 단백질은 서로 다른 아미노산 서열을 가지기 때문에 특정 단백질의 아미노산 서열을 알면 그 단백질이 어떤 단백질인지 알아낼 수 있다.

▷ 4문단에서 '암 치료 표적 단백질 후보'를 찾아내는 방법을 언급했는데, 5문단에서는 그 단백질이 무엇인지 알아내는 방법을 설명하고 있습니다.

6 단백질의 아미노산 서열을 알기 위한 실험 방법은 여러 가지가 있는데, 그중의 하나가 펩타이드의 분자량 분석이다. 미지의 단백질에 트립신을 가하여 평균 10개 정도의 아미노산으로 이루어진 조각인 펩타이드로 자른 후 분자량을 측정한다. 트립신은 특정 아미노산을 인지하여 자르므로 어떤 아미노산과 아미노산 사이가 잘릴 것인지 예측할 수 있다. 실제로 단백질체를 분석한 데이터는 펩타이드의 분자량 값과 펩타이드들 간의 상대적인 양을 숫자로 표현한 값으로 나타난다. 모든 인간 단백질의 아미노산 서열, 아미노산의 분자량이 이미 알려져 있으므로, 암세포 단백질체와 정상 세포 단백질체에 트립신을 가하여 얻은 펩타이드의 분자량 분석을 통해 치료용 표적 후보 단백질을 알아낼 수 있다.

▷ 5문단에서 단백질마다 아미노산 서열이 다르다는 점을 밝힌 데 이어, 6문단에서는 아미노산 서열을 알아내는 방법을 구체적으로 설명하고 있습니다.

2단계: 팩트 확대 = '팩트 체크'의 조합

생략되어 있는 '팩트'까지 찾아서, 팩트의 범위를 확대하는 과정은 곧 이미 익숙한 '팩트 체크'들을 연결하는 것입니다. 단, 아무 팩트들을 연결하면 안 됩니다. 팩트들에 공통으로 적용되는 '연결고리'가 필요합니다.

Q **윗글에서 추론한 내용으로 적절하지 <u>않은</u> 것은?**

① 세포의 분화 과정 동안 세포의 유전체 정보는 변화하지 않는다.
→3문단   →2문단
'세포'를 연결고리로 삼아, 세포의 분화 + 세포의 유전체 정보에 대한 팩트가 연결되어 있습니다.

팩트체크 • **3** 분화를 통해 다른 세포로 변하게 되면 가지고 있는 단백질의 조합도 달라진다.
• **2** 한 인간이라는 시스템과 그 인간의 간세포라는 또 다른 시스템의 유전체는 동일한 정보를 가지고 있지만~
└ O, 세포의 분화는 다른 종류의 세포로 변화하여 단백질의 조합이 달라지는 것입니다.(3문단) 그러나 한 생명체 안에 있는 세포의 유전체 정보는 동일합니다.(2문단)

② 어떤 단백질에 트립신을 첨가한 후에 생성되는 펩타이드들의 아미노산 서열은 동일하다.
→6문단   →5문단
'아미노산 서열'을 연결고리로 삼아, 펩타이드의 아미노산 서열 + 단백질의 아미노산 서열에 대한 팩트가 연결되어 있습니다.

팩트체크 • **6** 미지의 단백질에 트립신을 가하여 평균 10개 정도의 아미노산으로 이루어진 조각인 펩타이드로 자른 후 분자량을 측정한다. 트립신은 특정 아미노산을 인지하여 자르므로 어떤 아미노산과 아미노산 사이가 잘릴 것인지 예측할 수 있다.
• **5** 단백질은 20종류의 아미노산이 일렬로 연결된 형태를 가지며, 단백질 하나의 아미노산 개수는 평균 500개 정도이다. 서로 다른 단백질은 서로 다른 아미노산 서열을 가지기 때문에~
└ ×, 펩타이드는 평균 10개 정도의 아미노산으로 이루어졌고,(6문단) 단백질 하나의 아미노산 개수는 평균 500개 정도라고 하였습니다.(5문단) 따라서 한 단백질에서 펩타이드는 여러 개 나올 수 있습니다. 그리고 펩타이드들의 아미노산 서열은 일렬로 연결된 것일 뿐, 서로 다를 수 있습니다.(5문단)

③ 인간의 신경 세포와 근육 세포의 기능이 서로 다른 이유는 단백질체 정보가 서로 다르기 때문이다.
→3문단   →2문단
'세포의 기능'을 연결고리로 삼아, 신경 세포와 근육 세포 + 단백질체 정보에 대한 팩트가 연결되어 있습니다.

팩트체크 • **3** 즉 피부 세포, 신경 세포, 근육 세포 등에서 공통으로 발견되는 단백질도 있고, 한 종류의 세포에서만 발견되는 단백질도 있다.
• **2** 단백질체는 전사체의 일부분 즉 실제로 수행 중인 기능에 대한 정보를 담고 있다.
└ O, 3문단과 2문단을 종합하면 신경 세포와 근육 세포는 기능에 대한 정보를 담고 있는 단백질체가 서로 달라서 기능이 다르다고 볼 수 있습니다.

④ 어떤 단백질의 아미노산 서열을 알면 트립신 처리 후 그 단백질에서 생성될 펩타이드들의 분자량을 예측할 수 있다.
→6문단   →6문단
아미노산 서열과 분자량 예측의 관계를 연결하고 있습니다.

팩트체크 **6** 모든 인간 단백질의 아미노산 서열, 아미노산의 분자량이 이미 알려져 있으므로, 암세포 단백질체와 정상 세포 단백질체에 트립신을 가하여 얻은 펩타이드의 분자량 분석을 통해 치료용 표적 후보 단백질을 알아낼 수 있다.
└ O, 아미노산 서열을 알기 위해 펩타이드들의 분자량을 측정한다고 하였고, 단백질의 아미노산 서열은 이미 알려졌다고 하였습니다. 그럼 반대로 단백질의 아미노산 서열을 알면 여기서 생성될 펩타이드들의 분자량을 예측할 수 있을 것입니다.

⑤ 어떤 단백질에서 유래한 특정 펩타이드의 양이 정상 세포에서보다 암세포에서 더 많다면 그 단백질은 발암 단백질의 후보이다.
→6문단   →4문단
'단백질의 양'을 연결고리로 삼아, 펩타이드의 양 + 발암 단백질의 후보에 대한 팩트가 연결되어 있습니다.

팩트체크 • **6** 펩타이드의 분자량 분석을 통해 치료용 표적 후보 단백질을 알아낼 수 있다.
• **4** 암세포에서 정상 세포보다 양이 늘어나 있는 단백질은 발암 단백질의 후보가 될 수 있고~
└ O, 펩타이드의 분자량 분석을 통해 치료용 표적 후보 단백질을 알아낼 수 있다고 하였고, 암세포에서 정상 세포보다 양이 늘어나 있는 단백질은 발암 단백질의 후보가 될 수 있다고 하였습니다. 따라서 펩타이드의 양이 정상 세포보다 암세포에서 더 많다면 그 단백질은 발암 단백질의 후보가 됩니다.

1) 노장과 공맹의 정치 철학

1 [1]중국의 노자와 장자가 말하는 진정한 도(道)란 이름이 없지만 천하에 내재하지* 않는 곳이 없는 것으로, 태고* 시대부터 자연적으로 존재하면서 우주와 만물을 다스리고 있는 절대적이며 불가사의한* 것이다. [2]정치 철학적 관점에서 보면 이들의 사상은 자유 지상주의*와 닿아 있다. [3]그래서 개인의 자유는 어떤 것으로도 통제되어서는 안 된다. [4]노자와 장자, 곧 노장의 철학은 공자와 맹자, 곧 공맹의 철학과 정치 철학적 측면에서 양극단*에 놓인다. [5]노장의 정치 철학이 최소한의 정부, 작은 정부 또는 무정부를 지향한다면, 공맹의 정치 철학은 국가가 국민의 삶에 간섭하는 큰 정부를 지향하기 때문이다.

2 [6]노장은 정부가 무질서와 혼란의 원인이라 보지만, 공맹은 정부가 자비롭고 정의롭다고 본다. [7]노장은 개인이 모든 가치의 궁극적 바탕이고 기초지만, 공맹은 사회 전체의 공동 질서를 중요시한다. [8]또한 노장은 자생적* 질서관을 피력하며*, 개인들이 자신의 가치를 실현하는 과정에서 자연적으로 평화로운 질서가 생겨난다고 본다. [9]반면 공맹은 인의예지(仁義禮智)에 의해 인위적으로 백성들을 교화하여 질서를 유지해야 한다고 본다. [10]그리고 노장은 초인*과 범인*, 인간과 동물의 구별이 없는 평화롭고 풍요로운 세상을 그려 보인 반면, 공맹은 그들의 관계를 인의예지를 통해 엄격히 구분하였다.

3 [11]노자는 「도덕경」에서 "세상에서 도(道)라고 이르는 도는 참다운 도가 아니고, 이름으로 불리는 이름은 변함없는 이름이 아니다."라며 공맹의 도를 신랄하게* 비판했다. [12]또한 노자는 공맹이 이름 붙여 말하는 인, 의, 예, 지 등은 인위적이고 상대적인 도덕 강목*에 불과한 것으로, 항구 불변*의 절대적인 것이 아니라고 강조한다. [13]장자는 공맹의 인의로 천하를 다스리면 이를 빌려서 나라를 훔치는 큰 도둑이 생겨난다고 질타*한다. [14]즉, 공맹의 간섭주의적 정치 철학은 필연적으로 큰 정부를 가져오고, 그러한 큰 정부에서는 많은 부정과 부패가 일어날 수밖에 없음을 지적하는 것이다.

집 중 훈 련 ◉✕

01 노자와 장자는 개인에게도 도(道)가 내재해 있다고 본다. (◯ , ✕)

02 노장과 달리 공맹은 개인의 자유를 통제할 수 있다고 본다. (◯ , ✕)

03 노장과 공맹의 철학은 정부의 역할에 대한 입장이 상이하다. (◯ , ✕)

04 노장은 정부보다 개인을, 공맹은 개인보다 정부를 신뢰한다. (◯ , ✕)

05 노장은 자연스러움을, 공맹은 인위적인 노력을 중시한다. (◯ , ✕)

06 노장의 자생적 질서관은 모든 개인이 스스로 가치를 실현할 수 있다는 전제에서 비롯된다. (◯ , ✕)

07 노장과 달리, 공맹은 평화롭고 풍요로운 세상은 불가능하다고 여긴다. (◯ , ✕)

08 노자는 「도덕경」을 통해 공맹의 도는 참다운 도가 아니라고 비판했다. (◯ , ✕)

09 노자는 공맹의 인, 의, 예, 지는 이름으로 볼 수 없으나, 도에 이르는 방법임은 인정했다. (◯ , ✕)

10 노자와 달리, 장자는 공맹의 인의만 부정적으로 볼 뿐 예와 지는 긍정적으로 보았다. (◯ , ✕)

11 장자는 큰 정부를 지지하지 않으므로, 큰 정부를 불러오는 공맹의 인의를 비판하였다. (◯ , ✕)

12 노자와 장자가 공맹의 철학을 비판하는 바탕에는 개인의 삶이 타인에 의해 침해받아서는 안 된다는 입장이 깔려 있다. (◯ , ✕)

4 ¹⁵노장과 공맹 모두 성선설을 지지함에도 불구하고 이러한 차이를 낳은 것은 노장이 공맹보다 인간의 본성에 대한 믿음이 더 깊었기 때문이다. ¹⁶노장에게 개인은 유일한 가치이고, 자유는 그 자체가 궁극적 목표이다. ¹⁷그러므로 장자의 '사람들로 하여금 스스로 하게 하라.'는 개념은 가장 완벽하고 순수한 형태의 자유 지상주의적 철학이다. ¹⁸아담 스미스 이후로 영국과 미국은 이러한 노장의 사상과 거의 일치하는 정치 철학을 사회의 얼개*로 채택하여 개인의 안녕*과 번영을 도모하였다. ¹⁹하지만 동양은 노장과 같은 위대한 자유 지상주의자가 있었음에도 불구하고 개인의 안녕이 보호받지 못했다. ²⁰오히려 동양은 공맹의 정치 철학이 지닌 명분주의*에 기반하여 서양을 인의예지의 도로 감화시킬 수 있다는 헛된 기대를 품었기에 오랜 기간 서양의 식민지에서 벗어나지 못했다.

5 ²¹그러나 개인의 생존 자체를 보장받지 못하는 위기가 닥치면, 자유를 침해당할 우려가 있다고 하더라도 개인들이 국가의 개입을 요구하게 된다. ²²이러한 상황에서는 노장의 정치 철학보다 공맹의 정치 철학이 더 적합하다고 볼 수 있다. ²³결국 공맹의 정치 철학에 한계가 있다고 말하는 노장의 정치 철학 역시 한계를 가지고 있는 것이다. ²⁴이는 역사의 흐름을 초월하는 절대적인 정치 철학은 존재하지 않음을 시사한다.

---

13 노장과 공맹 모두 인간의 본성을 긍정적으로 보지만, 정도에 차이가 있다. (O , X)

14 장자의 '사람들로 하여금 스스로 하게 하라.'는 개념은 개인의 자유를 막지 말라는 의미로 해석할 수 있다. (O , X)

15 개인의 생존이 보장되지 않을 때 노장 철학의 한계가 드러난다. (O , X)

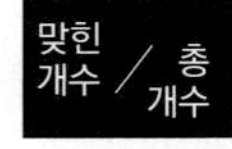

맞힌 개수 / 총 개수 　　　／ 15

01

윗글을 읽고 이끌어 낼 수 있는 내용으로 가장 적절한 것은?

① 노장의 도는 공맹의 도보다 구체적으로 규정하기 어렵다.
② 개인에 대한 철학적 관점은 공맹이 노장보다 더 우위에 있다.
③ 장자는 도(道)의 개념과 공맹의 인의가 서로 통하는 것으로 본다.
④ 일부 서양의 국가는 노장의 철학을 이어받아 국가를 운영해 왔다.
⑤ 동양은 노장 사상의 본질이 왜곡되어 서양의 식민지가 되는 고통을 겪었다.

팩트 끌어내기 문제의 대표적인 유형입니다. 윗글에서 직접적으로 언급되지 않았으나, 언급된 내용들을 연결하거나 재구성하여 새로운 정보를 이끌어 낼 것을 요구하고 있습니다.

이러한 유형의 문제를 해결할 때에는 먼저 지문의 팩트를 통해 선택지의 내용을 이끌어 낼 수 있는지부터 확인해야 합니다. 즉 선택지의 내용을 뒷받침할 수 있는 근거가 지문에 제시되어 있는지 찾는 것입니다. 또는 선택지의 내용을 반박할 근거를 지문에서 찾아볼 수도 있습니다.

02

윗글의 글쓴이의 견해에 대한 설명으로 가장 적절한 것은?

① 노장과 공맹의 철학을 모두 부정적인 시각으로 바라보고 있다.

② 노장 철학은 긍정적으로, 공맹 철학은 부정적으로 평가하고 있다.

③ 공맹 철학에 비하여 노장 철학이 보다 현실적인 성격임을 역설하고 있다.

④ 공맹 철학을 뛰어넘는 노장 철학의 가치를 새로운 관점에서 조명하고 있다.

⑤ 노장이나 공맹의 철학은 시대의 흐름에 따라 가치가 달라질 수 있음을 밝히고 있다.

03

윗글을 바탕으로 다음과 같이 정리하였을 때, ㉠~㉤에 들어갈 말로 적절하지 <u>않은</u> 것은?

요소	노장 사상	공맹 사상
(㉠)	무질서의 원인	자비롭고 정의로움
중요시하는 가치	개인	(㉡)
질서 형성	자생적으로 형성	(㉢)
성선설과 인간의 본성	(㉣)	성선설을 지지하지만 교화가 필요하다고 봄.
(㉤)	구별을 두지 않음.	인의예지를 통해 엄격히 구분함.

① ㉠: 국가를 보는 시각

② ㉡: 국가의 번영

③ ㉢: 백성 교화의 결과

④ ㉣: 성선설을 지지하며 인간의 본성을 믿음.

⑤ ㉤: 초인과 범인에 대한 입장

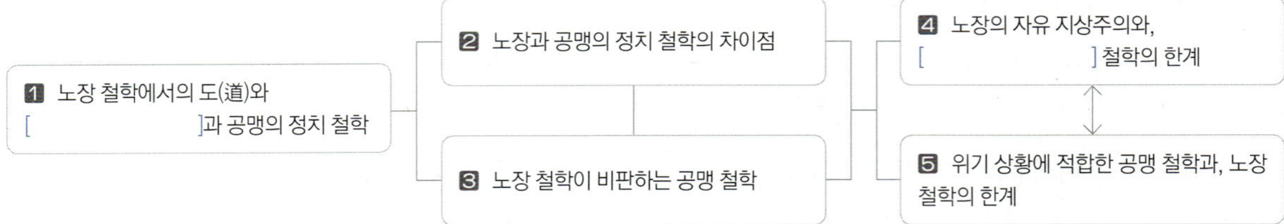

문단별 중심 내용 & 구조도

1 노장 철학에서의 도(道)와 [   ]과 공맹의 정치 철학

2 노장과 공맹의 정치 철학의 차이점

3 노장 철학이 비판하는 공맹 철학

4 노장의 자유 지상주의와, [   ] 철학의 한계

5 위기 상황에 적합한 공맹 철학과, 노장 철학의 한계

필수 어휘

내재하다 內 안 **내** / 在 있을 **재**	어떤 사물이나 범위의 안에 들어 있다. 예 이번 사건에는 위험한 요소가 **내재하고** 있다.	외재하다
태고	아득한 옛날. 예 이 땅은 **태고**의 비밀을 간직한 신비로운 곳이다.	만고
불가사의하다	사람의 생각으로는 미루어 헤아릴 수 없이 이상하고 야릇하다. 예 꿈에서 **불가사의한** 괴물을 보았다.	
자유 지상주의	자유를 가장 으뜸으로 삼는 사상. 예 **자유 지상주의**에서는 나의 선택대로 행동하면 된다.	
양극단	서로 매우 심하게 거리가 있거나 상반되는 것. 예 그들은 **양극단**에 서서 의견을 좁히지 못했다.	
자생적	저절로 나거나 생기는 것. 예 여러 동아리가 **자생적**으로 생겨났다.	
피력하다	생각하는 것을 털어놓고 말하다. 예 그는 누명을 쓰자 자신의 입장을 **피력하기** 시작했다.	밝히다, 토로하다
초인 超 넘을 **초** / 人 사람 **인**	보통 사람으로는 생각할 수 없을 만큼 뛰어난 능력을 가진 사람. 예 역경을 뚫고 끝내 이긴 그는 **초인**이 틀림없다.	
범인 凡 무릇 **범** / 人 사람 **인**	평범한 사람. 예 그녀의 생각은 **범인**과 달랐다.	속인
신랄하다 辛 매울 **신** / 辣 매울 **랄**	사물의 분석이나 비평 따위가 매우 날카롭고 예리하다. 예 소비자들이 **신랄하게** 비판하자 마침내 기업이 사과했다.	
강목	사물의 대략적인 줄거리와 자세한 조목. 예 이 책은 행동 지침을 3개의 **강목**으로 제시하였다.	
항구 불변 恒 항상 **항** / 久 오랠 **구** / 不 아닐 **불** / 變 변할 **변**	변하지 아니하고 오래가는 것. 예 물이 흐른다는 것은 **항구 불변**의 진리이다.	
질타 叱 꾸짖을 **질** / 咤 꾸짖을 **타**	큰 소리로 꾸짖음. 예 거짓말을 한 배우가 여론의 **질타**를 받았다.	칭찬
얼개	어떤 사물이나 조직의 전체를 이루는 짜임새나 구조. 예 어젯밤에 소설의 **얼개**를 다 짰다.	짜임
안녕 安 편안할 **안** / 寧 편안할 **녕**	아무 탈 없이 편안함. 예 사회의 **안녕**과 질서를 유지하다.	불안
명분주의	일을 꾀하는 데에 명분을 앞세우는 경향이나 태도. 예 과도한 **명분주의**는 사회 발전의 장애물이 된다.	

2) 반추 동물의 탄수화물 분해

BLACKLABEL
수능
기출

정답과 해설 11~13쪽

1 [1]탄수화물은 사람을 비롯한 동물이 생존하는 데 필수적인 에너지원이다. [2]탄수화물은 섬유소와 비섬유소로 구분된다. [3]사람은 체내에서 합성한* 효소를 이용하여 곡류의 녹말과 같은 비섬유소를 포도당으로 분해하고* 이를 소장에서 흡수하여 에너지원으로 이용한다. [4]반면, 사람은 풀이나 채소의 주성분인 셀룰로스와 같은 섬유소를 포도당으로 분해하는 효소를 합성하지 못하므로, 섬유소를 소장에서 이용하지 못한다. [5]㉠ 소, 양, 사슴과 같은 반추 동물*도 섬유소를 분해하는 효소를 합성하지 못하는 것은 마찬가지이지만, 비섬유소와 섬유소를 모두 에너지원으로 이용하며 살아간다.

2 [6]위(胃)가 넷으로 나누어진 반추 동물의 첫째 위인 반추위에는 여러 종류의 미생물이 서식하고* 있다. [7]반추 동물의 반추위에는 산소가 없는데, 이 환경에서 왕성하게* 생장하는* 반추위 미생물들은 다양한 생리적* 특성을 가지고 있다. [8]그중 피브로박터 숙시노젠(F)은 섬유소를 분해하는 대표적인 미생물이다. [9]식물체에서 셀룰로스는 그것을 둘러싼 다른 물질과 복잡하게 얽혀 있는데, F가 가진 효소 복합체는 이 구조를 끊어 셀룰로스를 노출시킨 후 이를 포도당으로 분해한다. [10]F는 이 포도당을 자신의 세포 내에서 대사* 과정을 거쳐 에너지원으로 이용하여 생존을 유지하고 개체 수를 늘림으로써 생장한다. [11]이런 대사 과정에서 아세트산, 숙신산 등이 대사산물로 발생하고 이를 자신의 세포 외부로 배출한다*. [12]반추위에서 미생물들이 생성한 아세트산은 반추 동물의 세포로 직접 흡수되어 생존에 필요한 에너지를 생성하는 데 주로 이용되고 체지방*을 합성하는 데에도 쓰인다. [13]한편 반추위에서 숙신산 은 프로피온산을 대사산물로 생성하는 다른 미생물의 에너지원으로 빠르게 소진된다*. [14]이 과정에서 생성된 프로피온산은 반추 동물이 간(肝)에서 포도당을 합성하는 대사 과정에서 주요 재료로 이용된다.

3 [15]반추위에는 비섬유소인 녹말을 분해하는 스트렙토코쿠스 보비스(S)도 서식한다. [16]이 미생물은 반추 동물이 섭취한 녹말을 포도당으로 분해하고, 이 포도당을 자신의 세포 내에서 대사 과정을 통해 자신에게 필요한 에너지원으로 이용한다. [17]이때 S는 자신의 세포 내의 산성도에 따라 세포 외부로 배출하는 대사산물이 달라진다. [18]산성도를 알려 주는 수소 이온 농도 지수(pH)가 7.0 정도로 중성이고 생장 속도가 느린 경우에는 아세트산, 에탄올 등이 대사산물로 배출된다. [19]반면 산성도가 높아져 pH가 6.0 이하로 떨어지거나 녹말의 양이 충분하여 생장 속도가 빠를 때는 젖산 이 대사산물로 배출된다. [20]반추위에서 젖산은 반추 동물의 세포로 직접 흡수되어 반추 동물에게 필요한 에너지를 생성하는 데 이용되거나 아세트산 또는 프로피온산을 대사산물로 배출하는 다른 미생물의 에너지원으로 이용된다.

집 중 훈 련 ◉Ｘ

01 효소는 체내에서 에너지원으로 이용된다.
(O , X)

02 섬유소는 사람의 소장에서 포도당의 공급원으로 사용된다. (O , X)

03 사람과 달리, 반추 동물은 셀룰로스를 에너지원으로 이용한다. (O , X)

04 반추위 미생물들은 산소가 없는 환경에서는 생장하지 못한다. (O , X)

05 반추 동물은 섬유소를 포도당으로 분해하는 효소를 합성하지 못하지만, 미생물 F는 섬유소를 포도당으로 분해할 수 있다. (O , X)

06 F가 분해한 포도당은 반추 동물의 세포로 직접 흡수된다. (O , X)

07 반추 동물이 간에서 포도당을 합성할 때, F의 대사산물이 주요 재료로 이용된다. (O , X)

08 미생물 F와 S는 모두 분해한 탄수화물을 에너지원으로 이용하며 살아간다. (O , X)

09 S는 수소 이온 농도에 따라 대사산물, 생장 속도가 결정된다. (O , X)

10 S는 산성도와 관계없이, 반추 동물의 세포로 직접 흡수되어 에너지원이 되는 대사산물을 배출한다. (O , X)

11 S로부터 세포의 에너지원으로 쓰이는 아세트산, 에탄올, 젖산, 프로피온산이 직접 생성된다. (O , X)

4 [21]그런데 S의 과도한 생장이 반추 동물에게 악영향을 끼치는 경우가 있다. [22]반추 동물이 짧은 시간에 과도한 양의 비섬유소를 섭취하면 S의 개체 수가 급격히 늘고 과도한 양의 젖산이 배출되어 반추위의 산성도가 높아진다. [23]이에 따라 산성의 환경에서 왕성히 생장하며 항상 젖산을 대사산물로 배출하는 락토바실러스 루미니스(L)와 같은 젖산 생성 미생물들의 생장이 증가하며 다량의 젖산을 배출하기 시작한다. [24]F를 비롯한 섬유소 분해 미생물들은 자신의 세포 내부의 pH를 중성으로 일정하게 유지하려는 특성이 있는데, 젖산 농도의 증가로 자신의 세포 외부의 pH가 낮아지면 자신의 세포 내의 항상성*을 유지하기 위해 에너지를 사용하므로 생장이 감소한다. [25]만일 자신의 세포 외부의 pH가 5.8 이하로 떨어지면 에너지가 소진되어 생장을 멈추고 사멸하는* 단계로 접어든다. [26]이와 달리 S와 L은 상대적으로 산성에 견디는 정도가 강해 자신의 세포 외부의 pH가 5.5 정도까지 떨어지더라도 이에 맞춰 자신의 세포 내부의 pH를 낮출 수 있어 자신의 에너지를 세포 내부의 pH를 유지하는 데 거의 사용하지 않고 생장을 지속하는 데 사용한다. [27]그러나 S도 자신의 세포 외부의 pH가 그 이하로 더 떨어지면 생장을 멈추고 사멸하는 단계로 접어들고, 산성에 더 강한 L을 비롯한 젖산 생성 미생물들이 반추위 미생물의 많은 부분을 차지하게 된다. [28]그렇게 되면 반추위의 pH가 5.0 이하가 되는 급성 반추위 산성증이 발병한다*.

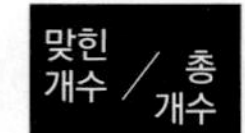

/ 15

01

윗글을 읽고 알 수 있는 내용으로 가장 적절한 것은?

① 섬유소는 사람의 소장에서 포도당의 공급원으로 사용된다.
② 반추 동물의 세포에서 합성한 효소는 셀룰로스를 분해한다.
③ 반추위 미생물들은 산소가 없는 환경에서 생장을 멈추고 사멸한다.
④ 반추 동물의 과도한 섬유소 섭취는 급성 반추위 산성증을 유발한다.
⑤ 피브로박터 숙시노젠(F)은 자신의 세포 내에서 포도당을 에너지원으로 이용하여 생장한다.

◑ **주어진 내용을 바탕으로 추론하기**
팩트 체크 문제 유형에 가까우나, 적절한 또는 적절하지 않은 근거를 확인하는 데는 팩트 끌어내기가 활용되는 문제입니다. 팩트 체크로 세부 내용 일치 여부를 확인하는 한편 관련 있는 정보들끼리 연결한 것인지 확인하세요.

02

윗글을 바탕으로 ⊙이 가능한 이유를 진술한다고 할 때, 〈보기〉의 ㉮, ㉯에 들어갈 말로 가장 적절한 것은? [3점]

> 반추 동물이 섭취한 섬유소와 비섬유소는 반추위에서 (㉮), 이를 이용하여 생장하는 (㉯)은 반추 동물의 에너지원으로 이용되기 때문이다.

① ┌ ㉮: 반추위 미생물의 에너지원이 되고
　 └ ㉯: 반추위 미생물이 대사 과정을 통해 생성한 대사산물

② ┌ ㉮: 반추위 미생물의 에너지원이 되고
　 └ ㉯: 반추위 미생물이 대사 과정을 통해 생성한 포도당

③ ┌ ㉮: 반추위 미생물에 의해 합성된 포도당이 되고
　 └ ㉯: 반추 동물이 대사 과정을 통해 생성한 포도당

④ ┌ ㉮: 반추위 미생물에 의해 합성된 포도당이 되고
　 └ ㉯: 반추위 미생물이 대사 과정을 통해 생성한 대사산물

⑤ ┌ ㉮: 반추위 미생물에 의해 합성된 포도당이 되고
　 └ ㉯: 반추위 미생물이 대사 과정을 통해 생성한 포도당

03

윗글로 볼 때, 반추위 미생물에서 배출되는 숙신산 과 젖산 에 대한 설명으로 적절하지 않은 것은?

① 숙신산이 많이 배출될수록 반추 동물의 간에서 합성되는 포도당의 양도 늘어난다.

② 젖산은 반추 동물의 세포로 직접 흡수되어 반추 동물의 에너지원으로 이용될 수 있다.

③ 숙신산과 젖산은 반추위가 산성일 때보다 중성일 때 더 많이 배출된다.

④ 숙신산과 젖산은 반추위 미생물의 세포 내에서 대사 과정을 거쳐 생성된다.

⑤ 숙신산과 젖산은 프로피온산을 대사산물로 배출하는 다른 미생물의 에너지원으로 이용되기도 한다.

문단별 중심 내용 & 구조도

1 사람과 반추 동물이 이용하는 에너지원

2 반추위에 서식하는 미생물 F를 통한 [　　　　　]분해 과정

3 반추위에 서식하는 미생물 S를 통한 [　　　　　]분해 과정

4 미생물 S의 과도한 생장으로 인해 미생물 L이 반추 동물에게 끼치는 악영향

필수 어휘

합성하다
合 합할 **합** / 成 이룰 **성**

1. 둘 이상의 것을 합쳐서 하나를 이루다.
2. 「화학」 둘 이상의 원소를 화합하여 화합물을 만들거나, 간단한 화합물에서 복잡한 화합물을 만들다.
예 여러 화학 물질을 합성하여 만든 신약의 효과가 입증되었다.

➖ 분해하다

분해하다
分 나눌 **분** / 解 풀 **해**

1. 여러 부분이 결합되어 이루어진 것을 그 낱낱으로 나누다.
2. 「화학」 한 종류의 화합물이 두 가지 이상의 간단한 화합물로 변화하다.
예 수소를 얻으려면 물을 수소와 산소로 분해하면 된다.

➖ 합성하다

반추 동물
反 돌이킬 **반** / 芻 꼴 **추**

소화 과정에서 한번 삼킨 먹이를 다시 게워 내어 씹어 다시 먹는 특성을 가진 동물. 위가 네 개의 방으로 나뉘어 있다. 기린, 사슴, 소, 양, 낙타 따위가 있다.
예 유럽에서 반추 동물의 사료 수입을 전면 금지하였다.

서식하다

생물 따위가 일정한 곳에 자리를 잡고 살다. 예 이 물고기는 한강 하류에 서식한다.

🟰 살다

왕성하다

한창 성하다. 예 왕성한 호기심

➖ 쇠퇴하다

생장하다
生 날 **생** / 長 길 **장**

나서 자라다.
예 나는 도시에서 생장했다.

🟰 생육하다

생리적

신체의 조직이나 기능에 관련되는. 예 이건 참을 수 없는 생리적 현상이야.

대사

생물체가 몸 밖으로부터 섭취한 영양물질을 몸 안에서 분해하고, 합성하여 생체 성분이나 생명 활동에 쓰는 물질이나 에너지를 생성하고 필요하지 않은 물질을 몸 밖으로 내보내는 작용.
예 수면 중에도 뇌의 대사가 활발하게 일어난다.

🟰 물질대사

배출하다

안에서 밖으로 밀어 내보내다. 예 오염 물질을 대기 중으로 배출하는 업체는 벌금을 내야 한다.

🟰 방출하다

체지방

분해되지 않고 몸속에 쌓여 있는 지방. 예 이 체중계는 체중과 체지방을 모두 측정한다.

소진되다
消 꺼질 **소** / 盡 다할 **진**

점점 줄어들어 다 없어지다.
예 운동장을 뛰고 나니 공부할 힘이 다 소진되었다.

항상성

생체가 여러 가지 환경 변화에 대응하여 생명 현상이 제대로 일어날 수 있도록 일정한 상태를 유지하는 성질. 또는 그런 현상.
예 항온동물은 항상성을 가지므로 변온동물보다 생존에 유리하다.

사멸하다

죽어 없어지다. 예 물이 없다면 생명체는 사멸할 것이다.

🟰 죽다

발병하다
發 필 **발** / 病 병들 **병**

병이 나다.
예 그는 발병한 지 한 달만에 완쾌되었다.

🟰 병들다

03강 팩트 간 관계 파악

정보들의 논리적 관계

지문에 제시된 팩트들은 나름의 논리적 관계를 맺고 있습니다. 팩트들끼리는 원인과 결과의 관계를 맺기도 하고(A → B), 대립 관계(A ↔ B)를 맺기도 합니다. 또는 어떤 범주 안에 속한 팩트들은 서로 비교되기도 합니다.

팩트 간 관계를 파악하는 문제는 주로 팩트들을 비교하는 발문으로 나타납니다.

- ㉠과 ㉡에 대한 설명으로 가장 적절한 것은?
  ① ㉠과 ㉡ 모두 ~ / ② ㉠은 ㉡과 달리 ~ / ③ ㉠은 ~이지만, ㉡은 ~ / ④ ㉠은 ㉡에 비해 ~
- ㉠~㉢을 비교한 내용으로 가장 적절한 것은?

1단계: 공통 범주 찾기 → 다른 점 찾기

팩트 간 관계를 파악하는 문제는 결국 ㉠에 대한 팩트 체크와 ㉡에 대한 팩트 체크를 한 후에, 팩트 끌어내기로 ㉠과 ㉡을 연결하면 해결할 수 있습니다.

관계를 파악해야 하는 팩트들은 두 개일 수도 있고, 더 많을 수도 있습니다. 팩트들이 몇 개이든 상관없이 어떤 범주에 속한 팩트들인가를 먼저 파악해야 합니다. 예를 들어 '교복을 통한 소속감 부여'와 '교복으로 인한 개성 상실'이라는 두 개의 팩트 간 관계를 파악해 보면, '교복 착용'이라는 공통 범주 안에서 찬성과 반대의 대립 관계를 이룹니다.

범주를 확인하는 까닭은 공통점과 차이점을 확실하게 구분하기 위해서입니다. 예를 들어, ㉠과 ㉡의 관계가 다음과 같을 때 공통점과 차이점으로 보는 부분도 다릅니다.

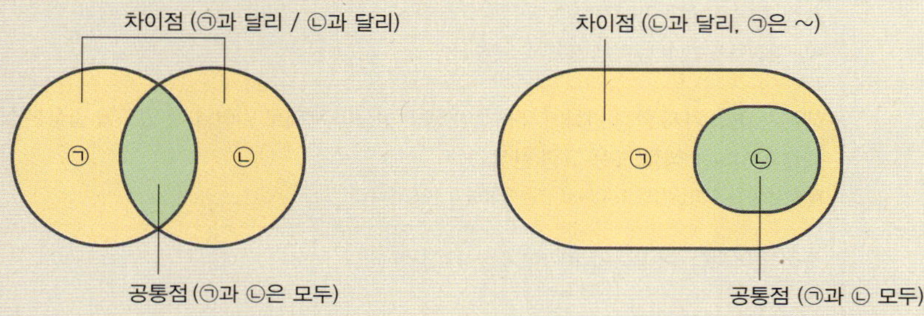

마지막으로 출제자는 왜 팩트 간의 관계를 물어볼까요? 관계를 파악해야 하는 팩트(㉠과 ㉡)는 지문의 핵심어에 해당하는 경우가 많습니다. 따라서 핵심어 사이의 논리적인 관계를 파악하는 것으로 글 전체에 대한 이해도를 확인해 볼 수 있습니다.

그럼 다음 글을 읽어 봅시다.

1 디젤 엔진은 가솔린 엔진에 비해 일반적으로 이산화 탄소의 배출량이 적고 열효율이 높으며 내구성이 좋다. 하지만 디젤 엔진은 미세 먼지로 알려져 있는 입자상 물질과, 일산화 질소나 이산화 질소와 같은 질소 산화물을 많이 발생시킨다. 이런 물질들은 기관지염이나 폐렴 등 각종 호흡기 질환, 광화학 스모그나 산성비의 주요 원인이 된다. 이에 따라 디젤 엔진이 배출하는 오염 물질을 저감하기 위한 기술이 계속 개발되고 있다.

> – '디젤 엔진'의 '오염 물질 저감 기술'에 관한 글이군. = 핵심어
> – 1문단은 '디젤 엔진의 장단점과 오염 물질 저감 기술의 필요성'으로 정리할 수 있겠군. = 요약

▷ 첫 문단에서 가솔린 엔진과 대비하여 디젤 엔진의 장점을 설명한 후, 바로 단점을 밝히며 이를 해결하는 것이 오염 물질 저감 기술임을 설명하고 있습니다.

▷ 디젤 엔진이 글의 주인공인 척했지만, 마지막 문장에서 이 글의 주인공은 해결사 '오염 물질 저감 기술'임을 알 수 있습니다. 이를 통해 문제 제기 후 해결 방안을 제시하는 구조의 글이라는 것도 눈치챌 수 있습니다.

2 입자상 물질을 처리하는 대표적인 기술로는 DPF 방식이 있다. 이 방식은 배기가스에서 발생하는 입자상 물질을 필터로 포집하고, 필터에 쌓인 물질들을 일정 시점에 연소시켜 제거함으로써 필터의 기능을 회복한다. 포집된 입자상 물질을 연소시키기 위해서는 포집 필터까지 연료가 흘러 들어갈 수 있게 엔진 실린더에 연료를 공급해야 한다. 연료가 공급이 되면 배기가스에 연료가 섞여 필터에서 연소가 이루어진다. DPF 방식은 엔진을 특별히 개선할 필요 없이 연료를 추가적으로 공급하면 되기 때문에 제작이 용이한 반면 연비가 떨어진다. 또한 질소 산화물을 저감하기 어렵기 때문에 별도의 기술이 필요하다.

> – 오염 물질 중 입자상 물질의 저감 기술인 'DPF 방식'에 대해 설명하고 있군. = 핵심어
> – 2문단은 'DPF 방식으로 입자상 물질을 처리하는 방법과 장단점'으로 정리할 수 있겠군. = 요약

▷ 오염 물질 저감 기술의 종류로 DPF를 설명하고 있습니다. 이렇게 하위 종류가 제시되었다면, 이어지는 내용에서는 또 다른 종류의 기술이 설명될 게 분명합니다.

▷ DPF 방식의 원리와 장단점이 소개되었으니, 또 다른 종류의 기술이 소개될 때에도 원리와 장단점이 언급될 것입니다.

3 질소 산화물을 저감하는 기술로는 ㉠EGR 방식이 있다. 이 방식은 배기가스를 엔진으로 재순환시킨 다음, 연료를 배기가스와 함께 연소시켜 연소 온도를 낮추는 기술이다. 배기가스를 엔진으로 재순환시켜 연소 온도를 낮추는 까닭은 연료가 낮은 온도에서 연소될 때 질소 산화물의 발생이 감소되기 때문이다. 하지만 연소 온도를 낮추면 입자상 물질이 많이 배출되므로 EGR 방식은 DPF 방식과 함께 쓰인다. EGR 방식은 엔진에 불순물이 쌓일 수 있고, 출력이 저하될 수 있는 단점이 있다.

> – 오염 물질 중 질소 산화물의 저감 기술로 'EGR 방식'에 대해 설명하고 있군. = 핵심어
> – 3문단은 'EGR 방식으로 질소 산화물을 저감하는 방법과 단점'으로 정리할 수 있겠군. = 요약

▷ 2문단에서 질소 산화물 저감 기술이 필요하다고 끝맺은 뒤, 이어서 질소 산화물을 저감하는 기술인 EGR 방식을 소개하고 있습니다. DPF 방식에서 설명한 항목처럼 EGR 방식의 원리와 단점을 제시하고 있는데, 장점에 대한 설명은 생략되었습니다.

4 최근에는 EGR 방식보다 질소 산화물의 저감 효율이 높은 SCR 방식이 개발되어 EGR 방식을 대체하고 있다. ㉡SCR 방식은 배기가스를 재순환시키지 않기 때문에 EGR 방식보다 엔진에서의 연소 온도가 높다. 이렇게 하면 입자상 물질이 적게 발생하는 대신 질소 산화물이 더 많이 발생하게 된다. 이때 SCR 방식은 암모니아를 이용하여 질소 산화물을 저감한다. 그런데 암모니아는 폭발의 위험이 있고 금속을 부식시킬 수도 있으며 상온에

▷ 기술이 한 가지 더 소개되고 있습니다. 앞서 언급한 EGR 방식보다 저감 효율이 높은 SCR 방식입니다.(EGR 방식의 단점 → SCR 방식이 해결!) 그럼 EGR 방식과 비교하며 읽어야 합니다.

서는 특유의 자극적인 냄새를 풍겨 불쾌감을 유발한다. 그래서 사용에 제약이 있으며 취급 시 주의를 요한다. 이러한 문제점을 해결하기 위해 SCR 방식에서는 요소를 물에 녹인 요소수를 공급하는 요소수 탱크와 공기를 공급하는 압축 공기 주입기를 별도로 사용하여 SCR 장치에서 다음과 같이 화학 반응이 일어나도록 유도한다. 요소는 열분해를 통해 암모니아와 아이소사이안산으로 분해되고, 아이소사이안산은 가수 분해*되어 이산화 탄소와 암모니아를 생성한다. 일산화 질소는 이렇게 얻어진 암모니아와 함께 공기 중의 산소와 반응하여 질소와 물로 바뀐다. 그리고 이산화 질소는 일산화 질소와 함께 암모니아와 반응하여 역시 질소와 물로 바뀐다.

⋮

> – 오염 물질 중 질소 산화물의 저감 기술로 'SCR 방식'에 대해 설명하고 있군. = 핵심어
> – 4문단은 'SCR 방식의 장점과 질소 산화물을 저감하는 방법'으로 정리할 수 있겠군. = 요약

❺ 화학 반응이 일어나는 SCR 장치 내부는 반응 물질을 흡착시키는 백금이나 바나듐 등을 이용한 금속 촉매로 만들어져 있다. SCR 방식에서는 이러한 촉매의 표면에 배기가스가 오래 머물도록 해 주어야 저감 효율을 높일 수 있다. 즉 공간 속도를 느리게 하여 화학 반응이 일어날 수 있는 시간을 충분히 확보해야 한다. 여기서 공간 속도란 단위 시간당 공급되는 배기가스의 양을 SCR 장치의 촉매의 부피로 나눈 값이다.

[A]

⋮

> – 4문단에 이어 'SCR 방식'에 관한 내용이군. = 핵심어
> – 5문단은 'SCR 방식의 특성과 필요 조건'으로 정리할 수 있겠군. = 요약

❻ SCR 방식은 저감 효율이 높아 이용이 점차 확대되고 있으나 해결해야 할 문제도 안고 있다. 암모니아가 배기가스와 함께 배출되는 암모니아 슬립 현상이 발생할 수 있으며, 요소의 분해가 낮은 온도에서 일어나면 고체 형태의 아멜린이나 멜라민 등이 생성되어 배관 내부나 장치 표면에 고착될 수 있다.

⋮

> – 4, 5문단에 이어 'SCR 방식'에 관한 내용이군. = 핵심어
> – 6문단은 'SCR 방식의 문제점'으로 정리할 수 있겠군. = 요약

• 가수 분해: 큰 분자가 물과 반응하여 몇 개의 이온이나 분자로 분해되는 반응.

▷ 진짜 소개하고 싶은 기술은 SCR 방식이었네요. 다른 기술들과 달리 구체적으로 설명하고 있는 걸 보니!

▷ 앞서 SCR 방식을 소개한 후, 특성에 대해 추가 설명을 하고 있습니다.

▷ [A]로 묶인 걸 보니, 이 부분에 해당하는 문제가 나올 것입니다.

▷ 마지막 문장에서 공간 속도를 구하는 값과 같은 '관계식'(= 공식)도 출제자가 좋아하는 출제 요소입니다.

▷ SCR 방식의 문제점이 언급되고 있습니다. 앞서 DPF 방식이나 EGR 방식에서도 기술의 단점이 언급된 바 있습니다.

2단계: '때문에', '모두 + 달리 + 비해'

　　문제를 풀기 전에 팩트 간 관계를 드러내는 원리를 확인합시다. 팩트 간 관계를 원인과 결과, 곧 인과 관계로 나타낸다면 '~ 때문에 ~가 일어난다.'와 같은 논리적 관계로 정리할 수 있습니다. 공통점은 '모두', 차이점은 '~와 달리'의 표현을 사용하여 나타낼 수 있습니다. 팩트들 간의 정도를 따져 본다면 '~에 비해'와 같은 표현을 사용하여 나타낼 수 있습니다. 발문이나 선택지에 이러한 표현이 사용되었다면, 어떤 관계에 초점을 맞추어서 이해해야 하는지를 확인해 두어야 합니다.

- 인과 관계(원인 - 결과): ~ 때문에 ~가 일어난다
- 공통점: 모두
- 차이점: ~와 달리, ~인 반면
- 정도 비교: ~에 비해

Q. ㉠과 ㉡을 비교한 내용으로 적절한 것은?
→ ㉠ EGR 방식(3문단), ㉡ SCR 방식(4 ~ 6문단)

① ㉠과 ㉡은 모두 배기가스를 엔진으로 재순환시켜 질소 산화물의 저감 효율을 높인다.
→ 공통점 찾기입니다.
팩트 체크 · ❸ 질소 산화물을 저감하는 기술로는 ㉠ EGR 방식이 있다. 이 방식은 배기가스를 엔진으로 재순환시킨 다음, ~
· ❹ ㉡ SCR 방식은 배기가스를 재순환시키지 않기 때문에 ~
ㄴ X, 배기가스를 엔진으로 재순환시키는 것은 EGR 방식에만 해당됩니다. SCR 방식은 배기가스를 재순환시키지 않는다고 하였기 때문입니다. 따라서 이 선택지는 각각의 팩트 체크를 제대로 하면 풀리는 수준입니다.

② ㉠은 ㉡과 달리 질소 산화물을 저감하는 과정에서 엔진에 불순물이 쌓일 수 있다.
→ 차이점 찾기입니다. ㉠에는 있고, ㉡에는 없어야 합니다.
팩트 체크 ❸ EGR 방식은 엔진에 불순물이 쌓일 수 있고, ~
ㄴ O, EGR 방식은 엔진에 불순물이 쌓일 수 있다고 하였습니다. 그에 비해 SCR 방식에서는 불순물이 언급되지 않았습니다.

③ ㉠은 ㉡과 달리 불쾌감을 유발할 수 있는 암모니아를 배출한다.
→ 차이점 찾기입니다. ㉠에는 있고, ㉡에는 없어야 합니다.
팩트 체크 · ❸ 입자상 물질이 많이 배출되므로 EGR 방식은 DPF 방식과 함께 쓰인다.
· ❹ SCR 방식은 암모니아를 이용하여 질소 산화물을 저감한다.
ㄴ X, EGR 방식은 암모니아가 아니라 입자상 물질을 배출하고, SCR 방식은 암모니아를 이용합니다.

④ ㉠은 ㉡에 비해 질소 산화물의 저감 효율이 높다.
→ 정도 비교입니다. ㉠>㉡이어야 합니다.
팩트 체크 · ❸ 질소 산화물을 저감하는 기술로는 ㉠ EGR 방식이 있다.
· ❹ EGR 방식보다 질소 산화물의 저감 효율이 높은 SCR 방식이 개발되어 ~
ㄴ X, EGR 방식과 SCR 방식 모두 질소 산화물 저감 기술이지만, 이 중 효율이 높은 것은 SCR 방식이라고 하였습니다.

⑤ ㉠은 ㉡에 비해 높은 온도에서 연료가 연소된다.
→ 정도 비교입니다. ㉠>㉡이어야 합니다.
팩트 체크 · ❸ 연료를 배기가스와 함께 연소시켜 연소 온도를 낮추는 기술이다.
· ❹ ㉡ SCR 방식은 배기가스를 재순환시키지 않기 때문에 EGR 방식보다 엔진에서의 연소 온도가 높다.
ㄴ X, EGR 방식은 연소 온도를 낮춘다고 하였고, SCR 방식은 EGR 방식보다 엔진에서의 연소 온도가 높다고 하였습니다.

1) 염료 분자의 작용

교과서
화제 연계

1 [1]염료가 일정한 색으로 보이는 것은 가시광선*의 일부분만을 흡수하는 공명 현상 때문이다. [2]공명이란, 어떤 물체가 외부로부터 주기적*으로 유입되는 에너지 가운데 특정한 값의 에너지에만 반응하는 현상을 말한다. [3]라디오를 생각해 보자. [4]라디오의 내장* 안테나에는 여러 가지 파장의 전파 에너지가 수신된다. [5]하지만 청취자는 특정한 채널의 음성만을 듣게 된다. [6]이는 안테나를 통해 유입되는 전파들 가운데 특정 채널에 해당하는 값의 전파에만 라디오 수신기가 반응하도록 되어 있기 때문이다.

2 [7]이와 마찬가지로 염료*는 태양 광선 중 특정 파장의 빛에만 반응한다. [8]황색의 염료는 태양 광선 중에서 단파장의 청색광에만 반응하여 이를 흡수한다. [9]그래서 이 염료를 바른 물체는 백색광에서 청색광을 뺀 나머지 빛을 반사하여 황색으로 보이는 것이다. [10]염료 분자는 그 안에 특정 파장의 빛을 흡수하는 원자단을 갖고 있는데 이것이 염료의 채널에 해당한다. [11]그런데 TV 채널을 조금만 바꾸어도 TV 화상*이 달라지는 것과 마찬가지로 염료의 화학 구조를 조금만 바꾸어도 전혀 다른 색으로 바꿀 수 있다. [12]예를 들면 수백 개의 원자로 되어 있는 염료 분자에 산소 원자 1개를 부가하는 것만으로도 표백*이 되게 할 수 있다.

[A]

3 [13]염료를 바른 물체의 색이 바뀌기도 한다. [14]염료가 빛을 흡수하면 채널 역할을 하는 전자가 들떠서 에너지 준위*가 높은 상태가 되는데, 파라핀계의 포화 탄화수소 분자는 탄소와 수소의 결합이 강하여 전자가 들뜨기 어렵다. [15]그러나 이중 결합이나 삼중 결합 등의 불포화* 결합에서는 전자가 비교적 들뜨기 쉽다. [16]특히 이중 결합이 1개의 단결합을 사이에 두고 한 개씩 나란히 존재하는 공액 이중 결합의 계에서는 고립된* 이중 결합에서보다 전자가 더 들뜨기 쉬워 가시부*에서 빛을 흡수하게 된다. [17]황색 염료의 경우, 분자 내의 공액 이중 결합의 수가 증가함에 따라 색은 황색에서 적색을 거쳐 흑색으로 바뀌게 된다.

4 [18]그런데 염료 분자에 흡수되어 전자를 들뜨게 한 에너지는 어떻게 되는 것일까? [19]염료 분자가 용액 중에 녹아 있는 경우나 헝겊 위에 부착되어 있는 경우에는 염료 분자들은 흩어져 있어 서로 영향을 미치지 못한다. [20]그래서 들뜨게 된 각각의 염료 분자는 흡수한 에너지를 용매 분자와 같은 주위의 분자에 주고 자신은 본래의 에너지 준위, 즉 바닥 상태로 되돌아간다. [21]이렇듯 들뜬 분자가 어떠한 방식으로 흡수한 에너지를 방출하고 바닥 상태로 되돌아가는 것을 '활성*을 잃는 현상'이라 한다. [22]한편 인접한* 분자는 염료 분자로부터 받은 에너지로 인해 들뜨게 되어 진동 등의 분자 운동을 하게 되는데, 이 때문에 주위의 온도가 올라간다. [23]즉, 빛 에너지는 이러한 과정을 거쳐 열에너지로 변환되는 것이다. [24]경우에 따라서는 들뜬 염료 분자의 에너지가 산소 분자로 이동하여 활성 산소를 생성하면서 산화되기도 한다. [25]햇빛 아래 오래 두면 옷 색깔이 바래는 ㉠퇴색* 현상은 이 때문에 일어나는 것이다.

집중 훈련 OX

01 공명 현상으로 인해 염료의 색을 구별할 수 있다. (O , X)

02 공명 현상에서 반응하는 에너지의 값은 주기적으로 바뀐다. (O , X)

03 염료의 색깔은 염료가 흡수하는 빛의 색깔과 동일하다. (O , X)

04 물체가 반사하는 빛에 따라 육안으로 인식하는 물체의 색깔이 달라진다. (O , X)

05 염료의 원자단은 라디오의 채널과 같이 특정한 값에만 반응한다. (O , X)

06 염료 분자의 화학 구조가 달라지면, 원래의 염료가 드러내는 색과 다른 색을 띨 수 있다. (O , X)

07 염료가 빛을 흡수하면 원자단이 활성화된다. (O , X)

08 포화 결합을 한 분자는 불포화 결합을 한 분자보다 가시광선을 더 많이 흡수한다. (O , X)

09 공액 이중 결합은 불포화 결합에 해당한다. (O , X)

10 염료 분자가 활성을 잃으면 인접한 분자는 활성을 띠게 된다. (O , X)

11 염료 분자에 흡수된 빛 에너지는 염색하는 과정에서 열에너지로 변환된다. (O , X)

12 활성 산소가 생성될수록 염색되는 물체의 색상이 선명해진다. (O , X)

⑤ [26]들뜬 분자가 활성을 잃는 과정에서 스스로 광원*이 되어 빛을 방출하는* 경우도 있다. [27]이를 ⓛ '형광'이라 한다. [28]이때 방출되는 빛은 흡수된 빛보다 조금은 파장이 긴데, 이 현상을 이용한 것이 형광 염료이다. [29]새하얗게 세탁이 된다고 광고하는 세제에는 자외선부의 빛을 흡수해서 자색에서 청색 계통의 빛을 방출하게 하는 형광 염료가 소량 첨가되어 있다. [30]그런데 이 형광 염료는 세탁물의 황색을 씻어 없앰으로써 깨끗하게 보이게 할 뿐, 세탁물의 때가 완전히 빠졌는지의 여부와는 아무런 관계가 없다.

- 에너지 준위: 양자 역학의 지배를 받는 계(system, ⑩ 원자, 분자 등) 내 입자들(전자, 양성자, 중성자 등)이 가질 수 있는 일련의 불연속적인 에너지값들.
- 가시부: 빛 중 인간의 눈에 느껴지는 부분. 빨강, 주황, 노랑, 초록, 파랑, 남, 보라의 7색으로 파장영역이 380∼780nm로 한정된 부분을 말한다.

---

13 형광 현상과 공명 현상은 빛을 방출한다는 점에서 공통적이다. (○ , ×)

14 형광 염료가 방출하는 빛은 흡수한 빛보다 파장이 길다. (○ , ×)

15 세제에 형광 염료를 첨가하면 세탁물의 때를 효과적으로 뺄 수 있다. (○ , ×)

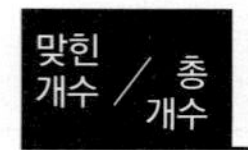

맞힌 개수 / 총 개수 / 15

01

[A]를 다음과 같이 정리할 때, (가)~(마)에 들어갈 내용으로 적절하지 <u>않은</u> 것은?

[염료가 빛을 흡수했을 때]

구분	ⓐ 포화 결합 분자	ⓑ 불포화 결합 분자
분자 간 결합	(가)	
에너지 준위	(나)	
가시부에서 빛의 흡수	(다)	
가시부에서 반사하는 색깔의 변화	(라)	(마)

① (가): ⓐ보다 ⓑ가 약하다.
② (나): ⓐ보다 ⓑ가 높다.
③ (다): ⓐ보다 ⓑ가 적다.
④ (라): 색깔의 변화가 거의 없다.
⑤ (마): 색깔이 짙어질 수 있다.

◑ **두 개념의 공통점과 차이점 파악하기**
세부적인 팩트 간 관계를 표로 정리한 문제입니다. 즉 표의 칸이 구분되어 있느냐를 통해 팩트 간 공통점을 찾는 것인지, 차이점을 찾는 것인지, 정도가 어떻게 다른지를 나타내고 있습니다.
ⓐ, ⓑ와 관련하여 표의 빈칸에 각각 들어갈 내용을 지문에서 파악해 보면 선택지의 적절성을 대체로 팩트 체크 수준에서 파악할 수 있습니다.

02

㉠과 ㉡에 대한 설명으로 가장 적절한 것은?

① ㉠은 황색 광선을 흡수하는 반면, ㉡은 황색 광선을 방출한다.
② ㉠은 분자가 활성을 잃는 과정인 반면, ㉡은 활성을 얻는 과정이다.
③ ㉠은 파장이 짧은 빛을 방출하는 반면, ㉡은 파장이 긴 빛을 방출한다.
④ ㉠은 천에 때가 끼는 현상인 반면, ㉡은 천의 때를 제거하는 현상이다.
⑤ ㉠은 빛 에너지의 흡수로 인한 현상인 반면, ㉡은 빛 에너지의 방출로 인한 현상이다.

◑ **두 개념의 차이점 파악하기**
두 팩트에 대한 설명을 비교 형식으로 표현했으나 팩트 체크 유형에 가까운 문제입니다.
㉠과 ㉡이 '반면'으로 연결되었으므로 둘의 차이점을 파악해야 합니다. 이때 각각의 선택지마다 '황색 광선', '활성', '파장의 길이', '때', '빛 에너지'와 같은 공통 범주를 밝히고 있으므로, 그 속에서 어떤 차이점이 있는지 확인해야 합니다.

문단별 중심 내용 & 구조도

1 [   ] 현상
과 색상의 구별

2 염료의 색상 구별과 원자단
의 기능

3 [   ]에
따른 빛 흡수의 차이

4 퇴색 현상의 원리

5 형광 현상의 원리

필수 어휘

가시광선	사람의 눈으로 볼 수 있는 빛. 🔵 자외선은 가시광선보다 파장이 짧다.	
주기적 週 돌 **주** / 期 기약할 **기** / 的 과녁 **적**	일정한 간격을 두고 되풀이하여 진행하거나 나타나는 것. 🔵 시험이 주기적으로 있다.	🔴 간헐적
내장 內 안 **내** / 藏 감출 **장**	밖으로 드러나지 않게 안에 간직함. 🔵 이 상자의 내장 스피커에서 소리가 난다.	🔴 외장
염료	옷감 따위에 빛깔을 들이는 물질. 🔵 그 시대에는 옷에 물을 들일 만한 염료가 발달되지 않았다.	🟢 도료
화상	텔레비전 수상기의 화면에 나타나는 상. 🔵 우리 집의 텔레비전은 화상이 선명하지 못하다.	
표백	종이나 피륙 따위를 바래거나 화학 약품으로 탈색하여 희게 함. 🔵 세탁을 잘못해서 청바지가 표백되어 버렸다.	
불포화	1. 최대한도까지 한껏 이르지 아니함. 　🔵 이 도시의 인구는 아직까지 불포화 상태이다. 2. 『화학』 포화(일정한 조건하에 있는 어떤 상태 함수의 변화에 따라서 다른 양의 증가가 　나타날 경우에, 앞의 것을 아무리 크게 변화시켜도 뒤의 것이 일정 한도에서 머무르는 　일.)에 미달한 상태. 　🔵 돼지기름은 불포화 지방이 많다.	
고립되다	다른 사람과 어울리어 사귀지 아니하거나 도움을 받지 못하여 외톨이로 되다. 🔵 무인도에 고립되다.	
활성	『화학』 물질이 에너지나 빛 따위에 의하여 활동이 활발하여지며 반응 속도가 빨라지는 성 질. 또는 촉매의 반응 촉진 능력. 🔵 발효 과정에서 효소의 활성을 증가시켰다.	
인접하다 鄰 이웃 **린** / 接 접할 **접**	이웃하여 있다. 또는 옆에 닿아 있다. 🔵 바다에 인접한 마을.	
퇴색 褪 바랠 **퇴** / 色 빛 **색**	빛이나 색이 바램. 🔵 그림의 퇴색이 심해 형체가 잘 분간되지 않는다.	
광원 光 빛 **광** / 源 근원 **원**	『물리』 제 스스로 빛을 내는 물체. 태양, 별 따위가 있다. 🔵 이 제품의 광원 수명은 4만 시간이다.	🟢 발광체
방출하다	1. 비축하여 놓은 것을 내놓다. 2. 『물리』 입자나 전자기파의 형태로 에너지를 내보내다. 　🔵 운동을 많이 하면 열이 몸 밖으로 방출된다.	

2) 알랭 바디우의 철학적 견해

1 [1]현대 철학자 알랭 바디우는 정치란 세상을 변화시키는 것이라고 말하며, 더 나은 세상을 만들기 위해서는 좋은 지도자를 뽑아 정부를 잘 운영하는 것으로는 부족하고 사회 구조의 변화가 이루어져야 한다고 말한다. [2]그렇다면 사회 구조의 변화는 어떻게 가능한 것인가? [3]이에 대해 바디우는 ㉠'사건'을 계기*로 ㉡'진리'가 만들어지면서 사회 구조가 변화하게 되는 것이라고 설명한다.

2 [4]바디우에 따르면, 사건이란 기존의 사회 구조를 뒤흔들 만큼 충격적인 일이면서 미리 계획하거나 예측할 수 없는 일이다. [5]또한 사건은 의도적으로 발생시킬 수 없는 것으로, 사회에 엄청난 충격을 일으키지만 사회 전체에서 일어나는 것이 아니라 사회 내의 특정한 지점에서 발생한다. [6]바디우는 사건은 일시적*으로 나타났다가 사라져 버리는 것이지만 사회 구조 변화의 출발점이 된다는 것을 강조한다. [7]그는 사건의 대표적 예로 1871년 프랑스 파리에서 일어났던 파리코뮌*을 들고 있다.

3 [8]바디우는 기존의 사회 구조를 벗어나는 독특한 사건이 발생하면 사회 구성원들은 이 사건을 전에 없던 '이름'으로 부르고 이 이름은 사건이 사라진 후에도 사회에 흔적으로 남는다고 본다. [9]사건이 사라지고 난 후, 개인이나 집단은 사건의 이름을 통해 사건을 떠올리며 사회 안의 각 요소들과 사건의 관련성을 살펴보는 시도를 한다. [10]즉 개인이나 집단이 사회 안의 제도, 행위, 발언 등을 검토하여 그것이 사건을 이어 갈 수 있는 것인지 아닌지를 가려낼 수 있다고 보는 것이다. [11]사회 안의 요소들 중에서 사건에 충실한* 요소와 그렇지 않은 요소를 가려내는 이러한 작업을 바디우는 [탐색]이라고 부르고, 탐색의 판단 기준을 '충실성'이라고 부른다. [12]이때 탐색에 참여하는 개인이나 집단은 어떤 의도를 가지고 사회 안의 특정한 요소를 선택해 그것의 충실성 여부를 검토하는 것이 아니라 사회 안에서 우연히 마주치게 되는 요소들이 사건과 어떤 관계를 가지는지를 조사한다.

4 [13]바디우는 탐색을 통해 사건에 충실한 것으로 분류된 요소들이 진리*를 이룬다고 말한다. [14]즉 바디우에게 있어 진리란 거짓에 반대되는 사실을 가리키는 것이 아니라, 사건을 계기로 이루어진 탐색의 결과이자 사회 안에서 사건에 충실한 요소들의 집합체이다. [15]바디우는 이러한 진리는 정치 이외에도 과학, 예술, 사랑의 영역에서 만들어질 수 있다고 본다.

5 [16]바디우는 진리가 만들어지는 과정, 즉 진리 절차에서 진리를 이루는 부분들을 '주체'*라고 부른다. [17]진리를 만들어 가는 개인이나 집단의 행위, 발언 중에서 충실한 요소들이 모여 주체가 되는 것이다. [18]따라서 진리 절차에 참여하는 사람이라도 그 사람 자신이 곧 주체는 아니며, 그 사람의 행위나 발언 중 사건에 충실한 것만이 주체의 일부가 된다. [19]이러한 바디우의 시각이 개인을 보잘것없게* 만든

집중훈련 OX

01 바디우는 좋은 지도자를 뽑으면 더 나은 세상을 만들 수 있다고 생각한다. (O , X)

02 바디우는 사회 구조의 변화는 진리를 수반한 사건을 통해 가능하다고 하였다. (O , X)

03 바디우는 사건이 사회 전체에서 일어난 것이어야 의미가 있다고 하였다. (O , X)

04 동일한 사건이 여러 번 반복되면 사회 구조의 변화가 시작된다. (O , X)

05 모든 사건에는 이름이 붙는다. (O , X)

06 '사건'과 달리 '사건'의 이름은 일시적으로 나타났다가 사라지지 않는다. (O , X)

07 바디우가 말하는 '탐색'은 사건과 사회의 요소 사이의 충실성 여부를 가리는 일이다. (O , X)

08 탐색에 참여하는 개인은 의도를 숨기고 사건과 사회 요소들 간의 관계를 조사한다. (O , X)

09 탐색의 과정을 거쳐 사건에 충실한 요소들로 이루어진 집합체는 바디우가 말하는 '진리'와 일치한다. (O , X)

10 거짓이 아닌 사실들을 체계적으로 정리하는 과정을 진리 절차라 한다. (O , X)

11 진리를 만들어 가는 개인은 진리에 부합하는 행위에만 참여하는 도덕적 존재이다. (O , X)

다고 비판하는 사람들도 있다. [20]하지만 이에 대한 반대급부*가 있다. [21]어떤 사람이 정치적 활동을 하면서 예술 활동을 하고 있다면 이 활동은 정치적 주체의 일부이면서 예술적 주체의 일부가 될 수 있으므로 개인은 다양한 영역에서 활동할 수 있다는 것이다.

6 [22]특히 바디우는 자신의 철학을 펼치면서 사건은 진리가 만들어지는 데 필수적이지만 그 자체가 진리는 아니라고 강조하며, 사회 구조의 변화를 위해 중요한 것은 우연한 사건보다 시간의 경과* 속에서 만들어지는 진리라고 말한다. [23]이는 바디우가 말하는 '용기'의 중요성과도 연결된다. [24]바디우에게 있어 용기란 진리를 좇는 용기, 즉 사회 안의 요소들을 진리에 속하는 것과 아닌 것으로 나누는 작업을 포기하지 않고 지속할* 수 있는 용기이다. [25]결국 바디우는 사회 구조의 변화를 위해서는 앞으로의 일이 아니라 이미 일어났던 사건에 관심을 가지고 그 사건을 이어 가기 위해 노력해야 한다고 보는 것이다.

12 사건과 사회 요소들 간의 충실성을 가리는 사람이 진리를 이루는 온전한 주체가 된다. (O , X)

13 바디우에 따르면 개인은 동시에 다수의 진리 절차에도 참여할 수 있다. (O , X)

14 시간의 경과 속에서 진리가 만들어지려면 탐색을 포기하지 않는 용기를 발휘해야 한다. (O , X)

15 사회 구조를 변화시키기 위해서는 앞으로 일어날 사건을 예측할 수 있어야 한다. (O , X)

맞힌 개수 / 총 개수 　 / 15

01

㉠과 ㉡에 대해 이해한 내용으로 적절하지 않은 것은?

① ㉠은 ㉡이 만들어지는 과정의 시발점이 된다.
② ㉠은 ㉡이 만들어지는 데 필수적이지만 ㉠ 자체가 ㉡은 아니다.
③ ㉡을 이루는 요소는 ㉠을 이어 갈 수 있다고 판단된 것들이다.
④ ㉠은 일시적으로 일어났다 사라지며 ㉡은 시간의 경과 속에서 만들어진다.
⑤ ㉡보다 ㉠을 발생시키기 위한 노력이 사회 구조의 변화를 위해 더 중요하다.

◑ 두 개념의 인과 관계 파악하기
내용상 서로 연결되어 있는 화제들의 관계를 묻는 문제입니다. 글 전체를 보면서 화제에 대한 '팩트 체크'를 하고, 선택지의 관계 표현에 주목하여 팩트를 비교해 보세요.

02

'탐색'(㉮)과 '용기'(㉯)의 관계에 대한 이해로 가장 적절한 것은?

① ㉮와 ㉯는 진리가 만들어지거나 형성되는 데 기여한다.
② ㉮와 ㉯는 사건에 충실한 것과 그렇지 않은 것을 구분한다.
③ ㉮와 ㉯는 진리에 속하는 것과 그렇지 않은 것을 구분한다.
④ ㉮와 달리 ㉯는 우연한 사건보다 시간이 경과된 사건에 주목한다.
⑤ ㉯와 달리 ㉮는 개인이 아니라 집단을 진리 형성의 주체로 보고 있다.

◑ 두 개념의 공통점과 차이점 파악하기
두 요소들의 관계를 묻는 문제입니다. 공통점과 차이점으로 제시된 내용들이 각 요소들에 대한 팩트에 부합하는지 파악합니다.
이 문제의 '진리', '사건'과 같이 두 개념을 비교하면서 선택지에 공통으로 언급되는 개념들이 있다면, 이들의 관계를 먼저 정리해 둡니다. 그러면 실수하지 않고 문제를 정확하게 해결할 수 있습니다.

문단별 중심 내용 & 구조도

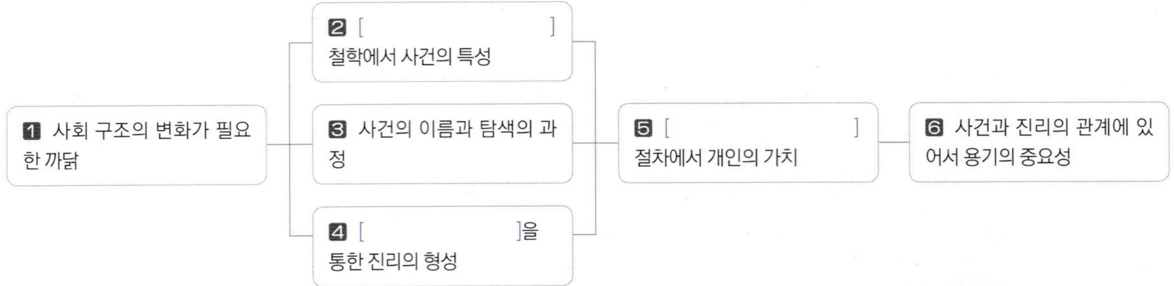

필수 어휘

계기	어떤 일이 일어나거나 변화하도록 만드는 결정적인 원인이나 기회. 예) 월드컵 개최를 계기로 축구에 대한 관심이 높아졌다.	⊜ 동기
일시적 — 오로지 일 / 時 때 시 / 的 과녁 적	짧은 한때의 것. 예) 집값이 오르는 것은 일시적인 현상이다.	⊝ 영구적
파리코뮌	1871년 프로이센·프랑스 전쟁에서 프랑스가 패배하고 나폴레옹 3세의 제2제정이 몰락하는 과정에서, 파리에서 일어난 민중 봉기. 예) 파리코뮌의 정신을 이어받다.	
충실하다	충직하고 성실하다. 예) 어머니는 언제나 가정에 충실했다.	⊜ 충직하다
진리 眞 참 진 / 理 다스릴 리	1. 참된 이치. 또는 참된 도리. 예) 사람을 존중하는 것은 만고불변의 진리이다. 2. 『철학』 언제 어디서나 누구든지 승인할 수 있는 보편적인 법칙이나 사실.	
주체 主 주인 주 / 體 몸 체	사물의 작용이나 어떤 행동의 주가 되는 것. 예) 민중들이 역사의 주체로 섰다.	⊝ 객체
보잘것없게	볼만한 가치가 없을 정도로 하찮게. 예) 이 물건을 보잘것없게 여기지 말고, 잘 간직하고 있어라.	⊜ 볼품없게
반대급부 反 돌이킬 반 / 對 대답할 대 / 給 줄 급 / 付 줄 부	어떤 일에 대응하여 얻게 되는 이익. 예) 이 일을 도와주면 반대급부로 나에게 돌아오는 것은 무엇입니까?	
경과	시간이 지나감. 예) 자, 마무리하기로 한 시간에서 3분 경과되었습니다.	
지속하다	어떤 상태를 오래 계속하다. 예) 어떻게든 그녀와의 연락을 지속하고 싶다.	⊝ 중단하다

04^강 팩트 적용

다른 사례에 적용하거나 대응시키기

우리에게 요구되는 독서 능력의 마지막 단계는 '지문이 아닌 자료'를 '지문'과 관련지어 읽는 것입니다. 지문의 내용을 다른 사례에 적용·대응하는 문제가 바로 이 능력을 측정하기 위한 것입니다. 이러한 문제가 '팩트 적용' 문제입니다. '팩트 적용'은 흔히 <보기>라는 장치를 활용하여 다른 사례를 제시하고, 지문(윗글)의 내용을 적용하게 합니다.

'적용' 문제 유형으로 분류되는 '팩트 적용'은 흔히 문제에서 다음과 같은 발문으로 나타납니다.

- 💬 윗글을 바탕으로 <보기>를 이해한 내용으로 적절한 것은?
- 💬 윗글을 바탕으로 할 때, <보기>에 대한 설명으로 옳지 <u>않은</u> 것은?
- 💬 윗글을 바탕으로 <보기>를 이해한 반응으로 적절하지 <u>않은</u> 것은?

팩트를 적용할 줄 아는 것, 즉 팩트를 확장하여 판단하는 것은 '하나를 가르치면 둘을 깨닫는' 능력입니다. 왜 이 높은 수준까지 요구할까요? 그것은 수능의 목적과 관련 있습니다. 수능은 대학에 진학하여 학문을 수행할 능력이 있는지를 확인하기 위한 시험입니다. 그리고 대학에서 학문을 수행한다는 것은 전문 서적과 논문을 이해한 후 이를 다른 상황에 적용함으로써 학문의 세계를 확장하는 것입니다. 그러니 글을 읽고 팩트를 확장시키는 문제는 독서 세트 마지막에 항상 출제될 수밖에 없습니다.

1단계: <보기>와 지문의 연결 지점 = 공통점

대체로 <보기>는 지문의 핵심 내용, 특정 문단과 연결됩니다. 그리고 <보기>에 담긴 내용은 연결된 부분과 유사한 사례일 수도 있고, 다른 사례일 수도 있습니다.

- 문제가 <보기>를 기준으로 하는지, 윗글을 기준으로 삼는지에 따라 주목해야 할 정보의 비중이 다르다. 기준, 곧 바탕으로 삼는 것이 선택지의 적절성을 판단하는 기준이다.
- 지문과 <보기>가 연결된 것은 둘 사이에 공통 요소가 있다는 것이다.
- <보기>의 핵심어나 핵심 내용은 지문의 특정 부분과 연결된다.

그럼 다음 글을 읽어 봅시다.

1 고대 그리스 철학자들은 '변화'에 대해 많은 관심을 가졌다. 그들은 변화라는 현상의 실재(實在) 자체에서부터 종류, 원인 등에 이르기까지 많은 의문을 제기하였고, 특히 아리스토텔레스에 이르러 학문적 성과를 이룰 수 있었다.

⋮

> - 철학의 화두로 '변화'를 던지고 있군. = 핵심어
> - 1문단은 '변화에 대한 철학사적 관심'으로 정리할 수 있겠군. = 요약

2 먼저 헤라클레이토스는 모든 것이 항상 변화하고 있다고 믿었다. 그는 그 믿음을 "같은 강물에 두 번 들어갈 수 없다."란 말로 표현했다. 새로운 강물이 끊임없이 흘러들기 때문에 같은 강물에 다시 들어가는 것은 불가능하다는 것이다. 또한 그는 불꽃이 끊임없이 흔들리듯이 항상 변화하고 있는 '불'을 세계의 근원적 요소로 보았다. 반면 파르메니데스는 변화라는 현상 그 자체를 부정했다. 그는 '존재하는 것은 이미 존재하고 있으며, 존재하지 않는 것은 아무것도 존재하지 않는 것'이라고 인식했으므로, 절대적인 무(無)에서의 생성과 절대적인 무로의 소멸과 같은 변화는 있을 수 없다고 주장했다. 또한 세계는 존재하는 것들이 하나로 뭉쳐 있고 빈 공간이 없기 때문에 변화가 가능하지 않다고 보았다. 따라서 그는 우리가 일상에서 감각을 통해 흔히 경험하는, 변화라고 믿는 현상이 사실은 착각 또는 환상에 불과하다고 간주했다.

⋮

> - 1문단에서 던진 화두 '변화'에 대한 철학자들(헤라클레이토스, 파르메니데스)의 입장이군. = 핵심어
> - 1문단과 연결할 때, 2문단은 '변화의 실재성에 대한 헤라클레이토스와 파르메니데스의 상반된 견해'로 정리할 수 있겠군. = 요약

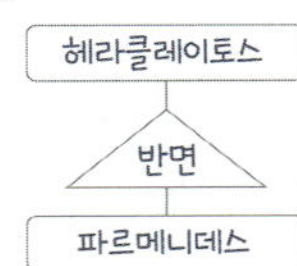

3 이와 같이 변화라는 현상의 실재성에 대한 상반된 견해가 제시된 이후, 후대에 이르러 플라톤과 아리스토텔레스는 변화의 문제에 대해 깊이 있는 논의를 펼쳤다. 그들은 변화에 대한 앞선 두 철학자의 견해를 받아들였지만 그 방식에는 서로 차이가 있었다. 플라톤은 모든 것이 항상 변화한다는 헤라클레이토스의 견해를 현실 세계에, 아무것도 변화하지 않는다는 파르메니데스의 견해를 이상 세계에 적용하여 이원론적 세계관을 확립했다. 하지만 아리스토텔레스는 플라톤이 주장하는 이상 세계를 거부했다. 그는 변화의 실재에 대한 헤라클레이토스와 파르메니데스의 상반된 견해를 어떤 방식으로든 현실 세계에 적용하려고 노력했다.

⋮

> - 2문단에서 언급한 철학자의 견해를 서로 다르게 받아들인 '플라톤'과 '아리스토텔레스'에 관한 글이군. = 핵심어
> - 3문단은 '플라톤과 아리스토텔레스의 변화에 대한 견해 수용의 차이'로 정리할 수 있겠군. = 요약

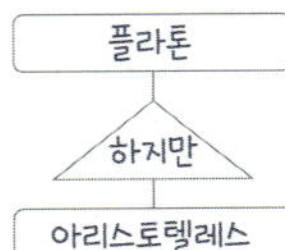

4 아리스토텔레스는 『자연학』에서 '기체(基體)'와 '형상(形相)'이라는 개념을 통해 변화의 문제를 설명하려고 했다. '기체'란 변화의 시작부터 끝까지 유지되는 변화의 토대를 의미한다. 그리고 '형상'이란 그런 토대 위에 구현되어 현실 세계에서 감각적으로 나타나는 것을 의미한다. 예를 들어 검은색의 머리카락이 흰색으로 변할 때 머리카락은 변화의 시작

부터 끝까지 유지되는 기체이며, 검은색과 흰색과 같은 머리카락의 색깔이 형상에 해당한다. 이처럼 아리스토텔레스는, 변화란 현실 세계에서 실체의 기저에 깔린 머리카락이라는 기체 위에서 검은색의 형상이 흰색의 형상으로 대체되는 현상과 같은 것이라고 보았다.

⋮

> - '아리스토텔레스'의 변화에 대한 견해를 구체적으로 설명하고 있군. = 핵심어
> - 4문단은 '기체와 형상을 통해 변화 현상을 설명한 아리스토텔레스의 견해'로 정리할 수 있겠군. = 요약

5 또한 그는 변화의 종류와 성격에 대해서도 분석했는데, 먼저 변화를 실체적 변화와 비실체적 변화로 구분하였다. 실체적 변화란 실체의 변화 정도가 커서 기체가 무엇인지 분명하지 않은 변화를 가리킨다. 애벌레가 나비가 되는 것을 그 예로 들 수 있는데, 이는 변화의 전체 과정을 관찰하지 않는다면 마치 애벌레 자체가 소멸하고 나비가 생성되는 것으로 생각될 수도 있다. 그러나 아리스토텔레스는 파르메니데스와 마찬가지로 무에서의 생성과 무로의 소멸을 인정하지 않는데, 왜냐하면 모든 변화에서 기체가 유지된다는 것을 전제하기 때문이다. 따라서 실체적 변화는 변화의 시작부터 끝까지 유지되는 기체가 정확히 무엇인지 알 수 없다는 것을 의미할 뿐이지, 기체가 없이 무로부터의 생성이나 무로의 소멸이 일어난다는 것은 아니다. 비실체적 변화에는 얼굴이 빨개지는 등의 질적 변화, 작은 풍선이 커지거나 살이 찌거나 빠지는 등의 양적 변화, 이곳에서 저곳으로 장소를 이동하는 장소 변화가 있는데, 이들이 비실체적이라는 것은 실체가 전혀 또는 많이 변하지 않아서 기체가 분명하게 식별된다는 것을 의미한다. 특히 장소 변화의 경우 실체 자체는 아무런 변화를 겪지 않는다.

⋮

> - 4문단에 이어 '아리스토텔레스'의 변화에 대한 견해를 구체적으로 설명하고 있군. = 핵심어
> - 5문단은 '실체적 변화와 비실체적 변화로 구분한 아리스토텔레스의 견해'로 정리할 수 있겠군. = 요약

6 이처럼 아리스토텔레스는 이전 철학자들과는 달리 새로운 방식으로 변화를 규정했다. 그는 다수의 저술 속에서 변화 자체에 대한 분석뿐만 아니라 그 결과를 우주, 자연물, 인간 등의 사례에 적용할 정도로 변화의 문제에 깊은 관심을 보였으며, 이는 근대 자연 과학의 발전에 밑바탕이 되었다.

⋮

> - 3~5문단에서 설명한 '아리스토텔레스'의 견해를 종합하고 있군. = 핵심어
> - 6문단은 '아리스토텔레스의 철학의 의의'로 정리할 수 있겠군. = 요약

▷ '기체'와 '형상'이라는 두 개의 개념이 제시되고 있습니다. 개념의 정의와 예시가 설명되는 것으로 보아, 개념들을 구분하고 적용하는 문제가 나오리라 예상할 수 있습니다.

▷ 변화의 종류와 성격을 분석했다고 하면서 '실체적 변화'와 '비실체적 변화'를 언급하고 있습니다. 이 둘을 구분하는 문제가 나오리라 예상할 수 있습니다. 심지어 [A]로 묶이기까지 했으니까요!

▷ '이처럼'이라는 접속어를 통해 내용을 종합하는 문단임을 나타내고 있습니다.

2단계: 지문과 〈보기〉의 팩트 비교

지문에서 제시된 팩트를 구체적인 사례에 적용해 봅시다.

Q [A]를 바탕으로 '아리스토텔레스'의 입장에서 〈보기〉를 이해한 내용으로 적절하지 **않은** 것은? [3점]

보 기

└ 문제에서 [A]와 연결했음을 드러내고 있습니다. 판단의 기준은 [A]에 나타난 '아리스토텔레스'의 입장입니다. [A]에 '개구리'는 언급
되지 않았으므로, [A]에 언급된 개념들을 구체적인 예시인 개구리의 변화에 적용해 보는 문제임을 알 수 있습니다.

① ㄱ에서 변화 전의 개구리가 다른 장소에서 이동해 왔다면 그것은 비실체적 변화라고 볼 수 있다.

  팩트 체크 ❺ 비실체적 변화에는 얼굴이 빨개지는 등이 질적 변화, ~ 이곳에서 저곳으로 장소를 이동하는 장소
변화가 있는데, ~

  ↓

  보기 체크 개구리의 피부색이 변함.

  └ ○, ①에서는 장소 이동이 비실체적 변화인지를 확인하고 있습니다. [A]에서 장소 변화는 비실체적 변화에 포함된다고 했으므로 적절
한 설명입니다.

② ㄱ에서 변화 전의 개구리의 피부색이 변화 후와 같이 바뀌었다면 색깔이라는 형상이 대체된 질적 변화가 나타났다
고 볼 수 있다.

  팩트 체크 ❺ 비실체적 변화에는 얼굴이 빨개지는 등의 질적 변화, ~

  ↓

  보기 체크 개구리의 피부색이 변함.

  └ ○, ②에서는 색깔이 바뀐 것이 질적 변화인지를 확인하고 있습니다. [A]에서 얼굴이 빨개지는 등의 색깔만 달라지는 것이 질적 변화
라고 하였고, 〈보기〉의 ㄱ에서도 개구리의 피부색만 달라졌으므로 적절한 설명입니다.

③ ㄴ은 실체의 변화 정도가 커서 기체가 무엇인지 분명하게 식별되는 변화라고 볼 수 있다.

  팩트 체크 ❺ 실체적 변화란 실체의 변화 정도가 커서 기체가 무엇인지 분명하지 않은 변화를 가리킨다. 애벌레
가 나비가 되는 것을 그 예로 들 수 있는데, ~

  ↓

  보기 체크 올챙이에서 개구리로 변함.

  └ X, <보기>의 ㄴ에서 올챙이가 개구리로 변했으므로 실체적 변화에 해당합니다. 그러나 지문에서 실체적 변화는 기체가 무엇인지 분명하지 않은 변화라고 하였습니다. <보기>와 비교하지 않아도 선택지 자체가 지문의 내용과 다릅니다.

④ ㄷ은 변화 전과 변화 후의 실체의 크기가 양적으로 증가한 비실체적 변화라고 볼 수 있다.

 팩트 체크 ❺ 비실체적 변화에는 ~ 작은 풍선이 커지거나 살이 찌거나 빠지는 등의 양적 변화, ~

↓

보기 체크 개구리의 크기가 변함.

  └ O, <보기>의 ㄷ에서 개구리의 크기만 커졌으므로 양적 변화에 해당하며, 양적 변화는 지문에서 비실체적 변화라고 하였습니다.

⑤ ㄱ, ㄴ, ㄷ은 모두 변화 과정에서 기체가 실체의 기저에 깔려 있다는 점에서 공통점을 갖는다고 볼 수 있다.

   팩트 체크 ❺ 왜냐하면 모든 변화에서 기체가 유지된다는 것을 전제하기 때문이다.

↓

 보기 체크 개구리의 색깔이 달라짐(ㄱ), 올챙이에서 개구리가 됨(ㄴ), 개구리의 크기가 커짐(ㄷ).

  └ O, <보기>의 ㄱ, ㄴ, ㄷ 모두 '개구리'의 색깔, 성장 단계, 크기가 변하였을 뿐 '개구리'라는 기체는 달라지지 않았습니다. 지문에서도 모든 변화에서 기체가 유지된다고 하였습니다. ⑤에서 말한 '기체가 실체의 기저에 깔려 있다(= 기체는 실체가 달라져도 유지된다.)'는 설명과 일치합니다.

 이번에는 지문에 제시된 팩트를 다른 사례에 적용해 봅시다. 다른 사례에 적용할 때에는 지문과의 공통점과 차이점을 중심으로 둘의 팩트를 비교하는 형태가 주로 출제됩니다.

Q 윗글과 <보기>를 읽은 학생이 보일 수 있는 반응으로 가장 적절한 것은?

───── 보 기 ─────

 탈레스는 '물'을 만물의 근원이라고 보았다. 그는 물이 그 본성상 여러 가지로 변형되면서 다양한 형태의 사물들을 구성하므로, 현실에서 경험적으로 나타나는 변화를 인정할 수밖에 없다고 인식하였다. 그러나 근원적인 요소인 물 자체는 결코 변하지는 않는다고 보았다. 이처럼 그 자체는 변화하지 않으면서도 세계의 변화를 가능하게 해 주는 만물의 근원을 '아르케(arche)'라고 한다. 아르케를 주장한 그리스 철학자들은 절대적인 무에서의 생성과 절대적인 무로의 소멸을 인정하지 않았다.

  └ <보기>에는 '탈레스'의 입장이 제시되었습니다. 탈레스도 철학가이며, '변화'에 대한 견해를 지녔다는 점에서 지문과 공통점이 있습니다. 특히 근원적 요소, 절대적인 무에서의 생성과 소멸 등에 대한 언급으로 보아 2문단, 5문단과 밀접하게 연결됩니다.

① 헤라클레이토스와 탈레스는 모두 '불'을 통해 변화를 설명하려고 하였군.

  → 공통점 찾기입니다.

 팩트 체크 ❷ 먼저 헤라클레이토스는 ~ 항상 변화하고 있는 '불'을 세계의 근원적 요소로 보았다.

↓

보기 체크 탈레스는 '물'을 만물의 근원이라고 보았다.

  └ X, <보기>의 탈레스는 물을 통해 변화를 설명하였습니다.

② 탈레스는 아리스토텔레스와 달리 현실에서 경험적으로 나타나는 변화를 인정하였군.

  → 차이점 찾기입니다. 탈레스에는 있고, 아리스토텔레스에는 없어야 합니다.

 팩트 체크 ❹ 그리고 '형상'이란 그런 토대 위에 구현되어 현실 세계에서 감각적으로 나타나는 것을 의미한다.

↓

보기 체크 현실에서 경험적으로 나타나는 변화를 인정할 수밖에 없다고 인식하였다.

  └ X, 탈레스와 아리스토텔레스 모두 현실에서 경험적으로 나타나는 변화를 인정하였습니다.

③ 파르메니데스는 탈레스와 달리 만물의 근원적 요소 그 자체는 변할 수 없다고 여겼군.

→ 차이점 찾기입니다. 파르메니데스에는 있고, 탈레스에는 없어야 합니다.

팩트 체크 ❷ 반면 파르메니데스는 변화라는 현상 그 자체를 부정했다.

↓

보기 체크 그러나 근원적인 요소인 물 자체는 결코 변하지는 않는다고 보았다.

└ X, 파르메니데스는 변화 자체를 부정하였지, 변하지 않는 근원적 요소가 있다고 하지 않았습니다. 반면 탈레스는 만물의 근원적 요소는 변하지 않는다고 하였습니다.

④ 파르메니데스와 탈레스는 모두 '물'이 다양한 형태의 사물들을 구성한다고 인식하였군.

→ 공통점 찾기입니다.

팩트 체크 ❷ 그는 '존재하는 것은 이미 존재하고 있으며, 존재하지 않는 것은 아무것도 존재하지 않는 것'이라고 인식했으므로, ~

↓

보기 체크 그는 물이 그 본성상 여러 가지로 변형되면서 다양한 형태의 사물들을 구성하므로, ~

└ X, 파르메니데스는 '물'이 다양한 형태의 사물들을 구성한다고 여기지 않았습니다.

⑤ 아리스토텔레스와 탈레스는 모두 절대적인 무에서의 생성과 절대적인 무로의 소멸을 인정하지 않았군.

→ 공통점 찾기입니다.

팩트 체크 ❺ 그러나 아리스토텔레스는 파르메니데스와 마찬가지로 무에서의 생성과 무로의 소멸을 인정하지 않는데, ~

↓

보기 체크 아르케를 주장한 그리스 철학자들은 절대적인 무에서의 생성과 절대적인 무로의 소멸을 인정하지 않았다.

└ O, 아리스토텔레스와 아르케를 주장한 탈레스 모두 절대적인 무에서의 생성과 절대적인 무로의 소멸을 인정하지 않았습니다.

1) 연관성 분석

교육청
기출

1 [1]현대 사회는 정보 통신 기술의 발달로 매일 엄청난 양의 자료가 생성*·축적* 되고 있다. [2]이러한 많은 양의 자료에서 유용한 정보를 찾아 활용하기 위해 다양한 분석 기법이 쓰이는데, 그중 정책 수립, 기업 관리, 의학 분야 연구, 마케팅 등에 널리 쓰이는 것이 연관성* 분석이다. [3]마케팅 분야를 예로 든다면, 연관성 분석은 수집한 자료 안에 존재하는 품목 간의 연관 규칙을 발견하는 과정을 말하며, 연관 규칙은 '고객이 X를 사면 Y도 산다.'의 형태를 띤다*. [4]이때 '고객이 X를 산다.'는 조건이 되고 '고객이 Y를 산다.'는 결과가 된다. [5]연관 규칙은 'X → Y'와 같이 조건 과 결과를 기호로 표현하는 것이 일반적이며, 통계학의 확률을 기반으로 한다.

2 [6]연관성 분석을 통해 유용한* 연관 규칙을 찾기 위해서는 대상 품목들이 어느 정도의 연관성이 있는지를 측정해야 한다. [7]연관성 측도*의 기본은 발생* 빈도로, 이와 관련한 주요 측도에는 지지도, 신뢰도, 향상 도가 있다. [8]먼저 지지도는 전체 거래에 대해 서 조건과 결과에 있는 품목들이 함께 구매 되는 경향을 나타낸다. [9]'X → Y'의 지지도는 X와 Y를 모두 구매하는 거래의 수를 전체 거

고객	품목
1	빵, 생수, 우유
2	빵, 휴지, 우유
3	빵, 세제, 우유
4	빵, 생수, 세제
5	생수, 휴지, 우유

〈표〉

래의 수로 나눈 값으로, 지지도가 높다는 것은 동시 구매가 많이 일어난다는 것을 의미한다. [10]〈표〉는 다섯 가지의 품목만 취급하는 편의점에서 다섯 명의 고객이 한 번씩만 거래했다고 가정한* 것이다. [11]〈표〉에서 생수와 빵을 모두 산 경우는 다 섯 번의 거래 중 두 번이므로, '생수 → 빵'의 지지도는 2/5(40%)이다. [12]'빵 → 생 수'의 지지도도 2/5이므로 'X → Y'와 'Y → X'의 지지도는 같다.

3 [13]신뢰도는 조건의 구매가 발생하였을 때 결과의 구매가 일어날 확률이다. [14]즉 'X → Y'의 신뢰도는 X와 Y를 모두 구매하는 거래의 수를 X를 구매하는 거래의 수 로 나눈 값이다. [15]따라서 신뢰도가 높다는 것은 조건의 구매가 발생한 경우에 결 과의 구매가 많이 일어남을 의미한다. [16]〈표〉에서 생수를 구매한 세 번의 거래 중 에서 두 번만 빵을 샀으므로, '생수 → 빵'은 2/3(약 66.7%)의 신뢰도를 갖는다. [17]그런데 '빵 → 생수'의 신뢰도는 2/4(50%)이다. [18]이처럼 'X → Y'와 'Y → X'의 신뢰도는 같지 않을 수 있다.

4 [19]향상도는 어떤 연관 규칙에 대하여 조건 없이 결과가 일어날 확률보다, 조 건이 일어났을 때 결과가 일어날 확률이 얼마나 더 향상*되는지를 알려 주는 측 도이다. [20]향상도는 신뢰도를 기대 신뢰도로 나눈 값이다. [21]기대 신뢰도란 'X → Y'에서 Y를 포함하는 거래의 수를 전체 거래의 수로 나눈 값이다. [22]'X → Y'에서 향상도가 1이라는 것은 X와 Y의 구매가 서로 독립적이라는 의미이다.

01 연관성 분석은 정보 통신 기술이 발달한 사회 에서 유용한 정보를 찾아 활용하기 위해 쓰이 는 분석 기법이다. (O , X)

02 'X → Y'의 연관 규칙에서 X는 조건, Y는 결과 에 해당한다. (O , X)

03 연관성 측도는 발생 빈도를 기본으로 삼는다. (O , X)

04 전체 거래 중 조건과 결과에 있는 품목들이 함께 구매되는 빈도가 높을수록 지지도는 낮 아진다. (O , X)

05 'X → Y'의 지지도와 'Y → X'의 지지도는 다 르다. (O , X)

06 〈표〉에서 '빵 → 생수'가 '빵 → 휴지'의 지 지도보다 높은 것은, 빵을 생수와 함께 구매 한 경우가 빵을 휴지와 함께 구매한 경우보 다 많음을 의미한다. (O , X)

07 'X → Y'에서 X와 Y를 모두 구매하는 경우가 많을수록 신뢰도는 높게 나타난다. (O , X)

08 〈표〉에서 '우유 → 휴지'의 신뢰도는 80%이다. (O , X)

09 〈표〉에서 '생수 → 빵'은 '생수 → 휴지'보다 신뢰도가 높다. (O , X)

10 'X → Y'에서 Y를 구매하는 경우가 많을수록 기대 신뢰도는 낮아진다. (O , X)

11 X와 Y의 구매가 서로 관련이 없을 때, 향 상도는 '1'로 나타난다. (O , X)

[A]
²³그리고 'X → Y'에서 향상도가 1보다 크다는 것은 X를 구매했을 때 Y를 구매할 확률이, 전체 거래에서 Y를 구매할 확률보다 크다는 것이다. ²⁴따라서 이 연관 규칙은 결과를 예측하는 데 있어서 우연적 기회보다 우수하여 마케팅 전략을 세우는 데 유용하게 활용된다. ²⁵반면에 'X → Y'에서 향상도가 1보다 작다는 것은 X를 구매했을 때 Y를 구매할 확률이, 전체 거래에서 Y를 구매할 확률보다 작다는 것이므로 이 연관 규칙을 마케팅 전략에 바로 적용하기는 어렵다. ²⁶그래서 향상도가 1보다 작은 경우에는 음의 연관 규칙을 만들어 유용하게 쓰일 수 있도록 하기도 한다. ²⁷음의 연관 규칙은 결과에 '이다' 대신에 '아니다'를 쓴다는 것을 제외하고는 연관 규칙과 유사하다. ²⁸예컨대 'X → Y'의 신뢰도가 30%이고, 'X → Y'의 기대 신뢰도가 40%라고 가정해 보자. ²⁹이 경우 'X → Y'의 향상도는 3/4으로 1보다 작다. ³⁰따라서 이를 음의 연관 규칙, 곧 'X를 사면 Y를 사지 않는다.'로 전환하면*, 신뢰도는 70%(100% − 30%)가 되고, 기대 신뢰도는 60%(100% − 40%)가 되므로 향상도는 7/6로 1보다 커지게 되어 유용하게 쓰일 수 있다.

5 ³¹이와 같은 연관성 분석은 결과가 명확하기 때문에 이해하기 쉽고, 유용한 연관 규칙의 형태로 주어지므로 마케팅 전략에 적용하기도 좋다. ³²그러나 분석하려는 품목의 수가 늘어나면 연관 규칙이 기하급수적으로 늘어난다는 문제가 발생하는데, 이 문제를 해결하기 위한 보편적 방법으로 거래가 충분히 이루어지지 않은 품목을 제거하는 최소지지도 가지치기가 있다. ³³이는 지지도가 낮은 품목을 분석 대상에서 삭제하거나, 하위 품목을 상위 품목으로 일반화하여 품목들이 분석자가 임의로 설정한 최소지지도를 넘게 하는 것이다.

6 ³⁴지금까지 살펴본 연관성 분석은 사건들의 발생 순서는 분석의 고려 대상으로 삼지 않았다. ³⁵그런데 순차적*으로 일어나는 사건들을 나열한 시계열* 자료를 분석하여 선후 사건들 사이의 연관성을 추론할 수도 있다. ³⁶이를 ⊙ 시차 연관성 분석이라고 한다. ³⁷시간의 흐름에 따라 어떤 사건들이 일어났는지를 분석하여 사건들 간의 연관성을 발견하면, 이러한 연관성을 토대로 미래의 사건을 예측하거나 사건들 사이의 인과 관계를 추론하는 등 다양하게 활용할 수 있다. ³⁸이와 같은 시차 연관성 분석을 하기 위해서는 사건이 일어난 시간이나 순서를 알려 주는 정보가 필요하다. ³⁹또한 다른 시간대에 일어난 사건이 동일한 분석 대상에서 일어났다는 것을 알려 주는 분석 대상의 식별* 정보도 필요하다.

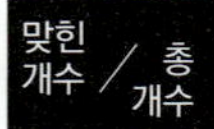

01

[A]를 바탕으로 할 때, 〈보기〉에 대해 보인 반응으로 가장 적절한 것은? [3점]

어느 매장에서 고객들이 팥빙수를 만들기 위해 구매한 팥(A), 인절미(B), 콩가루(C)의 전체 거래 정보에 대해 연관성 분석을 하였다. 다음은 이를 통해 발견한 연관 규칙의 일부이다.

연관 규칙(X → Y)	기대 신뢰도	신뢰도	향상도	
A → B	42.5%	55.6%	1.308	⋯⋯ ㉮
B → C	40.0%	35.3%	0.883	⋯⋯ ㉯
C → A	45.0%	50.0%	1.111	⋯⋯ ㉰
⋮	⋮	⋮	⋮	⋮

① ㉮의 연관 규칙에서 B를 포함하는 거래의 수를 전체 거래의 수로 나눈 값은 ㉰의 연관 규칙에서 A를 포함하는 거래의 수를 전체 거래의 수로 나눈 값보다 크군.

② ㉯의 연관 규칙에서 B를 구매했을 때 C를 구매할 확률은 전체 거래에서 C를 구매할 확률보다 작군.

③ ㉰의 연관 규칙의 신뢰도는 ㉰의 음의 연관 규칙의 신뢰도보다 크군.

④ ㉯의 연관 규칙이 ㉮의 연관 규칙보다 마케팅 전략에 바로 적용하여 활용하기에 유용하겠군.

⑤ ㉰의 연관 규칙을 음의 연관 규칙인 'A → C'로 전환하면 더욱 유용하게 쓸 수 있겠군.

02

㉠을 활용한 사례로 적절한 것만을 〈보기〉에서 있는 대로 고른 것은?

ㄱ. 어느 병원에서 □□질환을 앓은 환자들을 추적하여, 이들 가운데 이전에 ○○질환을 앓은 경우가 많다는 것을 밝혀냈다. 이후 ○○질환을 앓는 환자의 경우에는 □□질환에 대한 예방 치료도 하도록 하였다.

ㄴ. 대형 유통 업체에서 10월 한 달간 라면과 계란의 판매대를 붙여 놓았을 때와 멀리 떼어 놓았을 때의 판매량을 조사하여, 멀리 떼어 놓았을 때의 판매량이 높다는 결과를 얻었다. 그 결과를 토대로 두 상품의 판매대를 멀리 떼어 놓기로 결정했다.

ㄷ. 백화점에서 자사의 백화점 카드로 결제한 고객들의 소비 성향을 분석하여, TV를 산 고객들이 재방문하여 고성능 스피커를 구입하는 경향이 있음을 알아내었다. 이를 토대로 TV를 산 고객들에게 고성능 스피커에 대한 상품 안내서를 우편으로 보냈다.

ㄹ. 온라인 쇼핑몰 운영자가 회원들의 웹 페이지 방문 순서를 분석하여, 주로 'A 웹 페이지 → B 웹 페이지 → C 웹 페이지 → ⋯⋯' 순으로 방문한다는 규칙을 발견하였다. 그래서 회원들이 편리하게 이 경로에 따라 방문할 수 있는 회원 전용 웹 페이지를 따로 만들었다.

① ㄱ, ㄴ, ㄹ　　② ㄱ, ㄷ, ㄹ　　③ ㄱ, ㄷ　　④ ㄴ, ㄷ　　⑤ ㄴ, ㄹ

문단별 중심 내용 & 구조도

필수 어휘

생성	사물이 생겨남. 또는 사물이 생겨 이루어지게 함. 예 우주의 생성과 소멸에 대한 비밀을 풀었다.	⊖ 소멸
축적 蓄 쌓을 축 / 積 쌓을 적	지식, 경험, 자금 따위를 모아서 쌓음. 또는 모아서 쌓은 것. 예 경험의 축적.	⊜ 누적
연관성	사물이나 현상이 일정한 관계를 맺는 특성이나 성질. 예 그 사실들 사이에 논리적 연관성은 없다.	⊜ 관련성
띠다	어떤 성질을 가지다. 예 보수적 성격을 띠다.	⊜ 갖다
유용하다 有 있을 유 / 用 쓸 용	쓸모가 있다. 예 이 문제집은 개념을 이해하는 데 유용하다.	⊖ 무용하다
측도	측정되는 정도. 예 주가는 경제적 장래를 예측하기 위한 측도이다.	⊜ 측정
발생	어떤 일이나 사물이 생겨남. 예 사건이 발생한 시간은 새벽 2시이다.	⊜ 생성
가정하다	사실이 아니거나 또는 사실인지 아닌지 분명하지 않은 것을 임시로 인정하다. 예 최악의 상황을 가정하고 대책을 세우자.	
향상 向 향할 향 / 上 위 상	실력, 수준, 기술 따위가 나아짐. 또는 나아지게 함. 예 우리 집의 생활 수준이 향상되었다.	⊜ 발전
전환하다	다른 방향이나 상태로 바꾸다. 예 온라인 수업으로 전환하니 적응이 안 된다.	
순차적	순서를 따라 차례대로 하는 것. 예 사건이 순차적으로 전개되는 소설이다.	
시계열	확률적 현상을 관측하여 얻은 값을 시간의 차례대로 늘어놓은 계열. 예 시계열 통계를 분석하여 경제 흐름을 연구했다.	
식별 識 알 식 / 別 다를 별	분별하여 알아봄. 예 한밤중이었지만 그 아이는 식별이 가능했다.	⊖ 혼동

1 [가] 인공호흡기가 1대밖에 없는 병원에 동등하게 살아남을 기회를 가진 2명의 환자가 동시에 실려 왔다. 한 사람은 출산을 앞둔 여성이고 다른 한 사람은 그녀의 남편이다. 치료 의무가 있는 담당 의사는 인공호흡기가 1대밖에 없기 때문에 그중 한 사람은 치료할 수 없었다. 이렇게 복수의 의무가 서로 충돌하여 행위자*가 하나의 의무만을 이행할* 수밖에 없는 긴급 상황에서, 하나의 의무를 이행하면 다른 의무를 이행할 수 없는 상호* 관계에 있는 경우를 의무 충돌이라 한다. 의무 충돌 상황에서 의무는 법적 의무이어야 하며, 행위자는 의무 충돌 상황을 야기한* 책임이 없어야 의무 충돌이 성립한다. 의무는 특정 행위를 해야 할 작위 의무와 하지 말아야 할 부작위 의무로 구분된다. 작위란 행위자가 신체적 힘을 이용해 자연적으로 벌어지는 일들에 변경을 가한 경우를 말하며, 부작위는 변경시킬 수 있지만 아무런 신체적 힘을 투입하지 않고 사건이 벌어질 것을 방치한* 것을 말한다. 가령 위의 응급 상황에서 담당 의사가 환자에게 인공호흡기를 연결하지 않는 부작위가 일어났다면 의사는 생명을 보호해야 하는 작위 의무를 위반한* 것이다.

2 의무가 서로 충돌할 수 있는 상황은 부작위 의무 대 부작위 의무, 작위 의무 대 부작위 의무, 작위 의무 대 작위 의무의 충돌 형식을 띨 수 있다. 그러나 위의 세 가지 충돌 형식들이 모두 의무 충돌로 성립되는 것은 아니다. 대다수 형법학자들은 부작위 의무 간의 충돌은 의무 충돌에 해당되지 않는다고 본다. 한편, 작위 의무 대 부작위 의무의 충돌은 견해에 따라 의무 충돌이 아니라 긴급 피난으로 보는 견해들도 있다. 긴급 피난이란 자기 또는 타인의 법익에 대한 현재의 위난을 피하기 위한 상당한 이유가 있는 행위이다. 이때 법익이란 법이 보호하는 이익이고, 위난이란 법익에 대한 위험 있는 상태를 말한다. 운전 중 갑자기 나타난 보행자를 피하려 했는데, 좌측은 낭떠러지였기 때문에 급히 핸들을 우측으로 꺾어 건물 일부를 파손하는* 행위는 긴급 피난으로 볼 수 있다. 긴급 피난으로 인정되면 벌하지 않는다. 이를 의무 개념으로 설명하자면 타인의 생명을 보호해야 한다는 작위 의무와 타인의 재산을 파괴하면 안 된다는 부작위 의무의 충돌 상황에서 핸들을 꺾는 작위에 의해 부작위 의무를 위반한 것으로 이해할 수 있다. 따라서 작위 의무 대 부작위 의무의 충돌은 긴급 피난과 본질적으로 동일하므로 의무 충돌에서 제외되어야 한다는 견해가 제기되는 것이다.

3 의무 충돌과 긴급 피난은 모두 긴급 상황에서 한쪽의 법익을 보전하기 위해 다른 한쪽의 법익을 침해하지 않을 수 없다는 점에서 유사점이 있기 때문에 의무 충돌 자체가 긴급 피난과 구별되지 않는다고 보는 견해가 있다. 그러나 의무 충돌과 긴급 피난은 의무의 범위를 작위 의무로 한정하면 그 차이점이 분명해진다. 긴급 피난은 위난을 제3자에게 전가하지* 않고 자기 스스로 위난을 감수함*으로써 법익 충돌을 해결할 가능성이 있는 것에 반해, 의무 충돌은 그와 같은 가능성이

01 복수의 의무가 충돌할 때, 두 의무를 모두 이행할 수 있는 상황이어야 의무 충돌이 성립할 수 있다. (O , X)

02 의무 충돌 상황에서 이행되지 않은 의무는 법적 의무이어야 의무 충돌이 성립할 수 있다.
(O , X)

03 행위자가 의무 충돌 상황을 유발한 것이 아니어야 의무 충돌이 성립할 수 있다. (O , X)

04 타인에게 피해를 입혔더라도 긴급 피난으로 인정되면 행위에 대한 벌을 받지 않는다.
(O , X)

05 작위 의무를 이행하기 위해서 부작위 의무를 위반하게 되는 경우는 긴급 피난으로 볼 수 있다. (O , X)

06 의무 충돌과 긴급 피난은 어떤 의무를 이행하면 다른 한쪽의 의무는 이행하지 못한다는 점에서 유사하다. (O , X)

07 긴급 피난과 달리, 의무 충돌은 행위자가 위난을 감수하지 않는다. (O , X)

없다. [22]즉 앞선 사례에서 운전자는 핸들을 우측으로 꺾지 않고 좌측으로 꺾어 자신의 법익을 희생함으로써 법익 충돌을 해결할 가능성이 있다. [23]반면, 앞서 언급한 담당 의사에게는 그와 같은 가능성이 없다. [24]또한 행위자가 적극적인 어떤 활동을 하는 작위에 의해 법익 침해가 이루어지는 긴급 피난과 달리, 의무 충돌은 행위자가 사건이 벌어질 것을 방치하는 부작위에 의해 법익 침해가 이루어진다. [25]그러므로 의무 충돌은 대개의 경우 작위 의무 간의 충돌을 뜻한다.

4 [26]의무 충돌을 작위 의무 간의 충돌로 한정한다면 두 경우를 생각해 볼 수 있다. [27]충돌하는 의무 사이에 가치의 경중*이 있는 경우와 서로 동등한 가치가 충돌하는 경우가 바로 그것이다. [28]전자의 경우 가치가 낮은 의무를 희생하고 가치가 높은 의무를 이행하는 행위는 위법하지 않다고 보는 것이 형법학의 일반적 견해이다. [29]왜냐하면 복수의 의무 중 가치가 높은 의무를 이행하는 것이 법질서에 합치된다*고 보기 때문이다. [30]그런데 서로 동등한 가치의 의무가 충돌할 때에는 부작위에 의한 법익 침해에 대해 위법하지 않다고 보는 견해와 위법성은 성립하지만 그 책임을 면할 수 있다는 견해로 나눌 수 있다.

5 [31]위법하지 않다고 보는 견해를 일러 위법성 조각설이라 한다. [32]이에 따르면 동등한 가치의 의무가 서로 충돌하여 의무를 동시에 이행할 수 없다면 그중 어느 것을 택할 것인가는 행위자의 양심에 따른 판단에 맡겨야 한다고 본다. [33]만약 위법하다면 어느 하나라도 의무를 이행한 자의 행위와 의무를 전혀 이행하지 않은 자의 행위가 위법하다는 점에서 동일하게 되어 불합리하다는 것이다. [34]이와 달리 동등한 가치의 의무 중 어느 것도 포기할 수 없기 때문에 의무 위반에 대한 위법성이 있지만 다만 그 책임이 면제될* 수 있을 뿐이라고 보는 견해가 있는데, 이를 책임 조각설이라 한다. [35]이에 따르면 동등한 가치 중 어느 하나를 포기했다는 점에서 그 행위는 위법성이 성립하지만 의무 충돌에서는 적법* 행위를 기대할 수 없으므로 면책될* 수 있다고 보는 것이다.

---

08 긴급 피난은 작위에 의해, 의무 충돌은 부작위에 의해 부작위 의무를 위반한다는 점에서 차이가 있다. (O , X)

09 형법학으로 작위 의무 간의 충돌이 발생할 때 가치가 낮은 의무를 이행하고, 가치가 높은 의무를 이행하지 않으면 위법한 행위로 볼 수 있다. (O , X)

10 서로 동등한 가치의 의무가 충돌하여 하나의 의무를 이행하지 못했을 때에는 위법성이 항상 성립하지 않는다. (O , X)

11 서로 동등한 가치의 의무가 충돌할 때, 하나의 의무를 이행하여 다른 의무에 대한 법익 침해가 발생하여도 이에 대한 처벌은 받지 않는다. (O , X)

12 위법성 조각설은 의무 충돌 상황에서 한쪽의 의무 위반은 위법하지 않다고 주장한다.
(O , X)

13 위법성 조각설에 따라 위법성을 판단할 때, 1의 의사가 여성이나 남편 중 누구를 택하여 치료했는지는 중요하지 않다. (O , X)

14 의무 충돌 상황에서 두 의무를 모두 이행하지 않는 것은 위법에 해당한다. (O , X)

15 의무 충돌 상황에서 행위자에게 적법 행위를 기대할 수 없다면 그가 위법 행위를 하여도 그 책임을 묻지 않을 수 있다. (O , X)

맞힌 개수 / 총 개수 　　/ 15

01

윗글과 〈보기 1〉을 근거로 ㉮에 대해 판단한 내용으로 적절한 것만을 〈보기 2〉에서 있는 대로 고른 것은?

　행위자는 더 높은 가치 혹은 적어도 동등한 가치의 의무를 이행한다는 의사를 가지고 의무를 이행해야 한다. 이때 생명과 생명 사이의 법익 충돌이 있는 경우 생명의 수의 많고 적음이나 어느 한 사람이 다른 한 사람보다 더 고귀하다고 하여 생명 가치의 경중이 가려져서는 안 된다.

a. 담당 의사가 누구에게도 인공호흡기를 연결하지 않았다면 위법성 조각설과 책임 조각설 모두 그 행위를 위법하다고 보겠군.
b. 담당 의사가 자신의 양심에 따라 남편에게 인공호흡기를 연결했다면 그 행위를 위법하다고 보지 않는 형법학자들이 있겠군.
c. 담당 의사가 출산을 앞둔 여성과 그녀의 남편의 생명 가치 중에서 어느 것을 택하더라도 위법성 조각설 입장에서는 작위 의무를 위반했다는 점에서 그 행위를 위법하다고 보겠군.

① a　　　　② c　　　　③ a, b　　　　④ b, c　　　　⑤ a, b, c

지문에 제시된 구체적 사례에 대한 판단 내용을 추론하는 문제입니다. 이때 판단 기준은 〈보기 1〉에 제시되고 있는데, 이는 지문의 내용을 보충하는 역할을 합니다. 그리고 〈보기 2〉에 제시된 판단 내용은 지문의 정보와 연결시켜야 할 내용입니다. 따라서 〈보기 2〉에 제시된 내용이 지문의 팩트와 일치하는지 판단하되, 지문의 내용만으로 판단하기가 애매한 경우에는 〈보기 1〉의 판단 기준을 통해 해결할 수 있는 것입니다.

02

윗글을 바탕으로 〈보기〉를 이해한 내용으로 적절하지 <u>않은</u> 것은? [3점]

　어떤 선로에서 한 량의 빈 객차가 역으로 돌진하고 있다. 역에는 승객을 태운 객차가 정차하고 있어서 만약 이대로 충돌한다면 다수의 희생자가 나올 가능성이 높다. 이를 감지한 선로 관리자가 돌진하는 객차의 선로를 변경하려 했더니 그곳에는 이미 한 명의 노동자가 일하고 있었다. 선로 관리자는 다수의 인명 피해를 방지하기 위해 선로를 변경하였다. 그 결과 한 명의 노동자는 선로 관리자가 예견한 대로 피해를 입었다.

① 선로 관리자는 동시에 이행할 수 없는 두 의무 사이에서 어느 한 의무를 선택했다고 볼 수 있다.
② 선로 관리자는 자기 스스로 위난을 감수할 수 있는 가능성이 없었다는 점에서 의무 충돌로 볼 수 없다.
③ 역에 정차한 객차 승객들의 법익과 선로에서 일하던 노동자의 법익이 서로 충돌하고 있다고 볼 수 있다.
④ 적극적인 어떤 활동을 하는 작위에 의해 법익 침해가 이루어졌다는 점에서 작위 의무 대 부작위 의무 충돌로 볼 수 있다.
⑤ 위난에 처한 승객의 생명을 보전하기 위해 위난과 관련 없는 노동자에게 피해를 입힌 행위이므로 긴급 피난 인정 여부를 살필 수 있다.

구체적 사례에의 적용 문제 중 가장 전형적인 유형으로, 〈보기〉에 구체적인 상황을 제시하고 지문의 내용을 적용하여 상황을 분석할 것을 요구하고 있습니다. 선택지에 제시된 개념을 바탕으로 지문의 내용 중 어떤 부분을 적용하여 〈보기〉의 사례를 분석해야 할지 파악해 보세요.

문단별 중심 내용 & 구조도

1 [   ]의 개념과
성립 조건

2 의무의 세 가지 충돌 형식 중 의무 충돌
에 해당하지 않는 경우

3 의무 충돌과 [   ]의
차이점

4 [   ] 간 충돌의
두 가지 경우

5 작위 의무 간 충돌에 대한 위법성 조각설
과 책임 조각설

필수 어휘

어휘	뜻	유의/반의
행위자	행동의 주체 또는 행위를 수행하는 사람. 예) 친일 반민족 행위자를 처벌하기 위한 법이 제정되었다.	
이행하다	실제로 행하다. 예) 나는 아버지와의 약속을 이행하였다.	유 지키다
상호 相 서로 상 / 互 서로 호	상대가 되는 이쪽과 저쪽 모두. 예) 상호 신뢰를 바탕으로 이번 거래가 성사되었습니다.	유 피차
야기하다	일이나 사건 따위를 끌어 일으키다. 예) 너의 그 행동은 오해를 야기한다.	유 일으키다
방치하다 放 놓을 방 / 置 둘 치	내버려 두다. 예) 고장 난 핸드폰을 그대로 방치해 두고 있었다.	유 방임하다
위반하다	법률, 명령, 약속 따위를 지키지 않고 어기다. 예) 신호를 위반하면 처벌을 받는다.	유 위배하다
파손하다	깨어져 못 쓰게 되거나 깨뜨려 못 쓰게 하다. 예) 집을 수리하다가 옆집의 담을 파손하게 되었다.	유 훼손하다
전가하다	잘못이나 책임을 다른 사람에게 넘겨씌우다. 예) 일이 잘못되자 그가 갑자기 나에게 책임을 전가했다.	유 뒤집어씌우다
감수하다 甘 달 감 / 受 받을 수	책망이나 괴로움 따위를 달갑게 받아들이다. 예) 그녀와의 이별은 어린 나이에 감수하기 어려운 슬픔이었다.	
경중 輕 가벼울 경 / 重 무거울 중	1. 가벼움과 무거움. 또는 가볍고 무거운 정도. 예) 죄의 경중에 따라 처벌한다. 2. 중요함과 중요하지 않음. 예) 일의 경중을 따져서 중요한 일부터 처리해야 한다.	
합치되다 合 합할 합 / 致 이를 치	의견이나 주장 따위가 서로 맞아 일치되다. 예) 두 사람의 의견이 마침내 합치되었다.	
면제되다	책임이나 의무 따위가 면하여지다. 예) 그는 교실 청소에서 면제되었다.	
적법	법규에 맞음. 또는 알맞은 법. 예) 적법 절차에 따라 일을 진행하였다.	반 위법, 불법
면책되다 免 면할 면 / 責 꾸짖을 책	책임이나 책망이 면하여지다. 예) 동생을 잘 보살피면 예전에 저지른 잘못들이 저절로 면책되리라 믿었다.	

The only courage that matters is the kind that gets you from one moment to the next.

단 하나의 중요한 용기는 당신을 한 순간에서

다음 순간으로 나아가게 하는 용기이다.

... 미뇽 머클로플린(Mignon McLaughlin)

B L A C K **L** A B E L

독해 제재 종합 연습

1. 문체 반정과 『열하일기』

1 [1]역사학계에서는 조선 왕조 3대 반정*으로 연산군을 폐위*시킨 중종반정과 광해군을 실각*시킨 인조반정, 그리고 문체 반정을 들고 있다. [2]중종반정과 인조반정은 권력 밖의 집단이 거사를 일으켜 새 왕을 옹립했고*, 문체 반정은 당대의 국왕이 직접 나서서 사건을 주도했다. [3]문체 반정 당시의 국왕은 수십 권의 개인 문집을 남겼고, 규장각을 설치하여 신료들에게 직접 강의를 주도했으며, 수시로 신하들에게 시문을 짓는 과제를 냈을 정도로 문체에 관심이 많았던 정조이다. [4]지적인 통치자였던 정조는 당시 유행하는 문체가 불온하다*는 것을 누구보다 민감하게 감지할 수 있었다. [5]정조는 이옥의 『소품』과 연암 박지원의 『열하일기(熱河日記)』 때문에 문체가 타락했다고 지적하며, 연암에게는 이에 대한 반성문을 요구하였다.

2 [6]문체는 한 시대가 지니는 사유* 체계의 표현 형식으로, 단지 내용을 담는 그릇이 아니라 내용을 규정하는 장치로 볼 수 있다. [7]조선 시대의 문체는 고문체였다. [8]고문체는 육경의 문장과 사마천과 반고*로 대표되는 선진양한*의 문장 및 한유와 소식* 등 당송 팔대가의 문장을 고문으로 삼고 이에서 비롯된 문체이다. [9]이처럼 조선이 고문체를 따르게 한 것은 시간적으로 아득한 옛날, 공간적으로 먼 중국의 중원에 시선을 향하게 하는 반면 '지금, 여기'는 돌아보지 못하게 하여 왕조의 체제를 유지하려는 교묘한 장치이기도 했다.

3 [10]그런데 중국의 명말 청초*의 문집이 유입되면서 고문과는 이질적인 문체들이 번성하게* 되었다. [11]가령, 『소품문』은 '어린아이가 우는 것', '사나운 개가 서로 싸우는 것'과 같이 미시적인 세계를 다루었다. [12]정조가 보기에 이는 우주와 천하를 논하는 형이상학적인 고문의 권위를 해체하는 것이었다. [13]한편 '금병매', '수호지', '삼국지연의' 등과 같은 중국 소설들이 대량으로 수입되면서 한문을 읽을 수 있는 양반을 중심으로 소설 마니아들이 속출했다*. [14]중국 소설의 문체는 발랄했고, 그 내용 역시 경전과 달리 인간사의 구체적인 문제를 매력적으로 다루었기 때문이다.

4 [15]사소한 일을 다룬다는 의미의 소설은 그 허구성이 세상을 어지럽히는 사기술이라는 비난을 받았다. [16]실제로 소설을 두루 섭렵한 정조는 중국 서적 수입을 금지하고, 사대부의 글쓰기 전반에 대해 대대적 검열*을 실시하는 문체 반정을 일으켰다. [17]타락한 문체를 구사하는 사대부는 고문체로 글을 짓거나 반성문을 제출해야 했고, 심지어 과거 시험에 합격할 수 없었다. [18]이옥은 바로 이러한 검열의 시대에 과거에 응시하여 관계* 진출이 좌절되었다. [19]이러한 문체 반정의 바람은 마침내 문풍 타락의 ⓐ 출발점으로 『열하일기』를 지목하기에 이른다.

집중 훈련 OX

01 문체 반정을 일으킨 주체의 성격은 중종반정, 인조반정과 다르다. (O , X)

02 이옥과 박지원은 조선 왕조가 지향하는 문체를 따르지 않았다. (O , X)

03 시대를 대표하는 문체를 통해 그 시대의 사유 체계를 짐작할 수 있다. (O , X)

04 어떤 문체로 글을 쓰느냐에 따라 들어가는 내용이 달라질 수 있다. (O , X)

05 조선 왕조는 고문체를 이용하여 통치의 안정화를 이루려고 하였다. (O , X)

06 고문체는 형이상학적인 것들을 다룰 뿐, 미시적인 세계에 대해서는 다루지 않았다. (O , X)

07 조선에 수입된 중국 소설은 실제로 벌어진 일과 인간사의 구체적인 문제를 다루었다. (O , X)

08 정조가 문체 반정을 일으킨 까닭은 사대부의 사유 체계를 예전과 같이 유지시키기 위해서이다. (O , X)

09 이옥이 관계에 진출하지 못한 까닭은 고문체로 글을 짓지 않아서이다. (O , X)

⑤ [20]『열하일기』는 1780년 연암이 청 건륭 황제의 70세 생일을 축하하는 사절로 북경에 들어갔다가 황제가 열하의 별궁에 머무는 탓에 그곳으로 이동하고, 다시 북경을 거쳐 귀국하는, 6개월에 걸친 대장정을 기록한 연행록이다. [21]'산천, 배와 수레, 언어' 등으로부터 '수행원의 귀밑 사마귀, 여인네들의 몸치장, 말의 행렬' 등에 이르기까지 무엇이든 세심한 촉수로 잡아내어 기록하였다. [22]소설과 소품문, 고문과 변려문이 자유자재로 섞이는 한편, 천고의 흥망성쇠를 다루는 거대 담론과 시정의 우스갯소리, 잡다하고 황당한 이야기들이 공존하고 있다. [23]『열하일기』 때문에 문체가 타락했다며 정조는 연암에게 고문체로 글을 지어 죄를 씻으라 하고는, 그리하면 벼슬을 주겠노라고 했다. [24]당근과 채찍을 동시에 휘두르는 정조의 조치에 대해 연암은 자신의 글이 임금의 맑은 눈을 더럽혔다고 자책하면서도, 글을 지어 이전의 잘못을 덮는 것은 부당하다며 결국 반성문을 제출하지 않았다.

⑥ [25]정조가 비난한 연암체는 당대 주류의 언어였던 고문체를 더듬거리게 하고, 나아가 문체의 경계조차 무의미하게 만드는 균열이었다. [26]그래서 연암의 손자 박규수는 우의정까지 역임했음에도 조부의 문집을 낼 엄두를 내지 못했다. [27]오늘날 『열하일기』는 당대의 정형화된 틀을 뛰어넘는 자유롭고 발랄한 사유를 보여 주었고, 당대 조선에서 볼 수 없었던 특이한 문체를 지닌 서적으로 평가받는다. [28]⑤ 혹자는 "짜라투스트라가 위대한 이유는 그것이 완결된 멜로디를 구사한다는 점에 있지 않고 끊임없는 멜로디를 울린다는 점에 있다."라며 저자 연암을 서양의 철학자 니체에 비견하기도* 한다. [29]『열하일기』는 오늘날 창의적인 사고, 이면적 사고, 독창적 시각을 얻고자 하는 이들에게 전범*으로 자리하였다.

• 사마천과 반고: 전한 시대와 후한 시대의 역사가이자 문장가
• 선진양한(先秦兩漢): 중국의 춘추 전국 시대와 전한과 후한 시대
• 한유와 소식: 당나라와 송나라 때의 뛰어난 문학가
• 명말 청초: 중국 명나라 말기부터 청나라 초기

10 『열하일기』는 여행에서의 견문을 기록한 책으로, 미시적인 세계를 다루고 있다. (O , X)

11 『열하일기』는 고문체를 완전히 벗어나 새로운 문체를 시도하였다. (O , X)

12 정조는 『열하일기』를 지은 연암을 꾸짖는 한편 회유하는 태도를 취하였다. (O , X)

13 연암은 정조의 명을 따라 기존의 통치 질서에 순응하였다. (O , X)

14 조선과 현대에서의 『열하일기』에 대한 평가는 대조적이다. (O , X)

15 『열하일기』는 당대 조선의 시각에 갇히지 않고 자유롭게 사유를 펼쳤다는 점에서 독창적이다. (O , X)

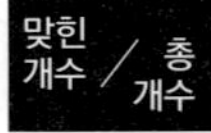

맞힌 개수 / 총 개수　　　／ 15

01 ● 팩트 체크

윗글에 제목을 붙인다고 할 때 가장 적절한 것은?

① 『열하일기』-조선 왕조 사대부 문체의 잣대

② 『열하일기』-청나라로 떠나는 유쾌한 여행

③ 『열하일기』- 정조와 연암의 지루한 줄다리기

④ 『열하일기』-고문체에 대한 반란과 파격

⑤ 『열하일기』-조선의 르네상스, 정조 시대의 안내자

03 ● 팩트 적용

윗글의 글쓴이를 '갑', 〈보기〉의 글쓴이를 '을'이라 할 때, 두 사람이 나눌 만한 대화 내용으로 적절하지 <u>않은</u> 것은? [3점]

───── 보 기 ─────

　과거에는 훌륭한 문화적 전통의 소산으로 생각되던 것이 후대에는 버림을 받게 되는 예도 허다하다. 반면 과거에는 돌보아지지 않던 것이 후대에 높이 평가되는 일도 한두 가지가 아니다. 따라서 어느 의미에서는 고정 불변의 신비로운 전통이라는 것이 존재한다기보다 오히려 우리 자신이 전통을 찾아내고 창조한다고 할 수 있다.

① 갑: 『열하일기』는 정조 당시 고문 일색의 고리타분한 문화적 추세를 거부한 책이라고 생각합니다.

② 을: 그래서 『열하일기』는 한국 문화의 앞날을 위해 우리가 새롭게 발견해야 할 전통으로 봐야 한다고 생각합니다.

③ 갑: 『열하일기』의 창조적인 문체와 시각이야말로 후대에 높이 평가되는 요소입니다.

④ 을: 과거에 돌보아지지 않았던 『열하일기』가 후대에 다시 버림을 받게 될 수도 있으니 이를 방지하기 위해 전통으로 공고히 세우는 태도가 필요합니다.

⑤ 갑: 『열하일기』가 과거에 돌보아지지 않았던 것은 당대 수입된 중국 서적과 같이 조선 왕조의 체제를 흔들 수 있는 위험한 요소가 있다고 여겨졌기 때문입니다.

02 ● 팩트 끌어내기

㉠을 통해 강조하고자 한 『열하일기』의 가치로 가장 적절한 것은?

① 오늘날에도 꾸준히 독자들에게 읽힌다.

② 끊임없이 문체의 아름다움을 자랑한다.

③ 늘 학계에 새로운 논쟁거리를 제공한다.

④ 읽을 때마다 새로운 의미를 발견할 수 있다.

⑤ 어느 대목을 읽더라도 내용을 쉽게 이해할 수 있다.

04 ● 팩트 체크

문맥으로 보아 ⓐ와 바꾸어 쓰기에 적절하지 <u>않은</u> 것은?

① 실마리　　　　② 단서

③ 진원지　　　　④ 분수령

⑤ 시발점

문단별 중심 내용 & 구조도

필수 어휘

반정
反 돌이킬 반 / 正 바를 정

1. 본래의 바른 상태로 돌아감. 또는 그 상태로 돌아가게 함.
2. 옳지 못한 임금을 폐위하고 새 임금을 세워 나라를 바로잡음. 또는 그런 일.
  예 신하들이 반정을 일으켰다.

폐위

왕이나 왕비 등의 자리를 폐함.
  예 왕의 폐위를 보고 백성들이 슬피 울었다.

실각
失 잃을 실 / 脚 다리 각

세력을 잃고 지위에서 물러남.
  예 권력을 누리던 그가 스캔들로 실각의 위기에 처했다.

옹립하다

임금으로 받들어 모시다. ⤷ 추대하다
  예 선왕의 조카를 새 왕으로 옹립했다.

불온하다
不 아닐 불 / 穩 평온할 온

1. 온당하지 아니하다. ⤷ 불순하다
2. 사상이나 태도 따위가 통치 권력이나 체제에 순응하지 않고 맞서는 성질이 있다.
  예 일제는 야학당을 불온하다고 몰아 폐쇄시켰다.

사유

『철학』 개념, 구성, 판단, 추리 따위를 행하는 인간의 이성 작용. ⤷ 사고
  예 끊임없는 사유의 과정을 통해 깨달음을 얻었다.

번성하다

한창 성하게 일어나 퍼지다. ⤷ 번영하다, 번
창하다
  예 국운이 날로 번성하다.

속출하다
續 이을 속 / 出 날 출

잇따라 나오다.
  예 이번 대회에서는 신기록이 속출하고 있다.

검열

1. 어떤 행위나 사업 따위를 살펴 조사하는 일. ⤷ 감찰
2. 『매체』 언론, 출판, 보도, 연극, 영화, 우편물 따위의 내용을 사전에 심사하여 그 발표를
  통제하는 일.
  예 위원회의 사전 검열을 통과하지 못한 작품은 출간할 수 없다.

관계

국가의 각 기관이나 그 관리들의 활동 분야.
  예 어머니는 관계는 물론 사회 각층의 인사들과도 활발히 교류하고 있다.

비견하다

서로 비슷한 위치에서 견주다. 또는 견주어지다. ⤷ 비등하다
  예 흔히 설악산과 금강산을 비견한다.

전범
典 법 전 / 範 법 범

본보기가 될 만한 모범.
  예 그 기업의 성공 신화는 다른 기업의 전범이 되었다.

2. 악셀 호네트의 철학

교육청 기출

정답과 해설 27~29쪽

1 [1]철학자 악셀 호네트는 현대 사회는 개인이 자아를 성공적으로 실현할 수 없는 병리적* 사회가 되었으며, 그 원인이 무시에 있다고 지적한다. [2]그는 현대 사회가 병리적 사회에서 벗어나 건강한 사회가 되기 위해서는 개인의 자아실현을 보장하는 사회적 인정이 회복되어야 한다고 주장한다.

2 [3]호네트는 어떤 점에서 사회적 인정이 개인의 자아실현을 보장한다고 보았을까? [4]그는 이를 설명하기 위해 먼저 개인의 자아 형성 과정을 '목적격 나'와 '주격 나'의 관계를 통해 밝힌다. [5]여기서 목적격 나란 한 개인이 자신에 대한 타인들의 생각과 기대를 일반화*하여 형성한 자아상을 말한다. [6]즉 목적격 나는 사회적으로 개인에게 요구되는 자아상이다. [7]그리고 주격 나는 목적격 나에 반응하여 자아를 형성하기 이전의 자아상으로, 개인이 자아를 형성할 수 있는 무한한 가능성이다. [8]그래서 주격 나는 목적격 나를 내면화하여 자아를 형성할 수도 있지만, 주격 나가 목적격 나에 반발할* 수도 있다. [9]주격 나가 목적격 나에 반발할 때는, 주격 나가 새로운 자아상을 목적격 나에게 주장할 수 있고 목적격 나가 이를 받아들여야만 개인은 자아를 형성할 수 있다.

3 [10]호네트에 의하면 개인의 주격 나가 목적격 나에 반응하여 자아를 형성하는 데는 사회적 관계를 맺고 있는 주체들, 즉 개인과 타인의 상호 인정이 전제된다. [11]그래서 개인은 상호 인정 관계에서 자아를 형성할 수 있고, 상호 인정 관계에서 자아를 형성한 개인은 사회적 지지*를 획득함으로써 자기 자신에 대해 긍정적으로 인식하는 긍정적 자기의식을 형성할 수 있게 된다. [12]하지만 상호 인정 관계에서 개인이 사회적 무시를 경험하면, 해당 개인은 자신에 대한 긍정적인 자기의식이 파괴된다.

4 [13]호네트는 상호 인정 관계와 이에 따른 긍정적인 자기의식을 세 가지로 유형화한다. [14]첫 번째는 원초적* 관계로, 개인이 타인으로부터 사랑이나 우정과 같은 정서적 배려를 받음으로써 구체적인 욕구와 본능을 가진 존재로 인정받는 상호 인정 관계이다. [15]원초적 관계에서 정서적 배려를 경험한 개인은 자신의 욕구와 정서가 충족될 수 있고, 언제든지 보살핌을 받을 수 있다는 자기 자신에 대한 믿음인 자신감을 형성한다. [16]하지만 개인이 타인으로부터 학대*나 폭행과 같은 무시를 경험하면 자신감은 파괴된다. [17]두 번째는 권리 관계로, 개인이 타인으로부터 옳고 그름의 문제들을 자율적*으로 결정할 수 있는 이성적인 인격체로서 법적 권리를 존중받는 상호 인정 관계이다. [18]권리 관계에서 법적 권리를 부여받은 개인은, 사회로부터 타인과 동등한 권리를 가진 존재로 자신이 존중받고 있다고 인지하는 자기존중감을 형성한다. [19]하지만 개인이 마땅히 충족될 것이라고 기대했던 법적 권리가 사회로부터 부정되는* 무시를 경험하면 자기존중감은 파괴된다. [20]세 번째

---

01 악셀 호네트는 현대 사회 속 개인들의 처지를 부정적으로 본다. (O , X)

02 악셀 호네트는 개인의 자아실현이 보장되는 사회를 건강한 사회로 평가했다. (O , X)

03 '목적격 나'는 타인들의 영향을 받아 형성한 자아상이다. (O , X)

04 '주격 나'는 이미 고정된 자아상으로, '목적격 나'와 대립한다. (O , X)

05 호네트는 개인이 독립적으로 자아를 형성하는 것이 바람직하다고 본다. (O , X)

06 호네트는 개인이 사회적 지지를 획득하는 경험을 할 수 있어야 한다고 주장한다. (O , X)

07 자아가 자기의식을 형성하기 위해서는 사회적 지지를 받아야 한다. (O , X)

08 정서적 배려와 대비되는 학대나 폭행을 경험한 개인은 '주격 나'를 형성하지 못하게 된다. (O , X)

09 자기존중감을 형성하기 위해서는 개인이 사회로부터 법적 권리를 존중받는 경험을 해야 한다. (O , X)

10 가치 공동체 관계는 개인의 능력이 타인보다 뛰어날 때 맺을 수 있다. (O , X)

11 긍정적인 자기의식이 부정적 자기의식으로 바뀔 수 있다. (O , X)

는 가치 공동체 관계로, 개인이 어떤 가치나 목적을 공유한 공동체 구성원들로부터 자신의 개성, 즉 능력과 속성을 인정받는 상호 인정 관계이다. [21]개인은 자신이 공동체의 구성원들로부터 가치 있는 존재로 인정받을 때 사회적 연대*를 경험하며, 이를 통해 해당 개인은 자신이 공동체에 기여하고 있다는 긍지인 자부심을 형성한다. [22]하지만 개인이 자신의 능력과 속성에 대해 공동체 구성원들로부터 부정되는 무시를 경험하면 자부심은 파괴된다.

⑤ [23]호네트는 이처럼 세 가지 상호 인정 관계에서 개인이 긍정적 자기의식을 형성할 때, 개인은 성공적으로 자아를 실현할 수 있다고 보았다. [24]하지만 상호 인정 관계에서 무시에 의해 개인의 긍정적인 자기의식이 파괴되면 개인은 자아실현의 기회를 상실하게 된다. [25]개인은 이를 회복하기 위해 사회에 형성되어 있는 인정질서에 저항하게 되는데, 여기서 인정질서란 개인의 자아를 인정 대상으로 허용할지에 대한 사회적 판단 기준이나 원칙이다. [26]호네트는 개인이 새로운 자아상을 기존 인정질서에 주장하면 개인은 기존 인정질서와 대립할 수밖에 없고, 개인의 저항은 기존 인정질서에서 배제된* 사람들의 자아실현의 조건을 확보하기 위한 사회적 저항으로 확대된다고 말한다.

⑥ [27]그는 이러한 모든 저항을 ㉠인정투쟁이라고 명명한다*. [28]특히 그는 권리 관계나 가치 공동체 관계에서 발생하는 인정투쟁은 사회적으로 인정되는 개인의 권리나 가치의 범위를 확장하여 새로운 인정질서를 형성할 수 있다고 본다. [29]그래서 호네트는 인정투쟁이 현대 사회를 건강한 사회로 회복시키는 정당한 투쟁이라고 주장한다.

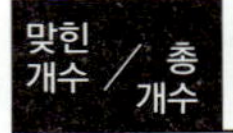

---

01 ● 팩트 체크

윗글의 내용 전개 방식으로 가장 적절한 것은?

① 특정 관점에서 자아와 자기의식 형성 방법을 소개하며, 자기의식 형성의 의의와 한계를 밝히고 있다.

② 특정 관점에서 자아 형성 과정과 자기의식을 유형화하며, 자기의식과 자아실현의 연관성을 설명하고 있다.

③ 특정 관점에서 자기의식의 종류별 장단점을 비교하고, 자기의식이 자아실현에 미치는 영향을 제시하고 있다.

④ 특정 관점에서 자아 형성 과정을 역사적 변천에 따라 설명하고, 자아 형성 과정의 특징과 종류를 구분하고 있다.

⑤ 특정 관점에서 자아 형성 과정에 대한 기존의 통념을 비판하며, 자아 형성 과정과 자기의식의 관계를 재정립하고 있다.

02 ● 팩트 체크

윗글을 바탕으로 무시 에 대해 설명한 것으로 적절하지 않은 것은?

① 무시는 개인의 자아실현을 위한 저항의 결과이다.

② 무시는 현대 사회를 병리적 사회로 만드는 원인이다.

③ 무시는 개인이 원초적 관계에서 형성한 자신감을 파괴한다.

④ 자신의 능력과 속성이 공동체 구성원들로부터 부정되는 것은 무시에 해당한다.

⑤ 개인이 마땅히 충족될 것이라고 기대했던 법적 권리가 부정되는 것은 무시에 해당한다.

[03~04] 윗글과 〈보기〉를 바탕으로 03번과 04번 물음에 답하시오.

[자료 1]

A 씨는 도예가인 아버지와 형제들로부터 전통 도예 기술을 전수받으라는 부탁을 받았다. 존경하던 아버지께 인정받아 기뻤지만 걱정도 앞섰던 A 씨는 자신을 존중하고 배려하는 아버지 덕분에 믿음을 갖고 기술을 익혔다. 결국 A 씨는 아버지의 장인정신을 계승한 도예가가 되었고, 장인정신을 중시하는 도예가 협회로부터 올해의 장인으로 선정되어 긍지를 느꼈다.

[자료 2]

이민자 B 씨는 △△시로부터 이민자는 지정된 투표소에서만 투표해야 한다는 통보를 받고 상심했다. 하지만 B 씨는 이웃들로부터 위로를 받으면서 자신이 언제든지 보살핌을 받을 수 있다는 확신이 들어 내국인과 동등한 투표권을 요구하는 1인 시위를 할 수 있었다. 이후 여러 이민자들이 가세하여 시위가 확대되었고, 결국 △△시는 내국인과 동등한 투표권을 이민자들에게 승인하였다. 이에 B 씨는 자신이 시민으로서 존중받고 있다고 느꼈다.

03 ● 팩트·적용

윗글의 '목적격 나'와 '주격 나'의 관계를 바탕으로 〈보기〉를 이해한 내용으로 적절하지 <u>않은</u> 것은?

① [자료 1]: A 씨의 '주격 나'는 가족들의 기대를 일반화하여 '목적격 나'를 형성했다고 볼 수 있다.

② [자료 1]: A 씨의 '주격 나'가 '목적격 나'를 내면화하여 자아를 형성할 수 있었던 것은 A 씨와 아버지가 상호 인정 관계에 있었기 때문이라고 볼 수 있다.

③ [자료 2]: B 씨의 '주격 나'는 △△시로부터 형성한, 이민자는 지정된 투표소에서만 투표해야 한다는 '목적격 나'에 반발했다고 볼 수 있다.

④ [자료 2]: B 씨가 시위를 한 이유는 B 씨의 '주격 나'가 주장한 새로운 자아상이 △△시로부터 형성한 '목적격 나'에 의해 받아들여졌기 때문이라고 볼 수 있다.

⑤ [자료 2]: B 씨가 내국인과 동등한 투표권을 승인받은 것은 B 씨의 '주격 나'가 주장하는 새로운 자아상을 △△시로부터 형성한 '목적격 나'가 인정했기 때문이라고 볼 수 있다.

04 ● 팩트 적용

윗글을 읽은 학생이 〈보기〉에 대해 보인 반응으로 적절하지 <u>않은</u> 것은? [3점]

① [자료 1]의 A 씨와 [자료 2]의 B 씨는 모두 원초적 관계에서 정서적 배려를 받아 자신감을 형성했겠군.

② [자료 1]과 달리 [자료 2]에서는, 권리 관계에서 파괴되었던 긍정적 자기의식을 회복한 것이겠군.

③ [자료 1]과 달리 [자료 2]에서는, 기존 인정질서에 대한 개인의 저항이 기존 인정질서에서 배제된 사람들의 사회적 저항으로 확대된 것이겠군.

④ [자료 2]와 달리 [자료 1]에서는, 사회적으로 인정하는 개인의 가치 범위가 확장되어 새로운 인정질서가 형성된 것이겠군.

⑤ [자료 1]의 A 씨는 도예가 협회로부터 올해의 장인으로 선정됨으로써 자부심을, [자료 2]의 B 씨는 △△시로부터 내국인과 동등한 투표권을 승인받음으로써 자기존중감을 형성했겠군.

05 ● 팩트 간 관계 파악

윗글의 ㉠과 〈보기〉의 ㉡을 비교한 내용으로 가장 적절한 것은?

홉스는 인간들이 갖는 동일한 욕망이 서로 충돌할 때, 서로가 적이 되어 ㉡ 자기 보존을 위한 투쟁이 일어난다고 보았다. 이러한 투쟁은 지속적 불안 상태를 불러일으키는데, 이로부터 벗어나는 유일한 방법은 개인들이 자신의 권리를 국가에 일부 양도하고 사회 질서에 복종하는 것이라고 보았다.

① 호네트는 ㉠을 불안이 지속되는 상태로, 홉스는 ㉡을 불안이 해소된 상태로 보고 있군.

② 호네트는 ㉠에 의해 개인이 상대에게 굴복하게 되고, 홉스는 ㉡에 의해 개인이 상대와 공존하게 된다고 보고 있군.

③ 호네트는 ㉠의 결과 개인이 인정질서를 확장한다고, 홉스는 ㉡의 결과 개인이 사회 질서에 복종하게 된다고 보고 있군.

④ 호네트는 ㉠으로 개인이 자신의 권리 중 일부를, 홉스는 ㉡으로 개인이 자신의 권리 전체를 포기하게 된다고 보고 있군.

⑤ 호네트는 ㉠을 자아실현의 조건을 확보하기 위한, 홉스는 ㉡을 개인의 욕망을 타인에게 양도하기 위한 기회로 보고 있군.

문단별 중심 내용 & 구조도

1 악셀 호네트의 현대 사회에 대한 관점

2 '목적격 나'와 [   ]의 개념과 관계

3 상호 인정 관계에 따른 긍정적, 부정적 [   ]의 형성

4 상호 인정 관계와 그에 따른 긍정적 자기의식의 세 가지 유형

5 인정질서에 대한 저항

6 [   ]의 의의

필수 어휘

병리적

병의 원인이나 발생, 경과 등에 대한 이론이나 이치에 관련된다는 뜻으로, 질병이 든 것과 같다는 의미로 주로 쓰임.
예 병리적 현상의 원인을 밝혀야 한다.

일반화

개별적인 것이나 특수한 것이 일반적인 것으로 됨. 또는 그렇게 만듦. ⊖ 특수화
예 다들 그럴 거라고 일반화시키지 마세요!

반발하다
反 돌이킬 반 / 撥 퉁길 발

어떤 상태나 행동 따위에 대하여 거스르고 반항하다. ⊕ 반항하다
예 부당한 조처에 반발하다.

지지
支 지탱할 지 / 持 가질 지

어떤 사람이나 단체 따위의 주의·정책·의견 따위에 찬동하여 이를 위하여 힘을 씀. 또는 그 원조. ⊕ 찬동
예 나는 저 후보를 지지한다.

원초적
原 근원 원 / 初 처음 초 / 的 과녁 적

일이나 현상이 비롯하는 맨 처음이 되는.
예 자고 싶은 것은 원초적 욕구이다.

학대

몹시 괴롭히거나 가혹하게 대우함. 또는 그런 대우. ⊕ 구박
예 우리는 동물 학대를 반대한다.

자율적
自 스스로 자 / 律 법 률 / 的 과녁 적

자기 스스로의 원칙에 따라 어떤 일을 하거나 자기 스스로를 통제하여 절제하는 것. ⊖ 타율적
예 학급 운영 방침을 자율적으로 정하기로 했다.

부정되다

그렇지 아니하다고 단정되거나 옳지 아니하다고 반대되다. ⊖ 긍정되다
예 자유가 부정되는 사회.

연대

여럿이 함께 무슨 일을 하거나 함께 책임을 짐. ⊕ 단결
예 업체 간의 연대가 잘 이루어져야 성공할 수 있다.

배제되다
排 물리칠 배 / 除 덜 제

받아들여지지 아니하고 물리쳐져 제외되다.
예 그들은 사회 복지 정책에서 배제된 계층이었다.

명명하다

사람, 사물, 사건 따위의 대상에 이름을 지어 붙이다.
예 해군은 이번에 새로 만든 배의 이름을 '이순신'이라고 명명하였다.

3. 자기 조절을 통한 도덕적 행동 유발 이론

| 교육청 기출

정답과 해설 29~31쪽

1 ¹인간은 보편적인 도덕규범을 알고 있으면서 비도덕적 행동을 하기도 한다. ²이런 비도덕적 행동이 발생하는 원인과 도덕적 행동을 유도하는 방법을 설명하는 데 있어, 자기 조절 이라는 개념을 중심으로 도덕교육에 시사점*을 주는 현대 심리학 이론들이 있다. ³자기 조절은 목표 달성을 위해 자신의 사고, 감정, 욕구, 행동 등을 바꾸려는 시도인데, 목표를 달성한 경우는 자기 조절의 성공을, 반대의 경우는 자기 조절의 실패를 의미한다. ⁴이에 대한 대표적인 이론으로는 앨버트 밴두라의 '사회 인지 이론'과 로이 바우마이스터의 '자기 통제 힘 이론'이 있다.

01 밴두라와 바우마이스터는 인간이 사고나 감정, 욕구, 행동 등을 스스로 바꿀 수 있다고 본다. (O , X)

2 ⁵밴두라의 사회 인지 이론에서는 인간이 자기 조절 능력을 선천적*으로 가지고 있다고 본다. ⁶이런 특징을 가진 인간은 가치 있는 것을 획득하기* 위해 행동하거나 두려워하는 것을 피하기 위해 행동한다. ⁷밴두라에 따르면, 자기 조절은 세 가지의 하위 기능인 자기 검열*, 자기 판단, 자기 반응의 과정을 통해 작동한다. ⁸자기 검열은 자기 조절의 첫 단계로, 선입견이나 감정을 배제하고* 자신이 지향하는 목표와 관련하여 자신이 놓여 있는 상황과 현재 자신의 행동을 감독, 관찰하는 것을 말한다. ⁹자기 판단은 목표 성취와 관련된 개인의 내적 기준인 개인적 표준, 현재 자신이 처한 상황, 그리고 자신이 하게 될 행동 이후 느끼게 될 정서 등을 고려하여 자신이 하고자 하는 행동을 결정하는 것을 말한다. ¹⁰그리고 자기 반응은 자신이 한 행동 이후에 자신에게 부여하는* 정서적 현상을 의미하는데, 자신이 지향하는 목표와 관련된 개인적 표준에 부합하는 행동은 만족감이나 긍지라는 자기 반응을 만들어 내고 그렇지 않은 행동은 죄책감이나 수치심이라는 자기 반응을 만들어 낸다.

[A]

02 밴두라는 인간이 자기 조절 능력을 지니게 되는 과정을 구체적으로 밝혀냈다. (O , X)

03 인간이 가치 있는 것을 획득하기 위해 행동하거나 두려워하는 것을 피하기 위해 행동하는 까닭은 자기 조절 능력을 가지고 있기 때문이다. (O , X)

04 밴두라의 자기 조절 능력의 세 가지 하위 기능은 순차적으로 작동할 것이다. (O , X)

05 만족감과 긍지를 느끼기 위해서는 자신이 지향하는 목표와 관련된 개인적 표준에 부합하는 행동을 해야 한다. (O , X)

3 ¹¹한편 바우마이스터의 자기 통제 힘 이론은, 사회 인지 이론의 기본적인 틀을 유지하면서 인간의 심리적 현상에 대해 자연과학적 근거를 찾으려는 경향이 대두되면서* 등장하였다. ¹²이 이론에서 말하는 자기 조절은 개인의 목표 성취와 관련된 개인적 표준, 자신의 행동을 관찰하는 모니터링, 개인적 표준에 도달할 수 있게 하는 동기, 자기 조절에 들이는 에너지로 구성된다. ¹³바우마이스터는 그중 에너지의 양이 목표 성취의 여부에 결정적인 영향을 준다고 보기 때문에 자기 조절에서 특히 에너지의 양적인 측면을 중시한다. ¹⁴바우마이스터에 따르면, 다양한 자기 조절 과업*에서 개인은 자신이 가지고 있는 에너지를 사용하는데 그 양은 제한되어 있어서 지속적으로 자기 조절에 성공하기 위해서는 에너지를 효율적으로 사용해야 한다. ¹⁵그런데 에너지를 많이 사용한다 하더라도 에너지가 완전히 고갈되는* 상황은 벌어지지 않는다. ¹⁶그 이유는 인간이 긴박한 욕구나 예외적인 상황을 대비하여 에너지의 일부를 남겨 두기 때문이다.

06 밴두라와 달리, 바우마이스터는 자기 조절에 들이는 에너지를 중시한다. (O , X)

07 밴두라의 자기 검열 기능은 바우마이스터의 모니터링과 유사하다. (O , X)

08 바우마이스터의 이론에 따르면 지속적으로 자기 조절을 하기 위해서는 개인의 에너지를 가능한 한 많이 사용해야 한다. (O , X)

4 [17]오늘날의 도덕교육에서, 밴두라와 바우마이스터의 자기 조절 개념을 바탕으로 할 때 인간의 비도덕적 행동은 도덕적 행동이라는 목표를 달성하지 못했다는 점에서 자기 조절에 실패한 것이라고 볼 수 있다. [18]밴두라에 따르면, 인간은 도덕적 정당화나 책임 전가* 등과 같은 자기 면책적* 사고로 인해 자기 조절에 실패한다는 설명이 가능하다. [19]일반적으로 인간은 자기 판단을 할 때 자기 반응을 예측하는데, 교육 등의 사회화를 통해 내면화한 보편적인 도덕규범인 도덕적 표준을 어겼을 경우 느끼게 될 죄책감을 예측한다면 인간은 자기 조절을 하여 도덕적 표준과 일치하는 행동을 할 것이고 이것이 바로 자기 조절의 성공에 해당한다. [20]하지만 자기 판단 과정에서 자기 면책적 사고로 인해 죄책감을 예측하는 것이 불가능하다면 인간은 도덕적 표준에 어긋나는 행동을 할 것이며 이것은 곧 자기 조절의 실패에 해당한다. [21]이에 밴두라는 도덕적 행동이라는 목표에 있어 자기 조절의 성공을 위해 ㉠ 자기 효능감*의 신장*을 강조한다. [22]자기 효능감은 구체적인 상황에서 자기 조절을 성공시킬 수 있다는 신념을 의미한다. [23]자신이 지향하는 목표를 달성하는 경험을 통해 자기 효능감이 신장되면 도덕적 행동이라는 목표에 있어서도 자기 조절의 성공을 가져올 수 있다.

5 [24]한편 바우마이스터에 따르면, 인간이 자기 조절 과업들에 에너지를 비효율적으로 사용함으로 인해 보편적 도덕규범에 따라 행동해야 한다는 개인적 표준에 있어서도 자기 조절에 실패한다는 설명이 가능하다. [25]인간의 에너지는 유한하기 때문에 자기 조절 과업에서 에너지를 지나치게 많이 사용하면 자기 조절 능력이 감소된 상태, 즉 자아 소모*가 발생할 수밖에 없다. [26]그리고 이것이 직후의 자기 조절 과업의 수행을 어렵게 만드는 것이다. [27]이에 바우마이스터는 도덕적 행동이라는 목표에 있어서도 자기 조절의 성공을 위해 ㉡ 자기 조절의 자동화를 강조한다. [28]자기 조절의 자동화는 자기 조절 과업을 수행하는 데 있어 이전보다 에너지를 더 적게 사용하게 되는 것을 의미한다. [29]자신의 목표 달성 경험을 포함하는 연습과 훈련을 통한 자기 조절의 자동화로 에너지의 효율적인 사용이 가능하게 되면 도덕적 행동이라는 목표에 있어서도 자기 조절의 성공을 가져올 수 있다.

09 밴두라는 자기 조절 개념을 통해 보편적인 도덕규범에 맞는 행동이 무엇인지 정의하고 있다. (O , X)

10 밴두라는 자기 면책적 사고를 지닌 사람이 도덕적 표준을 달성할 수 있다고 주장한다. (O , X)

11 자기 면책적 사고는 밴두라의 자기 조절의 세 가지 하위 기능 중 자기 검열 단계에서 강하게 나타날 것이다. (O , X)

12 자기 효능감이 높을수록 도덕적 행동을 할 가능성이 높다. (O , X)

13 자아 소모는 직후의 자기 조절 과업의 수행에 부정적 영향을 끼친다. (O , X)

14 바우마이스터에 따르면 자신의 목표 달성 경험을 포함하는 연습과 훈련이 거듭될수록 도덕적 행동을 할 때 점차 에너지를 많이 투입할 수 있다. (O , X)

15 밴두라와 달리, 바우마이스터는 자기 조절에 성공하기 위해서는 목표를 달성하는 경험이 필요하다고 본다. (O , X)

맞힌 개수 / 총 개수 　 / 15

윗글의 전개 방식에 대한 설명으로 가장 적절한 것은?

① 특정 개념에 대한 구체적인 사례를 제시하고 특정 개념을 다루고 있는 두 이론의 한계를 지적하고 있다.

② 특정 개념을 바탕으로 두 이론이 만들어진 과정을 소개하고 그 과정이 갖는 역사적 의의를 비교하고 있다.

③ 특정 개념과 관련하여 두 이론의 특징에 대해 분석하고 이를 보완할 수 있는 새로운 이론을 제시하고 있다.

④ 특정 개념을 중심으로 두 이론을 소개하고 이를 바탕으로 문제 상황에 대한 원인과 해결책을 제시하고 있다.

⑤ 특정 개념을 강조하는 하나의 이론을 소개하고 이에 대해 상반된 주장을 보여 주는 두 이론을 제시하고 있다.

윗글의 자기 조절에 대한 설명으로 적절하지 않은 것은?

① 바우마이스터는 자기 조절에서 에너지의 양적인 측면을 강조한다.

② 밴두라는 자기 조절 능력을 인간이 선천적으로 가지고 있다고 본다.

③ 인간이 자신의 행동을 바꾸려는 시도를 한 것은 자기 조절의 성공을 의미한다.

④ 밴두라는 자기 조절에 실패한 이유 중 하나로 도덕적 정당화를 제시하고 있다.

⑤ 도덕적 표준과 일치하는 행동을 하는 것을 밴두라는 자기 조절의 성공이라고 본다.

㉠과 ㉡의 공통점으로 가장 적절한 것은?

① 개인이 지향하는 목표를 성취하는 경험을 통해 이루어진다.

② 개인적 표준에 일치하지 않는 행동을 연습하는 것을 강조한다.

③ 인간이 목표를 추구하는 데 더 많은 에너지를 사용할 것을 권장한다.

④ 자연과학적 근거를 통한 인간의 심리적 현상의 이해에서 비롯된다.

⑤ 구체적인 상황에서 긍정적인 결과에 도달할 수 있다는 믿음을 부정한다.

[A]를 바탕으로 〈보기〉를 이해한 내용으로 적절하지 <u>않은</u> 것은?

───── 보 기 ─────

P 씨는 건강을 지켜야 한다는 것을 자기 삶의 가장 중요한 목표로 삼았다. 우선 그는 퇴근하는 시간이 불규칙하고 점심시간이 2시간인 자신의 근무 환경을, 그리고 편식을 하고 운동을 하지 않는 자신을 냉철하게 관찰하였다. 그래서 비교적 여유로운 점심시간을 활용하여 매일 30분씩 충실하게 운동을 하고, 균형 잡힌 식단에 따라 식사를 하겠다고 다짐하였다. 한 달 후 P 씨는 다짐한 대로 운동을 해서 만족감을 느꼈다. 그러나 균형 잡힌 식단에 따라 식사를 하지는 못했다.

① P 씨가 느낀 만족감은 다짐한 대로 운동을 한 후에 자신에게 부여하는 정서적 현상이다.

② P 씨가 놓여 있는 근무 환경은 자신이 하고자 하는 행동을 결정하는 자기 검열에서 고려해야 할 상황적 요소이다.

③ P 씨가 비교적 여유로운 점심시간을 운동 시간으로 정하여 매일 충실하게 운동하기로 다짐한 것은 자기 판단에 해당한다.

④ P 씨가 식단에 따라 식사를 하지 못해 수치심을 느꼈다면 이는 개인적 표준에 부합하지 않은 행동으로 인한 자기 반응이다.

⑤ P 씨가 건강을 지켜야 한다는 목표와 관련하여 자신의 편식하는 행동을 냉철하게 관찰하는 것은 자기 조절의 첫 단계에 해당한다.

윗글의 학자들이 〈보기〉에 대해 보일 수 있는 반응으로 적절하지 <u>않은</u> 것은? [3점]

───── 보 기 ─────

• 갑은 모든 인간의 생명은 소중하다는 규범을 배웠고 이를 신념으로 가지고 살았다. 그런데 인류 전체에 재앙이 닥친 상황에서 자신의 상사가 모든 책임을 지겠다며 소수의 사람들만이 재앙을 피할 수 있는 우주선을 만들라고 갑에게 지시했다. 갑은 우주선을 만드는 것에 있어서 죄책감에 대한 아무런 생각 없이 우주선을 만들었다.

• 을은 정직하게 살아야 한다는 생각을 평소에 가지고 살아 왔기에, 업무와 관련된 자신의 실수를 숨길 수 있었지만 극심한 고민 끝에 상사에게 숨기지 않고 털어놓았다. 하지만 상사와 대화를 나눈 직후, 일을 도와 달라고 부탁하는 동료에게 을은 급히 할 일이 있다고 거짓말을 하였다.

① 밴두라: 모든 책임은 자신이 지겠다는 상사의 지시는 갑의 자기 면책적 사고를 유발했겠군.

② 밴두라: 모든 인간의 생명은 소중하다는 생각은 갑이 사회화를 통해 내면화한 도덕적 표준에 해당하겠군.

③ 바우마이스터: 을이 동료에게 거짓말을 함으로써 예외적인 상황을 대비하여 남겨 둔 에너지마저 모두 소모했으므로 을의 에너지는 고갈되었겠군.

④ 바우마이스터: 을은 극심한 고민 끝에 상사에게 자신의 실수를 털어 놓는 행동에 자신의 유한한 에너지를 지나치게 많이 써서 동료에게는 거짓말을 하게 된 것이겠군.

⑤ 바우마이스터: 을이 정직하게 살아야 한다는 생각을 평소에 가지고 있었던 것은 보편적 도덕규범에 따라 행동해야 한다는 개인적 표준을 지닌 것이라고 볼 수 있겠군.

문단별 중심 내용 & 구조도

1 [   ]의 개념과 대표적인 이론

2 밴두라의 [   ] 이론에서 자기 조절의 세 가지 하위 기능

3 바우마이스터의 [   ] 이론의 등장 배경과 자기 조절의 구성 요소

4 밴두라가 제시한 자기 조절이 실패하는 이유와 자기 효능감의 신장

5 바우마이스터가 제시한 자기 조절이 실패하는 이유와 자기 조절의 자동화

필수 어휘

시사점
미리 일러 주는 암시. 예 이번 사건은 우리에게 시사점을 던져 준다.

선천적
先 먼저 선 / 天 하늘 천 / 的 과녁 적
태어날 때부터 지니고 있는 것.
예 그 아이는 선천적으로 몸이 약했다.
↔ 후천적

획득하다
얻어 내거나 얻어 가지다. 예 이번 선거에서 20%의 표를 획득하였다.
↔ 상실하다

검열
어떤 행위나 사업 따위를 살펴 조사하는 일.
예 관청에서 검열을 받은 뒤에야 물건을 팔 수 있다.
≒ 검사

배제하다
받아들이지 아니하고 물리쳐 제외하다.
예 1학기 성적에 수행평가 점수는 배제하겠습니다.
≒ 배척하다

부여하다
사람에게 권리·명예·임무 따위를 지니도록 해 주거나, 사물이나 일에 가치·의의 따위를 붙여 주다.
예 이번 여행에 특별한 의미를 부여하다.

대두되다
擡 들 대 / 頭 머리 두
어떤 세력이나 현상이 새롭게 나타나게 되다라는 뜻으로, 머리를 쳐든다는 뜻에서 나온 말이다.
예 인권 문제가 사회적 관심사로 대두되었다.

과업
꼭 하여야 할 일이나 임무. 예 이 일을 내 인생의 과업으로 삼겠다.

고갈되다
枯 마를 고 / 渴 목마를 갈
어떤 일의 바탕이 되는 돈이나 물자, 소재, 인력 따위가 다하여 없어지다.
예 잦은 전쟁으로 국고가 점점 고갈되고 있다.
≒ 마르다

전가
잘못이나 책임을 다른 사람에게 넘겨씌움. 예 그가 자기 잘못을 나에게 전가했다.
≒ 전이

면책적
免 면할 면 / 責 꾸짖을 책 / 的 과녁 적
책임이나 책망을 면하는.
예 사고가 난 건물의 관리자만 면책적 조치를 받지 못했다.

효능감
특정한 상황에서 적절한 행동을 함으로써 문제를 해결할 수 있다고 믿는 신념 또는 기대감.
예 유권자는 투표를 통해 효능감을 느낄 수 있다.

신장
세력이나 권리 따위가 늘어남.
예 국력의 신장은 국민들의 힘으로 이룬 것이다.

소모
써서 없앰. 예 연장전까지 가면 선수들의 체력 소모가 크다.
≒ 소비

4. 아도르노의 비동일성 철학

교육청 기출 | 정답과 해설 32~34쪽

1 ¹계몽주의자*들은 이성에 의해 인간이 미성숙* 상태에서 벗어났으며, 인간의 역사는 이성을 통해 문명*의 발전과 진보*를 추구해 왔다고 보고 이를 긍정적으로 평가한다. ²하지만 아도르노는 이러한 인간의 역사가 자연에 대한 지배의 역사라고 규정하고, 나아가 인류가 전체주의*의 폭력과 같은 야만* 상태에 빠지게 되었다고 비판한다.

2 ³아도르노는 계몽주의자들이 신화를 비이성적인 것으로, 계몽을 이성적인 것으로 규정하는 이분법적 인식에 대해 새로운 관점을 제시한다. ⁴즉 신화에도 이성적인 면이 있으며, 계몽에도 비이성적인 면이 있다는 것이다. ⁵먼저 그는 자연과 인간이 분리되는 과정에 주목하여 ㉠'신화는 이미 계몽이었다.'라고 선언한다. ⁶그에 따르면 원래 인간은 자연과 분리되지 않고 뒤엉켜 있는 상태였으며, 인간에게 천둥, 번개와 같은 자연은 미지*의 대상이자 공포의 대상이었다. ⁷그는 인간이 이러한 공포에서 벗어나기 위해 신화를 만들어 냈으며, 신화에는 신화적 힘, 예언 등과 같은 운명적 필연성*으로부터 탈출하려는 인간의 노력이 나타나 있다고 여겼다. ⁸그는 신화에 나타난 이러한 노력을 계몽주의자들이 말하는 이성으로 보았기 때문에 인간의 이성이 신화에도 작용한 것으로 보았다.

3 ⁹또한 아도르노는 인간이 자연을 지배하는 과정에 주목하여 ㉡'계몽은 다시 신화로 돌아간다.'라고 말한다. ¹⁰아도르노는 인간이 자연과 분리되고 근대 과학이 발달하면서 인간의 이성이 자연을 지배하는 도구가 되었다고 비판한다. ¹¹그는, 인간의 이성에 의해 발달한 과학적 지식과 수학이 보편적이고 당위적*인 것이 됨으로써 지배와 복종*의 작동 방식이 만들어졌으며, 이로 인해 사회·정치, 심리·문화 등 다양한 맥락에서 폭력과 고통의 관계가 형성됐다고 본다. ¹²다시 말해, 마치 신화적 힘이나 예언 등이 인간에게 숙명적인 필연성으로 강요되었던 것처럼, 이성의 힘이 당위적인 질서를 만들어 인간을 억압한다고 본 것이다. ¹³결국 아도르노는 계몽주의자들이 중시하는 이성에 그들이 몰아내고자 했던 비이성적인 면모가 있음을 밝힌 것이다.

4 ¹⁴아도르노는 이처럼 인간의 이성이 비이성적인 면을 드러낸 이유가, 인간의 이성에 내재된* 동일성 사고에 있음을 밝힌다. ¹⁵동일성 사고는 주체가 자신의 개념적 틀에 대상을 끌어들이는 과정을 통해 그 대상을 파악했다고 믿는 사고방식이다. ¹⁶예를 들어 책상 위에 여러 개의 사과가 있을 때 색깔과 크기, 모양 등은 서로 다르지만, 동일성 사고에 의해 이것들을 모두 '사과'라는 하나의 개념의 틀에 포함시키는 것이다. ¹⁷아도르노는 효율성을 강조하는 근대 과학이 발달하면서 동일성 사고에 의해, 알려진 것과 아직 알려지지 않은 모든 대상은 고유의 질적 측면을 잃어버린 채, 계산 가능한 형태로만 측정되어 숫자로 환원된다고* 보았다. ¹⁸또

한 이로 인해 서로 질적으로 다른 것들이 쉽게 교환 가능해진다고 보았다. [19]가령 두 노동자가 동일한 노동 시간을 들여 만든 각각의 상품이 교환 관계가 성립되었다면, 그 과정에서 두 물건이 노동의 질은 무시된 채 노동 시간의 양으로만 환원된 것으로 볼 수 있다. [20]아도르노는 이러한 동일성 사고가 내재된 이성이, 자연은 물론 인간과 인간의 본성까지 계량화[*]하여 지배하는 도구로 사용되었다고 주장한다. [21]특히 아도르노는 이와 같은 ⓐ 동일성 사고에 지배받는 사회는 필연적으로 전체주의적 사회 질서를 강화하는 방향으로 나아간다고 보았다. [22]이에 대해 그는 동일성 사고에 대한 끊임없는 반성의 사유가 필요하다고 말한다.

5 [23]이와 같은 관점에서 아도르노는 동일성 사고를 긍정하는 헤겔의 동일성 철학을 비판하는 과정을 통해 반성의 사유 방식을 제안한다. [24]아도르노는 헤겔의 동일성 철학의 핵심 개념인 '보편자'와 '특수자'를 각각 '동일성'과 '비동일성'으로 보았다. [25]즉 동일성 사고에 의해 대상을 끌어들이는 주체를 '동일성'으로, 끌어들임을 당하는 대상을 '비동일성'으로 본 것이다. [26]헤겔의 동일성 철학에서 특수자는 보편자의 개념적 틀에서 벗어나 있는 대상을 의미하는데, 헤겔은 보편자가 자신의 개념으로 특수자를 동일화시켜 파악하며, 이러한 과정을 반복함으로써 인간의 역사가 보다 발전된 방향으로 나아갈 수 있었다고 주장한다.

6 [27]하지만, 아도르노는 이와 같은 헤겔의 동일성 철학으로 인해 특수자의 고유성과 독자성이 파괴된다고 보았다. [28]아도르노는 특수자, 즉 비동일성을 진정으로 파악한다는 것은 비동일성이 가지고 있는 차이를 인정하는 것이라고 말한다. [29]즉 동일성 사고에 의해 비동일성이 어떤 한쪽으로 동일화되지 않도록, 비동일성에 대해 참된 관심을 가져야 한다고 주장한다. [30]이것이 바로 아도르노가 강조하는 비동일성 철학이다. [31]그는 이러한 비동일성 철학의 논리를 예술이 담을 수 있다고 본다. [32]그래서 아도르노는 진정한 예술의 모습은, 동일성 사고로 인해 고정된 질서와 이러한 질서에 대한 친숙함에서 벗어나려는 것이어야 한다고 말한다. [33]이러한 예술을 접한 사람들로 하여금 동일성 사고가 지닌 억압을 자각할 수 있게 하기 때문이다. [34]결국 아도르노에게 진정한 예술은 동일성 사고의 논리에 지배받고 있는 자신을 반성하도록 하는 예술이다.

01

윗글에 대한 설명으로 가장 적절한 것은?

① 기존 이론을 비판하며 계몽주의가 지닌 의의를 밝히고 있다.

② 인용문을 활용하여 계몽주의가 분화된 원인을 탐색하고 있다.

③ 시대적 흐름을 제시하여 비동일성 철학의 변화 요인을 분석하고 있다.

④ 대비되는 두 개념을 통해 비동일성 철학이 추구하는 바를 밝히고 있다.

⑤ 통념에 대한 의문을 통해 비동일성 철학에 대한 문제점을 제기하고 있다.

02

• 팩트 체크

㉠과 ㉡에 대한 이해로 적절하지 않은 것은?

① ㉠은 인간의 이성이 신화에도 작용했음을 의미한다.

② ㉠은 자연의 공포로부터 탈출하려는 인간의 노력이 계몽주의에서 말하는 이성에 해당한다는 것을 의미한다.

③ ㉡은 미지의 대상인 자연이 인간의 이성을 억압하고 있음을 의미한다.

④ ㉡은 과학적 지식과 수학이 당위적 질서가 되어 인간을 억압한다는 것을 의미한다.

⑤ ㉡은 근대 과학이 발달하면서 인간의 이성이 폭력과 고통의 관계를 만드는 데에 영향을 끼쳤음을 의미한다.

03

• 팩트 체크

ⓐ에 대한 설명으로 적절하지 않은 것은?

① 모든 것을 숫자로 환원하게 한다.

② 전체주의적 사회 질서를 부정한다.

③ 인간의 본성과 자연까지 계량화하게 만든다.

④ 질적으로 다른 것들을 교환 가능하게 만든다.

⑤ 자연을 지배하려는 인간의 이성에 내재되어 있다.

윗글과 〈보기〉를 이해한 내용으로 적절하지 <u>않은</u> 것은? [3점]

—— 보 기 ——

'국민 모두가 잘사는 국가'를 절대적 가치로 지향하는 A 국가에서는 국민들의 삶에 대한 만족감을 조사하기 위해 소득을 기준으로 5단계의 평가 척도를 만들었다. 이에 대해 K 씨는 삶에 대한 만족도나 즐거움 등을 수치로 나타낼 수 없다고 생각했다. 한편 P 씨는 평소 가족의 건강이 행복한 삶의 기준이라고 생각하고 자신의 삶에 만족했지만 이 척도를 접한 후 자신이 불행하다고 생각하게 되었다.

① 만약 헤겔의 관점에서 A 국가를 보편자로 본다면, K 씨는 특수자로 볼 수 있겠군.

② 만약 헤겔의 관점에서 A 국가를 보편자로 본다면, A 국가가 만든 5단계의 평가 척도는 P 씨에게 개념적 틀로 작용했겠군.

③ 만약 아도르노의 관점에서 A 국가를 동일성으로 본다면, P 씨는 자신의 고유성이 파괴된 것이라고 볼 수 있겠군.

④ 만약 아도르노의 관점에서 K 씨를 비동일성으로 본다면, K 씨는 자신의 기준으로 A 국가를 끌어들이는 주체라고 할 수 있겠군.

⑤ 만약 아도르노의 관점에서 P 씨를 비동일성으로 본다면, P 씨가 자신을 불행하다고 생각하는 것은 동일성 사고의 지배를 받았기 때문이겠군.

윗글을 읽은 학생이 아도르노의 입장에서 〈보기〉의 '12음 기법 음악'을 이해한 내용으로 적절하지 <u>않은</u> 것은?

—— 보 기 ——

쇤베르크는 으뜸음을 중심으로 다른 음이 종속되도록 작곡하는 조성 중심의 작곡법에서 탈피하고자 12음 기법 음악을 탄생시켰다. 그는 12개의 서로 다른 음이 모두 한 번씩 사용될 때까지 같은 음이 되풀이되지 않도록 작곡함으로써 그 어떤 음도 조성에 얽매이지 않도록 했다. 당시 조성 음악에 익숙했던 사람들은 그의 음악을 처음 듣게 되면 어떤 음이 이어질지 전혀 예측할 수 없어 곤혹스러워 했다.

① 조성 중심 작곡법을 사용해 억압을 자각하게 하므로 진정한 예술의 모습이라고 볼 수 있다.

② 어떤 음도 조성에 얽매이지 않도록 한 것은 비동일성 철학의 논리가 담겨 있는 것으로 볼 수 있다.

③ 어떤 음이 이어질지 예측할 수 없다는 점에서 동일성 사고로 인한 친숙함에서 벗어난 것으로 볼 수 있다.

④ 감상자들로 하여금 조성 중심 작곡법에 익숙한 자신의 모습에 대한 반성을 이끌어 낼 수 있다고 볼 수 있다.

⑤ 12개의 음이 모두 한 번씩 사용될 때까지 같은 음을 되풀이하지 않는 것은 고정된 질서에서 벗어나려는 것으로 볼 수 있다.

문단별 중심 내용 & 구조도

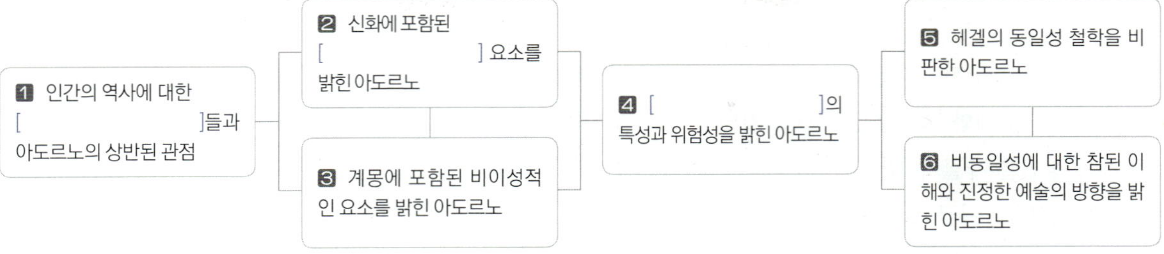

필수 어휘

계몽주의자

16~18세기에 인간적이고 합리적인 사유(思惟)를 제창하고, 이성의 계몽을 통하여 인간 생활의 진보와 개선을 꾀하려 한 유럽의 사상인 계몽주의를 믿거나 주장하는 사람.
예 근대 계몽주의자인 그는 인간을 세계의 주인으로 간주하였다.

미성숙
未 아닐 미 / 成 이룰 성 / 熟 익을 숙

아직 성숙하지 못함. ⊖ 성숙
예 미성숙 단계에 있는 아이가 성인이 되기까지는 많은 교육이 필요하다.

문명

인류가 이룩한 물질적, 기술적, 사회 구조적인 발전. 자연 그대로의 원시적 생활에 상대하여 발전되고 세련된 삶의 양태를 뜻한다. ⊖ 야만
예 이집트 문명이 발달한 데에는 기후와 지리의 영향이 컸다.

진보
進 나아갈 진 / 步 걸음 보

정도나 수준이 나아지거나 높아짐. ⊖ 퇴보
예 과거와 견주었을 때, 우리나라의 과학 기술은 진보를 이루었다.

전체주의

개인의 모든 활동은 민족·국가와 같은 전체의 존립과 발전을 위하여서만 존재한다는 이념 아래 개인의 자유를 억압하는 사상. 이탈리아의 파시즘과 독일의 나치즘이 대표적이다. ⊖ 개인주의
예 전체주의 사회에서 국민은 개별로 존재하지 않고, 국가에 포함된 존재일 뿐이다.

야만

미개하여 문화 수준이 낮은 상태. ⊖ 문명
예 무인도에 갇힌 그들은 스스럼없이 야만 행위를 저지르기 시작했다.

미지
未 아닐 미 / 知 알 지

아직 알지 못함.
예 문을 열자 미지의 세계가 펼쳐졌다.

필연성
必 반드시 필 / 然 그럴 연 / 性 성품 성

사물의 관련이나 일의 결과가 반드시 그렇게 될 수밖에 없는 요소나 성질. ⊖ 우연성
예 두 사건 사이에는 아무런 필연성이 없어 보인다.

당위적

마땅히 그렇게 하거나 되어야 하는 것.
예 이 일은 당위적으로 행해야 한다.

복종

남의 명령이나 의사를 그대로 따라서 좇음. ⊜ 맹종
예 그는 아랫사람에게 복종을 요구하였다.

내재되다

어떤 사물이나 범위의 안에 들어 있다.
예 너의 말에는 모순점이 내재되어 있다.

환원되다

본디의 상태로 다시 돌아가다.
예 경제 상황이 예전으로 환원되었다.

계량화

어떤 현상의 특성이나 경향 따위를 수량으로써 표시함.
예 그 식당의 성공 비결은 모든 요소의 계량화이다.

1 [1]인간은 이 세상에서 정신과 물질을 동시에 지닌 유일한 존재로 여겨진다. [2]정신은 과연 물질, 곧 육체와 별도로 존재하는 것일까? [3]㉠ 컴퓨터와 같은 완전히 물리적인 체계는 정신을 가질 수 없는가? [4]오래전부터 정신을 비물리적 대상으로 간주하는* 사람이 많았고 지금도 크게 다르지 않다. [5]이렇게 육체는 원자로 이루어져 있으며 화학적 조성*을 띠지만 정신은 비물리적 대상이라고 주장하는 이론이 이원론이다. [6]이에 견줘* 동일론은 정신은 육체, 그중에서 두뇌의 물리적 상태와 동일한 것으로 존재하지, 육체와 독립되어 존재하지 않는다고 주장한다. [7]무엇인가가 독립되어 존재하지 않는다는 것을 증명하기* 위해서는 그것이 독립적으로 존재할 모든 가능성을 들여다보며 "여기도 없군. 저기도 없네." 하며 철저히 점검할 필요는 없다. [8]다만 그것이 존재한다고 말하는 주장들을 조목조목* 반박해* 나가면 된다. [9]그런 식으로 동일론은 이원론을 반박한다.

2 [10]원자나 엑스선은 눈으로 볼 수 없지만 그것을 가정함으로써 다양한 현상들을 가장 잘 설명할 수 있다. [11]이원론자는 정신도 ⓐ 눈에 보이지 않지만 그것을 가정해야만 설명할 수 있는 특성들이 있다고 주장한다. [12]라이프니츠는 만일 X와 Y가 동일하다면 이들이 똑같은 특성을 갖는다는 '동일자* 식별* 불가능성 원리'를 제시했는데, 어떠한 물리적 대상도 갖지 못할 특성을 정신이 갖는다면, 이 원리에 따라 정신은 물리적 대상과는 다를 것이다.

[A]

3 [13]대표적 이원론자인 데카르트는 그런 특성으로 언어와 수학적 추론을 제시한다. [14]그는 완전히 물리적인 체계가 사람처럼 언어를 사용하거나 수학적인 추론을 해낼 수는 없으리라고 보았다. [15]그러나 이런 주장은 그 힘이 처음 생각했던 것보다 약하다. [16]먼저 컴퓨터 언어라는 개념은 이제 상식적인 것이 되었다. [17]컴퓨터 언어는 인간이 쓰는 언어에 비해서 구조와 내용의 면에서 단순하지만 그 차이라 하는 것은 종류의 차이가 아니라 정도의 차이이다. [18]한편 데카르트의 저술*이 나타난 이래로 수세기* 동안 여러 학자들은 수학적 추론의 일반적 원리들을 이럭저럭 찾아낼 수 있게 되었고, 컴퓨터 기술자들은 그런 원리를 바탕으로 하여 데카르트를 깜짝 놀라게 했을 법한 ⓑ 기계를 만들어 내게 되었다. [19]독립적인 정신을 가정하지 않고서도 언어와 수학적 추론을 설명할 수 있는 가능성이 생긴 것이다. [20]이와 같이 더 복잡한 것을 끌어들이지 않고 무언가를 충분히 설명할 수 있다면, 그것을 끌어들이지 말라는 '단순성의 원리'에 의해 독립적인 정신을 가정할 필요가 없다.

4 [21]데카르트는 동일자 식별 불가능성 원리로 이원론을 지지하는* 또 다른 논증으로, 육체의 존재는 얼마든지 의심할 수 있지만 정신은 의심할 수 없다는 것을 든다. [22]의심하기 위해서는 내 정신이 ⓒ 또렷하게 존재해야 하기 때문이다. [23]그렇다

면 육체와 정신 중 하나는 의심 가능하다는 특성을 갖지만 다른 하나는 갖지 않으므로 그 둘은 ⓓ 동일하지 않다는 결론이 나온다. [24]이 논증을 평가하기 위해 사실은 같은 사람인 정약용과 다산*을 생각해 보자. [25]『목민심서』를 정약용이 썼다는 것을 의심하지 않더라도 다산이 썼다는 것은 얼마든지 의심할 수 있다. [26]다산이 썼어도 쓰지 않았다고 의심하는 것은 논리적으로 모순된 것이 아니기 때문이다. [27]그렇다고 해서 정약용과 다산이 ⓔ 동일한 존재가 아닌 것은 아니다. [28]동일자 식별 불가능성 원리는, 식별하는 데 사용되는 특성이 의심이나 생각 같은 것을 포함한 경우에는 적용되지 않는 것이다.

맞힌 개수 / 총 개수   / 15

---

01 ● 팩트 체크

독서의 목적을 고려하여 윗글을 추천하고자 할 때, ㉮에 들어갈 내용으로 가장 적절한 것은?

> ______㉮______ 분에게 추천합니다.

① 감정을 정화하기 위해 감동적인 경험을 소개하는 글을 읽으려는

② 인간관계를 유지하고 발전시키기 위해 타인의 일상을 담은 글을 읽으려는

③ 학문적인 정보를 얻기 위해 기술에 적용된 원리를 설명하는 글을 읽으려는

④ 사회적 문제를 해결하는 방안을 찾기 위해 사회 현상의 원인을 분석한 글을 읽으려는

⑤ 인간과 세계를 이해하기 위해 인간과 사물의 본질을 논쟁적으로 다룬 글을 읽으려는

02 ● 팩트 끌어내기

윗글을 통해 알 수 있는 내용으로 가장 적절한 것은?

① 현실에서 발생한 일이라도 발생하지 않았다고 의심은 할 수 있다.

② 이원론은 완전히 물리적인 체계에도 정신이 독립적으로 있다고 본다.

③ 원자나 엑스선은 눈에 보이지 않는다는 점에서 물리적 대상이 아니다.

④ 라이프니츠는 물리적 대상이 정신과 똑같은 특성을 갖더라도 그 둘은 다르다고 보았다.

⑤ 데카르트는 언어를 사용하거나 수학적 추론을 할 수 있는 기계가 출현하리라고 예상했다.

㉠에 대한 동일론자의 대답으로 가장 적절한 것은?

① 기술이 발달하면 컴퓨터도 인간과 같은 정신을 가질 것이다.

② 기술이 발달하면 컴퓨터는 인간과 달리 정신을 가질 것이다.

③ 기술이 발달하면 컴퓨터는 인간과 종류가 다른 정신을 가질 것이다.

④ 기술이 발달하더라도 컴퓨터는 인간과 달리 정신을 가지지 않을 것이다.

⑤ 기술이 발달하더라도 컴퓨터도 인간과 같이 정신을 가지지 않을 것이다.

윗글을 참고하여 〈보기〉를 이해한 내용으로 적절하지 <u>않은</u> 것은? [3점]

> ─── 보 기 ───
>
> (가) 악령의 존재를 가정할 필요 없이 병원체의 존재를 가정함으로써 감염병의 발생을 가장 잘 설명할 수 있다.
>
> (나) '하늘에 태양이 존재하면서 동시에 존재하지 않는다'고 생각할 수 없지만, '왼손은 있다'고 생각하면서 '오른손은 사라졌다'고 생각할 수 있다.

① (가)에서는 단순성의 원리에 의해 악령을 끌어들일 필요가 없는 것이겠군.

② (가)에서 '악령이 존재한다'는 주장을 반박하기 위해서 악령이 존재할 모든 가능성을 들여다볼 필요는 없겠군.

③ (가)에서 병원체의 존재가 감염병을 가장 잘 설명해 주기 때문에 병원체가 존재한다고 판단하겠군.

④ (나)에서 왼손과 오른손은 동일자 식별 불가능성 원리에 따라 동일한 대상이 아니겠군.

⑤ (나)에서 생각의 가능성에 차이가 있는 까닭은 논리적으로 모순인 것과 아닌 것의 차이 때문이겠군.

[A]에 드러난 동일론의 주장에 대해 이원론이 비판한다고 할 때, 비판의 내용으로 적절하지 <u>않은</u> 것은?

① 인간과 같은 수준의 언어를 사용하는 기계가 있을 수 있다고 하는데, 있다고 하더라도 정말로 그 뜻을 이해하고 사용하는 것은 아니다.

② 인간과 같은 수준의 언어를 사용하는 기계가 있을 수 있다고 하는데, 있다고 하더라도 그것은 행동적인 측면만 따라할 뿐이고 사랑이나 두려움 같은 감성적 측면은 따라할 수 없다.

③ 수학적 추론을 하는 기계가 있을 수 있다고 하는데, 기계가 정신을 가지지 못한다고 말하면서도 수학적 추론을 한다는 것은 성립할 수 없다.

④ 수학적 추론을 하는 기계가 있을 수 있다고 하는데, 있다고 하더라도 그것은 프로그램에 따라 작동하는 것에 불과하지 선택에 따른 행동이라고 볼 수 없다.

⑤ 수학적 추론을 하는 기계가 있을 수 있다고 하는데, 비행 시뮬레이션이 실제 비행의 모방에 불과한 것처럼 기계의 수학적 추론은 인간의 수학적 추론을 모방한 것에 불과하다.

문맥상 ⓐ~ⓔ와 바꿔 쓰기에 적절하지 <u>않은</u> 것은?

① ⓐ: 원자나 엑스선과 유사한 특성이 있다고

② ⓑ: 완전히 물리적인 체계를

③ ⓒ: 화학적인 조성을 띠어야

④ ⓓ: 똑같은 특성을 지니지 않는다는

⑤ ⓔ: 독립적인 존재인

문단별 중심 내용 & 구조도

1 정신과 육체의 분리 여부에 대한 두 이론 – 이원론과 [   ]

2 '동일자 식별 [   ] 원리'에 따른 이원론의 주장

3 이원론자인 [   ]의 주장에 대한 반박 ①

4 이원론자인 [   ]의 주장에 대한 반박 ②

필수 어휘

간주하다
看 볼 간 / 做 지을 주

상태, 모양, 성질 따위가 그와 같다고 보거나 그렇다고 여기다.
예 일부 소수의 의견을 대다수의 의견인 것처럼 간주하고 있다.
여기다

조성
組 짤 조 / 成 이룰 성

여러 개의 요소나 성분으로 얽거나 짜서 만듦. 또는 그렇게 만들어진 요소들의 구성.
예 주요 구성물의 화학 조성이 변하고 있다.

견주다

둘 이상의 사물을 질(質)이나 양(量) 따위에서 어떠한 차이가 있는지 알기 위하여 서로 대어 보다.
예 나는 그와 실력을 견주기에는 아직 부족하다.
비교하다

증명하다

1. 어떤 사항이나 판단 따위에 대하여 그것이 진실인지 아닌지 증거를 들어서 밝히다.
예 자신의 결백을 증명하다.
2. 『철학』 어떤 명제나 판단 또는 진위를 정하는 근거를 표시하다.
밝히다

조목조목

한 조목 한 조목마다 다.
예 검사는 범인의 잘못을 조목조목 제시했다.
세세히

반박하다

어떤 의견, 주장, 논설 따위에 반대하여 말하다.
예 상대방의 논거에 대해 반박하고 나섰다.

동일자

『철학』 현실에서 동일하게 있는 사물. 곧 같은 사물을 말한다.
예 동일자와 타자의 구분이 사라지고 있다.

식별
識 알 식 / 別 다를 별

분별하여 알아봄.
예 그것은 멀리 있지만 흐릿하게나마 식별이 가능했다.
혼동

저술

글이나 책 따위를 씀. 또는 그 글이나 책.
예 이 책은 선생님의 대표적인 저술이다.
저작

수세기

여러 세기(백 년 동안을 세는 단위). 곧 오랜 시간을 의미함.
예 지난 수세기 동안 자연환경이 파괴되었다.

지지하다
支 지탱할 지 / 持 가질 지

어떤 사람이나 단체 따위의 주의 · 정책 · 의견 따위에 찬동하여 이를 위하여 힘을 쓰다.
예 나는 외계인에 대한 너의 이론을 지지한다.
찬동하다

다산

조선 후기 실학자였던 정약용의 호. '호'란 본명이나 자 이외에 쓰는 이름이다.
예 정조는 다산과 함께 조선의 르네상스를 이끌었다.

2. 과거제의 공정성과 개혁론 | 평가원 기출

정답과 해설 37~40쪽

(가)

1 ¹한국, 중국 등 동아시아 사회에서 오랫동안 유지되었던 과거제는 세습적* 권리와 무관하게 능력주의적인 시험을 통해 관료를 선발하는 제도라는 점에서 합리성을 갖추고 있었다. ²정부의 관직을 ⓐ 두고 정기적으로 시행되는 공개 시험인 과거제가 도입되어, 높은 지위를 얻기 위해서는 신분이나 추천보다 시험 성적이 더욱 중요해졌다.

2 ³명확하고 합리적인 기준에 따른 관료 선발 제도라는 공정성을 바탕으로 과거제는 보다 많은 사람들에게 사회적 지위 획득의 기회를 줌으로써 개방성*을 제고하여* 사회적 유동성 역시 증대시켰다. ⁴응시 자격에 일부 제한이 있었다 하더라도, 비교적 공정한 제도였음은 부정하기 어렵다. ⁵시험 과정에서 ㉠ 익명성의 확보를 위한 여러 가지 장치를 도입한 것도 공정성 강화를 위한 노력을 보여 준다.

3 ⁶과거제는 여러 가지 사회적 효과를 가져왔는데, 특히 학습에 강력한 동기를 제공함으로써 교육의 확대와 지식의 보급에 크게 기여했다. ⁷그 결과 통치에 참여할 능력을 갖춘 지식인 집단이 폭넓게 형성되었다. ⁸시험에 필요한 고전과 유교 경전이 주가 되는 학습의 내용은 도덕적인 가치 기준에 대한 광범위한 공유를 이끌어 냈다. ⁹또한 최종 단계까지 통과하지 못한 사람들에게도 국가가 여러 특권을 부여하고* 그들이 지방 사회에 기여하도록 하여 경쟁적 선발 제도가 가져올 수 있는 부작용을 완화하고자* 노력했다.

4 ¹⁰동아시아에서 과거제가 천 년이 넘게 시행된 것은 과거제의 합리성이 사회적 안정에 기여했음을 보여 준다. ¹¹과거제는 왕조의 교체와 같은 변화에도 불구하고 동질적인 엘리트층의 연속성을 가져왔다. ¹²그리고 이러한 연속성은 관료 선발 과정뿐 아니라 관료제에 기초한 통치의 안정성에도 기여했다.

5 ¹³과거제를 장기간 유지한 것은 세계적으로 드문 현상이었다. ¹⁴과거제에 대한 정보는 선교사들을 통해 유럽에 전해져 많은 관심을 불러일으켰다. ¹⁵일군의 유럽 계몽사상가들은 학자의 지식이 귀족의 세습적 지위보다 우위에 있는 체제를 정치적인 합리성을 갖춘 것으로 보았다. ¹⁶이러한 관심은 사상적 동향*뿐 아니라 실질적인 사회 제도에까지 영향을 미쳐서, 관료 선발에 시험을 통한 경쟁이 도입되기도 했다.

---

01 과거제는 세습적 권리가 아닌 개인의 능력을 중시하는 제도이다. (O , X)

02 과거제의 공정성이 증대될수록 사회적 유동성도 증대될 것이다. (O , X)

03 과거제에서 익명성을 확보한 까닭은 개인의 능력 외의 요소가 선발에 관여하지 않게 하기 위해서이다. (O , X)

04 과거제는 사회의 지배 질서에 복종하는 집단을 형성하였다. (O , X)

05 통치가 안정되면서 과거제를 통한 엘리트층의 동질성이 확보되었다. (O , X)

06 동아시아의 과거제는 일부 유럽 계몽사상가들의 지지를 받았다. (O , X)

07 유럽이 시험을 통해 관료를 선발하게 된 배경은 선교사들을 통해 동아시아의 과거제를 접하게 되었기 때문이다. (O , X)

(나)

1 [17]조선 후기의 대표적인 관료 선발 제도 개혁론인 유형원의 공거제 구상은 능력주의적, 결과주의적 인재 선발의 약점을 극복하려는 의도와 함께 신분적 세습의 문제점도 의식한 것이었다. [18]중국에서는 17세기 무렵 관료 선발에서 세습과 같은 봉건적인 요소를 부분적으로 재도입하려는 개혁론이 등장했다. [19]고염무는 관료제의 상층에는 능력주의적 제도를 유지하되, ㉮ 지방관인 지현들은 어느 정도의 검증 기간을 거친 이후 그 지위를 평생 유지시켜 주고 세습의 길까지 열어 놓는 방안을 제안했다. [20]황종희는 지방의 관료가 자체적으로 관리를 초빙해서* 시험한 후에 추천하는 '벽소'와 같은 옛 제도를 ⓑ 되살리는 방법으로 과거제를 보완하자고 주장했다.

2 [21]이러한 개혁론은 갑작스럽게 등장한 것이 아니었다. [22]과거제를 시행했던 국가들에서는 수백 년에 ⓒ 걸쳐 과거제를 개선하라는 압력이 있었다. [23]시험 방식이 가져오는 부작용들은 과거제의 중요한 문제였다. [24]치열한 경쟁은 학문에 대한 깊이 있는 학습이 아니라 합격만을 목적으로 하는 형식적 학습을 하게 만들었고, 많은 인재들이 수험 생활에 장기간 ⓓ 매달리면서 재능을 낭비하는 현상도 낳았다. [25]또한 학습 능력 이외의 인성이나 실무 능력을 평가할 수 없다는 이유로 시험의 ㉡ 익명성에 대한 회의도 있었다.

3 [26]과거제의 부작용에 대한 인식은 과거제를 통해 임용된 관리들의 활동에 대한 비판적 시각으로 연결되었다. [27]능력주의적 태도는 시험뿐 아니라 관리의 업무에 대한 평가에도 적용되었다. [28]세습적이지 않으면서 몇 년의 임기마다 다른 지역으로 이동하는 관리들은 승진을 위해서 빨리 성과를 낼 필요가 있었기에, 지역 사회를 위해 장기적인 전망을 가지고 정책을 추진하기보다 가시적*이고 단기적인 결과만을 중시하는 부작용을 가져왔다. [29]개인적 동기가 공공성과 상충되는* 현상이 나타났던 것이다. [30]공동체 의식의 약화 역시 과거제의 부정적 결과로 인식되었다. [31]과거제 출신의 관리들이 공동체에 대한 소속감이 낮고 출세 지향적이기 때문에 세습 엘리트나 지역에서 천거된* 관리에 비해 공동체에 대한 충성심이 약했던 것이다.

4 [32]과거제가 지속되는 시기 내내 과거제 이전에 대한 향수가 존재했던 것은 그 외의 정치 체제를 상상하기 ⓔ 어려웠던 상황에서, 사적이고 정서적인 관계에서 볼 수 있는 소속감과 충성심을 과거제로 확보하기 어렵다는 판단 때문이었다. [33]봉건적 요소를 도입하여 과거제를 보완하자는 주장은 단순히 복고적*인 것이 아니었다. [34]합리적인 제도가 가져온 역설적* 상황을 역사적 경험과 주어진 사상적 자원을 활용하여 보완하고자 하는 시도였다.

08 유형원은 공거제를 통해 신분적 세습의 부활을 주장하였다. (O , X)

09 고염무와 황종희는 과거제 이전에 시행한 제도의 봉건적 요소 일부를 도입해야 한다고 주장하였다. (O , X)

10 과거제의 경쟁적 선발 제도는 많은 인재들이 수험 생활을 하느라 재능을 낭비하게 하였다. (O , X)

11 과거제는 능력주의적 인재 선발 방식이었으나, 인성이나 실무 능력은 평가하지 않았다. (O , X)

12 과거제를 통해 임용된 관리들이 승진하기 위해서는 임기 내에 성과를 내야 했다. (O , X)

13 과거제를 통해 임용된 관리들보다 지역에서 천거된 관리가 공동체에 대한 충성심이 강했다. (O , X)

14 과거제 개혁론자들은 사적이고 정서적인 관계에 의해 관리를 선발했던 봉건적 요소에 대한 긍정적인 측면을 인식했다. (O , X)

15 과거제 개혁론자들은 과거제에서 시험 성적 외에 소속감과 충성심도 평가 항목으로 반영해야 한다고 주장했다. (O , X)

맞힌 개수 / 총 개수 ____ / 15

(가)와 (나)의 서술 방식으로 가장 적절한 것은?

① (가)와 (나) 모두 특정 제도가 사회에 미친 영향을 인과적으로 서술하고 있다.

② (가)와 (나) 모두 특정 제도를 분석하는 두 가지 이론을 구분하여 소개하고 있다.

③ (가)는 (나)와 달리 구체적 사상가들의 견해를 언급하며 특정 제도에 대한 관점을 드러내고 있다.

④ (나)는 (가)와 달리 특정 제도에 대한 선호와 비판의 근거들을 비교하면서 특정 제도의 특징을 제시하고 있다.

⑤ (가)는 특정 제도의 발전을 통시적으로, (나)는 특정 제도에 대한 학자들의 상반된 입장을 공시적으로 언급하고 있다.

(가)의 내용과 일치하지 않는 것은?

① 시험을 통한 관료 선발 제도는 동아시아뿐만 아니라 유럽에서도 실시되었다.

② 과거제는 폭넓은 지식인 집단을 형성하여 관료제에 기초한 통치에 기여했다.

③ 과거 시험의 최종 단계까지 통과하지 못한 사람도 국가로부터 혜택을 받을 수 있었다.

④ 경쟁을 바탕으로 한 과거제는 더 많은 사람들이 지방의 관료에 의해 초빙될 기회를 주었다.

⑤ 귀족의 지위보다 학자의 지식이 우위에 있는 체제가 합리적이라고 여긴 계몽사상가들이 있었다.

(나)를 참고할 때, ㉠와 같은 제안이 등장하게 된 배경을 추론한 내용으로 적절하지 않은 것은?

① 과거제로 등용된 관리들이 근무지를 자주 바꾸게 되어 근무지에 대한 소속감이 약했기 때문이었을 것이다.

② 과거제로 등용된 관리들의 봉건적 요소에 대한 지향이 공공성과 상충되는 세태로 나타났기 때문이었을 것이다.

③ 과거제로 선발한 관료들은 세습 엘리트에 비해 개인적 동기가 강해서 공동체 의식이 높지 않았기 때문이었을 것이다.

④ 과거제를 통해 배출된 관료들이 출세 지향적이어서 장기적 안목보다는 근시안적인 결과에 치중했기 때문이었을 것이다.

⑤ 과거제가 낳은 능력주의적 태도로 인해 관리들이 승진을 위해 가시적인 성과만을 내려는 경향이 강해졌기 때문이었을 것이다.

(가)와 (나)를 참고하여 ㉠과 ㉡을 이해한 내용으로 가장 적절한 것은?

① ㉠은 모든 사람에게 응시 기회를 보장했지만, ㉡은 결과주의의 지나친 확산에서 비롯되었다.

② ㉠은 정치적 변화에도 사회적 안정을 보장했지만, ㉡은 대대로 관직을 물려받는 문제에서 비롯되었다.

③ ㉠은 지역 공동체의 전체 이익을 증진시켰지만, ㉡은 지나친 경쟁이 유발한 국가 전체의 비효율성에서 비롯되었다.

④ ㉠은 사회적 지위 획득의 기회를 확대하는 데 기여했지만, ㉡은 관리 선발 시 됨됨이 검증의 곤란함에서 비롯되었다.

⑤ ㉠은 관료들이 지닌 도덕적 가치 기준의 다양성을 확대했지만, ㉡은 사적이고 정서적인 관계 확보의 어려움에서 비롯되었다.

〈보기〉는 과거제에 대한 조선 시대 선비들의 견해를 재구성한 것이다. (가)와 (나)를 읽은 학생이 〈보기〉에 대해 보인 반응으로 적절하지 <u>않은</u> 것은? [3점]

보 기

- 갑: 변변치 못한 집안 출신이라 차별받는 것에 불만이 있는 사람들이 많았는데, 과거를 통해 관직을 얻으면서 불만이 많이 해소되어 사회적 갈등이 완화된 것은 바람직하다.
- 을: 과거제를 통해 조선 사회에 유교적 가치가 광범위하게 자리를 잡아 좋다. 그런데 많은 선비들이 오랜 시간 과거를 준비하느라 자신의 뛰어난 능력을 펼치지 못한다는 점이 안타깝다.
- 병: 요즘 과거 시험 준비를 위해 나오는 책들을 보면 시험에 자주 나왔던 내용만 정리되어 있어서 학습의 깊이가 없으니 문제이다. 그래도 과거제 덕분에 더 많은 사람들이 공부를 하려는 생각을 가지게 된 것은 다행이라고 생각한다.

---

① '갑'이 과거제로 인해 사회적 유동성이 증가했다는 점을 긍정적으로 본 것은, 능력주의에 따른 공정성과 개방성이라는 시험의 성격에 주목한 것이겠군.

② '을'이 과거제로 인해 많은 선비들이 재능을 낭비한다는 점을 부정적으로 본 것은, 치열한 경쟁을 유발하는 시험의 성격에 주목한 것이겠군.

③ '을'이 과거제로 인해 사회의 도덕적 가치 기준에 대한 광범위한 공유가 가능해졌다는 점을 긍정적으로 본 것은, 고전과 유교 경전 위주의 시험 내용에 주목한 것이겠군.

④ '병'이 과거제로 인해 심화된 공부를 하기 어렵다는 점을 부정적으로 본 것은, 형식적인 학습을 유발한 시험 방식에 주목한 것이겠군.

⑤ '병'이 과거제로 인해 교육에 대한 동기가 강화되었다는 점을 긍정적으로 본 것은, 실무 능력을 중심으로 평가하는 시험 방식에 주목한 것이겠군.

문맥상 ⓐ~ⓔ의 단어와 가장 가까운 의미로 쓰인 것은?

① ⓐ: 그가 열쇠를 방안에 <u>두고</u> 문을 잠가 버렸다.

② ⓑ: 우리는 그 당시의 행복했던 기억을 <u>되살렸다</u>.

③ ⓒ: 협곡 사이에 구름다리가 멋지게 <u>걸쳐</u> 있었다.

④ ⓓ: 사소한 일에만 <u>매달리면</u> 중요한 것을 놓친다.

⑤ ⓔ: 형편이 <u>어려울수록</u> 모두가 힘을 합쳐야 한다.

문단별 중심 내용 & 구조도

(가)

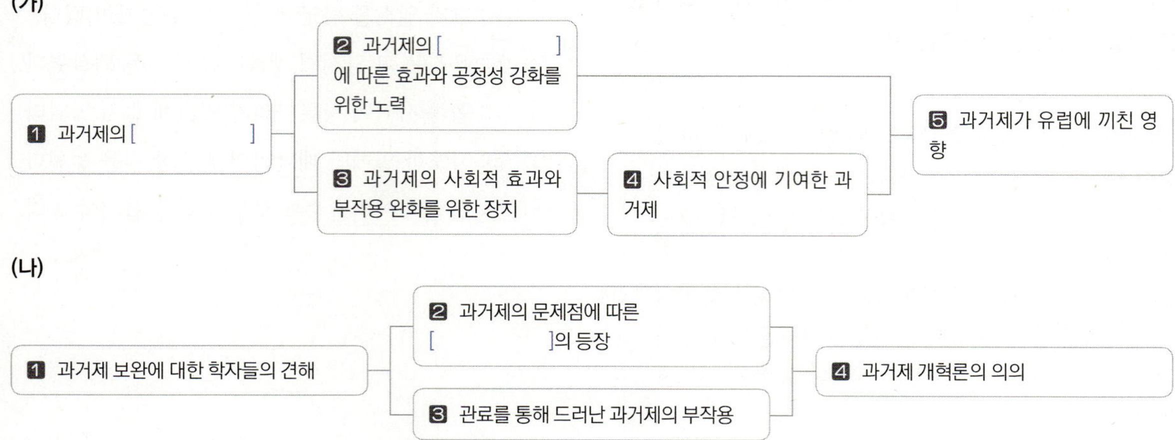

(나)

필수 어휘

세습적
한집안의 재산이나 신분, 직업 따위를 그 자손들이 대대로 물려받는 것.
예 조선 시대는 세습적 신분 사회였다.

개방성
태도나 생각 따위가 거리낌 없고 열려 있는 상태나 성질.　⊖ 폐쇄성
예 인터넷을 통해 정보의 개방성이 높아졌다.

제고하다
提 끌 제 / 高 높을 고
쳐들어 높이다.
예 광고를 통해 상품의 이미지를 제고했다.

부여하다
사람에게 권리 · 명예 · 임무 따위를 지니도록 해 주거나, 사물이나 일에 가치 · 의의 따위를 붙여 주다.
예 우리들은 졸업 여행에 특별한 의미를 부여했다.

완화하다
긴장된 상태나 급박한 것을 느슨하게 하다.
예 지난 정상 회담은 남북 간의 긴장을 완화했다.

동향
動 움직일 동 / 向 향할 향
사람들의 사고, 사상, 활동이나 일의 형세 따위가 움직여 가는 방향.　⊜ 경향
예 정치인들은 여론의 동향에 민감하게 반응한다.

초빙하다
예를 갖추어 불러 맞아들이다.　예 토론회 때 전문가를 초빙했다.　⊜ 초청하다

가시적
눈으로 볼 수 있는 것.　예 그는 가시적 성과를 내는 것에만 급급했다.

상충되다
맞지 아니하고 서로 어긋나게 되다.　예 엄마의 의견에 상충되는 의견은 받아들여지지 않는다.

천거되다
어떤 일을 맡아 할 수 있는 사람이 그 자리에 쓰이도록 소개되거나 추천되다.
예 그는 여러 번 천거되었으나 벼슬길에 나서지 않았다.

복고적
復 돌아올 복 / 古 옛 고 /
的 과녁 적
과거의 사상이나 전통으로 되돌아가려는 것.
예 복고적 디자인이 유행하고 있다.

역설적
逆 거스를 역 / 說 말씀 설 /
的 과녁 적
어떤 주장이나 이론이 겉보기에는 모순되는 것 같으나 그 속에 중요한 진리가 함축되어 있는 것.
예 오늘의 성공은 어제의 위기가 준 역설적 선물일지도 모른다.

3. 베이즈주의의 조건화 원리

수능 기출 | 정답과 해설 40~43쪽

1 [1][㉠많은 전통적 인식론자는 임의*의 명제*에 대해 우리가 세 가지 믿음의 태도 중 하나만을 ⓐ 가질 수 있다고 본다. [2]가령 '내일 눈이 온다.'는 명제를 참이라고 믿거나, 거짓이라고 믿거나, 참이라 믿지도 않고 거짓이라 믿지도 않을 수 있다. [3]반면 ㉡베이즈주의자는 믿음은 정도의 문제라고 본다. [4]가령 각 인식 주체는 '내일 눈이 온다.'가 참이라는 것에 대하여 가장 강한 믿음의 정도에서 가장 약한 믿음의 정도까지 가질 수 있다. [5]이처럼 베이즈주의자는 믿음의 정도를 믿음의 태도에 포함함으로써 많은 전통적 인식론자들과 달리 믿음의 태도를 풍부하게 표현한다.

2 [6]우리는 종종 임의의 명제가 참인지 거짓인지 새롭게 알게 된다. [7]이것을 베이즈주의자의 표현으로 바꾸면 그 명제가 참인지 거짓인지에 대해 가장 강한 믿음의 정도를 새롭게 갖는다는 것이다. [8]베이즈주의는 이런 경우에 믿음의 정도가 어떤 방식으로 변해야 하는지에 대해 정교한* 설명을 제공한다. [9]이에 따르면, 인식 주체가 특정 시점에 임의의 명제 A가 참이라는 것만을 또는 거짓이라는 것만을 새롭게 알게 됐을 때, 다른 임의의 명제 B에 대한 인식 주체의 기존 믿음의 정도의 변화는 조건화* 원리의 적용을 받는다. [10]이는 믿음의 정도의 변화에 관한 원리로서, 만약 인식 주체가 A가 참이라는 것만을 새롭게 알게 된다면, B가 참이라는 것에 대한 그 인식 주체의 믿음의 정도는 애초의 믿음의 정도에서 A가 참이라는 조건하에 B가 참이라는 것에 대한 믿음의 정도로 되어야 함을 의미한다. [11]예를 들어 갑이 '내일 비가 온다.'가 참이라는 것을 약하게 믿고 있고, '오늘 비가 온다.'가 참이라는 조건하에서는 '내일 비가 온다.'가 참이라는 것을 강하게 믿는다고 해 보자. [12]조건화 원리에 따르면, 갑이 실제로 '오늘 비가 온다.'가 참이라는 것만을 새롭게 알게 될 때, '내일 비가 온다.'가 참이라는 것을 그 이전보다 더 강하게 믿는 것이 합리적*이다. [13]조건화 원리는 새롭게 알게 된 명제가 동시에 둘 이상인 경우에도 마찬가지로 적용된다. [14]다만 이 원리는 믿음의 정도에 관한 것이지 행위에 관한 것은 아니다.

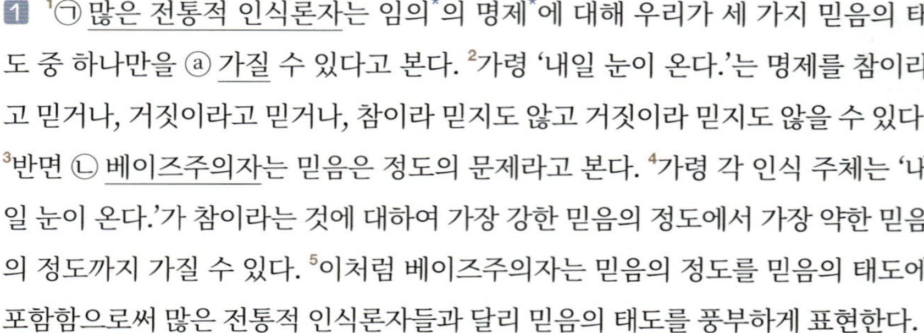

01 대다수의 전통적 인식론자는 모든 명제에 대해 참 또는 거짓 중 하나의 믿음을 갖는다고 보았다. (O , X)

02 베이즈주의자는 참이라고 믿더라도 인식 주체마다 그 정도가 다를 수 있다고 본다. (O , X)

03 믿음의 태도에 대한 인식은 전통적 인식론자보다 베이즈주의자가 더 협소하다. (O , X)

04 베이즈주의자는 임의의 명제에 대한 믿음이 그와 관련된 기존 명제의 믿음의 정도에 영향을 끼친다고 본다. (O , X)

05 조건화 원리에 따라 임의의 명제에 대한 참 또는 거짓을 판단할 수 있다. (O , X)

06 조건화 원리는 애초의 명제에 대한 믿음의 정도가 강할 때에는 적용되지 않는다. (O , X)

07 조건화 원리에 따를 때, 갑이 '오늘 비가 온다.'가 참이라는 조건하에서 '내일 비가 온다.'가 참이라는 것을 강하게 믿는다면, '오늘 비가 온다.'가 거짓이라는 것만을 새롭게 알게 되었을 때 '내일 비가 온다.'에 대한 믿음은 약해질 것이다. (O , X)

08 새롭게 알게 된 명제가 동시에 둘 이상인 경우, 조건화 원리에 따라 더 합리적인 하나의 명제를 선택해야 한다. (O , X)

09 조건화 원리는 임의의 명제에 대한 믿음의 정도를 변화시켜 인식 주체의 행동 변화를 유발한다. (O , X)

③ [15]명제들 중에는 위의 예에서처럼 참인지 거짓인지 새롭게 알게 된 명제와 관련된 것도 있지만 그렇지 않은 것도 있다. [16]조건화 원리에 ⓑ <u>따르면</u>, 어떤 명제가 참인지 거짓인지 새롭게 알게 되더라도 그 명제와 관련 없는 명제에 대한 믿음의 정도는 변하지 않아야 한다. [17]예를 들어 위에서처럼 갑이 '오늘 비가 온다.'가 참이라는 것만을 새롭게 알게 되더라도 그것과 관련 없는 명제 '다른 은하에는 외계인이 존재한다.'에 대한 그의 믿음의 정도는 변하지 않아야 한다. [18]이처럼 베이즈주의자는 특별한 이유가 없는 한 우리의 믿음의 정도는 유지되어야 한다고 ⓒ <u>본다</u>.

④ [19]베이즈주의자는 이렇게 상식적*으로 당연하게 여겨지는 생각을 정당화하기* 위해 기존의 믿음의 정도를 유지함으로써 ⓓ <u>얻을</u> 수 있는 실용적* 효율성*에 호소할 수 있다. [20]특별한 이유 없이 학교를 옮기는 행위는 어떠한 방식으로든 우리의 에너지를 불필요하게 소모한다*. [21]베이즈주의자는 특별한 이유 없이 기존의 믿음의 정도를 ⓔ <u>바꾸는</u> 것도 이와 유사하게 에너지를 불필요하게 소모한다고 볼 수 있다. [22]이 관점에서는 실용적 효율성을 추구한다면, 특별한 이유가 없는 한 기존의 믿음의 정도를 유지하는 것이 합리적이다.

---

10 새롭게 알게 된 명제가 있더라도, 기존에 믿고 있는 명제들과 관련이 없는 경우에는 애초 믿음의 정도에 영향을 끼치지 않는다. (O , X)

11 '다른 은하에는 외계인이 존재한다.'에 대한 믿음의 정도는 '내일 비가 온다.'가 참이라고 약하게 믿는 기존의 믿음의 정도에 영향을 끼치지 않아야 한다. (O , X)

12 베이즈주의자는 인식 주체의 믿음의 정도는 자주 변한다고 주장한다. (O , X)

13 베이즈주의자는 상식적으로 당연하게 여겨지는 생각을 기존과 같이 그대로 유지하는 것이 실용적 효율성이 있다고 본다. (O , X)

14 베이즈주의자는 특별한 이유 없이 믿음의 정도를 바꾸는 것을 반대할 것이다. (O , X)

15 베이즈주의자는 새롭게 알게 된 명제에 대한 믿음이 기존 믿음의 정도와 관련되는지 여부에 따라 믿음의 정도를 바꾸거나 바꾸지 않을 것이다. (O , X)

맞힌 개수 / 총 개수　　　／ 15

01 · 팩트 체크

윗글에서 답을 찾을 수 있는 질문에 해당하지 <u>않는</u> 것은?

① 믿음의 정도와 관련하여 상식적으로 당연하게 여겨지는 생각을 어떻게 정당화할 수 있을까?

② 특별한 이유 없이 믿음의 정도를 바꾸어야 하는 이유는 무엇일까?

③ 믿음의 정도를 어떤 경우에 바꾸고 어떤 경우에 바꾸지 말아야 할까?

④ 믿음의 정도를 바꾸어야 한다면 어떤 방식으로 바꾸어야 할까?

⑤ 임의의 명제에 대해 어떤 믿음의 태도를 가질 수 있을까?

02 · 팩트 간 관계 파악

㉠, ㉡에 대한 이해로 적절하지 <u>않은</u> 것은?

① 만약 을이 ㉠이라면 을은 동시에 ㉡일 수 없다.

② ㉠은 을이 '내일 눈이 온다.'가 거짓이라 믿는 것은 그 명제가 거짓임을 강한 정도로 믿는다는 의미라고 주장한다.

③ ㉠은 을이 '내일 눈이 온다.'가 참이라고 믿는다면 을은 '내일 눈이 온다.'가 거짓이라고 믿을 수는 없다고 주장한다.

④ ㉡은 을의 '내일 눈이 온다.'가 참이라는 것에 대한 믿음의 정도와 '내일 눈이 온다.'가 거짓이라는 것에 대한 믿음의 정도가 같을 수 있다고 본다.

⑤ ㉡은 을이 '내일 눈이 온다.'와 '내일 비가 온다.'가 모두 거짓이라고 믿더라도 후자를 전자보다 더 강하게 거짓이라고 믿을 수 있다고 주장한다.

03 · 팩트 체크

조건화 원리 에 대해 설명한 내용으로 가장 적절한 것은?

① 에너지를 불필요하게 소모하더라도 특별한 이유 없이 믿음의 정도를 바꾸는 것은 합리적이라고 설명한다.

② 어떤 행위를 할 특별한 이유가 있더라도 믿음의 정도의 변화 없이 그 행위를 해서는 안 된다고 말해 준다.

③ 새롭게 알게 된 명제와는 관련 없는 명제에 대해 우리의 믿음의 정도가 어떠해야 하는지에 대해서 말해 주지 않는다.

④ 어떤 명제가 참인 것을 새롭게 알게 되고 동시에 그와 다른 명제가 거짓인 것을 새롭게 알게 되었을 때에도 적용될 수 있다.

⑤ 임의의 명제를 새롭게 알기 전에 그와 다른 명제에 대해 가장 강하지도 않고 가장 약하지도 않은 믿음의 정도를 가지고 있는 인식 주체에게는 적용될 수 없다.

04 ● 팩트 적용

다음은 윗글을 읽은 학생의 독서 활동 기록이다. 윗글을 참고할 때, [A]에 들어갈 내용으로 적절하지 <u>않은</u> 것은? [3점]

> **[독서 후 심화 활동]**
> 글의 내용을 다른 상황에 적용해 보자.
>
> **[상황]**
> 　병과 정은 공동 발표 내용을 기록한 흰색 수첩 하나를 잃어버렸다는 것을 알게 되었다. 그 수첩에는 병의 이름이 적혀 있다. 이와 관련해 병과 정은 다음 명제 ㉮가 참이라고 믿지만 믿음의 정도가 아주 강하지는 않다.
> 　㉮ 병의 수첩은 체육관에 있다.
> 　병 혹은 정이 참이라고 새롭게 알게 될 수 있는 명제는 다음과 같다.
> 　㉯ 체육관에 누군가의 이름이 적힌 흰색 수첩이 있다.
> 　㉰ 병의 이름이 적혀 있지만 어떤 색인지 확인이 안 된 수첩이 병의 집에 있다.
> 　병과 정은 ㉯와 ㉰ 이외에는 ㉮와 관련이 있는 어떤 명제도 새롭게 알게 되지 않고, 조건화 원리에 의해서만 자신들의 믿음의 정도를 바꾼다.
>
> **[적용]**
> [A]

① 병이 ㉮와 관련이 없는 다른 명제만을 새롭게 알게 된다면, ㉮에 대한 병의 믿음의 정도는 변하지 않겠군.

② 병이 ㉯만을 알게 된다면, 그 후에 ㉮가 참이라는 것에 대한 병의 믿음의 정도는 그 전보다 더 강해질 수 있겠군.

③ 병이 ㉯를 알게 된 후에 ㉰를 추가로 알게 된다면, ㉮가 참이라는 것에 대한 병의 믿음의 정도는 ㉰를 추가로 알기 전보다 더 약해질 수 있겠군.

④ 병이 ㉯와 ㉰를 동시에 알게 된다면, ㉮가 참이라는 것에 대한 병의 믿음의 정도는 ㉯와 ㉰가 참이라는 조건하에 ㉮가 참이라는 것에 대한 믿음의 정도로 변하겠군.

⑤ 병과 정이 ㉯를 알게 되기 전에 ㉮가 참이라는 것에 대한 믿음의 정도가 서로 다르다면, ㉯만을 알게 된 후에는 ㉮가 참이라는 것에 대한 병과 정의 믿음의 정도가 같을 수 없겠군.

05 ● 팩트 체크

문맥상 ⓐ~ⓔ의 단어와 가장 가까운 의미로 쓰인 것은?

① ⓐ: 어제 친구들과 함께 만나는 자리를 <u>가졌다</u>.

② ⓑ: 법에 <u>따라</u> 모든 절차가 공정하게 진행됐다.

③ ⓒ: 우리는 지금 아이를 <u>봐</u> 줄 분을 찾고 있다.

④ ⓓ: 그는 젊었을 때 <u>얻은</u> 병을 아직 못 고쳤다.

⑤ ⓔ: 매장에서 헌 냉장고를 새 선풍기와 <u>바꿨다</u>.

문단별 중심 내용 & 구조도

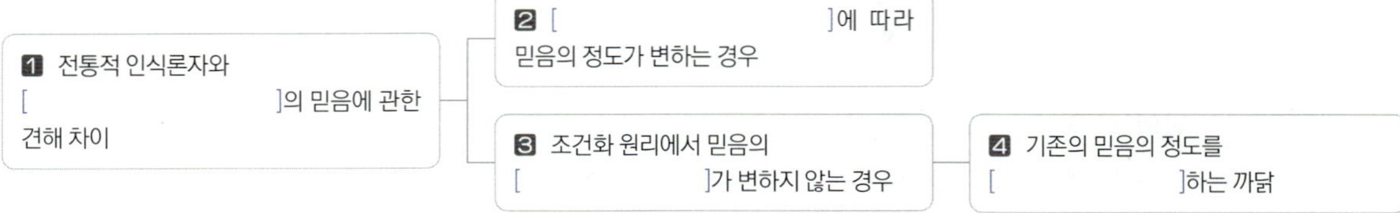

1 전통적 인식론자와
[   ]의 믿음에 관한
견해 차이

2 [   ]에 따라
믿음의 정도가 변하는 경우

3 조건화 원리에서 믿음의
[   ]가 변하지 않는 경우

4 기존의 믿음의 정도를
[   ]하는 까닭

필수 어휘

임의
任 맡길 임 / 意 뜻 의

대상이나 장소 따위를 일정하게 정하지 아니함.
예 그는 임의의 장소에서 불법 행위를 일삼았다.

명제

어떤 문제에 대한 하나의 논리적 판단 내용과 주장을 언어 또는 기호로 표시한 것. 참과
거짓을 판단할 수 있는 내용이라는 점이 특징이다. 이를테면, '고래는 포유류이다.' 따위
이다.
예 어떤 명제로부터 유추한 결론이다.

정교하다

내용이나 구성 따위가 정확하고 치밀하다.
예 생각이 정교하여 비집고 들어갈 틈이 없다.
➖ 엉성하다

조건화

어떤 일을 이루게 하거나 이루지 못하게 하려고 어떤 상태나 요소가 갖추어짐. 또는 그렇
게 되게 함.
예 조건화된 상황에서 쥐의 행동을 관찰했다.

합리적

이론이나 이치에 합당한 것.
예 그 생각은 매우 합리적이네.
➖ 불합리적

상식적
常 항상 상 / 識 알 식 /
的 과녁 적

사람들이 보통 알고 있거나 알아야 하는 지식이 되는 것.
예 상식적으로 생각할 때, 이번 일은 이해할 수 없다.
➡ 일반적

정당화하다
正 바를 정 / 當 마땅할 당 /
化 될 화

정당성이 없거나 정당성에 의문이 있는 것을 무엇으로 둘러대어 정당한 것으로 만들다.
예 어떤 이유로도 폭력을 정당화할 수는 없다.

실용적

실제로 쓰기에 알맞은.
예 그는 자동차의 실용적 측면을 강조하였다.

효율성

들인 노력과 얻은 결과의 비율이 높은 특성.
예 이 차는 에너지 효율성이 높다.

소모하다

써서 없애다.
예 사소한 일에 시간을 소모하다.

4. 가능세계 | 수능 기출

정답과 해설 43~46쪽

1 [1]두 명제가 모두 참인 것도 모두 거짓인 것도 가능하지 않은 관계를 모순 관계라고 한다. [2]예를 들어, 임의*의 명제를 P라고 하면 P와 ~P는 모순 관계이다.(기호 '~'은 부정을 나타낸다.) [3]P와 ~P가 모두 참인 것은 가능하지 않다는 법칙을 무모순율이라고 한다. [4]그런데 "㉠ 다보탑은 경주에 있다."와 "㉡ 다보탑은 개성에 있을 수도 있었다."는 모순 관계가 아니다. [5]현실과 다르게 다보탑을 경주가 아닌 곳에 세웠다면 다보탑의 소재지*는 지금과 달라졌을 것이다. [6]철학자들은 이를 두고, P와 ~P가 모두 참인 혹은 모두 거짓인 가능세계는 없지만 다보탑이 개성에 있는 가능세계는 있다고 표현한다.

2 [7]'가능세계'의 개념은 일상 언어에서 흔히 쓰이는 필연성*과 가능성에 관한 진술*을 분석하는 데 중요한 역할을 한다. [8]'P는 가능하다'는 P가 적어도 하나의 가능세계에서 성립한다는* 뜻이며, 'P는 필연적이다'는 P가 모든 가능세계에서 성립한다는 뜻이다. [9]"만약 Q이면 Q이다."를 비롯한 필연적인 명제들은 모든 가능세계에서 성립한다. [10]"다보탑은 경주에 있다."와 같이 가능하지만 필연적이지는 않은 명제는 우리의 현실세계를 비롯한 어떤 가능세계에서는 성립하고 또 어떤 가능세계에서는 성립하지 않는다.

3 [11]가능세계를 통한 담론*은 우리의 일상적인 몇몇 표현들을 보다 잘 이해하는 데 도움이 된다. [12]다음 상황을 생각해 보자. [13]나는 현실에서 아침 8시에 출발하는 기차를 놓쳤고, 지각을 했으며, 내가 놓친 기차는 제시간에 목적지에 도착했다. [14]그리고 나는 "만약 내가 8시 기차를 탔다면, 나는 지각을 하지 않았다."라고 주장한다. [15]그런데 전통 논리학에서는 "만약 A이면 B이다."라는 형식의 명제는 A가 거짓인 경우에는 B의 참 거짓에 상관없이 참이라고 규정한다*. [16]그럼에도 ⓐ 내가 만약 그 기차를 탔다면 여전히 지각을 했을 것이라고 주장하지는 않는 이유는 무엇일까? [17]내가 그 기차를 탄 가능세계들을 생각해 보면 그 이유를 알 수 있다. [18]그 가능세계 중 어떤 세계에서 나는 여전히 지각을 한다. [19]가령 내가 탄 그 기차가 고장으로 선로에 멈춰 운행이 오랫동안 지연된* 세계가 그런 예이다. [20]하지만 내가 기차를 탄 세계들 중에서, 내가 기차를 타고 별다른 이변* 없이 제시간에 도착한 세계가 그렇지 않은 세계보다 우리의 현실세계와의 유사성이 더 높다. [21]일반적으로, A가 참인 가능세계들 중에 비교할 때, B도 참인 가능세계가 B가 거짓인 가능세계보다 현실세계와 더 유사하다면, 현실세계의 나는 A가 실현되지* 않은 경우에, 만약 A라면 ~B가 아닌 B라고 말할 수 있다.

4 [22]가능세계는 다음의 네 가지 성질을 갖는다. [23]첫째는 가능세계의 일관성*이다. [24]가능세계는 명칭 그대로 가능한 세계이므로 어떤 것이 가능하지 않다면 그것이 성립하는 가능세계는 없다. [25]둘째는 가능세계의 포괄성이다. [26]이것은 어떤 것

집 중 훈 련 ❍Ⅹ

01 명제 P와 ~P 모두 거짓인 것은 가능하다.
(○ , ✕)

02 '다보탑은 개성에 있다.'라는 명제는 현실에서는 거짓이지만, 어떤 가능세계에서는 참일 수 있다. (○ , ✕)

03 '명제 P는 가능하다.'는 P가 모든 가능세계에서 성립한다는 의미이다. (○ , ✕)

04 '만약 Q이면 Q이다.'가 성립하지 않는 가능세계가 있다. (○ , ✕)

05 '다보탑은 경주에 있다.'가 성립하지 않는 가능세계가 존재한다. (○ , ✕)

06 전통 논리학에 따르면 명제 '만약 A이면 B이다.'는 A가 참일 때 항상 참이다.
(○ , ✕)

07 제시된 상황에서 기차를 탔더라도 지각을 한 가능세계와 기차를 탔다면 지각을 하지 않는 가능세계가 모두 있다. (○ , ✕)

08 기차를 탄 가능세계들 중에는 기차가 제시간에 도착하지 못하는 경우보다 제시간에 도착하는 경우가 현실세계와 유사성이 더 높다. (○ , ✕)

09 '만약 A이면 B이다.'에서 B가 거짓인 것보다 참인 가능세계가 현실세계와 더 유사하다면, 현실세계에서 A가 실현되지 않았더라도 '만약 A이면 B이다.'라고 말할 수 있다.
(○ , ✕)

10 가능세계의 일관성에 따르면, 가능한 명제가 성립하는 가능세계는 적어도 하나 이상 있다. (○ , ✕)

이 가능하다면 그것이 성립하는 가능세계는 존재한다는 것이다. [27]셋째는 가능세계의 완결성이다. [28]어느 세계에서든 임의의 명제 P에 대해 "P이거나 ~P이다."라는 배중률이 성립한다. [29]즉 P와 ~P 중 하나는 반드시 참이라는 것이다. [30]넷째는 가능세계의 독립성이다. [31]한 가능세계는 모든 시간과 공간을 포함해야만 하며, 연속된 시간과 공간에 포함된 존재들은 모두 동일한 하나의 세계에만 속한다. [32]한 가능세계 W1의 시간과 공간이, 다른 가능세계 W2의 시간과 공간으로 이어질 수는 없다. [33]W1과 W2는 서로 시간과 공간이 전혀 다른 세계이다.

5 [34]가능세계의 개념은 철학에서 갖가지 흥미로운 질문과 통찰*을 이끌어 내며, 그에 관한 연구 역시 활발히 진행되고 있다. [35]나아가 가능세계를 활용한 논의는 오늘날 인지 과학, 언어학, 공학 등의 분야로 그 응용의 폭을 넓히고 있다.

11 가능세계의 포괄성에 따르면, '다보탑은 경주에 있다.'가 성립하는 가능세계는 적어도 하나 이상 있다. (O , X)

12 임의의 명제 A와 B가 모두 가능한 명제라면, A가 참이거나 B가 참인 가능세계는 없다. (O , X)

13 배중률은 모든 가능세계에서 성립한다. (O , X)

14 P와 ~P가 모두 참인 것은 가능하지 않지만 모두 거짓인 것은 가능하다면, 가능세계의 완결성을 적용할 수 있다. (O , X)

15 가능세계의 독립성에 따르면 각각의 가능세계들은 서로 단절되어 있다. (O , X)

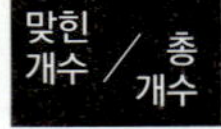

---

01 ● 팩트 체크

윗글의 내용과 일치하는 것은?

① 배중률은 모든 가능세계에서 성립한다.
② 모든 가능한 명제는 현실세계에서 성립한다.
③ 필연적인 명제가 성립하지 않는 가능세계가 있다.
④ 무모순율에 의하면 P와 ~P가 모두 참인 것은 가능하다.
⑤ 전통 논리학에 따르면 "만약 A이면 B이다."의 참 거짓은 A의 참 거짓과 상관없이 결정된다.

02 ● 팩트 체크＋팩트 간 관계 파악

㉠, ㉡에 대한 이해로 적절하지 <u>않은</u> 것은?

① ㉠이 성립하지 않는 가능세계가 존재한다.
② "만약 다보탑이 개성에 있다면, 다보탑은 개성에 있다."가 성립하는 가능세계 중에는 ㉠이 거짓인 가능세계는 없다.
③ ㉡과 "다보탑은 개성에 있지 않다."는 모순 관계가 아니다.
④ 만약 ㉡이 거짓이라면 어떤 가능세계에서도 다보탑이 개성에 있지 않다.
⑤ ㉠과 ㉡은 현실세계에서 둘 다 참인 것이 가능하다.

윗글을 바탕으로 할 때, ⓐ에 대한 답으로 가장 적절한 것은?

① 내가 그 기차를 타지 않은 가능세계들끼리 비교할 때 지각을 한 가능세계와 지각을 하지 않은 가능세계가 현실세계와의 유사성의 정도가 다르기 때문이다.

② 내가 그 기차를 타지 않은 가능세계들끼리 비교할 때 기차 고장이 자주 일어나지 않는 가능세계가 현실세계와의 유사성이 높기 때문이다.

③ 내가 그 기차를 탄 가능세계들끼리 비교할 때 내가 지각을 한 가능세계가 내가 지각을 하지 않은 가능세계에 비해 현실세계와의 유사성이 더 낮기 때문이다.

④ 내가 그 기차를 탄 가능세계들끼리 비교할 때 그 가능세계들의 대다수에서 내가 지각을 하지 않았기 때문이다.

⑤ 내가 그 기차를 탄 것이 현실세계에서 거짓이기 때문이다.

윗글을 참고할 때, 〈보기〉를 이해한 내용으로 적절한 것은?

[3점]

> ─── 보 기 ───
>
> 　명제 "모든 학생은 연필을 쓴다."와 "어떤 학생도 연필을 쓰지 않는다."는 반대 관계이다. 이 말은, 두 명제 다 참인 것은 가능하지 않지만, 둘 중 하나만 참이거나 둘 다 거짓인 것은 가능하다는 뜻이다.

① 가능세계의 완결성과 독립성에 따르면, 모든 학생이 연필을 쓰는 가능세계가 존재한다는 것과 어떤 학생도 연필을 쓰지 않는 가능세계가 존재한다는 것 중 하나는 반드시 참이고, 그중 한 세계의 시간과 공간이 다른 세계로 이어질 수 없겠군.

② 가능세계의 포괄성과 독립성에 따르면, "어떤 학생도 연필을 쓰지 않는다."가 성립하면서 그 세계에 속한 한 명의 학생이 연필을 쓰는 가능세계들이 존재하고, 그 세계들의 시간과 공간은 서로 단절되어 있겠군.

③ 가능세계의 완결성에 따르면, 어느 세계에서든 "어떤 학생은 연필을 쓴다."와 "어떤 학생은 연필을 쓰지 않는다." 중 하나는 반드시 참이겠군.

④ 가능세계의 포괄성에 따르면, "모든 학생은 연필을 쓴다."가 참이거나 "어떤 학생도 연필을 쓰지 않는다."가 참'인 가능세계들이 있겠군.

⑤ 가능세계의 일관성에 따르면, 학생들 중 절반은 연필을 쓰고 절반은 연필을 쓰지 않는 가능세계가 존재하겠군.

문단별 중심 내용 & 구조도

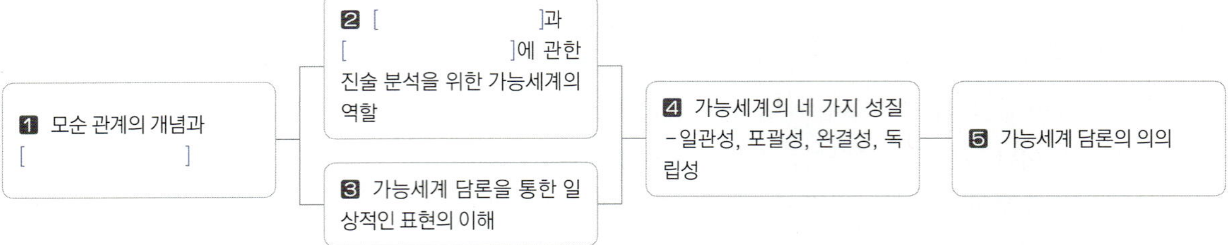

필수 어휘

임의 任 맡길 임 / 意 뜻 의	대상이나 장소 따위를 일정하게 정하지 아니함. 예 임의의 장소를 정해 모임을 진행합시다.	강제
소재지	주요 건물이나 기관 따위가 자리 잡고 있는 곳. 예 수원은 도청 소재지이다.	주소
필연성 必 반드시 필 / 然 그럴 연 / 性 성품 성	사물의 관련이나 일의 결과가 반드시 그렇게 될 수밖에 없는 요소나 성질. 예 그 영화는 결말이 그렇게 날 수밖에 없는 필연성을 갖고 있다.	우연성
진술	일이나 상황에 대하여 자세하게 이야기함. 또는 그런 이야기. 예 어제 동네에서 벌어진 일에 대한 진술을 들었다.	구술
성립하다 成 이룰 성 / 立 설 립	일이나 관계 따위가 제대로 이루어지다. 예 계약이 성립하다.	
담론 談 말씀 담 / 論 논의할 론	이야기를 주고받으며 논의함. 예 그와 나는 우주에 대한 담론을 즐긴다.	논의
규정하다	내용이나 성격, 의미 따위를 밝혀 정하다. 예 경찰은 화재의 원인을 누전이었다고 규정하였다.	밝히다
지연되다	무슨 일이 더디게 끌어져 시간이 늦추어지다. 예 옆 건물 공사가 지연되고 있다.	밀리다
이변 異 다를 이 / 變 변할 변	예상하지 못한 사태나 괴이한 변고. 예 이번 기말고사에서 이변이 일어났다.	
실현되다	꿈, 기대 따위가 실제로 이루어지다. 예 할아버지는 통일이 실현될 날을 간절히 기다리셨다.	
일관성 一 하나 일 / 貫 꿸 관 / 性 성품 성	하나의 방법이나 태도로써 처음부터 끝까지 한결같은 성질. 예 정부는 일관성 있게 정책을 시행해야 한다.	
통찰 洞 꿰뚫을 통 / 察 살필 찰	예리한 관찰력으로 사물을 꿰뚫어 봄. 예 그녀의 글에는 사회에 대한 깊은 통찰이 담겨 있다.	

5. 아리스토텔레스의 목적론

수능
기출   정답과 해설 46~48쪽

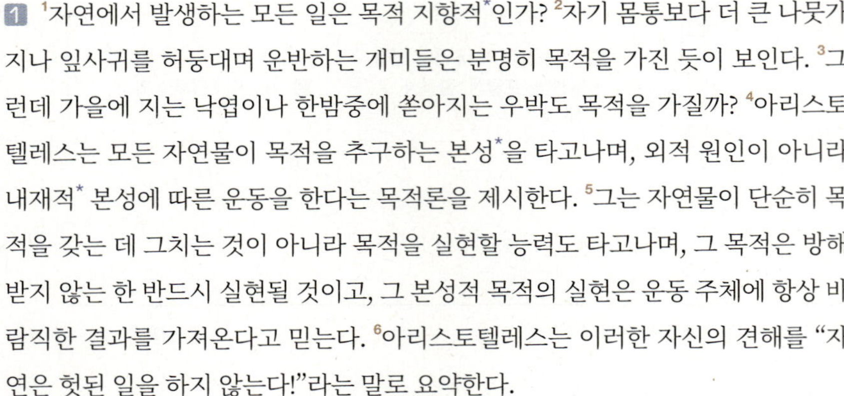

1 ¹자연에서 발생하는 모든 일은 목적 지향적*인가? ²자기 몸통보다 더 큰 나뭇가지나 잎사귀를 허둥대며 운반하는 개미들은 분명히 목적을 가진 듯이 보인다. ³그런데 가을에 지는 낙엽이나 한밤중에 쏟아지는 우박도 목적을 가질까? ⁴아리스토텔레스는 모든 자연물이 목적을 추구하는 본성*을 타고나며, 외적 원인이 아니라 내재적* 본성에 따른 운동을 한다는 목적론을 제시한다. ⁵그는 자연물이 단순히 목적을 갖는 데 그치는 것이 아니라 목적을 실현할 능력도 타고나며, 그 목적은 방해받지 않는 한 반드시 실현될 것이고, 그 본성적 목적의 실현은 운동 주체에 항상 바람직한 결과를 가져온다고 믿는다. ⁶아리스토텔레스는 이러한 자신의 견해를 "자연은 헛된 일을 하지 않는다!"라는 말로 요약한다.

2 ⁷근대에 접어들어 모든 사물이 생명력을 갖지 않는 일종의 기계라는 견해가 강조되면서, 아리스토텔레스의 목적론은 비과학적이라는 이유로 많은 비판에 직면한다*. ⁸갈릴레이는 목적론적 설명이 과학적 설명으로 사용될 수 없다고 주장하며, 베이컨은 목적에 대한 탐구가 과학에 무익하다*고 평가하고, 스피노자는 목적론이 자연에 대한 이해를 왜곡한다*고 비판한다. ⁹이들의 비판은 목적론이 인간 이외의 자연물도 이성을 갖는 것으로 의인화한다* 것이다. ¹⁰그러나 이런 비판과는 달리 아리스토텔레스는 자연물을 생물과 무생물로, 생물을 식물·동물·인간으로 나누고, 인간만이 이성을 지닌다고 생각했다.

3 ¹¹일부 현대 학자들은, 근대 사상가들이 당시 과학에 기초한 기계론적 모형이 더 설득력을 갖는다는 일종의 교조적* 믿음에 의존했을 뿐, 아리스토텔레스의 목적론을 거부할 충분한 근거를 제시하지 못했다고 비판한다. ¹²이런 맥락에서 볼로틴은 근대과학이 자연에 목적이 없음을 보이지도 못했고 그렇게 하려는 시도조차 하지 않았다고 지적한다. ¹³또한 우드필드는 목적론적 설명이 과학적 설명은 아니지만, 목적론의 옳고 그름을 확인할 수 없기 때문에 목적론이 거짓이라 할 수도 없다고 지적한다.

4 ¹⁴17세기의 과학은 실험을 통해 과학적 설명의 참·거짓을 확인할 것을 요구했고, 그런 경향은 생명체를 비롯한 세상의 모든 것이 물질로만 구성된다는 물질론으로 이어졌으며, 물질론 가운데 일부는 모든 생물학적 과정이 물리·화학 법칙으로 설명된다는 환원론으로 이어졌다. ¹⁵이런 환원론은 살아 있는 생명체가 죽은 물질과 다르지 않음을 함축한다*. ¹⁶하지만 아리스토텔레스는 자연물의 물질적 구성 요소를 알면 그것의 본성을 모두 설명할 수 있다는 엠페도클레스의 견해를 반박했다*. ¹⁷이 반박은 자연물이 단순히 물질로만 이루어진 것이 아니며, 또한 그것의 본성이 단순히 물리·화학적으로 환원되지도 않는다는 주장을 내포한다*.

집 중 훈 련 OX

01 아리스토텔레스는 개미가 나뭇가지나 잎사귀를 운반하는 것은 본성적 목적을 실현하는 것이라고 볼 것이다. (O , X)

02 아리스토텔레스는 동물의 본능적 행위는 목적을 추구하는 행동으로 보지 않는다. (O , X)

03 아리스토텔레스에 따르면, 자연물은 방해받지 않는 한 목적을 실현하는 방향으로 움직인다. (O , X)

04 근대 사회는 과학적 설명이 되지 않는 이론은 받아들이지 않았다. (O , X)

05 갈릴레이와 베이컨은 아리스토텔레스의 목적론이 비과학적이라고 평가하였다. (O , X)

06 스피노자는 자연의 모든 일은 본성적 목적을 지향한다고 생각하였다. (O , X)

07 아리스토텔레스와 달리, 갈릴레이와 베이컨, 스피노자는 모두 자연물은 이성을 지닌다고 생각하였다. (O , X)

08 일부 현대 학자들은 아리스토텔레스의 목적론이 과학보다 우위에 있다고 본다. (O , X)

09 현대 학자들은 근대 사상가들이 아리스토텔레스의 견해를 반박하는 과학적 근거가 충분하다고 생각하였다. (O , X)

10 볼로틴은 근대과학이 아리스토텔레스의 목적론을 긍정적으로 수용하지 않았음을 비판하였다. (O , X)

11 근대과학은 세상의 모든 것을 실험을 통해 설명하면서 자연물을 단순화시켰다. (O , X)

12 환원론은 살아 있는 생명체만 본성적 목적을 갖는다는 아리스토텔레스의 견해를 인정할 것이다. (O , X)

5 [18]첨단 과학의 발전에도 불구하고 생명체의 존재 원리와 이유를 정확히 규명하는* 과제는 아직 진행 중이다. [19]자연물의 구성 요소에 대한 아리스토텔레스의 탐구는 자연물이 존재하고 운동하는 원리와 이유를 밝히려는 것이었고, 그의 목적론은 지금까지 이어지는 그러한 탐구의 출발점이라 할 수 있다.

13 엠페도클레스와 환원론은 모두 자연물이 물질로만 구성되어 있으며, 그 과정이 물리·화학 법칙으로 설명할 수 있다고 본다. (O , X)

14 첨단 과학은 아리스토텔레스의 목적론을 거부할 충분한 근거를 제시하지 못하고 있다. (O , X)

15 자연물이 운동하는 원리가 본성적 목적에 있음을 주장한 아리스토텔레스의 탐구는 현대에도 유효하다. (O , X)

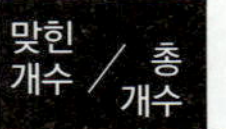

맞힌 개수 / 총 개수   / 15

---

01 ● 팩트 체크

윗글의 논지 전개 방식으로 가장 적절한 것은?

① 대립되는 두 이론을 소개하고 각 이론의 장단점을 비교하고 있다.

② 특정 이론에 대한 상반된 주장을 제시하여 절충 방안을 모색하고 있다.

③ 특정 이론에 대한 다양한 비판의 타당성을 검토한 후 새로운 이론을 도출하고 있다.

④ 특정 이론에 대한 비판들을 시대순으로 제시하여 그 이론의 부당성을 주장하고 있다.

⑤ 특정 이론에 대한 비판들을 검토하고 그 이론에 대한 해석을 제시하여 의의를 밝히고 있다.

02 ● 팩트 체크

윗글에 나타난 아리스토텔레스의 견해에 대한 이해로 가장 적절한 것은?

① 개미의 본성적 운동은 이성에 의한 것으로 설명된다.

② 자연물의 목적 실현은 때로는 그 자연물에 해가 된다.

③ 본성적 운동의 주체는 본성을 실현할 능력을 갖고 있다.

④ 낙엽의 운동은 본성적 목적 개념으로는 설명되지 않는다.

⑤ 자연물의 본성적 운동은 외적 원인에 의해 야기되기도 한다.

03 ● 팩트 체크

윗글에 나타난 목적론에 대한 논의를 적절하게 진술한 것은?

① 갈릴레이와 볼로틴은 목적론이 근대 과학에 기초한 기계론적 모형이라고 비판한다.

② 갈릴레이와 우드필드는 목적론적 설명이 과학적 설명이 아니라는 데 동의한다.

③ 베이컨과 우드필드는 목적론적 설명이 교조적 신념에 의존했다고 비판한다.

④ 스피노자와 볼로틴은 목적론이 자연에 대한 이해를 확장한다고 주장한다.

⑤ 스피노자와 우드필드는 목적론이 사물을 의인화하기 때문에 거짓이라고 주장한다.

04 ● 팩트 간 관계 파악 + 팩트 적용

윗글을 바탕으로 〈보기〉를 이해한 내용으로 가장 적절한 것은? [3점]

보 기

생물학자 마이어는 생명체의 특징을 보여 주는 이론으로 창발론을 제시한다. 그는 생명체가 분자, 세포, 조직에서 개체, 개체군에 이르기까지 단계적으로 점점 더 복잡한 체계를 구성하며, 세포 이상의 단계에서 각 체계의 고유 활동은 미리 정해진 목적을 수행한다고 생각한다. 창발론은 복잡성의 수준이 한 단계씩 오를 때마다 구성 요소에 관한 지식만으로는 예측할 수 없는 특성들이 나타난다는 이론이다. 마이어는 여전히 생명체가 물질만으로 구성된다고 보지만, 물리·화학적 법칙으로 모두 설명되지는 않는다고 본다.

---

① 마이어는 아리스토텔레스처럼, 엠페도클레스의 물질론적 견해가 적절하다고 보겠군.

② 마이어는 아리스토텔레스처럼, 자연물이 물질만으로 구성된다는 물질론에 동의하겠군.

③ 마이어는 아리스토텔레스처럼, 생명체의 특성들은 구성 요소들에 관한 지식만으로 예측할 수 없다고 보겠군.

④ 마이어는 아리스토텔레스와 달리, 모든 자연물이 목적 지향적으로 운동한다고 보겠군.

⑤ 마이어는 아리스토텔레스와 달리, 모든 자연물의 본성에 대한 물리·화학적 환원을 인정하겠군.

문단별 중심 내용 & 구조도

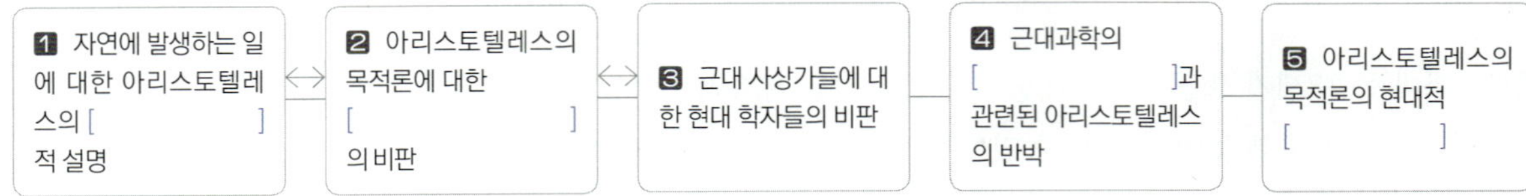

필수 어휘

지향적
志 뜻 지 / 向 향할 향 / 的 과녁 적

어떤 목표로 뜻이 쏠리어 향하는. 또는 그 방향이나 그쪽으로 쏠리는 의지의.
예 그자는 늘 출세 지향적 태도로 일관했다.

본성
本 근본 본 / 性 성품 성

사물이나 현상에 본디부터 있는 고유한 특성.
예 겉을 꾸민다고 해도 본성은 달라지지 않는다.

⊜ 천성, 밑바탕

내재적
內 안 내 / 在 있을 재 / 的 과녁 적

어떤 현상이 안에 존재하는.
예 사회의 내재적 모순을 풀어야 한다.

⊖ 외재적

직면하다

어떠한 일이나 사물을 직접 당하거나 접하다.
예 큰 위기에 직면했다.

⊜ 당면하다

무익하다
無 없을 무 / 益 더할 익

이롭거나 도움이 될 만한 것이 없다.
예 이 일은 무익할 뿐이니 그만합시다.

⊖ 유익하다

왜곡하다

사실과 다르게 해석하거나 그릇되게 하다.
예 넌 왜 말을 왜곡하여 듣니?

의인화하다

사람이 아닌 것을 사람에 비기어 표현하다.
예 이 소설에서는 주변의 사물들을 의인화하여 세태를 풍자하였다.

교조적

역사적 환경이나 구체적 현실과 관계없이 어떠한 상황에서도 절대로 변하지 않는 진리인 듯 믿고 따르는.
예 그의 교조적 연설을 듣자 청중들이 그를 따르기 시작했다.

함축하다
含 머금을 함 / 蓄 쌓을 축

말이나 글이 많은 뜻을 담고 있다.
예 그가 던진 한마디 말은 여러 의미를 함축하고 있다.

⊖ 명시하다

반박하다

어떤 의견, 주장, 논설 따위에 반대하여 말하다.
예 발언자의 주장을 조목조목 반박하다.

내포하다

성질이나 뜻 따위를 속에 품다.
예 그 작전은 상당한 위험을 내포하고 있다.

⊜ 암시하다

규명하다
糾 꼴 규 / 明 밝을 명

어떤 사실을 자세히 따져서 바로 밝히다.
예 경찰관이 교통사고의 원인을 규명했다.

1 [1]'멜로드라마'는 18세기 프랑스에서 대중의 관심을 끄는 통속적* 이야기를 화려한 볼거리와 음악을 통해 보여 주는 대중 연극에서 시작된 것으로 알려져 있다. [2]초기 멜로드라마에서는 대개 사악한 봉건* 귀족에게 핍박받는 선하되 약한 부르주아*의 이야기가 부르주아의 관점에서 전개되었다. [3]하지만 사회적 모순을 적극적으로 타개하는* 데에는 이르지 못한 채 다만 비약*이나 우연 같은 의외성에 기대어 부르주아의 덕행과 순결함이 어떻게든 승리하도록 만들려고 했다.

2 [4]19세기 자본주의 발달과 더불어 멜로드라마의 인물 구도에는 변화가 생겼다. [5]봉건 귀족의 자리는 악하되 강한 인물이 대신하고 그에 의해 고통받는 선량하지만 가난한 사람이 주인공으로 등장하였다. [6]이에 따라 멜로드라마에서는 가족의 위기, 불가능한 사랑, 방해받는 모성, 불가피한 이별 등으로 주인공이 고통을 겪다가 행복해지는 과정이 다루어졌고, 선악 대립보다는 파토스(pathos)의 조성이 부각되었다. [7]곧 약자가 겪는 고통과 슬픔을 과장되게 보여 주면서 감성을 자극하는 것이 주된 관심사가 되었던 것이다. [8]하지만 사회 어디에도 말할 수 없었던 약자들의 고통과 슬픔이 표출되었다는 점에서 보면, 이러한 파토스의 과잉*은 그 나름의 의의를 지녔다고 할 만하다.

3 [9]20세기에 들어서 멜로드라마는 영화로 중심을 옮겨 갔다. [10]영화는 클로즈업*을 통해 관객들이 인물에 감정 이입*을 하게 하기 쉬웠고, 통속성과 스펙터클을 만들어 내기에도 적절했으며, 음악을 통해 과잉된 정서를 표현하기에 효과적이었기 때문이다. [11]멜로드라마 영화는 악인에게 괴롭힘을 당하는 약자로부터가 아니라 사회적 모순에 따른 억압적 상황에서 고통받는 약자, 특히 여성들로부터 파토스를 이끌어 냈다. [12]이들은 가부장제나 계층적인 차이로 고통받으면서도 허락되지 않은 삶의 지평*을 갈망하는 '어찌할 수 없음'의 상황에 놓인 존재들이다. [13]일례로 비더의 ㉠<스텔라 달라스>(1937)에는 상류 계급의 문화 장벽을 넘지 못하고 남편과 헤어져야 했던 하층민 여성이 주인공으로 등장한다. [14]그녀는 딸을 곁에 두고 싶어 하면서도 딸이 더 나은 삶을 누리기 바라는 가운데 마음 깊이 고통을 겪는다. [15]이러한 어찌할 수 없는 상황에서 그녀가 결국 딸을 상류층의 전남편에게 보내는 선택을 하는 것은 희생적 모성이라는 이데올로기*와 타협한 것이라고 할 수 있겠지만, 딸의 결혼식을 창밖에서 바라보던 어머니가 입가에 미소를 띤 채 눈물을 흘리는 마지막 장면에서 관객들은 고통 어린 만족을 선택한 모성에 공감의 눈물을 흘리게 된다.

4 [16]1950년대에 할리우드는 '가족 멜로드라마'라는 또 다른 멜로드라마의 흐름을 만들어 냈다. [17]이제 멜로드라마는 통속적 서사의 틀을 유지하면서도 사회적 갈등의 축도*와도 같은 미국 중산층 핵가족에 주목하게 되는데, 그것은 가족이 자본

집중 훈련 OX

01 초기의 멜로드라마는 봉건 귀족과 부르주아 사이의 사회적 문제를 적극적으로 해결하는 내용을 담고 있다. (O , X)

02 멜로드라마는 비약이나 우연 같은 작위적인 서사를 통해 갈등이 해소되는 방향으로 전개되었다. (O , X)

03 19세기 멜로드라마에 강한 인물과 약한 인물이 주로 빈부 차이로 인해 이루어질 수 없는 사랑을 하는 관계로 나타났다. (O , X)

04 19세기 멜로드라마는 18세기에 비해 선악의 대립이 뚜렷해지고, 파토스의 조성이 부각되었다. (O , X)

05 19세기 멜로드라마는 약자의 고통과 슬픔을 형상화하여 관객의 감성을 자극하였다. (O , X)

06 20세기에 들어서 '영화'라는 매체의 특성을 효과적으로 활용한 멜로드라마가 등장하기 시작했다. (O , X)

07 20세기 멜로드라마는 사회적 모순에 따른 억압에서 나아가 악인의 괴롭힘 때문에 고통받는 약자로부터 파토스를 이끌어 냈다. (O , X)

08 20세기 멜로드라마는 가부장제나 계층의 차이로 고통받는 남성들의 삶을 통해 여성들의 감정을 자극하였다. (O , X)

09 <스텔라 달라스>에서 딸의 결혼식을 바라보는 어머니의 표정은 클로즈업되었을 것이다. (O , X)

10 <천국이 허락한 모든 것>은 가족 멜로드라마로, 기존의 통속적 서사의 틀을 깬 작품이다. (O , X)

이나 가부장제 같은 사회 권력이 작동하는 무대이기 때문이다. [18]예컨대 서크의 ⓛ <천국이 허락한 모든 것>(1955)은 유복한* 과부와 연하의 정원사의 사랑과 시련, 그리고 재회의 과정을 보여 주는데, 여기에는 그들의 결합을 반대하는 자식들이 가족의 이름으로 등장한다. [19]이제 가족은 더 이상 애틋한 유대의 단위가 아니라 개인의 삶을 관리하는 제도가 된다. [20]따라서 자식들의 반대로 사랑을 포기했던 그녀가 거듭된 우연 끝에 병상의 정원사와 재회하게 되는 결말은 의미심장하다.

⑤ [21]가족 멜로드라마로서 이 영화는 시대의 변화 속에서 지속되어 온 멜로드라마의 주요한 특징들을 담고 있으면서도 멜로드라마의 또 다른 가능성을 열어 놓았다고 할 수 있다. [22]사회적 모순에 눈 감은 채 주인공의 성공에 안도하는* 기존의 '행복한 결말'과는 구별되는 '행복하지 않은 해피엔딩'을 경험하게 한다는 점에서 그렇다. [23]서크는 여전히 근본적인 갈등이 해소되지 않은 결말에 관객들이 주목하게 하여, 자신들이 보고 있는 것이 '만들어진 현실'이며 행복한 결말은 인위적인 허구 안에서만 가능하다는 것을 생각하게 하고자 했다. [24]고도로 표현적인 미장센(장면화)을 통해 여주인공이 누리는 삶의 풍요로움이 오히려 중산층의 지배적 가치와 규범으로 인한 억압과 소외의 상황임을 드러냈던 것이다.

⑥ [25]멜로드라마는 '부적절한 리얼리즘*'이니 '여성용 최루물*'이니 하는 등의 비하하는 말로 언급되곤 한다. [26]하지만 서크의 영화에서처럼 멜로드라마는 사회적 약자의 말할 수 없는 슬픔과 이루어질 수 없는 꿈을 전달하는 서사이면서 사회적 모순에 대한 아이러니한 반응으로도 읽힐 수 있다. [27]ⓐ 현실에 종속되면서도* 그 현실을 넘어서려는 절박한 요구는 영화라는 재현 체계 속에서 대중들과 끊임없이 교감하면서 멜로드라마를 생산하도록 했다는 것이다.

• 리얼리즘: 일반적으로 현실을 있는 그대로 묘사·재현하려고 하는 창작 태도.
• 최루물: 눈물샘을 자극하여 눈물을 흘리게 하는 작품.

---

11 <천국이 허락한 모든 것>에서 중산층 가족은 유복한 과부의 사랑을 반대하는 현실적 억압 요소이다. (O , X)

12 <천국이 허락한 모든 것>은 모든 갈등이 해소된 뒤에 유복한 과부가 정원사와 재회하는 행복한 결말 구조를 갖는다. (O , X)

13 서크는 <천국이 허락한 모든 것>을 통해 행복한 결말은 인위적인 허구 안에서만 가능하다는 관객들의 편견을 깼다. (O , X)

14 <천국이 허락한 모든 것>은 중산층 가족의 가치가 회복되는 과정을 담고 있다. (O , X)

15 멜로드라마는 점차 정서 표출보다 사회 현실을 묘사하는 데 집중하였다. (O , X)

맞힌 개수 / 총 개수   / 15

01

'멜로드라마'에 대한 진술로 적절하지 <u>않은</u> 것은?

① 갈등을 낳은 사회적 모순을 적극적으로 극복하려는 내용은 없었다.

② 통속성이 점차 사라졌고 정서 표출보다는 현실 묘사에 치중하게 되었다.

③ 영화에 나타난 가정이나 개인의 문제는 사회적 문제가 전환되어 표현된 것이다.

④ 작위적인 서사를 통해 인물이 처한 문제를 해소하려는 방향으로 이야기가 전개되었다.

⑤ 인물들의 선악 대립이 차츰 약해지고 사회적 상황으로 인한 고통과 희생의 파토스가 형상화되었다.

02

㉠과 ㉡에 대한 이해로 적절하지 <u>않은</u> 것은?

① ㉠과 ㉡ 모두 음악을 사용하여 인물의 고통과 슬픔을 극적으로 표현했을 것이다.

② ㉠은 ㉡에 비해 관객들이 여성 인물과 자신을 동일시하는 정도가 더 강했을 것이다.

③ ㉠에 비해 ㉡은 결말에서 관객들에게 더 능동적인 감상을 이끌어 내려 했을 것이다.

④ ㉠과 ㉡ 모두 현실적 억압에도 불구하고 소망을 성취하고자 하는 약자를 그렸을 것이다.

⑤ ㉠과 ㉡ 모두 위기에 빠진 중산층 가족의 가치 회복이라는 주제 의식을 담았을 것이다.

03

한국의 대표적인 멜로드라마에 대해 ⓐ에 주목하여 감상한 것으로 가장 적절한 것은?

① <장한몽>에서 돈 많은 악인 김중배로 인해 심순애가 변심하고 가난한 애인 이수일이 정신적인 파탄에 이르는 모습은 돈과 사랑을 대립적으로 생각했던 당시 사람들의 가치관을 보여 준다.

② <검사와 여선생>에서 살인범의 누명을 쓴 여선생 앞에 검사가 된 제자가 나타나 사건을 해결하지만, 작품의 초점은 세상 누구에게도 호소하지 못한 약자의 사정을 보여 주는 데 있다.

③ <자유부인>에서 사회 활동을 갈망했던 가정주부 오선영이 고작 할 수 있었던 것은 춤바람이 났다가 집으로 돌아오는 것이었지만, 실상 이 춤바람은 권위적인 가부장제에 대한 반발로도 볼 수 있다.

④ <미워도 다시 한 번>에서 사랑하는 아이를 친아버지의 집으로 보내야 하는 어머니와 어머니 곁에 있고 싶지만 떠나야 하는 아이가 처한 상황은 인간 운명의 어찌할 수 없음을 보여 준다.

⑤ <별들의 고향>에서 도시에 진입했다가 이기적인 남성들에 의해 버림받고 점점 타락해 가는 경아라는 여성은 도시화와 산업화로 인한 인간 소외를 사실적으로 보여 준다.

문단별 중심 내용 & 구조도

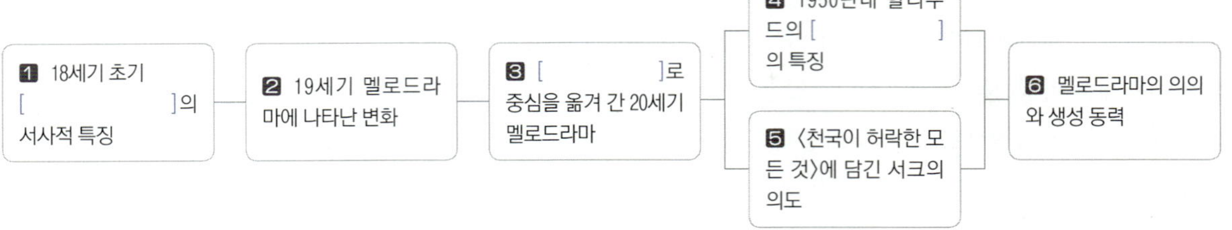

필수 어휘

통속적 通 통할 통 / 俗 풍속 속 / 的 과녁 적	1. 세상에 널리 통하는. 2. 비전문적이고 대체로 저속하며 일반 대중에게 쉽게 통할 수 있는. 예 이 책은 통속적 연애 소설이다.	⇨ 대중적
봉건	중세 유럽에서, 영주가 가신(家臣)에게 봉토를 주고, 그 대신에 군역의 의무를 부과하는 주종 관계를 기본으로 한 통치 제도. 예 시민들의 투쟁 끝에 봉건 사회가 무너졌다.	
부르주아	중세 유럽의 도시에서, 성직자와 귀족에 대하여 제삼 계급을 형성한 중산 계급의 시민. 예 부르주아인 당신도 돈 걱정을 하는군요.	⇨ 시민 계급
타개하다 打 칠 타 / 開 열 개	매우 어렵거나 막힌 일을 잘 처리하여 해결의 길을 열다. 예 그녀는 경영난을 타개하고 회사를 일으켰다.	⇨ 해결하다
비약 飛 날 비 / 躍 뛸 약	논리나 사고방식 따위가 그 차례나 단계를 따르지 아니하고 뛰어넘음. 예 너는 논리의 비약이 심하다.	
과잉 過 지날 과 / 剩 남을 잉	예정하거나 필요한 수량보다 많아 남음. 예 그가 갑자기 과잉 친절을 베풀었다.	
클로즈업	영화나 텔레비전에서, 등장하는 배경이나 인물의 일부를 화면에 크게 나타내는 일. 예 주인공의 얼굴을 클로즈업으로 촬영했다.	
감정 이입	자연의 풍경이나 예술 작품 따위에 자신의 감정이나 정신을 불어넣거나, 대상으로부터 느낌을 직접 받아들여 대상과 자기가 서로 통한다고 느끼는 일. 예 주인공에게 감정 이입을 하며 함께 울었다.	
지평	사물의 전망이나 가능성 따위를 비유적으로 이르는 말. 예 유전 공학의 새 지평을 열다.	
이데올로기	사회 집단에 있어서 사상, 행동, 생활 방법을 근본적으로 제약하고 있는 관념이나 신조의 체계. 예 서로 다른 이데올로기로 인해 전쟁이 발발했다.	⇨ 사상
축도 縮 줄일 축 / 圖 그림 도	어떤 것의 내용이나 속성을 작은 규모로 유사하게 지니고 있는 것을 비유적으로 이르는 말. 예 이 만화는 고등학교 생활의 축도라고 할 수 있다.	
유복하다 裕 넉넉할 유 / 福 복 복	살림이 넉넉하다. 예 유복한 가정에서 태어나다.	⇨ 부유하다
안도하다	어떤 일이 잘 진행되어 마음을 놓다. 예 동생이 무사히 집에 돌아오자 어머니께서 안도하셨다.	⇨ 안심하다
종속되다	자주성이 없이 주가 되는 것에 딸려 붙게 되다. 예 경제가 정치에 종속되었다.	⊖ 독립하다

1. 공동체주의로의 전환

EBS 주요 화제 연계 | 정답과 해설 51~53쪽

1 ¹㉠자유주의는 개인에 대한 두 가지의 기본적인 가정에서 출발한다. ²자신의 개인적 이해관계를 가장 정확히 판단할 수 있는 것은 개인이라는 믿음과, 인간의 개별적 이해관계는 궁극적으로 조화가 가능하리라는 낙관적* 확신이다. ³이로부터 자유주의의 결론을 이끌어 내면, 각 개인으로 하여금 자기 자신의 이해관계를 아무런 방해도 받지 않고 자유롭게 추구하도록 ⓐ 방임*함으로써 사회적 조화가 확보된다는 것이다.

2 ⁴근대 이후부터 개인주의적 자유주의자는 개인에 대한 신뢰와 개인적 이해관계의 자연적 조화 가능성에 대한 믿음에 뿌리를 두고 국가와 사회를 바라보았다. ⁵그러므로 이들이 부정적 관념, 일종의 적개심*을 안고 국가를 대하는 것은 선천적*인 요인에 따른 귀결*이다. ⁶특히 20세기에 들어서서는 국가에 대한 자유주의적 공포가 극대화되었다. ⁷자유주의는 사회 민주주의적인 정책이나 공공의 복지를 위한 국가의 개입 등에 대해 전체주의적* 위험성을 지적한다. ⁸이는 국가의 개인과 사회에 대한 개입은 모든 경우에 부정적 결과를 낳을 것이라는 확신을 가지고 있기 때문이다. ⁹따라서 자유주의자들은 정부에 타국으로부터 국가를 보호하는 일과 개인의 자유를 최대한 보장하는 것 외에는 아무 일도 하지 않는 역할을 감당하기를 요구한다.

3 ¹⁰그러나 자유주의의 모순은 한편으로는 "개인은 결코 수단이 아니라 언제나 그 자체를 목적으로 대우해야 한다."는 철학자 칸트의 명제 속에 잘 드러나 있듯이 개인을 목적 그 자체로 간주함으로써 개인의 존엄과 권리의 평등을 널리 주장하고 있으면서도, 동시에 다른 한편으로는 개인을 이기적 존재로 옭아맴*으로써 타인을 자신의 목적에 이용 가능한 수단으로 여기는 관념을 내포하고 있다는 점이다. ¹¹요컨대 국가의 헌법에서는 목적으로 대접받지만 실제 사회에서는 수단으로 취급당하는, 자본주의적 인간의 이중적 모습이 자유주의에 투영되어* 있다. ¹²자유주의는 개인적 평등과 개체의 존엄성을 ⓑ 추앙*하지만, 실질적으로는 개인과 개인 간의 이기주의적 갈등과 충돌을 그 숙명적* 동반자*로 삼을 수밖에 없는 근본적 한계를 지니고 있다.

4 ¹³현실 세계에서 이기적인 개인들이 진흙탕 싸움을 벌인다면 강자가 승리할 것이므로, 자유주의 역시 결국 강자의 논리에 ⓒ 영합*할 수밖에 없다. ¹⁴시장에서 개인들이 모여 불공정 경쟁을 금지하는 합리적인 시스템을 만들면 경쟁 과정은 그럴 듯해 보이겠지만 결과는 달라질 것이 없다. ¹⁵한마디로 자유주의는 '거인주의'이다. ¹⁶자유주의는 자본주의를 바탕에 깔고 있으며, 사회적 권력, 부, 명예 등을 배타적이고 독점적으로 장악하고 있는 사회 내부의 더 힘센 세력의 자유를 우선적으로 ⓓ 비호*한다.

01 자유주의는 인간을 합리적 존재로 여긴다. (O , X)

02 자유주의는 사회를 유지해 나가는 데 있어서 개인의 이해관계를 중요한 요소로 여긴다. (O , X)

03 자유주의는 개인의 이해관계를 적극적으로 나서서 조정해 주는 사회를 이상적으로 본다. (O , X)

04 근대 이후 개인주의적 자유주의자는 이전의 자유주의자와 달리 국가를 긍정적으로 평가했다. (O , X)

05 자유주의는 전체주의에 대한 대항으로 탄생한 사상이다. (O , X)

06 자유주의자는 개인의 복지는 개인에게 맡겨야 한다고 생각할 것이다. (O , X)

07 자유주의자들은 사회 민주주의적인 정책이나 공공의 복지 제도는 개인의 자유를 억압한다고 여길 것이다. (O , X)

08 자유주의와 철학자 칸트 모두 개인의 존엄과 권리를 보장해야 한다고 주장한다. (O , X)

09 자유주의 입장은 개인이 목적이자 수단으로 존재하게 되는 모순을 안고 있다. (O , X)

10 자유주의는 궁극적으로 개인과 개인의 갈등을 피할 수 있는 대안을 제시한다. (O , X)

11 불공정 경쟁을 금지하는 합리적인 시스템을 만들면 약자들이 경쟁에서 유리할 수 있다. (O , X)

12 자본주의를 바탕으로 하는 사회에 자유주의 사상을 강화하면 사회적 약자의 힘이 강해질 것이다. (O , X)

5 [17]계급, 민족, 인종, 지역 간의 불평등만 심화되고, 약육강식의 거인주의가 세계화의 정글 속에서 ⓔ 횡행*하는 현실에서 필요한 것은 자유 경쟁의 미덕*을 강조하는 것이 아니라 공동체주의로의 전환이다. [18]자유주의자들은 사회가 추상적인 개인들로 구성된다고 보지만, 공동체주의자들은 개인이 공동체의 구성원임과 동시에 공동체에 대한 책임을 지고 있다고 본다. [19]따라서 ⓛ 공동체주의는 사회적으로 억눌리는 집단의 소외 극복을 일차적인 목표로 삼는다. [20]그리고 이들의 소외 극복을 시발점*으로 하여 공동체 전체 구성원의 화해와 연대를 지속적으로 추구해 나가는 것이다.

13 자유주의의 한계를 극복하기 위해서는 개인의 존엄성을 인정하는 태도가 필요하다. (○ , ×)

14 공동체주의는 자유주의와 달리, 강자의 이해관계보다 약자에 관심을 갖는다. (○ , ×)

15 공동체주의는 개인의 이해관계를 보장해야 공동체 전체의 화해와 연대가 이루어진다고 생각한다. (○ , ×)

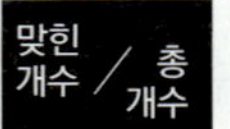

---

01 ● 팩트 체크

윗글에 나타난 사고 전개 과정을 다음과 같이 정리할 때, 적절하지 <u>않은</u> 것은?

> **문제 상황:** 근대 이후 자유주의는 거인주의로 전락함.
> • 강자 독식 사회의 형성 및 공동체적 가치 와해 ······· ①
> • 합리적인 시장 시스템의 붕괴 ························· ②
>
> **문제의 원인:** 자유주의의 모순
> • 개인을 목적으로 대우 ↔ 개인을 수단으로 취급 ···· ③
> • 개인의 존엄성 주장 ↔ 이기적 개인의 갈등 조장 ···· ④
>
> **문제 해결의 방향:** 공동체주의 지향
> • 사회적 약자의 소외 극복 ························· ⑤
> • 공동체 구성원의 화해와 연대 추구

02 ● 팩트 간 관계 파악

㉠과 ㉡에 대한 설명으로 적절하지 <u>않은</u> 것은?

① ㉠은 사회적 강자에게 유리하고, ㉡은 사회적 약자에게 유리하다.
② ㉠은 사회에 대한 개인의 권리를, ㉡은 사회에 대한 개인의 의무를 중시한다.
③ ㉠은 국가의 개입에 대해 부정적이지만, ㉡은 국가의 개입을 긍정할 것이다.
④ ㉠은 개인들의 조화 가능성을 낙관하지만, ㉡은 개인들의 조화 가능성을 비관한다.
⑤ ㉠은 사회적 상호 부조 행위에 대해 소극적이지만, ㉡은 사회적 상호 부조 행위에 대해 적극적이다.

〈보기〉의 상황을 윗글의 논지에 따라 이해한 내용으로 가장 적절한 것은? [3점]

보 기

글로벌 금융 위기가 발발하자, 수출 중심의 A 회사는 매출이 떨어지는 위기에 처했다. 이에 A 회사의 채권 은행 측에서는 빠른 시일 내에 구조 조정을 통해 인력을 감축하기를 요구했다. A 회사는 채권 은행의 요구를 수용하지 않으면 자금 지급이 이루어지지 않아 부도 처리를 해야 하는 상황임을 강조하며, 직원의 1/3을 감축한다는 구조 조정안을 발표하였다. 이에 구조 조정 대상에 해당하는 직원 1/3은 실직하게 되었다.

① 글로벌 금융 위기로 인해 발생한 문제이므로 국가가 개입할 수 있는 여지가 없다.

② A 회사와 채권 은행은 직원들을 목적 그 자체로 간주하면서도 동시에 수단으로 여기고 있다.

③ 직원들은 각자의 이해관계를 자유롭게 추구하였을 뿐, 공동체에 대한 책임 의식은 전혀 느끼지 못했다.

④ 강자의 논리에 영합하여 운영된다면 구조 조정의 대상이 된 직원들과 같이 소외되는 집단이 점차 늘어날 것이다.

⑤ 자유주의의 원칙에 따라 A 회사가 운영되었다면, 직원을 감축하는 방안 대신 직원들의 자유를 추구하는 방법을 취할 수 있었을 것이다.

ⓐ~ⓔ의 사전적 뜻풀이로 바르지 <u>않은</u> 것은?

① ⓐ: 간섭하지 않고 내버려 둠.

② ⓑ: 높이 받들어 우러러봄.

③ ⓒ: 힘이 모자라 복종함.

④ ⓓ: 감싸 보호함.

⑤ ⓔ: 거리낌 없이 멋대로 행동함.

문단별 중심 내용 & 구조도

1 [   ]의
근본 원리

2 자유주의자의 [   ]
의 역할에 대한 입장

3 자유주의의 모순과 한계

4 자유주의가 강자에게 유리
한 까닭

5 [   ]의
지향을 통한 자유주의의 폐해
극복

필수 어휘

낙관적 樂 즐길 락 / 觀 볼 관 / 的 과녁 적	앞으로의 일 따위가 잘되어 갈 것으로 여기는 것. 예 후보는 이번 선거 결과를 낙관적으로 보고 있다.	⊖ 비관적
방임 放 놓을 방 / 任 맡길 임	돌보거나 간섭하지 않고 제멋대로 내버려 둠. 예 폭력에 대한 무관심과 방임은 고쳐져야 한다.	⇌ 방치
적개심	적과 싸우고자 하는 마음. 또는 적에 대하여 느끼는 분노와 증오. 예 그녀는 적군에 대한 적개심에 불타올랐다.	
선천적	태어날 때부터 지니고 있는 것. 예 너의 뛰어난 감각은 선천적으로 타고났다.	⊖ 후천적
귀결	어떤 결말이나 결과에 이름. 또는 그 결말이나 결과. 예 매일 노력한 내가 대학에 합격한 것은 당연한 귀결이다.	⇌ 종결
전체주의적	개인의 모든 활동은 민족·국가와 같은 전체의 존립과 발전을 위하여서만 존재한다는 이념 아래 개인의 자유를 억압하는 사상과 관련된. 예 모두 같은 생각을 해야 한다는 말은 전체주의적 사고에서 나온 것이다.	⊖ 개인주의적
옭아매다	자유롭지 못하게 구속하다. 예 불안감이 그의 신경을 옭아매기 시작했다.	⇌ 속박하다
투영되다	다른 것에 반영되어 나타나다. 예 그 드라마에는 인간의 탐욕이 상징적으로 투영되어 있다.	
추앙	높이 받들어 우러러봄. 예 이 분은 국민들의 추앙을 받는다.	⇌ 추대
숙명적	이미 정해진 운명에 의한 것. 예 우리의 만남은 숙명적이다.	
동반자	어떤 행동을 할 때 짝이 되어 함께하는 사람. 예 너는 나의 인생의 동반자이다.	
영합	사사로운 이익을 위하여 아첨하며 좇음. 예 그는 톱스타의 인기에 영합하며 일을 꾸몄다.	
비호 庇 덮을 비 / 護 보호할 호	편들어서 감싸 주고 보호함. 예 그는 권력의 비호를 받으며 부를 축적해 나갔다.	⇌ 두둔
횡행	아무 거리낌 없이 제멋대로 행동함. 예 고려 말기에는 도적들이 횡행했다.	⇌ 활보
미덕 美 아름다울 미 / 德 덕 덕	아름답고 갸륵한 덕행. 예 겸손은 예로부터 우리의 미덕이었다.	⊖ 악덕
시발점	1. 첫 출발을 하는 지점. 2. 일이 처음 시작되는 계기. 예 공청회를 시발점으로 특별법 제정 운동이 시작되었다.	⊖ 종착점

2. 조세 부담 원칙

교육청 기출

정답과 해설 54~56쪽

1 ¹세원이란 조세[*]가 부과[*]되는 원천[*]인데, 소득은 대표적인 세원 중 하나이다. ²조세를 부과할 때 세율을 적용하는 부분은 세원 전체가 아니다. ³가령 우리나라는 ㉠ 부양가족[*]이 있는 사람에게는 개인의 총소득 중 일부를 공제[*]한 뒤에 세율을 적용한다. ⁴과세 대상 소득으로부터 얻는 만족감이 동일한 자에게, 동일한 조세 부담을 요구하는 것이 공평하다고 생각되기 때문이다. ⁵개인의 총소득에서 공제를 한 뒤, 세율이 적용되는 소득을 과세 표준이라 한다. ⁶그리고 납세[*] 부담액, 즉 세액은 과세 표준에 세율을 곱함으로써 ⓐ 산출된다[*]. ⁷납세자가 부담할 세액을 결정하는 데 활용되는 세율은 한계 세율이다. ⁸한계 세율이란 세액의 증가분이 과세 표준의 증가분에서 차지하는 비중을 말하는데, 세액의 증가분을 과세 표준의 증가분으로 나눈 값이다. ⁹이 밖에도 세율에는 세액을 과세 표준으로 나눈 값인 평균 세율, 세액을 과세 이전 총소득으로 나눈 값인 실효 세율 등이 있다.

[A]

2 ¹⁰다음 예를 통해 세율에 대해 이해해 보자. ¹¹소득세의 세율이 과세 표준 금액 1천만 원 이하는 10%, 1천만 원 초과 4천만 원 이하는 20%라 하자. ¹²이처럼 과세 표준을 몇 개의 구간으로 나누는 까닭은 소득에 대응하는 세율을 일일이 획정하는[*] 것이 현실적으로 어렵기 때문이다. ¹³과세 표준 금액이 3천만 원인 사람의 세액은 '1천만 원×0.1(10%)+2천만 원×0.2(20%)=5백만 원'으로 계산된다. ¹⁴이 경우 평균 세율은 약 16.7%(5백만 원/3천만 원)가 된다. ¹⁵과세 표준에 세율을 어떻게 적용할 것인지에 따라 세율 구조가 결정된다. ¹⁶과세 표준이 클수록 높은 세율로 과세하는 것을 누진[*] 세율 구조라고 한다. ¹⁷그런데 누진 세율 구조가 아니더라도 고소득일수록 세액이 증가할 수 있으므로 세율 구조는 평균 세율의 증가 여부로 판단하는 것이 적절하다. ¹⁸즉 과세 표준이 증가할 때 평균 세율이 유지되면 비례 세율 구조, 평균 세율이 오히려 감소하면 역진[*] 세율 구조, 함께 증가하면 누진 세율 구조이다.

3 ¹⁹대다수 국가에서 소득세는 누진 세율 구조를 적용하고 있는데, 그 이유는 경제적 능력에 따라 조세를 부담하는 것이 공평하다고 생각되기 때문이다. ²⁰일찍이 공리주의자 밀은 조세 부담이 개인의 소득 감소를 유발[*]하므로 세금 납부에 따른 경제적 희생, 즉 효용[*]의 손실이 균등해야 공평하다고 보았다. ²¹이를 균등 희생 원리라고 하는데, 밀의 이러한 주장은 후대 학자들에 의해 누진 세율 구조를 ⓑ 옹호하는[*] 근거로 활용되었다. ²²여기서 희생이란 세액 자체가 아니라 납세로 인한 총효용의 감소분이다. ²³그런데 밀은 균등하다는 것이 구체적으로 어떤 의미인지는 논하지 않았다. ²⁴이에 후대 학자들은 균등의 의미를 절대 희생 균등의 원칙, 비례 희생 균등의 원칙, 한계 희생 균등의 원칙으로 구분하여 논의하였다. ²⁵이러한 논의는 소득만이 개인의 효용을 결정하고 효용은 측정 가능하며 소득 증가에 따라

---

01 소득이 동일하더라도, 부양가족이 없는 사람보다 부양가족이 있는 사람이 납부하는 세액이 많다. (○ , ✕)

02 소득이 동일할 때, 부양가족이 있는 사람은 부양가족이 없는 사람보다 소득에 대한 만족감이 적다. (○ , ✕)

03 한계 세율은 과세 표준의 증가분이 클수록 낮아진다. (○ , ✕)

04 소득이 달라도 동일한 과세 표준 구간에 속한다면, 동일한 세율이 적용된다. (○ , ✕)

05 평균 세율이 10%라면, 역진 세율 구조보다 비례 세율 구조를 적용할 때 고소득자가 더 많은 세금을 내게 된다. (○ , ✕)

06 대다수 국가가 누진 세율 구조를 적용하는 까닭은, 소득이 많은 사람이 세금을 많이 내고 소득이 적은 사람이 세금을 적게 내는 것이 공평하다고 생각하기 때문이다. (○ , ✕)

07 '밀'은 조세 부담이 개인의 소득 감소를 유발한다는 점에서 조세 제도의 부당함을 지적하였다. (○ , ✕)

08 절대 희생 균등의 원칙, 비례 희생 균등의 원칙, 한계 희생 균등의 원칙 모두 개인의 소득에 따른 효용을 측정할 수 있다는 점을 전제로 한다. (○ , ✕)

한계 효용이 체감한다는 가정에 ⓒ 입각해* 있다. [26]뿐만 아니라 모든 사람의 소득의 한계 효용 곡선이 동일하다고 가정한다.

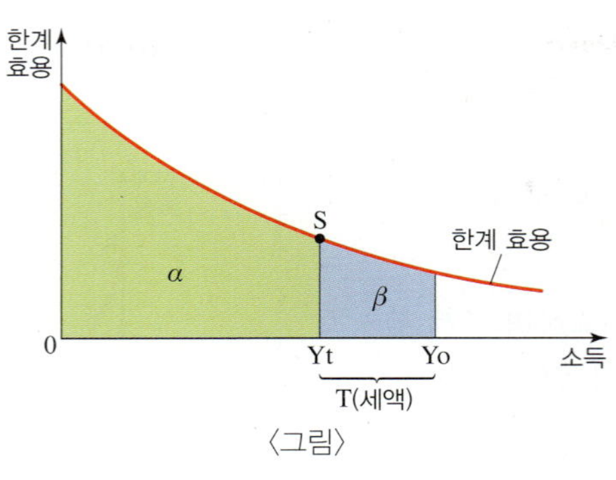

④ [27]균등한 희생과 관련 있는 세 원칙은 〈그림〉에 나타나 있는 것과 같은 소득의 한계 효용 곡선을 통해 이해할 수 있다. [28]소득의 한계 효용이란 소득이 1단위 증가했을 때 개인이 얻게 되는 만족의 정도를 의미한다. [29]〈그림〉에서 원래 소득이 Y_o였던 사람이 세액 T를 내면 세후 소득이 Y_t로 줄어든다. [30]이때 희생된 효용의 절대량은 면적 β로 나타낼 수 있다. [31]절대 희생 균등의 원칙에 따르면 각 개인들이 조세를 부담함으로써 떠안게 되는 희생의 절대적 크기가 균등해야 한다. [32]그러므로 이 원칙 아래에서는 고소득자의 세액이 저소득자의 세액보다 커야 한다. [33]그런데 이것만으로는 누진 세율 구조라고 ⓓ 단정하기* 어렵다. [34]절대 희생 균등 원칙 아래에서는 소득이 1% 증가할 때 한계 효용은 1% 이상 감소할 정도로 한계 효용 곡선이 가파른 기울기를 가져야만 누진 세율 구조가 ⓔ 성립될* 수 있기 때문이다. [35]극단적으로 생각했을 때, 한계 효용 곡선이 체감하지 않고 기울기가 0이라면 절대 희생 균등의 원칙 아래에서는 모든 개인이 동일한 세액을 부담해야 한다. [36]누진 세율 구조를 충족시킬 수 없는 것이다.

⑤ [37]비례 희생 균등의 원칙에 따르면 과세 이전 총소득으로부터 얻는 총효용에서 납세로 인한 효용의 상실, 즉 희생이 차지하는 비율이 모든 개인에게 동일해야 한다. [38]이는 〈그림〉에서 면적 β를 면적 α+β로 나눈 값인 효용의 희생 비율이 모두 똑같아야 한다는 것을 뜻한다. [39]이 원칙 아래에서 누진 세율 구조는 소득의 한계 효용 곡선이 체감하는 모양이기만 하다면 이루어질 수 있다. [40]즉 소득의 한계 효용 곡선이 반드시 가파른 기울기를 가질 필요는 없다. [41]비례 희생 균등의 원칙 아래에서 만약 한계 효용 곡선의 기울기가 0이라면 비례 세율 구조가 될 것이다.

⑥ [42]한계 희생 균등의 원칙에 따르면 과세 이후에 얻는 한계 효용의 크기가 모든 개인에게 동일해야만 한다. [43]〈그림〉에서 조세 부담의 마지막 단위에서 발생하는 한계 효용은 선분 Y_tS의 길이로 나타낼 수 있는데, 한계 희생 균등의 원칙에 따르면 이 길이가 모든 사람에게 같아지도록 해야 한다. [44]그 결과 과세 이전의 소득 수준에 관계없이 모든 개인이 동일한 효용의 크기를 가지게 된다. [45]따라서 한계 희생 균등의 원칙을 적용하면 고소득층일수록 매우 무거운 조세 부담이 요구된다.

• 공제: 받을 몫에서 일정한 금액이나 수량을 뺌.

09 〈그림〉의 한계 효용 곡선을 볼 때, 소득이 높을수록 한계 효용이 줄어든다. (O , X)

10 〈그림〉에서 세액 납부 후 소득이 Y_o에서 Y_t이 될 때, 효용의 절대량은 β만큼 감소한다. (O , X)

11 절대 희생 균등의 원칙에서 갑이 세액을 납부하여 희생된 효용의 절대량이 β라면, 을이 세액을 납부하여 희생된 효용의 절대량은 α여야 한다. (O , X)

12 한계 효용 곡선의 기울기가 0이라면, 절대 희생 균등 원칙에서는 고소득자와 저소득자가 동일한 세액을 부담하게 된다. (O , X)

13 비례 희생 균등의 원칙을 따를 때, 납세로 인해 상실하는 효용의 크기를 총효용의 크기로 나눈 값은 모두 동일해야 한다. (O , X)

14 한계 효용 곡선의 기울기가 0이라면, 비례 희생 균등 원칙에서는 고소득자와 저소득자가 동일한 세액을 부담하게 된다. (O , X)

15 한계 희생 균등의 원칙을 따를 때, 원래의 소득과 상관없이 모든 개인은 조세 부담 후 동일한 한계 효용의 크기를 가지게 된다.
(O , X)

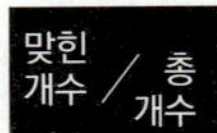

윗글에 대한 설명으로 가장 적절한 것은?

① 조세의 본질과 기본 원칙을 제시하며 조세의 경제적 효과에 대해 설명하고 있다.

② 조세 부과의 효율성에 대한 고찰을 통해 누진적 조세 부담의 변천 과정을 설명하고 있다.

③ 조세 부담의 공평성에 대한 견해를 비교하며 조세 행정의 목적을 효율적 자원 배분의 관점에서 설명하고 있다.

④ 조세를 강제 징수하는 이유를 제시하고 여러 나라의 사례를 들어 세율 구조를 결정하는 방법에 대해 설명하고 있다.

⑤ 조세 관련 용어들의 개념을 제시하고 조세 부담에서의 균등한 희생이란 무엇인가와 관련된 원칙들을 설명하고 있다.

윗글에 대한 이해로 적절하지 <u>않은</u> 것은?

① 일반적으로 평균 세율보다 실효 세율이 더 낮다.

② 납세 부담액은 과세 표준에 세율을 곱한 값이다.

③ 대다수 국가가 소득세에 비례 세율 구조를 적용하고 있다.

④ 세액 산출 시 과세 표준을 몇 개의 구간으로 나누어 세율을 적용할 수 있다.

⑤ 누진 세율 구조인지의 여부는 과세 표준이 증가할 때 평균 세율이 증가하느냐로 판단할 수 있다.

윗글을 바탕으로 〈보기〉를 이해한 내용으로 적절하지 <u>않은</u> 것은? [3점]

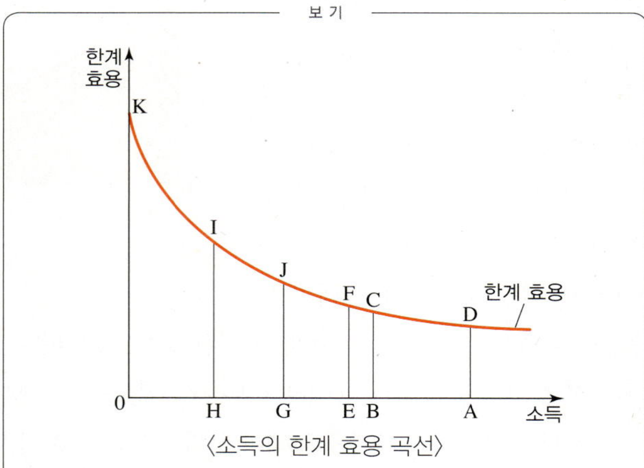

위는 갑과 을의 소득에 따른 한계 효용 곡선이다. 갑은 G0만큼의 소득을 얻었고, 을은 A0만큼의 소득을 얻었다. (단, 소득 증가에 따라 한계 효용은 체감한다.)

① 절대 희생 균등의 원칙에 의하면, 만약 한계 효용 곡선이 체감하지 않고 기울기가 0이라면 갑과 을은 동일한 세액을 부담해야 한다.

② 절대 희생 균등의 원칙에 의하면, 갑과 을이 내야 할 세액이 각각 GH와 AB라면 GHIJ의 면적과 ABCD의 면적이 같아지도록 GH와 AB의 크기를 결정해야 한다.

③ 비례 희생 균등의 원칙에 의하면, 을의 효용의 희생 비율이 AEFD/A0KD일 때에 갑의 효용의 희생 비율과 동일해진다면 을에게 AE만큼의 세액을 부담하게 해야 한다.

④ 비례 희생 균등의 원칙에 의하면, 갑이 내야 할 세액이 GH이고 을이 내야 할 세액이 AB일 경우 GH를 G0로 나눈 값과 AB를 A0로 나눈 값이 모든 개인에게 동일해야 한다.

⑤ 한계 희생 균등의 원칙에 의하면, 갑의 세액이 GH라면 을의 조세 부담의 마지막 단위에서 발생하는 한계 효용이 HI가 되도록 을에게 AH만큼의 세액을 부담하게 해야 한다.

0**4**   ● 팩트 체크＋팩트 끌어내기

㉠의 이유로 가장 적절한 것은?

① 부양가족이 있는 사람은 그렇지 않은 사람에 비해 동일한 소득으로부터 얻는 만족감이 낮은 점을 고려하기 위해서

② 부양가족의 유무에 상관없이 동일한 소득에 대해 동일한 세율을 적용하는 것이 공평하다는 점을 고려하기 위해서

③ 가족의 모든 소득을 합산해야만 경제적 능력을 객관적으로 측정하여 탈세를 막을 수 있다는 점을 고려하기 위해서

④ 동일한 소득이라면 개인의 사정을 고려하지 않고 동일한 조세를 부담하게 하는 것이 공평하다는 점을 고려하기 위해서

⑤ 부양가족이 많은 사람에게 더 큰 조세 부담을 요구하는 것이 조세 징수의 효율성을 높일 수 있다는 점을 고려하기 위해서

0**5**   ● 팩트 적용

[A]를 참고하여 〈보기〉를 이해한 내용으로 가장 적절한 것은?

─ 보 기 ─

소득세 제도

과세 표준	(가)	(나)	(다)
100만 원	10만 원	30만 원	10만 원
200만 원	20만 원	60만 원	30만 원
300만 원	30만 원	90만 원	60만 원

위에 제시된 표는 어떤 국가에서 검토되고 있는 소득세 제도 (가)～(다)와 그에 따라 개인이 부담해야 하는 세액이다. (단, 과세 표준은 위의 3가지 경우만 있다고 가정한다.)

① (나)는 과세 표준이 클수록 높은 세율을 부과하는 세율 구조이다.

② (다)는 소득이 높을수록 더 많은 세액을 부담하는 역진 세율 구조이다.

③ (가)는 (나)와 달리 모든 과세 표준에 동일한 세율을 부과하는 세율 구조이다.

④ (나), (다)와 달리 (가)는 과세 표준이 증가할 때 평균 세율이 유지되는 세율 구조이다.

⑤ (가), (나)와 달리 (다)는 고소득자보다 저소득자의 세율을 낮게 책정하고 있는 세율 구조이다.

0**6**   ● 팩트 체크

ⓐ～ⓔ의 사전적 의미로 적절하지 <u>않은</u> 것은?

① ⓐ: 계산하여 냄.

② ⓑ: 두둔하고 편들어 지킴.

③ ⓒ: 어떤 사실이나 주장 따위에 근거를 두어 그 입장에 섬.

④ ⓓ: 딱 잘라서 판단하고 결정함.

⑤ ⓔ: 정도나 수준이 나아지거나 높아짐.

문단별 중심 내용 & 구조도

4 한계 효용 곡선에서 [　　　　　] 희생 균등의 원칙의 적용

1 세율 적용의 원칙과 세율의 종류

2 과세 표준에 대한 세율 적용 사례와 세율 구조의 종류

3 [　　　　　] 세율 구조의 근거로 활용되는 밀의 균등 희생 원리

5 한계 효용 곡선에서 [　　　　　] 희생 균등의 원칙의 적용

6 한계 효용 곡선에서 [　　　　　] 희생 균등의 원칙의 적용

필수 어휘

조세
국가 또는 지방 공공 단체가 필요한 경비로 사용하기 위하여 국민이나 주민으로부터 강제로 거두어들이는 금전.　≒ 세금
⠚ 이번 달에는 내야 할 조세가 많다.

부과
세금이나 부담금 따위를 매기어 부담하게 함.
⠚ 생필품에 한해 관세 부과를 없앨 예정이다.

원천
源 근원 원 / 泉 샘 천
사물의 근원.　≒ 근원, 밑바탕
⠚ 푸른 바다는 나의 상상의 원천이다.

부양가족
扶 도울 부 / 養 기를 양
처자나 부모 형제 등 자기가 생활을 돌보거나 돌보아야 하는 가족.
⠚ 그녀는 부양가족이 많아 어깨가 늘 무겁다.

납세
세금을 냄.　⠚ 구청 직원이 돌아다니며 납세를 독려하였다.　⊖ 징세

산출되다
算 계산 산 / 出 날 출
계산하여 내다.
⠚ 성적이 산출되었으니 내일 성적표가 나올 것이다.

획정하다
劃 그을 획 / 定 정할 정
경계 따위를 명확히 구별하여 정하다.
⠚ 선거구를 새롭게 획정하였다.

누진
累 묶을 누 / 進 나아갈 진
가격, 수량 따위가 더하여 감에 따라 상대적으로 그에 대한 비율이 점점 높아짐.　≒ 누적
⠚ 전기를 많이 쓸수록 전기세의 누진도 커진다.

역진
逆 거스를 역 / 進 나아갈 진
반대 방향으로 나아감.
⠚ 이번 법령은 친환경 정책 기조에 대한 역진이라는 비판을 받는다.

유발
어떤 것이 다른 일을 일어나게 함.　≒ 촉발
⠚ 그 광고는 상품의 구매 욕구 유발에 효과적이었다.

효용
인간의 욕망을 만족시킬 수 있는 재화의 효능.　⠚ 사람마다 상품에 대해 느끼는 효용이 다르다.　≒ 효과

옹호하다
두둔하여 편들어 지키다.　≒ 보호하다
⠚ 우리는 인권을 옹호하는 모임을 만들었다.

입각하다
어떤 사실이나 주장 따위에 근거를 두어 그 입장에 서다.
⠚ 인도주의에 입각하여 포로를 교환하다.

단정하다
딱 잘라서 판단하고 결정하다.　⠚ 다른 사람의 생각을 함부로 단정하지 마십시오.

성립되다
일이나 관계 따위가 제대로 이루어지다.　⠚ 알리바이가 성립되었으니 돌아가셔도 좋습니다.

3. 주식회사의 자본

교육청 기출

정답과 해설 56~59쪽

1 [1]주식회사는 오늘날 회사 기업의 전형*이라고 할 수 있다. [2]이는 주식회사가 다른 유형의 회사보다 뛰어난 자본* 조달력*을 가지고 있기 때문인데, 주식회사의 자본 조달은 자본금, 주식, 유한책임이라는 주식회사의 본질적 요소와 관련된다.

2 [3]주식회사의 자본금은 회사 설립의 기초가 되는 것으로, 주식 발행을 통해 조성된다*. [4]현행 상법에서는 주식회사를 설립할 때 최저 자본금에 대한 제한을 두지 않고 있으며, 자본금을 정관*의 기재사항으로도 규정하지 않고 있다. [5]대신 수권주식총수를 정관에 기재하게 하여 자본금의 최대한도를 표시하도록 하고 있다. [6]수권주식총수란 회사가 발행할 주식총수로, 수권주식총수를 통해 자본금의 최대한도인 수권자본금을 알 수 있다. [7]주식회사를 설립할 때는 수권주식총수 중 일부의 주식만을 발행해도 되는데, 발행하는 주식은 모두 인수되어야* 한다. [8]여기서 주식을 인수한다는 것은 출자자*를 누구로 하는지, 그 출자자가 인수하려는 주식이 몇 주인지를 확정하는 것을 말한다. [9]회사가 발행하는 주식을 출자자가 인수하고 해당 금액을 납입하면, 그 금액의 총합이 바로 주식회사의 자본금이 된다. [10]회사가 수권주식총수 가운데 아직 발행하지 않은 주식은 추후 이사회의 결의만으로 발행할 수 있는데, 이는 주식회사가 필요에 따라 자본금을 쉽게 조달할 수 있도록 하기 위한 것이다.

3 [11]주식은 자본금을 구성하는 단위로, 주식회사는 주식 발행을 통해 다수의 사람들로부터 대량의 자금을 끌어모을 수 있다. [12]주식은 주식시장에서 자유롭게 양도*되는데, 1주의 액면주식은 둘 이상으로 나뉘어 타인에게 양도될 수 없다. [13]주식회사가 액면가액을 표시한 액면주식을 발행할 때, 액면주식은 그 금액이 균일하여야 하며 1주의 금액은 100원 이상이어야 한다. [14]주식회사가 발행한 액면주식의 총액은 주식회사 설립 시에 출자자가 주식을 인수하여 납입한 금액의 총합과 같다.

4 [15]주식의 소유주인 주주는 자기가 보유하고 있는 주식 금액의 비율에 따라 이익배당* 등의 권리를 가지면서 회사에 대해 유한책임을 진다. [16]유한책임이란 주주가 회사에 대하여 주식의 인수가액을 한도로 하는 유한의 출자 의무를 부담하고 회사 채권자*에 대해서는 직접적으로 아무런 책임도 부담하지 않는 것을 말한다. [17]주주의 유한책임은 정관이나 주주총회의 결의로도 가중시킬* 수 없다. [18]이 때문에 주식회사에서는 회사가 현재 보유하고 있는 재산만이 회사 채권자를 위한 유일한 담보*가 된다.

5 [19]주식회사는 자본금, 주식, 유한책임이라는 본질적 요소로 말미암아 자본 조달력을 가지기도 하지만 경제적 폐해*를 초래하는 경우도 있다. [20]자본금이 큰 회

집중 훈련 OX

01 주식회사는 자본금, 주식, 유한책임을 바탕으로 자본을 형성할 수 있다. (O , X)

02 주식회사를 설립할 때 주식을 발행한다. (O , X)

03 주식회사를 설립하려면 자본금의 최저와 최대한도 사이에서 정해지는 자본금을 마련해야 한다. (O , X)

04 정관에 기재된 수권주식총수를 통해 회사의 최대 자본금을 알 수 있다. (O , X)

05 출자자가 없으면 주식회사를 설립할 수 없다. (O , X)

06 주식회사가 발행하는 주식은 회사의 별도 허가 없이도 개인들끼리 양도할 수 있다. (O , X)

07 액면가액이 높을 경우에는 액면주식 1주를 여러 명에게 나눠 양도할 수 있다. (O , X)

08 두 개의 주식회사가 각각 발행한 주식총수가 같더라도, 자본금의 최대한도는 다를 수 있다. (O , X)

09 채권자가 회사에 빌려준 돈을 상환하라고 요구할 경우, 회사는 주주에게 함께 돈을 상환하기를 요구할 수 있다. (O , X)

10 실제 회사가 보유하고 있는 재산의 총액과 회사의 자본금 총액은 동일하다. (O , X)

사이지만 실제 회사가 보유하고 있는 재산이 터무니없이 적은 경우에 자본금의
크기로는 회사의 신용도를 제대로 파악할 수 없으며, 대주주가 권한을 남용하여[*]
사익을 추구하고도 그로 인한 회사의 손해와 회사의 거래 상대방의 손해에 대해
서는 책임을 부담하지 않는 경우가 발생하기도 한다. [21]또한 파산이나 부도 등 회
사의 위기 상황에서 채권자, 근로자, 소비자 등 회사의 이해 관계자들이 피해를 보
게 되는 상황이 벌어지기도 한다.

6 [22]이와 같은 문제를 방지하기 위해 주식회사에 대한 법 규정에서는 자본금에
관한 몇 가지 원칙을 마련하고 있다. [23]㉠ 자본 유지의 원칙은 자본금이 실제로 회
사에 출자되어야 하고, 회사는 자본금에 해당되는 재산을 실질적으로 유지해야
한다는 것으로, 자본 충실의 원칙이라고도 한다. [24]만일 여러 회사끼리 돌려 가며
출자를 반복하는 상황이 벌어진다면 실제로 출자된 자본금은 늘어나지 않는데 서
류상 가공의 자본금만 늘어나 회사는 부실화[*]되고 외부의 위험에도 취약해진다.
[25]㉡ 자본 불변의 원칙은 자본금을 임의로 변경하지 못하며 자본금의 변경을 위해
서는 법적 절차를 ⓐ 거쳐야 한다는 것이다. [26]우리나라의 법률에서 자본금의 증가
는 이사회의 결의[*]만으로 가능하도록 한 반면에 자본금의 감소는 엄격한 법적 절
차를 요구하고 있다. [27]이 밖에도 주식회사에 관한 법률을 법에서 규정된 내용대로
만 이행해야 하는 강행법으로 하고, 회사에 관한 중요 사항 및 정관의 변동 사항을
공고하도록 하는 등 주식회사의 폐해를 최소화하기 위한 조치도 시행하고 있다.

• 정관: 회사를 운영하기 위한 규칙을 마련하여 기록한 문서.

11 자본금이 큰 회사일수록 회사의 신용도가 높다.
(O , X)

12 자본 유지의 원칙과 자본 불변의 원칙은 주식 회사의 안정성을 높인다. (O , X)

13 여러 회사끼리 돌려 가며 출자를 반복하는 순환출자 방식은 자본 유지의 원칙에 어긋난다. (O , X)

14 우리나라의 주식회사는 자본금을 증가시키는 것보다 감소시키는 것이 더 수월하다.
(O , X)

15 주식을 추가 발행하여 자본금을 증가시킬 경우, 이사회의 결의를 거쳐 정관에 기재하여 공고해야 한다. (O , X)

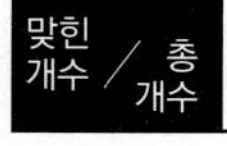
맞힌 개수 / 총 개수 　　　 / 15

윗글에서 알 수 있는 내용으로 적절하지 <u>않은</u> 것은?

① 액면주식 1주는 둘로 나뉘어 타인에게 양도될 수 없다.

② 주주는 주식의 인수가액을 한도로 하는 출자 의무를 가진다.

③ 주주는 소유한 주식 금액의 비율에 따라 주식회사의 이익을 배당받는다.

④ 주식회사는 수권자본금의 한도 내에서 채권자에게 채무 이행을 할 의무가 있다.

⑤ 주식회사의 정관에 변동 사항이 생기면 주식회사로 하여금 이를 공고하도록 하고 있다.

〈보기〉는 갑이 주식회사를 설립하기 위해 작성한 정관의 일부이다. 윗글을 바탕으로 〈보기〉를 이해한 내용으로 적절하지 <u>않은</u> 것은?

보 기

제2장 주식과 주권
제5조 당 회사가 발행할 주식의 총수는 1만 주로 한다.
제6조 당 회사가 발행하는 주식 1주의 금액은 금 5천 원으로 한다.
제7조 당 회사는 설립 시에 5천 주의 주식을 발행하기로 한다.

---

① 갑이 설립하려는 주식회사의 수권주식총수는 1만 주이며 수권자본금은 5천만 원이다.

② 갑이 주식 1주를 발행하는 것으로 정관의 제7조를 수정해도 주식회사의 설립은 가능하다.

③ 갑이 정관에 따라 주식회사를 설립하려면 주식 1만 주에 대한 출자자가 확정되어야 한다.

④ 갑이 정관에 따라 주식회사를 설립하였다면 이 회사의 주주가 인수하여 납입한 금액의 총합은 2천 5백만 원이다.

⑤ 갑이 정관에 따라 주식회사를 설립한 이후, 이 회사의 미발행 주식을 발행하기 위해서는 이사회의 결의가 필요하다.

◎3 ● 팩트 적용

윗글을 바탕으로 〈보기〉를 이해한 내용으로 적절하지 <u>않은</u> 것은? [3점]

보기

A 회사는 설립 시에 액면가액 5천 원의 주식을 1백만 주 발행하였고 홍길동은 이 주식의 80%를 인수하여 납입하였다. 이후 A 회사는 B 회사가 설립 시 발행한 주식 100%를 인수하여 25억 원을 납입하였으며, B 회사는 C 회사가 설립 시 발행한 주식 100%를 인수하여 15억 원을 납입하였다. 이후 C 회사는 A 회사의 주식 10억 원어치를 액면가액으로 사들였다. A, B, C 회사는 회사끼리 돌려 가며 출자를 반복하여 자본금에 관한 원칙을 위배했다.

① A 회사가 파산한다면 C 회사의 이해 관계자가 피해를 보게 되는 상황이 벌어질 수 있겠군.

② B 회사가 부도가 난다면 A 회사의 자본금이 손실을 입을 수 있겠군.

③ A 회사의 주주인 홍길동은 B 회사와 C 회사에 대해서도 영향력을 행사할 수 있겠군.

④ C 회사가 설립 시 발행한 주식의 80%를 B 회사가 인수하였더라도 C 회사의 설립 시 자본금은 달라지지 않겠군.

⑤ A, B, C 회사에 출자된 실제 자본금은 90억 원으로 서류상으로 드러난 A, B, C 회사의 자본금의 총합과 동일하겠군.

◎4 ● 팩트 체크+팩트 간 관계 파악

㉠, ㉡을 이해한 내용으로 가장 적절한 것은?

① ㉠의 목적은 주주의 권한을 확대하는 데에 있다.

② ㉡을 통해 소액을 가지고 주식회사를 설립하는 것을 제한할 수 있다.

③ ㉡은 자본금 감소를 엄격하게 하여 채권자를 보호하는 기능이 있다.

④ ㉠, ㉡은 모두 채권자가 주식회사의 자금 운용 내역을 알 수 있게 한다.

⑤ ㉠, ㉡은 모두 주식회사의 정관 작성에 관한 원칙으로서 개인 간의 자유로운 주식 양도로 인한 폐해를 방지한다.

◎5 ● 팩트 체크

ⓐ와 문맥적 의미가 가장 유사한 것은?

① 우리는 일본을 <u>거쳐</u> 미국으로 갔다.

② 돌멩이가 발길에 자꾸 <u>거쳐</u> 다니기가 불편하다.

③ 그는 매일 아침 학교 앞 사거리를 <u>거쳐서</u> 회사로 간다.

④ 그 일들은 우리가 합의한 과정을 <u>거쳐서</u> 진행된 것이다.

⑤ 가장 어려운 문제를 해결하여 마음에 <u>거칠</u> 것이 없어졌다.

문단별 중심 내용 & 구조도

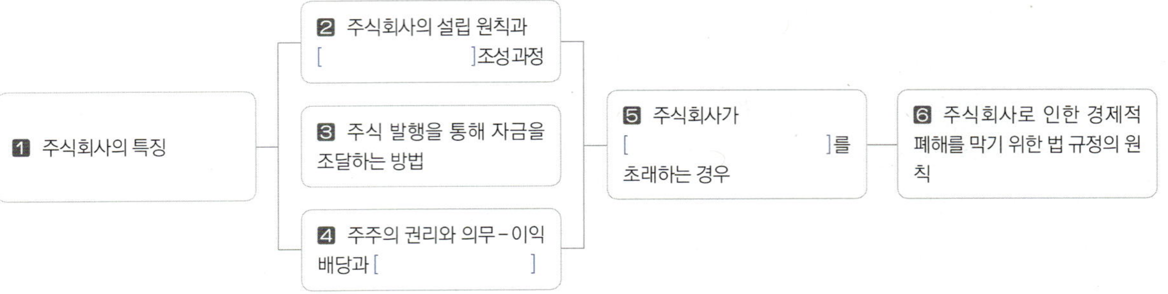

필수 어휘

전형
典 법 전 / 型 거푸집 형
같은 부류의 특징을 가장 잘 나타내고 있는 본보기.
예 그는 부지런한 인간의 전형이다.

자본
資 재물 자 / 本 근본 본
장사나 사업 따위의 기본이 되는 돈.
예 장사를 시작하려는데 자본이 부족하다.
유 밑천

조달력
자금이나 물자 따위를 대어 줄 능력. 예 우리나라는 위기 상황에서 생필품 조달력이 뛰어나다.

조성되다
무엇이 만들어져서 이루어지다. 예 우리 동네에 큰 공원이 조성될 예정이다.

인수되다
引 끌 인 / 受 받을 수
물건이나 권리가 넘어오다.
예 정육점이 옆 가게에 인수되었다.

출자자
자금을 낸 사람. 예 아버지는 출자자를 구해서 새로운 사업을 시작하겠다고 하셨다.

양도
1. 재산이나 물건을 남에게 넘겨줌. 또는 그런 일.
2. 『법률』 권리나 재산, 법률에서의 지위 따위를 남에게 넘겨줌. 또는 그런 일.
예 이 물건에 대한 소유권을 다른 사람에게 양도를 하고 싶다.

이익 배당
회사나 조합 따위에서 주주나 조합원에게 순이익을 나누어 주는 일.
예 올해는 경기가 어려워 이익 배당을 하지 못했습니다.

채권자
특정인에게 일정한 빚을 받아 낼 권리를 가진 사람.
예 그 여자는 자신에게 돈을 빌린 사람들에게 채권자의 권리를 행사했다.
반 채무자

가중시키다
加 더할 가 / 重 무거울 중
부담이나 고통 따위를 더 크게 하거나 어려운 상태를 심해지게 하다.
예 각종 시험이 수험생들의 부담을 가중시킨다.
반 경감시키다

담보
1. 맡아서 보증함. 예 그 사람이 믿을 만한 사람이라는 것은 내가 담보하네.
2. 『법률』 민법에서, 채무 불이행 때 채무의 변제를 확보하는 수단으로 채권자에게 제공하는 것. 예 돈을 빌리려면 가지고 있는 차를 담보로 잡으셔야 합니다.
유 보증

폐해
폐단으로 생기는 해. 예 조선 사회에서는 신분제로 인한 폐해가 컸다.
유 폐단

남용하다
濫 넘칠 남 / 用 쓸 용
일정한 기준이나 한도를 넘어서 함부로 쓰다.
예 물자를 남용하면 돈을 모을 수 없다.

부실화
내용이나 실속이 없게 됨. 예 무리하게 공사 기간을 단축하더니 결국 건물의 부실화를 초래했다.

결의
決 결정할 결 / 議 의논할 의
의논하여 결정함. 또는 그런 결정.
예 이번 결의에 따른 조치를 취하겠습니다.
유 의결

4. 통화 지표

교육청 기출

정답과 해설 59~61쪽

1 ¹돈의 총량을 뜻하는 통화량이 과도하게 많거나 적으면 심한 물가 변동이 일어날 수 있으며, 실업률, 이자율 등에도 영향을 미칠 수 있다. ²따라서 통화량을 파악하여 적절한 수준으로 조절하는 통화정책의 중요성이 갈수록 커지고 있다. ³문제는 통화량의 파악이 쉽지 않다는 것이다. ⁴현금뿐 아니라, 현금으로 바뀔 수 있는 성질인 유동성*을 가진 금융상품까지 통화*에 포함되기 때문이다.

2 ⁵통화량 파악이 복잡한 이유를 통화 형성 과정을 통해 더 자세히 살펴보자. ⁶통화는 중앙은행*이 화폐를 발행하여 개인과 기업 등의 경제 주체들에게 공급함으로써 창출된다*. ⁷이때 중앙은행이 발행한 화폐를 본원통화라고 한다. ⁸본원통화의 일부는 현금으로 유통되고, 일부는 은행에 예금된다. ⁹예금은 경제 주체가 금융기관에 돈을 맡겨 놓는 것이므로 이들의 요구가 있으면 현금으로 바뀔 수 있는 유동성이 있어 통화에 포함된다. ¹⁰그런데 이 예금 중 일정 비율만 예금자의 인출*에 대비해 지급준비금으로 남고 나머지는 대출*된다. ¹¹예금의 일부가 대출되면 대출액만큼의 통화가 새로 만들어지는데, 이를 신용창조라고 한다. ¹²예를 들어 은행에 예금되어 있는 1만 원이 시중에 대출될 때, 예금액 1만 원은 그대로 통화량에 포함되어 있는 채 대출된 1만 원이 통화량에 새로 추가되는 것이다. ¹³이러한 신용창조의 과정이 반복되면서 본원통화보다 몇 배 많은 통화량이 형성되는데 그 증가된 배수를 통화승수라고 한다. ¹⁴다만 시중에 유통되던 현금이 은행에 예금되더라도 그 예금액만큼 시중의 현금은 줄어들기 때문에 이런 경우에는 통화량에 변화가 없다.

3 ¹⁵그런데 금융기관의 금융상품마다 유동성의 정도가 달라 모두 동일한 통화로 취급하기* 어려운 까닭에 통화량 파악이 복잡해진다. ¹⁶그래서 각 나라의 중앙은행은 다양한 통화 지표*를 만들어 통화량을 파악하고 있다. ¹⁷우리나라의 통화 지표는 2003년을 기점으로 양분된다. ¹⁸앞 시기에는 '통화', '총통화', '총유동성'이라는 통화 지표를 사용했다. ¹⁹'통화'와 '총통화'에는 현금과 예금은행의 금융상품들이 포함되었고, '총유동성'에는 여기에다 비은행금융기관*의 금융상품들이 추가되었다. ²⁰2003년 이후에는 ㉠IMF의 통화금융통계매뉴얼에 따라 '협의통화', '광의통화', 'Lf(금융기관 유동성)'라는 지표가 사용되었다. ²¹협의통화에는 현금뿐 아니라 예금을 취급하는 모든 금융기관의 요구불예금 및 수시입출식 저축성 예금이 포함된다. ²²요구불예금과 수시입출식 저축성 예금은 고객의 요구가 있으면 즉시 현금으로 바뀔 수 있기에 유동성이 매우 높다고 판단되어 현금과 같은 지표에 묶였다. ²³광의통화는 협의통화에, 예금을 취급하는 모든 금융기관의 예금 상품 중 이자 소득을 포기해야만 현금화할 수 있어 유동성이 낮은 상품들까지 추가한 것이다. ²⁴여기에는 정기 예금* 등 만기* 2년 미만의 금융상품들이 해당된다. ²⁵다만 이전 지표의 '총통화'에 포함되었던 만기 2년 이상의 저축성 예금은 유동성이 매

우 낮다는 이유로 제외했다. [26]Lf는 만기 2년 이상의 저축성 예금 등 광의통화에 포함되지 않았던 모든 금융기관의 금융상품까지 포괄한다*.

4 [27]보통 광의통화는 시중의 통화량을 가장 잘 드러내는 지표로 인정받고, 통화 승수 역시 광의통화를 기반으로 한다. [28]그리고 협의통화는 단기금융시장의 규모를 파악하는 데, Lf는 실물경제의 규모를 파악하는 데 더 적합하다. [29]이렇게 통화 지표는 통화량을 다층적*으로 파악하게 하여 효율적인 통화정책 운용*에 기여할* 수 있다.

* 비은행금융기관: 중앙은행과 예금은행을 제외한 금융기관.

14 시중의 통화량을 파악하기 위해서는 광의통화 지표를 살펴보는 것이 효과적이다. (O , X)

15 협의통화는 유동성이 매우 높기 때문에 장기보다는 단기금융시장의 규모를 파악하는 데 적합하다. (O , X)

맞힌 개수 / 총 개수   / 15

01 ● 팩트 체크

윗글에서 언급한 내용이 <u>아닌</u> 것은?

① 유동성의 의미
② 지급준비금의 용도
③ 통화량 파악의 필요성
④ 국가별 통화 지표의 종류
⑤ 우리나라 통화 지표의 변화

02 ● 팩트 끌어내기

㉠에서 강조했을 내용으로 가장 적절한 것은?

① 통화 지표에 맞도록 금융상품의 만기와 이자율 등을 재정비할 필요가 있다.
② 통화 지표를 변경하여 예금 상품들이 가지고 있는 유동성을 조절할 필요가 있다.
③ 금융기관의 유형보다는 유동성의 정도를 기준으로 통화 지표를 편제할 필요가 있다.
④ 현금과 예금 상품을 분리한 통화 지표를 만들어 새로운 통화정책을 시행할 필요가 있다.
⑤ 경제 주체의 다양한 특성을 반영할 수 있도록 통화 지표를 다양하게 분류할 필요가 있다.

03 · 팩트 적용

윗글을 바탕으로 〈보기〉를 이해할 때 빈칸에 들어갈 말로 가장 적절한 것은?

> **보 기**
>
> 김 씨는 중앙은행에 사무 용품을 납품하고 받은 현금 100만 원을 A 은행에 요구불예금으로 입금했다. A 은행은 이 예금 중 10만 원을 지급준비금으로 남기고 90만 원을 이 씨에게 대출했다. 이 씨는 대출받은 90만 원을 모두 B 은행에 요구불예금으로 입금했다. B 은행은 이 예금 중 9만 원을 지급준비금으로 남기고 81만 원을 박 씨에게 대출했다. 박 씨는 대출받은 81만 원을 모두 C 은행에 요구불예금으로 입금했다. 중앙은행이 김 씨에게 공급한 100만 원의 통화는 이러한 과정을 거치면서 (   )

① 171만 원으로 늘어나는 신용창조가 발생했다.
② 181만 원으로 늘어나는 신용창조가 발생했다.
③ 271만 원으로 늘어나는 신용창조가 발생했다.
④ 290만 원으로 늘어나는 신용창조가 발생했다.
⑤ 371만 원으로 늘어나는 신용창조가 발생했다.

04 · 팩트 끌어내기

윗글을 바탕으로 〈보기〉의 ⓐ와 같은 상황에서 ⓑ의 현상이 일어난 원인을 추론한 것으로 가장 적절한 것은?

> **보 기**
>
> ⓐ 중앙은행이 화폐를 발행하여 공급을 대폭 늘렸음에도 불구하고 오히려 ⓑ 통화승수가 하락했다.

① 신용창조 활동이 활성화되었기 때문이다.
② 파생된 통화가 급속히 증가했기 때문이다.
③ 본원통화가 줄어 대출을 줄였기 때문이다.
④ 금융기관이 대출을 제한하였기 때문이다.
⑤ 지급준비금이 줄어 대출을 늘렸기 때문이다.

05 · 팩트 적용

윗글을 참고하여 〈보기〉를 이해한 내용으로 적절하지 <u>않은</u> 것은? [3점]

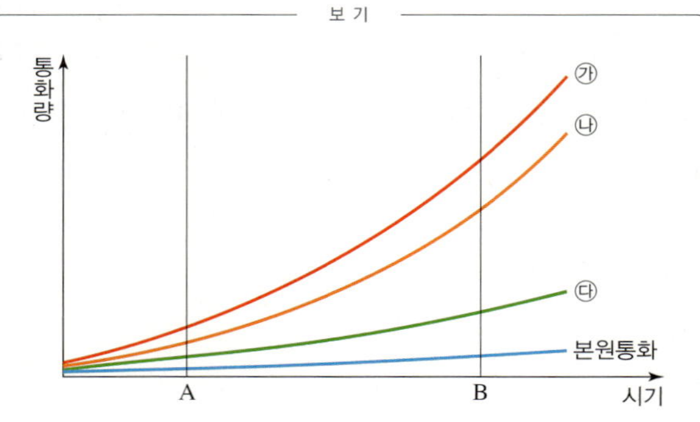

> 단, 위 그래프는 IMF의 통화금융통계매뉴얼에 따른 통화 지표를 활용하여 파악한 통화량 변화를 가상으로 나타낸 것이다.

① ㉮는 ㉯에 포함되지 않은 모든 금융상품을 포괄하겠군.
② ㉰는 금융기관의 수시입출식 저축성 예금을 포함하겠군.
③ ㉰에 비해 ㉮는 실물경제의 규모를 파악하는 데 더 적합하겠군.
④ ㉯가 ㉰보다 높게 나타난 이유는 만기 2년 이상의 금융상품이 포함된 결과이겠군.
⑤ A와 B 시기의 통화승수를 비교하기 위해서는 본원통화 대비 ㉯의 통화량을 파악해야겠군.

문단별 중심 내용 & 구조도

1 [   ]의 개념과
통화량 파악의 필요성

2 [   ]과
통화량의 변화

3 [   ]의 변화와
각 지표의 특성

4 협의통화, 광의통화, Lf 통화 지표의 기능

필수 어휘

유동성
流 흐를 **류** / 動 움직일 **동** /
性 성품 **성**

1. 액체와 같이 흘러 움직이는 성질.
2. 형편이나 경우에 따라 이리저리 변동될 수 있는 성질.
3. 『경제』 기업의 자산이나 채권을 손실 없이 현금화할 수 있는 정도.
예) 시장에 유동성 자산이 유입되고 있다.

통화
通 통할 **통** / 貨 재화 **화**

유통 수단이나 지불 수단으로서 기능하는 화폐.
예) 시중에 방출된 통화를 금융권이 환수하였다.

⊜ 화폐

중앙은행

『경제』 한 나라의 금융과 통화 정책의 주체가 되는 은행. 은행권을 발행하고 국고의 출납
을 다루며 금융 정책을 시행한다.
예) 중앙은행은 기준 금리를 낮추기로 결정했다.

창출되다

전에 없던 것이 처음으로 생각되어 지어내어지거나 만들어지다.
예) 두 나라가 만나 새로운 문화가 창출되었다.

인출

예금 따위를 찾음.
예) 어느 은행에서나 현금 인출을 할 수 있다.

⊜ 예치

대출

돈이나 물건 따위를 빌려주거나 빌림.
예) 오늘 도서관 사정에 따라 도서 대출은 불가합니다.

⊜ 융자

취급하다

사람이나 사건을 어떤 태도로 대하거나 처리하다.
예) 일부의 의견을 그렇게 중요하게 취급할 필요가 있습니까?

⊜ 다루다

지표

방향이나 목적, 기준 따위를 나타내는 표지.
예) 학생의 만족도가 교육의 질을 드러내는 지표가 된다.

정기 예금

일정 금액을 일정 기간 동안 금융 기관에 맡기고 정한 기한 안에는 찾지 아니하겠다는 약
속으로 하는 예금.
예) 보통 예금보다 정기 예금의 금리가 더 높다.

만기
滿 찰 **만** / 期 기약할 **기**

미리 정한 기한이 다 참. 또는 그 기한.
예) 이 보험은 10년 만기 상품입니다.

⊜ 만료

포괄하다
包 쌀 **포** / 括 묶을 **괄**

일정한 대상이나 현상 따위를 어떤 범위나 한계 안에 모두 끌어 넣다.
예) 정부는 모든 계층을 포괄하는 복지 정책을 발표하였다.

⊜ 총괄하다

다층적
多 많을 **다** / 層 층 **층**

여러 층으로 된.
예) 영화의 주인공은 다층적 성향을 지니고 있다.

운용

무엇을 움직이게 하거나 부리어 씀.
예) 당신 마음대로 자본을 운용할 생각인가?

기여하다

도움이 되도록 이바지하다.
예) 그는 세계 평화에 기여한 공로로 노벨 평화상을 수상했다.

1. 지식 재산 보호와 디지털세

| 평가원
| 기출

정답과 해설 61~64쪽

1 ¹특허권은 발명에 대한 정보의 소유자가 특허* 출원* 및 담당 관청의 심사를 통하여 획득한 특허를 일정 기간 독점적*으로 사용할 수 있는 법률상 권리를 말한다. ²한편 영업 비밀은 생산 방법, 판매 방법, 그 밖에 영업 활동에 유용한 기술상 또는 경영상의 정보 등으로, 일정 조건을 갖추면 법으로 보호받을 수 있다. ³법으로 보호되는 특허권과 영업 비밀은 모두 지식 재산인데, 정보 통신 기술(ICT) 산업은 이같은 지식 재산을 기반으로 창출된다*. ⁴지식 재산 보호 문제와 더불어 최근에는 ICT 다국적 기업이 지식 재산으로 거두는 수입에 대한 과세 문제가 불거지고* 있다.

2 ⁵일부 국가에서는 ICT 다국적 기업에 대해 디지털세 도입을 진행 중이다. ⁶디지털세는 이를 도입한 국가에서 ICT 다국적 기업이 거둔 수입에 대해 부과되는 세금이다. ⁷디지털세의 배경에는 법인세 감소에 대한 각국의 우려가 있다. ⁸법인세는 국가가 기업으로부터 걷는 세금 중 가장 중요한 것으로, 재화*나 서비스의 판매 등을 통해 거둔 수입에서 제반* 비용을 제외하고 남은 이윤에 대해 부과하는 세금이라 할 수 있다.

3 ⁹㉠많은 ICT 다국적 기업이 법인세율이 현저하게* 낮은 국가에 자회사를 설립하고 그 자회사에 이윤을 몰아주는 방식으로 법인세를 회피한다*는 비판이 있어 왔다. ¹⁰예를 들면 ICT 다국적 기업 Z사는 법인세율이 매우 낮은 A국에 자회사*를 세워 특허의 사용 권한을 부여한다. ¹¹그리고 법인세율이 A국보다 높은 B국에 설립된 Z사의 자회사에서 특허 사용으로 수입이 발생하면 Z사는 B국의 자회사로 하여금 A국의 자회사에 특허 사용에 대한 수수료인 로열티를 지출하도록 한다. ¹²그 결과 Z사는 ⓐB국의 자회사에 법인세가 부과될 이윤을 최소화한다. ¹³ICT 다국적 기업의 본사를 많이 보유한 국가에서도 해당 기업에 대한 법인세 징수*는 문제가 된다. ¹⁴그러나 그중 어떤 국가들은 ICT 다국적 기업의 활동이 해당 산업에서 자국이 주도권을 유지하는 데 중요하기 때문에라도 디지털세 도입에는 방어적이다.

집중 훈련 OX

01 특허권과 영업 비밀은 모두 그 소유자가 일정 기간 독점적으로 사용할 수 있다. (O , X)

02 영업 비밀이 법으로 보호받기 위해서는 먼저 특허를 획득해 두어야 한다. (O , X)

03 일반 기업과 달리 정보 통신 기술(ICT) 기업은 지식 재산에 따른 수익이 회사 전체 수익의 상당 부분을 차지할 것이다. (O , X)

04 디지털세는 모든 국가가 필수적으로 걷는 세금이다. (O , X)

05 정보 통신 기술을 활용하지 않는 일반 기업이나 국내에만 있는 기업에는 디지털세가 부과되지 않을 것이다. (O , X)

06 디지털세를 부과하면 ICT 다국적 기업이 지닌 지식 재산권의 독점 이용권을 침해할 우려가 있다. (O , X)

07 디지털세는 법인세의 감소로 인해 국가의 수입이 감소하는 것을 보완할 수 있다. (O , X)

08 각 나라마다 법인세율이 다르다. (O , X)

09 법인세율이 낮은 국가일수록 ICT 다국적 기업에 대한 디지털세의 부과에 찬성할 것이다. (O , X)

10 Z사는 B국의 자회사가 로열티를 지출하도록 함으로써 B국의 자회사의 제반 비용을 높이고 있다. (O , X)

11 Z사는 법인세율이 매우 낮은 A국의 자회사로 이윤을 몰아줌으로써 전체적으로 납부할 법인세를 줄이고 있다. (O , X)

12 ICT 다국적 기업의 본사를 많이 보유한 국가의 경우, 법인세를 적게 징수하더라도 해당 산업의 주도권을 유지하기 위해 디지털세를 도입하고 있다. (O , X)

[A]

④ [15]ICT 산업을 주도하는 국가에서 더 중요한 문제는 ICT 지식 재산 보호의 국제적 강화일 수 있다. [16]이론적으로 봤을 때 지식 재산의 보호가 약할수록 유용한 지식 창출의 유인*이 저해되어* 지식의 진보가 정체되고, 지식 재산의 보호가 강할수록 해당 지식에 대한 접근을 막아 소수의 사람만이 혜택을 보게 된다. [17]전자로 발생한 손해를 유인 비용, 후자로 발생한 손해를 접근 비용이라고 한다면, 지식 재산 보호의 최적 수준은 두 비용의 합이 최소가 될 때일 것이다. [18]각국은 그 수준에서 자국의 지식 재산 보호 수준을 설정한다. [19]특허 보호 정도와 국민 소득의 관계를 보여 주는 한 연구에서는 국민 소득이 일정 수준 이상인 상태에서는 국민 소득이 증가할수록 특허 보호 정도가 강해지는 경향이 있지만, 가장 낮은 소득 수준을 벗어난 국가들은 그들보다 소득 수준이 낮은 국가들보다 오히려 특허 보호가 약한 것으로 나타났다. [20]이는 지식 재산 보호의 최적 수준에 대해서도 국가별 입장이 다름을 시사한다.

13 지식 재산을 보호하는 이유는 관련 산업에 대한 지식을 창출하기 위해서이다. (O , X)

14 유인 비용과 접근 비용의 합이 최소일 때가 지식 재산 보호의 최적 수준인 까닭은 지식 재산을 보호하는 데 필요한 비용을 줄일 수 있기 때문이다. (O , X)

15 가장 낮은 소득 수준을 벗어난 국가가 그들보다 소득 수준이 낮은 국가들보다 접근 비용이 클 것이다. (O , X)

맞힌 개수 / 총 개수 　　　　　／ 15

---

01 ● 팩트 체크

윗글을 읽고 답을 찾을 수 있는 질문에 해당하지 <u>않는</u> 것은?

① 법으로 보호되는 특허권과 영업 비밀의 공통점은 무엇인가?

② 영업 비밀이 법적 보호 대상으로 인정받기 위한 절차는 무엇인가?

③ ICT 다국적 기업의 수입에 과세하는 제도 도입의 배경은 무엇인가?

④ 로열티는 ICT 다국적 기업의 법인세를 줄이는 데 어떻게 이용되는가?

⑤ 이론적으로 지식 재산 보호의 최적 수준은 어떻게 설정하는가?

02 ● 팩트 체크

디지털세 에 대한 이해로 가장 적절한 것은?

① 지식 재산 보호를 강화할 수 있는 수단이다.

② 이윤에서 제반 비용을 제외한 금액에 부과된다.

③ ICT 산업에서 주도적인 국가는 도입에 적극적이다.

④ 여러 국가에 자회사를 설립하는 방식으로 줄일 수 있다.

⑤ 도입된 국가에서 ICT 다국적 기업이 거둔 수입에 부과된다.

〈보기〉는 윗글을 읽은 학생이 수행할 학습지의 일부이다. ㉮에 들어갈 말로 가장 적절한 것은? [3점]

― 보 기 ―

• 과제: '㉠을 근거로 ICT 다국적 기업에 디지털세가 부과되는 것이 타당한가'를 검증할 가설에 대한 판단

• 가설

> ICT 다국적 기업 자회사들의 수입 대비 이윤의 비율은 법인세율이 높은 국가일수록 낮다.

• 판단
  가설이 참이라면 ⌈ ㉮ ⌋고 할 수 있으므로 ㉠을 근거로 디지털세를 부과하는 것을 지지할 수 있겠군.

① ICT 다국적 기업 자회사의 수입이 법인세율이 높은 국가일수록 많다

② ICT 다국적 기업이 법인세율이 높은 국가의 자회사에 로열티를 지출한다

③ ICT 다국적 기업 자회사의 수입 대비 제반 비용의 비율이 법인세율이 낮은 국가일수록 높다

④ ICT 다국적 기업이 법인세율이 높은 국가의 자회사에서 수입에 비해 이윤을 줄이는 방식으로 법인세를 줄이고 있다

⑤ 법인세율이 높은 국가에 본사가 있는 ICT 다국적 기업 자회사의 수입 대비 이윤의 비율은 법인세율이 낮은 국가일수록 낮다

[A]를 적용하여 〈보기〉를 이해한 내용으로 적절하지 않은 것은?

― 보 기 ―

> S국은 현재 국민 소득이 가장 낮은 수준의 국가이고 ICT 산업에서 주도적인 국가가 아니다. S국의 특허 보호 정책은 지식 재산 보호 정책을 대표한다.

① ICT 산업에서 주도적인 국가는 S국이 유인 비용을 현재보다 크게 인식하여 지식 재산 보호 수준을 높이기를 바라겠군.

② S국에서는 지식 재산 보호 수준이 낮을 때가 높을 때보다 지식 재산 창출 의욕의 저하로 인한 손해가 더 심각하겠군.

③ S국에서 현재의 특허 제도가 특허권을 과하게 보호한다고 판단한다면 지식 재산 보호 수준을 낮춰 접근 비용을 높이고 싶겠군.

④ S국의 국민 소득이 점점 높아진다면 유인 비용과 접근 비용의 합이 최소가 되는 지식 재산 보호 수준은 낮아졌다가 높아지겠군.

⑤ S국이 지식 재산 보호 수준을 높일 때, 지식의 발전이 저해되어 발생하는 손해는 감소하고 다수가 지식 재산의 혜택을 누리지 못하여 발생하는 손해는 증가하겠군.

문맥상 ⓐ와 바꿔 쓰기에 적절하지 않은 것은?

① Z사의 전체적인 법인세 부담을 줄인다

② A국의 자회사가 거두는 수입을 늘린다

③ A국의 자회사가 얻게 될 이윤을 줄인다

④ B국의 자회사가 낼 법인세를 최소화한다

⑤ B국의 자회사가 지출하는 제반 비용을 늘린다

문단별 중심 내용 & 구조도

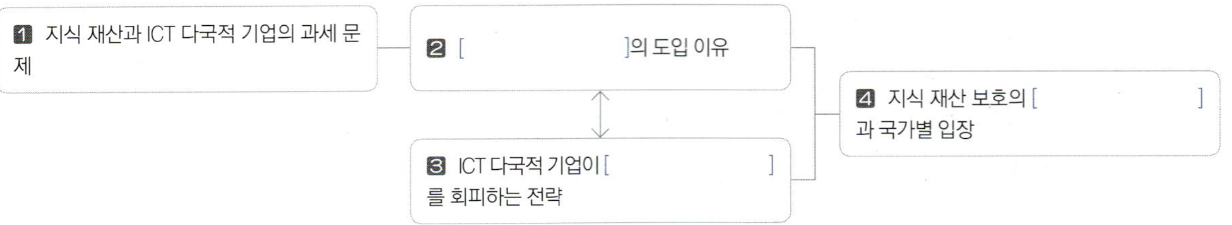

필수 어휘

특허
特 특별할 **특** / 許 허락할 **허**

공업 소유권의 하나. 발명 · 실용신안 · 의장에 관하여 독점적 · 배타적으로 가지는 지배권이다.
예 새로운 소재를 개발해 **특허**를 따냈다.

출원

청원이나 원서를 냄.
예 **출원**을 내다.

독점적
獨 홀로 **독** / 占 차지할 **점** / 的 과녁 **적**

물건이나 자리 따위를 독차지하는 것. ⟷ 경쟁적
예 공공시설을 **독점적**으로 사용하면 안 된다.

창출되다

전에 없던 것이 처음으로 생각되어 지어내어지거나 만들어지다.
예 우리 회사의 새로운 매출 구조를 **창출**했다.

불거지다

어떤 사물이나 현상이 두드러지게 커지거나 갑자기 생겨나다.
예 친구들 사이에서 소문이 **불거지기** 시작했다.

재화

사람이 바라는 바를 충족시켜 주는 모든 물건.
예 현대 사회에서는 막대한 **재화**가 소모되고 있다.

제반

어떤 것과 관련된 모든 것. ⇒ 온갖
예 사장님. 이 건에 대한 **제반** 사항을 보고드립니다.

현저하다

뚜렷이 드러나 있다. ⇒ 두드러지다
예 방학이라 못 본 사이에 **현저하게** 달라졌구나.

회피하다

꾀를 부려 마땅히 져야 할 책임을 지지 아니하다. ⇒ 기피하다
예 그 사람은 지금까지 책임을 **회피해** 왔다.

자회사
子 아들 **자** / 會 모일 **회** / 社 모일 **사**

다른 회사와 자본적 관계를 맺어 그 회사의 지배를 받는 회사.
예 대기업이 **자회사**에 일감 몰아주기를 하였다.

징수

나라, 공공 단체, 지주 등이 돈, 곡식, 물품 따위를 거두어들임. ⇒ 징세
예 앞으로는 시험료를 **징수**합니다.

유인

어떤 일 또는 현상을 일으키는 원인.
예 **유인**을 제공하여 일을 성사시키자!

저해되다
沮 막을 **저** / 害 해로울 **해**

방해가 되거나 못 하게 해를 받다. ⇒ 방해되다
예 이기주의적 사고는 사회 발전에 **저해된다**.

2. 소유권의 공시 방법

평가원 기출

정답과 해설 64~67쪽

1 ¹물건을 사용하고 있는 사람이 그 물건의 주인일까? ²점유*란 물건에 대한 사실상의 지배* 상태를 뜻한다. ³이에 비해 소유란 어떤 물건을 사용, 수익, 처분할* 수 있는 권리를 가진 상태라고 정의된다. ⁴따라서 점유자와 소유자가 항상 일치하지는 않는다.

[A]

2 ⁵물건을 빌려 쓰거나 보관하고 있는 것을 포함하여 물건을 물리적으로 지배하는 상태를 직접점유라고 한다. ⁶이에 비해 어떤 물건을 빌려 쓰거나 보관하는 사람에게 그 물건의 반환*을 청구할* 수 있는 권리를 가진 사람도 사실상의 지배를 한다고 볼 수 있다. ⁷이와 같이 반환청구권을 가진 상태를 간접점유라고 한다. ⁸직접점유와 간접점유는 모두 점유에 해당한다. ⁹점유는 소유자를 공시하는 기능도 수행한다. ¹⁰공시란 물건에 대해 누가 어떤 권리를 가지고 있는지를 알려 주는 것이다. ¹¹물건 중에서 피아노, 금반지, 가방 등과 같은 대부분의 동산*은 점유에 의해 소유권이 공시된다.

3 ¹²물건의 소유권이 양도되려면, 소유자가 양도인*이 되어 양수인*과 유효한* 양도 계약을 하고 이에 더하여 소유권 양도를 공시해야 한다. ¹³<u>㉠ 점유로 소유권이 공시되는 동산의 소유권 양도는 점유를 넘겨주는 점유 인도로 공시된다.</u> ¹⁴양수인이 간접점유를 하여 소유권 이전이 공시되는 경우로서 '점유개정'과 '반환청구권 양도'가 있다. ¹⁵예를 들어 A가 B에게 피아노의 소유권을 양도하기로 계약하되 사흘간 빌려 쓰는 것으로 합의한 경우, B는 A에게 피아노를 사흘 후 돌려 달라고 요구할 수 있는 반환청구권을 가지게 된다. ¹⁶이처럼 양도인이 직접점유를 유지하지만, 양수인에게 점유 인도가 이루어진 것으로 간주되는* 경우를 점유개정이라고 한다. ¹⁷한편 C가 자신이 소유한 가방을 D에게 맡겨 두어 이에 대한 반환청구권을 가지게 되었는데, 이 가방의 소유권을 E에게 양도하는 계약을 체결하였다고* 하자. ¹⁸이때 C가 D에게 통지하여 가방 주인이 바뀌었으니 가방을 E에게 반환하라고 알려 주면 D가 보관 중인 가방에 대한 반환청구권은 C로부터 E에게로 넘어간다. ¹⁹이 경우를 반환청구권 양도라고 한다.

4 ²⁰양도인이 소유자가 아니더라도 양수인이 점유 인도를 받으면 소유권을 취득할* 수 있을까? ²¹점유로 공시되는 동산의 경우 양수인이 충분히 주의를 했는데도 양도인이 소유자가 아님을 알지 못한 채 양도인과 유효한 계약을 하고, 점유 인도로 공시를 했다면 양수인은 소유권을 취득한다. ²²이것을 '선의취득'이라 한다. ²³다만 간접점유에 의한 인도 방법 중 점유개정으로는 선의취득을 하지 못한다. ²⁴선의취득으로 양수인이 소유권을 취득하면 원래 소유자는 원하지 않아도 소유권을 상실하게 된다.

집 중 훈 련 OX

01 물건을 사용하고 있는 사람을 그 물건의 점유자라 한다. (O , X)

02 물건을 점유하고 있더라도 그 물건의 소유자가 아닐 수 있다. (O , X)

03 피아노를 빌려 쓰고 있는 사람은 그 피아노를 간접점유한 사람이다. (O , X)

04 물건을 직접 사용하고 있지 않더라도 물건의 점유자가 될 수 있다. (O , X)

05 직접점유자나 간접점유자는 모두 물건에 대한 사실상의 지배를 하는 사람이다. (O , X)

06 피아노를 간접점유하고 있다면, 소유권이 공시되지 않는다. (O , X)

07 양도인과 양수인이 유효한 양도 계약을 한 것으로 물건의 소유권 양도가 공시된다. (O , X)

08 유효한 양도 계약 후, 양도받은 동산을 물리적으로 지배하지 않더라도 소유권 이전이 공시될 수 있다. (O , X)

09 점유개정과 달리, 반환청구권 양도는 소유권 이전이 공시되었다고 보지 않는다. (O , X)

10 A가 물건의 소유권을 B에게 양도한 뒤 그 물건을 빌려 쓰고 있고, B는 C에게 그 물건의 반환청구권을 양도했다면, 현재 물건의 소유자는 A이다. (O , X)

11 양도인이 소유자가 아니더라도, 양수인이 물건을 점유 인도로 받아 직접점유를 하고 있으면 소유권을 취득할 수 있다. (O , X)

12 양도인이 소유자일 경우, 양수인은 선의취득을 통해 양도인의 의사와 상관없이 소유권을 취득할 수 있다. (O , X)

---

5 [25]반면에 국가가 관리하는 공적 기록인 등기*·등록으로 공시되어야 하는 물건은 아예 선의취득 대상이 아니다. [26]ⓛ 법률이 등록 대상으로 규정한 자동차, 항공기 등의 동산은 등록으로 공시되는 물건이고, ⓒ 토지·건물과 같은 부동산은 등기로 공시되는 물건이다. [27]이러한 고가의 재산에 대해 선의취득을 허용하게 되면 원래 소유자의 의사에 반하는 소유권 박탈이 ⓐ 일어나게 된다. [28]이것은 거래 안위*에만 치중하고 원래 소유자의 권리 보호를 경시한* 것이 되어 바람직하지 않다고 볼 수 있다.

13 양수인 A의 선의취득이 인정되면 원래 물건의 소유자의 의사와 상관없이 소유권은 양수인 A가 갖게 된다. (O , X)

14 피아노와 달리, 토지의 경우 양수인이 물리적 지배를 통해 점유할 수 없으므로 선의취득 대상이 아니다. (O , X)

15 양도인과 양수인 간의 거래 안전을 중시하기 위해 선의취득을 인정한다. (O , X)

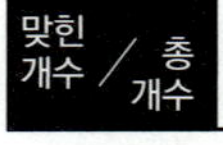

---

01 ● 팩트 체크

윗글을 이해한 내용으로 적절하지 <u>않은</u> 것은?

① 가방을 사용하고 있는 사람은 그 가방의 점유자이다.

② 가방을 점유하고 있더라도 그 가방의 소유자가 아닐 수 있다.

③ 가방의 소유권이 유효한 계약으로 이전되려면 점유 인도가 있어야 한다.

④ 가방에 대해 누가 소유권을 가지고 있는지를 알게 해 주는 방법은 점유이다.

⑤ 가방의 소유권을 양도하는 유효한 계약을 체결하면 공시 방법이 갖춰지지 않아도 소유권은 이전된다.

02 ● 팩트 끌어내기

[A]에 대한 이해로 가장 적절한 것은?

① 물리적 지배를 해야 동산의 간접점유자가 될 수 있다.

② 간접점유는 피아노 소유권에 대한 공시 방법이 아니다.

③ 하나의 동산에 직접점유자가 있으려면 간접점유자도 있어야 한다.

④ 피아노의 직접점유자가 있으면 그 피아노의 간접점유자는 소유자가 아니다.

⑤ 유효한 양도 계약으로 피아노의 소유자가 되려면 피아노에 대해 직접점유나 간접점유 중 하나를 갖춰야 한다.

㉠~㉢을 비교한 내용으로 가장 적절한 것은?

① ㉠은 ㉢과 달리, 국가가 관리하는 공적 기록에 의해 소유권 양도가 공시될 수 있다.

② ㉡은 ㉠과 달리, 원래 소유자의 권리 보호가 거래 안위보다 중시되는 대상이다.

③ ㉢은 ㉠과 달리, 물리적 지배의 대상이 아니므로 점유로 공시될 수 없다.

④ ㉠과 ㉡은 모두 양도인이 소유자가 아니더라도 소유권 이전이 가능하다.

⑤ ㉠과 ㉢은 모두 점유개정으로 소유권 양도가 공시될 수 있다.

윗글을 바탕으로 할 때, 〈보기〉를 이해한 내용으로 적절하지 않은 것은? [3점]

> ─── 보 기 ───
>
> 갑과 을은, 갑이 끼고 있었던 금반지의 소유권을 을에게 양도하기로 하는 유효한 계약을 했다. 갑과 을은, 갑이 이 금반지를 보관하다가 을이 요구할 때 넘겨주기로 합의했다. 을은 소유권 양도 계약을 할 때 양도인이 소유자라고 믿었고 양도인이 소유자인지 확인하기 위해 충분히 주의했다. 을은 일주일 후 병과 유효한 소유권 양도 계약을 했고, 갑에게 통지하여 사흘 후 병에게 금반지를 넘겨주라고 알려 주었다.

① 갑이 금반지 소유자였다면, 병이 금반지의 물리적 지배를 넘겨받지 않았으나 병은 소유권을 취득한다.

② 갑이 금반지 소유자였다면, 을은 갑으로부터 물리적 지배를 넘겨받지 않았으나 점유 인도를 받은 것으로 간주된다.

③ 갑이 금반지 소유자가 아니었더라도, 병은 을로부터 을이 가진 소유권을 양도받아 취득한다.

④ 갑이 금반지 소유자가 아니었더라도, 을은 반환청구권 양도로 병에게 점유 인도를 한 것으로 간주된다.

⑤ 갑이 금반지 소유자가 아니었더라도, 병이 계약할 때 양도인이 소유자라고 믿었고 양도인이 소유자인지 확인하기 위해 충분히 주의했다면, 병은 소유권을 취득한다.

문맥상 의미가 ⓐ와 가장 가까운 것은?

① 작년은 우리나라에서 수많은 사건이 일어난 해였다.

② 청중 사이에서는 기쁨으로 인해 환호성이 일어났다.

③ 형님의 강한 의지력으로 집안이 다시 일어나게 되었다.

④ 나는 그 사람에 대해 경계심이 일어나지 않을 수 없었다.

⑤ 사회는 구성원들이 부조리에 맞서 일어남으로써 발전한다.

문단별 중심 내용 & 구조도

필수 어휘

점유 占 차지할 점 / 有 있을 유	물건이나 영역, 지위 따위를 차지함. 예 거실은 오빠의 점유 공간이다.	⟹ 점거
지배	어떤 사람이나 집단, 조직, 사물 등을 자기의 의사대로 복종하게 하여 다스림. 예 화가 난 민중들은 지배 세력에 맞서 싸우기로 했다.	⟺ 피지배
처분하다	처리하여 치우다. 예 학교 앞 가게에서 재고를 헐값에 처분했다.	⟹ 처리하다
반환	빌리거나 차지했던 것을 되돌려줌. 예 대여하신 물건의 반환 장소는 1층입니다.	
청구하다 請 부탁할 청 / 求 구할 구	남에게 돈이나 물건 따위를 달라고 요구하다. 예 그는 친구에게 지난달 밥값을 청구하였다.	⟹ 요청하다
동산 動 움직일 동 / 産 낳을 산	형상, 성질 따위를 바꾸지 아니하고 옮길 수 있는 재산. 예 돈이 급해서 가지고 있는 동산을 모두 처분하였다.	⟺ 부동산
양도인	『법률』 권리, 재산, 법률에서의 지위 따위를 남에게 넘겨주는 사람. 예 집을 팔기 전에 양도인으로서 유의해야 할 점을 살폈다.	
양수인	『법률』 타인의 권리, 재산, 법률에서의 지위 따위를 넘겨받는 사람. 예 양수인은 계약을 체결하기 전에 사려고 하는 집을 꼼꼼하게 살펴봤다.	
유효하다	『법률』 법률적 행위가 당사자나 법률이 의도한 본래의 효과가 있다. 예 이 계약은 12시간 후부터 유효하다.	⟺ 무효하다
간주되다	상태, 모양, 성질 따위가 그와 같다고 여겨지다. 예 그는 마을에서 위험한 인물로 간주되었다.	
체결하다 締 맺을 체 / 結 맺을 결	계약이나 조약 따위를 공식적으로 맺다. 예 주변국들과 군사 동맹을 체결하다.	
취득하다 取 취할 취 / 得 얻을 득	자기 것으로 만들어 가지다. 예 미국에서 온 그녀는 우리나라의 국적을 취득하였다.	⟹ 얻다
등기	국가 기관이 법정 절차에 따라 등기부에 부동산이나 동산·채권 등의 담보 따위에 관한 일정한 권리관계를 적는 일. 또는 적어 놓은 것. 예 구청에 가서 집 등기를 뗐다.	
안위 安 편안할 안 / 危 위태할 위	편안함과 위태함을 아울러 이르는 말. 예 뉴스를 보시던 부모님께서 국가의 안위를 걱정하셨다.	
경시하다 輕 가벼울 경 / 視 볼 시	대수롭지 않게 보거나 업신여기다. 예 생명의 가치를 경시하는 풍조는 사라져야 한다.	⟺ 중시하다

1 [1]전통적인 통화 정책은 정책 금리를 활용하여 물가를 안정시키고 경제 안정을 도모하는* 것을 목표로 한다. [2]중앙은행은 경기가 과열되었을* 때 정책 금리 인상을 통해 경기를 진정시키고자 한다. [3]정책 금리 인상으로 시장 금리도 높아지면 가계 및 기업에 대한 대출 감소로 신용 공급이 축소된다. [4]신용 공급의 축소는 경제 내 수요를 줄여 물가를 안정시키고 경기를 진정시킨다. [5]반면 경기가 침체되었을* 때는 반대의 과정을 통해 경기를 부양시키고자* 한다.

2 [6]금융을 통화 정책의 전달 경로로만 보는 전통적인 경제학에서는 금융감독 정책이 개별 금융 회사의 건전성* 확보를 통해 금융 안정을 달성하고자 하는 ㉠미시* 건전성 정책에 집중해야 한다고 보았다. [7]이러한 관점은 금융이 직접적인 생산 수단이 아니므로 단기적일 때와는 달리 장기적으로는 경제 성장에 영향을 미치지 못한다는 인식과, 자산 시장에서는 가격이 본질적 가치를 초과하여 폭등하는 버블이 존재하지 않는다는 효율적 시장 가설에 기인한다. [8]미시 건전성 정책은 개별 금융 회사의 건전성에 대한 예방적 규제 성격을 가진 정책 수단을 활용하는데, 그 예로는 향후 손실에 대비하여 금융 회사의 자기자본 하한을 설정하는 최저 자기자본 규제를 들 수 있다.

3 [9]이처럼 전통적인 경제학에서는 금융감독 정책을 통해 금융 안정을, 통화 정책을 통해 물가 안정을 달성할 수 있다고 보는 이원적인 접근 방식이 지배적인 견해였다. [10]그러나 글로벌 금융 위기 이후 금융 시스템이 와해되어* 경제 불안이 확산되면서 기존의 접근 방식에 대한 자성*이 일어났다. [11]이 당시 경기 부양을 목적으로 한 중앙은행의 저금리 정책이 자산 가격 버블에 따른 금융 불안을 야기하여* 경제 안정이 훼손될 수 있다는 데 공감대가 형성되었다. [12]또한 금융 회사가 대형화되면서 개별 금융 회사의 부실이 금융 시스템의 붕괴를 야기할 수 있게 됨에 따라 금융 회사 규모가 금융 안정의 새로운 위험 요인으로 등장하였다. [13]이에 기존의 정책으로는 금융 안정을 확보할 수 없고, 경제 안정을 위해서는 물가 안정뿐만 아니라 금융 안정도 필수적인 요건임이 밝혀졌다. [14]그 결과 미시 건전성 정책에 ㉡거시* 건전성 정책이 추가된 금융감독 정책과 물가 안정을 위한 통화 정책 간의 상호 보완을 통해 경제 안정을 달성해야 한다는 견해가 주류를 형성하게 되었다.

4 [15]거시 건전성이란 개별 금융 회사 차원이 아니라 금융 시스템 차원의 위기 가능성이 낮아 건전한 상태를 말하고, 거시 건전성 정책은 금융 시스템의 건전성을 추구하는 규제 및 감독 등을 포괄하는 활동을 의미한다. [16]이때, 거시 건전성 정책은 미시 건전성이 거시 건전성을 담보할* 수 있는 충분조건이 되지 못한다는 '구성

집중 훈련 OX

01 통화 정책은 경제를 안정시키기 위한 것으로, 전통적인 방식에서는 정책 금리를 활용한다. (O , X)

02 전통적인 통화 정책에 따르면 금리를 인상하면 경기가 부양되고, 금리를 인하하면 경기가 진정된다. (O , X)

03 중앙은행은 시장에 적정 수준의 통화가 유통되게 한다. (O , X)

04 시장 금리가 높아지면 가계 및 기업이 대출을 받을 때 부담을 느낄 것이다. (O , X)

05 전통적인 경제학에서는 미시 건전성 정책으로 금융 안정을 달성할 수 있다고 보았다. (O , X)

06 효율적 시장 가설은 금융 정책이 경제 성장을 단기적, 장기적으로 이끌어 낼 수 있음을 전제한다. (O , X)

07 미시 건전성 정책에서는 개별 금융 회사가 제한적으로 자기자본을 사용하게 한다. (O , X)

08 전통적인 경제학에서는 금융 안정과 물가 안정은 각각 별개의 정책을 통해 달성하려 하였다. (O , X)

09 글로벌 금융 위기 이후에는 전통적인 통화 정책으로 경기를 안정화시키지 못했다. (O , X)

10 글로벌 금융 위기 이후 물가 안정보다 금융 안정이 중요함을 인식하게 되었다. (O , X)

11 거시 건전성 정책에서는 개별 금융 회사들의 상태가 건전하면 전체 금융 시스템이 건전하다고 믿는다. (O , X)

의 오류'에 논리적 기반을 두고 있다. [17]거시 건전성 정책은 금융 시스템 위험 요인에 대한 예방적 규제를 통해 금융 시스템의 건전성을 추구한다는 점에서, 미시 건전성 정책과는 차별화된다.

5 [18]거시 건전성 정책의 목표를 효과적으로 달성하기 위해서는 경기 변동과 금융 시스템 위험 요인 간의 상관관계를 감안한 정책 수단의 도입이 필요하다. [19]금융 시스템 위험 요인은 경기 순응성을 가진다. [20]즉 경기가 호황*일 때는 금융 회사들이 대출을 늘려 신용 공급을 팽창시킴에 따라 자산 가격이 급등하고, 이는 다시 경기를 더 과열시키는 반면 불황일 때는 그 반대의 상황이 일어난다. [21]이를 완화할* 수 있는 정책 수단으로는 경기 대응 완충자본 제도를 ⓐ 들 수 있다. [22]이 제도는 정책 당국이 경기 과열기에 금융 회사로 하여금 최저 자기자본에 추가적인 자기 자본, 즉 완충자본을 쌓도록 하여 과도한 신용 팽창을 억제시킨다. [23]한편 적립된 완충자본은 경기 침체기에 대출 재원*으로 쓰도록 함으로써 신용이 충분히 공급되도록 한다.

---

12 미시 건전성 정책은 개별 금융 회사에 대한 예방적 규제를, 거시 건전성 정책은 금융 시스템에 대한 예방적 규제를 추구한다. (O , X)

13 거시 건전성 정책에서는 개별 금융 회사가 건전하더라도, 금융 회사의 규모가 대형화되는 것에 대한 규제를 강화할 것이다. (O , X)

14 경기가 호황일 때 다시 경기가 더 과열되거나 경기가 불황일 때 다시 경기가 더 침체되는 현상을 경기 순응성이라 한다. (O , X)

15 개별 금융 회사가 최저 자기자본 외에도 완충자본을 마련하도록 함으로써 금융 시스템을 안정화시킬 수 있다. (O , X)

맞힌 개수 / 총 개수 　　　 / 15

---

01 · 팩트 체크

윗글을 통해 알 수 있는 것은?

① 글로벌 금융 위기 이전에는, 금융이 단기적으로 경제 성장에 영향을 미치지 못한다고 보았다.

② 글로벌 금융 위기 이전에는, 개별 금융 회사가 건전하다고 해서 금융 안정이 달성되는 것은 아니라고 보았다.

③ 글로벌 금융 위기 이전에는, 경기 침체기에는 통화 정책과 더불어 금융감독 정책을 통해 경기를 부양시켜야 한다고 보았다.

④ 글로벌 금융 위기 이후에는, 정책 금리 인하가 경제 안정을 훼손하는 요인이 될 수 있다고 보았다.

⑤ 글로벌 금융 위기 이후에는, 경기 변동이 자산 가격 변동을 유발하나 자산 가격 변동은 경기 변동을 유발하지 않는다고 보았다.

02 · 팩트 체크 + 팩트 간 관계 파악

㉠과 ㉡에 대한 설명으로 적절하지 <u>않은</u> 것은?

① ㉠에서는 물가 안정을 위한 정책 수단과는 별개의 정책 수단을 통해 금융 안정을 달성하고자 한다.

② ㉡에서는 신용 공급의 경기 순응성을 완화시키는 정책 수단이 필요하다.

③ ㉠은 ㉡과 달리 예방적 규제 성격의 정책 수단을 사용하여 금융 안정을 달성하고자 한다.

④ ㉡은 ㉠과 달리 금융 시스템 위험 요인을 감독하는 정책 수단을 사용한다.

⑤ ㉠과 ㉡은 모두 금융 안정을 달성하기 위해 금융 회사의 자기자본을 이용한 정책 수단을 사용한다.

⓪3 ● 팩트 끌어내기

윗글을 바탕으로 할 때, 〈보기〉의 A~D에 들어갈 말을 바르게 짝지은 것은?

─── 보 기 ───

미시 건전성 정책과 거시 건전성 정책 간에는 정책 수단 운용에서 입장 차이가 존재한다. 경기가 (A)일 때 (B) 건전성 정책에서는 완충자본을 (C)하도록 하고, (D) 건전성 정책에서는 최소 수준 이상의 자기자본을 유지하도록 하여 개별 금융 회사의 건전성을 확보하려 한다.

	A	B	C	D
①	불황	거시	사용	미시
②	호황	거시	사용	미시
③	불황	거시	적립	미시
④	호황	미시	적립	거시
⑤	불황	미시	사용	거시

⓪4 ● 팩트 적용

윗글과 〈보기〉에 대한 이해로 적절하지 <u>않은</u> 것은? [3점]

─── 보 기 ───

현실에서의 통화 정책 효과는 경기에 대해 비대칭적인 것으로 알려져 있다. 통화 정책은 경기 과열을 억제하는 데는 효과적이지만 경기 침체를 벗어나는 데는 효과가 미미하기 때문이다. 경기 침체를 극복하기 위해 중앙은행의 정책 금리 인하로 은행이 대출을 늘려 신용 공급을 확대하려 해도, 가계의 소비 심리가 위축되었거나 기업이 투자할 대상이 마땅치 않을 경우 전통적인 통화 정책에서 기대되는 효과는 나타나지 않게 된다. 오히려 확대된 신용 공급이 주식이나 부동산 등 자산 시장으로 과도하게 유입되어 의도치 않은 문제를 일으킬 수 있다.

경제학자들은 경제 주체들이 경기 상황에 대해 비대칭적으로 반응하기 때문에 나타나는 이러한 현상을 '끈 밀어올리기(pushing on a string)'라고 부른다. 이는 끈을 당겨서 아래로 내리는 것은 쉽지만, 밀어서 위로 올리는 것은 어렵다는 것에 빗댄 것이다.

① '끈 밀어올리기'를 통해 경기 침체기에 자산 가격 버블이 발생하는 경우를 설명할 수 있겠군.

② 현실에서 경기가 침체되었을 경우 정책 금리 인하에 따른 경기 부양 효과는 경제 주체의 심리에 따라 달라질 수 있겠군.

③ '끈 밀어올리기'가 있을 경우 경기 침체기에 금융 안정을 달성하려면 경기 대응 완충자본 제도의 도입이 필요하겠군.

④ 통화 정책 효과가 경기에 대해 비대칭적이라면 경기 침체기에는 정책 금리 조정 이외의 방안을 도입할 필요가 있겠군.

⑤ 통화 정책 효과가 경기에 대해 비대칭적이라면 정책 금리 인상은 신용 공급을 축소시킴으로써 경기를 진정시킬 수 있겠군.

⓪5 ● 팩트 체크

문맥상 의미가 ⓐ와 가장 가까운 것은?

① 나는 그 사람에게 친근감이 <u>든다</u>.

② 그는 목격자의 진술을 증거로 <u>들고</u> 있다.

③ 그분은 이미 대가의 경지에 <u>든</u> 학자이다.

④ 하반기에 <u>들자</u> 수출이 서서히 증가하기 시작했다.

⑤ 젊은 부부는 집을 마련하기 위해 적금을 <u>들기로</u> 했다.

문단별 중심 내용 & 구조도

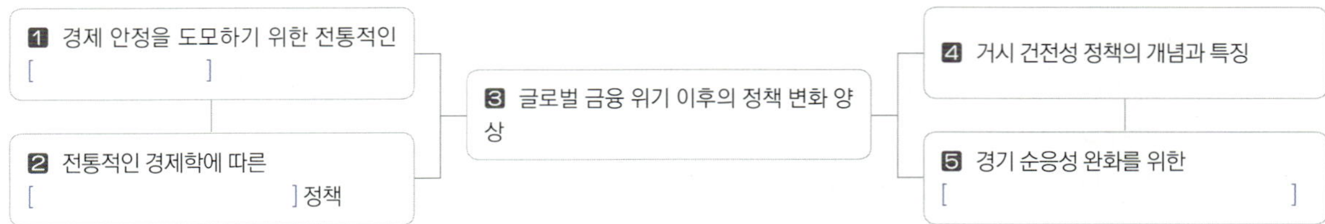

필수 어휘

도모하다

어떤 일을 이루기 위하여 대책과 방법을 세우다.
예 우리는 엄청난 일을 도모하기 위해 모였다.
꾀하다

과열되다

경기가 지나치게 상승되다.
예 주식 시장이 과열되어 너나없이 주식을 사고 있다.

침체되다
沈 잠길 **침** / 滯 막힐 **체**

어떤 현상이나 사물이 진전하지 못하고 제자리에 머무르게 되다.
예 계속 된 패배에 선수들의 사기가 침체되어 있다.

부양시키다
浮 뜰 **부** / 揚 오를 **양**

가라앉은 것을 떠오르게 하다.
예 제가 국회의원에 당선되면 나라 경제를 반드시 부양시키겠습니다.

건전성

온전하고 탈이 없이 튼튼한 상태의 성질.
예 우리 회사는 재무 구조의 건전성을 강화해야 합니다.

미시
微 작을 **미** / 視 볼 **시**

작게 보임. 또는 작게 봄.
예 개별 기업의 매출액은 미시 경제 지표입니다.
거시

와해되다
瓦 기와 **와** / 解 풀 **해**

기와가 깨진다는 뜻에서 나온 말로, 조직이나 계획 따위가 산산이 무너지고 흩어지게 되다.
예 조선 후기에는 신분 질서가 와해되었다.

자성
自 스스로 **자** / 省 살필 **성**

자기 자신의 태도나 행동을 스스로 반성함.
예 과거에 대한 자성이 없이는 미래의 발전을 기대하기 어렵다.

야기하다

일이나 사건 따위를 끌어 일으키다.
예 앞으로는 오해를 야기하는 행동하지 매!

거시
巨 클 **거** / 視 볼 **시**

어떤 대상을 전체적으로 크게 봄.
예 우리나라는 거시 경제 목표였던 완전 고용. 물가 안정. 국제 수지 상승을 이루었습니다.
미시

담보하다

맡아서 보증하다.
예 성공을 담보하겠으니 저에게 맡겨 주십시오.

호황
好 좋을 **호** / 況 하물며 **황**

모든 기업체의 활동이 정상 이상으로 활발한 상태. 전반적으로 수요와 공급이 늘고, 투자 및 고용의 수준이 높아진다.
예 수출이 늘어 경제가 호황 조짐을 보이고 있다.
불황

완화하다
緩 느릴 **완** / 和 화목할 **화**

긴장된 상태나 급박한 것을 느슨하게 하다.
예 남북 간의 긴장을 완화하다.

재원
財 재물 **재** / 源 근원 **원**

재화나 자금이 나올 원천.
예 은행의 재원이 고갈되었다.

4. 계약과 채무 이행 불능 | 수능 기출

정답과 해설 70~73쪽

1 [1]사람은 살아가는 동안 여러 약속을 한다. [2]계약도 하나의 약속이다. [3]하지만 이것은 친구와 뜻이 맞아 주말에 영화 보러 가자는 약속과는 다르다. [4]일반적인 다른 약속처럼 계약도 서로의 의사 표시가 합치하여* 성립하지만, 이때의 의사는 일정한 법률 효과의 발생을 목적으로 한다는 점에서 차이가 있다. [5]한 예로 매매 계약은 '팔겠다'는 일방의 의사 표시와 '사겠다'는 상대방의 의사 표시가 합치함으로써 성립하며, 매도인*은 매수인*에게 매매 목적물의 소유권*을 이전*하여야 할 의무를 짐과 동시에 매매 대금의 지급을 청구할* 권리를 갖는다. [6]반대로 매수인은 매도인에게 매매 대금을 지급할 의무가 있고 소유권의 이전을 청구할 권리를 갖는다. [7]양 당사자는 서로 권리를 행사하고 서로 의무를 이행하는* 관계에 놓이는 것이다.

2 [8]이처럼 의사 표시를 필수적 요소로 하여 법률 효과를 발생시키는 행위들을 법률 행위라 한다. [9]계약은 법률 행위의 일종으로서, 당사자에게 일정한 청구권과 이행 의무를 발생시킨다. [10]청구권을 내용으로 하는 권리가 채권이고, 그에 따라 이행을 해야 할 의무가 채무이다. [11]따라서 채권과 채무는 발생한 법률 효과가 동전의 양면처럼 서로 다른 방향에서 파악되는 것이라 할 수 있다. [12]채무자가 채무의 내용대로 이행하여 채권을 소멸시키는 것을 변제라 한다.

3 [13]갑과 을은 을이 소유한 그림 A를 갑에게 매도하는 것을 내용으로 하는 매매 계약을 체결하였다. [14]㉠ 을의 채무는 그림 A의 소유권을 갑에게 이전하는 것이다. [15]동산인 물건의 소유권을 이전하는 방식은 그 물건을 인도하는 것이다. [16]갑은 그림 A가 너무나 마음에 들었기 때문에 그것을 인도받기 전에 대금 전액을 금전으로 지급하였다. [17]그런데 갑이 아무리 그림 A를 넘겨달라고 청구하여도 을은 인도해 주지 않았다. [18]이런 경우 갑이 사적으로 물리력을 행사하여* 해결하는 것은 엄격히 금지된다.

4 [19]채권의 내용은 민법과 같은 실체법에서 규정하고 있고, 그것을 강제적으로 실현할 수 있도록 민사 소송법이나 민사 집행법 같은 절차법이 갖추어져 있다. [20]갑은 소를 제기하여 판결로써 자기가 가진 채권의 존재와 내용을 공적으로 확정받을 수 있고, 나아가 법원에 강제 집행을 신청할 수도 있다. [21]강제 집행은 국가가 물리적 실력을 행사하여 채무자의 의사에 구애*받지 않고 채무의 내용을 실행시켜 채권이 실현되도록 하는 제도이다.

5 [22]을이 그림 A를 넘겨주지 않은 까닭은 갑으로부터 매매 대금을 받은 뒤에 을의 과실*로 불이 나 그림 A가 타 없어졌기 때문이다. [23]㉡ 결국 채무는 이행 불능이 되었다. [24]소송을 하더라도 불능의 내용을 이행하라는 판결은 ⓐ 나올 수 없다.

---

01 매매 계약이 이루어지면 매도인은 대금 지급의 의무를, 매수인은 소유권을 이전하는 의무를 이행해야 한다. (○ , Ⓧ)

02 매매 계약이 성립하면 매도인과 매수인 각각에게 의무가 먼저 발생한 후, 권리가 주어진다. (○ , Ⓧ)

03 계약은 채권과 채무의 법률 효과를 발생시키므로, 법률 행위에 속한다. (○ , Ⓧ)

04 채무자가 채무를 이행하면 이에 대한 채권자의 채권은 소멸된다. (○ , Ⓧ)

05 제시된 사례에서 갑은 채무를 이행하였으므로, 을의 채권을 소멸시켰다. (○ , Ⓧ)

06 갑이 사적으로 물리력을 행사하는 것이 금지된 까닭은 갑과 을의 매매 계약을 법률 행위로 볼 수 없기 때문이다. (○ , Ⓧ)

07 실체법은 권리나 의무의 발생, 소멸 등의 법률 관계를 규정하는 법률이다. (○ , Ⓧ)

08 강제 집행은 절차법을 통해 시행할 수 있는 제도이다. (○ , Ⓧ)

09 을의 과실로 그림 A가 타 없어진 상황에서는 강제 집행을 신청할 수 없다. (○ , Ⓧ)

---

[25]그림 A의 소실*이 계약 체결 전이었다면, 그 계약은 실현 불가능한 내용을 담고 있기 때문에 체결할 때부터 계약 자체가 무효이다. [26]이행 불능이 채무자의 과실 때문에 일어난 것이라면 채무자가 채무 불이행에 대한 책임을 져야 한다.

6 [27]이때 채무 불이행은 갑이나 을의 의사 표시가 작용한 것이 아니라, 매매 목적물의 소실에 따른 이행 불능으로 말미암은 것이다. [28]이러한 사건을 통해서도 법률 효과가 발생한다. [29]채무 불이행에 대한 책임은 갑으로 하여금 계약을 해제할 수 있는 권리를 갖게 한다. [30]갑이 계약 해제권을 행사하면 그때까지 유효했던 계약이 처음부터 효력*이 없는 것으로 된다. [31]이때의 계약 해제는 일방의 의사 표시만으로 성립한다. [32]따라서 갑이 해제권을 행사하는 데에 을의 승낙은 요건이 되지 않는다. [33]이러한 법률 행위를 단독 행위라 한다.

7 [34]갑은 계약을 해제하였다. [35]이로써 그 계약으로 발생한 채권과 채무는 없던 것이 된다. [36]당연히 계약의 양 당사자는 자신의 채무를 이행할 필요가 없다. [37]이미 이행된 것이 있다면 계약이 체결되기 전의 상태로 돌려놓아야 한다. [38]이를 청구할 수 있는 권리가 원상회복 청구권이다. [39]계약의 해제로 갑은 원상회복 청구권을 행사할 수 있으며, 이러한 ⓛ 갑의 채권은 결국 을에게 매매 대금을 반환해 달라고 청구할 수 있는 권리가 된다.

10 제시된 사례에서 을은 채무 불이행에 대한 책임을 져야 한다. (○ , ×)

11 의사 표시가 작용하지 않아도 법률 효과가 발생할 수 있다. (○ , ×)

12 계약 이후 채무 불이행 사건이 발생하면, 채권자에게는 이전에 발생하지 않았던 새로운 권리가 주어진다. (○ , ×)

13 채무 불이행 사건이 발생하면, 계약 당사자들의 의사와 상관없이 계약이 해제된다. (○ , ×)

14 계약이 해제되면 그 계약에 따른 채권과 채무가 소멸한다. (○ , ×)

15 계약 해제 후 원상회복 청구권은 채권자가 갖는다. (○ , ×)

맞힌 개수 / 총 개수 ___________ / 15

---

01 ● 팩트 체크

윗글의 내용과 일치하지 <u>않는</u> 것은?

① 실체법에는 청구권에 관한 규정이 있다.
② 절차법에 강제 집행 제도가 마련되어 있다.
③ 법률 행위가 없으면 법률 효과가 발생하지 않는다.
④ 법원을 통하여 물리력으로 채권을 실현할 수 있다.
⑤ 실현 불가능한 것을 내용으로 하는 계약은 무효이다.

02 ● 팩트 체크+팩트 간 관계 파악

㉠, ㉡에 대한 이해로 가장 적절한 것은?

① ㉠은 매도인의 청구와 매수인의 이행으로 소멸한다.
② ㉡은 채권자와 채무자의 의사 표시가 작용하여 성립한 것이다.
③ ㉠과 ㉡은 ㉠이 이행되면 그 결과로 ㉡이 소멸하는 관계이다.
④ ㉠과 ㉡은 동일한 계약의 효과를 서로 다른 측면에서 바라본 것이다.
⑤ ㉠에는 물건을 인도할 의무가 있고, ㉡에는 금전의 지급을 청구할 권리가 있다.

㉑의 상황에 대한 설명으로 적절한 것은?

① '을'의 과실로 이행 불능이 되어 '갑'의 계약 해제권이 발생한다.

② '갑'은 소를 제기하여야 매매의 목적이 된 재산권을 이전받을 수 있다.

③ '갑'은 원상회복 청구권을 행사하여야 '그림 A'의 소유권을 회복할 수 있다.

④ '갑'과 '을'은 애초부터 실현 불가능한 내용의 계약을 체결하였기 때문에 이행 불능이 되었다.

⑤ '을'이 '갑'에게 '그림 A'를 인도하는 것은 불가능해졌지만 '을'은 채무 불이행에 대한 책임을 지지 않는다.

윗글을 바탕으로 할 때, 〈보기〉에 대한 분석으로 적절하지 않은 것은? [3점]

─ 보 기 ─

증여는 당사자의 일방이 자기의 재산을 무상으로 상대방에게 줄 의사를 표시하고 상대방이 이를 승낙함으로써 성립하는 계약이다. 증여자만 이행 의무를 진다는 점이 특징이다. 유언은 유언자의 사망과 동시에 일정한 법률 효과를 발생시키려는 것을 목적으로 하는데, 유언자의 의사 표시만으로 유효하게 성립하고 의사 표시의 상대방이 필요 없다는 점에서 증여와 차이가 있다.

① 증여, 유언, 매매는 모두 법률 행위로서 의사 표시를 요소로 한다.

② 증여와 유언은 법률 효과를 발생시키려는 목적이 있다는 점이 공통된다.

③ 증여는 변제의 의무를 발생시키지 않는다는 점에서 매매와 차이가 있다.

④ 증여는 당사자 일방만이 이행한다는 점에서 양 당사자가 서로 이행하는 관계를 갖는 매매와 차이가 있다.

⑤ 증여는 양 당사자의 의사 표시가 서로 합치하여 성립한다는 점에서 의사 표시의 합치가 필요 없는 유언과 차이가 있다.

문맥상 의미가 ⓐ와 가장 가까운 것은?

① 오랜 연구 끝에 만족할 만한 실험 결과가 <u>나왔다</u>.

② 그 사람이 부드럽게 <u>나오니</u> 내 마음이 누그러졌다.

③ 우리 마을은 라디오가 잘 안 <u>나오는</u> 산간 지역이다.

④ 이 책에 <u>나오는</u> 옛날이야기 한 편을 함께 읽어 보자.

⑤ 그동안 우리 지역에서는 걸출한 인물들이 많이 <u>나왔다</u>.

문단별 중심 내용 & 구조도

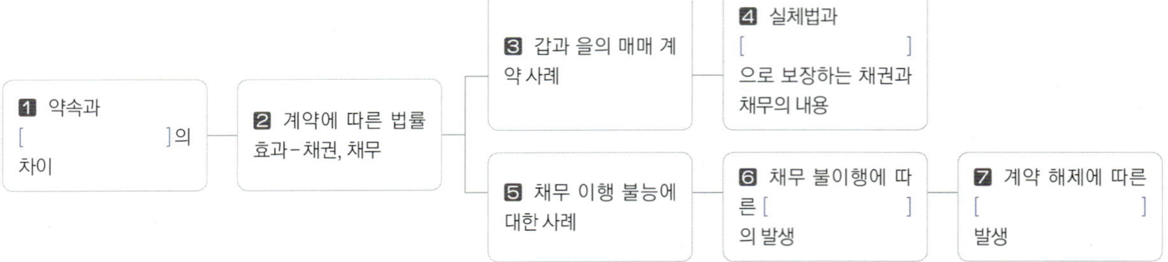

필수 어휘

합치하다 合 합할 **합** / 致 이를 **치**	의견이나 주장 따위가 서로 맞아 일치하다. 예 선생님의 생각과 내 생각이 완전히 합치하였다.	
매도인	물건을 팔아서 넘겨주는 사람. 예 그는 방금 산 물건에 흠집이 있는 것을 보고 매도인에게 반품을 요구했다.	매수인
매수인	물건을 사서 넘겨받은 사람. 예 대금을 지급한 뒤, 매수인이 물건을 건네받았다.	매도인
소유권	물건을 전면적·일반적으로 지배하는 권리. 예 당신은 지금부터 이 집에 대한 소유권을 갖습니다.	
이전 移 옮길 **이** / 轉 구를 **전**	권리 따위를 남에게 넘겨주거나 또는 넘겨받음. 예 집에 대한 권리를 아들에게 이전하다.	이양
청구하다	상대편에 대하여 일정한 행위 등을 요구하다. 예 물건을 파손하였으니, 손해 배상을 청구하겠습니다.	요구하다
이행하다	실제로 행하다, 실행하다 예 그 국회의원은 당선된 이후에 선거 공약을 충실히 이행했다.	지키다
행사하다	부려서 쓰다. 예 강대국이 약소국에게 힘을 행사했다.	
구애 拘 잡을 **구** / 礙 막을 **애**	거리끼거나 얽매임. 예 그는 아무런 구애를 받지 않고 잘 먹는다.	방해
과실 過 지날 **과** / 失 잃을 **실**	1. 부주의나 태만 따위에서 비롯된 잘못이나 허물. 예 친구가 다친 것은 나의 과실 때문이다. 2. 『법률』 부주의로 인하여, 어떤 결과의 발생을 미리 내다보지 못한 일. 예 검사는 가해자의 과실에 따른 형벌을 구형했다.	과오
소실 燒 사를 **소** / 失 잃을 **실**	불에 타서 사라짐. 또는 그렇게 잃음. 예 이번 화재로 중요한 문서들이 소실되었다.	
효력	법률이나 규칙 따위의 작용. 예 그 의정서는 법과 동등한 효력을 지닌다.	힘, 효과

5. 정부의 정책 수단과 오버슈팅 | 수능 기출

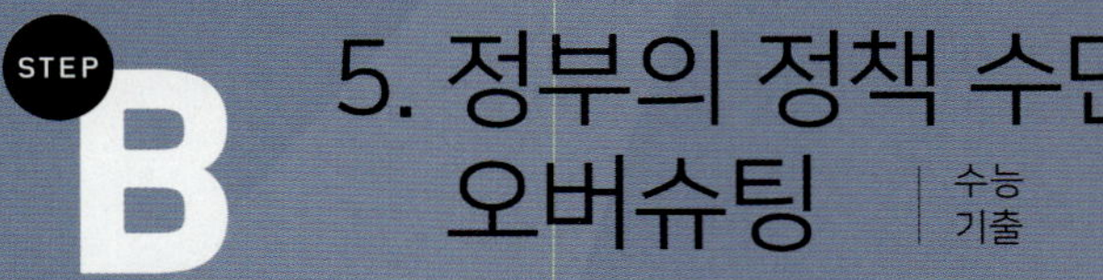

정답과 해설 73~76쪽

1 ¹정부는 국민 생활에 영향을 미치는 활동의 총체인 정책의 목표를 효과적으로 달성하기 위해 정책 수단의 특성을 고려하여 정책을 수행한다. ²정책 수단은 강제성, 직접성, 자동성, 가시성의 ㉮ 네 가지 측면에서 다양한 특성을 갖는다. ³강제성은 정부가 개인이나 집단의 행위를 제한하는 정도로서, 유해* 식품 판매 규제는 강제성이 높다. ⁴직접성은 정부가 공공 활동의 수행과 재원 조달*에 직접 관여하는* 정도를 의미한다. ⁵정부가 정책을 직접 수행하지 않고 민간에 위탁하여* 수행하게 하는 것은 직접성이 낮다. ⁶자동성은 정책을 수행하기 위해 별도의 행정 기구를 설립하지 않고 기존의 조직을 활용하는 정도를 말한다. ⁷전기 자동차 보조금 제도를 기존의 시청 환경과에서 시행하는 것은 자동성이 높다. ⁸가시성은 예산 수립 과정에서 정책을 수행하기 위한 재원이 명시적으로 드러나는 정도이다. ⁹일반적으로 사회 규제의 정도를 조절하는 것은 예산 지출을 수반하지* 않으므로 가시성이 낮다.

2 ¹⁰정책 수단 선택의 사례로 환율과 관련된 경제 현상을 살펴보자. ¹¹외국 통화에 대한 자국 통화의 교환 비율을 의미하는 환율은 장기적으로 한 국가의 생산성과 물가 등 기초 경제 여건을 반영하는 수준으로 수렴된다*. ¹²그러나 단기적으로 환율은 이와 ⓐ 괴리되어* 움직이는 경우가 있다. ¹³만약 환율이 예상과는 다른 방향으로 움직이거나 또는 비록 예상과 같은 방향으로 움직이더라도 변동 폭이 예상보다 크게 나타날 경우 경제 주체들은 과도한 위험에 ⓑ 노출될 수 있다. ¹⁴환율이나 주가 등 경제 변수가 단기에 지나치게 상승 또는 하락하는 현상을 오버슈팅 (overshooting)이라고 한다. ¹⁵이러한 오버슈팅은 물가 경직성 또는 금융 시장 변동에 따른 불안 심리 등에 의해 촉발되는* 것으로 알려져 있다. ¹⁶여기서 물가 경직성은 시장에서 가격이 조정되기 어려운 정도를 의미한다.

3 ¹⁷물가 경직성에 따른 환율의 오버슈팅을 이해하기 위해 통화를 금융 자산의 일종으로 보고 경제 충격에 대해 장기와 단기에 환율이 어떻게 조정되는지 알아보자. ¹⁸경제에 충격이 발생할 때 물가나 환율은 충격을 흡수하는 조정 과정을 거치게 된다. ¹⁹물가는 단기에는 장기 계약 및 공공요금 규제 등으로 인해 경직적이지만 장기에는 신축적*으로 조정된다. ²⁰반면 환율은 단기에서도 신축적인 조정이 가능하다. ²¹이러한 물가와 환율의 조정 속도 차이가 오버슈팅을 초래한다. ²²물가와 환율이 모두 신축적으로 조정되는 장기에서의 환율은 구매력 평가설에 의해 설명되는데, 이에 의하면 장기의 환율은 자국 물가 수준을 외국 물가 수준으로 나눈 비율로 나타나며, 이를 균형 환율로 본다. ²³가령 국내 통화량이 증가하여 유지될 경우 장기에서는 자국 물가도 높아져 장기의 환율은 상승한다. ²⁴이때 통화량을 물가로 나눈 실질 통화량은 변하지 않는다.

---

01 불법 주차를 제한하기 위해 정부가 불법 주차 차량에 과태료를 부과하는 정책 수단은 강제성이 높다. (O , X)

02 부서를 신설하지 않고, 기존의 담당 부서에서 업무를 처리하는 것은 자동성이 높다. (O , X)

03 학교 급식을 제공하기 위한 재원을 정부 예산에 편성하는 것은 가시성이 낮다. (O , X)

04 외국 통화가 부족하고 자국 통화의 공급이 많을 때 환율이 상승할 것이다. (O , X)

05 환율의 오버슈팅은 물가 경직성 또는 금융 시장 변동을 초래한다. (O , X)

06 오버슈팅은 단기적으로 물가의 조정 속도보다 환율의 조정 속도가 빠르기 때문에 발생한다. (O , X)

07 국내 통화량이 증가하여 유지되면, 장기적으로 환율도 상승한다. (O , X)

08 국내 통화량이 증가하여 유지되면, 장기적으로 실질 통화량도 증가한다. (O , X)

4 [25]그런데 단기에는 물가의 경직성으로 인해 구매력 평가설에 기초한 환율과는 다른 움직임이 나타나면서 오버슈팅이 발생할 수 있다. [26]가령 국내 통화량이 증가하여 유지될 경우, 물가가 경직적이어서 ㉠ 실질 통화량은 증가하고 이에 따라 시장 금리는 하락한다. [27]국가 간 자본 이동이 자유로운 상황에서, ㉡ 시장 금리 하락은 투자의 기대 수익률 하락으로 이어져, 단기성 외국인 투자 자금이 해외로 빠져나가거나 신규 해외 투자 자금 유입을 위축시키는* 결과를 ㉢ 초래한다*. [28]이 과정에서 자국 통화의 가치는 하락하고 ㉣ 환율은 상승한다. [29]통화량의 증가로 인한 효과는 물가가 신축적인 경우에 예상되는 환율 상승에, 금리 하락에 따른 자금의 해외 유출이 유발하는 추가적인 환율 상승이 더해진 것으로 나타난다. [30]이러한 추가적인 상승 현상이 환율의 오버슈팅인데, 오버슈팅의 정도 및 지속성은 물가 경직성이 클수록 더 크게 나타난다. [31]시간이 경과함에 따라 물가가 상승하여 실질 통화량이 원래 수준으로 돌아오고 해외로 유출되었던 자금이 시장 금리의 반등*으로 국내로 ⓓ 복귀하면서*, 단기에 과도하게 상승했던 환율은 장기에는 구매력 평가설에 기초한 환율로 수렴된다.

[가]

5 [32]단기의 환율이 기초 경제 여건과 괴리되어 과도하게 급등락하거나 균형 환율 수준으로부터 장기간 이탈하는* 등의 문제가 심화되는 경우를 예방하고 이에 대처하기 위해 정부는 다양한 정책 수단을 동원한다. [33]오버슈팅의 원인인 물가 경직성을 완화하기 위한 정책 수단 중 강제성이 낮은 사례로는 외환의 수급 불균형 해소를 위해 관련 정보를 신속하고 정확하게 공개하거나, 불필요한 가격 규제를 축소하는 것을 들 수 있다. [34]한편 오버슈팅에 따른 부정적 파급* 효과를 완화하기 위해 정부는 환율 변동으로 가격이 급등한 수입 필수 품목에 대한 세금을 조절함으로써 내수*가 급격히 위축되는 것을 방지하려고 하기도 한다. [35]또한 환율 급등락으로 인한 피해에 대비하여 수출입 기업에 환율 변동 보험을 제공하거나, 외화 차입* 시 지급 보증을 제공하기도 한다. [36]이러한 정책 수단은 직접성이 높은 특성을 가진다. [37]이와 같이 정부는 기초 경제 여건을 반영한 환율의 추세는 용인하되*, 사전적 또는 사후적인 미세 조정 정책 수단을 활용하여 환율의 단기 급등락에 따른 위험으로부터 실물 경제와 금융 시장의 안정을 ⓔ 도모하는* 정책을 수행한다.

---

09 시장 금리가 하락하면 외국 투자 자금의 국내 유입이 늘어나 환율이 상승한다. (O , X)

10 환율의 오버슈팅이 발생한 상황은 물가 경직성이 클수록 오래 지속된다. (O , X)

11 환율의 오버슈팅이 발생하더라도 장기적으로 시장의 조정을 통해 균형 환율 수준에 도달할 것이다. (O , X)

12 국내 통화량이 증가하여 유지될 경우, 물가 경직성으로 인해 시장 금리는 단기적으로 하락하지만 장기적으로는 반등할 것이다.

(O , X)

13 정부가 외환의 수급 불균형 해소를 위해 관련 정보를 신속하고 정확하게 공개하는 것은 오버슈팅의 정도와 지속성을 작게 하기 위해서이다. (O , X)

14 환율의 오버슈팅이 발생한 상황에서 정부가 수출입 기업에 외화 차입 시 지급 보증을 제공하는 것은 직접성이 낮다. (O , X)

15 환율의 오버슈팅이 발생할 경우, 정부는 환율의 추세를 바꾸기 위해 적극적으로 국내 통화량을 조정한다. (O , X)

맞힌 개수 / 총 개수　　　／ 15

01 ● 팩트 체크

윗글에 대한 이해로 적절하지 <u>않은</u> 것은?

① 국내 통화량이 증가하여 유지될 경우 장기에는 실질 통화량이 변하지 않으므로 장기의 환율도 변함이 없을 것이다.

② 물가가 신축적인 경우가 경직적인 경우에 비해 국내 통화량 증가에 따른 국내 시장 금리 하락 폭이 작을 것이다.

③ 물가 경직성에 따른 환율의 오버슈팅은 물가의 조정 속도보다 환율의 조정 속도가 빠르기 때문에 발생하는 것이다.

④ 환율의 오버슈팅이 발생한 상황에서 외국인 투자 자금이 국내 시장 금리에 민감하게 반응할수록 오버슈팅 정도는 커질 것이다.

⑤ 환율의 오버슈팅이 발생한 상황에서 물가 경직성이 클수록 구매력 평가설에 기초한 환율로 수렴되는 데 걸리는 기간이 길어질 것이다.

02 ● 팩트 적용

㉮를 바탕으로 정책 수단의 특성을 이해한 것으로 가장 적절한 것은?

① 다자녀 가정에 출산 장려금을 지급하는 것은, 불법 주차 차량에 과태료를 부과하는 것보다 강제성이 높다.

② 전기 제품 안전 규제를 강화하는 것은, 학교 급식을 제공하기 위한 재원을 정부 예산에 편성하는 것보다 가시성이 높다.

③ 문화재를 발견하여 신고할 경우 포상금을 주는 것은, 자연 보존 지역에서 개발 행위를 금지하는 것보다 강제성이 높다.

④ 쓰레기 처리를 민간 업체에 맡겨서 수행하게 하는 것은, 정부 기관에서 주민등록 관련 행정 업무를 수행하는 것보다 직접성이 높다.

⑤ 담당 부서에서 문화 소외 계층에 제공하던 복지 카드의 혜택을 늘리는 것은, 전담 부처를 신설하여 상수원 보호 구역을 감독하는 것보다 자동성이 높다.

03 ● 팩트 적용

윗글을 바탕으로 할 때, 〈보기〉의 'A국' 경제 상황에 대한 '경제학자 갑'의 견해를 추론한 것으로 적절하지 <u>않은</u> 것은?

———— 보 기 ————

A국 경제학자 갑은 자국의 최근 경제 상황을 다음과 같이 진단했다.

금융 시장 불안의 여파로 A국의 주식, 채권 등 금융 자산의 가격 하락에 대한 우려가 확산되면서 안전 자산으로 인식되는 B국의 채권에 대한 수요가 증가하고 있다. 이로 인해 외환시장에서는 A국에 투자되고 있던 단기성 외국인 자금이 B국으로 유출되면서 A국의 환율이 급등하고 있다.

B국에서는 해외 자금 유입에 따른 통화량 증가로 B국의 시장 금리가 변동할 것으로 예상된다. 이에 따라 A국의 환율 급등은 향후 다소 진정될 것이다. 또한 양국 간 교역 및 금융 의존도가 높은 현실을 감안할 때, A국의 환율 상승은 수입품의 가격 상승 등에 따른 부작용을 초래할 것으로 예상되지만 한편으로는 수출이 증대되는 효과도 있다. 그러므로 정부는 시장 개입을 가능한 한 자제하고 환율이 시장 원리에 따라 자율적으로 균형 환율 수준으로 수렴되도록 두어야 한다.

① A국에 환율의 오버슈팅이 발생한 상황에서 B국의 시장 금리가 하락한다면 오버슈팅의 정도는 커질 것이다.

② A국에 환율의 오버슈팅이 발생하였다면 이는 금융 시장 변동에 따른 불안 심리에 의해 촉발된 것으로 볼 수 있다.

③ A국에 환율의 오버슈팅이 발생할지라도 시장의 조정을 통해 환율이 장기에는 균형 환율 수준에 도달할 수 있을 것이다.

④ A국의 환율 상승이 수출을 증대시키는 긍정적인 효과도 동반하므로 A국의 정책 당국은 외환 시장 개입에 신중해야 한다.

⑤ A국의 환율 상승은 B국으로부터 수입하는 상품의 가격을 인상시킴으로써 A국의 내수를 위축시키는 결과를 초래할 수 있다.

04 · 팩트 끌어내기 + 팩트 간 관계 파악

〈보기〉에 제시된 그래프의 세로축 a, b, c는 [가]의 ㉠~㉢과 하나씩 대응된다. 이를 바르게 짝지은 것은? [3점]

──── 보 기 ────

다음 그래프들은 [가]에서 국내 통화량이 t 시점에서 증가하여 유지된 경우 예상되는 ㉠~㉢의 시간에 따른 변화를 순서 없이 나열한 것이다.

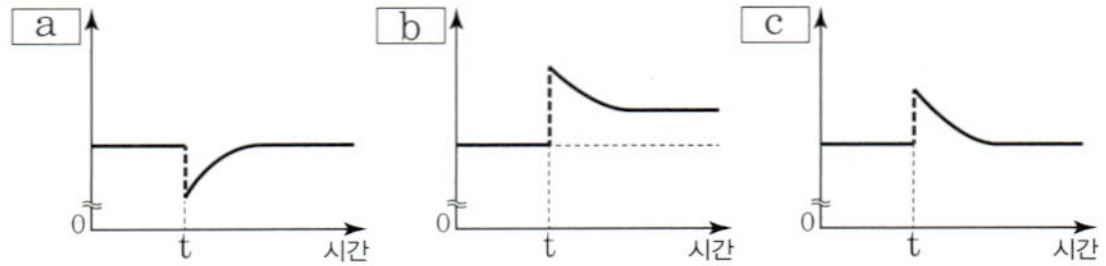

(단, t 시점 근처에서 그래프의 형태는 개략적으로 표현하였으며, t 시점 이전에는 모든 경제 변수들의 값이 일정한 수준에서 유지되어 왔다고 가정한다. 장기 균형으로 수렴되는 기간은 변수마다 상이하다.)

	㉠	㉡	㉢
①	a	c	b
②	b	a	c
③	b	c	a
④	c	a	b
⑤	c	b	a

05 · 팩트 적용

미세 조정 정책 수단 의 사례로 적절하지 <u>않은</u> 것은?

① 예기치 못한 외환 손실에 대비한 환율 변동 보험을 수출 주력 중소기업에 제공한다.

② 원유와 같이 수입 의존도가 높은 상품의 경우 해당 상품에 적용하는 세율을 환율 변동에 따라 조정한다.

③ 환율의 급등락으로 금융 시장이 불안정할 경우 해외 자금 유출과 유입을 통제하여 환율의 추세를 바꾼다.

④ 환율 급등으로 수입 물가가 가파르게 상승했을 때, 수입 대금 지급을 위해 외화를 빌리는 수입 업체에 지급 보증을 제공한다.

⑤ 수출입 기업을 대상으로 국내외 금리 변동, 해외 투자 자금 동향 등 환율 변동에 영향을 주는 요인들에 대한 정보를 제공한다.

06 · 팩트 체크

문맥상 ⓐ~ⓔ와 바꿔 쓰기에 적절하지 <u>않은</u> 것은?

① ⓐ: 동떨어져

② ⓑ: 드러낼

③ ⓒ: 불러온다

④ ⓓ: 되돌아오면서

⑤ ⓔ: 꾀하는

문단별 중심 내용 & 구조도

1 [   ]의
네 가지 특성 – 강제성, 직접성,
자동성, 가시성

→ **2** 환율의 [   ]
현상의 개념과 촉발 원인

→ **3** 경제 충격에 따른 단기적,
장기적 환율 변화

4 [   ]으로
인한 단기에서의 환율 상승과
장기에서의 환율 수렴 과정

→ **5** 단기 환율 급등락에 대처
하기 위한 정부의 미세 조정 정
책 수단

필수 어휘

표제어	뜻	관계어
유해 有 있을 유 / 害 해로울 해	해로움이 있음. 예 플라스틱 병에 뜨거운 물을 넣으면 유해 물질이 나온다.	무해
조달	자금이나 물자 따위를 대어 줌. 예 홍수로 인해 농산물 조달이 어려워졌다.	공급
관여하다	어떤 일에 관계하여 참여하다. 예 남의 일에 더 이상 관여하지 마시오.	개입하다
위탁하다 委 맡길 위 / 託 부탁할 탁	1. 남에게 사물이나 사람의 책임을 맡기다. 2. 『법률』 법률 행위나 사무의 처리를 다른 사람에게 맡겨 부탁하다. 예 전문가에게 회사의 운영을 위탁하였다.	
수반하다 隨 따를 수 / 伴 짝 반	어떤 일과 더불어 생기다. 또는 그렇게 되게 하다. 예 경제가 성장할 때 물가 상승을 수반한다.	따르다
수렴되다 收 거둘 수 / 斂 거둘 렴	의견이나 사상 따위가 여럿으로 나뉘어 있는 것이 하나로 모여 정리되다. 예 서로 다른 의견들이 하나로 수렴되다.	
괴리되다	서로 어그러져 동떨어지다. 예 현실과 괴리된 정책은 성공하기 어렵다.	동떨어지다
촉발되다	어떤 일을 당하여 감정, 충동 따위가 일어나다. 예 이별은 사소한 다툼을 계기로 촉발되었다.	
신축적 伸 펼 신 / 縮 줄일 축 / 的 과녁 적	일의 형편에 따라 적절하게 대처할 수 있는 것. 예 미래 사회에는 상황에 신축적으로 대처하는 능력이 필요하다.	
위축시키다 萎 시들 위 / 縮 오그라들 축	어떤 힘에 눌려 졸아들고 기를 펴지 못함. 예 경제 불황이 소비 심리도 위축시켰다.	
초래하다	일의 결과로서 어떤 현상을 생겨나게 하다. 예 한순간의 방심이 큰 재앙을 초래했다.	
반등	물가나 주식 따위의 시세가 떨어지다가 오름. 예 내일은 주가 반등이 예상된다.	
복귀하다 復 돌아올 복 / 歸 돌아올 귀	본디의 자리나 상태로 되돌아가다. 예 그는 부상 이후 경기에 복귀하였다.	되돌아오다
이탈하다	어떤 범위나 대열 따위에서 떨어져 나오거나 떨어져 나가다. 예 기러기 한 마리가 무리에서 이탈하였다.	참여하다
파급	어떤 일의 여파나 영향이 차차 다른 데로 미침. 예 전국에 불매 운동 파급 효과가 나타났다.	영향
내수	국내에서의 수요 예 내수 시장이 활성화되자 상인들도 활기를 되찾았다.	
차입 借 빌릴 차 / 入 들 입	돈이나 물건을 꾸어 들임. 예 국내 기업들이 해외 자본 차입을 대폭 늘렸다.	
용인하다	용납하여 인정하다. 예 나는 너의 의견을 용인할 수 없다.	거부하다
도모하다	어떤 일을 이루기 위하여 대책과 방법을 세우다. 예 함께 위기를 피할 길을 도모하자.	꾀하다

6. 토지가치세

LEET 기출

1 [1]'좋은 세금'의 기준과 관련하여 조세 이론은 공정성과 효율성을 거론하고 있다. [2]경제 주체들이 경제적 능력 혹은 자신이 받는 편익에 따라 세금을 부담하는 경우 공정한 세금이라는 것이다. [3]또한 조세는 경제 주체들의 의사 결정을 왜곡하여 조세 외에 추가로 부담해야 하는 각종 손실 또는 비용, 즉 초과 부담이라는 비효율을 초래할 수 있는데 이러한 왜곡을 최소화하는 세금이 효율적이라는 것이다.

2 [4]19세기 말 ㉠ 헨리 조지가 제안했던 토지가치세는 이러한 기준에 잘 부합하는 세금으로 평가되고 있다. [5]그는 토지 소유자의 임대소득 중에 자신의 노력이나 기여와는 무관한 불로 소득*이 많다면, 토지가치세를 통해 이를 환수하는* 것이 바람직하다고 주장했다. [6]토지에 대한 소유권은 사용권과 처분권 그리고 수익권으로 구성되는데, 사용권과 처분권은 개인의 자유로운 의사에 맡기고 수익권 중 토지 개량의 수익을 제외한 나머지는 정부가 환수하여 사회 전체를 위해 사용하자는 것이 토지가치세의 기본 취지이다. [7]조지는 토지가치세가 시행되면 다른 세금들을 없애도 될 정도로 충분한 세수*를 올려줄 것이라고 기대했다. [8]토지가치세가 토지단일세라고도 지칭된 것은 이 때문이다. [9]그는 토지단일세가 다른 세금들을 대체하여 초과 부담을 제거함으로써 경제 활성화에 크게 기여할 것으로 보았다. [10]토지단일세는 토지를 제외한 나머지 경제 영역에서는 자유 시장을 옹호했던 조지의 신념에 잘 부합하는 발상이었다.

3 [11]토지가치세는 불로 소득에 대한 과세라는 점에서 공정성에 부합하는 세금이다. [12]조세 이론은 수요자와 공급자 중 탄력도가 낮은 쪽에서 많은 납세 부담을 지게 된다고 설명한다. [13]토지는 세금이 부과되지 않는 곳으로 옮길 수 없다는 점에서 비탄력적이며 따라서 납세 부담은 임차인에게 전가되지 않고 토지 소유자가 고스란히 떠안게 된다는 점에서 토지가치세는 공정한 세금이 된다. [14]한편 토지가치세는 초과 부담을 최소화한다는 점에서 효율적이기도 하다. [15]통상 어떤 재화나 생산 요소에 대한 과세는 거래량 감소, 가격 상승과 함께 초과 부담을 유발한다. [16]예를 들어 자동차에 과세하면 자동차 거래가 감소하고 부동산에 과세하면 지역 개발과 건축업을 위축시켜, 초과 부담이 발생하게 된다. [17]그러나 토지가치세는 토지 공급을 줄이지 않아 초과 부담을 발생시키지 않는다. [18]토지가치세 도입에 따른 여타 세금의 축소가 초과 부담을 줄여 경제를 활성화한다는 G7 대상 연구에 따르면, 이러한 세제 개편으로 인한 초과 부담의 감소 정도가 GDP의 14~50%에 이른다.

4 [19]하지만 토지가치세는 일부 국가를 제외하고는 현실화되지 못했는데, 여기에는 몇 가지 이유가 있다. [20]토지가치세는 이론적인 면에서 호소력이 있으나 현실에서는 복잡한 문제가 발생한다. [21]토지에 대한 세금이 가공되지 않은 자연 그대로의 토지에 대한 세금이어야 하나 이러한 토지는 현실적으로 찾기 어렵다. [22]토지 가치

01 경제 주체들의 경제적 능력이나 편익에 맞춰 세금이 부과되는 것은 공정한 세금 부여 원칙에 부합한다. (O , X)

02 경제 주체들의 초과 부담을 최소화하는 세금은 공정한 세금 부여 원칙에 부합한다. (O , X)

03 토지 소유자가 토지를 개량하여 얻은 수입에는 토지가치세가 부과될 것이다. (O , X)

04 헨리 조지는 토지 소유자의 토지 사용권과 처분권은 보장하되, 수익권에는 제약이 필요하다고 주장했다. (O , X)

05 토지가치세는 토지에서 발생하는 불로 소득을 세금으로 거둬들이는 제도로, 공공 이익을 추구할 수 있다. (O , X)

06 헨리 조지는 자유 시장을 옹호하였지만, 토지에 대해서는 제약이 필요하다고 주장했다. (O , X)

07 조세 이론에 따르면 수요자와 공급자 중 탄력도가 높은 쪽에서 더 많은 세금을 납부한다. (O , X)

08 토지가치세의 경우, 토지 소유자에게는 초과 부담을 발생시키지 않지만 임차인에게는 초과 부담을 발생시킨다. (O , X)

09 헨리 조지는 토지가치세를 부과하면 토지의 공급이 감소할 것이며 가격이 상승할 것이라 예상했다. (O , X)

10 토지가치세가 실현될 경우, 토지 소유자가 아닌 사람들은 세금 부담을 줄일 수 있다.

(O , X)

11 토지를 건물까지 포함하는 부동산으로 취급하여 과세하는 국가에서만 토지가치세를 부과할 수 있다. (O , X)

상승분과 건물 가치 상승분의 구분이 쉽지 않다는 것도 어려움을 가중한다. [23]토지를 건물까지 포함하는 부동산으로 취급하여 그에 과세하는 국가에서는 부동산 거래에서 건물을 제외한 토지의 가격이 별도로 인지되는 것이 아니므로, 건물을 제외한 토지의 가치 평가가 어렵다. [24]조세 저항도 문제가 된다. [25]재산권 침해라는 비판이 거세지면 토지가치세를 도입하더라도 세율을 낮게 유지할 수밖에 없어, 충분한 세수가 확보되지 않을 수 있다. [26]토지가치세는 빈곤과 불평등 문제에 대한 조지의 이상을 실현하는 데에도 적절한 해법이 되지 못한다는 비판에 직면하고 있다. [27]백 년 전에는 부의 불평등이 토지에서 비롯되는 부분이 컸지만, 오늘날 전체 부에서 토지가 차지하는 비중이 19세기 말에 비해 크게 감소했다. [28]토지 소유의 집중도 또한 조지의 시대에 비해 낮다. [29]따라서 토지가치세의 소득 불평등 해소 능력에도 의문이 제기된다.

5 [30]오늘날 토지가치세는 새롭게 주목받고 있는데, 이는 '외부 효과'와 관련이 깊다. [31]첨단산업 분야의 대기업들이 자리를 잡은 지역 주변에는 인구가 유입되고 일자리가 늘어난다. [32]하지만 임대료가 급등하고 혼잡도 또한 커진다. [33]이 과정에서 해당 지역의 부동산 소유자들은 막대한 이익을 사유화하는 반면, 임대료 상승이나 혼잡비용 같은 손실은 지역민 전체에게 전가된다*. [34]이러한 상황에서 높은 세율의 토지가치세가 본격적으로 실행에 옮겨질 수 있다면 불로 소득에 대한 과세를 통해 외부 효과로 인한 피해를 보상하는 방안이 될 수 있다.

12 자본주의 사회에서 토지가치세를 도입한다 하더라도 정부에서 원하는 만큼의 세수를 확보하기가 어려울 수 있다. (○ , ×)

13 헨리 조지는 빈곤과 불평등 문제를 해결하기 위한 해법의 하나로 토지가치세 도입을 주장했다. (○ , ×)

14 외부 효과로 인해 부동산의 가치가 오른다면, 부동산 소유자는 이로 인한 불로 소득을 크게 얻게 된다. (○ , ×)

15 외부 효과가 발생한 지역에 토지가치세를 도입하면, 지역민 전체에게 초과 부담을 발생시킨다. (○ , ×)

맞힌 개수 / 총 개수   / 15

---

01 ● 팩트 체크

㉠에 대한 설명으로 가장 적절한 것은?

① 개량되지 않은 토지에서 나오는 임대료 수입은 불로 소득으로 여겼다.

② 토지가치세로는 재정에 필요한 조세 수입을 확보할 수 없다고 보았다.

③ 토지의 처분권은 보장하되 사용권과 수익권에는 제약을 두자고 주장하였다.

④ 토지가치세는 경제적 효율성 제고를 통하여 공정성을 높이는 방안이라고 보았다.

⑤ 모든 경제 영역에서 시장 원리를 사회적 가치에 부합하게 규제해야 한다고 주장하였다.

02 ● 팩트 끌어내기

윗글에서 추론한 내용으로 적절하지 <u>않은</u> 것은?

① 정부가 높은 세율의 토지가치세를 도입한다면, 외부 효과로 발생한 이익의 사유화를 완화할 수 있을 것이다.

② 자동차세의 인상이 자동차 소비자들의 의사 결정에 영향을 미치지 않는다면, 자동차세는 세수 증대에 효과적일 것이다.

③ 토지가치세가 단일세가 되어 누진세인 근로소득세가 폐지된다면, 고임금 근로자가 저임금 근로자보다 더 많은 혜택을 얻게 될 것이다.

④ 조지의 이론을 계승하는 학자라면, 부가가치 생산에 기여한 부분에 대해서는 세금을 부과하지 않는 것이 바람직하다고 보았을 것이다.

⑤ 부동산에 대해 토지와 건물을 구분하여 과세할 수 있다면, 토지가치세의 도입으로 토지의 공급 감소와 가격 상승 문제가 해소되어 조세 저항이 줄어들 것이다.

 **03** • 팩트 적용

윗글을 바탕으로 〈보기〉의 사례를 평가할 때, 적절하지 않은 것은?

보 기

- X국은 요트 구매자에게 높은 세금을 부과하는 사치세를 도입하여 부유층의 납세 부담을 늘리려고 하였다. 그러나 부자들은 요트 구매를 줄이고 지출의 대상을 바꾸었다. 반면 요트 생산 시설은 다른 시설로 바꾸기 어려웠고 요트 공장에서 일하던 근로자들은 대량 해고되었다. 아울러 X국은 근로소득세를 인상해서 부족한 세수를 보충하였다.
- Y국은 국민의 건강 증진을 위해 담배 소비를 줄이려는 목표로 담배세를 인상하였다. 그러나 담배세 인상으로 인한 담배 가격 상승에도 불구하고 담배 소비는 거의 감소하지 않았다. 정부의 조세 수입은 크게 증가하였지만 소비자들의 불만이 고조되었다.

① 공급자에게 부과되는 토지가치세와 달리, X국의 ‘사치세’ 및 Y국의 ‘담배세’는 소비자에게 부과되고 있군.

② 초과 부담을 발생시키는 X국의 ‘사치세’와는 달리, Y국의 ‘담배세’ 및 토지가치세는 초과 부담을 거의 발생시키지 않는군.

③ 과세 대상자 이외의 타인에게 납세 부담이 추가되는 X국의 ‘사치세’와 달리, Y국의 ‘담배세’와 토지가치세에서는 납세 부담이 과세 대상자에게 집중되는군.

④ 탄력도가 낮은 쪽에서 납세 부담을 지게 만들 수 있는 토지가치세와 달리, X국의 ‘사치세’ 및 Y국의 ‘담배세’는 탄력도가 높은 쪽에서 납세 부담을 지게 하는군.

⑤ 조세 개편의 정책 목표를 달성하지 못한 X국의 ‘사치세’ 및 Y국의 ‘담배세’와 달리, 토지가치세는 도입할 때 거둘 수 있는 경제 활성화 효과가 최근 연구에서 확인되고 있군.

문단별 중심 내용 & 구조도

1 좋은 세금의 기준 – 공정성과 효율성

2 헨리 조지가 제안한 [   ]의 개념과 취지

3 공정성과 효율성에 부합하는 토지가치세

4 토지가치세가 현실화되지 못한 이유

5 [   ]로 인한 피해를 보상하는 방안으로서의 토지가치세

필수 어휘

불로 소득 不 아닐 **불** / 勞 수고로울 **로** / 所 바 **소** / 得 얻을 **득**	직접 일을 하지 아니하고 얻는 수익. 이자, 배당금 따위를 이른다.　⊖ 근로 소득 예 그는 부동산 투기로 엄청난 **불로 소득**을 올렸다.
환수하다 還 돌아올 **환** / 收 거둘 **수**	도로 거두어들이다. 예 그는 빌려준 돈을 **환수할** 작정으로 친구를 독촉했다.
세수 稅 세금 **세** / 收 거둘 **수**	국민에게서 조세(租稅)를 징수하여 얻는 정부의 수입. 예 올해는 작년보다 **세수**가 늘었다.
전가되다 轉 구를 **전** / 嫁 떠넘길 **가**	잘못이나 책임이 다른 사람에게 넘겨씌워지다. 예 형의 잘못이 동생에게 **전가되었다**.

1 [1]미래에는 슈퍼마켓에서 캔 커피를 사서 겨울철 난방을 하는 일이 일어날 수도 있다. [2]폐알루미늄 도핑 기술을 활용하면 캔 커피와 같은 마시고 버려지는 폐알루미늄에서 열을 발생시킬 수 있기 때문이다. [3]게다가 화석 연료의 고갈*이 예측되는 가운데 폐알루미늄 도핑 기술을 활용하면 화석 연료의 대체 에너지원으로 기대되는 수소도 얻을 수 있으니 꿩 먹고 알 먹는 셈이다.

2 [4]알루미늄에 물을 더하는 가수분해반응에서는 열이 발생한다. [5]그리고 물을 만난 알루미늄은 산화알루미늄으로 바뀌고 수소는 분리된다. [6]이를 식으로 나타내면 다음과 같다.

$$2Al + 3H_2O \rightarrow Al_2O_3 + 3H_2 + heat\ (819\ kJ/mol)$$

[7]일상생활에서 사용하는 음료 캔이나 주방의 포일*, 건축자재로 널리 쓰이는 함석판 등도 알루미늄으로 만들어진다. [8]이들 제품에 녹이 슬었다고 표현하는 상태는 알루미늄이 물과 만나 산화알루미늄이 된 것이다. [9]그러나 알루미늄에 물이 닿는 면적이 작아서 열이 적고 느리게 발생하기 때문에 일상에서는 물이 닿은 알루미늄을 만져도 열을 감지하지 못한다. [10]게다가 폐알루미늄은 새 알루미늄보다 산화*가 더 늦게 일어난다. [11]따라서 폐알루미늄을 활용하려면 열을 신속하게 발생시킬 수 있도록 알루미늄에 물이 닿는 면적을 넓히면서도 폭발하지는 않을 정도로 폐알루미늄을 ㉠만드는 것이 요체*이다.

3 [12]폐알루미늄 도핑 기술은 폐알루미늄에서 발열의 중용*을 찾는 과정이라 할 수 있다. [13]도핑이란 부도체*인 대상에 물질을 집어넣어 반도체*로 형질을 변화시키는 작업이다. [14]폐알루미늄에 도핑한 철, 구리 등의 금속물이 폐알루미늄의 표면을 헤집고 자리를 잡게 되면 폐알루미늄 표면에 금이 가게 된다. [15]이 과정에서 알루미늄에 물이 닿는 면적이 넓어져 열이 빠르게 발생하고, 산화 반응이 촉진되어* 수소의 발생도 증가한다.

4 [16]수소 에너지는 환경 친화적이며 높은 에너지 밀도를 갖기 때문에 휴대용 전자기기 연료전지뿐 아니라 자동차 동력원으로도 활용할 수 있다. [17]다만 채굴* 가능한 석유나 천연가스와 달리 수소는 자연 상태로 존재하지 않아서 물을 전기 분해해야 얻을 수 있다. [18]이 과정에서 많은 에너지가 필요하지만 폐알루미늄 도핑 기술은 난방을 하면서도 수소를 쉽게 생성해 낸다. [19]알루미늄 1kg으로 50리터의 물을 40도 이상 데울 수 있고, 상온에서 111g의 수소를 얻을 수 있다. [20]이를 자동차의 연료전지로 활용한다면 알루미늄 1kg으로 승용차 7.5~10.5km를 운행할 수 있다. [21]그런데 폐알루미늄의 가격은 새 알루미늄의 20% 수준이다. [22]따라서 폐알루미늄 도핑 기술은 여타 수소 양산* 기술에 비해 가격 경쟁력이 높다.

5 [23]알루미늄은 생산량이 풍부하고 값이 저렴하여 매년 사용량이 증가 추세*에 있으며, 그만큼 폐알루미늄의 발생량도 늘고 있다. [24]130만t의 알루미늄이 소비되면 약 40만t 정도의 폐알루미늄이 발생한다. [25]전 세계적으로도 알루미늄 소비량이 증가하고 있으며, 중국의 경우 지난해 3190만t을 소비했다. [26]이에 따라 보다 적은 부피의 폐알루미늄에서 수소를 발생시켜 상업화하는 연구가 주목받고 있다.

13 알루미늄의 사용량이 증가하는 까닭은 생산량이 풍부하고 값이 저렴하기 때문이다.

(O , X)

14 폐알루미늄 도핑 기술은 전 세계적으로도 활용될 가능성이 높을 것이다. (O , X)

15 보다 적은 부피의 폐알루미늄에서 수소를 많이 발생시키면 가격 경쟁력이 높아질 것이다.

(O , X)

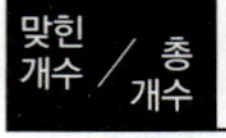

/ 15

---

01 ● 팩트 체크

윗글에 대한 설명으로 적절하지 <u>않은</u> 것은?

① 속담을 활용하여 대상의 가치를 강조하고 있다.

② 상황을 가정하여 화제에 대한 관심을 끌고 있다.

③ 구체적 수치를 제시하며 글의 신뢰성을 얻고 있다.

④ 연구 과제를 제시하여 화제의 향후 개발 방향을 밝히고 있다.

⑤ 다른 나라의 사례를 들어 문제에 대한 해결 방안을 이끌어 내고 있다.

02 ● 팩트 체크

〈보기〉에서 빈칸에 들어갈 수 있는 내용을 <u>모두</u> 고르면?

─── 보 기 ───

> 폐알루미늄 도핑 기술을 활용하면
> [   ]

ⓐ 한정된 화석 연료를 절약할 수 있다.
ⓑ 환경 친화적인 연료를 얻을 수 있다.
ⓒ 반도체 산업 발전에 기여할 수 있다.
ⓓ 물을 전기 분해하는 것보다 경제적이다.
ⓔ 폐알루미늄을 버리지 않고 재활용할 수 있다.

① ⓐ, ⓑ, ⓒ

② ⓑ, ⓒ, ⓓ

③ ⓒ, ⓓ, ⓔ

④ ⓐ, ⓑ, ⓓ, ⓔ

⑤ ⓐ, ⓑ, ⓒ, ⓓ, ⓔ

〈보기〉에 대한 이해로 적절하지 **않은** 것은? [3점]

> **보 기**
>
> 다음은 폐알루미늄에 도핑 처리를 했을 때의 변화를 나타낸 것이다.
>
> Ⓐ
>
> 합금화
>
> Ⓑ

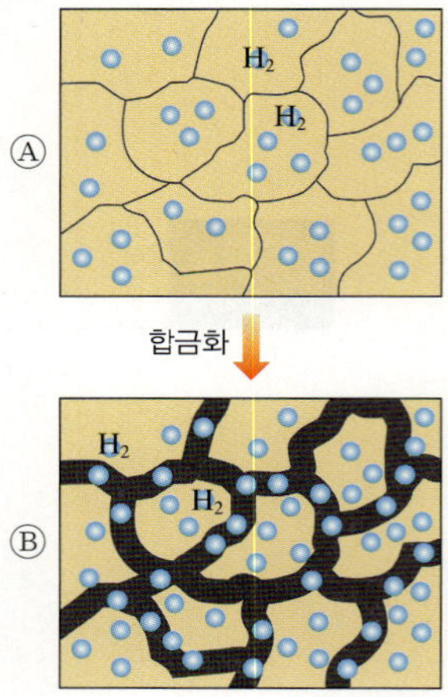

① Ⓐ보다 Ⓑ에서 산화 반응이 촉진될 것이다.

② Ⓐ보다 Ⓑ에서 수소의 발생이 증가할 것이다.

③ Ⓐ는 물에 닿아도 열이 발생하지 않을 것이다.

④ Ⓑ에는 철, 구리 같은 금속물이 첨가되었을 것이다.

⑤ Ⓑ의 표면은 금이 가서 물이 닿는 면적이 넓을 것이다.

밑줄 친 단어의 문맥적 의미가 ㉠과 가장 유사한 것은?

① 이순신이 거북선을 <u>만들었다.</u>

② 회원들이 회칙을 새롭게 <u>만들었다.</u>

③ 동생이 기어이 얼굴에 상처를 <u>만들어</u> 왔다.

④ 친구들과 동아리를 <u>만들고</u> 회원을 모집했다.

⑤ 지원자들에게 일거리를 <u>만들어</u> 주기로 했다.

문단별 중심 내용 & 구조도

1 [   ]을
활용한 미래의 난방 방식

2 알루미늄에서 열이 발생하
는 원리

3 폐알루미늄
[   ] 기술의
방식

4 폐알루미늄 도핑 기술을 이
용한 에너지 생산의 경쟁력

5 폐알루미늄 도핑 기술의 상
업화 가능성

필수 어휘

고갈
枯 마를 **고** / 渴 목마를 **갈**

어떤 일의 바탕이 되는 돈이나 물자, 소재, 인력 따위가 다하여 없어짐.
예 어린이를 위한 단체가 자금 고갈로 어려움을 겪고 있다.

🟢 기근

포일

금, 알루미늄 따위의 금속을 종이같이 얇게 편 것. 특히 요리나 포장에 쓰는 알루미늄박을
이른다.
예 포일로 음식물을 쌌다.

산화

어떤 물질이 산소와 결합하거나 수소를 잃는 일.
예 표백에는 산화에 의한 것과 환원에 의한 것이 있다.

🔴 환원

요체

중요한 점.
예 이것이 내 말의 요체이다.

중용
中 가운데 **중** / 庸 떳떳할 **용**

지나치거나 모자라지 아니하고 한쪽으로 치우치지도 아니한, 떳떳하며 변함이 없는 상태
나 정도.
예 그는 매사 극단에 치우치지 않고 중용의 태도를 지키는 사람이다.

부도체

전도체나 소자로부터 전기적으로 분리되어 있어 열이나 전기를 잘 전달하지 아니하는 물
체.
예 안전성을 강화하기 위해 표면을 두꺼운 부도체로 감쌌다.

🟢 절연체

반도체

상온에서 전기 전도율이 도체와 절연체의 중간 정도인 물질.
예 반도체 신소재를 개발하는 것이 산업의 핵심이다.

촉진되다
促 재촉할 **촉** / 進 나아갈 **진**

다그쳐져 빨리 나아가게 되다.
예 규제를 완화하자 기업 간 경쟁이 촉진되었다.

채굴
採 캘 **채** / 掘 팔 **굴**

땅을 파고 땅속에 묻혀 있는 광물 따위를 캐냄.
예 아버지는 예전에 석탄 채굴 사업을 하셨다.

🟢 채광

양산

많이 만들어 냄.
예 전염병의 유행이 실업자 양산으로 이어지고 있다.

추세
趨 달릴 **추** / 勢 기세 **세**

어떤 현상이 일정한 방향으로 나아가는 경향.
예 오프라인에서 온라인으로의 변화가 세계적 추세이다.

🟢 흐름

1 ¹컴퓨터는 0 또는 1로 표시되는 비트*를 최소 단위로 삼아 내부적으로 데이터를 표시한다. ²컴퓨터가 한 번에 처리하는 비트 수는 정해져 있는데, 이를 워드라고 한다. ³예를 들어 64비트의 컴퓨터는 64개의 비트를 1워드로 처리한다. ⁴4비트를 1워드로 처리하는 컴퓨터에서 양의 정수를 표현하는 경우, 4비트 중 가장 왼쪽 자리인 최상위* 비트는 0으로 표시하여 양수를 나타내고 나머지 3개의 비트로 정수의 절댓값을 나타낸다. ⁵0111의 경우 가장 왼쪽 자리인 '0'은 양수를 표시하고 나머지 '111'은 정수의 절댓값 7을 이진수*로 나타낸 것으로, +7을 표현하게 된다. ⁶이때 최상위 비트를 제외한 나머지 비트를 데이터 비트라고 한다.

2 ⁷그런데 음의 정수를 표현하는 경우에는 최상위 비트를 1로 표시한다. ⁸-3을 표현한다면 -3의 절댓값 3을 이진수로 나타낸 011에 최상위 비트 1을 덧붙이면 된다. ⁹이러한 음수 표현 방식을 ㉠부호*화 절댓값이라고 한다. ¹⁰그러나 부호화 절댓값은 연산이 부정확하다. ¹¹예를 들어 7-3을 계산한다면 7+(-3)인 0111+1011로 표현된다. ¹²컴퓨터에서는 0과 1만 사용하기 때문에 1에 1을 더하면 바로 윗자리 숫자가 올라가 10으로 표현된다. ¹³따라서 0111에 1011을 더하면 10010이 된다. ¹⁴10010은 4비트 컴퓨터가 처리하는 1워드를 초과하게 된 것으로, 이러한 현상을 오버플로라 한다. ¹⁵부호화 절댓값에서는 오버플로를 처리하는 별도의 규칙이 없기 때문에 계산값이 부정확하다. ¹⁶또한 0000 또는 1000이 0을 나타내어 표현의 일관성*과 저장 공간의 효율성이 떨어진다.

3 ¹⁷음의 정수를 나타내는 또 다른 방식으로 ㉡1의 보수법이 있다. ¹⁸보수란 보충을 해 주는 수를 의미하는 것으로, 어떤 수 a에 대한 n의 보수는 a와의 합이 n이 되는 수이다. ¹⁹예를 들어 1에 대한 1의 보수는 0이고, 0에 대한 1의 보수는 1이다. ²⁰1의 보수법으로 음수를 표현하는 방법은 최상위 비트를 1로 표시하고 데이터 비트는 각 자리의 수에 대한 1의 보수로 나타내는 방식이다. ²¹1의 보수는 각 자리의 수에 대해 합이 1이 되는 수이므로, -3을 1의 보수법으로 표현한다면 -3의 절댓값 3을 이진수로 나타낸 011에 대한 1의 보수 100이 데이터 비트가 된다. ²²여기에 음수를 표시하는 최상위 비트 1을 덧붙여 1100이 된다. ²³1의 보수법에서는 오버플로가 발생할 경우 별도의 처리 규칙을 활용하여 계산값을 정확하게 할 수 있다. ²⁴그러나 계산값이 0000 또는 1111인 경우 0을 나타내는 문제는 해결할 수 없다.

4 ²⁵㉮0이 두 가지로 표현되는 문제점을 해결한 음수 표현 방식이 '2의 보수법'이다. ²⁶2의 보수법은 1의 보수로 나타낸 다음 데이터 비트에 1을 더하는 방식이

집 중 훈 련 OX

01 컴퓨터 내부에서 데이터를 표시하는 최소 단위는 '비트'이다. (O , X)

02 1워드에 해당하는 비트 수가 많을수록 컴퓨터의 데이터 처리 속도가 빠르다고 볼 수 있다. (O , X)

03 4비트로 숫자를 표현할 때, 최상위 비트가 0이라도 음수를 나타낼 수 있다. (O , X)

04 4비트는 최상위 비트와 데이터 비트로 이루어진다. (O , X)

05 4비트 컴퓨터가 5개의 비트로 이루어진 데이터를 처리할 때에는 오버플로 현상이 발생한다. (O , X)

06 4비트 컴퓨터에서 부호화 절댓값으로 7+(-4)를 계산할 때에는 오버플로 현상이 나타나지 않는다. (O , X)

07 부호화 절댓값 방식에서는 '0000'도 '0'을 나타내고, '1000'도 '0'을 나타낸다. (O , X)

08 컴퓨터 데이터에서 '1의 보수'는 0과 1뿐이다. (O , X)

09 4비트에서 최상위 비트가 '1'이라면, 부호화 절댓값 방식이든 1의 보수법 방식이든 관계없이 음수를 나타낸다. (O , X)

10 '-1'을 부호화 절댓값으로 나타내면 '1001', 1의 보수법으로 나타내면 '1110'이다. (O , X)

11 1의 보수법은 오버플로 현상이 나타나도 연산을 정확하게 할 수 있다. (O , X)

12 부호화 절댓값과 2의 보수법 모두 1의 보수법을

다. [27]2의 보수법으로 -3을 표현한다면, -3의 절댓값 3을 이진수로 나타낸 011에 대한 1의 보수 100을 구한 다음, 1을 더한 101에 음수를 표시하는 최상위 비트 1을 덧붙여 1101이 된다. [28]4비트를 1워드로 처리하는 컴퓨터를 가정하여* 7-3을 2의 보수법으로 계산해 보자. [29]양의 정수를 표현하는 경우에는 1의 보수법이나 2의 보수법을 사용할 필요가 없다. [30]따라서 7-3은 7+(-3)이므로 2의 보수법으로 0111+1101이 된다. [31]이를 연산하면 10100이 되어 4비트를 초과하게 된다. [32]2의 보수법에서는 오버플로가 발생하면 초과된 비트를 버려야 하므로 그 결과 0100이 나온다.

• 비트(bit): 컴퓨터가 0과 1을 이용하는 이진법으로 연산을 수행하기 위해 사용하는 최소의 정보 저장 단위.
• 이진수: 이진법으로 나타낸 수. 십진수 0, 1, 2, 3, 4, 5, 6, 7은 이진수 000, 001, 010, 011, 100, 101, 110, 111로 나타냄.

13 '-4'의 경우, 부호화 절댓값과 2의 보수법으로 표현하는 데이터가 동일하다. (O , X)

14 2의 보수법에서 '0'은 '0000'으로만 나타난다. (O , X)

15 2의 보수법은 5비트를 1워드로 처리함으로써 오버플로를 해결한다. (O , X)

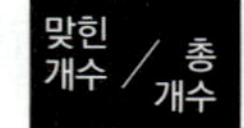

~~~~~~

01 ● 팩트 체크

윗글을 읽고 해결할 수 있는 질문이 <u>아닌</u> 것은?

① 컴퓨터에서 양의 정수인 경우 최상위 비트를 0으로 표시하도록 정한 이유는 무엇일까?

② 부호화 절댓값에서 저장 공간의 효율성이 떨어지는 이유는 무엇일까?

③ 컴퓨터에서 음의 정수를 표현하는 방식에는 어떤 것이 있을까?

④ 컴퓨터 내부에서 데이터를 표시하는 최소 단위는 무엇일까?

⑤ 부호화 절댓값의 연산이 부정확한 이유는 무엇일까?

02 ● 팩트 체크+팩트 간 관계 파악

4비트를 1워드로 처리하는 컴퓨터에서 ㉠과 ㉡을 사용한다고 할 때, 이에 대해 이해한 내용으로 가장 적절한 것은?

① ㉠과 달리 ㉡에서는 오버플로가 발생하지 않을 것이다.

② ㉠에 비해 ㉡에서 정수의 절댓값을 나타내는 비트의 개수가 많다.

③ ㉡과 달리 ㉠에서는 음의 정수를 표현할 때 최상위 비트가 1이다.

④ ㉡에 비해 ㉠에서의 계산값이 더 정확할 것이다.

⑤ ㉠으로 표현한 음의 정수를 ㉡으로 표현하면 서로 다른 데이터 비트가 나올 것이다.
~~~~~~

윗글을 바탕으로 〈보기〉를 이해할 때 적절하지 <u>않은</u> 것은?

보 기

(가) 4비트를 1워드로 처리하는 컴퓨터가 1의 보수법을 이용하여 4-7을 계산한다.

(나) 4비트를 1워드로 처리하는 컴퓨터가 2의 보수법을 이용하여 -3-4를 계산한다.

---

① (가)의 경우 0100에 1000을 더하면 1100이 되어 오버플로가 발생하지 않겠군.

② (가)의 경우와 (나)의 경우 모두 계산 과정에서 1의 보수가 활용되겠군.

③ (가)의 경우 4의 데이터 비트는 100, (나)의 경우 -4의 데이터 비트는 100으로 같게 나타나겠군.

④ (나)의 경우 오버플로가 발생하기 때문에 초과된 비트는 버려야 하겠군.

⑤ (나)의 경우 -4의 절댓값을 이진수로 나타낸 100에 1을 더하면 -4에 대한 2의 보수가 되겠군.

〈보기〉와 같이 ㉮의 이유를 설명할 때, ⓐ~ⓒ에 들어갈 내용으로 가장 적절한 것은?

보 기

ⓐ 으로 표현된 ⓑ 이 2의 보수법에서는 ⓒ (으)로 표현되기 때문이다.

	ⓐ	ⓑ	ⓒ
①	1의 보수법	0000	0001
②	1의 보수법	1111	0000
③	부호화 절댓값	0000	0001
④	부호화 절댓값	1000	1111
⑤	부호화 절댓값	1111	0000

독해 노트

문단별 중심 내용 & 구조도

1 데이터를 비트로 표현하는 방법

2 [   ]를 표현하는 방식 ① 부호화 절댓값

3 음의 정수를 표현하는 방식 ② [   ]

4 부호화 절댓값과 1의 보수법의 한계를 보완하는 2의 보수법

필수 어휘

최상위
最 가장 **최** / 上 위 **상** / 位 자리 **위**

가장 높은 지위나 등급이나 위치.
예 헌법은 **최상위** 법이다.
⊖ 최하위

부호

음수임을 나타내는 부호 '−'를 이르는 말인 '음호'의 이전 용어.
예 음의 **부호** 뒤의 숫자는 클수록 오히려 작은 수가 된다.

일관성

하나의 방법이나 태도로써 처음부터 끝까지 한결같은 성질.
예 정부 정책에는 **일관성**이 있어야 한다.

가정하다

사실이 아니거나 또는 사실인지 아닌지 분명하지 않은 것을 임시로 인정하다.
예 최악의 상황을 **가정**하고 대책을 세우자.

3. 통증 신호의 전달 과정

교육청 기출

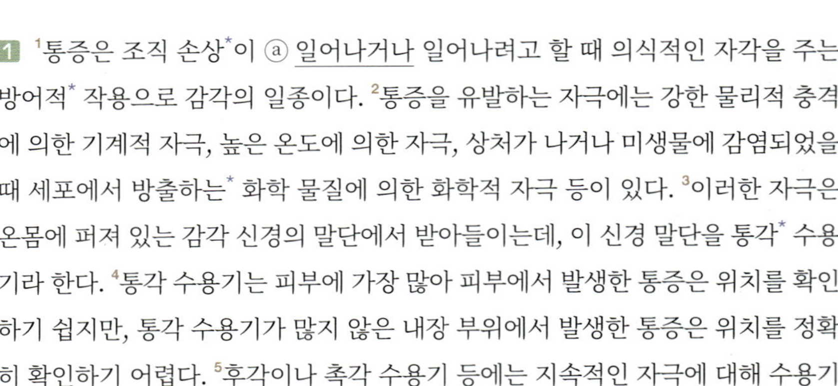

1 [1]통증은 조직 손상*이 ⓐ 일어나거나 일어나려고 할 때 의식적인 자각을 주는 방어적* 작용으로 감각의 일종이다. [2]통증을 유발하는 자극에는 강한 물리적 충격에 의한 기계적 자극, 높은 온도에 의한 자극, 상처가 나거나 미생물에 감염되었을 때 세포에서 방출하는* 화학 물질에 의한 화학적 자극 등이 있다. [3]이러한 자극은 온몸에 퍼져 있는 감각 신경의 말단에서 받아들이는데, 이 신경 말단을 통각* 수용기라 한다. [4]통각 수용기는 피부에 가장 많아 피부에서 발생한 통증은 위치를 확인하기 쉽지만, 통각 수용기가 많지 않은 내장 부위에서 발생한 통증은 위치를 정확히 확인하기 어렵다. [5]후각이나 촉각 수용기 등에는 지속적인 자극에 대해 수용기의 반응이 감소되는 감각 적응 현상이 일어난다. [6]하지만 통각 수용기에는 지속적인 자극에 대해 감각 적응 현상이 거의 일어나지 않는다. [7]그래서 우리 몸은 위험한 상황에 대응할 수 있게 된다.

2 [8]대표적인 통각 수용 신경 섬유에는 Aδ 섬유와 C 섬유가 있다. [9]Aδ 섬유에는 기계적 자극이나 높은 온도 자극에 반응하는 통각 수용기가 분포*되어 있으며, C 섬유에는 기계적 자극이나 높은 온도 자극뿐만 아니라 화학적 자극에도 반응하는 통각 수용기가 분포되어 있다. [10]Aδ 섬유를 따라 전도된 통증 신호가 대뇌 피질로 전달되면, 대뇌 피질에서는 날카롭고 쑤시는 듯한 짧은 초기 통증을 느끼고 통증이 일어난 위치를 파악한다. [11]C 섬유를 따라 전도된 통증 신호가 대뇌 피질로 전달되면, 대뇌 피질에서는 욱신거리고 둔한 지연 통증을 느낀다. [12]이는 두 신경 섬유의 특징과 관련이 있다. [13]Aδ 섬유는 직경*이 크고 전도* 속도가 빠르며, C 섬유는 직경이 작고 전도 속도가 느리다.

3 [14]머리 아래쪽에서 발생한 통증 신호의 전달은 통각 수용기가 받아들인 자극이 전기적 신호로 변환되어 통각 수용기와 연결된 1차 신경 섬유를 따라 전도된 후, 척수에서 나오는 2차 신경 섬유를 따라 전도되어 시상을 거쳐 중추인 대뇌로 전달됨으로써 이루어진다. [15]1차 신경 섬유와 2차 신경 섬유는 척수에서 서로 시냅스*를 이루고 있어 통증 신호의 전달을 위해서는 1차 신경 섬유에서 신경 전달 물질이 분비되어야 한다. [16]신경 전달 물질인 글루탐산은 1차 신경 섬유 말단*에서 분비되어 2차 신경 섬유에 있는 ㉠AMPA 수용체 및 ㉡NMDA 수용체와 결합하여 수용체를 활성화시킨다. [17]그런데 NMDA 수용체는 마그네슘 이온에 의해 억제되어 있어 소량의 글루탐산에는 AMPA 수용체만 먼저 활성화된다. [18]AMPA 수용체가 활성화*되면 2차 신경 섬유로 나트륨 이온이 유입되어 1차 신경 섬유를 따라 전도된 통증 신호가 2차 신경 섬유로 전달되며, 통증 신호는 시상을 거쳐 대뇌 피질로 전달된다. [19]AMPA 수용체에 의해 나트륨 이온이 유입되면 뒤이어 NMDA 수용체도 활성화되어 나트륨 이온뿐만 아니라 칼슘 이온도 유입된다. [20]이 경우 칼슘 이온으로 인해 대뇌 피질로 통증 신호의 전달은 일어나지 않지만 통각 수용기의

01 통각 수용기는 감각 신경의 말단에 위치하여 자극을 받아들인다. (O , X)

02 우리 몸은 통증을 유발하는 자극이 지속적으로 일어나면 감각 적응 현상이 일어나 위험한 상황에 대응할 수 없게 된다. (O , X)

03 Aδ 섬유보다 C 섬유가 우리 몸에 광범위하게 분포되어 있다. (O , X)

04 Aδ 섬유는 화학적 자극에는 반응하지 않는다. (O , X)

05 Aδ 섬유와 C 섬유 중 어떤 섬유를 따라 전도된 통증 신호인가에 따라 대뇌 피질에서 느끼는 통증이 다르다. (O , X)

06 C 섬유는 직경이 작고 전도 속도가 느리기 때문에 통증 신호가 대뇌 피질로 전달되지 않는다. (O , X)

07 자극에 의한 통증 신호는 [통각 수용기 → 1차 신경 섬유 → 2차 신경 섬유 → 시상 → 대뇌]로 전달된다. (O , X)

08 글루탐산은 1차 신경 섬유를 따라 전도된 통증 신호를 2차 신경 섬유로 전달되게 한다. (O , X)

09 2차 신경 섬유에 있는 AMPA 수용체를 활성화시키기 위해서는 글루탐산이 주기적으로 분비되어야 한다. (O , X)

10 통증 신호가 전달될 때, AMPA 수용체보다 NMDA 수용체가 먼저 활성화된다. (O , X)

11 칼슘 이온은 통증 신호의 전달을 원활하게 하고, 통각 수용기의 민감도도 높인다. (O , X)

민감도가 높아져 약한 자극에 대해서도 통각 수용기가 예민하게 반응하게 한다.

4 [21]신경 전달 물질 서브스턴스 P는 1차 신경 섬유 말단에서 분비되어 2차 신경 섬유에 있는 NK 수용체를 활성화시켜 통증 신호를 2차 신경 섬유로 전달한다. [22]통증 신호는 시상을 거쳐 대뇌 피질로 들어가 통증을 느끼게 하고, 망상체와 시상 하부 등 뇌의 여러 부분을 포함하는 대뇌변연계로 전달되어 자율 신경과 내분비계를 자극하여 통증으로 인한 행동이나 감정 반응을 일으킨다.

5 [23]한편 망상체에서 1차 신경 섬유의 말단으로 뻗어 있는 신경 섬유 말단에서는 엔도르핀, 엔케팔린, 다이노르핀 같은 진통 신경 전달 물질을 분비한다. [24]이 물질은 1차 신경 섬유의 말단에 있는 아편 수용체와 결합함으로써 1차 신경 섬유에서 서브스턴스 P가 분비되는 것을 억제하여 통증 신호가 2차 신경 섬유로 전달되지 못하도록 한다. [25]이러한 통증 억제 시스템은 신체가 외상*을 입은 상황에서 통증을 완화*시키거나 느끼지 못하게 하여 고통을 견딜 수 있게 하는 역할을 한다.

• 시냅스: 한 신경 섬유의 말단 부위와 다른 신경이 수십nm의 간격으로 가까이 접해 있는 것.

12 서브스턴스 P의 분비는 NK 수용체의 활성화에 영향을 미친다. (O , X)

13 2차 신경 섬유에 있는 수용체는 종류에 따라 활성화시키는 신경 전달 물질도 다르다. (O , X)

14 진통 신경 전달 물질은 아편 수용체와 결합하여 통증 신호의 전달을 억제한다. (O , X)

15 엔도르핀이 분비되면 자극을 받아도 통증을 느끼지 못할 수 있다. (O , X)

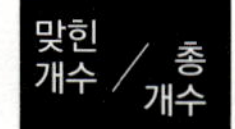

맞힌 개수 / 총 개수 　　　/ 15

---

01 ● 팩트 체크

윗글의 내용과 일치하지 <u>않는</u> 것은?

① Aδ 섬유는 C 섬유보다 직경이 크고 전도 속도가 빠르다.

② 통각 수용기가 많은 부위일수록 통증 위치를 확인하기 쉽다.

③ 망상체에는 1차 신경 섬유의 말단으로 뻗어 있는 신경 섬유가 있다.

④ 기계적 자극이나 높은 온도에 반응하는 통각 수용기가 Aδ 섬유와 C 섬유에 모두 분포되어 있다.

⑤ 통각 수용기는 수용기의 반응이 감소되는 감각 적응 현상을 일으켜 지속적인 자극에 의한 통증을 완화시킨다.

02 ● 팩트 체크

윗글의 '통증 신호의 전달'에 대한 이해로 적절하지 <u>않은</u> 것은?

① C 섬유를 따라 전도된 통증 신호는 대뇌 피질로 전달되지 않는다.

② 1차 신경 섬유와 2차 신경 섬유가 시냅스를 이루는 부위는 척수이다.

③ Aδ 섬유를 통해 초기 통증을 느끼고, C 섬유를 통해 지연 통증을 느낀다.

④ 대뇌변연계에 통증 신호가 전달되면 통증에 의한 행동이나 감정 반응이 일어난다.

⑤ 글루탐산과 서브스턴스 P는 모두 1차 신경 섬유에서 분비되는 신경 전달 물질이다.

03 ● 팩트 간 관계 파악

㉠, ㉡에 대한 설명으로 적절하지 <u>않은</u> 것은?

① ㉠과 ㉡은 모두 2차 신경 섬유에 있는 수용체이다.

② ㉠은 1차 신경 섬유에서 분비된 글루탐산과 결합하여 활성화된다.

③ ㉡은 마그네슘 이온에 의해 억제되어 있다.

④ ㉡에 의해 칼슘 이온이 유입되면 통증 신호가 대뇌 피질까지 전달된다.

⑤ ㉠이 활성화되어 나트륨 이온이 유입되면 ㉡이 활성화된다.

04 ● 팩트 적용

윗글을 참고할 때, 〈보기〉에 대한 반응으로 가장 적절한 것은? [3점]

> 보 기
>
> 손상된 세포에서 생성되는 프로스타글란딘은 통각 수용기가 활성화되는 데 필요한 역치*를 낮추어 통증을 잘 느끼게 하는데, 아스피린 같은 약물은 프로스타글란딘의 생성을 억제하여 통증을 완화시킨다. 한편 강력한 진통제인 모르핀은 엔도르핀의 분자 구조와 유사하여 아편 수용체와 잘 결합한다. 하지만 중독성과 부작용이 심해서 통상적인 진통제가 효과가 없을 때 투여하는 최후의 진통제로 쓰인다.
>
> * 역치: 생물체가 자극에 대한 반응을 일으키는 데 필요한 최소한도의 자극의 세기를 나타내는 수치.

① 아스피린은 통각 수용기의 활성화를 어렵게 하여 자극을 잘 받아들이지 못하게 하고, 모르핀은 아편 수용체와 결합하여 통증 신호의 전달을 억제하겠군.

② 아스피린은 손상되었던 세포에서 프로스타글란딘의 생성을 활성화시키고, 모르핀은 망상체 및 시상 하부에 전달되어 엔도르핀의 분비를 활성화시키겠군.

③ 아스피린은 통증 자극의 세기를 줄여 통각 수용기의 반응을 감소시키고, 모르핀은 엔도르핀과 반응하여 2차 신경 섬유로 전달되는 통증 신호를 차단하겠군.

④ 아스피린은 통각 수용기를 둔감하게 하여 자극을 전기적 신호로 변환하지 못하게 하고, 모르핀은 서브스턴스 P와 반응하여 서브스턴스 P의 기능을 강화시키겠군.

⑤ 아스피린은 손상된 세포를 회복시켜 프로스타글란딘의 생성을 억제하고, 모르핀은 진통 신경 전달 물질의 분비를 억제하여 서브스턴스 P의 생성을 촉진하겠군.

05 ● 팩트 체크

ⓐ의 문맥적 의미와 가장 유사한 것은?

① 나는 평소보다 일찍 일어났다.

② 감기로 오한과 두통이 일어났다.

③ 겨울 외투 속의 솜털이 일어났다.

④ 망해 가던 회사가 일어나 안정을 찾았다.

⑤ 그는 갑자기 자리에서 일어나 앞으로 나왔다.

문단별 중심 내용 & 구조도

필수 어휘

손상
損 덜 손 / 傷 상처 상
병이 들거나 다침.
ᅋ 뇌에 손상을 입어서 공부를 포기했다.
⇨ 해

방어적
防 막을 방 / 禦 막을 어 / 的 과녁 적
상대편의 공격을 막는.
ᅋ 넌 모든 일에 방어적 자세를 취하는구나.
⇔ 공격적

방출하다
비축하여 놓은 것을 내놓다.
ᅋ 가뭄이 들자 나라에서 모아 놓은 쌀을 시장에 방출하였다.
⇨ 뿜다, 배출하다

통각
痛 아플 통 / 覺 깨달을 각
고통스러운 감정이 따르는 감각.
ᅋ 나는 통각이 민감해서 거친 옷이 닿기만 해도 아파.

분포
일정한 범위에 흩어져 퍼져 있음.
ᅋ 1인 가구가 전국에 고르게 분포되어 있다.

직경
원이나 구 따위에서, 중심을 지나는 직선으로 그 둘레 위의 두 점을 이은 선분. 또는 그 선분의 길이.
ᅋ 벽에 직경 20cm의 구멍을 냈다.
⇨ 지름

전도
傳 전할 전 / 導 이끌 도
흥분이 신경이나 근육 따위의 같은 종류의 세포를 따라 전해지는 일.
ᅋ 이 약은 약물 성분이 몸에 빠르게 전도됩니다.

말단
맨 끄트머리.
ᅋ 신문기사 말단에 이름이 실렸다.
⇨ 끝
⇔ 상단

활성화
기능을 활발하게 하거나 효소 작용을 빠르게 함.
ᅋ 속이 더부룩하다면 소화 효소를 활성화시켜야 합니다.

외상
外 바깥 외 / 傷 상처 상
몸의 겉에 생긴 상처를 통틀어 이르는 말.
ᅋ 계단에서 넘어졌지만 외상이 심하지 않다.

완화
緩 느릴 완 / 和 화목할 화
병의 증상이 줄어들거나 누그러짐.
ᅋ 푹 쉬었더니 감기 증세가 완화되었습니다.

4. 회생제동 장치의 원리

교육청 기출

정답과 해설 85~87쪽

1 [1]전기 자동차는 친환경 자동차로 주목받고 있지만 한 번 충전으로 운행할* 수 있는 거리가 짧다는 단점이 있다. [2]이를 보완하기 위한 장치 중 하나가 회생제동 장치이다. [3]일반적으로 제동 장치는 자동차를 멈추게 하거나 속력을 줄이는 기능을 하는데, 회생제동 장치는 제동*의 기능을 하는 동시에 이 과정에서 버려지는 에너지를 자동차의 운행에 다시 사용할 수 있게 해 준다.

2 [4]회생제동 장치를 이해하기 위해서는 우선 전기 자동차에 장착되어* 있는 전동기의 작동 원리를 알아야 한다. [5]<그림>은 전동기가 장착된 전기 자동차 구조의 일부를 도식화*한 것이다. [6]전동기는 영구자석과 그 안쪽에서 회전할 수 있는 회전자로 구성되어 있는데, 영구자석 사이에는 항상 자기장*이 형성되어 있다. [7]회전자는 배터리에서 나오는 전류가 흐를 수 있는 도선*으로 감겨 있고 자동차의 바퀴를 움직이는 회전축과 연결되어 있다.

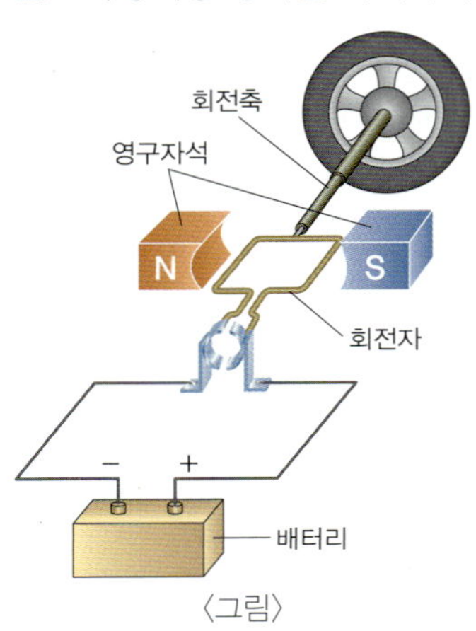

3 [8]운전자가 가속* 페달을 밟으면 배터리에서 전동기로 전류가 공급되어 회전자의 도선에 전류가 ㉠ 흐르게 된다. [9]도선에 전류가 흐르면 자기장이 생성되고 영구자석 사이에 형성되어 있는 자기장과 상호작용하여 전자기력이 발생된다. [10]이렇게 발생된 전자기력의 영향으로 도선이 힘을 받아 회전자는 회전하게 되고, 회전축과 연결된 바퀴에 회전력이 전달되어 자동차가 움직이게 된다. [11]이때 회전자의 회전력은 도선에 흐르는 전류의 세기가 셀수록, 영구자석 사이의 자기장의 세기가 셀수록 커진다. [12]결국 전동기는 전기 에너지를 운동 에너지와 같은 역학적* 에너지로 바꾸는 기능을 하는 것이다.

4 [13]그런데 이 전동기는 운전자가 제동 페달을 밟으면 역학적 에너지를 전기 에너지로 바꾸는 발전기로 기능이 전환된다. [14]운전자가 제동 페달을 밟는 순간부터 배터리에서 전동기로 공급되는 전류가 차단되어* 회전자의 도선에 전류가 흐르지 않게 되므로 회전자를 회전시키는 전자기력은 사라진다. [15]그러나 달리던 자동차의 관성*으로 인해 바퀴는 일정 시간 굴러가기 때문에 바퀴가 회전자를 돌리는 상황이 된다. [16]바퀴가 회전자를 돌리는 데에는 에너지가 소모되므로 바퀴의 운동 에너지가 감소하면서 제동 효과가 발생한다. [17]이때 도선으로 감긴 회전자가 영구자석에 의해 형성되어 있는 자기장 속에서 회전하면서 전자기 유도현상에 따라 전기 에너지가 만들어진다. [18]이는 제동을 하면서 줄어든 운동 에너지가 전기 에너지의 형태로 회생된* 것이다. [19]이렇게 만들어진 전기 에너지는 전압변환 장치의 작

용을 통해 배터리에 저장되어야 비로소 회생제동의 효과가 발생해서 주행[*] 거리
가 늘어난다.

5 [20]한편 회생제동 장치는 전기 자동차의 운행 상태와 배터리의 충전 상태 등에
영향을 받기 때문에 단독으로 쓰이는 경우 제동 효과를 충분히 발휘하기[*] 어렵다.
[21]예를 들어 급정지처럼 짧은 시간에 큰 제동력이 필요한 상황에서는 회생제동 장
치만으로는 필요한 제동력을 얻기 힘들고, 배터리가 완전히 충전된 상황에서는
생성된 전기 에너지를 저장할 수 없어 회생제동 장치가 작동하지 않는다. [22]따라서
대부분의 전기 자동차에는 회생제동 장치뿐만 아니라 일반 자동차에 사용되는 마
찰제동 장치가 함께 장착되어 상호보완적으로 작동한다.

6 [23]운전자가 제동 페달을 밟으면 우선 페달에 있는 센서가 페달을 밟은 압력의
정도를 인식하여 전자제어 장치로 전기적 신호를 보낸다. [24]전자제어 장치는 이 신
호를 바탕으로 페달을 밟은 압력의 정도에 따라 제동에 필요한 전체 제동력을 계
산한다. [25]이와 동시에 현재 자동차 운행 상태와 배터리의 충전 상태 등을 고려하여
회생제동으로 얻을 수 있는 제동력과, 이를 전체 제동력에서 뺀 나머지 제동력을
계산해 낸다. [26]그리고 이를 토대로 전자제어 장치는 회생제동 장치에 신호를 보내
이 신호가 배터리와 전동기의 연결을 차단하여 회생제동이 발생하도록 하는 한편,
마찰제동 장치에 신호를 보내 마찰제동의 정도를 조절한다. [27]이 과정은 실시간으
로 이루어지기 때문에 상황에 따른 전체 제동력은 일정하게 유지될 수 있다.

12 회생제동 장치는 짧은 시간에 큰 제동력을
제공하지 못한다. (O , X)

13 전자제어 장치는 제동에 필요한 제동력을
계산하여 회생제동 장치와 마찰제동 장치
에 신호를 보낸다. (O , X)

14 제동 페달을 밟은 압력이 강할수록 마찰제동
의 정도는 작아질 것이다. (O , X)

15 같은 압력으로 제동 페달을 밟았더라도, 배
터리의 충전 상태에 따라 마찰제동의 정도
는 달라질 수 있다. (O , X)

맞힌 개수 / 총 개수   / 15

윗글을 이해한 내용으로 적절하지 <u>않은</u> 것은?

① 회전자는 도선으로 감겨 있어 전류가 흐르면 자기장이 생긴다.

② 전자기력의 영향으로 회전자가 회전하면 바퀴가 움직이게 된다.

③ 대부분의 전기 자동차에는 일반 자동차에 있는 제동 장치가 장착되어 있다.

④ 회전자의 회전력이 사라지면 영구자석 사이에 형성되어 있던 자기장도 사라진다.

⑤ 전기 자동차의 제동력은 실시간으로 조절되어 상황에 따른 전체 제동력이 일정하게 유지된다.

〈보기〉는 운행 중인 전기 자동차의 제동 과정을 주요 장치들을 중심으로 도식화한 것이다. 윗글을 바탕으로 〈보기〉에 대해 설명한 내용으로 적절하지 <u>않은</u> 것은?

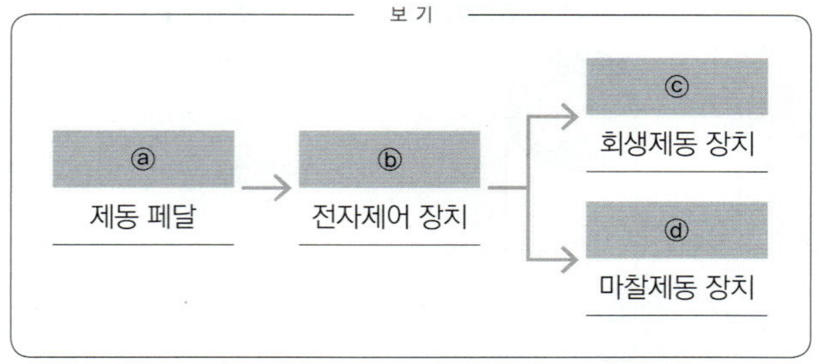

① ⓐ를 밟게 되면 전기 에너지로 돌아가던 회전자는 운동 에너지에 의해 돌아가게 되겠군.

② ⓐ에 있는 센서가 압력의 정도를 인식하면 ⓐ에서 ⓑ로 전기적 신호가 전달되겠군.

③ ⓑ에서 회생제동으로 얻을 수 있는 제동력을 계산하려면 ⓐ로부터 받은 신호와 배터리 충전 상태 등을 고려해야겠군.

④ ⓒ가 ⓑ로부터 신호를 받으면 배터리와 전동기의 연결이 차단되어 제동력이 발생하겠군.

⑤ ⓓ는 ⓑ로부터 신호를 받아 전체 제동력에서 ⓒ가 발생시킬 제동력의 크기를 계산하겠군.

윗글을 바탕으로 〈보기〉를 이해한 내용으로 적절하지 <u>않은</u> 것은? [3점]

> **보 기**
>
> 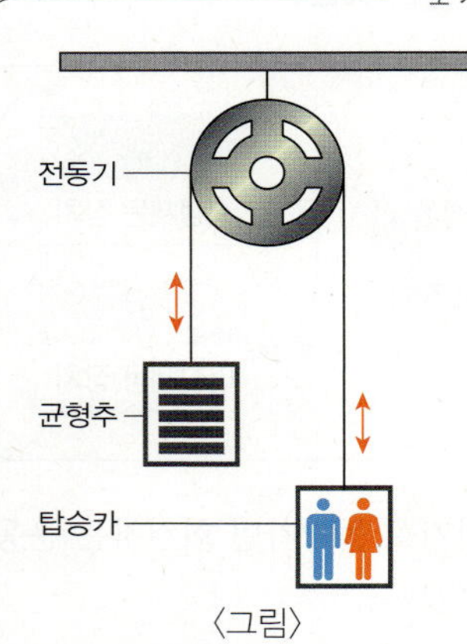
>
>
> 회생제동 장치가 설치되어 있는 승강기의 구조는 일반적으로 <그림>과 같다. 이때 승강기의 전동기와 전기 자동차의 전동기는 기본적인 구조와 작동 원리가 동일하다. 탑승카를 올려 보내야 할 경우, ⓐ 탑승카의 무게가 균형추의 무게보다 가볍다면 균형추에 작용하는 중력에 의해 전동기에 연결된 회전축이 회전하게 되므로 전기가 생산된다. 반면 ⓑ 탑승카의 무게가 균형추보다 무겁다면 전동기는 전기를 소모하여 탑승카를 움직이게 한다. 한편 탑승카를 내려보내야 할 경우, ⓒ 탑승카의 무게가 균형추보다 무겁다면 탑승카에 작용하는 중력에 의해 전동기에 연결된 회전축이 회전하게 되어 전기 에너지가 만들어진다. 반대로 ⓓ 탑승카의 무게가 균형추보다 가볍다면 전동기는 전기 에너지를 사용하게 된다.

① ⓐ의 경우 균형추에 작용하는 중력은 회전축을 돌린다는 점에서 달리던 전기 자동차의 관성과 유사한 역할을 하겠군.

② ⓑ의 경우 전동기는 전기 에너지를 역학적 에너지로 전환하는 기능을 수행하게 되겠군.

③ ⓒ의 경우 도선에 공급된 전류의 세기가 셀수록 회전자의 회전력은 커지겠군.

④ ⓐ와 ⓒ의 경우 전기 자동차에서 제동 페달을 밟아 회생제동이 일어난 상태와 유사하다고 할 수 있겠군.

⑤ ⓑ와 ⓓ의 경우 승강기는 전기 자동차와 마찬가지로 전기를 제공해 주는 장치가 필요하겠군.

〈보기〉는 윗글을 읽은 학생이 정리한 내용의 일부이다. ㉮~㉰에 들어갈 말로 적절한 것은?

> **보 기**
>
> 회생제동이 일어날 때에는 제동 과정에서 회전자를 돌리는 에너지가 (㉮) 에너지로 전환된 후 (㉯)의 작용을 통해 배터리에 저장된다. 그런데 배터리가 완전히 충전된 상태에서는 (㉰)제동 장치가 작동하지 않는다.

	㉮	㉯	㉰
①	운동	전압변환 장치	회생
②	운동	가속 페달	마찰
③	전기	전압변환 장치	회생
④	전기	가속 페달	마찰
⑤	전기	전압변환 장치	마찰

㉠과 문맥적 의미가 가장 유사한 것은?

① 교실에 조용한 음악이 <u>흐른다</u>.

② 자루에서 쌀이 다 <u>흘러</u> 버렸다.

③ 이야기가 엉뚱한 방향으로 <u>흘렀다</u>.

④ 우리가 헤어진 후 오랜 시간이 <u>흘렀다</u>.

⑤ 이 가스관 속에는 고압 가스가 <u>흐른다</u>.

문단별 중심 내용 & 구조도

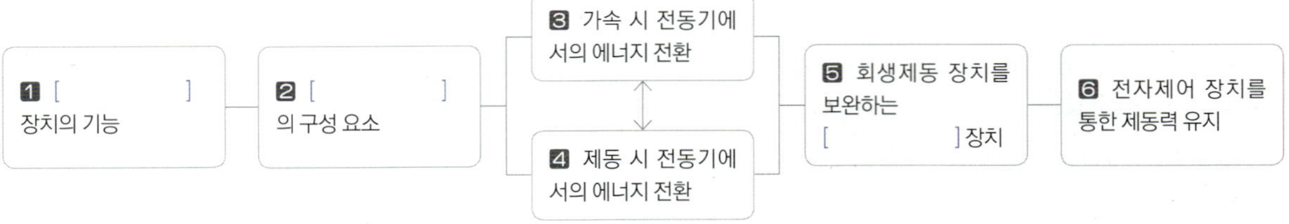

필수 어휘

운행하다
運 운전할 운 / 行 다닐 행
차량 따위가 정해진 도로나 목적지를 오고 가다.
예 금일 서울행 열차는 운행하지 않습니다.
≒ 교통하다

제동
制 억제할 제 / 動 움직일 동
기계나 자동차 따위의 운동을 멈추게 함.
예 급하게 제동을 걸고 주위를 둘러보았다.

장착되다
의복, 기구, 장비 따위에 장치가 부착되다.
예 보호 장치가 장착된 배만 항해를 할 수 있습니다.

도식화
사물의 구조, 관계, 변화 상태 따위를 그림이나 양식으로 만듦.
예 말은 복잡하지만 도식화를 하면 이해하기가 쉽다.

자기장
磁 자석 자 / 氣 기운 기 / 場 마당 장
자석의 주위, 전류의 주위, 지구의 표면 따위와 같이 자기의 작용이 미치는 공간.
예 MRI는 자기장을 이용해 신체를 검사한다.

도선
전기의 양극을 이어 전류를 통하게 하는 쇠붙이 줄.
예 도선으로 연결하여 전기를 끌어왔다.
≒ 전선

가속
加 더할 가 / 速 빠를 속
점점 속도를 더함. 또는 그 속도.
예 자전거는 내리막길에 들어서자 가속이 붙었다.
⇔ 감속

역학적
물체의 운동과 관련된 원리나 성질을 띠는 것.
예 물체의 움직임은 역학적으로 해석할 수 있다.

차단되다
遮 막을 차 / 斷 끊을 단
액체나 기체 따위의 흐름 또는 통로가 막히거나 끊어져서 통하지 못하게 되다.
예 외부의 소음이 완전히 차단되었다.
≒ 끊어지다

관성
慣 버릇 관 / 性 성품 성
물체가 밖의 힘을 받지 않는 한 정지 또는 등속도 운동의 상태를 지속하려는 성질.
예 기차는 속력의 관성에 의해 끝내 멈추지 못했다.

회생되다
回 돌아올 회 / 生 날 생
거의 죽어 가다가 다시 살아나게 되다.
예 더 이상은 회생될 여지가 없다.
≒ 소생되다

주행
주로 동력으로 움직이는 자동차나 열차 따위가 달림.
예 오래된 차이긴 하지만 주행에는 아무 문제가 없다.

발휘하다
재능, 능력 따위를 떨치어 나타내다.
예 이제부터 네 진가를 발휘해 봐!
≒ 드러내다

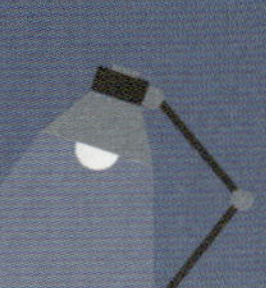

① ¹충전*과 방전*을 ⓐ 통해 반복적으로 사용할 수 있는 충전지는 충전기를 ⓑ 통해 충전하는데, 충전기는 적절한 전류와 전압을 제어하기* 위한 충전회로를 가지고 있다. ²충전지는 양극에 사용되는 금속 산화* 물질에 따라 납 충전지, 니켈 충전지, 리튬 충전지로 나눌 수 있다. ³충전지가 방전될 때 양극 단자*와 음극 단자 간에 전위차, 즉 전압이 발생하는데, 방전이 진행되면서 전압이 감소한다. ⁴이렇게 변화하는 단자 전압의 평균을 공칭 전압이라 한다. ⁵충전지를 크게 만들면 충전 용량과 방전 전류 세기를 증가시킬 수 있으나 전극의 물질을 바꾸지 않는 한 공칭 전압은 변하지 않는다. ⁶납 충전지의 공칭 전압은 2V, 니켈 충전지는 1.2V, 리튬 충전지는 3.6V이다.

② ⁷충전지는 최대 용량까지 충전하는 것이 효율적이며 이러한 상태를 만충전이라 한다. ⁸최대 용량을 넘어서 충전하는 과충전이나 방전 하한 전압 이하까지 방전시키는 과방전으로 인해 충전지의 수명이 줄어들기 때문에 충전 양을 측정·관리하는 것이 중요하다. ⁹특히 과충전 시에는 발열로 인해 누액*이나 폭발의 위험이 있다. ¹⁰니켈 충전지의 일종인 니켈 카드뮴 충전지는 다른 충전지와 달리 메모리 효과가 있어서 일부만 방전한 후 충전하는 것을 반복하면 충·방전할 수 있는 용량이 줄어든다.

③

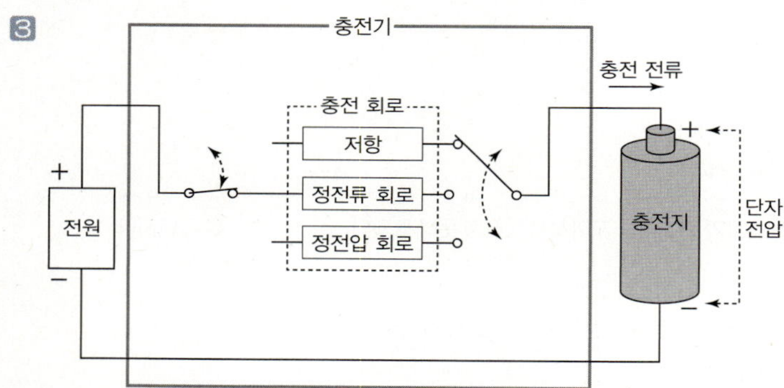

¹¹충전에 사용하는 충전기의 전원 전압은 충전지의 공칭 전압보다 높은 전압을 사용하고 충전지로 유입되는* 전류를 저항으로 제한한다. ¹²그러나 충전이 이루어지면서 충전지의 단자 전압이 상승하여 유입되는 전류의 세기가 점점 줄어들게 된다. ¹³그러므로 이를 막기 위해 충전기에는 충전 전류의 세기가 일정하도록 하는 정전류 회로가 사용된다. ¹⁴또한 정전압 회로를 사용하기도 하는데, 이는 회로에 입력되는 전압이 변해도 출력되는 전압이 일정하도록 해준다. ¹⁵리튬 충전지를 충전할 경우, 정전류 회로를 사용하여 충전하다가 만충전 전압에 이르면 정전압 회로로 전환하여* 정해진 시간 동안 충전지에 공급하는 전압을 일정하게 유지함으로써 충전지 내부에 리튬 이온이 고르게 분포될* 수 있게 한다.

집 중 훈 련 OX

01 충전지가 방전되면 전압이 상승하여 공칭 전압보다 높아진다. (O , X)

02 충전지의 평균 단자 전압은 전극 물질에 의해서 결정된다. (O , X)

03 충전 양을 측정, 관리해야 하는 까닭은 충전지의 수명을 길게 하기 위해서이다. (O , X)

04 충전지의 전압이 방전 하한 전압보다 낮아지면 금속 산화 물질이 누액될 수 있다. (O , X)

05 충전지가 만충전에서 과충전 상태로 넘어가면 발열에 따른 위험성이 커진다. (O , X)

06 니켈 카드뮴 충전지는 일부만 방전한 후 충전하는 것을 반복해도 충전지의 최대 용량은 유지된다. (O , X)

07 충전기를 사용할 때에는, 충전지에 표시된 전압보다 전원 전압이 낮은 충전기를 사용해야 한다. (O , X)

08 충전지의 단자 전압이 상승하면 유입되는 전류의 세기는 강해진다. (O , X)

09 정전류 회로가 작동하지 않아서 충전 전류의 세기가 강해지면 충전지의 수명이 줄어든다. (O , X)

10 리튬 충전지를 충전할 때에는 정전류 회로와 정전압 회로가 동시에 작동한다. (O , X)

④ [16]충전지의 ㉠ 만충전 상태를 추정하여 충전을 중단하는 방식에는 몇 가지가 있다. [17]최대 충전 시간 방식에서는, 충전이 시작된 후 완전 방전에서 만충전될 때까지 소요될 것으로 추정되는 시간이 경과하면* 무조건 충전 전원을 차단한다. [18]전류 적산* 방식에서는 일정한 시간 간격으로 충전 전류의 세기를 측정하여, 각각의 값에 측정 시간 간격을 곱한 것을 모두 더한 값이 충전지의 충전 용량에 이르면 충전 전원을 차단한다. [19]충전 상태 검출 방식에서는 충전지의 단자 전압과 충전지 표면의 온도를 측정하여 만충전 여부를 판정한다. [20]충전지에 충전 전류가 유입되면 충전이 시작되어 단자 전압과 온도가 서서히 올라간다. [21]충전 양이 만충전 용량의 약 80%에 이르면 발열량이 많아져 단자 전압과 온도가 급격히 올라간다. [22]만충전 상태에 가까워지면 단자 전압이 다소 감소하는데 일정 수준으로 감소한 시점을 만충전에 도달했다고 추정하여* 충전 전원을 차단한다. [23]니켈 카드뮴 충전지의 경우는 단자 전압의 강하*를 검출할* 수 있으나 다른 충전지들의 경우는 이러한 전압 강하가 검출이 가능할 만큼 크게 나타나지 않기 때문에 최대 단자 전압, 최대 온도, 온도 상승률 등의 기준을 정하고 측정된 값이 그 기준들을 넘어서지 않도록 하여 과충전을 방지한다.

11 충전지를 안전하고 오래 사용하기 위해서 충전 중단 방식을 통해 충전지가 과충전되지 않게 한다. (O , X)

12 만충전 상태에서 충전을 중단하기 위해서는 충전 전원을 차단하는 장치가 필요하다. (O , X)

13 전류 적산 방식에서 충전 전류의 세기가 일정할 경우, 충전지의 실제 충전 용량과 추정한 용량이 일치할 것이다. (O , X)

14 충전 상태 검출 방식은 외부 요인으로 인해 충전지 표면의 온도가 올라가도 만충전 여부를 정확하게 판단할 수 있다. (O , X)

15 충전 상태 검출 방식에서 충전지의 단자 전압은 만충전에 이를 때까지 지속적으로 상승한다. (O , X)

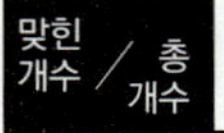

맞힌 개수 / 총 개수   / 15

---

01 ● 팩트 체크

윗글의 내용과 일치하는 것은?

① 과충전은 충전지의 수명에 영향을 끼치지 않는다.

② 방전 시 충전지의 단자 전압은 공칭 전압보다 낮을 수 있다.

③ 정전압 회로에서는 입력되는 전압이 변하면 출력되는 전압이 변한다.

④ 전극의 물질을 바꾸어도 충전지의 평균적인 단자 전압은 변하지 않는다.

⑤ 니켈 카드뮴 충전지는 일부만 방전한 후 충전하기를 반복해도 방전할 수 있는 용량이 줄어들지 않는다.

02 ● 팩트 체크

다음은 리튬 충전지의 사용 설명서 중 일부이다. 윗글에서 근거를 찾을 수 <u>없는</u> 것은?

> **[유의 사항]**
> • 충전지에 표시된 전압보다 전원 전압이 높은 충전기를 사용해야 합니다. ························ ①
> • 충전지에 표시된 충전 허용 전류보다 충전 전류의 세기가 강하면 충전지의 수명이 줄어듭니다. ·········· ②
> • 충전지의 온도가 과도하게 상승하면 충전을 중지해야 합니다. ························ ③
> • 충전지를 사용하다가 수시로 충전해도 무방합니다. ························ ④
> • 과도하게 방전시키면 충전지의 수명이 줄어듭니다. ························ ⑤

〈보기〉는 윗글을 읽은 발명 동아리 학생들이 새로운 충전기 개발을 위해 진행한 회의의 일부이다. ㉠에 대한 의견으로 적절하지 않은 것은?

보 기

부장: 충전기에 적용할 수 있는 충전 중단 방식이 지닌 장점에 대한 의견 잘 들었습니다. 이제 각 방식을 사용할 경우 발생할 수 있는 문제점을 생각해 보시고 의견을 말씀해 주십시오.

부원 1: 최대 충전 시간 방식을 사용할 경우, 완전 방전이 되지 않은 상태에서 충전을 시작하면 과충전 상태에 이르는 한계가 있습니다.

부원 2: 전류 적산 방식을 사용할 경우, 충전 전류가 변할 때보다 충전 전류가 일정할 경우에, 추정한 충전 양과 실제 충전 양의 차이가 커질 수 있다는 단점이 있습니다.

부장: 충전 상태 검출 방식에 대한 의견을 말씀해 주십시오.

부원 3: 충전 상태 검출 방식 중 전압 강하를 검출하는 방식은 여러 종류의 충전지를 두루 충전하는 충전기에 사용하기에는 적절하지 않습니다.

부원 4: 충전 상태 검출 방식 중 온도로 상태를 파악하는 방식에서는 주변 환경이 충전지 표면 온도에 영향을 준다면 충전 완료 시점을 정확하게 추정하기 어렵습니다.

부원 5: 지금까지 논의한 방식은 모두 충전 전원을 차단하는 장치가 없다면 과충전을 방지할 수 없다는 한계가 있습니다.

① 부원 1의 의견
② 부원 2의 의견
③ 부원 3의 의견
④ 부원 4의 의견
⑤ 부원 5의 의견

다음은 어떤 충전지를 충전할 때의 단자 전압과 충전 전류를 나타낸 그래프이다. 윗글을 참고할 때, ㉮~㉲에 대한 이해로 적절하지 않은 것은? [3점]

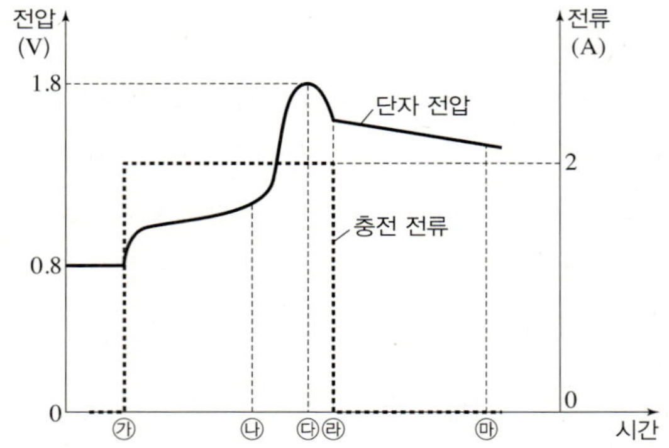

① ㉮: 단자 전압이 공칭 전압 이하인 상태에서 충전이 시작되는군.
② ㉯: 충전 전류에 의해 온도가 상승하고 정전류 회로가 작동하고 있군.
③ ㉰: 단자 전압이 최대에 도달했으므로 만충전에 이르렀군.
④ ㉱: 정전류 회로가 작동을 멈추고 전원이 차단되었군.
⑤ ㉲: 충전 전류가 흐르지 않는 상태에서 방전이 되고 있군.

ⓐ, ⓑ의 의미로 쓰인 예가 바르게 짝지어진 것은?

① ⓐ: 그 사람에게 그런 식은 안 <u>통한다</u>.
　ⓑ: 전깃줄에 전류가 <u>통한다</u>.
② ⓐ: 그와 나는 서로 <u>통하는</u> 면이 있다.
　ⓑ: 청년기를 <u>통해</u> 노력의 중요성을 익혔다.
③ ⓐ: 이 길은 바다로 가는 길과 <u>통해</u> 있다.
　ⓑ: 모두 비상구를 <u>통해</u> 안전하게 빠져나갔다.
④ ⓐ: 이곳은 바람이 잘 <u>통해</u> 빨래가 잘 마른다.
　ⓑ: 그런 얄팍한 수는 나에게 <u>통하지</u> 않는다.
⑤ ⓐ: 철저한 실습을 <u>통해</u> 이론을 확실히 익힌다.
　ⓑ: 망원경을 <u>통해</u> 저 멀리까지 내다보았다.

문단별 중심 내용 & 구조도

1 충전지의 종류와 [   ] → **2** 과충전, [   ]의 문제점 → **3** 충전 회로의 작동 원리 → **4** [   ] 상태를 추정하여 충전을 중단하는 3가지 방식

필수 어휘

충전 充 가득할 **충** / 電 번개 **전**	축전지나 축전기에 전기 에너지를 축적하는 일. 예 에너지 충전 중.	⊖ 방전
방전 放 놓을 **방** / 電 번개 **전**	전지나 축전기 또는 전기를 띤 물체에서 전기가 외부로 흘러나오는 현상. 예 핸드폰 배터리가 방전 상태라서 전화를 못 했어.	⊖ 충전
제어하다	기계나 설비 또는 화학 반응 따위가 목적에 알맞은 작용을 하도록 조절하다. 예 이곳은 컴퓨터로 모든 보안 시설을 제어하고 있다.	⊜ 통제하다
산화	어떤 원자, 분자, 이온 따위가 전자를 잃는 일. 예 이 물질은 산화되거나 환원되지 않는다.	⊖ 환원
단자	전기 기계나 기구 따위에서, 전력을 끌어들이거나 보내는 데 쓰는 회로의 끝부분. 예 TV 뒤를 보면, 왼쪽이 입력 단자이고 오른쪽이 출력 단자이다.	
누액 漏 샐 **루** / 液 진 **액**	밀폐된 용기 속의 액체가 새는 일. 또는 그 액체. 예 오래된 건전지 누액 때문에 리모컨이 고장 났다.	
유입되다 流 흐를 **유** / 入 들 **입**	액체나 기체, 열 따위가 어떤 곳으로 흘러들게 되다. 예 공장 폐수가 강으로 유입되고 있다.	
전환하다	다른 방향이나 상태로 바꾸다. 예 우리는 우울한 기분을 즐거운 마음으로 전환하기 위해 잠깐 놀기로 했다.	⊜ 틀다
분포되다	일정한 범위에 흩어져 퍼져 있다. 예 우리나라 전역에 분포된 식물군을 조사한다.	
경과하다	시간이 지나가다. 예 시간이 경과할수록 점점 더 건강을 회복하고 있습니다.	
적산 積 쌓을 **적** / 算 계산 **산**	측정하거나 계산한 값을 차례차례로 더해 감. 또는 그 합계. 예 우리 가게의 매일 매출액을 적산하여 이달의 매출액을 확인했다.	⊜ 누계
추정하다	미루어 생각하여 판정하다. 예 우리는 그를 대학생이라고 추정하였다.	⊜ 짐작하다
강하 降 내릴 **강** / 下 아래 **하**	온도나 혈압, 기압 따위가 낮아짐. 예 급격한 기온 강하로 농작물이 피해를 보았다.	⊜ 하강
검출하다	시료 속에 있는 화학종이나 미생물 따위의 존재 유무를 알아내다. 예 보건 당국은 수입 쇠고기에서 세균을 검출했다고 발표했다.	

1 ¹일반 사용자가 디지털 카메라를 들고 촬영하면 손의 미세한* 떨림으로 인해 영상이 번져 흐려지고, 걷거나 뛰면서 촬영하면 식별하기* 힘들 정도로 영상이 흔들리게 된다. ²흔들림에 의한 영향을 최소화하는 기술이 영상 안정화 기술이다.

2 ³영상 안정화 기술에는 빛을 이용하는 광학적 기술과 소프트웨어를 이용하는 디지털 기술 등이 있다. ⁴광학* 영상 안정화(OIS) 기술을 사용하는 카메라 모듈은 렌즈 모듈, 이미지 센서, 자이로 센서, 제어 장치, 렌즈를 움직이는 장치로 구성되어 있다. ⁵렌즈 모듈은 보정용 렌즈들을 포함한 여러 개의 렌즈들로 구성된다. ⁶일반적으로 카메라는 렌즈를 통해 들어온 빛이 이미지 센서에 닿아 피사체*의 상이 맺히고, 피사체의 한 점에 해당하는 위치인 화소마다 빛의 세기에 비례하여 발생한 전기 신호가 저장 매체에 영상으로 저장된다. ⁷그런데 카메라가 흔들리면 이미지 센서 각각의 화소에 닿는 빛의 세기가 변한다. ⁸이때 OIS 기술이 작동되면 자이로 센서가 카메라의 움직임을 감지하여* 방향과 속도를 제어 장치에 전달한다. ⁹제어 장치가 렌즈를 이동시키면 피사체의 상이 유지되면서 영상이 안정된다.

3 ¹⁰렌즈를 움직이는 방법 중에는 보이스코일 모터를 이용하는 방법이 많이 쓰인다. ¹¹보이스코일 모터를 포함한 카메라 모듈은 중앙에 위치한 렌즈 주위에 코일과 자석이 배치되어* 있다. ¹²카메라가 흔들리면 제어 장치에 의해 코일에 전류가 흘러서 자기장과 전류의 직각 방향으로 전류의 크기에 비례하는 힘이 발생한다. ¹³이 힘이 렌즈를 이동시켜 흔들림에 의한 영향이 상쇄되고* 피사체의 상이 유지된다. ¹⁴이외에도 카메라가 흔들릴 때 이미지 센서를 움직여 흔들림을 감쇄하는* 방식도 이용된다.

4 ¹⁵OIS 기술이 손떨림을 훌륭하게 보정해* 줄 수는 있지만 렌즈의 이동 범위에 한계가 있어 보정할 수 있는 움직임의 폭이 좁다. ¹⁶디지털 영상 안정화(DIS) 기술은 촬영 후에 소프트웨어를 사용해 흔들림을 보정하는 기술로 역동적인 상황에서 촬영한 동영상에 적용할 때 좋은 결과를 얻을 수 있다. ¹⁷이 기술은 촬영된 동영상을 프레임* 단위로 나눈 후 연속된 프레임 간 피사체의 움직임을 추정한다*. ¹⁸움직임을 추정하는 한 방법은 특징점을 이용하는 것이다. ¹⁹특징점으로는 피사체의 모서리처럼 주위와 밝기가 뚜렷이 구별되며 영상이 이동하거나 회전해도 그 밝기 차이가 유지되는 부분이 선택된다.

5 ²⁰먼저 k 번째 프레임에서 특징점들을 찾고, 다음 k+1 번째 프레임에서 같은 특징점들을 찾는다. ²¹이 두 프레임 사이에서 같은 특징점이 얼마나 이동하였는지 계산하여 영상의 움직임을 추정한다. ²²그리고 흔들림이 발생한 곳으로 추정되는 프레임에서 위치 차이만큼 보정하여 흔들림의 영향을 줄이면 보정된 동영상은 움

01 영상 안정화 기술은 디지털 카메라의 기술적인 결함을 보완하기 위해 개발되었다. (O , X)

02 빛이나 소프트웨어를 이용하는 기술로 영상의 흔들림을 안정화할 수 있다. (O , X)

03 OIS 기술의 렌즈 모듈은 어두운 곳에서도 안정된 영상을 얻기 위해 여러 개의 렌즈들로 구성되었을 것이다. (O , X)

04 일반적으로 카메라는 이미지 센서를 통해 빛의 세기를 전기 신호로 받아들인다. (O , X)

05 OIS 기술이 작동될 때, 카메라가 움직이면 자이로 센서 → 렌즈 모듈 → 제어 장치 순으로 작동한다. (O , X)

06 OIS 기술을 사용하더라도 보이스코일 모터가 없는 카메라 모듈도 있다. (O , X)

07 자이로 센서가 카메라의 움직임을 감지하면 제어 장치는 보이스코일 모터에 전류가 흐르게 한다. (O , X)

08 카메라의 흔들림이 큰 상황에서는 DIS 기술보다 OIS 기술이 효과적이다. (O , X)

09 OIS 기술은 촬영하는 과정에서 작동하지만, DIS 기술은 촬영한 후에 작동한다. (O , X)

10 DIS 기술에서는 특징점이 적을수록 피사체의 움직임을 정밀하게 보정하기가 쉽다. (O , X)

11 DIS 기술에서 특징점은 주변과의 밝기 차이가 뚜렷이 구별되어야 한다. (O , X)

12 카메라의 흔들림이 클수록, 두 프레임 사이에서 같은 특징점의 이동 거리가 짧다. (O , X)

직임이 부드러워진다. [23]그러나 특징점의 수가 늘어날수록 연산이 더 오래 걸린다.
[24]한편 영상을 보정하는 과정에서 영상을 회전하면 프레임에서 비어 있는 공간이
나타난다. [25]비어 있는 부분이 없도록 잘라 내면 프레임들의 크기가 작아지는데,
원래의 프레임 크기를 유지하려면 화질*은 떨어진다.

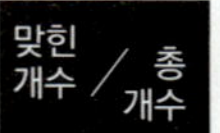

---

01 팩트 체크

윗글을 이해한 내용으로 적절하지 <u>않은</u> 것은?

① 디지털 영상 안정화 기술은 소프트웨어를 이용하여 이
미지 센서를 이동시킨다.

② 광학 영상 안정화 기술을 사용하지 않는 디지털 카메라
에도 이미지 센서는 필요하다.

③ 연속된 프레임에서 동일한 피사체의 위치 차이가 작을
수록 동영상의 움직임이 부드러워진다.

④ 디지털 카메라의 저장 매체에는 이미지 센서 각각의 화
소에서 발생하는 전기 신호가 영상으로 저장된다.

⑤ 보정 기능이 없다면 손 떨림이 있을 때 이미지 센서
각각의 화소에 닿는 빛의 세기가 변하여 영상이 흐려
진다.

02 팩트 체크

윗글의 'OIS 기술'에 대한 설명으로 적절하지 <u>않은</u> 것은?

① 보이스코일 모터는 카메라 모듈에 포함되는 장치이다.

② 자이로 센서는 이미지 센서에 맺히는 영상을 제어 장치
로 전달한다.

③ 보이스코일 모터에 흐르는 전류에 의해 발생한 힘으로
렌즈의 위치를 조정한다.

④ 자이로 센서가 카메라 움직임을 정확히 알려도 렌즈 이
동의 범위에는 한계가 있다.

⑤ 흔들림에 의해 피사체의 상이 이동하면 원래의 위치로
돌아오도록 렌즈나 이미지 센서를 이동시킨다.

윗글을 참고할 때, 〈보기〉의 A~C에 들어갈 말을 바르게 짝지은 것은?

──── 보 기 ────

　특징점으로 선택되는 점들과 주위 점들의 밝기 차이가 (　A　), 영상이 흔들리기 전의 밝기 차이와 후의 밝기 차이 변화가 (　B　) 특징점의 위치 추정이 유리하다. 그리고 특징점들이 많을수록 보정에 필요한 (　C　)이/가 늘어난다.

	A	B	C
①	클수록	클수록	프레임의 수
②	클수록	작을수록	시간
③	클수록	작을수록	프레임의 수
④	작을수록	클수록	시간
⑤	작을수록	작을수록	프레임의 수

윗글을 읽고 〈보기〉를 이해한 반응으로 가장 적절한 것은?
[3점]

──── 보 기 ────

　새로 산 카메라의 성능을 시험해 보고 싶어서 OIS 기능을 켜고 동영상을 촬영했다. 빌딩을 찍는 순간, 바람에 휘청하여 들고 있던 카메라가 기울어졌다. 집에 돌아와 촬영된 영상을 확인하고 소프트웨어로 보정하려 한다.

[촬영한 동영상 중 연속된 프레임]

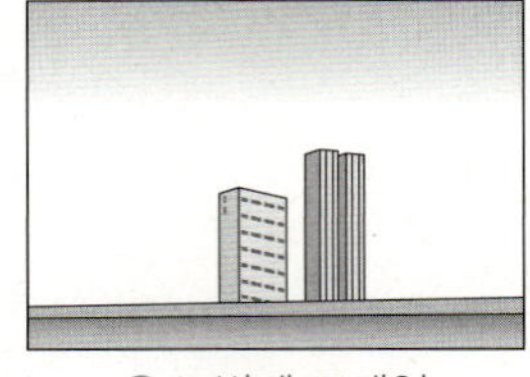

① ㉠에서 프레임의 모서리 부분으로 특징점을 선택하는 것이 움직임을 추정하는 데 유리하겠군.

② ㉡을 DIS 기능으로 보정하고 나서 프레임 크기가 변했다면 흔들림은 보정되었으나 원래의 영상 일부가 손실되었겠군.

③ ㉠에서 빌딩 모서리들 간의 차이를 특징점으로 선택하고 그 차이를 계산하여 ㉡을 보정하겠군.

④ ㉠은 OIS 기능으로 손떨림을 보정한 프레임이지만, ㉡은 OIS 기능으로 보정해야 할 프레임이겠군.

⑤ ㉡을 보면 ㉠이 촬영된 직후 카메라가 크게 움직여 DIS 기능으로는 완전히 보정되지 않았다는 것을 알 수 있겠군.

문단별 중심 내용 & 구조도

1 영상 안정화 기술 소개

2 [   ](OIS) 기술의 원리

3 보이스코일 모터를 이용하여 렌즈를 움직이는 원리

4 [   ](DIS)의 기능과 특징

5 디지털 영상 안정화(DIS) 기술의 원리와 한계

필수 어휘

미세하다
微 작을 미 / 細 가늘 세

분간하기 어려울 정도로 아주 작다.
예 이 가방에는 미세한 구멍이 났다.
⊕ 자잘하다

식별하다
識 알 식 / 別 다를 별

분별하여 알아보다.
예 무리들 가운데 그때 본 사람을 식별했다.
⊖ 혼동하다

광학

빛의 성질과 현상을 연구하는 학문.
예 광학 장치를 통해 이미지를 선명하게 나타낼 수 있다.

피사체

사진을 찍는 대상이 되는 물체.
예 나에게 그는 사진 속 피사체일 뿐이다.

감지하다
感 느낄 감 / 知 알 지

느끼어 알다.
예 나는 본능적으로 위험을 감지하였다.
⊕ 느끼다, 알다

배치되다

일정한 차례나 간격에 따라 벌여져 놓이다.
예 교실에는 책상과 의자들이 일정한 간격으로 배치되어 있다.

상쇄되다
相 서로 상 / 殺 감할 쇄

상반되는 것이 서로 영향을 받아 효과가 없어지다.
예 어떤 즐거운 일로도 상실의 아픔은 상쇄되지 않았다.

감쇄하다
減 덜 감 / 殺 감할 쇄

줄어 없어지다. 또는 줄여 없애다.
예 경제 상황의 악화는 소비자들의 소비 욕구를 감쇄하기도 한다.

보정하다

오차를 없애고 보다 참값에 가까운 값을 구하다.
예 그들은 10년 동안의 해수면의 값을 보정하여 보고했다.

프레임

필름이 순간적으로 멈출 때의 화면에 나타나는 낱장.
예 이 카메라는 초당 30프레임의 영상을 지원한다.

추정하다

미루어 생각하여 판정하다.
예 경찰은 이번 화재의 원인을 전기 누전으로 추정하고 있다.
⊕ 추측하다

화질

텔레비전 따위에서, 화면에 나타나는 상의 색조 · 밝기 따위의 질.
예 새로 산 모니터의 화질이 깨끗하다.

3. 장기 이식과 내인성 레트로바이러스

수능 기출 | 정답과 해설 93~96쪽

1 ¹신체의 세포, 조직, 장기가 손상되어 더 이상 제 기능을 하지 못할 때에 이를 대체하기 위해 이식*을 실시한다. ²이때 이식으로 옮겨 붙이는 세포, 조직, 장기를 이식편이라 한다. ³자신이나 일란성 쌍둥이*의 이식편을 이용할 수 없다면 다른 사람의 이식편으로 '동종* 이식'을 실시한다. ⁴그런데 우리의 몸은 자신의 것이 아닌 물질이 체내로 유입될* 경우 면역* 반응을 일으키므로, 유전적으로 동일하지 않은 이식편에 대해 항상 거부 반응을 일으킨다. ⁵면역적 거부 반응은 면역 세포가 표면에 발현하는* 주조직적합복합체(MHC) 분자의 차이에 의해 유발된다. ⁶개체마다 MHC에 차이가 있는데 서로 간의 유전적 거리가 멀수록 MHC에 차이가 커져 거부 반응이 강해진다. ⁷이를 막기 위해 면역 억제제를 사용하는데, 이는 면역 반응을 억제하여 질병 감염의 위험성을 높인다.

2 ⁸이식에는 많은 비용이 소요될 뿐만 아니라 이식이 가능한 동종 이식편의 수가 매우 부족하기 때문에 이를 대체하는 방법이 개발되고 있다. ⁹우선 인공 심장과 같은 '전자 기기 인공 장기'를 이용하는 방법이 있다. ¹⁰하지만 이는 장기의 기능을 일시적으로 대체하는 데 사용되며, 추가 전력 공급 및 정기적 부품 교체 등이 요구되는 단점이 있고, 아직 인간의 장기를 완전히 대체할 만큼 정교한 단계에 이르지는 못했다.

3 ¹¹다음으로는 사람의 조직 및 장기와 유사한 다른 동물의 이식편을 인간에게 이식하는 '이종 이식'이 있다. ¹²그런데 이종 이식은 동종 이식보다 거부 반응이 훨씬 심하게 일어난다. ¹³특히 사람이 가진 자연항체*는 다른 종의 세포에서 발현되는 항원*에 반응하는데, 이로 인해 이종 이식편에 대해서 초급성 거부 반응 및 급성 혈관성 거부 반응이 일어난다. ¹⁴이런 거부 반응을 일으키는 유전자를 제거한 형질* 전환 미니돼지에서 얻은 이식편을 이식하는 실험이 성공한 바 있다. ¹⁵미니돼지는 장기의 크기가 사람의 것과 유사하고 번식력*이 높아 단시간에 많은 개체를 생산할 수 있다는 장점이 있어, 이를 이용한 이종 이식편을 개발하기 위한 연구가 진행되고 있다.

4 ¹⁶이종 이식의 또 다른 문제는 ㉠내인성 레트로바이러스이다. ¹⁷내인성 레트로바이러스는 생명체의 DNA의 일부분으로, 레트로바이러스로부터 유래된* 것으로 여겨지는 부위들이다. ¹⁸이는 바이러스의 활성*을 가지지 않으며 사람을 포함한 모든 포유류에 존재한다. ¹⁹㉡레트로바이러스는 자신의 유전 정보를 RNA에 담고 있고 역전사 효소를 갖고 있는 바이러스로서, 특정한 종류의 세포를 감염시킨다. ²⁰유전 정보가 담긴 DNA로부터 RNA가 생성되는 전사 과정만 일어날 수 있는 다른 생명체와는 달리, 레트로바이러스는 다른 생명체의 세포에 들어간 후 역전사 과정을 통해 자신의 RNA를 DNA로 바꾸고 그 세포의 DNA에 끼어들어 감염시킨

집 중 훈 련 OX

01 자신이나 일란성 쌍둥이, 다른 사람에게서 이식편을 구할 수 있다. (O , X)

02 자기 몸에서 이식편을 마련하더라도 항상 거부 반응이 일어난다. (O , X)

03 면역 반응은 다른 세포, 조직, 장기로부터 자신을 보호하기 위한 반응이다. (O , X)

04 전자 기기 인공 장기를 이용하여 동종 이식편의 수가 부족한 문제를 보완할 수 있다. (O , X)

05 전자 기기 인공 장기는 영구적으로 사용 가능하다. (O , X)

06 이종 이식은 동종 이식보다 유전적 거리가 멀기 때문에 MHC 분자의 차이도 커서 거부 반응이 훨씬 심하게 일어난다. (O , X)

07 이종 이식은 동종 이식과 마찬가지로 이식편의 수가 부족하다는 한계를 지닌다. (O , X)

08 이종 이식을 할 경우, 동종 이식에서는 일어나지 않는 초급성 거부 반응 및 급성 혈관성 거부 반응이 일어난다. (O , X)

09 모든 포유류의 DNA에는 내인성 레트로바이러스가 있다. (O , X)

10 레트로바이러스는 역전사 과정을 통해 자신의 유전 정보를 생명체의 DNA로 바꾼다. (O , X)

11 레트로바이러스에 감염된 세포는 결국 파괴된다. (O , X)

다. [21]이후에는 다른 바이러스와 마찬가지로 자신이 속해 있는 생명체를 숙주*로 삼아 숙주 세포의 시스템을 이용하여 복제, 증식하고 일정한 조건이 되면 숙주 세포를 파괴한다.

5 [22]그런데 정자, 난자와 같은 생식 세포가 레트로바이러스에 감염되고도 살아남는 경우가 있었다. [23]이런 세포로부터 유래된 자손의 모든 세포가 갖게 된 것이 내인성 레트로바이러스이다. [24]내인성 레트로바이러스는 세대가 지나면서 돌연변이로 인해 염기* 서열의 변화가 일어나며 해당 세포 안에서는 바이러스로 활동하지 않는다. [25]그러나 내인성 레트로바이러스를 떼어 내어 다른 종의 세포 속에 주입하면 이는 레트로바이러스로 변환되어 그 세포를 감염시키기도 한다. [26]따라서 미니 돼지의 DNA에 포함된 내인성 레트로바이러스를 효과적으로 제거하는 기술이 개발 중에 있다.

6 [27]그동안의 대체 기술과 관련된 연구 성과를 토대로 ⓐ 이상적인 이식편을 개발하기 위해 많은 연구가 수행되고 있다.

맞힌 개수 / 총 개수　　　 / 15

01

윗글에서 알 수 있는 내용으로 적절하지 <u>않은</u> 것은?

① 동종 간보다 이종 간이 MHC 분자의 차이가 더 크다.

② 면역 세포의 작용으로 인해 장기 이식의 거부 반응이 일어난다.

③ 이종 이식을 하는 것만으로도 바이러스 감염의 원인이 될 수 있다.

④ 포유동물은 과거에 어느 조상이 레트로바이러스에 의해 감염된 적이 있다.

⑤ 레트로바이러스는 숙주 세포의 역전사 효소를 이용하여 RNA를 DNA로 바꾼다.

● 팩트 끌어내기

02

ⓐ가 갖추어야 할 조건으로 적절하지 <u>않은</u> 것은?

① 이식편의 비용을 낮추어서 정기 교체가 용이해야 한다.

② 이식편은 대체를 하려는 장기와 크기가 유사해야 한다.

③ 이식편과 수혜자 사이의 유전적 거리를 극복해야 한다.

④ 이식편은 짧은 시간에 대량으로 생산이 가능해야 한다.

⑤ 이식편이 체내에서 거부 반응을 유발하지 않아야 한다.

● 팩트 적용

03

다음은 신문 기사의 일부이다. 윗글을 참고할 때, 기사의 ㉑에 대한 반응으로 적절하지 <u>않은</u> 것은? [3점]

> **○○신문** ○○○○년 ○○월 ○○일
>
> 최근에 줄기 세포 연구와 3D 프린팅 기술이 급속도로 발전하고 있다. 줄기 세포는 인체의 모든 세포나 조직으로 분화할 수 있다. 그러므로 수혜자 자신의 줄기 세포만을 이용하여 3D 바이오 프린팅 기술로 제작한 ㉑세포 기반 인공 이식편을 만들 수 있을 것으로 전망된다. 이미 미니 폐, 미니 심장 등의 개발 성공 사례가 보고되었다.

① 전자 기기 인공 장기와 달리 전기 공급 없이도 기능을 유지할 수 있겠군.

② 동종 이식편과 달리 이식 후 면역 억제제를 사용할 필요가 없겠군.

③ 동종 이식편과 달리 내인성 레트로바이러스를 제거할 필요가 없겠군.

④ 이종 이식편과 달리 유전자를 조작하는 과정이 필요하지는 않겠군.

⑤ 이종 이식편과 달리 자연항체에 의한 초급성 거부 반응이 일어나지 않겠군.

● 팩트 간 관계 파악

04

㉠과 ㉡에 대한 설명으로 가장 적절한 것은?

① ㉠은 ㉡과 달리 자신이 속해 있는 생명체의 모든 세포의 DNA에 존재한다.

② ㉡은 ㉠과 달리 자신의 유전 정보를 DNA에 담을 수 없다.

③ ㉡은 ㉠과 달리 자신이 속해 있는 생명체에 면역 반응을 일으키지 않는다.

④ ㉠과 ㉡은 둘 다 자신이 속해 있는 생명체의 유전 정보를 가지고 있다.

⑤ ㉠과 ㉡은 둘 다 자신이 속해 있는 생명체의 세포를 감염시켜 파괴한다.

문단별 중심 내용 & 구조도

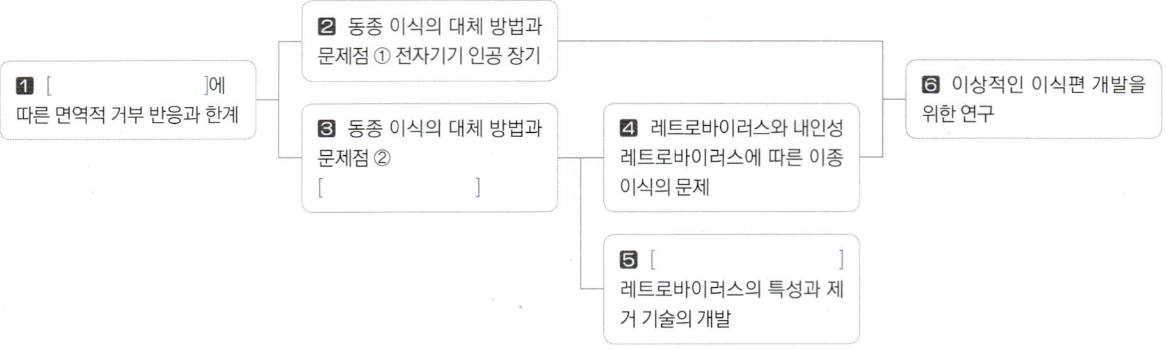

필수 어휘

이식
移 옮길 이 / 植 심을 식
살아 있는 조직이나 장기를 생체로부터 떼어 내어, 같은 개체의 다른 부분 또는 다른 개체에 옮겨 붙이는 일.
㉙ 안구 이식을 받은 환자가 세상을 보게 되었다.

일란성 쌍둥이
성(姓)이 같고, 생김새나 성격이 매우 비슷한 쌍둥이.
㉙ 이모는 엄마와 일란성 쌍둥이라서 멀리서 보면 둘을 구별하기가 어렵다.

동종
같은 종류. ㉙ 동종 업체끼리 힘을 합칩시다! ⊜ 동류 ⊝ 이종

유입되다
병원균 따위가 들어오게 되다. ㉙ 지저분한 음식을 먹어서 몸에 병균이 유입되었다.

면역
몸속에 들어온 병의 원인이 되는 미생물에 대항한 항체를 생산하여 다음에는 그 병에 걸리지 않도록 된 상태나 작용. ⊜ 저항력
㉙ 백신을 맞고 독감에 대한 면역이 생겼다.

발현하다
속에 있거나 숨은 것이 밖으로 나타나다. 또는 나타나게 하다.
㉙ 이것은 사랑의 감정을 발현한 눈빛이군.

항체
항원의 자극에 의하여 생체 내에 만들어져 특이하게 항원과 결합하는 단백질로, 그 항원에 대한 면역성이나 과민성을 준다. ㉙ 예방 접종으로 병균에 대한 항체가 생겼다.

항원
생체 속에 침입하여 항체를 형성하게 하는 단백성 물질. 세균이나 독소 따위가 있다.
㉙ 체내에서 항원 역할을 하는 단백질을 발견했다.

형질
形 형상 형 / 質 바탕 질
동식물의 모양, 크기, 성질 따위의 고유한 특징.
㉙ 이 생물체는 형질이 우수하다.

번식력
번식하는 힘. ㉙ 이 잡초는 번식력이 강해서 아무리 뽑아도 계속 난다.

유래되다
사물이나 일이 생겨나게 되다. ㉙ '수라'는 몽골어에서 유래된 말이다. ⊜ 말미암다

활성
물질의 활동이 활발하여지며 반응 속도가 빨라지는 성질.
㉙ 약을 먹으니 위의 활성이 강해져 소화가 되었다.

숙주
宿 잠잘 숙 / 主 주인 주
기생 생물에게 영양을 공급하는 생물.
㉙ 그 생물은 숙주에 의지하여 생육한다.

염기
DNA나 RNA의 구성 성분인 질소를 함유하는, 고리 모양의 유기 화합물.
㉙ 코로나19 환자의 유전자 염기 서열을 분석했다.

4. 스마트폰의 위치 측정

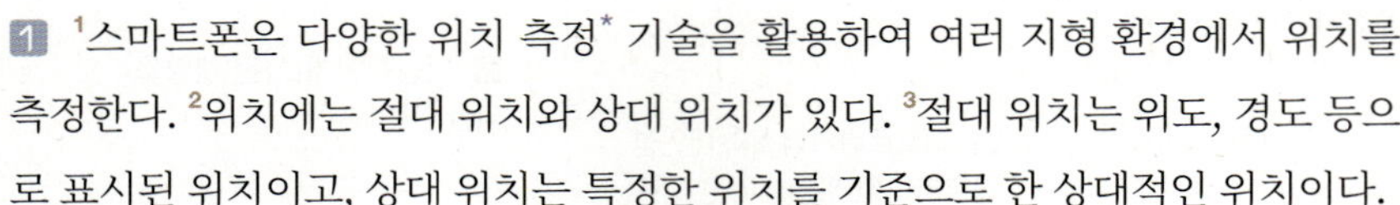

1 ¹스마트폰은 다양한 위치 측정* 기술을 활용하여 여러 지형 환경에서 위치를 측정한다. ²위치에는 절대 위치와 상대 위치가 있다. ³절대 위치는 위도, 경도 등으로 표시된 위치이고, 상대 위치는 특정한 위치를 기준으로 한 상대적인 위치이다.

2 ⁴실외에서는 주로 스마트폰 단말기에 내장된 GPS(위성항법장치)나 IMU(관성측정장치)를 사용한다. ⁵GPS는 위성으로부터 오는 신호를 이용하여 절대 위치를 측정한다. ⁶GPS는 위치 오차가 시간에 따라 누적되지 않는다. ⁷그러나 전파 지연 등으로 접속 초기에 짧은 시간 동안이지만 큰 오차가 발생하고 실내나 터널 등에서는 GPS 신호를 받기 어렵다. ⁸IMU는 내장된* 센서로 가속도와 속도를 측정하여 위치 변화를 계산하고 초기 위치를 기준으로 하는 상대 위치를 구한다. ⁹단기간 움직임에 대한 측정 성능이 뛰어나지만 센서가 측정한 값의 오차가 누적되기* 때문에 시간이 지날수록 위치 오차가 커진다. ¹⁰이 두 방식을 함께 사용하면 서로의 단점을 보완하여 오차를 줄일 수 있다.

3 ¹¹한편 실내에서 위치 측정에 사용 가능한 방법으로는 블루투스 기반의 비콘을 활용하는 기술이 있다. ¹²비콘은 실내에 고정 설치되어 비콘마다 정해진 식별* 번호와 위치 정보가 포함된 신호를 주기적*으로 보내는 기기이다. ¹³비콘들은 동일한 세기의 신호를 사방으로 보내지만 비콘으로부터 거리가 멀어질수록, 벽과 같은 장애물이 많을수록 신호의 세기가 약해진다. ¹⁴단말기가 비콘 신호의 도달* 거리 내로 진입하면* 단말기 안의 수신기가 이 신호를 인식한다. ¹⁵이 신호를 이용하여 2차원 평면에서의 위치를 측정하는 방법으로는 다음과 같은 것들이 있다.

4 ¹⁶근접성 기법은 단말기가 비콘 신호를 수신하면* 해당 비콘의 위치를 단말기의 위치로 정한다. ¹⁷여러 비콘 신호를 수신했을 경우에는 신호가 가장 강한 비콘의 위치를 단말기의 위치로 정한다.

5 ¹⁸삼변측량 기법은 3개 이상의 비콘으로부터 수신된 신호 세기를 측정하여 단말기와 비콘 사이의 거리로 환산한다*. ¹⁹각 비콘을 중심으로 이 거리를 반지름으로 하는 원을 그리고, 그 교점*을 단말기의 현재 위치로 정한다. ²⁰교점이 하나로 모이지 않는 경우에는 세 원에 공통으로 속한 영역의 중심점을 단말기의 위치로 측정한다.

⑥ [21][㉠]위치 지도 기법은 측정 공간을 작은 구역들로 나누어 각 구역마다 기준점을 설정하고 그 주위에 비콘들을 설치한다. [22]그러고 나서 비콘들이 송신하여 각 기준점에 도달하는 신호의 세기를 측정한다. [23]이 신호 세기와 비콘의 식별 번호, 기준점의 위치 좌표를 서버*에 있는 데이터베이스에 위치 지도로 기록해 놓는다. [24]이 작업을 모든 기준점에서 수행한다*. [25]특정한 위치에 도달한 단말기가 비콘 신호를 수신하면 신호 세기를 측정한 뒤 비콘의 식별 번호와 함께 서버로 전송한다. [26]서버는 수신된 신호 세기와 가장 가까운 신호 세기를 갖는 기준점을 데이터베이스에서 찾아 이 기준점의 위치를 단말기에 알려 준다.

---

13 위치 지도 기법에서 측정 공간을 더 작게 나눌수록 기준점이 많아진다. (O , X)

14 위치 지도 기법은 데이터베이스에 위치 지도를 먼저 구축한 후, 단말기가 보내는 신호 세기를 데이터베이스에서 찾는 방식이다.
(O , X)

15 위치 지도 기법에서 단말기의 위치는 기준점들 중 하나이다. (O , X)

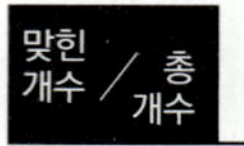

맞힌 개수 / 총 개수 　　　 / 15

---

01 ● 팩트 체크

윗글의 내용과 일치하는 것은?

① GPS를 이용하여 측정한 위치는 기준이 되는 위치가 어디냐에 따라 달라진다.

② 비콘들이 서로 다른 세기의 신호를 송신해야 단말기의 위치를 측정할 수 있다.

③ 비콘이 전송하는 식별 번호는 신호가 도달하는 단말기를 구별하기 위한 정보이다.

④ 비콘은 실내에서 GPS 신호를 받아 주위에 위성 식별 번호와 위치 정보를 전송하는 장치이다.

⑤ IMU는 단말기가 초기 위치로부터 얼마나 떨어져 있는지를 계산하여 단말기의 위치를 구한다.

02 ● 팩트 끌어내기

오차 에 대해 이해한 내용으로 적절한 것은?

① IMU는 시간이 지날수록 전파 지연으로 인한 오차가 커진다.

② GPS는 사용 시간이 길어질수록 위성의 위치를 파악하는 데 오차가 커진다.

③ IMU는 순간적인 오차가 발생하지만 시간이 지날수록 정확한 위치 측정이 가능해진다.

④ GPS는 단말기가 터널에 진입 시 발생한 오차를 터널을 통과하는 동안 보정할 수 있다.

⑤ IMU의 오차가 커지는 것은 가속도와 속도를 측정할 때 생기는 오차가 누적되기 때문이다.

㉠에 대한 이해로 적절하지 <u>않은</u> 것은?

① 측정 공간을 더 많은 구역으로 나눌수록 기준점이 많아진다.

② 단말기가 측정 공간에 들어오기 전에 데이터베이스가 미리 구축되어 있어야 한다.

③ 측정된 신호 세기가 서버에 저장된 값과 가장 가까운 비콘의 위치가 단말기의 위치가 된다.

④ 비콘을 이동하여 설치하면 정확한 위치 측정을 위해 데이터베이스를 갱신할 필요가 있다.

⑤ 위치 지도는 측정 공간 안의 특정 위치에서 수신된 신호 세기와 식별 번호 등을 데이터베이스에 기록해 놓은 것이다.

〈보기〉는 단말기가 3개의 비콘 신호를 받은 상태를 도식화한 것이다. 윗글을 바탕으로 〈보기〉를 이해한 내용으로 적절한 것은? [3점]

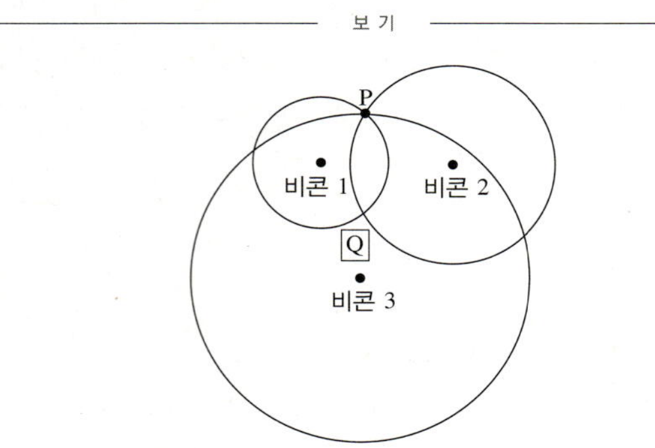

- 각 원의 반지름은 신호 세기로 환산한 비콘과 단말기 사이의 거리이다.
- 신호 세기에 영향을 미치는 장애물이 Q의 위치에 있다.

(단, 세 원에 공통으로 속한 영역이 항상 존재한다고 가정하며, 신호 세기에 영향을 미치는 다른 요소는 고려하지 않음.)

① 근접성 기법과 삼변측량 기법으로 측정한 단말기의 위치는 동일하겠군.

② 측정된 신호 세기를 약한 것부터 나열하면 비콘 1, 비콘 2, 비콘 3의 신호 순이겠군.

③ 실제 단말기의 위치는 삼변측량 기법으로 측정된 위치에 비해 비콘 3에 더 가까이 있겠군.

④ Q의 위치에 있는 장애물이 제거된다면, 삼변측량 기법으로 측정되는 단말기의 위치는 현재 측정된 위치에서 P 방향으로 이동하겠군.

⑤ 단말기에서 측정되는 비콘 2의 신호 세기만 약해진다면, 삼변측량 기법으로 측정되는 단말기의 위치는 현재 측정된 위치에서 비콘 2 방향으로 이동하겠군.

문단별 중심 내용 & 구조도

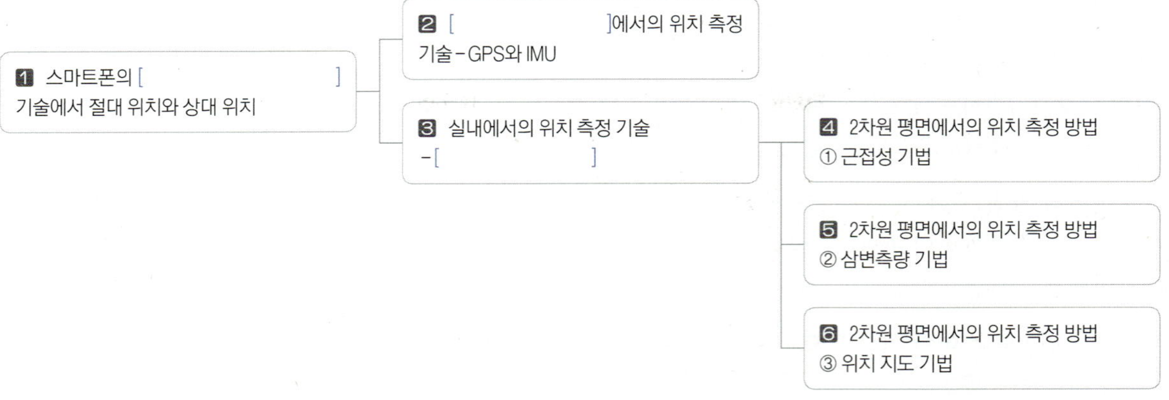

필수 어휘

측정
測 잴 **측** / 定 정할 **정**

일정한 양을 기준으로 하여 같은 종류의 다른 양의 크기를 잼.
예 거리 측정을 한 뒤 도로를 설계하였다.
🟢측량

내장되다
內 안 **내** / 藏 감출 **장**

밖으로 드러나지 않게 안에 간직되다.
예 이 자동차에는 첨단 기기들이 내장되어 있다.

누적되다
累 묶을 **누** / 積 쌓을 **적**

포개져 여러 번 쌓이다.
예 벼락치기를 하느라 며칠 밤을 샜더니 피로가 누적되었다.

식별
識 알 **식** / 別 다를 **별**

분별하여 알아봄.
예 그는 잠결에도 아내의 발걸음 소리를 식별할 수 있었다.
🟢분별

주기적

일정한 간격을 두고 되풀이하여 진행하거나 나타나는 것.
예 그에게는 기적 같은 일이 주기적으로 일어났다.
🔴간헐적

도달

목적한 곳이나 수준에 다다름. 예 도달 가능한 합의점을 찾아봅시다.
🔴출발

진입하다
進 나아갈 **진** / 入 들 **입**

향하여 내처 들어가다.
예 겨우 고속도로에 진입했다.

수신하다
受 받을 **수** / 信 받을 **신**

전신이나 전화, 라디오, 텔레비전 방송 따위의 신호를 받다.
예 TV가 안 나오는 걸 보니 전파를 수신하는 안테나에 문제가 생긴 것 같구나.
🔴송신하다

환산하다

어떤 단위나 척도로 된 것을 다른 단위나 척도로 고쳐서 헤아리다.
예 섭씨온도를 화씨온도로 환산해서 알려다오.

교점

1. 서로 만나는 점.
2. 「수학」 둘 이상의 선이 서로 만나는 점.
예 함수의 모든 교점은 직선 위에 존재한다.

서버

주된 정보의 제공이나 작업을 수행하는 컴퓨터 시스템.
예 서버 점검으로 인해 1시간 동안 홈페이지 접속이 되지 않으니 양해 부탁드립니다.

수행하다
遂 이룰 **수** / 行 다닐 **행**

생각하거나 계획한 대로 일을 해내다.
예 독립군들은 비밀 작전을 수행하여 대승리를 거두었다.

① ¹건강 상태를 진단하거나 범죄의 현장에서 혈흔*을 조사하기 위해 검사용 키트*가 널리 이용된다. ²키트 제작에는 다양한 과학적 원리가 적용되는데, 적은 비용으로 쉽고 빠르고 정확하게 검사할 수 있는 키트를 제작하는 것이 요구된다. ³이러한 필요에 따라 항원-항체 반응을 응용하여 시료*에 존재하는 성분을 분석하는 다양한 형태의 키트가 개발되고 있다. ⁴항원-항체 반응은 항원과 그 항원에만 특이적으로 반응하는 항체가 결합하는 면역 반응*을 말한다. ⁵항체 제조 기술이 발전하면서 휴대성이 높고 분석 시간이 짧은 측면유동면역분석법(LFIA)을 이용한 다양한 종류의 키트가 개발되고 있다.

② ⁶LFIA 키트를 이용하면 키트에 나타나는 선을 통해, 액상*의 시료에서 검출하고자* 하는 목표 성분의 유무를 간편하게 확인할 수 있다. ⁷LFIA 키트는 가로로 긴 납작한 막대 모양인데, 시료 패드, 결합 패드, 반응막, 흡수 패드가 순서대로 나란히 배열된* 구조로 되어 있다. ⁸시료 패드로 흡수된 시료는 결합 패드에서 복합체와 함께 반응막을 지나 여분의 시료가 흡수되는 흡수 패드로 이동한다. ⁹결합 패드에 있는 복합체는 금-나노 입자 또는 형광 비드 등의 표지 물질에 특정 물질이 붙어 이루어진다. ¹⁰표지 물질은 발색* 반응에 의해 색깔을 내는데, 이 표지 물질에 붙어 있는 특정 물질은 키트 방식에 따라 종류가 다르다. ¹¹일반적으로 한 가지 목표 성분을 검출하는 키트의 반응막에는 항체들이 띠 모양으로 두 가닥 고정되어 있는데, 그중 시료 패드와 가까운 쪽에 있는 가닥이 검사선이고 다른 가닥은 표준선이다. ¹²표지* 물질이 검사선이나 표준선에 놓이면 발색 반응에 의해 반응선이 나타난다. ¹³검사선이 발색되어 나타나는 반응선을 통해서는 목표 성분의 유무를 판정할 수 있다. ¹⁴표준선이 발색된 반응선이 나타나면 검사가 정상적으로 진행되었음을 알 수 있다.

③ ¹⁵LFIA 키트는 주로 ㉠ 직접 방식 또는 ㉡ 경쟁 방식으로 제작되는데, 방식에 따라 검사선의 발색 여부가 의미하는 바가 다르다. ¹⁶직접 방식에서 복합체에 포함된 특정 물질은 목표 성분에 결합할 수 있는 항체이다. ¹⁷시료에 목표 성분이 포함되어 있다면 목표 성분은 이 항체와 일차적으로 결합하고, 이후 검사선의 고정된 항체와 결합한다. ¹⁸따라서 검사선이 발색되면 시료에서 목표 성분이 검출되었다고 판정한다. ¹⁹한편 경쟁 방식에서 복합체에 포함된 특정 물질은 목표 성분에 대한 항체가 아니라 목표 성분 자체이다. ²⁰만약 시료에 목표 성분이 포함되어 있으면 시료의 목표 성분과 복합체의 목표 성분이 서로 검사선의 항체와 결합하려 경쟁한다. ²¹이때 시료에 목표 성분이 충분히 많다면 시료의 목표 성분은 복합체의 목표 성분이 검사선의 항체와 결합하는 것을 방해하므로 검사선이 발색되지 않는다. ²²직접 방식은 세균이나 분자량이 큰 단백질 등을 검출할 때 이용하고, 경쟁 방식은 항생 물질*처럼 목표 성분의 크기가 작은 경우에 이용한다.

집중훈련 OX

01 LFIA 키트를 제작하기 위해서는 특정 항원에만 반응하는 항체에 대한 개발이 선행되어야 한다. (O , X)

02 LFIA는 휴대가 간편하고 검사 결과를 빨리 알 수 있는 장점을 지닌다. (O , X)

03 LFIA 키트는 액체, 고체 시료 모두에서 목표 성분을 검출할 수 있다. (O , X)

04 LFIA 키트의 표지 물질은 시료에 목표 성분이 있는지 여부를 시각적으로 표시한다. (O , X)

05 LFIA 키트에서 검사선이 발색되지 않으면 표준선도 발색되지 않는다. (O , X)

06 LFIA 키트에서 정상적인 검사로 시료에서 목표 성분을 검출했다면, 반응막에 반응선이 나타나지 않는다. (O , X)

07 직접 방식에서 시료의 목표 성분이 복합체의 표지 물질과 결합하면 검사선이 발색된다. (O , X)

08 직접 방식에서 시료에 들어 있는 목표 성분은 검사선에 도달하기 이전에 항체와 결합한다. (O , X)

09 직접 방식으로 시료에서 목표 성분을 검출했다면 검사선에서 항체와 목표 성분의 결합이 이루어지지 않았을 것이다. (O , X)

10 경쟁 방식에서 복합체의 특정 물질은 목표 성분에 결합할 수 있는 항체이다. (O , X)

11 경쟁 방식에서 시료에 들어 있는 목표 성분은 검사선에 도달하기 이전에 항체와 결합한다. (O , X)

[4] [23]한편, 검사용 키트는 휴대성과 신속성 외에 정확성도 중요하다. [24]키트의 정확성을 측정하기 위해서는 키트를 이용해 여러 번의 검사를 실시하고 그 결과를 분석한다. [25]키트가 시료에 목표 성분이 들어 있다고 판정하면 이를 양성이라고 한다. [26]이때 시료에 목표 성분이 실제로 존재하면 진양성, 시료에 목표 성분이 없다면 위양성이라고 한다. [27]반대로 키트가 시료에 목표 성분이 들어 있지 않다고 판정하면 음성이라고 한다. [28]이 경우 실제로 목표 성분이 없다면 진음성, 목표 성분이 있다면 위음성이라고 한다. [29]현실에서 위양성이나 위음성을 배제할* 수 있는 키트는 없다.

[5] [30]여러 번의 검사 결과를 통해 키트의 정확도를 구하는데, 정확도란 시료를 분석할 때 올바른 검사 결과를 얻을 확률이다. [31]정확도는 민감도와 특이도로 나뉜다. [32]민감도는 시료에 목표 성분이 존재하는 경우에 대해 키트가 이를 양성으로 판정한 비율이다. [33]특이도는 시료에 목표 성분이 없는 경우에 대해 키트가 이를 음성으로 판정한 비율이다. [34]민감도와 특이도가 모두 높아 정확도가 높은 키트가 가장 이상적이지만 현실에서는 그렇지 않은 경우가 많아서 상황에 따라 민감도나 특이도를 고려하여 키트를 선택해야 한다.

12 LFIA 키트에서 검사선이 발색되어도 시료에 목표 성분이 포함되어 있지 않을 수 있다.
(O , X)

13 LFIA 키트를 이용하여 병원균이 검출되었다고 키트가 판정한 경우에도, 현실에서는 균이 검출되지 않을 수 있다. (O , X)

14 위음성의 경우가 적을수록 키트의 민감도가 높다. 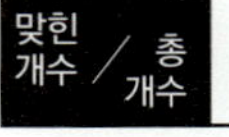(O , X)

15 세균에 오염되었는지를 파악하기 위한 LFIA 키트를 개발한다면, 민감도보다 특이도가 높은 것이 효과적이다. (O , X)

맞힌 개수 / 총 개수 ______ / 15

---

01 ● 팩트 체크

윗글을 읽고 알 수 있는 내용으로 적절하지 <u>않은</u> 것은?

① LFIA 키트에서 시료 패드와 흡수 패드는 모두 시료를 흡수하는 역할을 한다.

② LFIA 키트를 통해 검출하려고 하는 목표 성분은 항원-항체 반응의 항원에 해당한다.

③ LFIA 키트를 사용할 때 정상적인 키트에서 검사선이 발색되지 않으면 표준선도 발색되지 않는다.

④ LFIA 키트에 표지 물질이 없다면 시료에 목표 성분이 있더라도 이를 시각적으로 확인할 수 없다.

⑤ LFIA 키트를 이용하여 검사할 때, 시료에 목표 성분이 포함되어 있지 않더라도 검사선이 발색될 수 있다.

02 ● 팩트 간 관계 파악

㉠과 ㉡에 대한 이해로 가장 적절한 것은?

① ㉠은 ㉡과 달리, 시료에 들어 있는 목표 성분은 검사선에 도달하기 이전에 항체와 결합을 하겠군.

② ㉠은 ㉡과 달리, 시료에서 목표 성분을 검출했다면 검사선에서 항체와 목표 성분의 결합이 존재하지 않겠군.

③ ㉡은 ㉠과 달리, 시료가 표준선에 도달하기 이전에 검사선에 먼저 도달하겠군.

④ ㉡은 ㉠과 달리, 정상적인 검사로 시료에서 목표 성분을 검출했다면 반응막에 아무런 반응선도 나타나지 않았겠군.

⑤ ㉠과 ㉡은 모두 시료에 들어 있는 목표 성분이 표지 물질과 항원-항체 반응으로 결합하겠군.

윗글을 참고할 때, 〈보기〉의 A와 B에 들어갈 말을 올바르게 짝지은 것은?

───── 보 기 ─────

검사용 키트를 가지고 여러 번의 검사를 실시하여 키트의 정확성을 측정하였을 때, 검사 결과 (A)인 경우가 적을수록 민감도는 높고, (B)인 경우가 많을수록 특이도는 높다.

	A	B
①	진양성	진음성
②	진양성	위음성
③	위양성	위음성
④	위음성	진음성
⑤	위음성	위양성

윗글을 바탕으로 〈보기〉를 이해한 반응으로 적절하지 <u>않은</u> 것은? [3점]

───── 보 기 ─────

살모넬라균은 집단 식중독을 일으키는 대표적인 병원성 세균이다. 기존의 살모넬라균 분석법은 정확도는 높으나 3~5일의 시간이 소요되어 질병 발생 시 신속한 진단 및 예방에 어려움이 있었다. 살모넬라균은 감염 속도가 빠르므로 다량의 시료 중 오염이 의심되는 시료부터 신속하게 골라낸 후에 이 시료만을 대상으로 더 정확한 방법으로 분석하여 오염 여부를 확정짓는 것이 효과적이다. 최근에 기존 방법보다 정확도는 낮으나 저렴한 비용으로 살모넬라균만을 신속하게 검출할 수 있는 ⓐ LFIA 방식의 새로운 키트가 개발되었다고 한다.

① ⓐ를 개발하기 전에 살모넬라균과 결합하는 항체를 제조하는 기술이 개발되었겠군.

② ⓐ의 결합 패드에는 표지 물질에 살모넬라균이 붙어 있는 복합체가 들어 있겠군.

③ ⓐ를 이용하여 음식물의 살모넬라균 오염 여부를 검사하려면 시료를 액체 상태로 만들어야겠군.

④ ⓐ를 이용하여 현장에서 살모넬라균 오염 의심 시료를 선별하기 위해서는 특이도보다 민감도가 높은 것이 더 효과적이겠군.

⑤ ⓐ를 이용하여 살모넬라균이 검출되었다고 키트가 판정한 경우에도 기존의 분석법으로는 균이 검출되지 않을 수 있겠군.

문단별 중심 내용 & 구조도

1 LFIA를 이용한 키트의 편의성

2 LFIA 키트의 구조와 성분 검출 원리

3 LFIA 키트의 제작 종류 – [   ]과
[   ]

4 검사용 키트의 정확성 판단 – 양성과 음성

5 검사용 키트의 [   ] 요소 – 민감도와 특이도

필수 어휘

혈흔
血 피 **혈** / 痕 흉터 **흔**

피가 묻은 자국.
예 피가 흐르는 환자를 수술실에 옮겼더니 내 옷에 그의 혈흔이 남았다.

키트

질병이나 바이러스 따위의 감염 여부를 진단하는 도구.
예 혈액 검사만으로도 암을 진단할 수 있는 키트가 개발되었다.

시료

시험, 검사, 분석 따위에 쓰는 물질이나 생물.
예 시료를 채취하여 분석하고 있다.

면역 반응

생체의 몸 안에서 생긴 물질이나 몸 밖에서 들어온 물질이 생체 자신과 다를 때 자신의 통
일성과 개체의 생존 유지 및 종의 존속을 위하여 그 물질들을 제거하는 일련의 생체 반응.
예 약품을 이용해 면역 반응을 억제한다.

액상

물질이 액체로 되어 있는 상태.
예 천연 액상 비료로 기른 채소라 맛이 좋습니다.

검출하다

화학 분석에서, 시료(試料) 속에 있는 화학종이나 미생물 따위의 존재 유무를 알아내다. ⬆ 색출하다
예 보건 당국은 수입 쇠고기에서 세균을 검출했다고 발표했다.

배열되다

일정한 차례나 간격에 따라 벌여져 놓이다.
예 상품들이 질서 있게 배열되어 있다.

발색
發 필 **발** / 色 빛 **색**

빛깔이 남. 또는 빛깔을 냄.
예 음식의 발색에 시금치를 이용했다.

표지

표시나 특징으로 어떤 사물을 다른 것과 구별하게 함. 또는 그 표시나 특징. ⬆ 표
예 저쪽은 통행금지 표지가 있다.

항생 물질
抗 막을 **항** / 生 날 **생** /
物 만물 **물** / 質 바탕 **질**

미생물, 세균 따위의 발육을 막거나 대사 기능을 억제하는 화학 물질. ⬆ 항균 물질
예 항생 물질로 세균에 감염된 병을 치료하였다.

배제하다
排 물리칠 **배** / 除 덜 **제**

받아들이지 아니하고 물리쳐 제외하다. ⬆ 제외하다
예 그녀를 이 일에서 배제하면 이 일은 결코 성공할 수 없다.

1 [1]1965년 제미니 4호 우주선은 지구 주위를 도는 궤도*에서 최초의 우주 랑데부*를 시도했다. [2]궤도에 진입하여* 중력만으로 운동 중이던 우주선은 같은 궤도상 전방에 있는 타이탄 로켓과 랑데부하기 위해 접근하고자 했다. [3]조종사는 속력을 높이기 위해 우주선을 목표물에 향하게 하고 후방* 노즐*을 통하여 일시적으로 연료를 분사하였다*. [4]하지만 이 후방 분사를 반복할수록 목표물과의 거리는 점점 더 멀어졌고 연료만 소모하자 랑데부 시도를 포기했다.

2 [5]연료를 분사하면 우주선은 분사 방향의 반대쪽으로 추진력*을 받는다. [6]이는 뉴턴의 제3법칙인 '두 물체가 서로에게 작용하는 힘은 항상 크기가 같고, 방향은 반대이다.'로 설명할 수 있다. [7]질량이 큰 바위를 밀면, 내가 바위를 미는 힘이 작용이고, 바위가 나를 반대 방향으로 미는 힘이 반작용이다. [8]똑같은 크기의 힘을 주고받았는데 내 몸만 움직이는 이유는 뉴턴의 제2법칙인 '같은 크기의 힘을 물체에 가했을 때, 물체의 질량과 가속도는 반비례한다.'로 설명할 수 있다. [9]연료를 연소해* 기체를 분사하는 힘은 작용이고, 그 반대 방향으로 우주선에 작용하는 추진력은 반작용이다. [10]우주선에 비해 연료 기체의 질량은 작더라도 연료 기체를 고속 분사하면 우주선은 충분한 가속도를 얻는다.

3 [11]지구 궤도를 도는 우주선은 우주에 자유롭게 떠 있는 것 같지만, 기체 분사에 의한 힘 외에 중력이 작용하고 있어서 그 영향을 고려해야 한다. [12]우주선은 지구의 중력을 받으며 원 또는 타원 궤도를 빠르게 돈다. [13]이때 궤도를 한 바퀴 도는데 걸리는 시간인 주기는 궤도의 지름이 클수록 더 길다. [14]우주선은 속력과 관련된 운동 에너지(K)와 중력에 관련된 중력 위치 에너지(U)를 가진다.

$$K = \frac{1}{2}mv^2, \quad U = -\frac{GMm}{r}$$

G: 만유인력 상수, M: 지구의 질량, m: 우주선의 질량,
r: 지구 중심과 우주선의 거리, v: 우주선의 속력

4 [15]운동 에너지는 우주선의 속력의 제곱에 비례한다. [16]우주선의 중력 위치 에너지는 우주선이 지구에서 무한대* 거리에 있으면 0으로 정의되고, 지구에 가까워지면 그 값은 작아지므로 음수이다. [17]즉, 우주선이 지구에 가까울수록 중력 위치 에너지는 작아지고, 멀수록 중력 위치 에너지는 커진다. [18]운동 에너지와 중력 위치 에너지의 합인 역학적 에너지(E)는 E = K + U로 표현된다. [19]지구의 중력만 작용할 때, 궤도 운동하는 우주선의 역학적 에너지는 크기가 일정하게 보존된다*. [20]역학적 에너지가 보존될 때, 궤도 운동하는 우주선이 지구 중심에서 멀어지면 속력이 느려지고 가까워지면 속력이 빠르게 된다. [21]또한 원 궤도에서 작용하는 중력의 크기가 클수록 속력이 빨라진다. [22]우주선의 궤도는 연료 분사로 속력을 조

절해 <그림>과 같이 바뀔 수 있다. [23]우주선이 운동하는 방향을 전방, 반대 방향을 후방이라 하자. [24]<그림>의 원 궤도에 있는 우주선이 궤도의 접선 방향으로 후방 분사하여 운동 에너지를 증가시키면, 그만큼 역학적 에너지도 증가하여 우주선은 기존의 원 궤도보다 지구로부터 더 멀리 도달할 수 있는 <그림>의 큰 타원 궤도로 진입한다. [25]하지만 전방 분사하면, 운동 에너지가 감소하고 <그림>의 작은 타원 궤도로 진입하여 우주선은 기존보다 지구에 더 가까워진다.

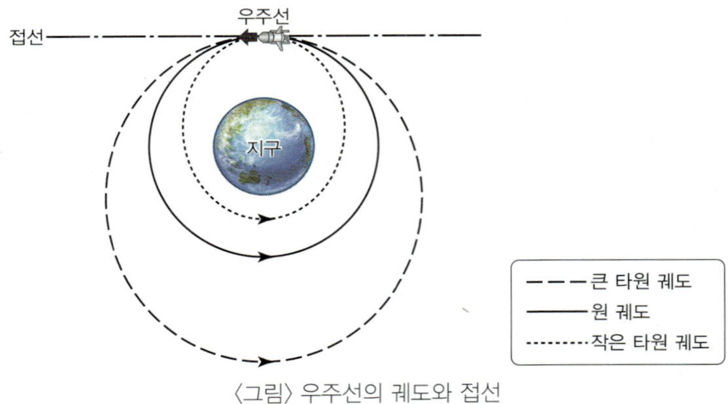

〈그림〉 우주선의 궤도와 접선

⑤ [26]목표물과 우주선이 같은 원 궤도에서 같은 방향으로 운동할 때, 목표물이 전방에 있는 경우, 우주선이 후방 분사를 하면 궤도의 접선 방향으로 우주선의 속력이 빨라져서 큰 타원 궤도로 진입하게 된다. [27]따라서 분사가 끝나면 속력이 주기적으로 변화하고 목표물과의 거리가 더 멀어진다. [28]반대로, 목표물이 후방에 있는 경우 전방 분사를 하면 <그림>의 작은 타원 궤도로 진입한 우주선의 속력은 원 궤도에서보다 더 느려진 진입 속력과 더 빨라진 최대 속력 사이에서 변화한다. [29]이때 목표물과의 거리는 더 멀어진다.

⑥ [30]랑데부에 성공하려면 우주선을 우리의 직관*과 반대로 조종해야 한다. [31]우주선과 목표물이 같은 원 궤도에서 같은 운동 방향일 때, 목표물이 전방에 있다고 하자. [32]이때 우주선이 일시적으로 전방 분사하면 속력이 느려지고, 기존보다 더 작은 타원 궤도로 진입해서 목표물보다 더 빠른 속력으로 운동할 수 있다. [33]하지만 궤도가 달라서, 진입한 타원 궤도의 주기가 기존 원 궤도의 주기보다 더 짧다는 것을 이용하여 한 주기 혹은 여러 주기 후 같은 위치에서 만나도록 속력을 조절한다. [34]목표물보다 낮은 위치에서 충분히 가까워지면, 우주선이 접근하여 랑데부한다.

• 랑데부: 인공위성이나 우주선이 우주 공간에서 만나는 일.

11 우주선이 큰 타원 궤도와 원 궤도, 작은 타원 궤도 중 어느 궤도를 돌더라도 접선에서의 중력 위치 에너지는 동일하다. (O , X)

12 우주선이 궤도의 접선 방향으로 속력을 높이면, 운동 에너지는 커지나 역학적 에너지는 작아진다. (O , X)

13 기존보다 작은 타원 궤도로 진입한 우주선이 가질 수 있는 최대 운동 에너지는 기존 궤도에서보다 더 크다. (O , X)

14 제미니 4호 우주선은 전방 분사를 하여 목표물보다 낮은 위치로 이동해야 타이탄 로켓과 랑데부할 수 있었다. (O , X)

15 제미니 4호 우주선의 중력 위치 에너지가 최솟값인 지점에서 타이탄 로켓과 랑데부할 수 있다. (O , X)

맞힌 개수 / 총 개수　　/ 15

01   ● 팩트 체크

윗글의 내용과 일치하지 <u>않는</u> 것은?

① 뉴턴의 제3법칙은 우주선 추진의 원리 중 하나이다.

② 원 궤도의 지름이 클수록 우주선의 속력이 더 빨라진다.

③ 타원 궤도 운동 중인 우주선은 역학적 에너지가 보존된다.

④ 우주선이 분사하는 연료 기체는 우주선보다 가속도가 크다.

⑤ 원 궤도에 있는 우주선이 속력을 늦추면 회전 주기가 짧아진다.

02   ● 팩트 끌어내기

윗글을 바탕으로 추론할 때, 〈보기〉에서 적절한 것만을 있는 대로 고른 것은?

─── 보 기 ───

ㄱ. 제미니 4호가 원 궤도상에서 후방 분사를 한 경우라면, 후방 분사 이후의 궤도는 지구로부터 더 멀어질 수 있다.

ㄴ. 타원 궤도에 있는 우주선의 운동 에너지 크기와 중력 위치 에너지 크기는 일정하게 유지된다.

ㄷ. 원 궤도에 있는 우주선이 궤도의 접선 방향 분사로 역학적 에너지를 증가시키면, 진입한 궤도에서 우주선의 최대 중력 위치 에너지는 커진다.

① ㄱ   ② ㄴ   ③ ㄱ, ㄷ

④ ㄴ, ㄷ   ⑤ ㄱ, ㄴ, ㄷ

03   ● 팩트 적용

윗글을 바탕으로 〈보기〉를 이해할 때, 적절하지 <u>않은</u> 것은?

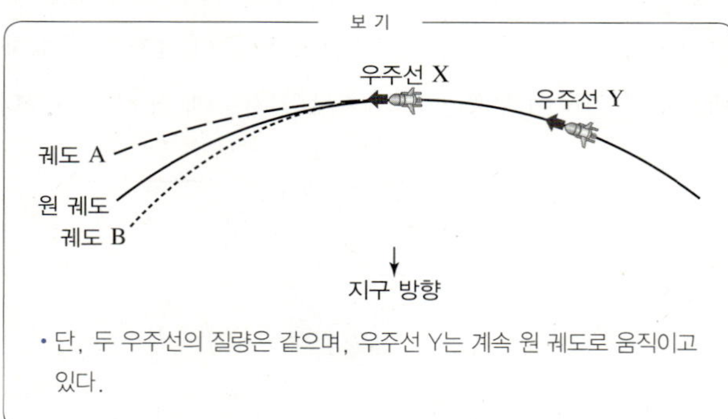

• 단, 두 우주선의 질량은 같으며, 우주선 Y는 계속 원 궤도로 움직이고 있다.

① 전방 분사한 우주선 X가 진입한 궤도에서 가지는 최대 운동 에너지는 우주선 Y보다 더 크다.

② 우주선 X는 궤도 A에서의 최소 중력 위치 에너지가 궤도 B에서의 최소 중력 위치 에너지보다 크다.

③ 후방 분사한 이후의 우주선 X의 중력 위치 에너지의 최솟값은 우주선 Y의 중력 위치 에너지와 같다.

④ 우주선 X가 궤도 A로 진입한 경우, 지구를 한 바퀴 도는 동안 우주선 Y와 같은 운동 에너지를 가지는 궤도상의 지점은 하나이다.

⑤ 우주선 X와 우주선 Y의 가능한 거리 중 최댓값은 우주선 X가 궤도 B로 진입한 경우가 궤도 A로 진입한 경우보다 작다.

문단별 중심 내용 & 구조도

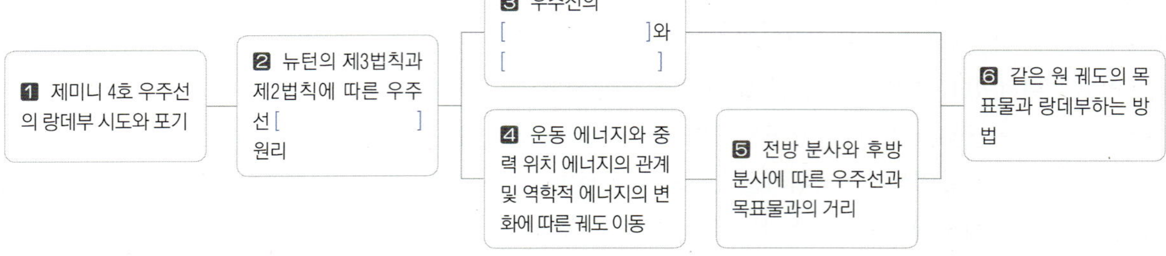

필수 어휘

궤도
軌 바큇자국 궤 / 道 길 도

행성, 혜성, 인공위성 따위가 중력의 영향을 받아 다른 천체의 둘레를 돌면서 그리는 곡선의 길. ⊜ 경로
예 그 행성은 태양의 바깥 궤도를 돈다.

진입하다
進 나아갈 진 / 入 들 입

향하여 내처 들어가다.
예 방금 고속 도로에 진입했다.

후방

향하고 있는 방향과 반대되는 방향. ⊖ 전방
예 후방에서 들리는 자동차 경적 소리에 급히 뒤를 돌아보았다.

노즐

증기 터빈, 디젤 기관 따위에 쓰는 분출 장치. 액체나 기체를 내뿜는 대롱형의 작은 구멍이다.
예 기계의 노즐이 막혀서 물이 나오지 않는다.

분사하다

액체나 기체 따위에 압력을 가하여 세차게 뿜어 내보내다.
예 가뭄이 지속되자, 농민들이 스프링클러로 밭에 물을 분사했다.

추진력
推 옮길 추 / 進 나아갈 진 / 力 힘 력

물체를 밀어 앞으로 내보내는 힘. ⊜ 박력
예 이 차는 크기는 작아도 추진력이 강한 엔진을 갖고 있다.

연소하다

물질이 산소와 화합할 때에, 많은 빛과 열을 내다. ⊜ 타다
예 이 물질은 연소할 때 유독 가스를 배출한다.

무한대
無 없을 무 / 限 한계 한 / 大 큰 대

한없이 큼.
예 무한대의 우주는 상상할 수도 없다.

보존되다

잘 보호되고 간수되어 남겨지다. ⊜ 보전되다
예 문화재 대부분은 박물관에 보존되어 있다.

직관
直 곧을 직 / 觀 볼 관

감각, 경험, 연상, 판단, 추리 따위의 사유 작용을 거치지 아니하고 대상을 직접적으로 파악하는 작용. ⊖ 논증
예 아내는 뛰어난 직관으로 남편의 비밀을 알아챘다.

1. 들뢰즈의 주름과 랜드스케이프 건축

| 교육청 기출

정답과 해설 105~108쪽

1 [1][㉠] 근대 철학에서는 대상이 지닌 고정된 진리나 고유한 본질에 해당하는 동일성을 찾으려고 노력하였다. [2]그리고 그 동일성을 그대로 표상하는* 것, 즉 얼마나 유사하게 동일성을 재현할 수 있느냐에 관심을 가졌다. [3]그러나 ㉡ 들뢰즈는 표상이 대상들이 지닌 차이를 동일성에 종속시키는* 것이라 비판하였다. [4]들뢰즈는 대상이 다른 대상들과 관계 맺으며 펼쳐지는 무수한 차이를 긍정하며 세계를 생성의 원리로 설명하고자 했다.

2 [5]들뢰즈가 말하는 '차이'란 두 대상을 정태적*으로 비교해서 ⓐ 나오는 어떤 것이 아니라, 두 대상이 만나고 섞임으로써 '생성'되는 것이다. [6]예를 들어 '달리기를 잘하는 사람(A)'과 '자동차(B)'가 있다고 가정해 보자. [7]A는 원래 땅 위를 달리며, 달리기와 관련된 근육이 발달되어 있었을 것이다. [8]그런데 A가 달리기 대신 B를 오랫동안 반복적으로 운전한다면 어떻게 될까? [9]A는 달리는 근육 대신 브레이크나 액셀을 밟는 근육이 발달할 것이다. [10]A는 땅과 자동차 중 어느 것과 관계를 맺느냐에 따라 이전의 A와는 다른 차이를 지니게 된다. [11]그리고 그 차이는 A에게 '자동차 운전을 잘하게 된 사람'이라는 새로운 의미를 부여하게 되는데, 이것이 바로 '생성'이다.

3 [12]또한 들뢰즈는 대상과 대상이 연결되어 서로를 변화시키는 생성의 과정을 주름 개념으로 설명한다. [13]새로 산 옷을 입으면, 이 옷은 얼마 지나지 않아 많은 주름이 ⓑ 생긴다. [14]이 주름은 옷 자체 혹은 외부로부터 받은 힘에 의해 만들어진다. [15]결국 주름은 대상 자체의 내재적 원인에 의해 혹은 차이를 지닌 대상과의 관계 속에서 끊임없이 생성되는 '흔적'이라 할 수 있다. [16]생성된 주름은 시간의 연속된 흐름 속에서 다시 다른 대상들과 관계를 맺으며, 서로 관계를 맺는 대상들은 처음과는 차이가 나는 새로운 주름을 계속해서 생성해 나간다. [17]따라서 주름에는 시간적 개념과 변형이 포함됨을 알 수 있다.

4 [18]들뢰즈가 제안한 '주름' 개념은 현대 건축가들에게 영향을 미쳤으며, 특히 현대 랜드스케이프 건축에 많은 영감*을 주었다. [19]랜드스케이프 건축가들은 대지와 건물, 건물과 건물, 건물의 내부와 외부를 각각의 고정된 의미로 분리하여 바라보려는 전통적인 이분법적 관점을 거부하고 이들을 하나의 주름 잡힌 표면, 즉 서로 관계 맺으며 접고 펼쳐지는 반복적 과정 속에서 생성된 하나의 통합된 공간으로 보고자 하였다. [20]그동안 건축에서는 대지와 건물이 인간에 의해 그 역할이 일방적으로 규정되는* 수동적 존재로 파악되었었는데, 현대 건축에서는 대지와 건물 자체가 새로운 의미를 생성하는 능동적인 존재로 작동한다.

집 중 훈 련 ◯ⓧ

01 근대 철학은 대상이 지닌 고정된 진리나 고유한 본질이 단순할수록 동일성을 재현한다고 생각한다. (◯ , ⓧ)

02 근대 철학은 대상들 간의 동일성에, 들뢰즈는 대상들 간의 차이점에 주목한다. (◯ , ⓧ)

03 들뢰즈는 대상들 간의 차이를 명확히 파악해야 동일성의 원리에 이를 수 있다고 주장한다. (◯ , ⓧ)

04 '달리기를 잘하는 사람'이라는 의미는 어떤 사람이 땅과 관계를 맺어 생성된 것이다. (◯ , ⓧ)

05 차이는 대상에 대한 새로운 의미 규정을 일으키는 작용을 한다. (◯ , ⓧ)

06 들뢰즈는 대상과 대상이 연결되어 서로 닮아가는 과정을 '주름' 개념으로 설명한다. (◯ , ⓧ)

07 들뢰즈의 '주름'은 대상이 존재하는 한 끊임없이 생성된다. (◯ , ⓧ)

08 현대 랜드스케이프 건축가들은 시간이 지날수록 새로운 의미가 생성되는 데 관심을 갖는다. (◯ , ⓧ)

09 이전의 건축과 달리, 현대 랜드스케이프 건축에서는 인간이 수동적 존재가 된다. (◯ , ⓧ)

5 [21]랜드스케이프 건축에서 나타나는 연속된 표면은 대지와 건물의 벽, 천장을 하나의 흐름으로 생성하면서 대지와 건물이 구분되지 않고 하나로 연결되어 통합되기도 하고, 건물 자체가 대지를 완전히 ⓒ 덮어서 대지와 건물이 통합되기도 한다. [22]그리고 연속된 표면은 주름처럼 접히고 펼쳐지면서 공간을 ⓓ 만들어 내는데, 이러한 공간은 그 성격이 고정되지 않고 우연적인 상황 혹은 주변의 여러 가지 요인의 전개로 인해 재구성될 수 있는 잠재적인 특징을 지니게 된다. [23]그리고 이러한 공간의 흐름은 연속적으로 구성되어 있어 건물의 안과 밖이 자연스럽게 연결되기 때문에 건물의 내부와 외부의 구분이 모호해지게 된다. [24]이를 통해 건물 내부에서 외부를 바라보는 시선과 외부에서 내부를 바라보는 응시*를 동시에 담아낼 수 있게 되는 것이다.

6 

〈동대문디자인플라자(DDP)〉

[25]우리나라의 동대문디자인플라자(DDP)는 이러한 랜드스케이프 건축의 특성이 잘 드러나 있는 건물이다. [26]DDP의 표면은 주름진 곡선이 연속적으로 이어지고 있는데, 하늘에서 ⓔ 내려다보면 건물 전체가 대지를 덮고 있는 형상을 띠고 있다. [27]또한 주름진 곡선에 의해 만들어진 내부의 공간들은 디자인 전시관으로 활용되기도 하지만, 경우에 따라 패션 행사나 다양한 체험 마당 등 다양한 용도로 활용된다. [28]특히 DDP는 기존에 있던 지하철역이 건물의 지하 광장과 건물의 입구로 이어지도록 만들어졌으며, DDP 외부의 공원과 건물 간의 경계가 없어 공원을 걷다 보면 자연스럽게 건물의 내부로 이어지고, 내부에서 옥상의 잔디 언덕으로 이동하게 되면서 다시 건물 밖의 공원으로 나오게 되는데, 이런 점 때문에 DDP는 기존에 존재하는 것들과 통합을 추구하였다는 평가를 받고 있다.

10 랜드스케이프 건축은 대지와 건물을 구분하지 않고, 대지를 건물에 포함되는 요소로 여긴다. (O , X)

11 랜드스케이프 건축에서 대지와 건물이 만들어 내는 공간의 의미는 고정되지 않는다. (O , X)

12 랜드스케이프 건축물에서는 내부에서 외부를 바라보는 동시에 외부에서 내부를 바라볼 수 있다. (O , X)

13 동대문디자인플라자는 건물 자체가 대지를 완전히 덮어서 대지와 건물이 통합된 형태이다. (O , X)

14 동대문디자인플라자의 공간은 그 성격이 유동적이다. (O , X)

15 동대문디자인플라자는 랜드스케이프 건축의 특성을 따라 건물의 내부와 외부의 구분이 모호하다. (O , X)

맞힌 개수 / 총 개수   / 15

0 1 ● 팩트 체크+팩트 간 관계 파악

㉠, ㉡에 대한 설명으로 가장 적절한 것은?

① ㉠은 공간적 개념에서, ㉡은 시간적 개념에서 대상의
생성을 언급하였다.

② ㉠은 대상의 변하지 않는 속성에, ㉡은 대상의 변화하
는 속성에 주목하였다.

③ ㉠은 어떤 대상과 관계하느냐에, ㉡은 대상과 어떻게
관계하느냐에 주목하였다.

④ ㉠은 차이를 본질에 종속시키고자 하였고, ㉡은 동일성
을 차이에 종속시키고자 하였다.

⑤ ㉠과 ㉡의 목표는 모두 대상이 갖는 고정된 본질을 파
악하는 것이었다.

0 2 ● 팩트 체크

주름 에 대한 이해로 적절하지 **않은** 것은?

① 주름은 내재적 원인에 의해 완성된다.

② 주름은 대상과 대상이 서로 연결되어 생성된다.

③ 생성된 주름은 다른 대상들과의 차이를 만들어 낸다.

④ 주름은 대상들 간의 관계를 통해 새로운 의미를 형성
한다.

⑤ 대상의 주름은 서로를 변화시키며 연속적으로 만들어
진다.

0 3 ● 팩트 체크

'동대문디자인플라자' 에 대한 이해로 적절하지 **않은** 것은?

① 대지와 건물의 표면에 주름처럼 이어진 곡선은 대지의
의미가 건물에 의해 규정되도록 하고 있군.

② 건물 전체가 대지를 덮고 있는 형상은 건물과 대지를
통합하여 연속된 표면을 이룬 것에 해당하겠군.

③ 관람자는 공원에서 건물 내부로, 내부에서 잔디 언덕으
로 이동하면서 시선과 응시를 모두 경험할 수 있겠군.

④ 기존에 있던 지하철역을 건물의 입구와 이어지도록 한
것은 기존의 시설물과 건물을 이분법적으로 보지 않은
것이군.

⑤ 내부 공간들이 전시관과 패션 행사 등으로 다양하게 활
용되는 것은 공간의 성격을 고정하지 않았기 때문에 가
능한 것이겠군.

0 4 ● 팩트 적용

**다음 '학습 활동'에서 [A]에 들어갈 내용으로 적절하지 않은
것은? [3점]**

[학습 활동]
　다음 자료를 참고하여 한국의 전통 건축과 랜드스케
이프 건축을 비교해 보자.

　　소쇄원에 들어서면 자연석 축대로 경계를 삼아
소박한 멋을 내는 인공 연못과 만나게 된다. 기존
의 지형과 물줄기의 흐름을 바꾸지 않고 그대로 살
려 만든 소쇄원 내부의 길을 따라 걷다 보면 소쇄
원의 대표적인 건물인 광풍각에 이르게 된다. 광풍
각의 들어열개문은 문짝을 접고 그것을 들어 올릴
수 있는 구조로 되어 있어 방 안에서 바로 마루 너
머의 자연과 연결되어 방에서도 자연을 즐길 수 있
다. 아울러 이러한 들어열개문의 특성으로 인해 방
과 마루의 공간이 나뉘면서 동시에 통합될 수도 있
다. 광풍각 앞의 마당은 다른 장소로 이어주는 통
로로, 자연을 완상하는 장소로, 함께 어울리는 놀
이의 공간으로도 활용된다.

[활동 결과]
　（　　[A]　　）는 점에서, 소쇄원에서 랜드스케이프
건축의 특성을 엿볼 수 있다.

① 소쇄원 내부의 길은 기존의 자연 환경과 관계를 맺고 있다

② 소쇄원의 연못은 대지와 구분되는 비연속된 표면을 이루고 있다

③ 소쇄원의 마당은 상황에 따라 용도가 달라지는 잠재성을 지니고 있다

④ 들어열개문을 통해 광풍각의 외부와 내부를 하나로 연결할 수 있다

⑤ 들어열개문의 문짝을 접어 올리면 방과 마루의 경계가 모호해진다

문맥상 ⓐ~ⓔ와 바꿔 쓰기에 적절한 것은?

① ⓐ: 도출(導出)되는

② ⓑ: 구성(構成)된다

③ ⓒ: 봉인(封印)하여

④ ⓓ: 제작(製作)해

⑤ ⓔ: 주시(注視)하면

독해 노트

문단별 중심 내용 & 구조도

필수 어휘

표상하다
表 겉 표 / 象 형상 상
추상적이거나 드러나지 아니한 것을 구체적인 형상으로 드러내어 나타내다.
예 그림은 제가 느끼는 행복을 표상한 것입니다.

종속시키다
자주성이 없이 주가 되는 것에 딸려 붙게 하다.
예 강대국은 약소국을 정치적, 경제적으로도 종속시켰다.
⊜ 예속시키다

정태적
움직이지 아니하고 가만히 있는 상태의.
예 이들은 도무지 변화가 없는 정태적 집단이다.
⊜ 동태적

영감
靈 신령한 영 / 感 느낄 감
창조적인 일의 계기가 되는 기발한 착상이나 자극.
예 이 곡은 너를 보고 영감을 얻어 쓴 것이다.

규정되다
規 법 규 / 定 정할 정
내용이나 성격, 의미 따위가 밝혀져 정해지다.
예 그의 행동은 지금까지 불법이라고 규정되어 온 것들이다.

응시
눈길을 모아 한 곳을 똑바로 바라봄.
예 나는 선생님의 응시를 피했다.
⊜ 주시

1 ¹전통적으로 동아시아에서 역법*은 연월일시의 시간 규범을 제시하는 일뿐만 아니라 태양, 달 그리고 다섯 행성의 위치 변화를 통해 하늘의 뜻을 이해하는 것이었다. ²역법의 ⓐ <u>운용</u>*과 역서의 발행은 나라를 다스리는 중요한 통치 행위였기 때문에 동아시아에서는 국가 기구를 설치하여 역법을 다루었고 그곳의 관리에게만 연구가 허락되었다. ³ʳ『서경(書經)』에서 말한 '하늘을 관찰하여 백성에게 시간을 내려준다.'라는 뜻의 관상수시(觀象授時)는 유교 문화권에서 역법을 어떻게 바라보았는가를 잘 드러낸다. ⁴관상수시는 하늘의 명을 받은 천자*에게만 허락된 일이므로 고려 시대에는 중국의 역을 거의 그대로 따라야 했다. ⁵고려 초에 도입된 선명력*은 정확성이 부족하여 고려 말에는 정확성이 높아진 수시력*을 도입했다. ⁶수시력은 계산식이 복잡해 익히기가 어려웠기 때문에 일식과 월식, 곧 교식을 추보*할 때는 여전히 선명력이 사용되었다. ⁷이 상황은 조선 건국 직후에도 지속되었다.

2 ⁸세종은 즉위 초부터 수시력에 대한 이해를 높이려고 애썼고 마침내 수시력에 ⓑ <u>통달</u>했다고 자부했다. ⁹그럼에도 세종 12년, 교식 추보에 오차*가 생기자 세종은 그 해결책으로 ㉠ <u>조선만의 교식 추보 방법</u>을 찾고자 했다. ¹⁰세종은 중국의 역법을 수용하되 이것을 조선에 맞게 운용하는 방법을 택함으로써 중국과의 관계를 고려하면서도 시간 규범을 스스로 수립하고자* 한 것이다. ¹¹수시력으로 교식을 추보할 때에는 입성을 사용했는데, 이때의 입성은 모두 중국을 기준으로 한 것이었다. ¹²입성이란 천체의 위치를 계산하는 데 필요한 관측값 등을 실어 놓은 계산표이다. ¹³세종은 한양을 기준으로 한 입성을 제작하려 했다. ¹⁴그래서 입성 제작에 필요한 낮과 밤의 길이인 주야각을 추보하기 위해 한양의 위도 등을 알아내도록 명했다. ¹⁵이러한 일련의 연구 성과를 담은 것이 세종 26년에 편찬*된 『칠정산 내편』이다. ¹⁶'칠정'이란 태양, 달, 다섯 행성의 운행을 가리키고, '산'이란 계산했다는 뜻이다. ¹⁷『칠정산 내편』은 중국 역법에 기반을 두었지만 교식과 천체 관측에 필요한 값들을 한양의 기준으로 계산할 수 있게 되었다는 점에서 독자적인 역법이라 할 수 있다.

3 ¹⁸『칠정산 내편』의 효용성을 살피기 위해 세종은 정묘년(1447년) 8월에 일어날 교식을 미리 추보하여 『칠정산 내편 정묘년 교식 가령』을 편찬하게 했다. ¹⁹그런데 이 추보에 오차가 발생하자 추보의 방법과 내용을 꾸준히 ⓒ <u>정비했다</u>*. ²⁰이 성과를 담은 책이 바로 세조 4년에 편찬된 『교식 추보법 가령』이다. ²¹이 책은 정묘년(1447년) 8월의 교식을 새로운 계산식으로 다시 추보한 것이다. ²²두 가령의 교식 추보 원리는 동일하지만 계산식을 약간 달리했기 때문에 교식 추보 시각은 서로 달랐다. ²³두 가령의 교식 추보 시각은 현대 천문학의 계산과 조금의 오차는 있지만 당시 유럽의 천문학과 비교하더라도 그 방법론이 매우 정교하여 조선 역법의 뛰어난 수준을 보여 주는 것이다.

집 중 훈 련 OX

01 역법이 중요한 통치 행위로 여겨진 까닭은 역법을 하늘의 뜻을 이해하는 학문으로 여겼기 때문이다. (O , X)

02 고려 말에는 중국의 역법을 우리의 역법으로 보완한 수시력이 도입되었다. (O , X)

03 선명력은 수시력보다 계산식이 단순하여 교식을 추보할 때에 용이했다. (O , X)

04 세종은 즉위하자마자 조선만의 교식 추보 방법을 사용하였다. (O , X)

05 세종은 중국의 역법을 수용하되 계산표는 한양을 기준으로 제작하였다. (O , X)

06 『교식 추보법 가령』은 『칠정산 내편』을 벗어나 새로운 추보 원리를 밝혀냈다. (O , X)

07 『교식 추보법 가령』은 당시 유럽의 천문학을 참고하여 보다 정교한 계산식을 고안했다.

(O , X)

4 ²⁴지구는 태양과의 거리가 가장 가까운 근일점에서 공전 속도가 가장 빠르다. ²⁵그러므로 ㉠ 북반구에서 관측한 태양은 동지* 즈음에 가장 빠르게 운행하는 것으로 보이고, 하지* 즈음에 가장 느리게 운행하는 것으로 보인다. ²⁶그래서 『칠정산 내편』은 근일점과 동지가 일치한다고 보았다. ²⁷즉 동지와 하지에서 태양의 실제 위치가 평균 속도로 운행한 태양의 위치와 일치한다고 설정한 것이다. ²⁸그리고 동지부터 하지 사이를 영, 하지부터 동지 사이를 축이라 했다. ²⁹'영축차'는 태양의 실제 위치에서 평균 위치를 뺀 값이다. ³⁰그러므로 영에서의 값인 '영차'는 양의 값이고, 축에서의 값인 '축차'는 음의 값이다. ³¹달 역시 지구와 가까울수록 빠르게 움직인다. ³²㉡ 그래서 달이 지구와 가장 가까이 위치할 때인 근지점에서 '지질차'의 값을 0으로 간주했다. ³³'지질차'란 달의 실제 위치에서 평균 위치를 뺀 값인데, 근지점부터 달이 지구와 가장 멀리 떨어져 있는 원지점까지는 달의 실제 위치가 평균 위치보다 앞선다. ³⁴그리고 원지점부터 근지점까지는 그 반대이다. ³⁵㉢ 달의 실제 위치가 평균 위치보다 앞서면 '질차', 뒤처지면 '지차'라 했다.

5 ³⁶달이 태양과 지구 사이에 놓여 태양을 가릴 때를 삭(朔), 지구가 태양과 달 사이에 놓여 달을 가릴 때를 망(望)이라 한다. ³⁷정삭과 정망은 지구와 달이 태양과 정확히 일직선 위에 놓이게 될 때의 시각이다. ³⁸『칠정산 내편 정묘년 교식 가령』과 『교식 추보법 가령』 모두 정삭, 정망은 태양과 달의 평균 위치로 계산된 경삭과 경망에 실제 태양과 달의 빠르고 느린 정도를 가하거나 감하여 구했다. ³⁹이를 가감차 방식이라 한다. ⁴⁰가감차 값은 영축차에서 지질차를 뺀 값을 속도항 값으로 나누어 구했다. ⁴¹즉 가감차 값이 양일 때에는 그 값을 경삭, 경망에 더하는 가차로 삼았고, 음일 때에는 그 값을 경삭, 경망에서 빼는 감차로 삼았다. ⁴²앞에서 언급한 두 가령 모두 영축차에서 지질차를 뺀 값에는 거의 차이가 없다. ⁴³하지만 『칠정산 내편 정묘년 교식 가령』은 속도항 값으로 달의 이동 속도를 활용했지만, 『교식 추보법 가령』은 달의 이동 속도에서 태양의 이동 속도를 뺀 값을 활용했다. ⁴⁴㉣ 이는 태양이 달에 비해 느린 속도로 달과 같은 방향으로 이동하는 것처럼 보이는 현상을 고려한 것이다.

6 ⁴⁵『칠정산 내편』 등을 통한 역법의 확립으로 조선은 유교적 이념을 만족스럽게 ⓓ 실현할* 수 있는 체계를 갖추었다는 자부심을 가질 수 있게 되었다. ⁴⁶『칠정산 내편』이 편찬된 지 200여 년 뒤, 일본을 왕래하던 조선 통신사 사신 박안기는 조선의 역법을 일본에 전하게 된다. ⁴⁷이를 바탕으로 일본에서도 독자적인 역법 『정향력』이 완성되었다. ⁴⁸동아시아 천문학은 시대와 장소에 따라 서로 다르게 전개되었지만 『칠정산 내편』, 『정향력』 등은 자국의 고유한 역법을 ⓔ 확립하고자* 했던 열망의 소산*이라고 할 수 있다.

- 선명력: 중국 당나라 장경 2년(822)에 서앙(徐昻)이 만든 태음력. 823년부터 71년간 사용하였는데, 1년을 365.2446일로 하였으며 우리나라에서는 고려 충렬왕 때까지 약 400년 동안 사용하였다
- 수시력: 중국 원나라의 천문학 자곽수경, 왕순 등이 세조의 명에 따라 만든 역서(曆書). 농민에게 사시(四時), 팔절(八節)과 이십사절기 따위를 가르치기 위한 것이다.
- 추보: 천체의 운행을 관측함.

---

08 북반구에서 관측한 태양은 동지 즈음에 근일점에 이른다. (O , X)

09 동지부터 하지 사이에는 태양의 실제 위치가 평균 위치보다 앞선다. (O , X)

10 근일점에서의 영축차 값과 근지점에서의 지질차 값은 동일하다. (O , X)

11 『칠정산 내편』은 근지점에서 달의 실제 위치와 평균 위치가 같다고 보았다. (O , X)

12 『칠정산 내편 정묘년 교식 가령』에서 영축차가 지질차보다 큰 경우에는 경삭, 경망에 값을 더하는 가차의 방식을 사용하였다. (O , X)

13 『교식 추보법 가령』은 『칠정산 내편 정묘년 교식 가령』과 달리, 태양과 달의 속도 차이를 고려하였다. (O , X)

14 조선의 역법은 당시 일본의 역법보다 앞서 있었다고 볼 수 있다. (O , X)

15 『칠정산 내편』과 『정향력』은 한양을 기준으로 계산한 역법이다. (O , X)

맞힌 개수 / 총 개수 　 / 15

윗글에 대한 설명으로 가장 적절한 것은?

① 관상수시의 개념을 소개하고 고려와 조선이 그것을 어떻게 변용하여 역법 제작에 응용했는지 설명하고 있다.

② 조선의 역법 발달 과정을 언급하고 동서양 문명에서 공통적으로 나타난 천문과 역법의 의미를 보여 주고 있다.

③ 역법에 대한 유교적 관점을 드러내고 조선이 역법 확립을 위해 노력한 바와 그것이 끼친 영향을 보여 주고 있다.

④ 조선에서 교식 추보 방법이 발달했던 이유를 제시하고 교식 추보가 중국 천문학 발전에 끼친 영향을 설명하고 있다.

⑤ 조선 역법의 우수성을 부각하고 당대에 관측한 값들이 현대적 관점에서 얼마나 정확한 것인지 단계적으로 검증하고 있다.

윗글을 통해 알 수 있는 사실이 <u>아닌</u> 것은?

① 조선은 역법을 통해 천자를 부정하고 독자적 정치 이념을 실현하고자 했다.

② 조선은 교식 추보 이외에 여러 행성들의 운동도 역법에 담으려고 노력했다.

③ 전통적으로 동아시아에서는 국가의 주도와 통제 아래 역법 연구가 수행되었다.

④ 전통적으로 동아시아는 천체의 변화를 이해하여 하늘의 뜻을 알고자 역법을 마련했다.

⑤ 조선은 역법의 확립을 통해 유교적 이념의 실현을 위한 체계를 수립했다는 자부심을 가질 수 있었다.

윗글과 〈보기〉를 관련지어 추리한 내용으로 적절하지 <u>않은</u> 것은?

보 기

(가) 이전에는 선명력을 썼기 때문에 오차가 꽤 많았으나, 신(臣) 정초가 수시력법을 연구하여 밝혀낸 뒤로는 역서 만드는 법이 어느 정도 바로잡혔다. 그러나 이번(세종 12년) 일식의 시작과 끝 시각이 모두 차이가 있었으니 이는 정밀하게 살피지 못한 까닭이다.
　　　　　　　　　　　　　　　　　– 『세종실록』 권49

(나) (세종께서) “이 일의 요체는 북극출지의 고하(한양의 위도)를 정하는 데 있으니 먼저 간의를 만들어 올림이 좋겠다.” 하시므로, …(중략)… 먼저 나무로 모양을 만들어 북극출지 38도소를 정하니, 『원사(元史)』의 측정값과 부합하였으므로 마침내 구리를 녹여 부어 간의를 만들었다.
　　　　　　　　　　　　　　　　　– 『세종실록』 권77

(다) 수시력과 통궤의 체계에 근거하여 같은 점과 차이점을 가려서 정밀한 것을 가려 뽑고 거기에 몇 가지 항목을 더하여 한 권의 책으로 만들게 하고, 『칠정산 내편』이라고 했다. …(중략)… 수시력이나 통궤법의 주야각은 각기 근거한 곳에서 추정한 것이므로 우리나라와는 다르다.
　　　　　　　　　　　　　　　　　– 이순지, 『사여전도통궤』 발문(세종 26년)

① (가): 세종 즉위 전까지 조선에서 선명력을 사용해 교식을 추보할 때 오차가 컸겠군.

② (가): 세종 12년의 교식 추보의 오차 원인을 밝히기 위해 『칠정산 내편 정묘년 교식 가령』을 편찬한 것이군.

③ (나): 교식 추보의 정확성을 높이기 위해 조선에서 천체 관측 기구가 제작되었겠군.

④ (다): 『칠정산 내편』 편찬에 기반이 되었던 중국의 역법으로는 수시력을 들 수 있겠군.

⑤ (다): 세종과 이순지 모두 중국의 주야각 입성이 우리나라의 주야각 입성과 다르다고 생각했겠군.

〈보기〉를 참고하여 윗글을 이해한 내용으로 적절한 것은?

[3점]

보 기

정묘년(1447년) 8월은 하지를 지나 동지로 가는 시점으로, 경삭이 일어날 때 달은 원지점에서 근지점으로 이동하고 있었다. 『칠정산 내편 정묘년 교식 가령』과 『교식 추보법 가령』의 추보법에 의하면 경삭이 일어날 때 태양의 실제 위치와 평균 위치의 차는 약 2.39였고, 달의 실제 위치와 평균 위치의 차는 약 4.99였다.

① 정묘년 8월 경삭 때 달의 실제 위치가 평균 위치보다 앞서 있었을 것이다.

② 정묘년 8월 정삭 추보에서 가감차 값은 『칠정산 내편 정묘년 교식 가령』이 『교식 추보법 가령』보다 더 컸을 것이다.

③ 정묘년 8월 정삭 추보에서 두 가령 모두 경삭에 가감차 값을 더하는 가차로 삼았을 것이다.

④ 정묘년 8월 정삭 추보에서 두 가령 모두 가감차 계산에 영차를 사용했을 것이다.

⑤ 정묘년 8월 정삭 때 지구가 태양과 달 사이에 있었을 것이다.

㉠~㉤에 대한 이해로 가장 적절한 것은?

① ㉠: 조선에서 일어나는 교식을 정확히 추보하기 위해 수시력을 연구하는 방법을 찾고자 했다.

② ㉡: 낮의 길이와 공전 속도가 비례하는 것으로 보인다.

③ ㉢: 근지점에서 달의 실제 위치와 평균 위치가 일치한다고 간주했다.

④ ㉣: '질차'는 음의 값을, '지차'는 양의 값을 가진다고 보았다.

⑤ ㉤: 『교식 추보법 가령』의 속도항 값이 음의 값을 가진 것을 고려한 것이다.

ⓐ~ⓔ의 사전적 의미가 바르지 않은 것은?

① ⓐ: 무엇을 움직이게 하거나 부리어 씀.

② ⓑ: 예리한 관찰력으로 사물을 꿰뚫어 봄.

③ ⓒ: 흐트러진 체계를 정리하여 제대로 갖춤.

④ ⓓ: 꿈, 기대 따위를 실제로 이룸.

⑤ ⓔ: 체계나 견해, 조직 따위가 굳게 섬. 또는 그렇게 함.

문단별 중심 내용 & 구조도

필수 어휘

어휘	뜻
역법	천체의 주기적 현상을 기준으로 하여 절기나 달, 계절을 정하는 방법. 예 옛 역법을 고집하는 사람들은 새 역법을 따르지 않았다.
운용 運 운전할 운 / 用 쓸 용	무엇을 움직이게 하거나 부리어 씀. 🟢 운영, 사용 예 회사에 투자를 했으니, 투자금의 운용 방안에 대하여 알려주십시오.
천자 天 하늘 천 / 子 아들 자	하늘의 뜻을 받아 하늘을 대신하여 천하를 다스리는 사람이라는 뜻으로, 우리나라에서는 임금 또는 왕(王)이라 하였다. 🟢 황제, 임금 예 이는 천자의 명령이니 모두 따르라.
통달 洞 꿰뚫 통 / 達 통할 달	사물의 이치나 지식, 기술 따위를 훤히 알거나 아주 능란하게 함. 예 이 사람은 천문, 지리에 통달했다.
오차	실지로 셈하거나 측정한 값과 이론적으로 정확한 값과의 차이. 🟢 오류 예 계산을 실수해서 값에 오차가 났다.
수립하다	국가나 정부, 제도, 계획 따위를 이룩하여 세우다. 🟢 이룩하다 예 우리나라는 A국과 새로운 외교 관계를 수립했다.
편찬	여러 가지 자료를 모아 체계적으로 정리하여 책을 만듦. 예 이 영화는 일제 강점기 당시 국어사전 편찬 과정을 담고 있다.
정비하다 整 가지런할 정 / 備 갖출 비	흐트러진 체계를 정리하여 제대로 갖추다. 예 축구 대표 팀을 정비하다.
동지 冬 겨울 동 / 至 이를 지	이십사절기의 하나. 태양이 동지점을 통과하는 때인 12월 22일이나 23일경이다. 북반구에서는 일 년 중 낮이 가장 짧고 밤이 가장 길다. 🟠 하지 예 동지에는 팥죽을 먹는 풍속이 있다.
하지 夏 여름 하 / 至 이를 지	이십사절기의 하나. 양력 6월 21일경으로, 북반구에서는 낮이 가장 길고 밤이 가장 짧다. 🟠 동지 예 하지를 지나자 수풀이 무성해졌다.
실현하다 實 열매 실 / 現 나타날 현	꿈, 기대 따위를 실제로 이루다. 예 시민들의 힘으로 민주주의를 실현했다.
확립하다 確 굳을 확 / 立 설 립	체계나 견해, 조직 따위를 굳게 서게 하다. 예 교통 질서를 확립하다.
소산	어떤 행위나 상황 따위에 의한 결과로 나타나는 현상. 🟢 성과 예 그의 성공은 엄청난 노력의 소산이다.

3. 투시 원근법의 구현 원리

교육청 기출 · 정답과 해설 111~113쪽

1 [1]르네상스* 이전의 회화에서는 일정한 비례나 법칙이 없이 가까이 있는 사물은 크게, 멀리 있는 사물은 작게 그리는 자연적 원근법을 사용하였다. [2]그런데 15세기 르네상스 회화에서는 눈에 보이는 장면을 정확하게 재현하려* 했다. [3]이를 위해 르네상스 화가들은 자연적 원근법과 달리 수학과 과학의 원리를 ⓐ 적용한 투시* 원근법으로 대상을 표현하였다.

2 [4]1435년 알베르티는 『회화론』에서 광학의 원리에 ⓑ 기초한 투시 원근법을 소개하였다. [5]화가가 상자를 바라보고 있고, 화가의 눈과 상자 사이에 유리판이 놓여 있다고 하자. [6]눈과 사물 위의 한 점을 직선으로 연결한 선을 시선이라고 하고, 시선이 유리판과 만나는 점을 사영이라고 한다. [7]상자의 각 점의 사영들을 모아 생기는 상이 화가의 눈에 비친 상자의 상이기 때문에 눈과 사물 사이의 유리판은 곧 화면이 된다. [8]알베르티는 ㉠ 유리판에 들어온 사물의 상을 그대로 그린다면, 그림 속의 인물이나 물체 등이 실제 모습과 비례하게* 된다고 보았다.

3 [9]실제로 평행한 두 선을 투시 원근법으로 그린 그림에서는 두 선이 한 점에서 모이는 것을 볼 수 있다. [10]이 점을 소실점이라고 하는데, 투시 원근법은 소실점의 개수에 따라 한 점 투시 원근법, 두 점 투시 원근법, 세 점 투시 원근법으로 나뉜다. [11]아래 <그림 1>의 투시도는 철로를 ㉡ 한 점 투시 원근법으로 그린 것으로, 투시도의 구현 원리는 평면도와 상승도를 통해 이해할 수 있다.

4

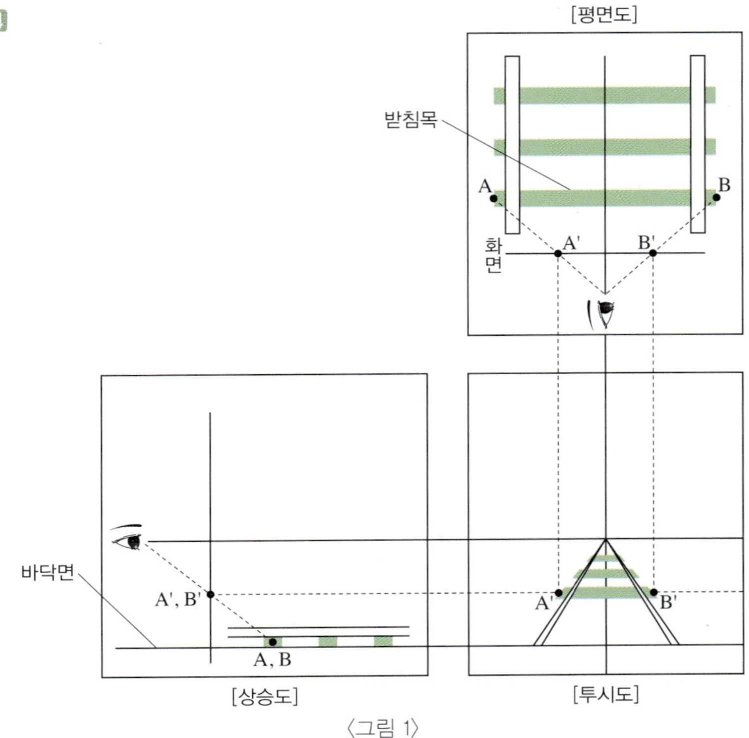

〈그림 1〉

집 중 훈 련 ＯX

01 자연적 원근법과 투시 원근법은 모두 눈에 보이는 장면을 유사하게 표현하기 위한 기법이다. (Ｏ , Ｘ)

02 자연적 원근법과 달리, 투시 원근법은 일정한 원리에 따라 대상을 재현하였다. (Ｏ , Ｘ)

03 시선과 사영은 서로 만나지 않는다. (Ｏ , Ｘ)

04 알베르티가 유리판에 들어온 사물의 상을 그대로 그린다면, 원근법이 적용되지 않는다. (Ｏ , Ｘ)

05 투시 원근법으로 그리는 경우, 실제로는 만나지 않는 대상이 그림에서는 한 점으로 모이기도 한다. (Ｏ , Ｘ)

06 실제 대상이 복잡하고 많이 흩어져 있을수록 소실점의 개수가 줄어들 것이다. (Ｏ , Ｘ)

인문·예술

사회·문화

과학·기술

융합

[12]철로의 평면도는 화가의 눈, 화면, 철로를 위에서 내려다볼 때, 철로의 각 점이 화면에 어떻게 사영되는지를 보기 위한 것이다. [13]화면과 수직으로 만나는 시선을 중앙선이라고 하는데, ⓒ 이 중앙선이 철로와 평행하다고 하자. [14]또 눈에서 가장 가까이 있는 받침목의 맨 왼쪽 점 A를 연결하는 시선이 화면과 만나는 점을 A', 맨 오른쪽 점 B를 연결하는 시선이 화면과 만나는 점을 B'라고 하자. [15]그렇게 되면 선분 AB의 상은 선분 $A'B'$가 된다. [16]이런 식으로 다른 받침목들도 그리다 보면 받침목이 화면에서 멀어질수록 상의 길이가 작아지며, 양쪽 선로를 따라 점들이 멀어질수록 화면의 상들은 ⓔ 하나의 점에 가까워진다는 것을 알 수 있다. [17]다음으로 상승도를 보자. [18]상승도는 화가의 눈, 화면, 철로를 옆에서 본 그림이다. [19]철로가 놓인 바닥면을 기준으로 볼 때 ⑩ 중앙선은 바닥면과 평행하다고 하자. [20]눈에서 가장 가까운 받침목의 양 끝점 A와 B는 바닥으로부터 같은 높이에 있기 때문에 상승도에서 A'와 B'는 하나의 점으로 화면에 표시된다. [21]다른 받침목도 이와 마찬가지다.

⑤ [22]철로의 평면도와 상승도를 종합하면 투시도를 ⓒ 완성할 수 있다. [23]투시도를 그릴 화면 위쪽에 평면도를, 화면 왼쪽에 상승도를 놓는다. [24]그리고 평면도의 중앙선을 아래로 연장하고, 상승도의 중앙선을 오른쪽으로 연장하면 투시도의 한 점에서 만나게 된다. [25]투시도에서 점 A'의 위치는 평면도의 점 A'로부터의 수직선과 상승도의 점 A'로부터의 수평선이 만나는 점이다. [26]이런 식으로 다른 점들도 투시도에 표시할 수 있고, 이 점들을 모으면 철로의 상을 얻을 수 있다.

⑥ [27]투시 원근법으로 그린 그림을 화가가 본 것과 유사하게 관람하기* 위해서는 최적*의 관람 거리를 ⓓ 유지해야 한다. [28]관람 거리는 관람자와 그림 사이의 거리로, 투시 원근법으로 그린 그림의 최적의 관람 거리는 그림을 그리기 위해 실제 장면을 보고 있는 화가와 화면 사이의 거리에 해당한다. [29]<그림 2>는 가로의 길이가 C이고, 세로의 길이가 D인 직사각형을 한 점 투시 원근법으로 그린 것으로, 이 그림의 최적의 관람 거리를 추적해* 보자. [30]가로 변은 화면과 평행하고 세로 변은 화면과 수직으로 놓인 직사각형을 그린 그림에서 직사각형의 세로 변을 연장하면 한 점에서 모이는 것을 볼 수 있는데, 이 점을 V라 하자. [31]이때 점 V는 그림의

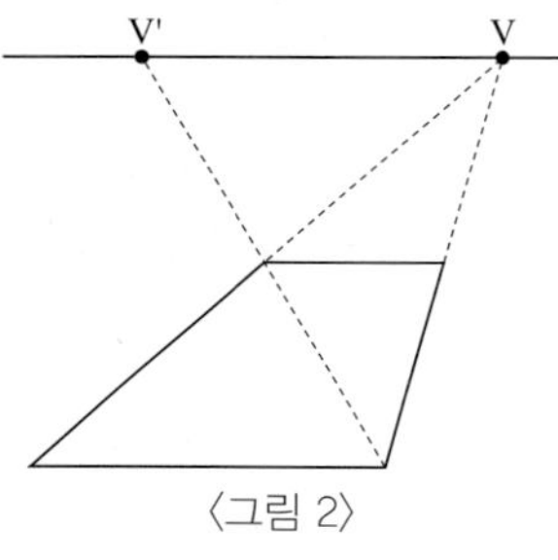

〈그림 2〉

소실점이다. [32]점 V에서 직사각형의 가로 변과 평행한 선을 긋고 이 선을 지평선이라고 하자. [33]그런 다음에 직사각형의 한 대각선을 연장했을 때 지평선과 만나는 점을 V'라 하자. [34]점 V와 V' 사이의 거리를 c, 화가와 화면 사이의 거리를 d라고 하면 $C : D = c : d$가 성립하여 최적의 관람 거리를 구할 수 있다.

[가]

⑦ [35]한편 르네상스 시대에 원근법을 연구했던 프란체스카는 원근법의 한계를 지적하였다*. [36]시선과 중앙선이 이루는 각이 60도의 범위 안에 들어오는 사물을 투시 원근법으로 그릴 경우, 화면에 실제 사물과 유사하게 사물의 상이 구현된다. [37]하지만 이 범위에서 벗어나 있는 사물을 보고 그린 그림에서는 상이 왜곡된다*

---

07 상승도의 A', B'는 투시도의 소실점과 연결된다. (O , X)

08 평면도의 중앙선과 상승도의 중앙선은 투시도의 소실점과 연결된다. (O , X)

09 투시도에서 받침목이 눈에서 멀어질수록 A', B' 간의 거리는 짧아진다. (O , X)

10 대상을 정면에서 보지 않아도, 평면도와 상승도가 있으면 대상을 정면에서 보는 그림을 그릴 수 있다. (O , X)

11 평면도와 투시도의 A', B', 그리고 상승도와 투시도의 A', B'는 각각 일직선상에 있다. (O , X)

12 최적의 관람 거리를 알기 위해서는 화가와 화면 사이의 거리를 알아야 한다. (O , X)

13 <그림 2>는 소실점이 V 하나이므로, 한 점 투시 원근법으로 그린 그림이다. (O , X)

14 <그림 2>에서 C(가로의 길이)와 D(세로의 길이)가 고정 값일 때, V와 V' 사이의 거리가 멀수록 화가와 화면 사이의 거리도 멀다. (O , X)

는 것이다. [38]이런 이유로 후대 미술가 중에는 투시 원근법에 대한 회의적* 시각을 지닌 이들이 등장했다. [39]하지만 투시 원근법은 여전히 대상을 사실적으로 ⓔ 재현 하려는 이들에게는 유용한 방법이다. [40]최근에는 증강 현실*의 구현에 투시 원근 법이 활용되고 있다.

15 프란체스카는 원근법의 한계를 지적하며 새로운 재현 방법을 고안하였다. (O , X)

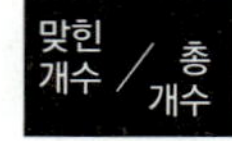

---

01 ● 팩트 체크

윗글에 대한 설명으로 적절하지 <u>않은</u> 것은?

① 투시 원근법이 변화해 온 과정을 통시적으로 서술하고 있다.

② 구체적인 예를 들어 투시 원근법의 구현 원리를 설명하고 있다.

③ 투시 원근법에 대한 특정 인물의 비판적 견해를 제시하고 있다.

④ 관련된 주요 용어의 개념을 활용하여 투시 원근법을 설명하고 있다.

⑤ 자연적 원근법과의 차이점을 들어 투시 원근법의 특징을 드러내고 있다.

02 ● 팩트 체크

윗글의 〈그림 1〉에 대한 이해로 적절하지 <u>않은</u> 것은?

① [평면도]에서 받침목들이 화면으로부터 멀어질수록 받침목의 끝점을 잇는 시선과 중앙선 사이의 각이 작아진다.

② [상승도]에서 한 개의 받침목의 양 끝점은 화면에 동일한 점으로 표시된다.

③ [상승도]에서 받침목들이 화면으로부터 멀어질수록 받침목 양 끝점의 사영은 중앙선에서 멀어진다.

④ [투시도]에서 멀리 보이는 받침목일수록 그 상이 소실점에 가까워진다.

⑤ [투시도]에서 소실점은 평면도의 중앙선과 상승도의 중앙선을 연장하였을 때 만나는 지점에서 형성된다.

0③ • 팩트 적용

[가]를 바탕으로 〈보기〉를 이해한 내용으로 가장 적절한 것은? [3점]

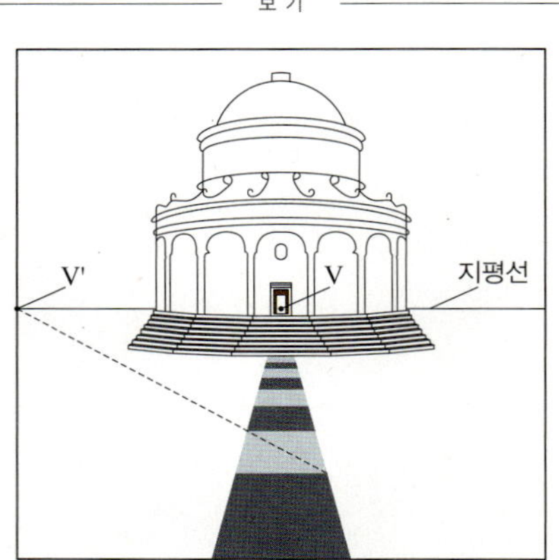

　한 점 투시 원근법으로 그린 위 그림은 가로와 세로의 길이가 각각 180cm이다. 그림에서 건물의 계단 앞까지 이어져 있는 타일들은 실제로는 같은 크기의 직사각형이다. 실제 타일은 가로 변이 화면과 평행하고 세로 변이 화면과 수직이다. 그림 속 타일들의 세로 변을 연장하면 건물 중앙 입구의 한 점(V)에서 모인다. 이 점은 그림의 정중앙에 위치해 있다. 이 그림의 점(V)에서 그린 지평선은 그림의 가로 테두리와 평행하며, 지평선과 그림 속 타일의 대각선을 연장한 선은 그림의 세로 테두리에서 한 점(V′)으로 만난다.

① 실제 장면을 보고 있는 화가와 화면 사이의 거리가 120cm였다면, 화가가 보고 그린 실제 타일은 가로의 길이가 세로의 길이보다 더 길겠군.

② 정사각형인 타일을 보고 이 그림을 그렸다면, 화가가 본 것과 유사하게 관람하기 위해서는 관람 거리를 90cm로 유지해야겠군.

③ 정사각형인 타일을 보고 이 그림을 그렸다면, 화면의 중앙에 가까이 그려져 있는 타일일수록 V와 V′ 사이의 거리는 가까워지겠군.

④ 가로의 길이가 100cm, 세로의 길이가 50cm인 직사각형의 타일을 보고 이 그림을 그렸다면, 최적의 관람 거리는 180cm겠군.

⑤ 세로의 길이가 가로의 길이보다 긴 직사각형의 타일을 보고 이 그림을 그렸다면, V′는 화면의 밖에 위치하겠군.

0④ • 팩트 체크

㉠~㉤에 대한 설명으로 적절하지 <u>않은</u> 것은?

① ㉠: 사물의 각 점의 사영들을 모아서 그린다는 것이다.

② ㉡: 소실점을 하나만 설정하여 그린 것이다.

③ ㉢: 철로가 화면과 평행한 방향으로 뻗어 있다는 것이다.

④ ㉣: 중앙선과 화면이 만나는 점에 가까워진다는 것이다.

⑤ ㉤: 바닥면이 화면과 수직이 된다는 것이다.

0⑤ • 팩트 체크

ⓐ~ⓔ의 문맥적 의미와 유사하지 <u>않은</u> 것은?

① ⓐ: 이 공장은 신기술을 <u>적용</u>하여 생산량을 늘렸다.

② ⓑ: 독립 선언문을 <u>기초</u>한 사람이 바로 그분이다.

③ ⓒ: 다음 주까지 보고서를 <u>완성</u>하여 제출해야 한다.

④ ⓓ: 사고 예방을 위해 앞 차와의 간격을 <u>유지</u>해야 한다.

⑤ ⓔ: 조선 시대의 마을을 <u>재현</u>한 민속촌을 만들었다.

문단별 중심 내용 & 구조도

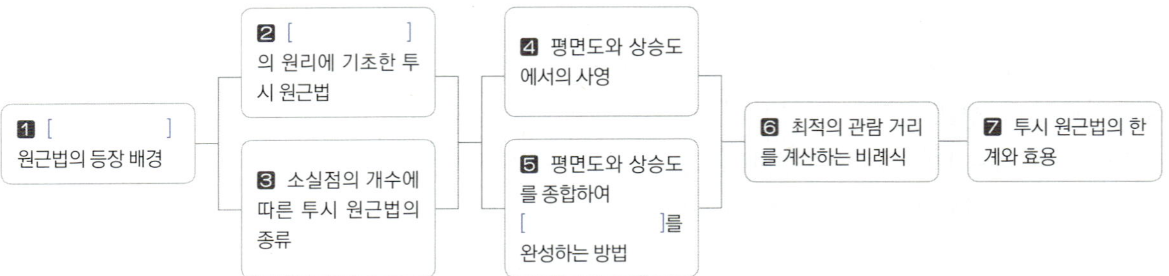

필수 어휘

르네상스

14세기~16세기에, 이탈리아를 중심으로 하여 유럽 여러 나라에서 일어난 인간성 해방을 위한 문화 혁신 운동이다. 여러 방면에 걸쳐 유럽 문화의 근대화에 사상적 원류가 되었다.
예 이탈리아의 르네상스는 미술 분야에서 가장 활발하였다.

재현하다
再 다시 재 / 現 나타날 현

다시 나타나다. 또는 다시 나타내다.
예 그 영화는 전쟁 상황을 사실적으로 재현했다.

투시

막힌 물체를 환히 꿰뚫어 봄. 또는 대상의 내포된 의미까지 봄.　⊜ 천리안
예 그녀는 정세를 평가하고 투시하는 능력이 있다.

비례하다

한쪽의 양이나 수가 증가하는 만큼 그와 관련 있는 다른 쪽의 양이나 수도 증가하다.　⊝ 반비례하다
예 나는 국어 성적과 영어 성적이 비례한다.

관람하다

연극, 영화, 운동 경기, 미술품 따위를 구경하다.　⊜ 보다
예 가족들과 영화를 관람했다.

최적

가장 알맞음.
예 이곳은 공부하기에 최적의 장소이다.

추적하다

사물의 자취를 더듬어 가다.
예 검찰은 선거 자금의 출처를 추적하고 있다.

지적하다

허물 따위를 드러내어 폭로하다.
예 친구가 내 실수를 지적했다.

왜곡되다
歪 비뚤 왜 / 曲 굽을 곡

사실과 다르게 해석되거나 그릇되게 되다.
예 그는 사회에 대한 왜곡된 시각을 갖고 있다.

회의적

어떤 일에 의심을 품는 것.
예 그의 사업이 성공할 것인지에 대해 모두가 회의적이었다.

증강 현실

현실의 이미지나 배경에 3차원 가상 물체를 겹쳐 보여 주는 기술.
예 온라인 쇼핑몰에서는 증강 현실을 활용하여 고객들이 가상의 공간에서 옷을 입어 보게 하였다.

4. 사진 미학 | 교육청 기출

정답과 해설 113~116쪽

[1] [1]우리는 초상화보다는 초상 사진이 더 사실적이라고 느낀다. [2]회화에 비해 사진이 더 사실적이라고 생각하는 이유는 사진이 기계적 장치에 의해 대상을 정확히 재현할* 수 있기 때문이다. [3]하지만 초점이나 노출*을 조절하여 대상을 변형시킨 사진도 있다. [4]이런 경우에도 사진이 사실성을 갖고 있다고 볼 수 있을지에 대해 여러 사진 미학 이론에서 다양한 논의를 ⓐ 펼쳤다. [5]이런 논의를 이해하기 위해서는 사진기의 주요 장치인 초점 조절 장치, 조리개, 셔터 등의 특성을 이해할 필요가 있다.

[2] [6]초점 조절 장치는 렌즈와 필름 사이의 거리를 조절하여 피사체*의 상*을 필름 면에 맺게 한다. [7]이 장치에는 렌즈와 관련한 광학 원리가 적용된다. [8]사진기 렌즈는 중심보다 가장자리가 더 많이 굽은 볼록 렌즈인데, 렌즈 면이 굽을수록 더 많이 굴절되므로* 광축*에 평행으로 입사한* 빛들은 광축의 한 점에 ⓑ 모인다. [9]렌즈의 중심부터 빛이 모이는 점까지의 거리를 초점 거리(f)라고 한다. [10]렌즈의 초점 거리는 렌즈를 제작할 때 결정되므로 렌즈마다 고유한 초점 거리를 갖는다. [11]하지만 렌즈의 중심과 피사체 사이의 거리인 물체 거리(o)가 달라지면 특별한 경우를 제외하고는 렌즈의 중심과 상이 맺히는 지점 사이의 거리인 상 거리(i)가 달라진다.

[3] [12]물체 거리(o)와 상 거리(i)가 렌즈의 초점 거리(f)와 어떻게 연결되는지는 $\frac{1}{o}+\frac{1}{i}=\frac{1}{f}$ 로 표현될 수 있는데, 이를 렌즈 공식이라 한다. [13]렌즈 공식을 활용하면 i를 구할 수 있다. [14]아래 <그림>처럼 f가 20cm인 렌즈가 있다고 하자. [15]피사체인 연필의 o가 40cm인 경우에 연필의 i는 40cm가 된다. [16]o가 10,000cm인 나무의 i는 어떻게 될까? [17]o가 f보다 100배 이상 크면 물체가 무한대의 거리에 있는 것과 마찬가지로 작용한다.

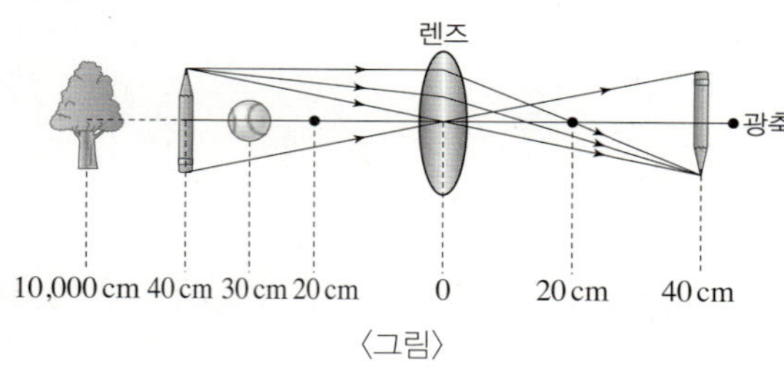

[18]따라서 $\frac{1}{o}$ 이 매우 작아서 무시할 수 있으므로 나무의 i는 f와 거의 같다. [19]만약 o가 f보다 작으면 피사체의 빛이 퍼져서 모이지 않아 렌즈 뒤에는 상이 맺히지 않는다. [20]렌즈 공식을 활용하면 상의 크기도 파악할 수 있다. [21]상의 크기를 피사체의 크기로 나눈 값은 i를 o로 나눈 값과 같다. [22]그러므로 이 값과 피사체의 크기를 알면 상의 크기도 알 수 있다.

[4] [23]조리개와 셔터는 노출을 결정한다. [24]노출은 필름에 입사되는 빛의 양이다. [25]노출이 과하면 사진이 허옇게 번져 나오고, 노출이 부족하면 사진이 어둡게 된다. [26]조리개 값과 셔터 속도로 노출 정도를 결정할 수 있다. [27]조리개는 렌즈 바로

집중훈련 OX

01 대상을 정확히 재현할 수 있다는 점에서 초상화보다 초상 사진을 더 사실적으로 느낀다. (O , X)

02 사진은 대상을 정확히 재현할 수도 있지만, 대상을 변형시킬 수도 있다. (O , X)

03 사진기 렌즈의 중심보다 가장자리에서 빛이 더 많이 굴절된다. (O , X)

04 초점 조절 장치를 통해 렌즈의 초점 거리와 물체 거리를 조절할 수 있다. (O , X)

05 렌즈 공식에서 렌즈의 초점 거리(f)는 고유한 값이므로, 물체 거리(o)가 클수록 상 거리(i)는 작아진다. (O , X)

06 <그림>에서 f가 10cm이고, 연필의 o가 20cm인 경우, 연필의 i는 10cm이다. (O , X)

07 $\frac{i}{o}$가 2인 경우, 피사체의 실제 크기보다 상의 크기가 더 크다. (O , X)

08 조리개 지름이 커질수록 빛의 양이 증가하여 사진이 허옇게 번져 나올 수 있다. (O , X)

뒤에 있는 구멍으로, 그 면적을 늘리거나 ⓒ 줄일 수 있도록 만들어져 있다. [28]조리개 조절 장치에 기록되어 있는 1.4, 2, 2.8, 4, 5.6, 8, 11 등의 수치들은 렌즈의 초점 거리(f)를 조리개의 지름으로 나눈 값인데, 이를 조리개 값이라 한다. [29]조리개 값을 작은 수로 바꿀 때마다 조리개 지름은 약 1.4배 커져 조리개 면적이 약 2배 넓어진다. [30]따라서 빛의 양도 약 2배 증가한다. [31]한편 셔터는 촬영 순간 열렸다 닫혀서 빛의 양을 조절한다. [32]셔터 속도는 1, 2, 4, … 등으로 표시된다. [33]이는 셔터가 열려 있는 시간이 1/1초, 1/2초, 1/4초, … 등임을 뜻한다. [34]셔터 속도가 2배 빨라지면 노출 시간 역시 2배 짧아지므로 빛의 양이 2배 감소한다. [35]따라서 사진가는 조리개와 셔터를 활용하여 의도적으로 빛의 양을 조절할 수 있다.

5 [36]조리개와 셔터에는 다른 기능도 있다. [37]조리개는 사진의 심도에 영향을 ⓓ 미친다. [38]심도란 상이 필름에서 적절하게 초점이 맞는 물체 거리의 범위라고 할 수 있다. [39]조리개 지름이 작아지면 광축에 가까운 빛만 입사되어 초점이 맞는 물체 거리의 범위가 넓은데, 이를 심도가 깊다고 표현한다. [40]반대로 조리개 지름이 커지면 초점이 맞는 물체 거리의 범위는 좁다. [41]따라서 무엇을 어떻게 ⓔ 찍을 것인지를 결정하는 데 있어 심도는 중요한 요소이다. [42]셔터 속도는 피사체의 움직임을 어떻게 구현할지 결정하는 기능을 한다. [43]빠른 셔터 속도는 움직이는 피사체를 정지 동작으로 나타낼 수 있다. [44]노출 시간이 짧아 피사체의 잔상*이 필름 위에 남을 가능성이 적어지기 때문이다. [45]반면에 느린 셔터 속도를 사용하면 움직임을 암시하는* 사진을 얻을 수 있다. [46]이때 움직이는 피사체는 흘러가듯이 표현된다.

6 [47]이와 같은 사진기 장치들의 특성은 대상을 사진으로 정확하게 재현할 수도, 의도적으로 변형할 수도 있게 한다. [48]대상을 변형시킨 사진 역시 사실성을 갖고 있다고 볼 것인지에 대해 ㉠ 바쟁은 사진은 기계 장치에 의해 만들어지므로 사실성을 띤다고 본다. [49]조리개와 셔터 등의 요소에서 인간의 주관이 개입되는 측면을 인정하더라도 기계적 방식으로 대상을 기록한다는 본질은 변하지 않는다는 것이다. [50]㉡ 월든은 사진은 우리가 육안*으로 직접 보았을 법한 대로 대상을 묘사한다고 보고, 그런 의미에서만 사진이 사실성을 갖는다고 생각한다. [51]사진이 기계에 의존하여 대상을 정확히 재현한다는 점을 중시한 것이다. [52]그래서 그림은 그 대상의 가시적* 특징을 추가하거나 누락할* 수 있지만 사진은 그렇게 하기 어렵기 때문에 그림과 달리 사진이 사실성을 띤다고 주장한다. [53]최근에는 ㉢ 또 다른 견해도 제시되고 있다. [54]이에 따르면 사진은 대상에서 나온 빛 이미지의 자취*를 기계 장치로 기록한 것이다. [55]발자국이 대상의 실재를 함축하듯 사진은 그 대상의 실재를 함축한다. [56]그런 의미에서 모든 사진은 사실성을 갖는다고 본다. [57]그렇다면 발자국은 사진과 동일한가? [58]이 견해에 의하면 사진은 대상 자체의 자취가 아니라 대상에서 나오는 빛 이미지의 자취를 기록한다는 점에서 발자국과 구별된다. [59]또한 사진의 사실성은 사진이 대상을 정확히 재현하는지 여부와는 무관하다고 본다. [60]사진 형성 과정에 사진가가 적극 개입한 사진이건 우연히 찍힌 사진이건 빛 이미지의 자취라는 점에서는 모두 사실성을 띤다는 것이다.

• 광축: 렌즈의 중심과 초점을 연결한 선.

윗글에 대한 설명으로 가장 적절한 것은?

① 사진기의 역사를 소개하고, 사진기를 다룰 때 유의해야 할 점을 설명하고 있다.

② 사진의 사실성을 소개하고, 이를 뒷받침하는 사진 기술의 발전 과정을 밝히고 있다.

③ 사진기의 주요 장치를 설명하고, 사진의 사실성에 대한 여러 사진 미학 이론의 입장을 제시하고 있다.

④ 사진기의 여러 기능을 설명하고, 사진이 대상의 실제 모습을 드러내는 데 한계가 있음을 강조하고 있다.

⑤ 사진에서 초점과 노출이 중요한 이유를 제시하고, 사진 미학이 사진기 발달에 끼친 영향을 설명하고 있다.

윗글에 대한 이해로 적절하지 <u>않은</u> 것은?

① 조리개 값이 커지면 광축에 가까운 빛만 입사된다.

② 초점 조절 장치는 렌즈와 필름 사이의 거리를 조절하여 초점 거리를 변경한다.

③ 사진기의 초점 거리와 상 거리를 알면 렌즈 공식을 활용하여 물체 거리를 구할 수 있다.

④ 광축에 평행으로 입사한 빛들은 사진기 렌즈의 중심보다 가장자리에서 더 많이 굴절된다.

⑤ 조리개와 셔터를 인위적으로 조절하여 대상을 정확하게 재현할 수도, 대상을 왜곡하여 표현할 수도 있다.

윗글의 〈그림〉을 이해한 내용으로 적절하지 <u>않은</u> 것은?

① 연필의 i가 공의 i보다 더 크다.

② 나무의 i는 렌즈의 f와 거의 같다.

③ 연필의 실제 크기와 그 상의 크기는 같다.

④ 공은 실제 크기보다 그 상의 크기가 더 크다.

⑤ 공의 o가 15cm라면 상은 렌즈 뒤에 맺히지 않는다.

0**4**   ● 팩트 적용

윗글을 바탕으로 〈보기〉와 관련해 보인 반응으로 가장 적절한 것은? [3점]

> **─ 보 기 ─**
>
> 조리개 값은 2.8, 셔터 속도는 1000으로 각각 설정하여 피사체를 촬영하였다. 그리고 그 사진을 본 후, (가), (나)를 조절해 보았다. (단, 렌즈나 필름 감도, 삼각대 등 다른 요소는 고려하지 않음.)

① 피사체만 선명하게 촬영하려 했지만 주변 사물까지 선명하게 보였다면, (나)는 고정하고 (가)를 2.8보다 큰 수로 조절해 심도를 깊게 하여 피사체만 선명하게 보이도록 해야겠어.

② 맑은 날 촬영하여 피사체가 허옇게 번져 보였다면, (가)를 4로, (나)를 2000으로 조절해 입사하는 빛의 양을 두 배로 늘려 상이 허옇게 보이는 현상을 막아야겠어.

③ 해질 무렵 촬영하여 피사체가 어둡게 보였다면, (가)는 고정하고 (나)를 1000보다 더 작은 수로 조절해 입사하는 빛의 양을 줄여 상을 밝게 보이도록 해야겠어.

④ 피사체가 매우 빨리 움직여 잔상이 생겼다면, (가)는 2.8보다 작은 수로, (나)는 1000보다 더 큰 수로 조절해 밝기는 유지하며 잔상이 나타나지 않도록 해야겠어.

⑤ 초점이 맞는 물체 거리의 범위가 넓어 보였다면, (가)는 고정하고 (나)를 2000으로 조절해 초점이 맞는 물체 거리의 범위를 좁혀야겠어.

0**5**   ● 팩트 체크

윗글을 바탕으로 할 때, ㉠~㉢의 입장에 부합하지 않는 것은?

① ㉠: 사진가가 조리개 값을 조절하여 피사체의 일부가 초점이 맞지 않더라도 그 사진은 사실성을 띤다.

② ㉡: 육안으로 보는 것과 마찬가지로 자동차의 불빛을 표현한 사진은 사실성을 갖는다.

③ ㉡: 정밀하게 그린 초상화라고 하더라도 그 초상화는 인물의 특징이 누락된 것일 수 있으므로 사실적이라고 보기 어렵다.

④ ㉢: 사진가가 적극 개입한 사진이건 우연히 찍힌 사진이건 인간의 주관이 배제되어 있으므로 사실성을 갖는다.

⑤ ㉢: 곰 발자국은 대상 자체의 자취지만 곰 발자국 사진은 대상에서 나온 빛 이미지의 자취라는 점에서 서로 구별된다.

0**6**   ● 팩트 체크

문맥상 ⓐ~ⓔ와 가장 가까운 의미로 쓰인 것은?

① ⓐ: 독수리가 창공에서 날개를 펼쳤다.

② ⓑ: 올해는 동아리 신입 회원이 세 명밖에 모이지 않았다.

③ ⓒ: 사무실 평수를 줄여 휴게실을 만들었다.

④ ⓓ: 선수가 결승점에 못 미쳐서 넘어지고 말았다.

⑤ ⓔ: 종이 위에 연필로 선을 긋고 점을 찍었다.

문단별 중심 내용 & 구조도

필수 어휘

재현하다 再 다시 재 / 現 나타날 현	다시 나타나다. 또는 다시 나타내다. 예 민속촌에서 조선 시대의 거리를 재현했다.
노출	1. 겉으로 드러나거나 드러냄. 2. 『영상』 사진기에서, 렌즈로 들어오는 빛을 셔터가 열려 있는 시간만큼 필름이나 건판에 비추는 일. 예 밝은 곳에서 사진을 찍을 때에는 노출을 줄여야 한다.
피사체 被 입을 피 / 寫 베낄 사 / 體 몸 체	사진을 찍는 대상이 되는 물체. 예 고정되어 있는 피사체가 움직이는 피사체보다 촬영하기가 쉽다.
상 像 모양 상	1. 눈에 보이거나 마음에 그려지는 사물의 형체. ⊜ 형상, 형태 2. 『물리』 광원에서 비치는 빛이 거울이나 렌즈에 의하여 반사하거나 굴절한 뒤에 다시 모여서 생긴 원래 물체의 형상. 예 필름을 약품으로 처리하여 상이 나타나도록 하는 작업을 '현상'이라고 한다.
굴절되다 屈 굽을 굴 / 折 꺾을 절	1. 휘어져서 꺾이다. 2. 생각이나 말 따위가 어떤 것에 영향을 받아 본래의 모습과 달라지다. 3. 『천문』 광파, 음파, 수파 따위가 한 매질에서 다른 매질로 들어갈 때 경계면에서 그 진행 방향이 바뀌게 되다. 예 젓가락을 물속에 넣으면 굴절되어 보인다.
입사하다	하나의 매질(媒質) 속을 지나가는 소리나 빛의 파동이 다른 매질의 경계면에 이르다. ⊜ 투사하다 예 빛이 입사할 때 속력이 느려진다.
잔상 殘 쇠잔할 잔 / 像 모양 상	외부 자극이 사라진 뒤에도 감각 경험이 지속되어 나타나는 상. 예 영화가 끝난 뒤에도 영화 속 장면이 잔상으로 남았다.
암시하다 暗 어두울 암 / 示 보일 시	넌지시 알리다. ⊜ 명시하다 예 그의 미소는 이미 화가 풀렸음을 암시하고 있다.
육안 肉 고기 육 / 眼 눈 안	안경이나 망원경, 현미경 따위를 이용하지 아니하고 직접 보는 눈. ⊜ 맨눈 예 태양의 흑점은 육안으로는 볼 수 없다.
가시적	눈으로 볼 수 있는. 예 말만 하지 말고 가시적 성과를 가져와라.
누락하다	기입되어야 할 것이 기록에서 빠지다. 또는 그렇게 되게 하다. 예 행정 실수로 대회 입상자 명단에서 1명을 누락하였다.
자취	어떤 것이 남긴 표시나 자리. 예 범인은 지난밤에 자취도 없이 사라졌다. ⊜ 자국

(가)

1 [1]춘추 전국 시대의 논쟁 주제 중 하나였던 음악은 진나라 때 저작*인 ㉠『여씨춘추』에서도 비중 있게 다뤄졌다. [2]이 저작에서는 음악을 인간의 자연스러운 감정이 표출되어 형성된 것이자 백성 교화*의 수단으로 인식하면서도 즐거움을 주는 욕구의 대상으로 보는 것에 주안점*을 두었다. [3]지배층의 사치스러운 음악 향유*를 거론하며 음악을 아예 거부하는 묵자에 대해 이는 인간의 자연적 욕구를 거스르는 것이라 비판하고, 좋은 음악이란 신분, 연령 등을 막론하고* 모든 사람들에게 즐거움을 주는 것이라고 주장하였다.

2 [4]이전까지는 음악이 모든 사람에게 동일한 영향을 미친다고 여겼지만, 『여씨춘추』에서는 음악을 듣는 주체의 수준과 감성에 따라 동일한 음악이라도 상이한* 느낌과 결과를 유발한다고 보았다. [5]인간이 감정을 가진 것처럼 음악에도 감정이 담겨 있다고 전제하고, 음악을 통해 감정을 적절히 해소하거나 표현하면 결과적으로 장수할 수 있다고 주장하였다. [6]음악을 통해 감정의 표현이 적절해지면 사람의 마음은 편안해지며, 생명 연장까지도 가능하다고 본 것이다.

3 [7]『여씨춘추』에 따르면, 천지를 채운 기(氣)가 음악을 통해 균형을 이루는데, 음악의 조화로운 소리가 자연의 기와 공명하여* 천지의 조화에 기여할 수 있고, 인체 내에서도 기의 원활한 순환을 돕는다. [8]음악은 우주 자연의 근원에서 비롯되어 음양*의 작용에 따라 자연에서 생겨나지만, 조화로운 소리는 적절함을 위해 인위적 과정을 거쳐야 한다고 지적하고, 좋은 음악은 소리의 세기와 높낮이가 적절해야 한다고 주장하였다.

4 [9]음악에 대한 『여씨춘추』의 입장은 인간의 선천적 욕구의 추구를 인정하면서도 음악을 통한 지나친 욕구의 추구는 적절히 통제되어야 한다는 것이라 할 수 있다. [10]이러한 입장은 『여씨춘추』의 '생명을 귀하게 여긴다.'는 '귀생(貴生)'의 원칙을 통해 분명하게 확인할 수 있다. [11]이 원칙에 따르면, 인간은 자연적인 욕구에 따라 음악을 즐기면서도 그것이 생명에 도움이 되는지의 여부에 따라 그것의 좋고 나쁨을 판단하고 취사선택해야* 한다. [12]이에 따라 『여씨춘추』에서는 개인적인 욕구에 따른 일차적인 자연적 음악보다 인간의 감정과 욕구를 절도* 있게 표현한 선왕(先王)들의 음악을 더 중시하였다. [13]그리고 선왕들의 음악이 민심을 교화하는 도덕적 기능이 있다고 지적하였다.

집중 훈련 OX

01 묵자에게 좋은 음악이란 모든 사람들에게 즐거움을 주는 것이다. (O , X)

02 묵자와 달리, 『여씨춘추』는 지배층의 사치스러운 음악 향유를 비판했다. (O , X)

03 『여씨춘추』는 슬픈 곡조의 음악은 듣는 사람 모두에게 슬픔을 유발한다고 볼 것이다. (O , X)

04 『여씨춘추』는 모든 음악에는 감정이 담겨 있으며, 음악에 담긴 감정이 인간의 감정에도 영향을 끼친다고 본다. (O , X)

05 『여씨춘추』는 음악이 감정 정화를 넘어 인간의 육체에도 긍정적인 영향을 끼친다고 주장하였다. (O , X)

06 『여씨춘추』는 음악이 자연의 기와 조화를 이룰 때 천지와 인체 모두에 긍정적 작용을 한다고 본다. (O , X)

07 『여씨춘추』는 음악을 자연스러운 감정의 표출로 여겼기 때문에 인위적인 음악을 거부했다. (O , X)

08 『여씨춘추』는 생명에 도움이 되는 음악이 민심을 교화하는 음악보다 낫다고 여겼다. (O , X)

09 『여씨춘추』는 음악을 개인적인 욕구에 따른 자연적 음악과, 인간의 감정과 욕구를 절도 있게 표현한 음악으로 구분하였다. (O , X)

(나)

1 [14]음악적 아름다움의 본질은 무엇인가? [15]19세기 미학자 한슬리크는 "ⓛ 음악의 아름다움은 외부의 어떤 것에도 의존하지 않고, 오로지 음과 음의 결합에 의해 이루어진다."라고 주장했다. [16]예를 들면, 모차르트의 '교향곡 제40번 사단조'는 '사' 음을 으뜸음으로 하는 단음계로 작곡된 조성 음악으로, 여기에는 제목이나 가사 등 음악 외적인 어떤 것도 개입하지 않는다. [17]다만 7개의 음을 사용하여 음계를 구성하고, 으뜸, 딸림, 버금딸림 등 각각의 기능에 따라 규칙적인 화성* 진행을 한다. [18]조성 음악의 체계는 17세기 이후 지속된 서양 음악의 구조적 기본틀이었다.

2 [19]그러나 20세기 초 서양 음악은 전통적인 아름다움의 개념을 거부하고 새로운 미적 가치를 추구하였다. [20]불협화음*이 반드시 협화음으로 해결되어야 한다는 기존의 조성 음악으로부터의 탈피를 보여 주는 대표적인 음악들 중의 하나가 표현주의 음악이다. [21]표현주의는 20세기 초반에 나타난 예술 사조로서 미술에서 시작하여 음악과 문학 등 예술의 제 분야에 영향력을 미쳤다. [22]표현주의 예술은 소외된 인간 내면의 주관적인 감성을 충실하게 표현하려는 사조이다. [23]표현주의 음악의 주된 특성은 조성 음악의 체계가 상실된 것이며, 이는 곧 '무조 음악'의 탄생으로 이어졌다. [24]당시 쇤베르크가 발표한 음악 프로그램 노트에는 이렇게 적혀 있다. [25]"처음으로 나는 지난 시기 미학의 모든 울타리를 부숴버렸으며, 사명을 띠고 한 이념 을 부르짖는다."

3 [26]무조 음악은 12개의 음을 자유롭게 사용하며, 다양한 불협화음을 다룬다. [27]대표적인 예는 쇤베르크가 1912년에 발표한 작품 'ⓒ 달에 홀린 피에로'이다. [28]이 작품은 상징주의 시인인 지로가 발표한 연시집에 수록된 50편의 시 중에서 21편을 가사로 삼아 작곡한 성악곡이다.

4 Rezitation

[29]이 곡의 성악 성부는 새로운 성악 기법으로 주목을 받았다. 즉 악보에 음표를 표기하기는 하였으나, 모든 음표에 ×표를 하여 연주할 때에는 음높이를 정확하게 드러내지 않고 '말하는 선율'로 연주하도록 하였다. [30]피에로로 분장한 낭송자가 날카로운 사회 비판과 풍자를 담은 가사를 읊는다. [31]또한 기악 성부는 다양한 악기 배합*과 주법*을 통해 새로운 음향을 창출한다. [32]이 곡은 무조적 짜임새를 기본으로 하여, 낭송조의 표현적 측면을 강조한 새로운 성악 기법과, 새로운 연주 기법을 시도한 색채적 음향 등을 통해 표현주의 음악의 특징을 드러내는 작품이라고 볼 수 있다.

---

10 한슬리크는 음들의 결합과 가사의 조화를 통해 음악의 아름다움이 이루어진다고 보았다. (O , X)

11 모차르트와 달리, 쇤베르크는 음악이 아름다워야 한다는 생각에 반발하며, 음악을 통해 사회에 대한 이념을 드러내려 하였다. (O , X)

12 표현주의 미술과 달리, 표현주의 음악에서는 인간 내면의 감성을 충실하게 표현하는 것을 중시하였다. (O , X)

13 '달에 홀린 피에로'는 기존의 조성 음악처럼 12개의 음을 자유롭게 사용하였다. (O , X)

14 무조 음악은 조성 음악의 체계를 거부하면서도, 조성 음악과 동일하게 음악에 음악 외적인 어떤 것도 개입하지 않는다. (O , X)

15 '달에 홀린 피에로'에서 피에로로 분장한 낭송자는 성악가의 역할을 하고 있다. (O , X)

맞힌 개수 / 총 개수 / 15

01 ● 팩트 체크

다음은 (가), (나)를 읽고 학생이 작성한 활동지의 일부이다. ⓐ~ⓒ에 대한 평가를 바르게 짝지은 것은?

공통점	음악에 대한 견해를 설명하기 위해 그 견해와 대비되는 견해를 제시함. ··· ⓐ
차이점	• (가)와 달리 (나)는 특정 음악 작품을 예로 제시함. ······· ⓑ • (나)와 달리 (가)는 음악을 다른 예술 갈래와 비교함. ···· ⓒ

	ⓐ	ⓑ	ⓒ
①	적절	적절	적절
②	적절	적절	부적절
③	적절	부적절	적절
④	부적절	적절	적절
⑤	부적절	부적절	부적절

02 ● 팩트 체크

㉠에 제시된 음악에 대한 견해와 부합하는 진술로 적절하지 않은 것은?

① 너무 큰 소리와 너무 작은 소리로 이루어진 음악은 적절하지 않은 음악이 된다.

② 훌륭한 음악은 군주와 신하, 아버지와 자식, 어른과 어린아이 모두에게 즐거움을 주는 것이다.

③ 사람이 음악을 즐기는 것은 선천적인 욕구에 따른 것이니 음악은 사람이 억지로 부정할 수 있는 것이 아니다.

④ 음악에 감정이 있다는 것은 사람에게 감정이 있는 것과 같으니 음악을 듣고 감정을 적절히 해소하면 마음이 쾌적해진다.

⑤ 쾌활한 사람이든지 우울한 사람이든지 막론하고 슬픈 곡조의 음악을 들으면 누구나 슬픈 감정의 상태에 이르는 법이다.

03 ● 팩트 적용

(가)를 참고할 때, 〈보기〉에 대한 반응으로 적절하지 않은 것은? [3점]

─ 보 기 ─

　노자(老子)는 인간의 자연스러운 본성을 실현하는데 욕구가 방해가 된다고 보고, 현실 속 음악을 거부하였다. 그에게 최고의 음악은 우주의 근원인 도(道)의 모습을 닮아 거의 들리지 않는 음악이었다. 욕구가 일어나지 않는 마음 상태를 이상적으로 본 장자(莊子)는 노자와 같이 음악을 우주 자연의 근원에서 비롯되었다고 전제하면서 음악을 천지 만물의 조화와 결부하여 설명하였다. 음악이 인간의 삶에서 결여될 수 없다고 주장한 그는 의미 있는 음악이란 사람의 자연스러운 감정에 근본을 두면서도 형식화되어야 함을 지적하고, 선왕(先王)들이 백성들을 위해 제대로 된 음악을 만들었다고 보았다.

① 노자는 『여씨춘추』와 달리 인위적인 음악에 대해 부정적이었겠군.

② 노자는 『여씨춘추』와 같이 우주 자연의 근원에서 음악이 비롯되었다는 데 긍정적이었겠군.

③ 장자는 『여씨춘추』와 같이 선왕들의 음악에 대해 긍정적이었겠군.

④ 장자는 『여씨춘추』와 달리 음악에 대한 묵자의 태도에 대해 부정적이었겠군.

⑤ 장자는 『여씨춘추』와 같이 만물의 조화를 중심으로 음악을 보는 것에 대해 긍정적이었겠군.

04

한 이념의 실천 내용으로 가장 적절한 것은?

① 조성에서 벗어난 무조적 짜임새로 표현하는 것

② 음계를 구성하는 7개의 음을 사용한 화음들로 표현하는 것

③ 사회 비판과 풍자를 가사에 담아 정확한 음높이로 표현하는 것

④ 불협화음을 사용할 경우에 반드시 협화음으로 해결하여 표현하는 것

⑤ 전통적인 아름다움을 거부하고 감정이 드러나지 않도록 표현하는 것

05

ⓒ의 관점에서 ⓒ을 비평한 내용으로 가장 적절한 것은?

① ×표로 표시된 말하는 성악 선율은 주관적인 감성을 제대로 표현하지 못하므로 바람직하지 않다.

② 피에로 분장을 한 낭송자가 가사를 낭송하는 것은 음악 외적인 것이 개입하므로 적절하지 않다.

③ 다양한 악기의 배합과 새로운 연주 기법을 시도한 것은 색채적 음향으로 무조적 경향을 깨뜨리므로 바람직하지 않다.

④ 규칙적인 화성 진행을 따르는 것은 12개의 음을 자유롭게 사용하는 조성 음악의 체계에서 벗어나므로 적절하지 않다.

⑤ 지로가 발표한 연시집 중 일부만을 가사로 사용한 것은 전체 작품의 줄거리를 이해하기 어렵게 하므로 바람직하지 않다.

06

다음은 학생의 독서 활동 과정이다. 학생이 재구성하기 단계에서 쓴 글로 가장 적절한 것은? [3점]

질문하기	좋은 곡을 작곡하기 위해 어떤 노력이 필요할까?
↓	
탐색하기	음악에 대한 이해를 돕는 글 찾기
↓	
분석적 읽기	(가), (나)를 읽고 주제, 관점, 내용 등을 비교하여 종합하기
↓	
재구성하기	분석 내용을 바탕으로 질문에 대한 답을 재구성하여 글로 쓰기

① 두 글은 모두 음악이 구조적인 기본틀을 제대로 갖추어야 아름다움을 느낄 수 있다고 제시하였다. 다양한 음악 작품의 구조를 분석해 보고 내가 작곡할 때에도 적용해 보아야겠다.

② 두 글은 창작자와 감상자가 각각의 입장에 따라 음악의 가치를 서로 다르게 판단한다고 제시하였다. 감상하는 사람뿐만 아니라 연주하는 사람에게도 인정받을 수 있는 음악을 작곡할 수 있도록 노력해야겠다.

③ 두 글은 좋은 음악으로 인정받기 위한 조건으로 도덕적 기능이 있어야 한다는 것을 공통적으로 제시하였다. 사람들의 정서에 긍정적인 영향을 끼쳐서 세상을 아름답게 가꾸는 데 기여할 수 있는 음악을 만들어야겠다.

④ 두 글은 동서양을 막론하고 음악이 감정을 표현하는 도구로 쓰였지만, 음악에 대한 인식이 고정되어 있는 것이 아님을 보여주었다. 작곡을 할 때 한 가지 기준이나 방법만 고집할 것이 아니라 다양한 시도를 해 보아야겠다.

⑤ 두 글은 시대적 상황이 음악에 영향을 끼친다는 것을 보여주었다. 역사에 대한 배경지식이 부족하여 글을 이해하기 힘들었는데, 글을 제대로 이해하는 데 필요한 배경지식을 갖출 수 있도록 다양한 책 읽기를 실천해야겠다.

문단별 중심 내용 & 구조도

(가)

| **1** [   ]에 담긴 좋은 음악에 대한 정의 | → | **2** 『여씨춘추』에 담긴 음악의 효용 | → | **3** 『여씨춘추』에 담긴 좋은 음악의 조건 | → | **4** 『여씨춘추』의 귀생의 원칙에 따른 음악의 선별 |

(나)

1 음악의 아름다움에 대한 한슬리크의 주장과 [   ]

↕

| **2** [   ] 음악의 개념과 특성 | → | **3** 쇤베르크의 '달에 홀린 피에로'에 반영된 표현주의 음악의 특징 ① | → | **4** 쇤베르크의 '달에 홀린 피에로'에 반영된 표현주의 음악의 특징 ② |

필수 어휘

어휘	뜻풀이	유의어/반의어
저작	예술이나 학문에 관한 책이나 작품 따위를 지음. 또는 그 책이나 작품. 예 이 책은 매우 귀중한 저작이다.	유 저술
교화 敎 가르칠 교 / 化 될 화	가르치고 이끌어서 좋은 방향으로 나아가게 함. 예 우리는 이 지역에서 교화 사업을 진행하고 있다.	
주안점	특히 중점을 두어 살피는 점. 또는 중심이 되는 목표점. 예 품질 개선에 주안점을 두고 기업을 경영하고 있다.	유 역점
향유 享 누릴 향 / 有 있을 유	누리어 가짐. 예 많은 사람들이 부의 향유를 원한다.	
막론하다 莫 없을 막 / 論 논의할 론	이것저것 따지고 가려 말하지 아니하다. 예 이유 여하를 막론하고 내가 잘못했다.	유 불문하다
상이하다 相 서로 상 / 異 다를 이	서로 다르다. 예 형과 나는 식성이 매우 상이하다.	반 동일하다
공명하다 共 함께 공 / 鳴 울 명	진동하는 계의 진폭이 급격하게 늘어나다. 예 피아노와 바이올린 소리가 공명하다.	
음양 陰 응달 음 / 陽 볕 양	우주 만물의 서로 반대되는 두 가지 기운으로서 이원적 대립 관계를 나타내는 것. 예 천지 음양이 서로 통하며 땅이 움직였다.	
취사선택하다	여럿 가운데서 쓸 것은 쓰고 버릴 것은 버리다. 예 여러 원고 중 편집자의 의도에 맞는 것을 취사선택하여 잡지에 실었다.	
절도	일이나 행동 따위를 정도에 알맞게 하는 규칙적인 한도. 예 그녀의 언행에는 절도가 있다.	
화성	일정한 법칙에 따른 화음의 연결. 예 리듬. 선율. 화성을 흔히 음악의 3요소라고 말한다.	
불협화음 不 아닐 불 / 協 도울 협 / 和 화목할 화 / 音 소리 음	둘 이상의 음이 동시에 날 때, 서로 어울리지 아니하여 불안정한 느낌을 주는 음. 예 축제에서 노래를 부르다가 친구와 불협화음을 냈다.	반 협화음
배합 配 짝 배 / 合 합할 합	이것저것을 일정한 비율로 한데 섞어 합침. 예 떡은 가루와 물의 배합이 맞아야 잘 익는다.	유 조합
주법	악기를 연주하는 방법. 예 그의 기타 주법은 역동적이고 힘이 넘친다.	

1 [1]과거는 지나가 버렸기 때문에 역사가가 과거의 사실과 직접 만나는 것은 불가능하다. [2]역사가는 사료*를 매개로 과거와 만난다. [3]사료는 과거를 그대로 재현하는 것은 아니기 때문에 불완전하다. [4]사료의 불완전성은 역사 연구의 범위를 제한하지만, 그 불완전성 때문에 역사학이 학문이 될 수 있으며 역사는 끝없이 다시 서술된다. [5]매개를 거치지 않은 채 손실되지 않은 과거와 ⓐ 만날 수 있다면 역사학이 설 자리가 없을 것이다. [6]역사학은 전통적으로 문헌 사료를 주로 활용해 왔다. [7]그러나 유물, 그림, 구전* 등 과거가 남긴 흔적은 모두 사료로 활용될 수 있다. [8]역사가들은 새로운 사료를 발굴하기 위해 노력한다. [9]알려지지 않았던 사료를 찾아내기도 하지만, 중요하지 않게 ⓑ 여겨졌던 자료를 새롭게 사료로 활용하거나 기존의 사료를 새로운 방향에서 파악하기도 한다. [10]평범한 사람들의 삶의 모습을 중점적인 주제로 다루었던 미시사* 연구에서 재판 기록, 일기, 편지, 탄원서, 설화집 등의 이른바 '서사적' 자료에 주목한 것도 사료 발굴을 위한 노력의 결과이다.

2 [11]시각 매체의 확장은 사료의 유형을 더욱 다양하게 했다. [12]이에 따라 역사학에서 영화를 통한 역사 서술에 대한 관심이 일고, 영화를 사료로 파악하는 경향도 ⓒ 나타났다. [13]역사가들이 주로 사용하는 문헌 사료의 언어는 대개 지시 대상과 물리적·논리적 연관이 없는 추상화된 상징적 기호이다. [14]반면 영화는 카메라 앞에 놓인 물리적 현실을 이미지화하기 때문에 그 자체로 물질성을 띤다. [15]즉, 영화의 이미지는 닮은꼴로 사물을 지시하는 도상적* 기호가 된다. [16]광학적 메커니즘*에 따라 피사체로부터 비롯된 영화의 이미지는 그 피사체가 있었음을 지시하는 지표적 기호이기도 하다. [17]예를 들어 다큐멘터리 영화는 피사체와 밀접한 연관성을 갖기 때문에 피사체의 진정성에 대한 믿음을 고양하여* 언어적 서술에 비해 호소력 있는 서술로 비춰지게 된다.

3 [18]그렇다면 영화는 역사와 어떻게 관계를 맺고 있을까? [19]역사에 대한 영화적 독해와 영화에 대한 역사적 독해는 영화와 역사의 관계에 대한 두 축을 ⓓ 이룬다. [20]역사에 대한 영화적 독해는 영화라는 매체로 역사를 해석하고 평가하는 작업과 연관된다. [21]영화인은 자기 나름의 시선을 서사와 표현 기법으로 녹여내어 역사를 비평할 수 있다. [22]역사를 소재로 한 역사 영화는 역사적 고증*에 충실한 개연적* 역사 서술 방식을 취할 수 있다. [23]혹은 역사적 사실을 자원으로 삼되 상상력에 의존하여 가공의 인물과 사건을 덧대는 상상적 역사 서술 방식을 취할 수도 있다. [24]그러나 비단 역사 영화만이 역사를 재현하는 것은 아니다. [25]모든 영화는 명시적이거나 우회적인 방법으로 역사를 증언한다. [26]영화에 대한 역사적 독해는 영화에 담겨 있는 역사적 흔적과 맥락을 검토하는 것과 연관된다. [27]역사가는 영화 속에 나타난 풍속, 생활상 등을 통해 역사의 외연*을 확장할 수 있다. [28]나아가 제작 당시 대중이 공유하던 욕망, 강박, 믿음, 좌절 등의 집단적 무의식과 더불어 이상, 지

배적 이데올로기* 같은 미처 파악하지 못했던 가려진 역사를 끌어내기도 한다.

4 [29]영화는 주로 허구를 다루기 때문에 역사 서술과는 거리가 있다고 보는 사람도 있다. [30]왜냐하면 역사가들은 일차적으로 사실을 기록한 자료에 기반해서 연구를 ⓔ 펼치기 때문이다. [31]또한 역사가는 ㉠ 자료에 기록된 사실이 허구일지도 모른다는 의심을 버리지 않고 이를 확인하고자 한다. [32]그러나 문헌 기록을 바탕으로 하는 역사 서술에서도 허구가 배격되어야* 할 대상만은 아니다. [33]역사가는 ㉮ 허구의 이야기 속에서 그 안에 반영된 당시 시대적 상황을 발견하여 사료로 삼으려고 노력하기도 한다. [34]지어낸 이야기는 실제 있었던 사건에 대한 기록이 아니지만 사고방식과 언어, 물질문화, 풍속 등 다양한 측면을 반영하며, 작가의 의도와 상관없이 혹은 작가의 의도 이상으로 동시대의 현실을 전달해 주기도 한다. [35]어떤 역사가들은 허구의 이야기에 반영된 사실을 확인하는 것에서 더 나아가 ㉯ 사료에 직접적으로 나타나지 않은 과거를 재현하기 위해 허구의 이야기를 활용하여 사료에 기반한 역사적 서술을 보완하기도 한다. [36]역사가가 허구를 활용하는 것은 실제로 존재했던 과거에 접근하고자 하는 고민의 결과이다.

5 [37]영화는 허구적 이야기에 역사적 사실을 담아냄으로써 새로운 사료의 원천이 될 뿐 아니라, 대안적* 역사 서술의 가능성까지 지니고 있다. [38]영화는 공식 제도가 배제했던 역사를 사회에 되돌려 주는 '아래로부터의 역사'의 형성에 기여한다. [39]평범한 사람들의 회고*나 증언, 구전 등의 비공식적 사료를 토대로 영화를 만드는 작업은 빈번하게 이루어지고 있다. [40]그리하여 영화는 하층 계급, 피정복 민족처럼 역사 속에서 주변화된 집단의 묻혀 있던 목소리를 표현해 낸다. [41]이렇듯 영화는 공식 역사의 대척점*에서 활동하면서 역사적 의식 형성에 참여한다는 점에서 역사 서술의 한 주체가 된다.

[A]

11 역사가는 문헌 기록을 바탕으로 하는 역사 서술과 달리, 영화는 허구일지도 모른다는 의심을 버리지 않고 이를 확인하고자 한다. (O , X)

12 역사서를 쓰면서 동시대의 설화집이나 소설의 문장을 차용하는 것은, 허구의 이야기를 활용하여 사료에 기반한 역사적 서술을 보완하는 행위이다. (O , X)

13 영화는 아래로부터의 역사의 형성에 기여한다는 점에서 대안적 역사 서술의 가능성을 지닌다. (O , X)

14 영화는 공식 역사를 반박하는 주변화된 집단의 목소리를 표현해 낸다. (O , X)

15 영화는 지배 계층의 역사를 담을 수 없다는 점에서 역사 서술의 주체로서는 한계가 있다. (O , X)

맞힌 개수 / 총 개수   / 15

0**1** ● 팩트 체크

윗글의 내용 전개 방식으로 가장 적절한 것은?

① 역사의 개념을 밝히면서 영화와 역사 간의 공통점과 차이점을 비교하고 있다.

② 영화의 변천 과정을 통시적으로 밝혀 사료로서 영화가 지닌 의의를 강조하고 있다.

③ 역사에 대한 서로 다른 견해를 대조하여 사료로서 영화가 지닌 한계를 비판하고 있다.

④ 영화의 사료로서의 특성을 밝히면서 역사 서술로서 영화가 지닌 가능성을 제시하고 있다.

⑤ 다양한 영화의 유형별 장단점을 분석하여 영화가 역사 서술의 대안이 될 수 있는지에 대해 평가하고 있다.

0**2** ● 팩트 체크

윗글에 대한 이해로 가장 적절한 것은?

① 개인적 기록은 사료로 활용하기에 적절하지 않다.

② 역사가가 활용하는 공식적 문헌 사료는 매개를 거치지 않은 과거의 사실이다.

③ 기존의 사료를 새로운 방향에서 파악하는 것은 사료의 발굴이라고 할 수 있다.

④ 문헌 사료의 언어는 다큐멘터리 영화의 이미지에 비해 지시 대상에 대한 지표성이 강하다.

⑤ 카메라를 매개로 얻어진 영화의 이미지는 지시 대상과 닮아 있다는 점에서 상징적 기호이다.

0**3** ● 팩트 적용

㉮, ㉯의 사례로 적절한 것만을 〈보기〉에서 있는 대로 찾아 바르게 짝지은 것은?

─── 보 기 ───

ㄱ. 조선 후기 유행했던 판소리를 자료로 활용하여 당시 음식 문화의 실상을 파악하고자 했다.

ㄴ. B. C. 3세기경에 편찬된 것으로 알려진 경전의 일부에 사용된 어휘를 면밀히 분석하여, 그 경전의 일부가 후대에 첨가되었을 가능성을 검토했다.

ㄷ. 중국 명나라 때의 상거래 관행을 연구하기 위해 명나라 때 유행한 다양한 소설들에서 상업 활동과 관련된 내용을 모아 공통된 요소를 분석했다.

ㄹ. 17세기의 사건 기록에서 찾아낸 한 평범한 여성의 삶에 대한 역사서를 쓰면서 그 여성의 심리를 묘사하기 위해 같은 시대에 나온 설화집의 여러 곳에서 문장을 차용했다.

	㉮	㉯
①	ㄱ, ㄷ	ㄹ
②	ㄱ, ㄹ	ㄴ
③	ㄴ, ㄷ	ㄱ
④	ㄷ	ㄴ, ㄹ
⑤	ㄹ	ㄱ, ㄴ

0**4** ● 팩트 간 관계 파악

㉠에 나타난 역사가의 관점에서 [A]를 비판한 내용으로 가장 적절한 것은?

① 영화는 많은 사실 정보를 담고 있기 때문에 사료로서의 가능성을 가지고 있다.

② 하층 계급의 역사를 서술하기 위해서는 영화와 같이 허구를 포함하는 서사적 자료에 주목해야 한다.

③ 영화가 늘 공식 역사의 대척점에 있는 것은 아니며, 공식 역사의 입장에서 지배적 이데올로기를 선전하는 수단으로 활용되곤 한다.

④ 주변화된 집단의 목소리는 그 집단의 이해관계를 반영하기 때문에 그것에 바탕을 둔 영화는 주관에 매몰된 역사 서술일 뿐이다.

⑤ 기억이나 구술 증언은 거짓이거나 변형될 가능성이 있기 때문에 다른 자료와 비교하여 진위 여부를 검증한 후에야 사료로 사용이 가능하다.

윗글을 바탕으로 〈보기〉를 이해한 내용으로 적절하지 <u>않은</u> 것은? [3점]

보 기

1982년 작 영화 「마르탱 게르의 귀향」은 16세기 중엽 프랑스 농촌의 보통 사람들 간의 사건에 관한 재판 기록을 토대로 한다. 당시 사건의 정황과 생활상에 관한 고증을 맡은 한 역사가는 영화 제작 이후 재판 기록을 포함한 다양한 문서들을 근거로 동명의 역사서를 출간했다. 1993년, 영화 「마르탱 게르의 귀향」은 19세기 중엽 미국을 배경으로 하여 허구적 인물과 사건으로 재구성한 영화 「서머스비」로 탈바꿈되었다. 두 작품에서는 여러 해 만에 귀향한 남편이 재판 과정에서 가짜임이 드러난다. 전자는 당시 생활상을 있는 그대로 복원하는 데 치중했다. 반면 후자는 가짜 남편을 마을에 바람직한 변화를 가져온 지도자로 묘사하면서 미국 근대사를 긍정적으로 평가하고자 하는 대중의 욕망을 반영했다.

① 「서머스비」에 반영된, 미국 근대사를 긍정적으로 평가하려는 대중의 욕망은 영화가 제작된 당시 사회의 집단적 무의식에 해당하는군.

② 실화에 바탕을 둔 영화 「마르탱 게르의 귀향」을 가공의 인물과 사건으로 재구성한 「서머스비」에서는 영화에 대한 역사적 독해를 시도하기 어렵겠군.

③ 영화 「마르탱 게르의 귀향」은 실제 사건의 재판 기록을 토대로 제작됐지만, 그 속에도 역사에 대한 영화인 나름의 시선이 표현 기법으로 나타났겠군.

④ 영화 「마르탱 게르의 귀향」은 역사적 고증에 바탕을 두고 당시 사건과 생활상을 충실히 재현하기 위해 노력했다는 점에서 개연적 역사 서술 방식에 가깝겠군.

⑤ 역사서 「마르탱 게르의 귀향」은 16세기 프랑스 농촌의 평범한 사람들의 삶의 모습을 서사적 자료에 근거하여 다루었다는 점에서 미시사 연구의 방식을 취했다고 볼 수 있군.

문맥상 ⓐ~ⓔ와 바꿔 쓰기에 적절하지 <u>않은</u> 것은?

① ⓐ: 대면(對面)할
② ⓑ: 간주(看做)되었던
③ ⓒ: 대두(擡頭)했다
④ ⓓ: 결합(結合)한다
⑤ ⓔ: 전개(展開)하기

문단별 중심 내용 & 구조도

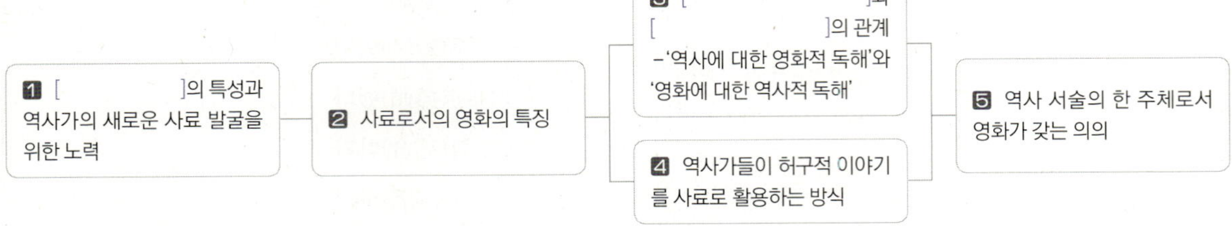

필수 어휘

사료
史 역사 사 / 料 헤아릴 료

역사 연구에 필요한 문헌이나 유물. 문서, 기록, 건축, 조각 따위를 이른다.
예 이번 발굴 작업에서 새로운 사료가 발견되었다.

구전
口 입 구 / 傳 전할 전

말로 전하여 내려옴. 또는 말로 전함.
예 민요는 대부분 구전으로 내려온다.

미시사

인간 개인이나 소집단의 삶을 탐색하는 역사 연구의 방법론. 또는 그렇게 탐색되어 기술된 역사.
예 조선 시대의 미시사에 관심 있는 독자들이 재미있게 읽을 책이다.

도상적
圖 그림 도 / 像 모양 상 / 的 과녁 적

어떠한 생각이나 대상을 그림으로 나타내는.
예 그 작품은 다양한 도상적 기호를 활용하여 주제를 형상화하고 있다.

메커니즘

사물의 작용 원리나 구조. 예 소화 과정의 메커니즘을 알면 체했을 때 빠르게 대처할 수 있다.

고양하다
高 높을 고 / 揚 오를 양

정신이나 기분 따위를 북돋워서 높이다.
예 광복절을 맞아 애국심을 고양하는 다양한 프로그램이 마련되었다.

고증
考 살필 고 / 證 증거 증

예전에 있던 사물들의 시대, 가치, 내용 따위를 옛 문헌이나 물건에 기초하여 증거를 세워 이론적으로 밝힘.
예 문헌의 고증을 통해 옛 궁궐이 복원되었다.

개연적

그럴 법한. 예 소설 속 사건이지만 꽤 개연적이다.

외연

일정한 개념이 적용되는 사물의 전 범위.   ⊖ 내포
예 가상 공간은 미디어 시대의 외연을 확장시키는 중요한 요소이다.

이데올로기

사회 집단에 있어서 사상, 행동, 생활 방법을 근본적으로 제약하고 있는 관념이나 신조의 체계.   ⊕ 사상
예 선배는 나에게 이데올로기를 주입하고 있었다.

배격되다
排 물리칠 배 / 擊 부딪칠 격

어떤 사상, 의견, 물건 따위가 물리쳐지다.
예 식민지 제도는 인류 역사에서 배격되어야 한다.

대안적

어떤 안을 대신하거나 바꾸는.
예 현실을 비판만 하지 말고, 개선하기 위한 대안적 방법을 찾아야 한다.

회고
回 돌아올 회 / 顧 돌아볼 고

지나간 일을 돌이켜 생각함.   ⊖ 전망
예 어머니의 회고를 통해 돌아가신 외할머니에 대해 알게 되었다.

대척점

지구 위의 한 지점에 대하여, 지구의 반대쪽에 있는 지점.
예 대척점에 있는 두 집단이 드디어 충돌했다.

---

3. 개체성의 조건과 진핵생물의 발생

| 평가원 기출

정답과 해설 123~126쪽

1 [1]우리는 한 대의 자동차는 개체*라고 하지만 바닷물을 개체라고 하지는 않는다. [2]어떤 부분들이 모여 하나의 개체를 ⓐ 이룬다고 할 때 이를 개체라고 부를 수 있는 조건은 무엇일까? [3]일단 부분들 사이의 유사성은 개체성의 조건이 될 수 없다. [4]가령 일란성 쌍둥이인 두 사람은 DNA 염기 서열과 외모도 같지만 동일한 개체는 아니다. [5]그래서 부분들의 강한 유기적* 상호작용이 그 조건으로 흔히 제시된다. [6]하나의 개체를 구성하는 부분들은 외부 존재가 개체에 영향을 주는 것과는 비교할 수 없이 강한 방식으로 서로 영향을 주고받는다.

2 [7]상이한* 시기에 존재하는 두 대상을 동일한 개체로 판단하는 조건도 물을 수 있다. [8]그것은 두 대상 사이의 인과성이다. [9]과거의 '나'와 현재의 '나'를 동일하다고 볼 수 있는 것은 강한 인과성이 존재하기 때문이다. [10]과거의 '나'와 현재의 '나'는 세포 분열로 세포가 교체되는 과정을 통해 인과적으로 연결되어 있다. [11]또 '나'가 세포 분열을 통해 새로운 개체를 생성할 때도 '나'와 '나의 후손'은 인과적으로 연결되어 있다. [12]비록 '나'와 '나의 후손'은 동일한 개체는 아니지만 '나'와 다른 개체들 사이에 비해 더 강한 인과성으로 연결되어 있다.

3 [13]개체성에 대한 이러한 철학적 질문은 생물학에서도 중요한 연구 주제가 된다. 생명체를 구성하는 단위는 세포이다. [14]세포는 생명체의 고유한 유전 정보가 담긴 DNA를 가지며 이를 복제하여 증식하고* 번식하는* 과정을 통해 자신의 DNA를 후세에 전달한다. [15]세포는 사람과 같은 진핵생물*의 진핵세포와, 박테리아나 고세균과 같은 원핵생물*의 원핵세포로 구분된다. [16]진핵세포는 세포질에 막으로 둘러싸인 핵이 ⓑ 있고 그 안에 DNA가 있지만, 원핵세포는 핵이 없다. [17]또한 진핵세포의 세포질에는 막으로 둘러싸인 여러 종류의 세포 소기관이 있으며, 그중 미토콘드리아는 세포 활동에 필요한 생체 에너지를 생산하는 기관이다. [18]대부분의 진핵세포는 미토콘드리아를 필수적으로 ⓒ 가지고 있다.

4 [19]이러한 미토콘드리아가 원래 박테리아의 한 종류인 원생미토콘드리아였다는 이론이 20세기 초에 제기되었다. [20]공생발생설 또는 세포 내 공생설이라고 불리는 이 이론에서는 두 원핵생물 간의 공생 관계가 지속되면서 진핵세포를 가진 진핵생물이 탄생했다고 설명한다. [21]공생은 서로 다른 생명체가 함께 살아가는 것을 말하며, 서로 다른 생명체를 가정하는 것은 어느 생명체의 세포 안에서 다른 생명체가 공생하는 '내부 공생'에서도 마찬가지이다. [22]㉠공생발생설은 한동안 생물학계로부터 인정받지 못했다. [23]미토콘드리아의 기능과 대략적인 구조, 그리고 생명체 간 내부 공생의 사례는 이미 알려졌지만 미토콘드리아가 과거에 독립된 생명체였다는 것을 쉽게 믿을 수 없었기 때문이었다. [24]그리고 한 생명체가 세대를 이어 가는 과정 중에 돌연변이*와 자연선택*이 일어나고, 이로 인해 종이 진화하

집 중 훈 련 OX

01 부분들의 유사성이 매우 강하면 하나의 개체로 볼 수 있다. (O , X)

02 바닷물은 부분들의 강한 유기적 상호작용이 없기 때문에 하나의 개체로 볼 수 없다.
(O , X)

03 과거의 '나'와 현재의 '나'의 모습이 달라졌더라도 서로 강한 인과성이 있기 때문에 하나의 개체로 본다. (O , X)

04 '나'와 '나의 후손'은 강한 인과성이 있기 때문에 하나의 개체로 본다. (O , X)

05 진핵세포는 핵 안에 DNA가 있지만, 원핵세포는 핵과 DNA가 없다. (O , X)

06 원핵세포와 진핵세포는 모두 생체 에너지를 생산하는 미토콘드리아를 가지고 있다.
(O , X)

07 공생발생설은 공생 관계의 두 개체가 하나의 개체로 탄생했다고 보는 이론이다.
(O , X)

08 한 생명체가 다른 생명체의 세포 속에서 살수 있다는 내부 공생의 사례를 찾지 못했기 때문에 생물학계에서는 한동안 공생발생설이 인정받지 못했다. (O , X)

09 미토콘드리아의 DNA가 세포핵의 DNA와 다르고 자신만의 리보솜을 가지고 있으므로, 미토콘드리아는 과거에 독립된 생명체였다고 볼 수 있다. (O , X)

고* 분화한다*고 보는 전통적인 유전학에서 두 원핵생물의 결합은 주목받지 못했다. [25]그러다가 전자 현미경의 등장으로 미토콘드리아의 내부까지 세밀히 관찰하게 되고, 미토콘드리아 안에는 세포핵의 DNA와는 다른 DNA가 있으며 단백질을 합성하는 자신만의 리보솜을 가지고 있다는 사실이 ⓓ 밝혀지면서 공생발생설이 새롭게 부각되었다.

⑤ [26]공생발생설에 따르면 진핵생물은 원생미토콘드리아가 고세균의 세포 안에서 내부 공생을 하다가 탄생했다고 본다. [27]고세균의 핵의 형성과 내부 공생의 시작 중 어느 것이 먼저인지에 대해서는 논란이 있지만, 고세균은 세포질에 핵이 생겨 진핵세포가 되고 원생미토콘드리아는 세포 소기관인 미토콘드리아가 되어 진핵생물이 탄생했다는 것이다. [28]미토콘드리아가 원래 박테리아의 한 종류였다는 근거는 여러 가지가 있다. [29]박테리아와 마찬가지로 새로운 미토콘드리아는 이미 존재하는 미토콘드리아의 '이분 분열'을 통해서만 ⓔ 만들어진다. [30]미토콘드리아의 막에는 진핵세포막의 수송 단백질과는 다른 종류의 수송 단백질인 포린이 존재하고 박테리아의 세포막에 있는 카디오리핀이 존재한다. [31]또 미토콘드리아의 리보솜은 진핵세포의 리보솜보다 박테리아의 리보솜과 더 유사하다.

⑥ [32]미토콘드리아는 여전히 고유한 DNA를 가진 채 복제와 증식이 이루어지는데도, 미토콘드리아와 진핵세포 사이의 관계를 공생 관계로 보지 않는 이유는 무엇일까? [33]두 생명체가 서로 떨어져서 살 수 없더라도 각자의 개체성을 잃을 정도로 유기적 상호작용이 강하지 않다면 그 둘은 공생 관계에 있다고 보는데, 미토콘드리아와 진핵세포 간의 유기적 상호작용은 둘을 다른 개체로 볼 수 없을 만큼 매우 강하기 때문이다. [34]미토콘드리아가 개체성을 잃고 세포 소기관이 되었다고 보는 근거는, 진핵세포가 미토콘드리아의 증식을 조절하고, 자신을 복제하여 증식할 때 미토콘드리아도 함께 복제하여 증식시킨다는 것이다. [35]또한 미토콘드리아의 유전자의 많은 부분이 세포핵의 DNA로 옮겨 가 미토콘드리아의 DNA 길이가 현저히* 짧아졌다는 것이다. [36]미토콘드리아에서 일어나는 대사 과정에 필요한 단백질은 세포핵의 DNA로부터 합성되고, 미토콘드리아의 DNA에 남은 유전자 대부분은 생체* 에너지를 생산하는 역할을 한다. 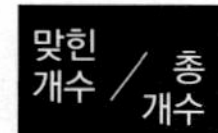[37]예컨대 사람의 미토콘드리아는 37개의 유전자만 있을 정도로 DNA 길이가 짧다.

10 공생발생설에 의하면 원생미토콘드리아는 고세균과의 내부 공생 과정에서 개체성을 잃고 세포 소기관이 되었다. (○ , ✕)

11 새로운 미토콘드리아는 진핵세포의 DNA로는 복제되지 않는다. (○ , ✕)

12 미토콘드리아의 리보솜이 진핵세포의 리보솜과 유사하므로 미토콘드리아는 박테리아의 한 종류였다고 볼 수 있다. (○ , ✕)

13 미토콘드리아와 진핵세포는 유기적 상호작용이 강하기 때문에 미토콘드리아와 진핵세포는 공생 관계에 있다고 할 수 있다. (○ , ✕)

14 미토콘드리아는 스스로 증식할 수 없으므로, 진핵세포와 공생 관계에 있다고 보지 않는다. (○ , ✕)

15 세포핵의 DNA로부터 합성된 단백질은 같은 세포질 안에 있는 미토콘드리아로 이동한다. (○ , ✕)

맞힌 개수 / 총 개수 　 / 15

01 · 팩트 체크

윗글의 내용 전개 방식으로 가장 적절한 것은?

① 개체성과 관련된 예를 제시한 후 공생발생설에 대한 다양한 견해를 비교하고 있다.

② 개체에 대한 정의를 제시한 후 세포의 생물학적 개념이 확립되는 과정을 서술하고 있다.

③ 개체성의 조건을 제시한 후 세포 소기관의 개체성에 대해 공생발생설을 중심으로 설명하고 있다.

④ 개체의 유형을 분류한 후 세포의 소기관이 분화되는 과정을 공생발생설을 중심으로 설명하고 있다.

⑤ 개체와 관련된 개념들을 설명한 후 세포가 하나의 개체로 변화하는 과정을 인과적으로 서술하고 있다.

02 · 팩트 체크

윗글에 대한 이해로 적절하지 <u>않은</u> 것은?

① 유사성은 아무리 강하더라도 개체성의 조건이 될 수 없다.

② 바닷물을 개체라고 말하기 어려운 이유는 유기적 상호 작용이 약하기 때문이다.

③ 새로운 미토콘드리아를 복제하기 위해서는 세포 안에 미토콘드리아가 반드시 있어야 한다.

④ 미토콘드리아의 대사 과정에 필요한 단백질은 미토콘드리아의 막을 통과하여 세포질로 이동해야 한다.

⑤ 진핵세포가 되기 전의 고세균이 원생미토콘드리아보다 진핵세포와 더 강한 인과성으로 연결되어 있다.

03 · 팩트 끌어내기

윗글을 참고할 때, ㉠의 이유로 가장 적절한 것은?

① 진핵세포가 세포 소기관을 가지고 있다는 사실을 알지 못했기 때문이다.

② 공생발생설이 당시의 유전학 이론에 어긋난다는 근거가 부족했기 때문이다.

③ 한 생명체가 다른 생명체의 세포 속에서 살 수 있다는 근거가 부족했기 때문이다.

④ 미토콘드리아가 진핵세포의 활동에 중요한 기능을 한다는 사실을 알지 못했기 때문이다.

⑤ 미토콘드리아가 자신의 고유한 유전 정보를 전달할 수 있다는 것을 알지 못했기 때문이다.

04 · 팩트 간 관계 파악

〈보기〉는 진핵세포의 세포 소기관을 연구한 결과들이다. 윗글을 바탕으로 할 때, 각각의 세포 소기관이 박테리아로부터 비롯되었다고 판단할 수 있는 것만을 〈보기〉에서 고른 것은?

> ── 보 기 ──
>
> ㄱ. 세포 소기관이 자신의 DNA를 가지고 있다는 것과 이분 분열을 한다는 것을 확인하였다.
>
> ㄴ. 세포 소기관이 자신의 DNA를 가지고 있다는 것과 진핵세포의 리보솜을 가지고 있다는 것을 확인하였다.
>
> ㄷ. 세포 소기관이 막으로 둘러싸여 있다는 것과 막에는 수송 단백질이 있는 것을 확인하였다.
>
> ㄹ. 세포 소기관이 막으로 둘러싸여 있다는 것과 막에는 다량의 카디오리핀이 있는 것을 확인하였다.

① ㄱ, ㄷ   ② ㄱ, ㄹ   ③ ㄴ, ㄷ

④ ㄴ, ㄹ   ⑤ ㄷ, ㄹ

05 ● 팩트 적용

윗글을 바탕으로 〈보기〉를 이해한 내용으로 적절하지 <u>않은</u> 것은? [3점]

보 기

- 복어는 테트로도톡신이라는 신경 독소를 가지고 있지만 테트로도톡신을 스스로 만들지 못하고 체내에서 서식하는 미생물이 이를 생산한다. 복어는 독소를 생산하는 미생물에게 서식처를 제공하는 대신 포식자로부터 자신을 방어할 수 있는 무기를 갖게 되었다. 만약 복어의 체내에 있는 미생물을 제거하면 복어는 독소를 가지지 못하나 생존에는 지장이 없었다.
- 실험실의 아메바가 병원성 박테리아에 감염되어 대부분의 아메바가 죽고 일부 아메바는 생존하였다. 생존한 아메바의 세포질에서 서식하는 박테리아는 스스로 복제하여 증식할 수 있었고 더 이상 병원성을 지니지는 않았다. 아메바에게는 무해하지만 박테리아에게는 치명적인 항생제를 아메바에게 투여하면 박테리아와 함께 아메바도 죽었다.

---

① 병원성을 잃은 '아메바의 세포질에서 서식하는 박테리아'는 세포 소기관으로 변한 것이겠군.

② 복어의 '체내에서 서식하는 미생물'은 '복어'와의 유기적 상호작용이 강해진다면 개체성을 잃을 수 있겠군.

③ 복어의 세포가 증식할 때 복어의 체내에서 '독소를 생산하는 미생물'의 DNA도 함께 증식하는 것은 아니겠군.

④ '아메바의 세포질에서 서식하는 박테리아'가 개체성을 잃었다면 '아메바의 세포질에서 서식하는 박테리아'의 DNA 길이는 짧아졌겠군.

⑤ '아메바의 세포질에서 서식하는 박테리아'와 '아메바' 사이의 관계와 '복어'와 '독소를 생산하는 미생물' 사이의 관계는 모두 공생 관계이겠군.

06 ● 팩트 체크

문맥상 ⓐ~ⓔ와 바꿔 쓰기에 적절하지 <u>않은</u> 것은?

① ⓐ: 구성(構成)한다고

② ⓑ: 존재(存在)하고

③ ⓒ: 보유(保有)하고

④ ⓓ: 조명(照明)되면서

⑤ ⓔ: 생성(生成)된다

문단별 중심 내용 & 구조도

1 개체성의 조건 – 부분들의 강한
[   ]

2 상이한 시기에 존재하는 두 개체의 동일성 판단 조건 – 두 대상 사이의
[   ]

3 세포의 특징과 분류 및 진핵세포의 구성

4 [   ]의 개념과
[   ]이 인정받게 된 과정

5 공생발생설에 따른 진핵생물의 생성 과정과 미토콘드리아가 원래 박테리아였다는 근거

6 미토콘드리아가 진핵세포의 세포 소기관이 되었다고 보는 근거

필수 어휘

개체
個 낱개 개 / 體 몸 체

전체나 집단에 상대하여 하나하나의 낱개를 이르는 말.
예 이제 우리는 전체보다 개체에 집중하여 정책을 펼쳐야 합니다.
⊖ 전체

유기적

생물체처럼 전체를 구성하고 있는 각 부분이 서로 밀접하게 관련을 가지고 있어서 떼어 낼 수 없는. 예 사람은 다른 사람과 유기적 관계를 맺고 살아간다.

상이하다
相 서로 상 / 異 다를 이

서로 다르다.
예 두 사람의 의견이 상이하여 결론을 낼 수 없다.
⊖ 동일하다

증식하다

생물이나 조직 세포 따위가 세포 분열을 하여 그 수가 늘어나다. 또는 그 수를 늘려 가다. ⊕ 늘리다
예 암은 생체 조직 안에서 세포가 증식하여 악성 종양을 일으킨 것이다.

번식하다

붇고 늘어서 많이 퍼지다. 예 냉장고 안에 오랫동안 방치한 음식물에 세균이 번식했다.
⊕ 늘다

진핵생물
眞 참 진 / 核 씨 핵 / 生 날 생 /
物 만물 물

핵막으로 둘러싸인 핵을 가지며, 세포질 속에 여러 가지 세포 내 소기관을 지니고 있고, 유사 분열을 하는 세포로 이루어진 생물. 세균 및 바이러스를 제외한 모든 생물이 이에 속한다.
예 물고기를 포함한 진핵생물은 고염도 환경을 견뎌내기 어렵다.

원핵생물
原 근원 원 / 核 씨 핵 / 生 날 생 /
物 만물 물

세포 내의 핵의 요소가 되는 물질이 있으나 핵막이 없어 핵의 구조가 없는 생물.
예 원핵생물인 박테리아를 관찰하고 있다.

돌연변이

생물체에서 어버이의 계통에 없던 새로운 형질이 나타나 유전하는 현상.
예 환경이 바뀌자 식물 가운데 돌연변이가 나타나고 있다.

자연선택

자연계에서 그 생활 조건에 적응하는 생물은 생존하고, 그러지 못한 생물은 저절로 사라지는 일.
예 다윈은 생물이 자연선택의 결과에 따라 진화한다고 주장한다.

진화하다
進 나아갈 진 / 化 될 화

생물이 생명의 기원 이후부터 점진적으로 변해 가다.
예 원시 생물이 진화하여 지금의 모습이 되었다.
⊖ 퇴화하다

분화하다
分 나눌 분 / 化 될 화

단순하거나 등질인 것에서 복잡하거나 이질인 것으로 변하다.
예 본래의 기능이 세 가지 기능으로 분화하였다.

현저히

뚜렷이 드러날 정도로. 예 최근 10년 사이에 인구가 현저히 증가했다.

생체

생물의 몸. 또는 살아 있는 몸. 예 생체를 해부하여 사인을 밝혀냈다.

1 ¹근대 도시의 삶의 양식은 많은 학자들의 관심을 끌어 왔다. ²오랫동안 지배적*인 관점으로 받아들여진 것은 삶의 양식 중 노동 양식에 주목하는 ㉠생산학파의 견해다. ³생산학파는 산업 혁명을 통해 근대 도시 특유*의 노동 양식이 형성되는 점에 관심을 기울였다. ⁴그들은 우선 새로운 테크놀로지를 갖춘 근대 생산 체제가 대규모의 노동력을 각지로부터 도시로 끌어모으는 현상에 주목했다. ⁵또한 다양한 습속*을 지닌 사람들이 어떻게 대규모 기계의 리듬에 맞추어 획일적으로 움직이는 노동자가 되는지 탐구했다. ⁶예를 들어, 미셸 푸코는 노동자를 집단 규율에 맞춰 금욕* 노동을 하는 유순한* 몸으로 만들어 착취하기* 위해 어떤 훈육* 전략이 동원되었는지* 연구하였다. ⁷또한 생산학파는 노동자가 기계화된 노동으로 착취당하는 동안 감각과 감성으로 체험하는 내면세계를 상실하고 사물로 전락했다고* 고발하였다. ⁸이렇게 보면 근대 도시는 어떠한 쾌락과 환상도 끼어들지 못하는 거대한 생산 기계인 듯하다.

2 ⁹이에 대하여 ㉡소비학파는 근대 도시인이 내면세계를 상실한 사물로 전락한 것은 아니라고 하면서 생산학파를 비판하기 시작했다. ¹⁰예를 들어, 콜린 캠벨은 금욕주의 정신을 지닌 청교도들조차 소비 양식에서 자기 환상적 쾌락주의를 가지고 있었다고 주장하였다. ¹¹결핍을 충족시키려는 욕망과 실제로 욕망이 충족된 상태 사이에는 시간적 간극*이 존재할 수밖에 없다. ¹²그런데 근대 도시에서는 이 간극이 좌절이 아니라 오히려 욕망이 충족된 미래 상태에 대한 주관적 환상을 자아낸다. ¹³생산학파와 달리 캠벨은 새로운 테크놀로지의 발달 덕분에 이런 환상이 단순한 몽상이 아니라 실현 가능한 현실이 될 것이라는 기대를 불러일으킨다고 보았다. ¹⁴그는 이런 기대가 쾌락을 유발하여 근대 소비 정신을 북돋웠다고 긍정적으로 평가했다.

3 ¹⁵근래 들어 노동 양식에 주목한 생산학파와 소비 양식에 주목한 소비학파의 입장을 ⓐ아우르려는 연구가 진행되고 있다. ¹⁶일찍이 근대 도시의 복합적 특성에 주목했던 발터 벤야민은 이러한 연구의 선구자 중 한 명으로 재발견되었다. ¹⁷그는 새로운 테크놀로지의 도입이 노동의 소외를 심화한다는 점은 인정하였다. ¹⁸하지만 소비 행위의 의미가 자본가에게 이윤을 ⓑ가져다주는 구매 행위로 축소될 수는 없다고 생각했다. ¹⁹소비는 그보다 더 복합적인 체험을 가져다주기 때문이다. ²⁰벤야민은 이런 사실을 근대 도시에 대한 탐구를 통해 설명한다. ²¹근대 도시에서는 옛것과 새것, 자연적인 것과 인공적인 것 등 서로 다른 것들이 병치되고 뒤섞이며 빠르게 흘러간다. ²²환상을 자아내는 다양한 구경거리도 근대 도시 곳곳에 등장했다. ²³철도 여행은 근대 이전에는 정지된 이미지로 체험되었던 풍경을 연속적으로 이어지는 파노라마로 체험하게 만들었다. ²⁴또한 유리와 철을 사용하여 만든 상품 거리인 아케이드는 안과 밖, 현실과 꿈의 경계가 모호해지는 체험을 가져다

집 중 훈 련 **OX**

01 생산학파는 근대 도시의 노동 양식을 관심의 대상으로 삼는다. (O , X)

02 생산학파는 근대 생산 체제가 대규모의 노동력을 바탕으로 상품을 대량 생산해 내는 특성을 지닌다고 볼 것이다. (O , X)

03 미셸 푸코는 유순한 몸으로 금욕 노동을 하는 노동자들을 긍정적으로 평가하였다. (O , X)

04 소비학파는 생산학파와 달리 근대 도시인이 환상을 지닌 존재라고 여긴다. (O , X)

05 소비학파와 생산학파 모두 근대의 테크놀로지를 부정적으로 평가한다. (O , X)

06 소비학파에 따르면 결핍을 충족시키려는 욕망과 욕망이 충족된 상태 사이의 간극은 소비를 통해 좁힐 수 있다. (O , X)

07 캠벨은 금욕주의 정신을 지닌 청교도들의 영향으로 근대 도시인의 소비 정신이 생겨났다고 본다. (O , X)

08 벤야민은 노동의 소외를 인정하면서도 노동자를 감성과 감각을 지닌 존재로 보았다. (O , X)

09 벤야민은 소비가 복합적인 체험을 가져다주기 때문에 자본가에게 이윤을 가져다줄 수 없다고 본다. (O , X)

10 벤야민은 근대 도시에서 이질적인 것들이 병치되고 뒤섞이며 빠르게 흘러가는 것은 근대 도시인에게 충격을 가져다준다고 생각한다. (O , X)

주었다. ²⁵벤야민은 이러한 체험이 근대 도시인에게 충격을 가져다준다고 보았다. ²⁶또한 이러한 충격 체험을 통해 새로운 감성과 감각이 일깨워진다고 말했다.

4 ²⁷벤야민은 근대 도시의 복합적 특성이 영화라는 새로운 예술 형식에 드러난다고 주장했다. ²⁸19세기 말에 등장한 신기한 구경거리였던 영화는 벤야민에게 근대 도시의 작동 방식과 리듬에 상응하는 매체다. ²⁹영화는 조각난 필름들이 일정한 속도로 흘러가면서 움직임을 만들어 낸다는 점에서 공장에서 컨베이어 벨트[*]가 만들어 내는 기계의 리듬을 ⓒ 떠올리게 한다. ³⁰또한 관객이 아닌 카메라라는 기계 장치 앞에서 연기를 해야 하는 배우나 자신의 전문 분야에만 참여하는 스태프는 작품의 전체적인 모습을 파악하기 어렵다. ³¹분업화로 인해 노동으로부터 소외되는 근대 도시인의 모습이 영화 제작 과정에서도 드러나는 것이다. ³²하지만 동시에 영화는 일종의 충격 체험을 통해 근대 도시인에게 새로운 감성과 감각을 불러일으키는 매체이기도 하다. ³³예측 불가능한 이미지의 연쇄로 이루어진 영화를 체험하는 것은 이질적[*]인 대상들이 복잡하고 불규칙하게 뒤섞인 근대 도시의 일상 체험과 유사하다. ³⁴서로 다른 시·공간의 연결, 카메라가 움직일 때마다 변화하는 시점, 느린 화면과 빠른 화면의 교차[*] 등 영화의 형식 원리는 ㉮ 정신적 충격을 발생시킨다. ³⁵영화는 보통 사람의 육안이라는 감각적 지각의 정상적 범위를 넘어선 체험을 가져다준다. ³⁶벤야민은 이러한 충격 체험을 환각, 꿈의 체험에 ⓓ 빗대어 '시각적 무의식'이라고 불렀다. ³⁷관객은 영화가 제공하는 시각적 무의식을 체험함으로써 일상적 공간에 대해 새로운 의미를 발견하게 된다. ³⁸영화관에 모인 관객은 이런 체험을 집단적으로 공유하면서 동시에 개인적인 꿈의 세계를 향유한다[*].

5 ³⁹근대 도시와 영화의 체험에 대한 벤야민의 견해는 생산학파와 소비학파를 포괄할 수 있는 이론적 단초[*]를 제공한다. ⁴⁰벤야민은 근대 도시인이 사물화된 노동자이지만 그 자체로 내면세계를 지닌 꿈꾸는 자이기도 하다는 사실을 보여 준다. ⁴¹벤야민이 말한 근대 도시는 착취의 사물 세계와 꿈의 주체 세계가 교차하는 복합 공간이다. ⁴²이렇게 벤야민의 견해는 근대 도시에 대한 일면적[*]인 시선을 ⓔ 바로잡는 데 도움을 준다.

11 근대 도시인은 영화를 통해 근대 도시의 일상 체험에서 받는 정신적 충격을 경험할 수 있다. (O , X)

12 벤야민은 관객들이 예측할 수 없는 내용으로 전개되는 영화만이 근대 도시인에게 새로운 감성과 감각을 불러일으킬 수 있다고 보았다. (O , X)

13 벤야민은 영화가 제공하는 시각적 무의식이 관객들을 획일적으로 움직이는 노동자로 만든다고 보았다. (O , X)

14 벤야민은 근대 도시의 노동자를 기계화된 노동으로 착취당하는 한편 내면세계에서 꿈을 꾸는 존재로 본다. (O , X)

15 생산학파나 소비학파와 달리, 벤야민은 근대 도시의 여러 특성을 복합적으로 바라본다. (O , X)

윗글의 내용 전개 방식으로 가장 적절한 것은?

① 근대 도시의 삶의 양식에 대한 벤야민의 주장을 기준으로, 근대 도시의 산물인 영화를 유형별로 분류하고 있다.

② 근대 도시와 영화의 개념을 정의한 후, 근대 도시의 복합적 특성을 밝힌 벤야민의 견해에 대해 그 의의와 한계를 평가하고 있다.

③ 근대 도시의 삶의 양식에 대한 벤야민의 관점을 활용하여, 근대 도시의 기원과 영화의 탄생 간에 공통점과 차이점을 비교하고 있다.

④ 근대 도시의 복합적 특성에 따른 영화의 변화 양상을 통시적으로 살펴본 후, 근대 도시와 영화의 체험에 대한 벤야민의 주장을 비판하고 있다.

⑤ 근대 도시의 삶의 양식에 대한 서로 다른 견해를 소개한 후, 근대 도시와 영화에 대한 벤야민의 견해가 근대 도시의 복합적 특성을 드러냄을 밝히고 있다.

㉠, ㉡에 대한 이해로 가장 적절한 것은?

① ㉠은 근대 도시를 근대 도시인이 지닌 환상에 의해 작동되는 생산 기계라고 본다.

② ㉠은 새로운 테크놀로지의 발달로 성립된 근대 생산 체제가 욕망과 충족의 간극을 해소할 수 있다고 본다.

③ ㉡은 근대 도시인의 소비 정신이 금욕주의 정신에 의해 만들어졌다고 본다.

④ ㉡은 근대 도시인이 사물로 전락한 대상이 아니라 실현 가능한 미래에 대한 기대를 가진 존재라고 본다.

⑤ ㉠과 ㉡은 모두 소비가 노동자에 대한 집단 규율을 완화하여 유순한 몸을 만든다고 본다.

㉮에 대한 이해로 적절하지 않은 것은?

① 관객에게 새로운 감성과 감각을 불러일으킨다.

② 영화가 다루고 있는 독특한 주제에서 발생한다.

③ 근대 도시의 일상 체험에서 유발되는 충격과 유사하다.

④ 촬영 기법이나 편집 등 영화의 형식적 요소에 의해 관객에게 유발된다.

⑤ 육안으로 지각 가능한 범위를 넘어서는 영화적 체험으로부터 발생한다.

윗글을 바탕으로 〈보기〉를 이해한 내용으로 적절하지 <u>않은</u> 것은? [3점]

보 기

베르토프의 <카메라를 든 사나이>는 1920년대의 근대 도시를 소재로 한 다큐멘터리 영화다. 베르토프는 다중 화면, 화면 분할 등 다양한 영화 기법을 도입하여 도시의 일상적 공간을 새롭게 재구성하고 있다. 이 영화는 억압의 대상이던 노동자를 생산의 주체이자 새로운 시대의 주인공으로 묘사한다. 영화인도 노동자 중 한 사람이라고 생각했던 베르토프는 영화 속에서 주체적이고 자율적으로 영화를 제작하는 영화인의 모습을 보여 준다. 베르토프는 짧은 이미지들의 빠른 교차를 통해 영화가 편집의 예술임을 확인시켜 준다. 또한 영화관에서 신기한 장면에 즐겁게 반응하는 관객들의 모습을 영화 속에서 보여 줌으로써 영화가 상영되는 과정을 드러낸다.

① 베르토프의 영화는 분업화로 인해 영화 제작 과정에서 소외된 영화인의 모습을 보여 주는군.

② 베르토프의 영화에 등장하는 노동자의 모습은 생산학파가 묘사하는 훈육된 노동자의 모습과는 다르군.

③ 베르토프가 다양한 영화 기법을 통해 일상 공간을 재구성한 것은 벤야민이 말하는 시각적 무의식을 유발하겠군.

④ 베르토프가 사용한 짧은 이미지들의 빠른 교차는 벤야민이 말하는 예측 불가능한 이미지의 연쇄를 보여 주는군.

⑤ 베르토프의 영화에 등장하는 관객의 모습은 영화관에서 신기한 구경거리인 영화를 즐기는 근대 도시인을 보여 주는군.

벤야민이 말한 근대 도시 를 이해한 내용으로 적절하지 <u>않은</u> 것은?

① 생산의 공간과 꿈꾸는 공간이 교차하는 공간이다.

② 소비 행위가 노동자에게 복합 체험을 가져다주는 공간이다.

③ 이질적인 것이 병치되고 뒤섞이며 빠르게 흘러가는 공간이다.

④ 새로운 테크놀로지의 도입을 통해 노동의 소외가 극복된 공간이다.

⑤ 집단 규율을 따라 노동하는 노동자도 내면세계를 가지고 있는 공간이다.

문맥상 ⓐ~ⓔ와 바꿔 쓰기에 가장 적절한 것은?

① ⓐ: 봉합(縫合)하려는

② ⓑ: 보증(保證)하는

③ ⓒ: 연상(聯想)하게

④ ⓓ: 의지(依支)하여

⑤ ⓔ: 개편(改編)하는

문단별 중심 내용 & 구조도

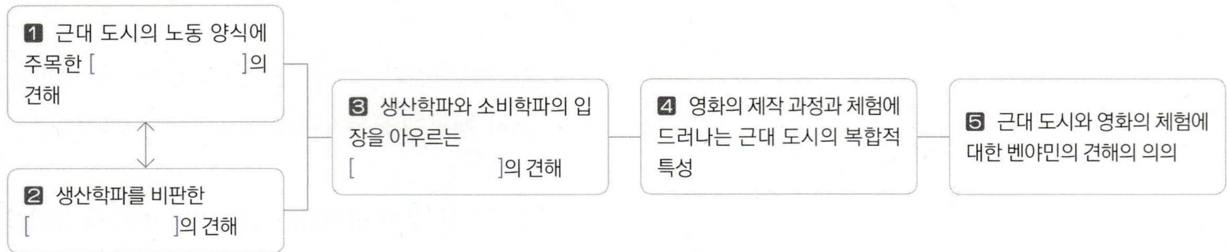

필수 어휘

지배적	매우 우세하거나 주도적인. 예 모임의 지배적 성향은 구성원들에게서 나온다.	
특유 特 특별할 특 / 有 있을 유	일정한 사물만이 특별히 갖추고 있음. 예 그 가수는 특유의 음색이 있다.	⊜ 고유
습속	습관이 된 풍속. 예 낯선 사람을 보살피는 것은 마을 사람들의 오랜 습속이었다.	
금욕 禁 금할 금 / 慾 욕심 욕	욕구나 욕망을 억제하고 금함. 예 그는 산에 머물며 금욕 생활을 했다.	⊜ 극기
유순하다 柔 부드러울 유 / 順 순할 순	성질이나 태도, 표정 따위가 부드럽고 순하다. 예 나는 특히 어른들께 유순하게 대한다.	⊖ 포악하다
착취하다	계급 사회에서 생산 수단을 소유한 사람이 생산 수단을 갖지 않은 직접 생산자로부터 그 노동의 성과를 무상으로 취득하다. 예 그의 행동은 직원의 노동력을 착취하는 것이다.	⊜ 수탈하다
훈육	품성이나 도덕 따위를 가르쳐 기름. 예 할머니의 각별한 훈육으로 손주들이 잘 자랐다.	⊜ 교육
동원되다	어떤 목적이 달성되도록 사람이 모아지거나 물건, 수단, 방법 따위가 집중되다. 예 그를 회유하기 위해 갖가지 방법이 동원되었다.	
전락하다 轉 구를 전 / 落 떨어질 락	나쁜 상태나 타락한 상태에 빠지다. 예 그는 사기꾼으로 전락하고 말았다.	
간극	시간 사이의 틈. 예 한 주일 동안의 간극 때문에 지난주에 배운 내용이 도무지 기억나지 않는다.	⊜ 간격
컨베이어 벨트	물건을 연속적으로 이동·운반하는 띠 모양의 운반 장치 중 벨트식으로 만들어진 것. 예 그녀는 공장에서 컨베이어 벨트를 타고 이동하는 가방들 중 불량품을 골라낸다.	
이질적 異 다를 이 / 質 바탕 질 / 的 과녁 적	성질이 다른 것. 예 아버지는 이질적인 것들을 조합하여 예술품을 만들었다.	⊖ 동질적
교차 交 사귈 교 / 叉 깍지낄 차	서로 엇갈리거나 마주침. 예 차도와 기찻길의 교차 지점에 멈춰 섰다.	
향유하다 享 누릴 향 / 有 있을 유	누리어 가지다. 예 우리에겐 자유를 향유할 권리가 있다.	
단초	일이나 사건을 풀어 나갈 수 있는 첫머리. 예 그가 사건을 해결할 단초를 제시했다.	⊜ 실마리
일면적	한 방면으로 치우치는 것. 예 당신은 사람을 일면적으로만 보고 판단하는군요.	

5. 조선 학자들의 인체관

평가원 기출

정답과 해설 129~132쪽

1 ¹17세기 초부터 ⓐ 유입되기 시작한 서학(西學)* 서적에 담긴 서양의 과학 지식은 당시 조선의 지식인들에게 적지 않은 지적 충격을 주며 사상의 변화를 이끌었다. ²하지만 ㉠ 19세기 중반까지 서양 의학의 영향력은 천문·지리 지식에 비해 미미하였다*. ³일부 유학자들이 서양 의학 서적들을 읽었지만, 이에 대해 논평을 남긴 인물은 극히 제한적이었다.

2 ⁴이런 가운데 18세기 실학자 이익은 주목할 만한 인물이다. ⁵그는 『서국의(西國醫)』라는 글에서 아담 샬이 쓴 『주제군징(主制群徵)』의 일부를 채록하면서* 자신의 생각을 ⓑ 제시하였다. ⁶『주제군징』에는 당대 서양 의학의 대변동을 이끈 근대 해부학 및 생리학의 성과나 그에 따른 기계론적 인체관은 담기지 않았다. ⁷대신 기독교를 효과적으로 ⓒ 전파하기 위해 신의 존재를 증명하려 했던 로마 시대의 생리설, 중세의 해부 지식 등이 실려 있었다. ⁸한정된 서양 의학 지식이었지만 이익은 그 우수성을 인정하고 내용을 부분적으로 수용하였다. ⁹뇌가 몸의 운동과 지각* 활동을 주관한다*는 아담 샬의 설명에 대해, 이익은 몸의 운동을 뇌가 주관한다는 것은 긍정하였지만, 지각 활동은 심장이 주관한다는 전통적인 심주지각설(心主知覺說)을 고수하였다*.

3 ¹⁰이익 이후에도 서양 의학이 조선 사회에 끼친 영향은 두드러지지 않았다. ¹¹당시 유학자들은 서양 의학의 필요성을 느끼지 못하였고, 의원들의 관심에서도 서양 의학은 비껴나 있었다. ¹²당시에 전해진 서양 의학 지식은 내용 면에서도 부족했을 뿐 아니라, 지구가 둥글다거나 움직인다는 주장만큼 충격적이지는 않았다. ¹³서양 해부학이 야기하는* 윤리적 문제도 서양 의학의 영향력을 제한하는 요인으로 작용하였으며, 서학에 대한 조정(朝廷)*의 금지 조치도 걸림돌이었다. ¹⁴그러던 중 19세기 실학자 최한기는 당대 서양에서 주류를 이루고 있던 최신 의학 성과를 담은 홉슨의 책들을 접한 후 해부학 전반과 뇌 기능을 중심으로 문제의식을 본격화하였다. ¹⁵인체에 대한 이전 유학자들의 논의가 도덕적 차원에 초점이 있었던 것과 달리, 그는 지각적·생리적 기능에 주목하였다.

4 ¹⁶최한기의 인체관을 함축하는 개념 중 하나는 '몸기계'였다. ¹⁷그는 이 개념을 본격적으로 사용하기에 앞서 인체를 형체와 내부 장기로 구성된 일종의 기계로 파악하고 있었다. ¹⁸이러한 생각은 『전체신론(全體新論)』 등 홉슨의 저서를 접한 후 더 분명해져서 인체를 복잡한 장치와 그 작동으로 이루어진 몸기계로 형상화하면서도, 인체가 외부 동력에 의한 기계적 인과 관계에 지배되는 것이 아니라 그 자체가 생명력을 가지고 자발적인 운동을 한다고 보았다. ¹⁹이는 인체를 '신기(神氣)'와 결부하여* 이해한 결과였다. ²⁰기계적 운동의 인과 관계를 설명하려면 원인을 찾는 과정이 꼬리에 꼬리를 물고 이어지게 된다. ²¹따라서 이러한 무한 소급*을

집중 훈련 OX

01 조선에 유입된 서양의 과학 지식 중 천문·지리 지식이 의학 지식보다 영향력이 더 컸다.　(O , X)

02 아담 샬은 『주제군징』에서 당대 유행했던 기계론적 의학 이론을 소개했다.　(O , X)

03 아담 샬과 달리, 이익은 뇌가 신체의 동작을 주관한다고 생각했다.　(O , X)

04 아담 샬과 달리, 이익은 심장을 중심으로 인간의 지각 활동을 이해하였다.　(O , X)

05 조선에서 서양 학문을 정책적으로 배제했음에도 불구하고 당시 유학자들은 서양 의학의 필요성을 인지하고 있었을 것이다.　(O , X)

06 19세기에 이르러 조선의 유학자들과 서양의 지식인들이 서로 영향을 주고받으며 인체관을 정립해 나갔다.　(O , X)

07 최한기는 『전체신론』을 통해 기존의 인체관인 몸기계에 대한 인식을 바꾸었다.　(O , X)

08 홉슨과 달리, 최한기는 인체의 기계적 운동의 원인은 인체 내에 있는 신기라고 보았다.　(O , X)

끝맺으려면 운동의 최초 원인을 상정해야*만 한다. [22]이 문제를 해결하기 위해 의료 선교사인 홉슨은 창조주와 같은 질적으로 다른 존재를 상정하였다. [23]기독교적 세계관을 부정했던 최한기는 인체를 구성하는 신기를 신체 운동의 원인으로 규정하여 이 문제를 해결하려 하였다.

⑤ [24]최한기는 『전체신론』에 ⓓ 수록된, 뇌로부터 온몸에 뻗어 있는 신경계 그림을 접하고, 신체 운동을 주관하는 뇌의 역할과 중요성을 인정하였다. [25]하지만 뇌가 운동뿐만 아니라 지각을 주관한다는 홉슨의 뇌주지각설(腦主知覺說)에 관심을 기울이면서도, 뇌주지각설은 완전한 체계를 이루기에 불충분하다고 보았다. [26]뇌가 지각을 주관하는 과정을 창조주의 섭리로 보고 지각 작용과 기독교적 영혼 사이의 연관성을 부각하려 한 『전체신론』의 견해를 부정하고, 대신 '심'이 지각 운용을 주관한다는 심주지각설이 더 유용하다고 주장하였다.

⑥ [27]그러나 종래의 심주지각설을 그대로 수용한 것은 아니었다. [28]기존의 심주지각설이 '심'을 심장으로 보았던 것과 달리 그는 신기의 '심'으로 파악하였다. [29]그에 따르면, 신기는 신체와 함께 생성되고 소멸되는 것으로, 뇌나 심장 같은 인체 기관이 아니라 몸을 구성하면서 형체가 없이 몸속을 두루 돌아다니는 것이다. [30]신기는 유동적*인 성질을 지녔는데 그 중심이 '심'이다. [31]신기는 상황에 따라 인체의 특정 부분에 더 높은 밀도로 몰린다. [32]그래서 특수한 경우에는 다른 곳으로 중심이 이동하는데, 신기가 균형을 이루어야 생명 활동과 지각이 제대로 이루어질 수 있다. [33]그는 경험 이전에 아무런 지각 내용을 내포하지 않고 있는 신기가 감각 기관을 통한 지각 활동에 의해 외부 세계의 정보를 받아들여 기억으로 저장한다고 파악하였다. [34]신기는 한 몸을 주관하며 그 자체가 하나로 통합되어 있기 때문에 감각을 통합할 수 있으며, 지각 내용의 종합과 확장, 곧 스스로의 사유를 통해 지각 내용을 조정하고, 그러한 작용에 적응하여 온갖 세계의 변화에 대응할 수 있다고 보았다.

⑦ [35]최한기의 인체관은 서양 의학과 신기 개념의 접합을 통해 새롭게 정립된 것이었다. [36]비록 양자 사이의 결합이 완전하지는 않았지만, 서양 의학을 ⓔ 맹신하지* 않고 주체적으로 수용하여 정합적*인 체계를 이루고자 한 그의 시도는 조선 사상사에서 주목할 만한 성취라 평가할 수 있을 것이다.

09 『전체신론』과 달리, 최한기는 신체 운동을 주관하는 뇌의 역할과 중요성을 인정하였다. (O , X)

10 뇌주지각설과 심주지각설에서 지각을 주관하는 주체는 동일하다. (O , X)

11 이익과 달리, 최한기는 뇌가 지각을 주관한다는 점을 부인하였다. (O , X)

12 최한기는 이익의 심주지각설을 바탕으로 『전체신론』의 견해를 부정하였다. (O , X)

13 최한기의 신기는 몸을 구성하는 요소이나 신체 기관과 독립적으로 기능한다. (O , X)

14 최한기는 신기의 크기에 따라 운용하는 인체 기관이 다르다고 보았다. (O , X)

15 최한기는 서양 의학을 주체적으로 수용하여 새로운 인체관을 정립하였다. (O , X)

<table>
<tr><td>맞힌 개수 / 총 개수</td><td>/ 15</td></tr>
</table>

01 ● 팩트 체크

윗글의 전개 방식으로 가장 적절한 것은?

① 조선에서 인체관이 분화하는 과정을 서양과 대조하여 단계적으로 서술하고 있다.

② 서학의 수용으로 일어난 인체관의 변화를 조선 시대 학자들의 견해를 통해 제시하고 있다.

③ 인체관과 관련된 유학자들의 주장이 지닌 문제점을 열거하여 역사적인 시각에서 비판하고 있다.

④ 우리나라 근대의 인체관 가운데 서로 충돌되는 견해를 절충하여 새로운 결론을 도출하고 있다.

⑤ 동양과 서양의 지식인들이 서로 영향을 주고받으며 인체관을 정립하는 과정을 인과적으로 설명하고 있다.

02 ● 팩트 체크

윗글에 대한 이해로 적절하지 <u>않은</u> 것은?

① 최한기는 홉슨의 저서를 접하기 전부터 인체를 일종의 기계로 파악하였다.

② 아담 샬과 달리 이익은 심장을 중심으로 인간의 지각 활동을 이해하였다.

③ 이익과 홉슨은 신체의 동작을 뇌가 주관한다는 것에서 공통적인 견해를 보였다.

④ 아담 샬과 홉슨은 각자가 활동했던 당시에 유력했던 기계론적 의학 이론을 동양에 소개하였다.

⑤ 『주제군징』과 『전체신론』에는 기독교적인 세계관이 투영된 서양 의학 이론이 포함되어 있었다.

03 ● 팩트 끌어내기

윗글을 참고할 때, ㉠의 이유로 적절하지 <u>않은</u> 것은?

① 조선에서 서양 학문을 정책적으로 배척했기 때문이다.

② 전래된 서양 의학이 내용 면에서 불충분했기 때문이다.

③ 당대 의원들이 서양 의학의 한계를 지적했기 때문이다.

④ 서양 해부학이 조선의 윤리 의식에 위배되었기 때문이다.

⑤ 서양 의학이 천문 지식에 비해 충격적이지 않았기 때문이다.

04 ● 팩트 끌어내기

〈보기〉는 인체에 관한 조선 시대 학자들의 견해이다. 윗글에 제시된 '최한기'의 견해와 부합하는 것을 〈보기〉에서 고른 것은?

─── 보 기 ───

ㄱ. 심장은 오장(五臟)의 하나이지만 한 몸의 군주가 되어 지각이 거기에서 나온다.

ㄴ. 귀에 쏠린 신기가 눈에 쏠린 신기와 통하여, 보고 들음을 합하여 하나로 만들 수 있다.

ㄷ. 인간의 신기는 온몸의 기관이 갖추어짐에 따라 생기고, 지각 작용에 익숙해져 변화에 대응하는 것이다.

ㄹ. 신기는 대소(大小)로 구분되어 있는 것이니, 한 몸에 퍼지는 신기가 있고 심장에서 운용하는 신기가 있다.

① ㄱ, ㄴ   ② ㄱ, ㄷ   ③ ㄴ, ㄷ

④ ㄴ, ㄹ   ⑤ ㄷ, ㄹ

0**5** ● 팩트 적용

윗글의 '최한기'와 〈보기〉의 '데카르트'를 비교하여 이해한 내용으로 적절하지 <u>않은</u> 것은? [3점]

> **─ 보 기 ─**
>
> 서양 근세의 철학자 데카르트는 물질과 정신을 구분하여, 물질은 공간을 차지한다는 특징을 갖는 반면 정신은 사유라는 특징을 갖는다고 보았다. 물질의 기계적 운동을 옹호했던 그는 정신이 깃든 곳은 물질의 하나인 두뇌이지만 정신과 물질은 서로 독립적이라고 주장하였다. 그러나 정신과 물질이 영향을 주고받음을 설명할 수 없다는 비판을 받았다.

① 데카르트의 '정신'과 달리 최한기의 '신기'는 신체와 독립적이지 않겠군.

② 데카르트와 최한기는 모두 인간의 사고 작용이 일어나는 곳은 두뇌라고 보았겠군.

③ 데카르트의 '정신'과 최한기의 '신기'는 모두 그 자체로는 형체를 갖지 않는 것이겠군.

④ 데카르트와 달리 최한기는 인간의 사고가 신체와 영향을 주고받음을 설명할 수 없다는 비판을 받지는 않겠군.

⑤ 데카르트의 견해에서도 최한기에서처럼 기계적 운동의 최초 원인을 상정하면 무한 소급의 문제를 해결할 수 있겠군.

0**6** ● 팩트 체크

문맥상 ⓐ~ⓔ와 바꿔 쓰기에 적절하지 <u>않은</u> 것은?

① ⓐ: 들어오기

② ⓑ: 드러내었다

③ ⓒ: 퍼뜨리기

④ ⓓ: 실린

⑤ ⓔ: 가리지

문단별 중심 내용 & 구조도

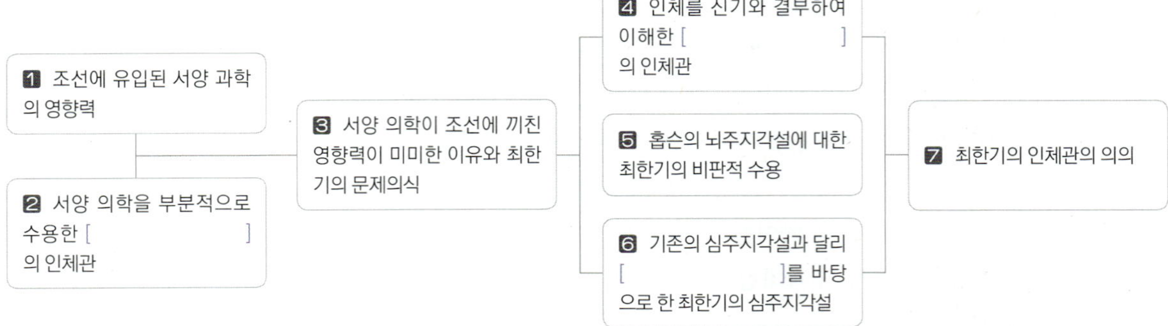

필수 어휘

서학
西 서녘 서 / 學 배울 학

1. 서양의 학문.
2. 조선 시대에, '천주교'를 이르던 말.
예) 조선 시대에는 서학 서적을 읽은 일부 양반들은 엄벌에 처해지기도 했다.

미미하다
微 작을 미 / 微 작을 미

보잘것없이 아주 작다.
예) 그 일에 따른 우리의 손실은 미미하다.
⇔ 사소하다

채록하다

필요한 자료를 찾아 모아서 적거나 녹음하다. 예) 각 지역에서 내려오는 설화들을 채록하였다.

지각
知 알 지 / 覺 깨달을 각

알아서 깨달음. 또는 그런 능력.
예) 현실에 대해 지각을 한 뒤 그의 움직임이 달라졌다.
⇔ 인지

주관하다

어떤 일을 책임을 지고 맡아 관리하다. 예) 우리 시에서 시민들을 위해 음악회를 주관하였다.
⇔ 관장하다

고수하다
固 굳을 고 / 守 지킬 수

차지한 물건이나 형세 따위를 굳게 지키다.
예) 그녀는 외교 문제에 대해서는 강경한 태도를 고수하였다.
⇔ 보수하다

야기하다

일이나 사건 따위를 끌어 일으키다. 예) 달라진 시험 방식은 수험생들에게 혼란을 야기했다.

조정
朝 아침 조 / 廷 조정 정

임금이 나라의 정치를 신하들과 의논하거나 집행하는 곳. 또는 그런 기구.
예) 조정의 신하들이 일제히 상소를 올렸다.

결부하다

일정한 사물이나 현상을 서로 연관시키다. 예) 그는 언제나 이론을 현실과 결부하여 검토한다.

소급
遡 거슬러올라갈 소 / 及 미칠 급

과거에까지 거슬러 올라가서 미치게 함.
예) 유튜브 영상에 광고 표시를 하지 않으면 벌금을 내야 하는데, 이는 소급 적용된다.
⇔ 불소급

상정하다
想 생각 상 / 定 정할 정

어떤 정황을 가정적으로 생각하여 단정하다.
예) 최악의 경우는 상정해 보셨나요?

유동적

끊임없이 흘러 움직이는 것. 예) 상황이 유동적이니, 좀 더 지켜보고 결정합시다.
⇔ 고정적

맹신하다
盲 소경 맹 / 信 믿을 신

옳고 그름을 가리지 않고 덮어놓고 믿다.
예) 나는 그의 말이라면 모두 옳다고 맹신했다.
⇔ 맹종하다

정합적

이론의 내부에 모순이 없음.
예) 새로 발표된 이론은 기존 이론에 비추어도 정합적이면서 단순하고 명쾌했다.

6. 시간 여행의 가능성

1 ¹세상은 변화를 겪는다. ²사람이 그렇게 여기는 이유는 시간이 흐른다고 생각하기 때문이다. ³그런데 4차원주의자는 시간이 흐르지 않는다고 주장한다. ⁴시간이 흐르지 않는다면, 과거, 현재, 미래는 똑같이 존재할 것이다. ⁵이러한 견해를 가진 사람을 ㉠영원주의자라고 한다. ⁶시간의 흐름 여부에 대한 인식의 차이는 과거, 현재, 미래에 대한 개념 혹은 표상*의 차이를 가져 온다. ⁷영원주의자들에게 매 순간은 시간의 퍼즐을 이루는 하나의 조각처럼 이미 주어져 있다. ⁸영원주의자에게 시제는 특별한 의미를 가지지 않으며, 과거, 현재, 미래 사이에는 앞 또는 뒤라는 관계만이 존재한다. ⁹현재는 과거의 뒤이고 동시에 미래의 앞일 뿐이다. ¹⁰영원주의 세계에서 한 사람은 각 시간 단계를 가지는데, 그 사람이 없던 수염을 기르면 이는 시간의 흐름에 따른 변화가 아니다. ¹¹외모의 차이는 단지 그 사람의 서로 다른 단계 사이의 차이일 뿐이다. ¹²반면에 3차원주의자는 시간이 흐른다는 견해를 내세운다. ¹³시간이 흐른다면, 과거, 현재, 미래 시제는 모두 다른 의미나 표상을 지닌다. ¹⁴이러한 생각을 지니는 이들 중에 오직 현재만이 존재한다고 보는 사람이 바로 현재주의자이다. ¹⁵그들에게는 이미 지나간 과거와 아직 도래하지* 않은 미래는 존재하지 않으므로, 지금 주어진 현재만이 존재한다.

2 ¹⁶시간 여행은 시간에 관한 견해가 첨예하게* 대립하는 주제이다. ¹⁷현재주의자에 따르면, 현재에서 과거, 미래의 특정 시점을 찾아가는 것은 영원주의자의 생각처럼 시간 퍼즐의 여러 조각 중 하나를 찾아가는 것이 아니다. ¹⁸㉡현재주의자 중에 다수는 시간 여행이 불가능하다고 주장한다. ¹⁹누군가가 시간 여행을 하려면 과거나 미래로 이동할 수 있어야 하지만, 이미 흘러간 과거와 아직 오지 않은 미래는 실재하지 않는다. ²⁰이를 도착지 비존재의 문제라고 할 수 있다.

3 ²¹현재주의자 중에도 시간 여행이 가능하다고 보는 사람이 있다. ²²과거로의 시간 여행을 시작하는 현재 시점 T_n에서 과거의 특정시점 T_{n-1}은 실재가 아니다. ²³그러나 시간 여행자가 T_{n-1}에 도착할 때 그 시점은 그에게 현재가 되어 존재하지 않을까? ²⁴하지만 이는 과거를 마치 현재인 양 여기게 하는 속임수라고 보는 사람도 있다. ²⁵과거 시점 T_{n-1}에 도착한다면, 과거는 이제 현재가 된다. ²⁶그러나 시간 여행의 가능성을 따질 때 우리가 관심을 가지는 현재는 애초에 출발하는 시점인 T_n이지 과거의 도착지인 T_{n-1}이 아니다. ²⁷만일 T_{n-1}이 현재가 된다는 것이 중요하다면, T_{n-1}에 도착한 사람에게 T_n은 이제 미래가 된다는 것 역시 중요하다. ²⁸그런데 현재주의자는 미래의 비존재를 주장하므로, T_{n-1}에 도착한 시간 여행자는 존재하지 않는 미래에서 출발하여 현재에 도착한 셈이다. ²⁹이것이 바로 출발지 비존재의 문제이다. ³⁰결국 3차원주의 세계에서 시간 여행이 가능하다는 점을 보여주려면 출발지 비존재의 문제를 해소해야 한다.

집중훈련 OX

01 4차원주의자는 시간이 흐르지 않으므로, 세상이 변화를 겪는다고 생각하지 않을 것이다. (O , X)

02 4차원주의자는 어떤 사람에게 흰머리가 생기면, 시간이 흐르면서 노화된 것으로 인식할 것이다. (O , X)

03 3차원주의자와 4차원주의자의 시제에 대한 개념은 동일하다. (O , X)

04 현재주의자는 과거는 실재하지만, 미래는 존재하지 않는다고 본다. (O , X)

05 영원주의자와 달리, 현재주의자 중에 다수는 미래가 이미 결정되어 있는 시간이라고 본다. (O , X)

06 현재주의자 중에 다수는 시간 여행에 필요한 출발지는 실재하나, 도착지는 실재하지 않는다고 주장한다. (O , X)

07 시간 여행이 가능하다고 보는 현재주의자는, 시간 여행을 하여 도착하면 그 지점이 현재가 된다고 주장한다. (O , X)

08 현재주의자 견해에 따라 T_n 시점에서 시간 여행을 하여 T_{n-1} 시점에 도착하면, T_{n-1} 시점이 현재가 되고 T_n 시점은 미래가 되므로 존재하지 않는 미래에서 출발했다는 모순이 발생한다. (O , X)

09 시간 여행이 가능하다고 보는 현재주의자가 도착지 비존재의 문제를 해결하면 출발지 비존재의 문제도 해결할 수 있다. (O , X)

4 [31]시간 여행의 가능성을 믿는 3차원주의자는 '출발지 비존재'를 '출발지 미결정'으로 보게 되면 문제가 해소된다고* 주장할 수 있다. [32]시간 여행자가 과거 T_{n-1}에 도착하는 순간, 그는 실재하지 않는 미래로부터 현재로 이동한 것이 아니라 미결정된 미래로부터 현재로 이동한 것이 된다. [33]그렇다고 하더라도 출발지 비존재의 문제와 마찬가지로, 미래는 아직 존재하지 않기에 전혀 결정되지 않았으며 아직 결정되지 않은 것이 다른 어떤 것의 원인이 될 수 없으므로 시간 여행은 여전히 불가능하다는 비판에 직면할* 수 있다. [34]그러나 T_{n-1}에 도착하는 사건의 원인이 T_n에서의 출발이라는 점을 고려한다면, T_{n-1}에 도착하는 순간 미래 사건이 되는 시간 여행은 도착 시점에서 이미 결정된 사건으로 여겨질 수 있다. [35]즉 미래는 계속 미결정된 것이 아니라, 시간 여행 여부에 따라 미결정되었다고도 할 수 있고 결정되었다고도 할 수 있다. [36]이에 ⓒ 조건부 결정론자는 출발지 미결정의 문제가 해소되어 시간 여행에 걸림돌이 없다고 주장한다. [37]그러나 시간 여행이 3차원주의와 양립할* 수 없음을 고수하는 이들은 출발지 비존재의 문제를 출발지 미결정의 문제로 대체하여 이를 해소하는 전략을 받아들이지 않을 것이다.

10 모든 4차원주의자와 3차원주의자는 시간 여행이 가능하다고 생각한다. (O , X)

11 출발지 미결정의 주장이 받아들여지면, 현재주의자는 시간 여행이 가능하다고 볼 것이다. (O , X)

12 조건부 결정론자는 시간 여행에 필요한 도착지가 존재한다고 본다. (O , X)

13 조건부 결정론자는 T_n 시점에서 T_{n-1} 시점으로 시간 여행을 하면, 사건은 T_n 시점에서 이미 발생한 것으로 여긴다. (O , X)

14 조건부 결정론자는 시간 여행을 하여 과거에 도착한 순간, 출발지 비존재의 문제가 해결된다고 본다. (O , X)

15 시간 여행의 가능성을 부인하는 3차원주의자는 시간 여행을 할 경우에만 미래는 결정될 수 있다고 볼 것이다. (O , X)

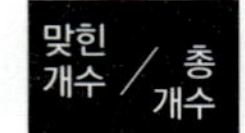

맞힌 개수 / 총 개수   / 15

---

01 ● 팩트 체크 + 팩트 간 관계 파악

㉠~ⓒ에 관한 설명으로 가장 적절한 것은?

① ㉠과 ㉡은 모두 미래가 이미 결정되어 있는 시간이라고 본다.

② ㉠과 ㉡은 모두 시간 여행에서 과거에 도착하는 순간 출발지는 더 이상 존재하지 않는다고 본다.

③ ㉠과 ⓒ은 모두 과거로 출발하는 시간 여행이 가능하다고 본다.

④ ㉡과 달리 ⓒ은 시제가 특별한 의미를 가지지 않는다고 본다.

⑤ ⓒ과 달리 ㉡은 시간 여행에 필요한 도착지가 존재한다고 본다.

02 ● 팩트 끌어내기

윗글에서 추론한 내용으로 적절하지 <u>않은</u> 것은?

① 3차원주의자 중에는 과거를 거슬러 올라갈 수 없는 시간으로 여기는 사람이 있을 것이다.

② 현재주의자는 누군가의 외모가 변한 것을 보면 이는 시간이 흘렀기 때문이라고 생각할 것이다.

③ 4차원주의자는 도래하지 않은 시간으로부터 이미 지나간 시간으로 시간의 흐름을 거슬러 올라갈 수 있다고 생각할 것이다.

④ 시간 여행이 가능하다고 믿는 3차원주의자는 출발지 미결정의 문제가 해결되면 출발지 비존재의 문제가 해소된다고 생각할 것이다.

⑤ 시간 여행의 가능성을 부인하는 3차원주의자는 우리가 미래에 도착하는 순간 도착지가 생겨난다는 주장에 대해, 그 경우에도 출발지 비존재의 문제가 남아 있다고 비판할 것이다.

윗글을 바탕으로 〈보기〉를 설명할 때, 적절하지 <u>않은</u> 것은?

— 보 기 —

밴드 결성 전, 존 레논은 자신이 유명한 가수가 될 것이라는 예언을 듣는다. 자신의 미래가 궁금해진 레논은 마침 타임머신 실험 소식을 듣고 10년 후의 미래로 가고자 자원하였다. 10년 후, 그의 밴드는 유명해지고 데뷔 이전 머리가 짧았던 그는 긴 머리를 가지게 된다. 만일 10년 후로의 시간 여행이 가능하다면, 미래를 방문한 무명의 레논은 장발의 록 스타인 자신을 직접 보게 될 것이다. 그러나 이는 '동일한 것은 서로 구별될 수 없다.'라는 ⓐ 원리에 위배된다. 즉 '동일한 사람이 무명이면서 동시에 스타이다.'라는 ⓑ 논리적 모순이 발생하는 것이다. 이 문제가 해소되지 않으면 레논은 10년 후로 시간 여행을 할 수 없다.

① 시간 여행의 도착지가 존재하지 않는다는 논리에 따를 경우, ⓐ에 위배되는 사건은 아예 일어나지 않겠군.

② 레논의 서로 다른 단계 중에 현재 단계가 뒤의 단계를 방문할 수 있다고 가정하면, 영원주의자에게 ⓑ는 문제가 되지 않겠군.

③ 조건부 결정론자의 논리에 따를 경우, 레논이 미래에 도착하면 자신의 10년 후 모습을 직접 보기 이전이라도 도착 순간에 이미 출발지 비존재의 문제가 해소되겠군.

④ 미래에 도착하는 시점의 레논과 미래에 있던 레논이 동일한 외모를 가질 수 있다고 가정하면, 현재주의자는 ⓐ에 위배되는 일이 발생하지 않았다고 주장할 수 있겠군.

⑤ 두 사람이 만나는 시간은 제3의 관찰자가 볼 때는 동시인 것처럼 보이지만 각자의 시간 흐름에서는 동시가 아니라고 가정하면, 현재주의자 중에는 ⓑ가 해소될 수 있다고 보는 사람도 있겠군.

독해 노트

문단별 중심 내용 & 구조도

1 3차원주의자와 4차원주의자의 [   ]의 흐름에 대한 인식의 차이

2 현재주의자 다수가 주장하는 시간 여행의 불가능성 – [   ] 비존재의 문제를 통해

3 현재주의자 일부가 주장하는 시간 여행의 가능성 – [   ] 비존재의 문제 해소를 통해

4 출발지 미결정의 문제 해소를 통해 시간 여행의 가능성을 주장하는 조건부 결정론자의 견해

필수 어휘

표상 表 겉 표 / 象 형상 상	지각에 의하여 의식에 나타나는 외계 대상의 상. 예 세계에 대한 표상이 아직 명확하지 않은 상태이다.	
도래하다 到 다다를 도 / 來 올 래	어떤 시기나 기회가 닥쳐오다. 예 제4차 산업혁명의 시대가 도래하였다.	
첨예하다 尖 뾰족할 첨 / 銳 날카로울 예	상황이나 사태 따위가 날카롭고 격하다. 예 찬성 측과 반대 측의 견해가 첨예하게 대립한다.	뽀 뾰족하다
해소되다 解 풀 해 / 消 꺼질 소	어려운 일이나 문제가 되는 상태가 해결되어 없어지다. 예 친구와의 오랜 갈등이 해소되었다.	
직면하다	어떠한 일이나 사물을 직접 당하거나 접하다. 예 대입을 앞두고 현실적 문제에 직면했다.	뽀 부딪치다
양립하다 兩 두 양 / 立 설 립	두 가지가 동시에 따로 성립하다. 예 개인의 자유와 사회의 규제는 양립하기 어렵다.	

실력으로 여백을 채우다!

서술형 문항의
원리를 푸는 열쇠

화 이 트 라 벨

전국 자사고·특목고, 강남 8학군 등

주요 상위권 고교 영어 서술형 완전 분석!

더 THE 개념
블랙라벨

정답과 해설
국어 독서

더 THE 개념 블랙라벨

정답과 해설

BLACKLABEL

독해 과정 집중 연습

01강 팩트 체크　　1) 파생상품의 거래　　01 ①　02 ⑤　03 ③　　본문 14~17쪽

- 핵심 키워드: # 파생상품 # 선물 # 반대거래
- 문단별 중심 내용 & 구조도

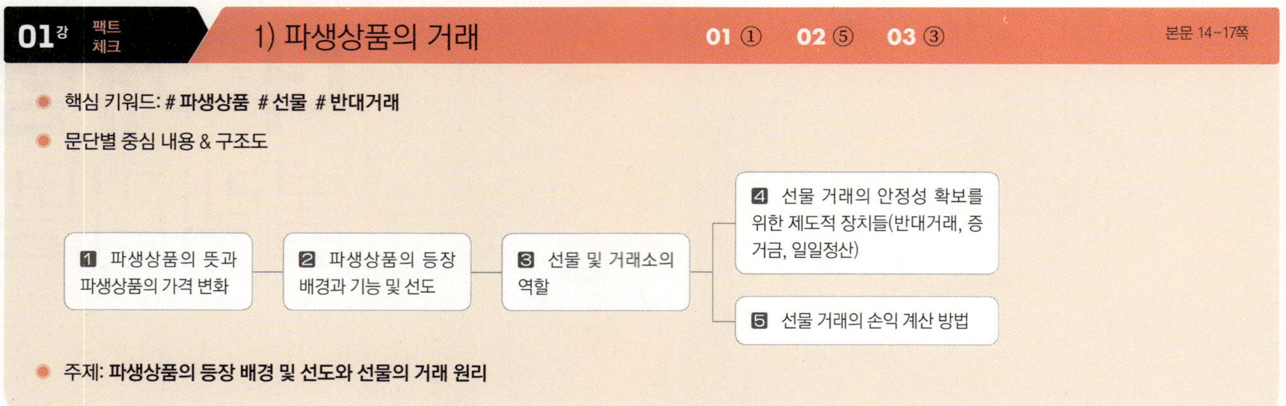

- 주제: 파생상품의 등장 배경 및 선도와 선물의 거래 원리

1 [1]파생상품이란 기초자산의 가치 변동에 따라 가격이 결정되는 금융상품이다. [2]이때 기초자산은 농축산물이나 원자재 같은 실물 자산뿐만 아니라 주식이나 채권 등 가격이 매겨질 수 있는 모든 대상을 의미하는데, 기초자산의 가치 변동에 따른 파생상품의 가격 변화는 거래 당사자에게 손익을 발생시킨다.

2 [3]파생상품은 기초자산에 해당하는 거래대상의 미래 가격이 불확실하기 때문에 미래의 특정 시점에서 발생할 수 있는 손실의 위험에 대비하기 위해 만들어졌다. [4]파생상품이 만들어지기 이전에는, 이러한 불확실성으로 인해 거래대상을 팔려는 매도자는 가격 하락에 대한, 거래대상을 사려는 매수자는 가격 상승에 대한 두려움이 클 수밖에 없었다. [5]그래서 거래 당사자들은 그들의 이해관계가 일치하는 경우 기초자산을 계약 체결 시점에 정해 놓은 가격과 수량으로 미래의 특정 시점, 즉 계약 만기 시점에 인수·인도하기로 약속하는 계약을 통해 미래의 위험에 대비하고자 하였다. [6]19세기 중반 이전까지는 ㉠ 선도라는 파생상품이 이러한 계약으로서 기능하였다. [7]그런데 선도는 정해진 가격으로 계약과 동시에 물품을 인수·인도하는 현물 거래와는 형태가 달랐다. [8]그래서 선도의 경우 거래 당사자들이 자기가 거래하고자 하는 물품의 가격, 수량, 만기 시점 등에 있어 이해관계가 일치하는 거래 상대방을 찾기가 어려웠다. [9]또한 계약을 체결했더라도 만기 이전에 그 계약을 임의로 파기할 위험이 높다는 불안정성이 늘 존재했다.

3 [10]이런 문제점을 해결하기 위해, 경제 활동의 규모가 커지게 된 19세기 중반부터는 ㉡ 선물이라는 파생상품이 나타났다. [11]선물은 기초자산을 계약 체결 시점에 정해 놓은 가격과 수량으로 계약 만기 시점에 거래한다는 점에서는 선도와 동일하다. [12]하지만 공인된 거래소에서 거래가 이루어진다는 점에서는 차이가 있다. [13]거래소의 역할은 다음과 같다. [14]첫째, 이해관계가 일치하는 거래 당사자들이 쉽게 만날 수 있는 장을 마련해 주었다. [15]둘째, 거래 당사자들 사이에서 거래의 매개적 역할을 하였다. [16]셋째, 거래와 관련된 다양한 제도적 장치를 마련해 주었다. [17]이를 통해 거래 안정성이 확보되어 계약 만기 전에 이루어지는 선물 거래로 차익을 얻고자 하는 사람들의 거래가 활발하게 이루어지게 되었다. [18]그 결과, 선물은 미래의 위험에 대비하려는 수단이자 현재의 이익 창출을 위한 투자 수단으로 활성화되었다.

---

1 **01** 파생상품은 기초자산의 구성 요소이다.

× [1문장] 파생상품은 기초자산의 가치 변동에 따라 가격이 변동되는 금융상품이지, 기초자산의 구성 요소가 아니다.

02 파생상품의 가격 변화는 거래 당사자에게 항상 이익을 발생시킨다.

× [2문장] 파생상품의 가격 변화는 손익(손해와 이익)을 발생시키므로, 항상 이익을 발생시킨다고 볼 수는 없다.

2 **03** 파생상품은 미래의 불확실성에 대비하기 위해 만들어졌다.

○ [3문장] 파생상품은 거래대상의 미래 가격이 불확실한 데에 따른 손실의 위험에 대비하기 위해 만들어진 것이다.

04 선도는 계약 체결 시점에 정한 가격과 수량으로 미래의 특정 시점에 인수·인도하는 계약이다.

○ [5문장] '선도'라는 파생상품이 '이러한 계약(=계약 체결 시점에 정해 놓은 가격과 수량으로 미래의 특정 시점에 인수·인도하기로 약속)'으로서 기능하였다고 하였다.

05 선도는 계약의 안정성이 담보되지 않았다.

○ [9문장] 선도는 계약 파기의 불안정성이 늘 존재했다고 하였으므로, 안정성이 담보된 것이 아니다.

3 **06** 거래 원리 측면에서 볼 때, 선물은 선도와 다르다.

× [11문장] 기초자산을 계약 체결 시점에 정해 놓은 가격과 수량으로 계약 만기 시점에 거래한다는 점에서 선물과 선도는 동일하다.

07 공인된 거래소를 통해 선물의 거래 안정성이 높아진다.

○ [17문장] 거래소의 역할을 통해 거래 안정성이 확보된다고 하였다.

[4] [19]선물 거래의 안정성을 확보하기 위한 제도적 장치로는 반대 거래, 증거금, 일일정산 등이 있다. [20]반대거래는 계약 만기 시점 이전에 거래 당사자들이 원할 경우 언제든지 선물을 거래할 수 있는 장치이다. [21]이를 통해 선물 거래의 당사자는 바뀌지만, 정해진 가격과 수량의 기초자산을 만기 시점에 인수·인도하는 계약 자체는 유지되므로 안정적인 거래가 가능해진다. [22]증거금은 계약 당사자가 해당 계약을 확실히 이행한다는 것을 보증하여 거래의 안정성을 확보하기 위한 장치인데, 대표적으로 개시증거금과 유지증거금이 있다. [23]개시증거금은 계약 당사자가 선물 거래를 시작하기 위해 맡겨야 하는 증거금으로, 계약 체결 시점에 정해진 기초자산의 가격에 수량을 곱한 액수의 일부이므로 상대적으로 적은 금액이다. [24]유지증거금은 선물 거래가 유지되기 위한 최소한의 증거금을 의미한다. [25]일일정산은 선물 거래가 유지되는 동안 날마다 당일의 거래 마감 시점의 가격으로 선물 거래 당사자의 손익을 계산하여 이를 증거금에서 차감 또는 가산하는 장치이다. [26]이를 통해, 거래 당사자들은 매일매일의 손익을 따지면서 반대거래 여부를 결정할 수 있기 때문에 거래의 안정성이 확보된다. [27]한편 일일정산의 결과 특정 거래자의 증거금 계좌 잔고가 유지증거금 이하로 떨어졌을 경우 거래소는 계약의 이행 가능성을 회복하기 위해 증거금 계좌 잔고가 개시증거금 이상이 되도록 증거금의 추가 납부를 요구하는데 이를 마진콜이라고 한다. [28]이러한 마진콜을 충족하기 전까지 마진콜을 받은 당사자의 일일정산은 불가능하다.

[5] [29]주식을 기초자산으로 하는 선물 거래를 통해 만기 시점과 반대거래 시점에서의 손익 계산 방법을 파악해 보면 다음과 같다. [30]현재 시점에서 A가 B에게 특정 기업의 주식을 미래의 특정 시점에, 정해진 수량만큼 정해진 가격으로 사겠다는 계약을 B와 체결한다. [31]이는 곧 A가 B에게 그 계약, 즉 선물을 산 것을 의미한다. [32]계약 체결 시점의 선물 가격은 계약 만기 시점에 거래하기로 정한 주식 한 주당 가격이다. [33]만약 이 계약이 만기 시점까지 유지된다면 A의 손익은 계약 만기 시점의 주식 가격에서 계약 체결 시점의 선물 가격을 뺀 것에 거래승수*를 곱하고, 이것에 다시 계약 수*를 곱한 금액이 된다. [34]이때 B의 손익은 A의 손익과 정반대가 된다. [35]그런데 만약 계약 만기 시점 이전에 A가 C에게 자신이 보유한 선물을 파는 반대거래가 이루어져 A와 B 사이의 선물 거래 관계가 청산되는 경우를 가정해 보자. [36]A의 손익은 A가 B와 계약을 만기까지 유지한 경우 A의 손익 계산 방법에서, 계약 만기 시점의 주식 가격을 반대거래가 이루어진 시점의 선물 가격으로 바꾸기만 하면 된다. [37]이때 B의 손익은 A의 손익과 정반대가 된다. [38]한편 앞에서 언급한 반대거래가 발생하면 그 시점에서 A는, 선물 계약에 따른 만기 시점의 주식 거래와 관련된 B에 대한 의무를 C에게 넘기게 된다. [39]그러므로 선물 계약의 만기 시점이 되면 C는 계약에서 정한 대로 특정 기업의 주식을 정해진 가격과 수량으로 B에게 사게 된다.

- 거래승수: 선물 거래의 수량을 표준화하기 위해 곱해 주는 수치.
- 계약 수: 선물 거래의 표준화된 단위를 1계약이라고 할 때, 그 계약의 수량.

[4] **08** 계약의 안정성을 유지하기 위해 반대거래를 제한하고 있다.

✕ [19문장] 선물 거래의 안정성을 확보하기 위한 제도적 장치 중 하나가 반대거래이다.

09 선물 거래에서는 계약 만기 시점이 아니더라도 계약 당사자가 선물을 거래할 수 있다.

○ [20문장] 반대거래를 통해 계약 만기 시점 이전에 계약 당사자가 선물을 거래할 수 있다.

10 선물 거래를 시작하기 위해서는 개시증거금과 유지증거금을 합한 금액을 거래소에 맡겨야 한다.

✕ [23문장] 선물 거래를 시작하기 위해서는 개시증거금만 맡기면 된다. 유지증거금은 이후 선물 거래를 하는 동안 유지해야 하는 금액이다.

11 선물 거래는 계약 만기 이전에도 손익을 확인할 수 있다.

○ [25문장] 일일정산을 통해 선물 거래가 유지되는 동안 매일매일의 손익을 계산할 수 있다.

12 선물 거래를 하다가 마진콜을 받았다면, 당사자는 선물 거래에 있어서 손해를 보는 중이다.

○ [27문장] 마진콜은 증거금 계좌 잔고가 유지증거금 이하로 떨어졌을 때 요구받는다. 이는 선물 거래 당사자의 일일정산에서 금액이 차감되었기 때문이므로 당사자는 손해를 보는 중이다.

[5] **13** 선물 거래가 만기까지 유지되면 손익 여부는 거래승수와 계약 수에 의해 결정된다.

✕ [33문장] 거래승수와 계약 수는 달라지지 않는 상수에 해당한다. 손익 여부는 계약 만기 시점의 주식 가격과 계약 체결 시점의 선물 가격의 차이가 얼마인가에 의해 결정된다.

14 A가 C에게 자신이 보유한 선물을 파는 반대거래를 한 경우, A의 손익은 계약 만기 시점의 가격에 영향을 받지 않는다.

○ [36문장] A와 C가 반대거래를 했다면, A의 손익은 반대거래가 이루어진 시점의 선물 가격에서 계약 체결 시점의 선물 가격을 뺀 것에 거래승수를 곱하고, 다시 계약수를 곱한 금액이 된다. 따라서 계약 만기 시점의 가격에 영향을 받지 않는다.

15 반대거래로 당사자가 바뀌어도 계약 만기 시점에 거래하기로 정한 주식 한 주당 가격은 바뀌지 않는다.

○ [39문장] 반대거래를 해도 계약 만기 시점과 거래하기로 정한 가격은 달라지지 않는다.

01

정답 ①

파생 상품의 뜻과 기능, 종류를 다루면서 선물이 미래의 위험에 대비하는 수단이자 현재의 이익 창출을 위한 투자 수단으로 활성화되었음을 언급하고 있을 뿐, 파생상품의 전망은 다루지 않았다.

오답 분석

② 2문단에서 선도라는 파생상품이 있다고 하였고, 3문단에서 선물이라는 파생상품이 나타났다고 하였다. 이를 통해 파생상품의 종류에 선도와 선물이 있음을 알 수 있다.

> **팩트✓체크** ② [6]19세기 중반 이전까지는 선도라는 파생상품이 이러한 계약으로서 기능하였다.
> ③ [10]이런 문제점을 해결하기 위해, 경제 활동의 규모가 커지게 된 19세기 중반부터는 선물이라는 파생상품이 나타났다.

③ 1문단에서 파생상품이란 '기초자산의 가치 변동에 따라 가격이 결정되는 금융상품'이라고 뜻을 명백히 밝혀 규정하고 있다.

④ 3문단에서 파생상품인 선물이 미래의 위험에 대비하려는 수단이자 현재의 이익 창출을 위한 투자 수단으로 기능하고 있음을 설명하고 있다.

⑤ 2문단을 통해 매도자는 가격 하락에 대한, 매수자는 가격 상승에 대한 두려움이 클 수밖에 없었던 상황에서, 미래의 특정 시점에서 발생할 수 있는 손실의 위험에 대비하기 위해 파생상품이 만들어졌다는 등장 배경을 확인할 수 있다.

배경지식 쌓기　전망을 예측하는 결론

글의 결론을 맺을 때 내용을 요약하거나 중요한 내용을 강조하기도 하지만, 대상의 전망을 제시하며 앞으로의 상황을 예측하는 경우도 많다.

'전망'이란 앞날을 헤아려 내다보거나 내다보이는 장래의 상황을 의미한다. 대상의 전망을 나쁘게 예측한다면 '부정적으로 전망한다.', '전망이 어둡다.'라고 표현한다. 반면 대상의 전망을 좋게 예측한다면 '긍정적으로 전망한다.', '전망이 밝다.'라고 표현한다.

02

정답 ⑤

선물 거래 이전 선도는 이해관계가 일치하는 거래 상대방을 찾기가 어려웠지만, 선물 거래는 공인된 거래소에서 거래가 이루어지기 때문에 거래 당사자들이 쉽게 만날 수 있게 되었다. '반대거래'는 계약 만기 이전에 선물을 거래할 수 있는 장치로, 거래가 임의로 파기되는 위험성을 낮추기 위한 제도이다.

> **팩트✓체크** ③ [13]거래소의 역할은 다음과 같다. [14]첫째, 이해관계가 일치하는 거래 당사자들이 쉽게 만날 수 있는 장을 마련해 주었다.

오답 분석

① 4문단에서 반대거래는 '선물 거래의 당사자는 바뀌지만, 정해진 가격과 수량의 기초자산을 만기 시점에 인수·인도하는 계약 자체는 유지되므로 안정적인 거래가 가능해진다.'라고 하였다.

② 계약 만기 시점 이전에 거래 당사자들이 원할 경우 언제든지 선물을 거래할 수 있는 장치인 '반대거래'를 이용하면, A는 계약 만기 시점 이전에 B와의 선물 거래 관계를 청산할 수 있다.

③ 선물은 '기초자산을 계약 체결 시점에 정해 놓은 가격과 수량으로 계약 만기 시점에 거래'하는 금융상품이다. 5문단에서 계약 만기 시점에 'B의 손익은 A의 손익과 정반대가 된다.'라고 하였으므로, A의 이익이 커질수록 B의 손해는 커진다.

④ 선물은 이전의 선도가 만기 이전에 계약을 임의로 파기할 위험이 있었던 점 등을 해결하기 위해 나온 파생상품으로, 선물 거래의 안정성을 확보하기 위한 제도적 장치 중에는 계약 당사자가 해당 계약을 확실히 이행한다는 것을 보증하는 증거금이 있다.

> **팩트✓체크** ④ [22]증거금은 계약 당사자가 해당 계약을 확실히 이행한다는 것을 보증하여 거래의 안정성을 확보하기 위한 장치인데,

---

03

정답 ③

3문단의 '선물은 ~선도와 동일하다.'를 보면 계약 체결 시점에 정해 놓은 가격과 수량으로 미래의 특정 시점에 기초자산을 거래하는 계약이라는 점은 선도와 선물의 공통점이다.

> **팩트✓체크** ③ [11]선물은 기초자산을 계약 체결 시점에 정해 놓은 가격과 수량으로 계약 만기 시점에 거래한다는 점에서는 선도와 동일하다.

오답 분석

① 1문단에서 파생상품은 기초자산의 가치 변동에 따라 거래 당사자의 손익이 결정되는 금융상품이라고 하였으므로, 파생상품인 선도와 선물의 공통점으로 적절하다.

② 2문단에서 선도는 계약을 체결했더라도 만기 이전에 그 계약을 임의로 파기할 위험이 높다는 불안정성이 늘 존재했다고 하였고, 3문단에서 선물은 거래소에서 다양한 제도적 장치를 마련해 주어 거래 안정성이 확보되었다고 하였다.

④ 2문단에서 선도는 계약을 임의로 파기할 위험이 높다는 불안정성이 늘 존재했다고 하였다. 그러나 선물의 경우, 4문단에서 선물 거래의 안정성을 확보하기 위한 제도적 장치로 반대거래, 증거금, 일일정산 등이 있다고 하였다.

> **팩트✓체크** ④ [19]선물 거래의 안정성을 확보하기 위한 제도적 장치로는 반대거래, 증거금, 일일정산 등이 있다.

⑤ 2문단에서 선도는 이해관계가 일치하는 거래 상대방을 찾기가 어려웠다고 하였다. 그러나 3문단에서 선물은 공인된 거래소에서 거래가 이루어지며, 거래소는 이해관계가 일치하는 거래 당사자들이 쉽게 만날 수 있는 장을 마련해 주어 사람들의 거래가 활발하게 이루어지게 되었다고 하였다.

● 핵심 키워드: #조각 #장소 #근대 #미니멀리즘

● 문단별 중심 내용 & 구조도

| **1** 근대 이전에 장소의 일부로서 존재한 조각 | **2** 근대에 작품으로서의 성격이 강조된 조각 | **3** 19세기 이후 단순하고 추상화된 경향을 띠게 된 조각 | **4** 1960년대 미니멀리즘의 등장과 미니멀리즘 조각의 특징 | **5** 작품과 장소 간의 관련성을 새롭게 실현하려는 시도들 |

● 주제: 시대에 따른 조각과 장소 간의 관련성 변화

---

1 ¹근대 이전의 조각은 고유한 미술 영역의 독립적인 작품으로서가 아니라 신전이나 사원, 왕궁과 같은 장소의 일부로서 존재했다. ²중세 유럽의 성당 곳곳에 성서와 관련 있는 각종 인물이 새겨지거나 조각상으로 놓였던 것, 왕궁 안에 왕이나 귀족의 인물상들이 놓였던 것이 그 예이다. ³이러한 조각은 그것이 놓여 있는 장소의 성격에 따라 종교적인 분위기를 조성하거나 왕의 권력을 상징함으로써 사람들을 감화시키는 기능을 수행하였다.

2 ⁴조각이 장소와 긴밀한 관련성을 지니고 그 장소의 맥락과 의미를 강조하는 수단으로 활용되는 경향은 근대에 들어서면서 큰 변화를 맞이했다. ⁵종교의 영향력 및 왕권이 약화되면서 관련 장소가 지녔던 권위도 퇴색하여, 그 장소에 놓인 조각에 부여되었던 종교적, 정치적 의미도 약해진 것이다. ⁶또 특정 장소의 상징으로서의 조각이 원래의 장소에서 물리적으로 분리되어 기존의 맥락을 상실하는 경우도 생겨났다. ⁷이러한 상황이 전시 및 교육을 목적으로 하는 박물관, 미술관 등 근대적 장소가 출현하는 상황과 맞물리면서 조각에 대한 새로운 관점이 부각되기 시작했다. ⁸조각이 박물관이나 미술관에 놓이면서 미적 감상의 대상인 '작품'으로서의 성격이 강조된 것이다. ⁹사람들은 조각을 예술적인 기법이나 양식 등 순수한 미적 현상이 구현된 독립적인 작품으로 감상하게 되었다.

3 ¹⁰이러한 경향은 19세기 이후 미술의 흐름 속에서 더욱 두드러졌고, 작품 외적 맥락에 구속되기보다는 작품 자체에서 의미의 완결을 추구하는 경우가 많아졌다. ¹¹그래서 작품 바깥의 대상을 지시하거나 재현하기보다는 감상자의 시선을 작품에만 집중시키는 단순하고 추상화된 작품들이 이 시기부터 많이 등장하였다. ¹²이러한 작품들은 대개 미술 전시장의 전형적인 화이트 큐브, 즉 출입구 이외에는 사방이 막힌 실내 공간 안에서 받침대 위에 놓여 실제적인 장소나 현실로부터 분리된 느낌을 주었다.

4 ¹³이렇게 조각이 특정 장소로부터 독립해 가는 경향 속에서 미니멀리즘이 등장하였다. ¹⁴미니멀리즘은 1960년대에 미국을 중심으로 발달한 예술 사조로, 작품의 의미가 예술가의 의도에 의해 결정되는 것을 최소화하고 꾸밈과 표현도 최소화하여 극단적으로 단순화된 기하학적 형태를 추구했다. ¹⁵미니멀리즘 작가들은 가공하지 않은 있는 그대로의 산업 재료들을 사용하는 등의 방법으로 무의도성과 단순성을 구현했기 때문에, 그 결과물은 작품이라기보다는 사물로 인식되기도 하였다. ¹⁶또한 미니멀리즘 조각은 감상자들이 걸어 다니는 바닥이나 전시실 벽면과 같은 곳에 받침대 없이 놓임으로써 감상자와 작품 간의 거리를 축소하고, 동선에 따라 개별적이고 다양한 경험과 의미 형성이 가능하도록 하였다. ¹⁷그 결과 미니멀리즘 조각은 단순성과 추상성을 특징으로 한다는 점에서 이

---

1 **01** 근대 이전에는 조각이 독립적인 미술 작품으로서의 가치를 지니지 못했다.

○ [1문장] 근대 이전의 조각은 고유한 미술 영역의 독립적인 작품으로서가 아니라 장소의 일부로서 존재했다고 하였다.

02 근대 이전의 인물상들은 종교적인 분위기를 조성하거나 권력을 상징하였다.

○ [3문장] 근대 이전의 조각상은 성서와 관련 있는 각종 인물, 왕이나 귀족의 인물상들이 많았음을 알 수 있는데, 이는 종교적인 분위기를 조성하거나 왕의 권력을 상징한다고 하였다.

03 근대 이전의 조각은 사람들을 감화시키기 위해 장소와 관계없이 창작되었다.

✕ [3문장] 근대 이전의 조각은 신전이나 사원, 왕궁과 같은 장소의 일부로서 존재했으며, 그것이 놓여 있는 장소의 맥락과 의미에 따라 사람들을 감화시키는 기능을 수행하였다고 하였다. 즉, 특정 장소와 관련되어 창작된 것이다.

2 **04** 근대 이전과 달리, 근대에는 조각이 미술로서의 독립성을 갖게 되는 변화가 나타났다.

○ [4, 9문장] 근대 이전에는 조각이 수단으로서의 기능을 수행하였으나, 근대에 들어서면서 큰 변화를 맞이했다고 하였고, 조각을 독립적인 작품으로 감상하게 되었다고 하였다.

05 근대에 들어 조각은 원래의 장소에서 분리되어 기존의 상징적 맥락을 상실하여 점차 쇠퇴하였다.

✕ [6, 9문장] 근대에 들어 조각은 원래의 장소에서 분리되어 기존의 맥락을 상실하였으나, 이는 조각의 쇠퇴를 불러일으킨 것이 아니라 조각을 독립적인 작품으로 감상하게 하였다.

06 종교와 왕권의 영향력 약화는 조각에 대한 새로운 관점을 부각시켰다.

○ [5, 7문장] 종교의 영향력 및 왕권이 약화되면서 관련 장소가 지녔던 권위도 퇴색하여, 그 장소에 놓인 조각에 부여되었던 종교적, 정치적 의미도 약해졌다고 하였다. 이러한 상황이 근대적 장소가 출현하는 상황과 맞물리면서 조각에 대한 새로운 관점이 부각되기 시작했다고 하였다.

07 박물관과 미술관은 조각에 대한 새로운 관점이 부각되는 데에 기여하였다.

○ [7문장] 박물관과 미술관은 근대적 장소로, 조각에 대한 새로운 관점을 부각시켰다.

3 **08** 19세기 이후 조각을 독립적인 작품으로 감상하는 경향이 강화되었다.

○ [10문장] 근대에 들어 조각을 독립적인 작품으로 감상하게 된 경향이 19세기 이후 미술의 흐름 속에서 더욱 두드러졌다고 하였다.

09 화이트 큐브는 실제적인 장소나 현실로부터 분리된 느낌을 주어, 감상자의 시선을 작품에만 집중시키게 한다.

○ [12문장] 화이트 큐브는 실제적인 장소나 현실로부터 분리된 느낌을 주었

전 시기의 추상 조각과 공통점을 지니면서도, 전시장이라는 실제 장소의 물리적 특성을 작품에 의도적으로 결부하여 활용했다는 점에서 차별성을 띠게 되었다. [18]이런 특징은 근대 이전의 조각이 장소의 특성에 종속되어 있었던 것과도 차별화된다.

5 [19]이후 미술에서는 미니멀리즘을 통해 부각된 작품과 장소 간의 관련성을 새롭게 실현하려는 시도들이 이어져 왔다. [20]미니멀리즘 작품이 장소와의 관련성을 모색하고 구현한 것이기는 해도 미술관이라는 공간 내부에 제한된다는 점을 간파한 일부 예술가들은, 미술관 바깥의 도시나 자연을 작업의 장소이자 대상으로 삼아 장소와의 관련성을 다양한 방식으로 실현하려 하였다. [21]대지 미술은 이러한 시도 중 하나로, 대지의 표면에 형상을 디자인하고 자연 경관 속에 작품을 만들어 냄으로써 지역이나 환경 자체를 작품화하였다. [22]구체적인 장소의 특성을 작품 의미의 근원으로 삼는 이러한 작품들에서는 작품과 장소, 감상자 간의 상호 작용을 통해 의미가 형성된다는 특징이 드러났다.

다고 하였고, 감상자의 시선을 작품에만 집중시키는 작품들이 대개 화이트 큐브 위에 놓였다고 하였다.

4　**10**　19세기 이후 조각의 경향에 대한 반발로 미니멀리즘이 시작되었다.

× [13문장] 미니멀리즘은 조각이 특정 장소로부터 독립해 가는 경향 속에서 등장한 것으로, 19세기 이후 조각의 경향과 이어진다.

11　미니멀리즘은 작품의 의미에 있어서 감상자의 역할을 중시한다.

○ [14, 16문장] 미니멀리즘은 작품의 의미가 예술가의 의도에 의해 결정되는 것을 최소화한다고 하였고, 감상자와 작품 간의 거리를 축소한다는 점에서 감상자의 역할을 중시함을 알 수 있다.

12　미니멀리즘은 작품에 대해 일관된 의미를 형성하도록 감상자의 동선을 계산한다.

× [16문장] 미니멀리즘은 동선에 따라 개별적이고 다양한 경험과 의미 형성이 가능하도록 하였다고 했으므로, 작품에 대한 의미는 감상자마다 다를 것이다.

13　조각과 장소와의 관련성은 '근대 이전 > 19세기 이후 > 미니멀리즘' 순으로 밀접하다.

× [1, 10, 17문장] 근대 이전은 조각이 장소의 특성에 종속되어 있었고, 19세기 이후는 장소로부터 분리된 느낌을 주려고 화이트 큐브를 활용하였다. 미니멀리즘은 실제 장소의 물리적 특성을 작품에 의도적으로 결부하여 활용했으므로, 조각과 장소와의 관련성은 '근대 이전 > 미니멀리즘 > 19세기 이후' 순으로 밀접하다.

5　**14**　19세기 이후와 미니멀리즘의 조각은 모두 전시 공간 내부에 제한된 채 작품의 의미가 결정되었다.

○ [12, 20문장] 19세기 이후에는 화이트 큐브와 같이 실제적인 장소나 현실로부터 분리된 느낌을 주는 전시장에서, 미니멀리즘 역시 미술관이라는 공간 내부에 제한되어 전시되었다.

15　대지 미술은 구체적인 장소의 특성에서 벗어나 작품의 독자적 의미를 형성하였다.

× [22문장] 대지 미술은 구체적인 장소의 특성을 작품 의미의 근원으로 삼아, 작품과 장소, 감상자 간의 상호 작용을 통해 의미가 형성된다는 특징을 드러낸다고 하였다.

01

정답 분석　　　　　　　　　　　　　　　　　　　**정답 ⑤**

이 글은 조각과 장소의 관련성에 대해 논의하고 있다. 1문단에서는 논의의 대상인 조각이 장소에 귀속되었던 근대 이전, 2문단에서는 조각이 장소로부터 분리되기 시작한 근대, 3문단에서는 조각이 미술관에 전시되어 작품 외적 맥락보다 작품 자체의 미적 특성이 강조된 19세기 이후, 4문단에서는 1960년대의 미니멀리즘, 5문단에서는 장소와의 관련성을 외부 장소에서도 실현한 대지 미술의 순서로 내용이 전개되고 있다. 즉, 조각과 장소의 관련성이 변모해 온 양상이 시간적 순서에 따라 설명되어 있다.

오답 분석

① 논쟁의 쟁점으로 볼 내용이 없으므로 논쟁이 벌어진 배경을 분석했다고 볼 수 없다.

② 일반 사회에 널리 통하는 개념을 비판하는 내용은 나타나지 않는다.

③ 조각과 장소의 관련성 정도가 약한지 강한지를 대립적 요소로 볼 수는 있으나, 이는 시대에 따른 정도 변화이지 하나의 현상에 대한 대립적인 관점에서의 해석으로 볼 수는 없다.

④ 역사적 사건과 그에 영향을 미친 요소를 나열한 부분은 나타나지 않는다.

02

정답 분석　　　　　　　　　　　　　　　　　　　**정답 ②**

3문단에서 미술 전시장의 전형적인 화이트 큐브는 실제적인 장소나 현실로부터 작품이 분리된 느낌을 주었다고 하였으므로, 분리된 느낌을 완화해 주는 역할을 하였다고 볼 수 없다.

팩트✓체크 **3** [12]이러한 작품들은 대개 미술 전시장의 전형적인 화이트 큐브, 즉 출입구 이외에는 사방이 막힌 실내 공간 안에서 받침대 위에 놓여 실제적인 장소나 현실로부터 분리된 느낌을 주었다.

오답 분석

① 5문단에서 대지 미술은 미술관 바깥의 도시나 자연을 작업의 장소이자 대상으로 삼아 장소와의 관련성을 실현한 시도 중 하나라고 하였다.

③ 1문단에서 근대 이전의 조각에서 왕궁 안에 있는 왕의 인물상은 왕의 권력을 상징한다고 하였다. 그리고 2문단에서 왕권이 약화되면서 그 장소에 놓인 조각의 의미도 약해졌다는 것을 통해 왕의 모습을 담은 인물상에 부여되는 상징적 의미가 약화되었음을 알 수 있다.

④ 3문단에서 19세기 이후의 조각은 작품 외적 맥락에 구속되기보다는 작품 자체에서 의미의 완결을 추구했으며, 감상자의 시선을 작품에만 집중시키는 단순하고 추상화된 작품들이 많이 등장하였다고 하였다.

⑤ 4문단에서 미니멀리즘 작가들은 가공하지 않은 있는 그대로의 산업 재료들을 사용하는 등의 방법으로 무의도성과 단순성을 구현했다고 하였다.

03

정답 분석   정답 ⑤

5문단에서 미술관 바깥의 도시나 자연을 작업 장소로 삼아 장소와의 관련성을 다양한 방식으로 실현한 시도 중 하나로 대지 미술을 언급하면서, 대지 미술이 구체적인 장소의 특성을 작품 의미의 근원으로 삼았다고 하고 있을 뿐 그 외 다른 시도에 대해서는 언급하지 않았다.

오답 분석

① 3문단에서 19세기 이후 작품 외적 맥락에 구속되기보다는 작품 자체에서 의미의 완결을 추구하는 경우가 많아지면서 감상자의 시선을 작품에만 집중시키는 단순하고 추상화된 작품들이 많이 등장하였다고 하였다. 이를 통해 작품 자체에서 의미의 완결을 추구하였기 때문이라고 대답할 수 있다.

② 2문단에서 박물관, 미술관 등 근대적 장소가 출현하는 상황은 조각에 대한 새로운 관점을 부각시켰다고 하였다. 이를 통해 근대적 장소의 출현은 조각을 작품으로서 감상하게 하는 데 영향을 끼쳤다고 대답할 수 있다.

③ 4문단에서 미니멀리즘 조각은 단순성과 추상성을 특징으로 한다는 점에서 이전 시기의 추상 조각과 공통점을 지닌다고 하였다. 이를 통해 단순성과 추상성을 공통점으로 갖는다고 대답할 수 있다.

④ 2문단에서 근대에 들어서면서 조각을 독립적인 작품으로 감상하게 되었다고 하였다. 이를 통해 근대에 들어서면서라고 대답할 수 있다.

04

정답 분석   정답 ④

2문단에서 종교의 영향력 및 왕권이 약화되면서 그 장소에 놓인 조각에 부여되었던 종교적, 정치적 의미도 약해졌다고 하였다. ④는 이러한 인과 관계가 바뀐 진술이므로 적절하지 않다.

팩트✓체크 **2** [5]종교의 영향력 및 왕권이 약화되면서 관련 장소가 지녔던 권위도 퇴색하여, 그 장소에 놓인 조각에 부여되었던 종교적, 정치적 의미도 약해진 것이다.

오답 분석

① 1문단에서 근대 이전의 조각은 독립적인 작품이 아니라 장소의 일부로 존재했다고 하였는데, 2문단에서 근대의 조각은 이전과 달리 독립적인 작품으로 감상하게 되었다고 하였다.

② 1문단에서 근대 이전의 조각은 사람들을 감화시키는 기능을 수행하였다고 하였고, 2문단에서 근대의 조각은 순수한 미적 형상이 구현된 독립적인 작품이 되었다고 하였다.

③ 2문단에서 근대 이전에 장소의 일부로 존재한 성당의 성서 관련 인물 조각, 왕궁의 왕이나 귀족 인물상은 그 장소의 맥락과 의미를 강조하는 수단으로 활용되었는데, 근대에 들어서면서 조각이 원래 장소에서 분리되어 기존의 맥락을 상실하는 경우가 생겨났다고 하였다.

⑤ 2문단에서 근대에는 박물관, 미술관 등 근대적 장소가 출현하면서 조각에 대한 새로운 관점이 부각되었고, 조각을 예술적인 기법이나 양식 등 순수한 미적 현상이 구현된 작품으로 감상하게 되었다고 하였다.

● 핵심 키워드: # 노자 # 장자 # 도 # 공맹 # 작은 정부 # 큰 정부 # 자유 지상주의

● 문단별 중심 내용 & 구조도

> **1** 노장 철학에서의 도(道)와 노장과 공맹의 정치 철학
>
> **2** 노장과 공맹의 정치 철학의 차이점
>
> **3** 노장 철학이 비판하는 공맹 철학
>
> **4** 노장의 자유 지상주의와, 공맹 철학의 한계
>
> **5** 위기 상황에 적합한 공맹 철학과, 노장 철학의 한계

● **주제: 노장과 공맹의 정치 철학 비교와 그 한계**

---

1 ¹중국의 노자와 장자가 말하는 진정한 도(道)란 이름이 없지만 천하에 내재하지 않는 곳이 없는 것으로, 태고 시대부터 자연적으로 존재하면서 우주와 만물을 다스리고 있는 절대적이며 불가사의한 것이다. ²정치 철학적 관점에서 보면 이들의 사상은 자유 지상주의와 닿아 있다. ³그래서 개인의 자유는 어떤 것으로도 통제되어서는 안 된다. ⁴노자와 장자, 곧 노장의 철학은 공자와 맹자, 곧 공맹의 철학과 정치 철학적 측면에서 양극단에 놓인다. ⁵노장의 정치 철학이 최소한의 정부, 작은 정부 또는 무정부를 지향한다면, 공맹의 정치 철학은 국가가 국민의 삶에 간섭하는 큰 정부를 지향하기 때문이다.

2 ⁶노장은 정부가 무질서와 혼란의 원인이라 보지만, 공맹은 정부가 자비롭고 정의롭다고 본다. ⁷노장은 개인이 모든 가치의 궁극적 바탕이고 기초지만, 공맹은 사회 전체의 공동 질서를 중요시한다. ⁸또한 노장은 자생적 질서관을 피력하며, 개인들이 자신의 가치를 실현하는 과정에서 자연적으로 평화로운 질서가 생겨난다고 본다. ⁹반면 공맹은 인의예지(仁義禮智)에 의해 인위적으로 백성들을 교화하여 질서를 유지해야 한다고 본다. ¹⁰그리고 노장은 초인과 범인, 인간과 동물의 구별이 없는 평화롭고 풍요로운 세상을 그려 보인 반면, 공맹은 그들의 관계를 인의예지를 통해 엄격히 구분하였다.

3 ¹¹노자는 「도덕경」에서 "세상에서 도(道)라고 이르는 도는 참다운 도가 아니고, 이름으로 불리는 이름은 변함없는 이름이 아니다."라며 공맹의 도를 신랄하게 비판했다. ¹²또한 노자는 공맹이 이름 붙여 말하는 인, 의, 예, 지 등은 인위적이고 상대적인 도덕 강목에 불과한 것으로, 항구 불변의 절대적인 것이 아니라고 강조한다. ¹³장자는 공맹의 인의로 천하를 다스리면 이를 빌려서 나라를 훔치는 큰 도둑이 생겨난다고 질타한다. ¹⁴즉, 공맹의 간섭주의적 정치 철학은 필연적으로 큰 정부를 가져오고, 그러한 큰 정부에서는 많은 부정과 부패가 일어날 수밖에 없음을 지적하는 것이다.

4 ¹⁵노장과 공맹 모두 성선설을 지지함에도 불구하고 이러한 차이를 낳은 것은 노장이 공맹보다 인간의 본성에 대한 믿음이 더 깊었기 때문이다. ¹⁶노장에게 개인은 유일한 가치이고, 자유는 그 자체가 궁극적 목표이다. ¹⁷그러므로 장자의 '사람들로 하여금 스스로 하게 하라.'는 개념은 가장 완벽하고 순수한 형태의 자유 지상주의적 철학이다. ¹⁸아담 스미스 이후로 영국과 미국은 이러한 노장의 사상과 거의 일치하는 정치 철학을 사회의 얼개로 채택하여 개인의 안녕과 번영을 도모하였다. ¹⁹하지만 동양은 노장과 같은 위

1　**01** 노자와 장자는 개인에게도 도(道)가 내재해 있다고 본다.

○ [1문장] 노자와 장자가 말하는 진정한 도(道)는 천하에 내재하지 않는 곳이 없다고 하였다.

02 노장과 달리 공맹은 개인의 자유를 통제할 수 있다고 본다.

○ [3, 4문장] 노장은 개인의 자유는 어떤 것으로도 통제되어서는 안 된다고 하였는데, 양극단에 공맹의 철학이 있다고 하였다. 그리고 공맹의 정치 철학은 국가가 국민의 삶에 간섭할 수 있다고 본다.

03 노장과 공맹의 철학은 정부의 역할에 대한 입장이 상이하다.

○ [5문장] 노장과 공맹의 철학은 정치 철학적 측면에서 양극단에 놓인다고 하였고, 노장은 최소한의 정부를, 공맹은 큰 정부를 지향한다고 하였다.

2　**04** 노장은 정부보다 개인을, 공맹은 개인보다 정부를 신뢰한다.

○ [6, 7, 9문장] 노장은 정부를 부정적으로 보고 개인은 긍정적으로 보았다. 공맹은 정부를 긍정적으로 보고, 개인은 인의예지에 따라 교화해야 하는 대상으로 보았다.

05 노장은 자연스러움을, 공맹은 인위적인 노력을 중시한다.

○ [8, 9문장] 노장은 자생적 질서관을 피력하였고, 공맹은 인위적으로 백성들을 교화하여 질서를 유지해야 한다고 보았다.

06 노장의 자생적 질서관은 모든 개인이 스스로 가치를 실현할 수 있다는 전제에서 비롯된다.

○ [8문장] 노장의 자생적 질서관은 개인들이 가치를 실현하는 과정에서 자연적으로 평화로운 질서가 생겨난다는 점에서 지지된다.

07 노장과 달리, 공맹은 평화롭고 풍요로운 세상은 불가능하다고 여긴다.

✕ [10문장] 노장의 사상이 평화롭고 풍요로운 세상을 그리는 것은 맞으나, 공맹이 평화롭고 풍요로운 세상을 불가능하다고 여긴다고 볼 수는 없다. 공맹은 질서 있는 세상이 이상적임을 주장하는 것이다.

3　**08** 노자는 「도덕경」을 통해 공맹의 도는 참다운 도가 아니라고 비판했다.

○ [11문장] 노자는 「도덕경」에서 '도(道)라고 이르는 도는 참다운 도가 아니고'라며 공맹의 도를 비판했다고 하였다.

09 노자는 공맹의 인, 의, 예, 지는 이름으로 볼 수 없으나, 도에 이르는 방법임은 인정했다.

✕ [12문장] 노자는 공맹의 인, 의, 예, 지가 상대적이므로 절대적인 것이 아니라고 강조하였고, 공맹의 도가 참다운 도가 아니라고 하였다.

10 노자와 달리, 장자는 공맹의 인의만 부정적으로 볼 뿐 예와 지는 긍정적으로 보았다.

✕ [13문장] 장자는 공맹의 인의가 큰 정부를 가져온다는 점에서 부정적으로 본다. 장자가 예와 지에 대해 어떻게 보았는지는 직접적으로 드러나 있지

대한 자유 지상주의자가 있었음에도 불구하고 개인의 안녕이 보호받지 못했다. [20]오히려 동양은 공맹의 정치 철학이 지닌 명분주의에 기반하여 서양을 인의예지의 도로 감화시킬 수 있다는 헛된 기대를 품었기에 오랜 기간 서양의 식민지에서 벗어나지 못했다.

[5] [21]그러나 개인의 생존 자체를 보장받지 못하는 위기가 닥치면, 자유를 침해당할 우려가 있다고 하더라도 개인들이 국가의 개입을 요구하게 된다. [22]이러한 상황에서는 노장의 정치 철학보다 공맹의 정치 철학이 더 적합하다고 볼 수 있다. [23]결국 공맹의 정치 철학이 한계에 있다고 말하는 노장의 정치 철학 역시 한계를 가지고 있는 것이다. [24]이는 역사의 흐름을 초월하는 절대적인 정치 철학은 존재하지 않음을 시사한다.

않지만, 인의예지로 질서를 유지해야 한다고 본 공맹의 입장과 노장의 입장이 극단인 점과, 장자가 공맹의 간섭주의적 정치 철학을 질타한 점으로 보아 장자가 예와 지를 긍정적으로 보았으리라고 판단할 수는 없다.

11 장자는 큰 정부를 지지하지 않으므로, 큰 정부를 불러오는 공맹의 인의를 비판하였다.

○ [14문장] 장자는 공맹의 인의를 빌려 나라를 훔치는 큰 도둑이 생겨난다고 질타하였는데, 이는 공맹의 철학이 국가가 개인의 삶에 간섭하는 큰 정부를 필연적으로 가져오기 때문이다.

12 노자와 장자가 공맹의 철학을 비판하는 바탕에는 개인의 삶이 타인에 의해 침해받아서는 안 된다는 입장이 깔려 있다.

○ [3, 14문장] 1문단에서 노자와 장자는 개인의 자유는 어떤 것으로도 통제되어서는 안 된다고 하였는데, 공맹의 철학은 개인의 삶에 간섭하는 큰 정부를 필연적으로 가져오기 때문에 공맹의 철학을 비판했다.

4 **13** 노장과 공맹 모두 인간의 본성을 긍정적으로 보지만, 정도에 차이가 있다.

○ [15문장] 노장과 공맹 모두 성선설을 지지한다고 하였으므로, 인간의 본성을 긍정함을 알 수 있는데, 노장이 공맹보다 인간의 본성에 대한 믿음이 더 깊었다는 것에서 그 정도의 차이가 있음을 알 수 있다.

14 장자의 '사람들로 하여금 스스로 하게 하라.'는 개념은 개인의 자유를 막지 말라는 의미로 해석할 수 있다.

○ [17문장] 장자의 '사람들로 하여금 스스로 하게 하라.'는 개념은 가장 완벽하고 순수한 형태의 자유 지상주의적 철학이라고 하였다. 이는 개인의 자유를 가장 완벽하고 순수하게 지향하는 것이다.

5 **15** 개인의 생존이 보장되지 않을 때 노장 철학의 한계가 드러난다.

○ [22문장] 개인이 생존의 위기에 처하면, 개인의 자유가 희생되더라도 국가가 삶에 간섭하여 위기를 해결해 줄 것을 바라므로, 생존이 보장되지 않는 상황에서는 개인의 자유를 강조하는 노장 철학의 한계가 드러난다고 볼 수 있다.

01

정답 분석   **정답 ①**

1문단에서 노자와 장자가 말하는 도는 이름이 없고, 절대적이며 불가사의한 것이라고 하고 있다. 한편 3문단을 통해 공맹의 도는 "세상에서 도라고 이르고 있고, '인, 의, 예, 지'라는 구체적인 도덕 강목이 있음을 알 수 있다. 이로 보아 노장의 도는 이름이 있는 공맹의 도에 비할 때 구체적으로 규정하기 어렵다고 할 수 있다.

팩트✓체크 **1** [1]중국의 노자와 장자가 말하는 진정한 도(道)란 이름이 없지만 천하에 내재하지 않는 곳이 없는 것으로, 태고 시대부터 자연적으로 존재하면서 우주와 만물을 다스리고 있는 절대적이며 불가사의한 것이다.
3 [11]노자는 「도덕경」에서 "세상에서 도(道)라고 이르는 도는 참다운 도가 아니고, 이름으로 불리는 이름은 변함없는 이름이 아니다."라며 공맹의 도를 신랄하게 비판했다.
3 [12]또한 노자는 공맹이 이름 붙여 말하는 인, 의, 예, 지 등은 인위적이고 상대적인 도덕 강목에 불과한 것으로,

오답 분석

② 개인의 본성이나 지향하는 바에 대한 관점이 다른 것이지, 공맹과 노장의 우위를 따질 수는 없다.

③ 3문단에서 장자는 공맹의 인의가 나라를 훔치는 도둑을 만든다고 하였고, 1문단에서 노장 사상의 도란 우주 만물을 다스리고 있는 절대적이면서도 불가사의한 것이라고 했으므로, 장자의 도의 개념과 공맹의 인의가 서로 통하는 것으로 본다는 설명은 적절하지 않다.

팩트✓체크 **1** [1]중국의 노자와 장자가 말하는 진정한 도(道)란 이름이 없지만 천하에 내재하지 않는 곳이 없는 것으로, 태고 시대부터 자연적으로 존재하면서 우주와 만물을 다스리고 있는 절대적이며 불가사의한 것이다.
3 [13]장자는 공맹의 인의로 천하를 다스리면 이를 빌려서 나라를 훔치는 큰 도둑이 생겨난다고 질타한다.

④ 4문단에서 영국과 미국은 노장의 사상과 거의 일치하는 정치 철학을 사회의 얼개로 채택하여 개인의 안녕과 번영을 도모하였다고 하였지만, 이것이 노장의 철학을 이어받았다고는 언급하지 않았다.

⑤ 4문단에서 동양은 공맹의 정치 철학이 지닌 명분주의에 기반하여 헛된 기대를 품었기에 오랜 기간 서양의 식민지에서 벗어나지 못했다고 하였다. 따라서 동양이 서양의 식민지가 되는 고통을 겪은 것이 노장 사상의 본질이 왜곡되었기 때문이라고 볼 수 없다.

02

이 글은 노장과 공맹의 정치 철학을 비교하면서 각각의 가치와 한계를 밝히고 있다. 4문단에서는 노장의 사상과 거의 일치하는 정치 철학을 사회의 얼개로 채택한 영국과 미국이 번영을 도모한 반면, 공맹의 정치 철학이 지닌 명분주의에 기반했던 동양은 오랜 기간 서양의 식민지였음을 통해 노장 철학의 가치와 공맹 철학의 한계를 밝히고 있다. 그러나 5문단에서는 개인이 생존을 보장받지 못하는 위기에서는 노장의 정치 철학보다 공맹의 정치 철학이 더 적합하다고 하며 역사의 흐름을 초월하는 절대적인 정치 철학은 존재하지 않음을 언급하고 있다. 이를 통해 노장이나 공맹의 철학은 시대의 흐름에 따라 그 가치가 달라질 수 있음을 밝히고 있는 것이다.

오답 분석

①, ② 3문단에서 노장 철학이 공맹 철학을 비판한 내용을 제시한 뒤 4문단에서 노장 철학의 가치와 공맹 철학의 한계를, 5문단에서 위기 상황에서 공맹 철학의 역할과 노장 철학의 한계를 각각 밝히고 있다. 따라서 두 철학을 모두 부정적으로 바라본다거나 노장 철학은 긍정적으로, 공맹 철학은 부정적으로 평가한다고 볼 수는 없다.

③ 5문단에서 생존 자체를 보장받지 못하는 위기의 상황에서는 노장 철학보다 공맹 철학이 더 적합하다고 볼 수 있다고 하였다. 따라서 공맹 철학에 비하여 노장 철학이 보다 현실적인 성격이라고 본 것은 아니다.

④ 4문단에서 노장 철학의 가치를 제시하며 공맹 철학의 한계를 언급하고 있으나, 노장 철학이 공맹 철학을 뛰어넘는다고 본 것은 아니다.

03

2문단에서 노장은 개인을 모든 가치의 궁극적 바탕이고 기초라고 본 데 비해, 공맹은 사회 전체의 공동 질서를 중요시한다고 한 것으로 보아, ⓒ에는 '공동 질서'가 들어가야 한다. 한편 공맹이 국가의 번영을 중요시했다고 판단할 근거는 제시되지 않았다.

팩트✓체크 **2** ⁷노장은 개인이 모든 가치의 궁극적 바탕이고 기초지만, 공맹은 사회 전체의 공동 질서를 중요시한다.

오답 분석

① 2문단에서 노장은 정부가 무질서와 혼란의 원인이라 보지만 공맹은 자비롭고 정의롭다고 본다고 하였다.

팩트✓체크 **2** ⁶노장은 정부가 무질서와 혼란의 원인이라 보지만, 공맹은 정부가 자비롭고 정의롭다고 본다.

③ 2문단을 통해 공맹은 인의예지(仁義禮智)에 의해 인위적으로 백성들을 교화하여 질서를 유지해야 한다고 봄을 알 수 있다.

팩트✓체크 **2** ⁸또한 노장은 자생적 질서관을 피력하며, 개인들이 자신의 가치를 실현하는 과정에서 자연적으로 평화로운 질서가 생겨난다고 본다. ⁹반면 공맹은 인의예지(仁義禮智)에 의해 인위적으로 백성들을 교화하여 질서를 유지해야 한다고 본다.

④ 4문단에서 노장과 공맹 모두 성선설을 지지하는 입장은 동일하지만, 노장이 공맹보다 인간에 대한 믿음이 더 깊었다고 하였다. 이를 통해 노장은 성선설을 지지하며 인간의 본성을 믿고, 공맹은 성선설을 지지하면서도 인간에게 교화가 필요하다고 봄을 알 수 있다.

팩트✓체크 **4** ¹⁵노장과 공맹 모두 성선설을 지지함에도 불구하고 이러한 차이를 낳은 것은 노장이 공맹보다 인간의 본성에 대한 믿음이 더 깊었기 때문이다.

⑤ 2문단에서 노장은 초인과 범인, 인간과 동물의 구별이 없는 평화롭고 풍요로운 세상을 그려 보인 반면, 공맹은 그들의 관계를 인의예지를 통해 엄격히 구분하였다고 하였다.

팩트✓체크 **2** ¹⁰그리고 노장은 초인과 범인, 인간과 동물의 구별이 없는 평화롭고 풍요로운 세상을 그려 보인 반면, 공맹은 그들의 관계를 인의예지를 통해 엄격히 구분하였다.

● 핵심 키워드: # 반추 동물 # 미생물 # 섬유소 # 비섬유소 # 포도당 # 젖산 # 산성도

● 문단별 중심 내용 & 구조도

1 사람과 반추 동물이 이용하는 에너지원

2 반추위에 서식하는 미생물 F를 통한 섬유소 분해 과정

3 반추위에 서식하는 미생물 S를 통한 비섬유소 분해 과정

4 미생물 S의 과도한 생장으로 인해 미생물 L이 반추 동물에게 끼치는 악영향

● 주제: 반추 동물이 비섬유소와 섬유소를 에너지원으로 이용하는 과정

1 [1]탄수화물은 사람을 비롯한 동물이 생존하는 데 필수적인 에너지원이다. [2]탄수화물은 섬유소와 비섬유소로 구분된다. [3]사람은 체내에서 합성한 **효소를 이용하여 곡류의 녹말과 같은 비섬유소를 포도당으로 분해하고 이를 소장에서 흡수하여 에너지원으로 이용한다.** [4]반면, 사람은 풀이나 채소의 주성분인 셀룰로스와 같은 섬유소를 포도당으로 분해하는 효소를 합성하지 못하므로, **섬유소를 소장에서 이용하지 못한다.** [5]㉠ 소, 양, 사슴과 같은 반추 동물도 섬유소를 분해하는 효소를 합성하지 못하는 것은 마찬가지이지만, 비섬유소와 섬유소를 모두 에너지원으로 이용하며 살아간다.

2 [6]위(胃)가 넷으로 나누어진 반추 동물의 첫째 위인 반추위에는 여러 종류의 미생물이 서식하고 있다. [7]반추 동물의 반추위에는 산소가 없는데, 이 환경에서 왕성하게 생장하는 반추위 미생물들은 다양한 생리적 특성을 가지고 있다. [8]그중 피브로박터 숙시노젠(F)은 섬유소를 분해하는 대표적인 미생물이다. [9]식물체에서 셀룰로스는 그것을 둘러싼 다른 물질과 복잡하게 얽혀 있는데, F가 가진 효소 복합체는 이 구조를 끊어 셀룰로스를 노출시킨 후 이를 포도당으로 분해한다. [10]F는 이 포도당을 자신의 세포 내에서 대사 과정을 거쳐 에너지원으로 이용하여 생존을 유지하고 개체 수를 늘림으로써 생장한다. [11]이런 대사 과정에서 아세트산, 숙신산 등이 대사산물로 발생하고 이를 자신의 세포 외부로 배출한다. [12]반추위에서 미생물들이 생성한 아세트산은 반추 동물의 세포로 직접 흡수되어 생존에 필요한 에너지를 생성하는 데 주로 이용되고 체지방을 합성하는 데에도 쓰인다. [13]한편 반추위에서 숙신산은 프로피온산을 대사산물로 생성하는 다른 미생물의 에너지원으로 빠르게 소진된다. [14]이 과정에서 생성된 프로피온산은 반추 동물이 간(肝)에서 포도당을 합성하는 대사 과정에서 주요 재료로 이용된다.

3 [15]반추위에는 비섬유소인 녹말을 분해하는 스트렙토코쿠스 보비스(S)도 서식한다. [16]이 미생물은 반추 동물이 섭취한 녹말을 포도당으로 분해하고, 이 포도당을 자신의 세포 내에서 대사 과정을 통해 자신에게 필요한 에너지원으로 이용한다. [17]이때 S는 자신의 세포 내의 산성도에 따라 세포 외부로 배출하는 대사산물이 달라진다. [18]산성도를 알려 주는 수소 이온 농도 지수(pH)가 7.0 정도로 중성이고 생장 속도가 느린 경우에는 아세트산, 에탄올 등이 대사산물로 배출된다. [19]반면 산성도가 높아져 pH가 6.0 이하로 떨어지거나 녹말의 양이 충분하여 생장 속도가 빠를 때는 젖산이 대사산물로 배출된다. [20]반추위에서 젖산은 반추 동물의 세포로 직접 흡

---

1   **01**   효소는 체내에서 에너지원으로 이용된다.

✕   [3문장] 효소는 비섬유소나 섬유소를 포도당으로 분해하는 작용을 한다. 에너지원으로 이용되는 것은 효소를 통해 분해된 포도당이다.

02   섬유소는 사람의 소장에서 포도당의 공급원으로 사용된다.

✕   [4문장] 비섬유소가 포도당으로 분해되어 소장에서 에너지원으로 이용된다. 사람은 섬유소를 소장에서 이용하지 못한다고 하였다.

03   사람과 달리, 반추 동물은 셀룰로스를 에너지원으로 이용한다.

○   [5문장] 반추 동물도 사람과 같이 섬유소를 분해하는 효소를 합성하지 못하지만, 셀룰로스와 같은 섬유소를 에너지원으로 이용하며 살아간다고 하였다.

2   **04**   반추위 미생물들은 산소가 없는 환경에서는 생장하지 못한다.

✕   [7문장] 반추위에는 산소가 없는데, 이 환경에서 왕성하게 생장하는 반추위 미생물들이 있다고 하였다.

05   반추 동물은 섬유소를 포도당으로 분해하는 효소를 합성하지 못하지만, 미생물 F는 섬유소를 포도당으로 분해할 수 있다.

○   [5, 9문장] 1문단에서 반추 동물은 섬유소를 분해하는 효소를 합성하지 못한다고 하였고, 미생물 F는 자신이 가진 효소 복합체로 셀룰로스를 포도당으로 분해한다고 하였다.

06   F가 분해한 포도당은 반추 동물의 세포로 직접 흡수된다.

✕   [12문장] F가 분해한 포도당은 F의 에너지원으로 이용되며, 이 과정에서 발생한 대사산물인 아세트산이 반추 동물의 세포로 직접 흡수되어 에너지를 생성하는 데 이용된다.

07   반추 동물이 간에서 포도당을 합성할 때, F의 대사산물이 주요 재료로 이용된다.

✕   [13, 14문장] 반추 동물이 간에서 포도당을 합성할 때 주요 재료로 이용되는 것은 프로피온산이다. 이 프로피온산을 대사산물로 생성하는 미생물의 에너지원이 F의 대사산물인 숙신산이다.

3   **08**   미생물 F와 S는 모두 분해한 탄수화물을 에너지원으로 이용하며 살아간다.

○   [8, 16문장] 미생물 F는 탄수화물 중 섬유소를, S는 탄수화물 중 비섬유소를 포도당으로 분해하여 이를 자신의 에너지원으로 이용한다.

09   S는 수소 이온 농도에 따라 대사산물, 생장 속도가 결정된다.

✕   [18, 19문장] 수소 이온 농도 지수(pH)가 7.0 정도로 중성일 때에는 아세트산, 에탄올이 대사산물로 배출되고, 산성도가 높아져 pH가 6.0 이하로 떨어

 반추 동물에게 필요한 에너지를 생성하는 데 이용되거나 아세트산 또는 프로피온산을 대사산물로 배출하는 다른 미생물의 에너지원으로 이용된다.

4 [21]그런데 S의 과도한 생장이 반추 동물에게 악영향을 끼치는 경우가 있다. [22]반추 동물이 짧은 시간에 과도한 양의 비섬유소를 섭취하면 S의 개체 수가 급격히 늘고 과도한 양의 젖산이 배출되어 반추위의 산성도가 높아진다. [23]이에 따라 산성의 환경에서 왕성히 생장하며 항상 젖산을 대사산물로 배출하는 락토바실러스 루미니스(L)와 같은 젖산 생성 미생물들의 생장이 증가하며 다량의 젖산을 배출하기 시작한다. [24]F를 비롯한 섬유소 분해 미생물들은 자신의 세포 내부의 pH를 중성으로 일정하게 유지하려는 특성이 있는데, 젖산 농도의 증가로 자신의 세포 외부의 pH가 낮아지면 자신의 세포 내의 항상성을 유지하기 위해 에너지를 사용하므로 생장이 감소한다. [25]만일 자신의 세포 외부의 pH가 5.8 이하로 떨어지면 에너지가 소진되어 생장을 멈추고 사멸하는 단계로 접어든다. [26]이와 달리 S와 L은 상대적으로 산성에 견디는 정도가 강해 자신의 세포 외부의 pH가 5.5 정도까지 떨어지더라도 이에 맞춰 자신의 세포 내부의 pH를 낮출 수 있어 자신의 에너지를 세포 내부의 pH를 유지하는 데 거의 사용하지 않고 생장을 지속하는 데 사용한다. [27]그러나 S도 자신의 세포 외부의 pH가 그 이하로 더 떨어지면 생장을 멈추고 사멸하는 단계로 접어들고, 산성에 더 강한 L을 비롯한 젖산 생성 미생물들이 반추위 미생물의 많은 부분을 차지하게 된다. [28]그렇게 되면 반추위의 pH가 5.0 이하가 되는 급성 반추위 산성증이 발병한다.

지면 젖산이 대사산물로 배출된다고 하였다. 그러나 생장 속도는 수소 이온 농도에 따른 것이 아니라, 녹말의 양과 관련된다.

10 S는 산성도와 관계없이, 반추 동물의 세포로 직접 흡수되어 에너지원이 되는 대사산물을 배출한다.

O [12, 18~20문장] S의 산성도가 중성일 때에는 아세트산과 에탄올이, 산성도가 높아지면 젖산이 대사산물로 배출된다고 하였다. 2문단을 통해 아세트산은 반추 동물의 세포로 직접 흡수됨을 알 수 있고, 3문단에서 젖산 역시 반추 동물의 세포로 직접 흡수된다고 하였다.

11 S로부터 세포의 에너지원으로 쓰이는 아세트산, 에탄올, 젖산, 프로피온산이 직접 생성된다.

× [18, 19문장] S의 산성도가 중성일 때에는 아세트산과 에탄올이, 산성도가 높으면 젖산이 대사산물로 배출된다. 프로피온산은 S로부터 직접 생성되지는 않는다.

4 **12** 젖산을 배출하는 미생물이 많으면 pH는 높아진다.

× [19, 22문장] 과도한 양의 젖산이 배출되면 반추위의 산성도가 높아진다고 하였다. 그리고 3문단에서 pH는 수소 이온 농도 지수로, 산성도가 높을수록 pH 수치가 낮음을 알 수 있다. 따라서 젖산을 배출하는 미생물이 많으면 pH는 낮아진다.

13 반추위 내부의 산성도는 F, S, L이 배출하는 대사산물의 양에 따라 변한다.

× [11, 22문장] 반추위 내부의 산성도는 젖산 농도의 증가와 관련된다. F는 젖산을 대사산물로 발생시키지 않는다.

14 세포 외부의 산성도에 대해 L>S>F 순으로 생장에 영향을 받는다.

× [26, 27문장] F에 비해 S와 L은 상대적으로 산성에 견디는 정도가 강하며, L은 S보다 산성에 더 강하다고 하였으므로, 세포 외부의 산성도에 가장 약한 순서(생장에 영향을 많이 받는 순서)는 F>S>L 순이다.

15 급성 반추위 산성증은 반추 동물의 과도한 섬유소 섭취로 인해 발생한다.

× [22, 28문장] 반추 동물이 짧은 시간에 과도한 양의 비섬유소를 섭취하면 반추위의 산성도가 높아지고, 젖산 생성 미생물들의 생장이 증가한다고 하였다. 그리고 젖산 생성 미생물들이 반추위 미생물의 많은 부분을 차지하게 되면 급성 반추위 산성증이 발병한다고 하였다.

01

정답 분석　　　　　　　　　　　　　　**정답 ⑤**

2문단에서 피브로박터 숙시노젠(F)은 섬유소를 분해하는 대표적인 미생물로, 셀룰로스를 노출시킨 후 이를 포도당으로 분해하고 그 포도당을 에너지원으로 이용하여 생장한다고 하였다.

팩트✓체크 **2** [8]그중 피브로박터 숙시노젠(F)은 섬유소를 분해하는 대표적인 미생물이다. [9]F가 가진 효소 복합체는 이 구조를 끊어 셀룰로스를 노출시킨 후 이를 포도당으로 분해한다. [10]F는 이 포도당을 자신의 세포 내에서 대사 과정을 거쳐 에너지원으로 이용하여 생존을 유지하고 개체 수를 늘림으로써 생장한다.

오답 분석

① 1문단에서 사람은 섬유소를 포도당으로 분해하는 효소를 합성하지 못하므로 섬유소를 소장에서 이용하지 못한다고 하였다.

팩트✓체크 **1** [4]반면, 사람은 풀이나 채소의 주성분인 셀룰로스와 같은 섬유소를 포도당으로 분해하는 효소를 합성하지 못하므로, 섬유소를 소장에서 이용하지 못한다.

② 1문단에서 반추 동물도 섬유소를 분해하는 효소를 합성하지 못한다고 하였다. 다만 반추위 미생물인 피브로박터 숙시노젠(F)이 셀룰로스를 분해한다.

③ 2문단에서 반추 동물의 반추위에는 산소가 없는데, 이 환경에서 왕성하게 생장하는 반추위 미생물들이 있다고 하였다.

팩트✓체크 **2** [7]반추 동물의 반추위에는 산소가 없는데, 이 환경에서 왕성하게 생장하는 반추위 미생물들은 다양한 생리적 특성을 가지고 있다.

④ 4문단에서 반추 동물의 과도한 양의 비섬유소 섭취가 급성 반추위 산성증을 유발한다고 하였다.

02

정답 분석　　　　　　　　　　　　　　　　　　　　정답 ①

㉮: 2문단에서 피브로박터 숙시노젠(F)은 셀룰로스의 구조를 노출시켜 포도당으로 분해하고 이 포도당을 자신의 세포 내에서 에너지원으로 이용한다고 하였다. 그리고 3문단에서 비섬유소는 스트렙토코쿠스 보비스(S)에 의해 포도당으로 분해되고, 이를 자신에게 필요한 에너지원으로 이용한다고 하였다. 이를 통해 반추 동물이 섭취한 섬유소와 비섬유소는 반추위에서 반추위 미생물의 에너지원이 된다는 점을 이끌어 낼 수 있다. 따라서 ③, ④, ⑤는 답이 될 수 없다. F와 S가 포도당을 분해하지만 합성된 포도당으로 만드는 것이 아니다.

㉯: 2문단에서 F는 아세트산과 숙신산을 대산산물로 배출하는데 이때 아세트산은 반추 동물의 에너지원이 된다고 하였다. 그리고 3문단에서 S는 아세트산, 에탄올, 젖산을 대사산물로 배출하며 이 중 아세트산과 젖산은 반추 동물의 세포로 직접 흡수되어 에너지원이 된다고 하였다. 이를 통해 반추위 미생물이 대사과정을 통해 생성한 대사산물이 반추 동물의 에너지원으로 이용된다는 점을 이끌어 낼 수 있다.

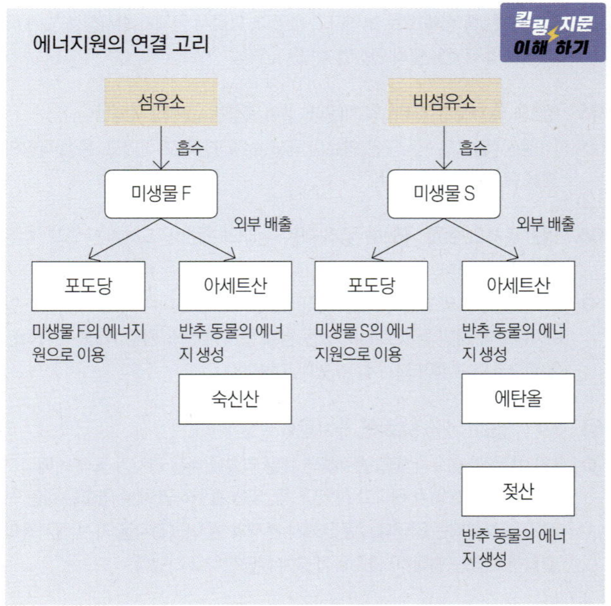

03

정답 분석　　　　　　　　　　　　　　　　　　　　정답 ③

2문단에 따르면 숙신산은 섬유소를 분해하는 과정에서 피브로박터 숙시노젠(F)이 배출하는 대사산물이다. 산성도에 따라 배출되는 대사산물의 양이 달라지는 것은 S가 비섬유소를 분해하는 과정이므로, 숙신산의 배출은 반추위의 산성도와는 관련이 없다. 또한

3문단에 따르면 젖산은 비섬유소인 녹말의 양이 충분하거나 산성도가 높을 때 대사산물로 배출되는 것이므로, 중성일 때보다 산성일 때 더 많이 배출된다.

오답 분석

① 2문단에서 '숙신산은 프로피온산을 대사산물로 생성하는 다른 미생물의 에너지원으로 빠르게 소진된다. 이 과정에서 생성된 프로피온산은 반추 동물이 간에서 포도당을 합성하는 대사 과정에서 주요 재료로 이용된다.'라고 하였다. 따라서 숙신산이 많이 배출될수록 프로피온산이 많이 생성되므로, 간에서 합성되는 포도당의 양도 늘어날 것이다.

② 3문단에서 젖산은 반추 동물의 세포로 직접 흡수되어 반추 동물에게 필요한 에너지를 생성하는 데 이용된다고 하였다.

④ 2문단에 따르면 숙신산은 반추위 미생물인 피브로박터 숙시노젠(F)이 대사 과정에서 배출한다. 그리고 3문단과 4문단에 따르면 젖산은 반추위 미생물인 스트렙토코쿠스 보비스(S) 또는 락토바실러스 루미니스(L) 등이 대사 과정에서 배출한다.

⑤ 2문단에서 숙신산은 프로피온산을 대사산물로 배출하는 다른 미생물의 에너지원으로 빠르게 소진된다고 하였고, 3문단에서 젖산은 프로피온산을 대사산물로 배출하는 다른 미생물의 에너지원으로 이용된다고 하였다.

● 핵심 키워드: # 염료 # 가시광선 # 공명 # 전자 # 에너지 # 퇴색 # 형광

● 문단별 중심 내용 & 구조도

1 공명 현상과 색상의 구별　→　**2** 염료의 색상 구별과 원자단의 기능　→　**3** 에너지 준위에 따른 빛 흡수의 차이　→　**4** 퇴색 현상의 원리 / **5** 형광 현상의 원리

● 주제: 염료 분자를 이용한 염색의 원리와 퇴색 및 형광 현상

---

1 [1]염료가 일정한 색으로 보이는 것은 가시광선의 일부분만을 흡수하는 공명 현상 때문이다. [2]공명이란, 어떤 물체가 외부로부터 주기적으로 유입되는 에너지 가운데 특정한 값의 에너지에만 반응하는 현상을 말한다. [3]라디오를 생각해 보자. [4]라디오의 내장 안테나에는 여러 가지 파장의 전파 에너지가 수신된다. [5]하지만 청취자는 특정한 채널의 음성만을 듣게 된다. [6]이는 안테나를 통해 유입되는 전파들 가운데 특정 채널에 해당하는 값의 전파에만 라디오 수신기가 반응하도록 되어 있기 때문이다.

2 [7]이와 마찬가지로 염료는 태양 광선 중 특정 파장의 빛에만 반응한다. [8]황색의 염료는 태양 광선 중에서 단파장의 청색광에만 반응하여 이를 흡수한다. [9]그래서 이 염료를 바른 물체는 백색광에서 청색광을 뺀 나머지 빛을 반사하여 황색으로 보이는 것이다. [10]염료 분자는 그 안에 특정 파장의 빛을 흡수하는 원자단을 갖고 있는데 이것이 염료의 채널에 해당한다. [11]그런데 TV 채널을 조금만 바꾸어도 TV 화상이 달라지는 것과 마찬가지로 염료의 화학 구조를 조금만 바꾸어도 전혀 다른 색으로 바꿀 수 있다. [12]예를 들면 수백 개의 원자로 되어 있는 염료 분자에 산소 원자 1개를 부가하는 것만으로도 표백이 되게 할 수 있다.

[A]

3 [13]염료를 바른 물체의 색이 바뀌기도 한다. [14]염료가 빛을 흡수하면 채널 역할을 하는 전자가 들떠서 에너지 준위°가 높은 상태가 되는데, 파라핀계의 포화 탄화수소 분자는 탄소와 수소의 결합이 강하여 전자가 들뜨기 어렵다. [15]그러나 이중 결합이나 삼중 결합 등의 불포화 결합에서는 전자가 비교적 들뜨기 쉽다. [16]특히 이중 결합이 1개의 단결합을 사이에 두고 한 개씩 나란히 존재하는 공액 이중 결합의 계에서는 고립된 이중 결합에서보다 전자가 더 들뜨기 쉬워 가시부°에서 빛을 흡수하게 된다. [17]황색 염료의 경우, 분자 내의 공액 이중 결합의 수가 증가함에 따라 색은 황색에서 적색을 거쳐 흑색으로 바뀌게 된다.

4 [18]그런데 염료 분자에 흡수되어 전자를 들뜨게 한 에너지는 어떻게 되는 것일까? [19]염료 분자가 용액 중에 녹아 있는 경우나 헝겊 위에 부착되어 있는 경우에는 염료 분자들은 흩어져 있어 서로 영향을 미치지 못한다. [20]그래서 들뜨게 된 각각의 염료 분자는 흡수한 에너지를 용매 분자와 같은 주위의 분자에 주고 자신은 본래의 에너지 준위, 즉 바닥 상태로 되돌아간다. [21]이렇듯 들뜬 분자가 어떠한 방식으로 흡수한 에너지를 방출하고 바닥 상태로 되돌아가는 것을 '활성을 잃는 현상'이라 한다. [22]한편 인접한 분자는 염료 분자로부터 받은 에너지로 인해 들뜨게 되어 진동 등의 분자 운동을 하게 되는데, 이 때문에 주위의 온도가 올라간다. [23]즉, 빛 에너지는 이러한 과정을 거쳐 열에너지로 변환되는 것이다. [24]경우에 따라서

---

1 **01** 공명 현상으로 인해 염료의 색을 구별할 수 있다.

O [1문장] 가시광선의 일부분만을 흡수하는 공명 현상 때문에 염료가 일정한 색으로 보인다고 하였다.

02 공명 현상에서 반응하는 에너지의 값은 주기적으로 바뀐다.

✕ [2문장] 공명 현상은 주기적으로 유입되는 에너지 가운데 특정한 값의 에너지에만 반응하는 현상이라고 하였다. 반응하는 에너지의 값이 바뀌는 것은 아니다.

2 **03** 염료의 색깔은 염료가 흡수하는 빛의 색깔과 동일하다.

✕ [8, 9문장] 황색 염료는 청색광에만 반응하여 이를 흡수하기 때문에, 이 염료를 바른 물체는 백색광에서 청색광을 뺀 나머지 빛을 반사하여 황색으로 보이는 것이다. 따라서 염료의 색깔은 염료가 흡수하는 빛의 색깔을 드러낸다고 볼 수 없다.

04 물체가 반사하는 빛에 따라 육안으로 인식하는 물체의 색깔이 달라진다.

O [9문장] 염료를 바른 물체는 그 염료가 흡수하는 빛(청색광)을 뺀 나머지 빛을 반사한 색(황색)으로 보인다고 하였다. 따라서 물체가 반사하는 빛에 따라 물체의 색깔을 달리 인식할 수 있다.

05 염료의 원자단은 라디오의 채널과 같이 특정한 값에만 반응한다.

O [10문장] 염료의 원자단은 염료의 채널에 해당한다고 하였고, 특정 파장의 빛을 흡수한다고 하였다.

06 염료 분자의 화학 구조가 달라지면, 원래의 염료가 드러내는 색과 다른 색을 띨 수 있다.

O [11문장] 염료의 화학 구조를 조금만 바꾸어도 전혀 다른 색으로 바꿀 수 있으며, 수백 개의 원자로 되어 있는 염료 분자에 산소 원자 1개를 부가하는 것만으로도 표백이 되게 할 수 있다고 하였다.

3 **07** 염료가 빛을 흡수하면 원자단이 활성화된다.

O [10, 14문장] 염료가 빛을 흡수하면 채널 역할을 하는 전자가 들떠서 에너지 준위가 높은 상태가 된다고 하였다. 즉, 빛을 흡수하면 채널 역할을 하는 전자가 활성화되는 것인데, 2문단에서 분자의 원자단(전자를 가진 원자들이 결합하고 있는 형태)이 염료의 채널에 해당한다고 하였다.

08 포화 결합을 한 분자는 불포화 결합을 한 분자보다 가시광선을 더 많이 흡수한다.

✕ [15, 16문장] 파라핀계의 포화 결합을 한 분자는 불포화 결합을 한 분자보다 전자가 들뜨기 어렵다고 하였다. 전자가 들뜨면 가시부에서 빛을 흡수한다고 하였으므로, 불포화 결합을 한 분자가 포화 결합을 한 분자보다 가시광선을 더 흡수한다고 볼 수 있다.

09 공액 이중 결합은 불포화 결합에 해당한다.

O [15, 16문장] 이중 결합은 불포화 결합이라고 하였고, 특히 이중 결합이 1개의 단결합을 사이에 두고 한 개씩 나란히 존재하는 공액 이중 결합의 계에서는 전자가 더 들뜨기 쉽다고 했으므로, 공액 이중 결합 역시 불포화 결합

는 들뜬 염료 분자의 에너지가 산소 분자로 이동하여 활성 산소를 생성하면서 산화되기도 한다. [25]햇빛 아래 오래 두면 옷 색깔이 바래는 ⊙퇴색 현상은 이 때문에 일어나는 것이다.

5 [26]들뜬 분자가 활성을 잃는 과정에서 스스로 광원이 되어 빛을 방출하는 경우도 있다. [27]이를 ⓛ'형광'이라 한다. [28]이때 방출되는 빛은 흡수된 빛보다 조금은 파장이 긴데, 이 현상을 이용한 것이 형광 염료이다. [29]새하얗게 세탁이 된다고 광고하는 세제에는 자외선 부의 빛을 흡수해서 자색에서 청색 계통의 빛을 방출하게 하는 형광 염료가 소량 첨가되어 있다. [30]그런데 이 형광 염료는 세탁물의 황색을 씻어 없앰으로써 깨끗하게 보이게 할 뿐, 세탁물의 때가 완전히 빠졌는지의 여부와는 아무런 관계가 없다.

- 에너지 준위: 양자 역학의 지배를 받는 계(system, 예 원자, 분자 등) 내 입자들(전자, 양성자, 중성자 등)이 가질 수 있는 일련의 불연속적인 에너지값들
- 가시부(可視部): 발머 계열(Balmer系列). 수소 원자가 들뜬 상태에서 주양자 수 2의 상태로 천이(遷移)할 때에 내는 수소 스펙트럼 계열의 하나. 가시광선의 범위 안에 있다. 스위스의 물리학자 발머가 발견하였다.

임을 짐작할 수 있다.

4 10 염료 분자가 활성을 잃으면 인접한 분자는 활성을 띠게 된다.
○ [21, 22문장] 염료 분자가 에너지를 방출하면(=활성을 잃으면), 염료 분자와 인접한 분자는 염료 분자로부터 그 에너지를 받아 들뜨게 된다고 하였다.

11 염료 분자에 흡수된 빛 에너지는 염색하는 과정에서 열에너지로 변환된다.
○ [23문장] 염료 분자의 에너지는 용액 안의 분자들이 받게 되고, 에너지를 받은 분자들이 진동 등 분자 운동을 하여 주위의 온도가 올라간다고 하였다.

12 활성 산소가 생성될수록 염색되는 물체의 색상이 선명해진다.
× [24, 25문장] 들뜬 염료 분자의 에너지가 산소 분자로 이동하여 활성 산소를 생성하면서 산화되면 햇빛 아래 오래 둔 옷의 색깔이 바래는 퇴색 현상이 일어나는 것이라고 하였다. 따라서 활성 산소가 생성될수록 물체의 색상이 바랠 수 있다.

5 13 형광 현상과 공명 현상은 빛을 방출한다는 점에서 공통적이다.
× [1, 26, 27문장] 형광 현상은 스스로 광원이 되어 빛을 방출하는 것이나, 공명 현상은 특정한 빛만 흡수하고 나머지는 반사한다.

14 형광 염료가 방출하는 빛은 흡수한 빛보다 파장이 길다.
○ [28문장] 형광일 때 방출되는 빛은 흡수된 빛보다 조금은 파장이 길다고 하였다. 이 현상을 이용한 것이 형광 염료이다.

15 세제에 형광 염료를 첨가하면 세탁물의 때를 효과적으로 뺄 수 있다.
× [30문장] 형광 염료는 세탁물의 황색을 씻어 없앰으로써 깨끗하게 보이게 할 뿐, 세탁물의 때가 완전히 빠졌는지의 여부와는 관계없다고 하였다.

01

정답 분석   정답 ③

3문단에서 들뜬 전자가 가시부에서 빛을 흡수한다고 하였으므로, 포화 결합 분자(ⓐ)보다 전자가 들뜨기 쉬운 불포화 결합 분자(ⓑ)에서 빛의 흡수가 더 많을 것이다.

팩트✓체크 **3** [14] 포화 탄화수소 분자는 탄소와 수소의 결합이 강하여 전자가 들뜨기 어렵다.
[15] 이중 결합이나 삼중 결합 등의 불포화 결합에서는 전자가 비교적 들뜨기 쉽다.
[16] 공액 이중 결합의 계에서는 고립된 이중 결합에서보다 전자가 더 들뜨기 쉬워 가시부에서 빛을 흡수하게 된다.

오답 분석

① 파라핀계의 포화 탄화수소 분자는 탄소와 수소의 결합이 강하여 전자가 들뜨기 어렵다고 하였다. 한편 불포화 결합에서는 전자가 비교적 들뜨기 쉽다고 하였으므로 분자 간 결합이 포화 결합 분자보다 약할 것이다.

② 전자가 들뜨면 에너지 준위가 높은 상태가 된다고 하였으므로, 전자가 비교적 들뜨기 쉬운 불포화 결합 분자의 에너지 준위가 포화 결합 분자보다 높을 것이다.

④ 포화 결합 분자는 전자가 들뜨기 어렵기 때문에 가시부에서 빛을 흡수하기 어렵다. 따라서 색깔의 변화가 거의 없을 것이다.

⑤ 불포화 결합 분자는 전자가 비교적 들뜨기 쉽고, 공액 이중 결합의 수가 증가할수록 황색에서 흑색으로 색이 짙어질 수 있다.

02

정답 분석   정답 ⑤

퇴색(⊙)은 빛 에너지를 흡수하여 들뜬 염료 분자의 에너지가 산소 분자로 이동하여 활성 산소를 생성하면서 산화되는 현상이다. 따라서 빛 에너지의 흡수로 인한 현상으로 볼 수 있다. 반면 형광(ⓛ)은 들뜬 분자가 활성을 잃는 과정에서 스스로 빛을 방출하는 현상이다.

팩트✓체크 **4** [24]경우에 따라서는 들뜬 염료 분자의 에너지가 산소 분자로 이동하여 활성 산소를 생성하면서 산화되기도 한다. [25]햇빛 아래 오래 두면 옷 색깔이 바래지는 퇴색 현상은 이 때문에 일어나는 것이다.
5 [26]들뜬 분자가 활성을 잃는 과정에서 스스로 광원이 되어 빛을 방출하는 경우도 있다. [27]이를 '형광'이라 한다.

오답 분석

① 퇴색 현상은 옷 색깔이 바래는 것으로, 황색 광선의 흡수와 상관이 없다. 형광은 빛을 방출하는 현상이다.

② 퇴색은 염료 분자가 활성을 잃는 것이 아니라 산화되어 버리는 것이다. 형광은 활성을 잃는 과정에서 빛을 방출하는 것이다.

③ 퇴색은 빛을 방출하는 현상이 아니다. 반면 형광은 흡수된 빛보다 파장이 긴 빛을 방출한다.

④ 퇴색은 천에 때가 끼는 현상이 아니라, 색이 바래는 현상이다. 형광 역시 때를 제거하는 현상이 아니라 빛을 방출하는 현상이다. 다만 형광의 특성을 이용해 세탁물의 때를 없앤 것처럼 보이게 할 수는 있다.

● 핵심 키워드: # 사회 구조 # 사건 # 진리 # 이름 # 탐색 # 주체 # 용기

● 문단별 중심 내용 & 구조도

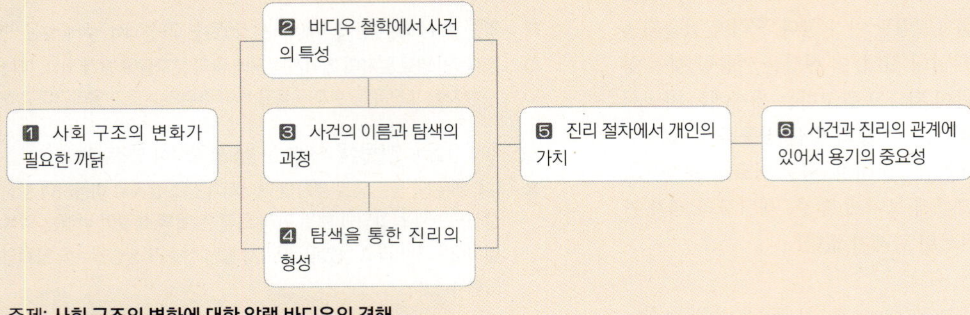

● 주제: 사회 구조의 변화에 대한 알랭 바디우의 견해

---

1 [1]현대 철학자 알랭 바디우는 정치란 세상을 변화시키는 것이라고 말하며, 더 나은 세상을 만들기 위해서는 좋은 지도자를 뽑아 정부를 잘 운영하는 것으로는 부족하고 사회 구조의 변화가 이루어져야 한다고 말한다. [2]그렇다면 사회 구조의 변화는 어떻게 가능한 것인가? [3]이에 대해 바디우는 ㉠ '사건'을 계기로 ㉡ '진리'가 만들어지면서 사회 구조가 변화하게 되는 것이라고 설명한다.

2 [4]바디우에 따르면, 사건이란 기존의 사회 구조를 뒤흔들 만큼 충격적인 일이면서 미리 계획하거나 예측할 수 없는 일이다. [5]또한 사건은 의도적으로 발생시킬 수 없는 것으로, 사회에 엄청난 충격을 일으키지만 사회 전체에서 일어나는 것이 아니라 사회 내의 특정한 지점에서 발생한다. [6]바디우는 사건은 일시적으로 나타났다가 사라져 버리는 것이지만 사회 구조 변화의 출발점이 된다는 것을 강조한다. [7]그는 사건의 대표적 예로 1871년 프랑스 파리에서 일어났던 파리코뮌을 들고 있다.

3 [8]바디우는 기존의 사회 구조를 벗어나는 독특한 사건이 발생하면 사회 구성원들은 이 사건을 전에 없던 '이름'으로 부르고 이 이름은 사건이 사라진 후에도 사회에 흔적으로 남는다고 본다. [9]사건이 사라지고 난 후, 개인이나 집단은 사건의 이름을 통해 사건을 떠올리며 사회 안의 각 요소들과 사건의 관련성을 살펴보는 시도를 한다. [10]즉 개인이나 집단이 사회 안의 제도, 행위, 발언 등을 검토하여 그것이 사건을 이어 갈 수 있는 것인지 아닌지를 가려낼 수 있다고 보는 것이다. [11]사회 안의 요소들 중에서 사건에 충실한 요소와 그렇지 않은 요소를 가려내는 이러한 작업을 바디우는 '탐색'이라고 부르고, 탐색의 판단 기준을 '충실성'이라고 부른다. [12]이때 탐색에 참여하는 개인이나 집단은 어떤 의도를 가지고 사회 안의 특정한 요소를 선택해 그것의 충실성 여부를 검토하는 것이 아니라 사회 안에서 우연히 마주치게 되는 요소들이 사건과 어떤 관계를 가지는지를 조사한다.

4 [13]바디우는 탐색을 통해 사건에 충실한 것으로 분류된 요소들이 진리를 이룬다고 말한다. [14]즉 바디우에게 있어 진리란 거짓에 반대되는 사실을 가리키는 것이 아니라, 사건을 계기로 이루어진 탐색의 결과이자 사회 안에서 사건에 충실한 요소들의 집합체이다. [15]바디우는 이러한 진리는 정치 이외에도 과학, 예술, 사랑의 영역에서 만들어질 수 있다고 본다.

---

1 **01** 바디우는 좋은 지도자를 뽑으면 더 나은 세상을 만들 수 있다고 생각한다.

✕ [1문장] 바디우는 더 나은 세상을 만들기 위해서는 좋은 지도자를 뽑는 것으로는 부족하고 사회 구조의 변화가 이루어져야 한다고 말하였다.

02 바디우는 사회 구조의 변화는 진리를 수반한 사건을 통해 가능하다고 하였다.

○ [3문장] 바디우는 사건을 계기로 진리가 만들어지면서 사회 구조가 변화하게 되는 것이라고 하였다.

2 **03** 바디우는 사건이 사회 전체에서 일어난 것이어야 의미가 있다고 하였다.

✕ [5문장] 바디우는 사건이 사회 전체에서 일어나는 것이 아니라 사회 내의 특정한 지점에서 발생한다고 하였다.

04 동일한 사건이 여러 번 반복되면 사회 구조의 변화가 시작된다.

✕ [6문장] 사건은 일시적으로 나타났다가 사라져 버리는 것이지만 사회 구조 변화의 출발점이 된다고 하였을 뿐, 여러 번 반복될 때의 효과는 언급된 바 없다.

3 **05** 모든 사건에는 이름이 붙는다.

✕ [8문장] 바디우는 기존의 사회 구조를 벗어나는 독특한 사건이 발생하면 사회 구성원들이 '이름'으로 부른다고 하였다.

06 '사건'과 달리 '사건의 이름'은 일시적으로 나타났다가 사라지지 않는다.

○ [6, 8문장] 2문단에서 사건은 일시적으로 나타났다가 사라져 버리는 것이라고 하였고, 3문단에서 이름은 사회에 흔적으로 남는다고 하였다.

07 바디우가 말하는 '탐색'은 사건과 사회의 요소 사이의 충실성 여부를 가리는 일이다.

○ [11문장] 사회 안의 요소들 중에서 사건에 충실한 요소와 그렇지 않은 요소를 가려내는 작업을 바디우는 '탐색'이라고 부른다고 하였다.

08 탐색에 참여하는 개인은 의도를 숨기고 사건과 사회 요소들 간의 관계를 조사한다.

✕ [12문장] 탐색에 참여하는 개인이나 집단은 어떤 의도를 가지고 검토하는 것이 아니라고 하였으므로, 의도를 숨긴다는 설명은 적절하지 않다.

4 **09** 탐색의 과정을 거쳐 사건에 충실한 요소들로 이루어진 집합체는 바디우가 말하는 '진리'와 일치한다.

○ [14문장] 바디우에게 진리란 사건을 계기로 이루어진 탐색의 결과이자 사회 안에서 사건에 충실한 요소들의 집합체라고 하였다.

---

[5] [16]바디우는 진리가 만들어지는 과정, 즉 진리 절차에서 진리를 이루는 부분들을 '주체'라고 부른다. [17]진리를 만들어 가는 개인이나 집단의 행위, 발언 중에서 충실한 요소들이 모여 주체가 되는 것이다. [18]따라서 진리 절차에 참여하는 사람이라도 그 사람 자신이 곧 주체는 아니며, 그 사람의 행위나 발언 중 사건에 충실한 것만이 주체의 일부가 된다. [19]이러한 바디우의 시각이 개인을 보잘것없게 만든다고 비판하는 사람들도 있다. [20]하지만 이에 대한 반대급부가 있다. [21]어떤 사람이 정치적 활동을 하면서 예술 활동을 하고 있다면 이 활동은 정치적 주체의 일부이면서 예술적 주체의 일부가 될 수 있으므로 개인은 다양한 영역에서 활동할 수 있다는 것이다.

[6] [22]특히 바디우는 자신의 철학을 펼치면서 사건은 진리가 만들어지는 데 필수적이지만 그 자체가 진리는 아니라고 강조하며, 사회 구조의 변화를 위해 중요한 것은 우연한 사건보다 시간의 경과 속에서 만들어지는 진리라고 말한다. [23]이는 바디우가 말하는 '용기'의 중요성과도 연결된다. [24]바디우에게 있어 용기란 진리를 좇는 용기, 즉 사회 안의 요소들을 진리에 속하는 것과 아닌 것으로 나누는 작업을 포기하지 않고 지속할 수 있는 용기이다. [25]결국 바디우는 사회 구조의 변화를 위해서는 앞으로의 일이 아니라 이미 일어났던 사건에 관심을 가지고 그 사건을 이어 가기 위해 노력해야 한다고 보는 것이다.

[5] 10 거짓이 아닌 사실들을 체계적으로 정리하는 과정을 진리 절차라 한다.
× [14, 16문장] 진리 절차는 진리가 만들어지는 과정인데, 4문단에서 진리란 거짓에 반대되는 사실을 가리키는 것이 아니라고 하였으므로, 사실들을 체계적으로 정리하는 과정이 진리 절차일 수 없다.

11 진리를 만들어 가는 개인은 진리에 부합하는 행위에만 참여하는 도덕적 존재이다.
× [17문장] 진리를 만들어 가는 개인의 충실한 요소들이 주체가 됨은 알 수 있으나, 진리에 부합하는 행위에만 참여하는 도덕적 존재인지는 언급된 바 없다.

12 사건과 사회 요소들 간의 충실성을 가리는 사람이 진리를 이루는 온전한 주체가 된다.
× [18문장] 진리 절차에 참여하는 사람이라도 그 사람 자신이 곧 진리의 주체는 아니며, 진리를 만들어 가는 개인이나 집단의 행위, 발언 중에서 충실한 요소들이 모여 주체가 되는 것이다.

13 바디우에 따르면 개인은 동시에 다수의 진리 절차에도 참여할 수 있다.
○ [21문장] 바디우의 견해에서 개인은 주체의 일부이나, 다양한 영역에서 활동할 수 있다.

[6] 14 시간의 경과 속에서 진리가 만들어지려면 탐색을 포기하지 않는 용기를 발휘해야 한다.
○ [22, 24문장] 시간의 경과 속에서 만들어지는 진리가 사회 구조의 변화를 위해 중요하다고 하였고, 이는 탐색 곧 사회 안의 요소들 중에서 사건에 충실한 요소와 그렇지 않은 요소를 가려내는 작업을 포기하지 않고 지속할 수 있는 용기와 연결된다고 하였다.

15 사회 구조를 변화시키기 위해서는 앞으로 일어날 사건을 예측할 수 있어야 한다.
× [25문장] 바디우는 사회 구조의 변화를 위해서는 앞으로의 일이 아니라 이미 일어났던 사건에 관심을 가져야 한다고 하였다.

01

정답 분석 정답 ⑤

2문단에서 '사건은 의도적으로 발생시킬 수 없는 것'이라고 설명하고 있다. 또한 6문단에서 바디우는 '사회 구조의 변화를 위해 중요한 것은 우연한 사건보다 시간의 경과 속에서 만들어지는 진리'라고 하였다. 따라서 사건(㉠)을 발생시키기 위한 노력은 불가능한 일이며, 사회 구조의 변화를 위해 진리(㉡)보다 더 중요하다고 볼 수도 없다.

팩트✓체크 [2] [5]또한 사건은 의도적으로 발생시킬 수 없는 것으로,
[6] [22]특히 바디우는 자신의 철학을 펼치면서 사건은 진리가 만들어지는 데 필수적이지만 그 자체가 진리는 아니라고 강조하며, 사회 구조의 변화를 위해 중요한 것은 우연한 사건보다 시간의 경과 속에서 만들어지는 진리라고 말한다.

오답 분석

① 1문단에서 사건을 계기로 진리가 만들어지고, 진리가 만들어지면서 사회 구조가 변화하게 된다고 하였다. 따라서 사건은 진리가 만들어지는 과정의 시발점이자 사회 구조 변화의 출발점이라고 할 수 있다.

팩트✓체크 [1] [3]이에 대해 바디우는 ㉠ '사건'을 계기로 ㉡ '진리'가 만들어지면서 사회 구조가 변화하게 되는 것이라고 설명한다.

② 6문단에서 바디우는 '사건은 진리가 만들어지는 데 필수적이지만 그 자체가 진리는 아니'라고 하였다.

팩트✓체크 [6] [22]특히 바디우는 자신의 철학을 펼치면서 사건은 진리가 만들어지는 데 필수적이지만 그 자체가 진리는 아니라고 강조하며,

③ 3문단에서 사건이 사라지고 난 후에 개인이나 집단은 탐색을 통해 사회 안의 제도, 행위, 발언 등이 사건을 이어 갈 수 있는 것인지 아닌지를 가린다고 하였고, 4문단에서 이러한 탐색을 통해 사건에 충실한 것으로 분류된 요소들이 진리를 이룬다고 하였다. 따라서 진리를 이루는 요소는 사건을 이어 갈 수 있다고 판단된 것들이라고 할 수 있다.

팩트✓체크 [3] [10] 개인이나 집단이 사회 안의 제도, 행위, 발언 등을 검토하여 그것이 사건을 이어 갈 수 있는 것인지 아닌지를 가려낼 수 있다고 보는 것이다.
[4] [13] 바디우는 탐색을 통해 사건에 충실한 것으로 분류된 요소들이 진리를 이룬다고 말한다.

④ 2문단에서 '사건은 일시적으로 나타났다가 사라져 버리는 것'
이라고 하였고, 6문단에서 '시간의 경과 속에서 만들어지는 진
리'라고 하였으므로 적절하다.

 2 [6]바디우는 사건은 일시적으로 나타났다가 사라져 버리는 것
이지만 사회 구조 변화의 출발점이 된다는 것을 강조한다.
6 [22]특히 바디우는 ~ 사회 구조의 변화를 위해 중요한 것은 우연한 사건보
다 시간의 경과 속에서 만들어지는 진리라고 말한다.

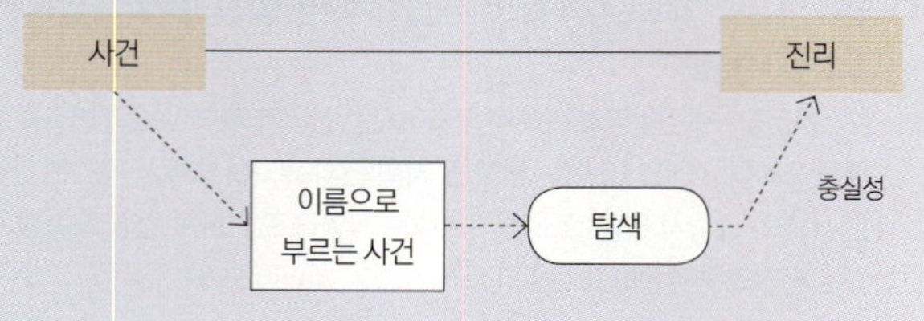

02

정답 분석   정답 ①

4문단에서 '탐색을 통해 사건에 충실한 것으로 분류된 요소들이 진
리를 이룬다'고 하였다. 그리고 6문단에서 '바디우에게 있어 용기
란 진리를 좇는 용기, 즉 사회 안의 요소들을 진리에 속하는 것과
아닌 것으로 나누는 작업을 포기하지 않고 지속할 수 있는 용기'라
고 하였다. 이렇게 볼 때 탐색과 용기는 모두 진리를 만들거나 형성
하는 데 기여하는 요소라는 점을 알 수 있다.

 4 [13]바디우는 탐색을 통해 사건에 충실한 것으로 분류된 요소들이
진리를 이룬다고 말한다.
6 [24]바디우에게 있어 용기란 진리를 좇는 용기, 즉 사회 안의 요소들을 진리에 속
하는 것과 아닌 것으로 나누는 작업을 포기하지 않고 지속할 수 있는 용기이다.

오답 분석

② 사건에 충실한 것과 그렇지 않은 것을 구분하는 것은 탐색이
수행하는 일이다.

③ 탐색은 사건에 충실한 요소와 그렇지 않은 요소를 가려내는 작
업이고, 용기는 사회 안의 요소들을 진리에 속하는 것과 아닌
것으로 나누는 작업을 지속할 수 있는 것이다. 따라서 탐색과
용기가 진리에 속하는 것과 그렇지 않은 것을 구분하는 것은
아니다.

④ 우연한 사건보다 시간이 경과된 사건에 주목하는 것은 진리 자
체이다.

 6 [22]사회 구조의 변화를 위해 중요한 것은 우연한 사건보다 시
간의 경과 속에서 만들어지는 진리라고 말한다.

⑤ 바디우는 진리를 만들어 가는 개인이나 집단의 행위, 발언 중
에서 충실한 요소들이 모여 주체가 된다고 보았으므로, 개인을
진리 형성의 주체에서 배제했다고 볼 수 없다.

 5 [17]진리를 만들어 가는 개인이나 집단의 행위, 발언 중에서 충
실한 요소들이 모여 주체가 되는 것이다.

● 핵심 키워드: # 연관성 # 마케팅 # 지지도 # 신뢰도 # 향상도

● 문단별 중심 내용 & 구조도

```
                    ┌─ 2 연관성 분석의 측도
                    │     ① 지지도
                    │
1 연관성 분석의 등장 ─┼─ 3 연관성 분석의 측도     5 연관성 분석의 한계와 해결     6 발생 순서를 고려하는 시
  배경과 원리        │     ② 신뢰도               방안으로서의 최소지지도 가지       차 연관성 분석의 특징과 요
                    │                             치기 방법                        소
                    └─ 4 연관성 분석의 측도
                          ③ 향상도
```

● 주제: 마케팅 전략에 활용되는 연관성 분석의 주요 측도

---

1 [1]현대 사회는 정보 통신 기술의 발달로 매일 엄청난 양의 자료가 생성·축적되고 있다. [2]이러한 많은 양의 자료에서 유용한 정보를 찾아 활용하기 위해 다양한 분석 기법이 쓰이는데, 그중 정책 수립, 기업 관리, 의학 분야 연구, 마케팅 등에 널리 쓰이는 것이 연관성 분석이다. [3]마케팅 분야를 예로 든다면, 연관성 분석은 수집한 자료 안에 존재하는 품목 간의 연관 규칙을 발견하는 과정을 말하며, 연관 규칙은 '고객이 X를 사면 Y도 산다.'의 형태를 띤다. [4]이때 '고객이 X를 산다.'는 조건이 되고 '고객이 Y를 산다.'는 결과가 된다. [5]연관 규칙은 'X → Y'와 같이 조건과 결과를 기호로 표현하는 것이 일반적이며, 통계학의 확률을 기반으로 한다.

2 [6]연관성 분석을 통해 유용한 연관 규칙을 찾기 위해서는 대상 품목들이 어느 정도의 연관성이 있는지를 측정해야 한다. [7]연관성 측도의 기본은 발생 빈도로, 이와 관련한 주요 측도에는 지지도, 신뢰도, 향상도가 있다.

고객	품목
1	빵, 생수, 우유
2	빵, 휴지, 우유
3	빵, 세제, 우유
4	빵, 생수, 세제
5	생수, 휴지, 우유

〈표〉

[8]먼저 지지도는 전체 거래에 대해서 조건과 결과에 있는 품목들이 함께 구매되는 경향을 나타낸다. [9]'X → Y'의 지지도는 X와 Y를 모두 구매하는 거래의 수를 전체 거래의 수로 나눈 값으로, 지지도가 높다는 것은 동시 구매가 많이 일어난다는 것을 의미한다. [10]〈표〉는 다섯 가지의 품목만 취급하는 편의점에서 다섯 명의 고객이 한 번씩만 거래했다고 가정한 것이다. [11]〈표〉에서 생수와 빵을 모두 산 경우는 다섯 번의 거래 중 두 번이므로, '생수 → 빵'의 지지도는 2/5(40%)이다. [12]'빵 → 생수'의 지지도도 2/5이므로 'X → Y'와 'Y → X'의 지지도는 같다.

3 [13]신뢰도는 조건의 구매가 발생하였을 때 결과의 구매가 일어날 확률이다. [14]즉 'X → Y'의 신뢰도는 X와 Y를 모두 구매하는 거래의 수를 X를 구매하는 거래의 수로 나눈 값이다. [15]따라서 신뢰도가 높다는 것은 조건의 구매가 발생한 경우에 결과의 구매가 많이 일어남을 의미한다. [16]〈표〉에서 생수를 구매한 세 번의 거래 중에서 두 번만 빵을 샀으므로, '생수 → 빵'은 2/3(약 66.7%)의 신뢰도를 갖는다. [17]그런데 '빵 → 생수'의 신뢰도는 2/4(50%)이다. [18]이처럼 'X → Y'와 'Y → X'의 신뢰도는 같지 않을 수 있다.

1　**01**　연관성 분석은 정보 통신 기술이 발달한 사회에서 유용한 정보를 찾아 활용하기 위해 쓰이는 분석 기법이다.

○　[2문장] 정보 통신 기술이 발달한 사회적 배경을 바탕으로, 많은 양의 자료에서 유용한 정보를 찾아 활용하기 위해 쓰이는 분석 기법 중 하나가 연관성 분석이다.

02　'X → Y'의 연관 규칙에서 X는 조건, Y는 결론에 해당한다.

○　[5문장] 연관 규칙은 'X → Y'와 같이 조건과 결과를 기호로 표현하는 것이 일반적이라고 하였다.

2　**03**　연관성 측도는 발생 빈도를 기본으로 삼는다.

○　[7문장] 연관성 측도의 기본은 발생 빈도라고 하였다.

04　전체 거래 중 조건과 결과에 있는 품목들이 함께 구매되는 빈도가 높을수록 지지도는 낮아진다.

×　[9문장] 지지도는 전체 거래에 대해서 조건과 결과에 있는 품목들이 함께 구매되는 경향이다. 따라서 함께 구매되는 빈도가 높을수록 지지도는 높아진다.

05　'X → Y'의 지지도와 'Y → X'의 지지도는 다르다.

×　[12문장] 지지도는 전체 거래에서 X와 Y가 동시 구매된 빈도이므로, 'X → Y'와 'Y → X'의 지지도는 같다.

06　〈표〉에서 '빵 → 생수'가 '빵 → 휴지'의 지지도보다 높은 것은, 빵을 생수와 함께 구매한 경우가 빵을 휴지와 함께 구매한 경우보다 많음을 의미한다.

○　[9문장] '빵 → 생수'의 지지도는 2/5이고, '빵 → 휴지'의 지지도는 1/5로, 전자가 후자보다 높다는 것은 '빵'과 '생수'를 함께 구매한 경우가 '빵'과 '휴지'를 함께 구매한 경우보다 많다는 것을 의미한다.

3　**07**　'X → Y'에서 X와 Y를 모두 구매하는 경우가 많을수록 신뢰도는 높게 나타난다.

○　[14, 15문장] 신뢰도는 조건의 구매가 발생하였을 때 결과의 구매가 일어날 확률이므로, X와 Y를 모두 구매하는 경우가 많을수록 신뢰도는 높게 나타난다.

08　〈표〉에서 '우유 → 휴지'의 신뢰도는 80%이다.

×　[14문장] 〈표〉에서 우유는 모두 4번 구매하였고, 우유를 구매했을 때 휴지도 구입한 경우는 2번이다. 따라서 신뢰도는 2/4(50%)이다.

4 [A] ¹⁹향상도는 어떤 연관 규칙에 대하여 조건 없이 결과가 일어날 확률보다, 조건이 일어났을 때 결과가 일어날 확률이 얼마나 더 향상되는지를 알려 주는 측도이다. ²⁰향상도는 신뢰도를 기대 신뢰도로 나눈 값이다. ²¹기대 신뢰도란 'X → Y'에서 Y를 포함하는 거래의 수를 전체 거래의 수로 나눈 값이다. ²²'X → Y'에서 향상도가 1이라는 것은 X와 Y의 구매가 서로 독립적이라는 의미이다. ²³그리고 'X → Y'에서 향상도가 1보다 크다는 것은 X를 구매했을 때 Y를 구매할 확률이, 전체 거래에서 Y를 구매할 확률보다 크다는 것이다. ²⁴따라서 이 연관 규칙은 결과를 예측하는 데 있어서 우연적 기회보다 우수하여 마케팅 전략을 세우는 데 유용하게 활용된다. ²⁵반면에 'X → Y'에서 향상도가 1보다 작다는 것은 X를 구매했을 때 Y를 구매할 확률이, 전체 거래에서 Y를 구매할 확률보다 작다는 것이므로 이 연관 규칙을 마케팅 전략에 바로 적용하기는 어렵다. ²⁶그래서 향상도가 1보다 작은 경우에는 음의 연관 규칙을 만들어 유용하게 쓰일 수 있도록 하기도 한다. ²⁷음의 연관 규칙은 결과에 '이다' 대신에 '아니다'를 쓴다는 것을 제외하고는 연관 규칙과 유사하다. ²⁸예컨대 'X → Y'의 신뢰도가 30%이고, 'X → Y'의 기대 신뢰도가 40%라고 가정해 보자. ²⁹이 경우 'X → Y'의 향상도는 3/4으로 1보다 작다. ³⁰따라서 이를 음의 연관 규칙, 곧 'X를 사면 Y를 사지 않는다.'로 전환하면, 신뢰도는 70%(100% - 30%)가 되고, 기대 신뢰도는 60%(100% - 40%)가 되므로 향상도는 7/6로 1보다 커지게 되어 유용하게 쓰일 수 있다.

5 ³¹이와 같은 연관성 분석은 결과가 명확하기 때문에 이해하기 쉽고, 유용한 연관 규칙의 형태로 주어지므로 마케팅 전략에 적용하기도 좋다. ³²그러나 분석하려는 품목의 수가 늘어나면 연관 규칙이 기하급수적으로 늘어난다는 문제가 발생하는데, 이 문제를 해결하기 위한 보편적 방법으로 거래가 충분히 이루어지지 않은 품목을 제거하는 최소지지도 가지치기가 있다. ³³이는 지지도가 낮은 품목을 분석 대상에서 삭제하거나, 하위 품목을 상위 품목으로 일반화하여 품목들이 분석자가 임의로 설정한 최소지지도를 넘게 하는 것이다.

6 ³⁴지금까지 살펴본 연관성 분석은 사건들의 발생 순서는 분석의 고려 대상으로 삼지 않았다. ³⁵그런데 순차적으로 일어나는 사건들을 나열한 시계열 자료를 분석하여 선후 사건들 사이의 연관성을 추론할 수도 있다. ³⁶이를 ⊙ 시차 연관성 분석이라고 한다. ³⁷시간의 흐름에 따라 어떤 사건들이 일어났는지를 분석하여 사건들 간의 연관성을 발견하면, 이러한 연관성을 토대로 미래의 사건을 예측하거나 사건들 사이의 인과 관계를 추론하는 등 다양하게 활용할 수 있다. ³⁸이와 같은 시차 연관성 분석을 하기 위해서는 사건이 일어난 시간이나 순서를 알려 주는 정보가 필요하다. ³⁹또한 다른 시간대에 일어난 사건이 동일한 분석 대상에서 일어났다는 것을 알려 주는 분석 대상의 식별 정보도 필요하다.

09 〈표〉에서 '생수 → 빵'은 '생수 → 휴지'보다 신뢰도가 높다.

O [14, 15문장] '생수 → 빵'의 신뢰도는 2/3이고, '생수 → 휴지'의 신뢰도는 1/3이다.

4 **10** 'X → Y'에서 Y를 구매하는 경우가 많을수록 기대 신뢰도는 낮아진다.

× [21문장] 기대 신뢰도란 'X → Y'에서 Y를 포함하는 거래의 수를 전체 거래의 수로 나눈 값이라고 하였다. 따라서 Y를 구매하는 경우가 많을수록 기대 신뢰도는 높아진다.

11 X와 Y의 구매가 서로 관련이 없을 때, 향상도는 '1'로 나타난다.

O [22문장] 향상도가 1이라는 것은 X와 Y의 구매가 서로 독립적이라는 의미라고 했으므로, 서로 관련이 없다고 할 수 있다.

5 **12** 연관성 분석은 결과가 명확하고 유용한 연관 규칙의 형태로 주어지는 장점이 있다.

O [31문장] 지지도, 신뢰도, 향상도를 중심으로 하는 연관성 분석은 확률이나 빈도수로 나타내므로 명확하고 유용한 연관 규칙의 형태로 주어진다.

13 연관성 분석에서 분석하려는 품목을 상위 품목으로 일반화하면 연관 규칙의 수가 기하급수적으로 늘어난다.

× [32, 33문장] 분석하려는 품목의 수가 늘어나면 연관 규칙이 기하급수적으로 늘어나는 문제가 발생한다고 한 뒤, 이를 해결하기 위해 최소지지도 가지치기 방법을 사용한다고 하였다. 하위 품목을 상위 품목으로 일반화하는 것은 최소지지도 가지치기의 방법이다.

14 최소지지도 가지치기에는 지지도가 낮은 품목을 분석 대상에서 삭제하는 방법이 있다.

O [33문장] 최소지지도 가지치기에는 지지도가 낮은 품목을 분석 대상에서 삭제하는 방법이 있다고 하였다.

6 **15** 어떤 마케팅을 한 후, 연관하여 다음에 할 마케팅을 결정할 때에는 시차 연관성 분석을 활용하는 것이 좋다.

O [37문장] 시차 연관성 분석은 선후 사건들 사이의 연관성을 추론하므로, 시간 순서에 따라 할 행동을 결정할 때 활용하기 좋다.

01

정답 ②

<보기>의 ㉯의 연관 규칙에서 B를 구매했을 때 C를 구매할 확률은 '조건의 구매가 발생하였을 때 결과의 구매가 일어날 확률' 곧 신뢰도이다. 그리고 전체 거래에서 C를 구매할 확률은 'Y를 포함하는 거래의 수를 전체 거래의 수로 나눈 값' 곧 기대 신뢰도이다. 따라서 ㉯의 신뢰도(35.3%)는 기대 신뢰도(40.0%)보다 작다.

> **팩트✓체크** ❸ [13]신뢰도는 조건의 구매가 발생하였을 때 결과의 구매가 일어날 확률이다.
> ❹ [21]기대 신뢰도란 'X → Y'에서 Y를 포함하는 거래의 수를 전체 거래의 수로 나눈 값이다.

오답 분석

① ㉮의 연관 규칙에서 B를 포함하는 거래의 수를 전체 거래의 수로 나눈 값은 기대 신뢰도이므로 42.5%이다. 그리고 ㉰의 연관 규칙에서 A를 포함하는 거래의 수를 전체 거래의 수로 나눈 값도 기대 신뢰도이므로 45.0%이다. 따라서 기대 신뢰도는 ㉮보다 ㉰가 크다.

③ ㉯의 연관 규칙에서 신뢰도는 35.3%이다. 이를 음의 연관 규칙으로 바꾸면 64.7%(100%−35.3%)이므로, 음의 연관 규칙의 신뢰도가 더 크다.

> **팩트✓체크** ❹ [28]예컨대 'X → Y'의 신뢰도가 30%이고, 'X → Y'의 기대 신뢰도가 40%라고 가정해 보자. [29]이 경우 'X → Y'의 향상도는 3/4으로 1보다 작다. [30]따라서 이를 음의 연관 규칙, 곧 'X를 사면 Y를 사지 않는다.'로 전환하면, 신뢰도는 70%(100%−30%)가 되고, 기대 신뢰도는 60%(100%−40%)가 되므로 향상도는 7/6로 1보다 커지게 되어 유용하게 쓰일 수 있다.

④ 연관 규칙을 마케팅 전략에 바로 적용하여 활용하기에 유용한 정도를 알려 주는 측도는 향상도로, 1보다 커야 한다. ㉮의 향상도는 1.308이고, ㉰의 향상도는 0.883이므로 ㉮의 연관 규칙이 ㉰의 연관 규칙보다 마케팅 전략에 활용하기에 유용하다.

> **팩트✓체크** ❹ [23]'X → Y'에서 향상도가 1보다 크다는 것은 X를 구매했을 때 Y를 구매할 확률이, 전체 거래에서 Y를 구매할 확률보다 크다는 것이다. [24]따라서 이 연관 규칙은 결과를 예측하는 데 있어서 우연적 기회보다 우수하여 마케팅 전략을 세우는 데 유용하게 활용된다.

⑤ ㉰의 향상도는 1보다 크므로 음의 연관 규칙으로 전환할 필요가 없다. 또한 'C → A'를 'A → C'로 바꾸는 것은 조건과 결과를 바꾸는 것이므로 음의 연관 규칙을 적용할 필요도 없다.

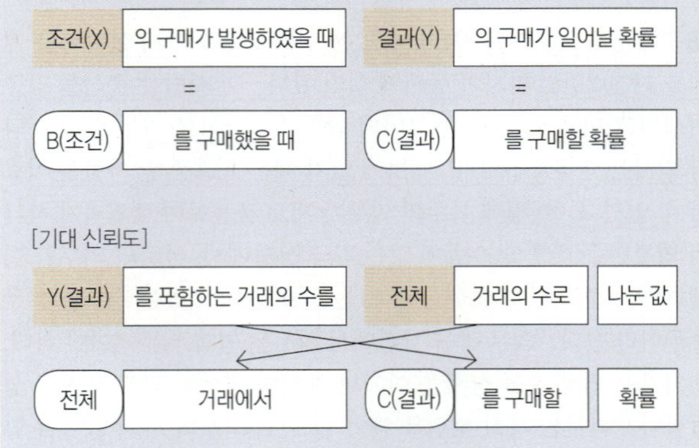

02

정답 분석

정답 ②

시차 연관성 분석은 순차적으로 일어나는 사건들을 나열한 시계열 자료를 분석하여 선후 사건 사이의 연관성을 추론하는 방법이다. <보기>에서 ㄱ은 특정 환자가 순차적으로 두 종류의 병을 앓았던 사례들을 분석하여, ○○ 질환을 앓았던 환자가 이후에 □□ 질환을 앓을 수 있다는 연관성을 밝혀낸 경우이다.

ㄷ은 TV를 산 고객이 재방문하여 고성능 스피커를 샀던 사례들을 분석하여, TV를 산 고객이 이후에 고성능 스피커를 산다는 연관성을 밝혀낸 경우이다.

ㄹ은 회원들이 A, B, C 등의 웹 페이지를 순차적으로 방문하였던 사례를 분석하여 웹 페이지 방문에 일정한 순서가 있다는 연관성을 밝혀낸 경우이다.

> **팩트✓체크** ❻ [37]시간의 흐름에 따라 어떤 사건들이 일어났는지를 분석하여 사건들 간의 연관성을 발견하면, 이러한 연관성을 토대로 미래의 사건을 예측하거나 사건들 사이의 인과 관계를 추론하는 등 다양하게 활용할 수 있다. [38]이와 같은 시차 연관성 분석을 하기 위해서는 사건이 일어난 시간이나 순서를 알려 주는 정보가 필요하다.

오답 분석

ㄴ은 라면과 계란의 판매대를 붙여 놓은 경우와 떼어 놓은 경우의 각 판매량을 파악하여 판매대의 거리에 따른 두 품목의 연관성을 분석한 경우이므로, 사건의 발생 순서를 분석의 고려 대상으로 삼지 않았다.

● 핵심 키워드: # 의무 충돌 # 작위 # 부작위 # 긴급 피난 # 위법 # 위법성 조각설 # 책임 조각설

● 문단별 중심 내용 & 구조도

1 의무 충돌의 개념과 성립 조건	**2** 의무의 세 가지 충돌 형식 중 의무 충돌에 해당하지 않는 경우	**4** 작위 의무 간 충돌의 두 가지 경우
	3 의무 충돌과 긴급 피난의 차이점	**5** 작위 의무 간 충돌에 대한 위법성 조각설과 책임 조각설

● 주제: **의무 충돌의 형식과 형법학적 견해**

---

1 [1]㉮ 인공호흡기가 1대밖에 없는 병원에 동등하게 살아남을 기회를 가진 2명의 환자가 동시에 실려 왔다. [2]한 사람은 출산을 앞둔 여성이고 다른 한 사람은 그녀의 남편이다. [3]치료 의무가 있는 담당 의사는 인공호흡기가 1대밖에 없기 때문에 그중 한 사람은 치료할 수 없었다. [4]이렇게 복수의 의무가 서로 충돌하여 행위자가 하나의 의무만을 이행할 수밖에 없는 긴급 상황에서, 하나의 의무를 이행하면 다른 의무를 이행할 수 없는 상호 관계에 있는 경우를 의무 충돌이라 한다. [5]의무 충돌 상황에서 의무는 법적 의무이어야 하며, 행위자는 의무 충돌 상황을 야기한 책임이 없어야 의무 충돌이 성립한다. [6]의무는 특정 행위를 해야 할 작위 의무와 하지 말아야 할 부작위 의무로 구분된다. [7]작위란 행위자가 신체적 힘을 이용해 자연적으로 벌어지는 일들에 변경을 가한 경우를 말하며, 부작위는 변경시킬 수 있지만 아무런 신체적 힘을 투입하지 않고 사건이 벌어질 것을 방치한 것을 말한다. [8]가령 위의 응급 상황에서 담당 의사가 환자에게 인공호흡기를 연결하지 않는 부작위가 일어났다면 의사는 생명을 보호해야 하는 작위 의무를 위반한 것이다.

2 [9]의무가 서로 충돌할 수 있는 상황은 부작위 의무 대 부작위 의무, 작위 의무 대 부작위 의무, 작위 의무 대 작위 의무의 충돌 형식을 띨 수 있다. [10]그러나 위의 세 가지 충돌 형식들이 모두 의무 충돌로 성립되는 것은 아니다. [11]대다수 형법학자들은 부작위 의무 간의 충돌은 의무 충돌에 해당되지 않는다고 본다. [12]한편, 작위 의무 대 부작위 의무의 충돌은 견해에 따라 의무 충돌이 아니라 긴급 피난으로 보는 견해들도 있다. [13]긴급 피난이란 자기 또는 타인의 법익에 대한 현재의 위난을 피하기 위한 상당한 이유가 있는 행위이다. [14]이때 법익이란 법이 보호하는 이익이고, 위난이란 법익에 대한 위험 있는 상태를 말한다. [15]운전 중 갑자기 나타난 보행자를 피하려 했는데, 좌측은 낭떠러지였기 때문에 급히 핸들을 우측으로 꺾어 건물 일부를 파손하는 행위는 긴급 피난으로 볼 수 있다. [16]긴급 피난으로 인정되면 벌하지 않는다. [17]이를 의무 개념으로 설명하자면 타인의 생명을 보호해야 한다는 작위 의무와 타인의 재산을 파괴하면 안 된다는 부작위 의무의 충돌 상황에서 핸들을 꺾는 작위에 의해 부작위 의무를 위반한 것으로 이해할 수 있다. [18]따라서 작위 의무 대 부작위 의무의 충돌은 긴급 피난과 본질적으로 동일하므로 의무 충돌에서 제외되어야 한다는 견해가 제기되는 것이다.

3 [19]의무 충돌과 긴급 피난은 모두 긴급 상황에서 한쪽의 법익을 보전하기 위해 다른 한쪽의 법익을 침해하지 않을 수 없다는 점에서 유사점이 있기 때문에 의무 충돌 자체가 긴급 피난과 구별되지

---

1 **01** 복수의 의무가 충돌할 때, 두 의무를 모두 이행할 수 있는 상황이어야 의무 충돌이 성립할 수 있다.

✕ [4문장] 복수의 의무가 충돌할 때, 하나의 의무만을 이행할 수밖에 없는 상황이어야 의무 충돌이 성립할 수 있다.

02 의무 충돌 상황에서 이행되지 않은 의무는 법적 의무이어야 의무 충돌이 성립할 수 있다.

○ [5문장] 의무 충돌 상황에서 의무는 법적 의무이어야 한다고 하였다.

03 행위자가 의무 충돌 상황을 유발한 것이 아니어야 의무 충돌이 성립할 수 있다.

○ [5문장] 행위자는 의무 충돌 상황을 야기한 책임이 없어야 의무 충돌이 성립한다고 하였다.

2 **04** 타인에게 피해를 입혔더라도 긴급 피난으로 인정되면 행위에 대한 벌을 받지 않는다.

○ [16문장] 긴급 피난으로 인정되면 벌하지 않는다고 하였다.

05 작위 의무를 이행하기 위해서 부작위 의무를 위반하게 되는 경우는 긴급 피난으로 볼 수 있다.

○ [17, 18문장] 긴급 피난은 작위 의무 대 부작위 의무의 충돌과 본질적으로 동일하다고 하였다.

3 **06** 의무 충돌과 긴급 피난은 어떤 의무를 이행하면 다른 한쪽의 의무는 이행하지 못한다는 점에서 유사하다.

○ [19문장] 의무 충돌과 긴급 피난은 모두 긴급 상황에서 한쪽의 법익을 보전하기 위해(= 의무 이행) 다른 한쪽의 법익을 침해한다(= 의무 불이행)는 점

않는다고 보는 견해가 있다. [20]그러나 의무 충돌과 긴급 피난은 의무의 범위를 작위 의무로 한정하면 그 차이점이 분명해진다. [21]긴급 피난은 위난을 제3자에게 전가하지 않고 자기 스스로 위난을 감수함으로써 법익 충돌을 해결할 가능성이 있는 것에 반해, 의무 충돌은 그와 같은 가능성이 없다. [22]즉 앞선 사례에서 운전자는 핸들을 우측으로 꺾지 않고 좌측으로 꺾어 자신의 법익을 희생함으로써 법익 충돌을 해결할 가능성이 있다. [23]반면, 앞서 언급한 담당 의사에게는 그와 같은 가능성이 없다. [24]또한 행위자가 적극적인 어떤 활동을 하는 작위에 의해 법익 침해가 이루어지는 긴급 피난과 달리, 의무 충돌은 행위자가 사건이 벌어질 것을 방치하는 부작위에 의해 법익 침해가 이루어진다. [25]그러므로 의무 충돌은 대개의 경우 작위 의무 간의 충돌을 뜻한다.

4 [26]의무 충돌을 작위 의무 간의 충돌로 한정한다면 두 경우를 생각해 볼 수 있다. [27]충돌하는 의무 사이에 가치의 경중이 있는 경우와 서로 동등한 가치가 충돌하는 경우가 바로 그것이다. [28]전자의 경우 가치가 낮은 의무를 희생하고 가치가 높은 의무를 이행하는 행위는 위법하지 않다고 보는 것이 형법학의 일반적 견해이다. [29]왜냐하면 복수의 의무 중 가치가 높은 의무를 이행하는 것이 법질서에 합치된다고 보기 때문이다. [30]그런데 서로 동등한 가치의 의무가 충돌할 때에는 부작위에 의한 법익 침해에 대해 위법하지 않다고 보는 견해와 위법성은 성립하지만 그 책임을 면할 수 있다는 견해로 나눌 수 있다.

5 [31]위법하지 않다고 보는 견해를 일러 위법성 조각설이라 한다. [32]이에 따르면 동등한 가치의 의무가 서로 충돌하여 의무를 동시에 이행할 수 없다면 그중 어느 것을 택할 것인가는 행위자의 양심에 따른 판단에 맡겨야 한다고 본다. [33]만약 위법하다면 어느 하나라도 의무를 이행한 자의 행위와 의무를 전혀 이행하지 않은 자의 행위가 위법하다는 점에서 동일하게 되어 불합리하다는 것이다. [34]이와 달리 동등한 가치의 의무 중 어느 것도 포기할 수 없기 때문에 의무 위반에 대한 위법성이 있지만 다만 그 책임이 면제될 수 있을 뿐이라고 보는 견해가 있는데, 이를 책임 조각설이라 한다. [35]이에 따르면 동등한 가치 중 어느 하나를 포기했다는 점에서 그 행위는 위법성이 성립하지만 의무 충돌에서는 적법 행위를 기대할 수 없으므로 면책될 수 있다고 보는 것이다.

에서 유사점이 있다고 하였다.

07 긴급 피난과 달리, 의무 충돌은 행위자가 위난을 감수하지 않는다.

O [21문장] 긴급 피난은 행위자가 자기 스스로 위난을 감수함으로써 법익 충돌을 해결할 가능성이 있는 것에 반해, 의무 충돌은 그와 같은 가능성이 없다고 하였다.

08 긴급 피난은 작위에 의해, 의무 충돌은 부작위에 의해 부작위 의무를 위반한다는 점에서 차이가 있다.

X [24문장] 긴급 피난은 어떤 활동을 하는 작위에 의해 부작위 의무를 위반함으로써 법익 침해가 이루어지고, 의무 충돌은 행위자가 사건이 벌어질 것을 방치하는 부작위에 의해 작위 의무를 위반함으로써 법익 침해가 이루어진다고 하였다.

4 **09** 형법학으로 작위 의무 간의 충돌이 발생할 때 가치가 낮은 의무를 이행하고, 가치가 높은 의무를 이행하지 않으면 위법한 행위로 볼 수 있다.

O [28문장] 가치가 높은 의무를 이행하는 행위는 위법하지 않다고 보는 것이 형법학의 일반적 견해라고 하였으므로, 가치가 낮은 의무를 이행한 경우는 위법한 행위로 볼 수 있을 것이다.

10 서로 동등한 가치의 의무가 충돌하여 하나의 의무를 이행하지 못했을 때에는 위법성이 항상 성립하지 않는다.

X [30문장] 서로 동등한 가치의 의무가 충돌하여 하나의 의무를 이행하지 못한 것에 대해 부작위에 의한 법익 침해가 위법하지 않다고 보는 견해와 위법성은 성립한다고 보는 견해로 나뉜다고 하였으므로, 위법성이 항상 성립하지 않는다고 단언할 수 없다.

11 서로 동등한 가치의 의무가 충돌할 때, 하나의 의무를 이행하여 다른 의무에 대한 법익 침해가 발생하여도 이에 대한 처벌은 받지 않는다.

O [30문장]위법성에 대한 견해는 나뉘지만, 위법성이 성립한다고 보는 견해에서도 그 책임은 면할 수 있다고 하였으므로, 의무 충돌 상황에서 다른 쪽 의무에 대한 법익 침해로 인한 처벌은 받지 않는다.

5 **12** 위법성 조각설은 의무 충돌 상황에서 한쪽의 의무 위반은 위법하지 않다고 주장한다.

O [31, 32문장] 위법성 조각설은 가치의 의무가 충돌할 때 부작위에 의한 법익 침해에 대해 위법하지 않다고 보는 견해라고 하였다.

13 위법성 조각설에 따라 위법성을 판단할 때, 1의 의사가 여성이나 남편 중 누구를 택하여 치료했는지는 중요하지 않다.

O [32문장] 위법성 조각설은 동등한 가치의 의무 충돌 상황에서 어느 것을 택할 것인가는 행위자의 양심에 따른 판단에 맡겨야 한다고 본다고 했다.

14 의무 충돌 상황에서 두 의무를 모두 이행하지 않는 것은 위법에 해당한다.

O [33문장] 의무를 모두 이행하지 않았으므로 위법에 해당한다. 다만 위법성 조각설은 의무 충돌 상황에서 하나의 의무를 이행하여 다른 하나의 의무를 이행하지 못한 경우는 위법하지 않다고 본다.

15 의무 충돌 상황에서 행위자에게 적법 행위를 기대할 수 없다면 그가 위법 행위를 하여도 그 책임을 묻지 않을 수 있다.

O [35문장] 책임 조각설은 의무 충돌에서는 적법 행위를 기대할 수 없으므로 포기에 대한 행위는 위법성이 성립하지만 면책될 수 있다고 본다.

01

a. <보기 1>에서 생명과 생명 사이의 법익 충돌이 있는 경우 두 생명 가치 사이에 경중이 없다고 했으므로, ㉮의 의사는 동등한 가치의 의무가 충돌하는 상황에 놓여 있다. 따라서 의사가 만약 누구에게도 인공호흡기를 연결하지 않았다면 의사는 어느 의무도 이행하지 않은 것이다. 따라서 위법성 조각설과 책임 조각설 모두 그의 행위를 위법하다고 볼 것이다.

b. 의사가 자신의 양심에 따라 남편에게 인공호흡기를 연결했다면, 동시에 이행할 수 없는 의무 중 하나의 의무를 이행하느라 여성에게는 작위 의무를 위반한 것이므로 위법성 조각설에서는 그 행위가 위법하지 않다고 볼 것이다. 위법성 조각설은 동등한 가치의 의무가 충돌할 때에는 부작위에 의한 법익 침해에 대해 위법하지 않다고 보기 때문이다.

팩트✓체크 ④ [30]그런데 서로 동등한 가치의 의무가 충돌할 때에는 부작위에 의한 법익 침해에 대해 위법하지 않다고 보는 견해 ⑤ [31]위법하지 않다고 보는 견해를 일러 위법성 조각설이라 한다. [32]이에 따르면 동등한 가치의 의무가 서로 충돌하여 의무를 동시에 이행할 수 없다면 그중 어느 것을 택할 것인가는 행위자의 양심에 따른 판단에 맡겨야 한다고 본다.

오답 분석

c. 의사가 어느 쪽이더라도 한쪽을 선택하여 의무를 이행했다면 위법성 조각설의 입장에서는 위법하다고 보지 않을 것이다. 위법성 조각설은 어느 하나의 의무를 선택하는 것과 어느 하나의 의무도 선택하지 않은 것을 동일하게 위법하다고 보는 것은 불합리하다고 보기 때문에 어느 하나라도 선택하여 의무를 이행했다면 위법하지 않다고 본다. 한편 책임 조각설에 따르면 담당 의사가 여성과 그녀의 남편 중 한 명에 대한 작위 의무를 위반했다는 점에서 위법성이 있다고 볼 것이다.

팩트✓체크 ⑤ [33]만약 위법하다면 어느 하나라도 의무를 이행한 자의 행위와 의무를 전혀 이행하지 않은 자의 행위가 위법하다는 점에서 동일하게 되어 불합리하다는 것이다.

02

선로 관리자는 자기 스스로 위난을 감수할 수 있는 가능성이 없었다는 것은 적절하지만, 이는 의무 충돌이 성립하는 조건이다. 따라서 이러한 점을 들어 의무 충돌로 볼 수 없다는 것은 적절하지 않다. 만일 빈 객차가 역으로 돌진하고 있는 상황에서 선로 관리자가 스스로 위난을 감수할 수 있는 가능성이 있다면 의무 충돌로 볼 수 없고, 긴급 피난으로 볼 여지가 있다.

팩트✓체크 ③ [21]긴급 피난은 위난을 제3자에게 전가하지 않고 자기 스스로 위난을 감수함으로써 법익 충돌을 해결할 가능성이 있는 것에 반해, 의무 충돌은 그와 같은 가능성이 없다.

오답 분석

① 선로 관리자는 객차의 승객들을 보호하는 것과 선로에서 일하는 노동자를 해치지 않는 것이라는 동시에 이행할 수 없는 두 의무 사이에서, 다수의 인명 피해를 방지하기 위해 선로를 변경하여 승객을 보호하는 의무를 선택한 것이다.

③ 역에 정차한 객차 승객들이 보호받아야 하는 법익과, 선로에서 일하던 노동자가 보호받아야 하는 법익 중 어느 한쪽을 보호하면 다른 한쪽의 법익이 침해되는 상황이므로, 두 법익이 서로 충돌하고 있다고 볼 수 있다.

④ 선로 관리자의 입장에서는 다수의 인명을 보호해야 한다는 작위 의무와 노동자에게 피해를 입히지 않아야 한다는 부작위 의무가 충돌한 상황이다. 그리고 선로 관리자가 다수의 인명 피해를 방지하기 위해 선로를 변경하는 작위에 의해 노동자에 대한 법익 침해가 이루어졌다.

⑤ 2문단에서 긴급 피난이란 자기 또는 타인의 법익에 대한 현재의 위난을 피하기 위한 상당한 이유가 있는 행위라고 하였다. 이를 바탕으로 볼 때, 선로 관리자가 위난에 처한 승객의 생명을 보전하기 위해 위난과 관련 없는 노동자에게 피해를 입힌 행위는 승객의 법익에 대한 현재의 위난을 피하기 위한 상당한 이유가 있는 행위로 볼 여지가 있다. 따라서 긴급 피난 인정 여부를 살필 수 있다.

팩트✓체크 ② [13]긴급 피난이란 자기 또는 타인의 법익에 대한 현재의 위난을 피하기 위한 상당한 이유가 있는 행위이다. [14]이때 법익이란 법이 보호하는 이익이고, 위난이란 법익에 대한 위험 있는 상태를 말한다.

PART II 독해 제재 종합 연습

1. 인문·예술

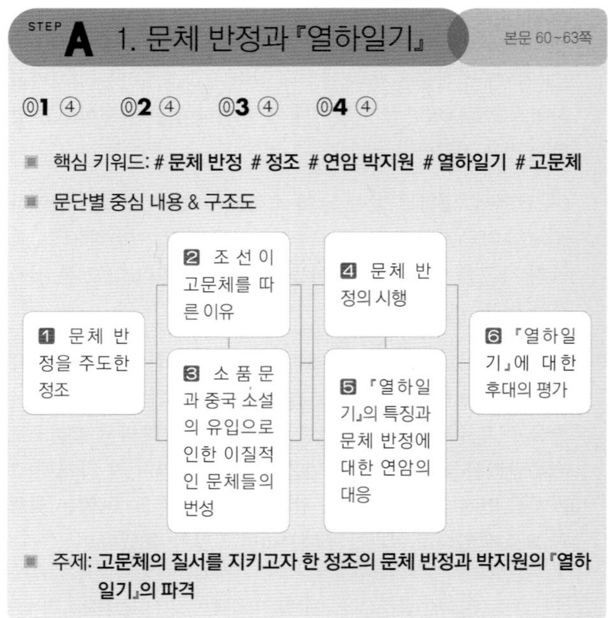

1 **01** 문체 반정을 일으킨 주체의 성격은 중종반정, 인조반정과 다르다.

○ [2문장] 중종반정과 인조반정은 권력 밖의 집단이, 문체 반정은 국왕 곧 권력 안의 인물이 사건을 주도했다는 점에서 주체의 성격이 다르다.

02 이옥과 박지원은 조선 왕조가 지향하는 문체를 따르지 않았다.

○ [5문장] 정조는 이옥과 박지원의 글 때문에 문체가 타락했다고 했으므로, 이들은 조선의 국왕인 정조가 지향하는 문체를 따르지 않았음을 알 수 있다.

2 **03** 시대를 대표하는 문체를 통해 그 시대의 사유 체계를 짐작할 수 있다.

○ [6문장] 문체는 한 시대가 지니는 사유 체계의 표현 형식이며, 조선 시대의 문체는 고문체라고 하였다.

04 어떤 문체로 글을 쓰느냐에 따라 들어가는 내용이 달라질 수 있다.

○ [6문장] 문체는 내용을 규정하는 장치라고 했으므로, 문체에 따라 들어가는 내용이 달라질 수 있다.

05 조선 왕조는 고문체를 이용하여 통치의 안정화를 이루려고 하였다.

○ [9문장] 조선이 중국의 고문체를 따르게 한 것은 조선의 현실을 돌아보지 못하게 함으로써 왕조의 체제를 유지하려 한 교묘한 장치이기도 했다고 하였다.

3 **06** 고문체는 형이상학적인 것들을 다룰 뿐, 미시적인 세계에 대해서는 다루지 않았다.

○ [11, 12문장] 고문과는 이질적인 문체인 『소품문』은 미시적인 세계를 다루었는데 이는 정조가 보기에 형이상학적인 고문의 권위를 해체하는 것이었다는 것을 통해, 고문체는 미시적인 세계를 다루지 않고 형이상학적인 것들을 다루었음을 짐작할 수 있다.

4 **07** 조선에 수입된 중국 소설은 실제로 벌어진 일과 인간사의 구체적인 문제를 다루었다.

✕ [14, 15문장] 3문단에서 중국 소설은 인간사의 구체적인 문제를 다루었다고 하였는데, 4문단에서 소설은 사소한 일을 다룬다는 의미이며 그 허구성이 세상을 어지럽히는 사기술이라는 비난을 받았다고 하였다. 따라서 중국 소설이 실제로 벌어진 일을 다루었다고 볼 수는 없다.

08 정조가 문체 반정을 일으킨 까닭은 사대부의 사유 체계를 예전과 같이 유지시키기 위해서이다.

○ [9, 16문장] 정조는 문체 반정을 일으켜 사대부의 글쓰기 전반을 대대적으로 검열했다고 하였다. 그리고 고문체를 벗어난 글을 쓰면 제재를 가했는데, 2문단을 통해 이는 조선 왕조의 체제를 유지하기 위함임을 알 수 있다.

09 이옥이 관계에 진출하지 못한 까닭은 고문체로 글을 짓지 않아서이다.

○ [17, 18문장] 1문단에서 이옥의 『소품』은 문체가 타락했다는 정조의 평을 들었으며, 4문단에서 타락한 문체를 구사하는 사대부는 과거 시험에 합격할 수 없었다고 하였다.

5 **10** 『열하일기』는 여행에서의 견문을 기록한 책으로, 미시적인 세계를 다루고 있다.

○ [20, 22문장] 『열하일기』는 연암이 청 건륭 황제의 생일을 축하하는 사절로 북경에 들어갔다가 귀국하는 과정을 기록한 연행록으로, 거대 담론과 함께 시정의 우스갯소리, 잡다하고 황당한 이야기들 등 미시적인 세계를 다루고 있다.

11 『열하일기』는 고문체를 완전히 벗어나 새로운 문체를 시도하였다.

✕ [22문장] 『열하일기』에는 소설과 소품문, 고문과 변려문이 자유자재로 섞여 있다고 하였다.

12 정조는 『열하일기』를 지은 연암을 꾸짖는 한편 회유하는 태도를 취하였다.

○ [23문장] 정조는 연암에게 고문체로 글을 지어 죄를 씻으라며 꾸짖는 한편, 그리하면 벼슬을 주겠노라고 회유하였다.

13 연암은 정조의 명을 따라 기존의 통치 질서에 순응하였다.

✕ [24문장] 연암은 결국 반성문을 제출하지 않았으므로 기존의 통치 질서에 순응하였다고 볼 수 없다.

6 **14** 조선과 현대에서의 『열하일기』에 대한 평가는 대조적이다.

○ [19, 27문장] 조선에서는 문체를 타락시킨 책으로 평가받았지만, 현대에는 자유롭고 발랄한 사유를 보여 준 책으로 평가받고 있다.

15 『열하일기』는 당대 조선의 시각에 갇히지 않고 자유롭게 사유를 펼쳤다는 점에서 독창적이다.

○ [27문장] 『열하일기』는 당대 조선에서 볼 수 없었던 특이한 내용과 문체를 지닌 서적으로, 당대의 정형화된 틀을 뛰어넘었다고 하였다. 따라서 당대 조선의 시각에 갇히지 않고 자유롭고 발랄한 사유를 보여 주었다는 점에서 독창적이라 할 수 있다.

① 1

정답 분석   정답 ④

이 글은 사대부의 사유 체계의 표현 형식을 고문체로 유지시키려고 한 문체 반정을 소개한 뒤, 정조로부터 문체 타락의 출발점으로 지목되었던 『열하일기』의 특징과 가치를 제시하고 있다. 그리고 6문단에서 연암의 문체는 당대 주류의 언어였던 고문체를 더듬거리게 했으며, 『열하일기』는 정형화된 틀을 뛰어넘는 사유를 보여 준 특이한 문체를 지닌 서적으로 평가받음을 제시하고 있다. 따라서 『열하일기』가 '고문체에 대한 반란과 파격'이라는 제목은 이러한 내용을 담은 것으로 적절하다.

① 조선 시대의 문체는 고문체였으며, 정조는 『열하일기』 때문에 문체가 타락했다며 연암에게 고문체로 글을 지어 죄를 씻으라고 했다. 따라서 『열하일기』가 조선 왕조 사대부 문체의 잣대라고 볼 수는 없다.

② 『열하일기』는 기행문이지만 이 글에서는 그러한 면을 주되게 다룬 것이 아니라 문체 면에서 당대를 뛰어넘은 책으로 소개하고 있다.

③ 연암이 반성문을 제출하라는 정조의 명을 따르지 않았으나, 정조의 문체 반정과 이에 대한 연암의 대응을 지루한 줄다리기라고 볼 수는 없다.

⑤ 이 글에서는 『열하일기』가 조선의 르네상스로서의 정조 시대를 드러내는 사례로 조명되고 있지는 않다.

⓪2

정답 분석　　　　　　　　　　　　　　　　　　　　정답 ④

㉠에서는 '완결된 멜로디를 구사한다는 점'이 아니라 '끊임없는 멜로디를 울린다는 점'에 짜라투스트라의 위대함이 있다고 함으로써 끊임없이 멜로디를 울리는 것의 가치를 강조하고 있다. 글쓴이는 이러한 내용의 ㉠을 언급하며 연암이 서양의 철학자 니체에 비견되기도 하며, 『열하일기』는 오늘날 창의적 사고, 이면적 사고, 독창적 시각을 얻고자 하는 이들에게 전범으로 자리하고 있다고 말하고 있다. 따라서 글쓴이는 ㉠을 통해 『열하일기』가 늘 새로운(=창의적, 이면적, 독창적) 의미를 생성해 낸다(=끊임없는 멜로디를 울린다.)는 점을 강조하려 한 것으로 볼 수 있다.

오답 분석

① 『열하일기』는 오늘날의 독자들에게도 읽히며 영향을 주고 있으나 ㉠을 통해 이 점을 강조한 것은 아니다.

② 이 글에서 언급한 『열하일기』의 문체의 가치가 아름다움에 있다고 보기는 어려우며 ㉠을 통해 강조하고자 한 내용과도 거리가 멀다.

③ 『열하일기』는 오늘날 당대의 정형화된 틀을 뛰어넘는 사유를 보여 준 책으로 평가받으며, 창의적 사고 등을 얻고자 하는 이들에게 전범으로 자리한다고 하였으므로, 새로운 논쟁거리와는 거리가 멀다.

⑤ 이 글에서 설명한 『열하일기』의 성격과 관련이 없는 내용이며, ㉠의 의미와도 거리가 멀다.

⓪3

정답 분석　　　　　　　　　　　　　　　　　　　　정답 ④

<보기>의 글쓴이는 전통은 고정 불변하는 것이 아니라 창조하는 것이며, 과거에는 훌륭한 것이 후대에 버림받기도 하고, 과거에 버림받은 것이 후대에는 전통으로 높이 평가되는 경우도 있다고 하였다. 그런데 『열하일기』가 후대에 다시 부정적 평가를 받는 것을 방지하기 위해 변함없는 전통으로 공고히 세우자는 것은 전통을 고정 불변의 것으로 여기는 사고이다. 따라서 <보기>의 글쓴이의 입장으로 볼 수 없다.

① 6문단에서 『열하일기』는 당대의 정형화된 틀, 즉 고문체를 뛰어넘는 자유롭고 발랄한 사유를 보여 주었다고 한 것을 통해 이끌어 낼 수 있다.

> 팩트✓체크 **6** ²⁷오늘날 『열하일기』는 당대의 정형화된 틀을 뛰어넘는 자유롭고 발랄한 사유를 보여 주었고, 당대 조선에서 볼 수 없었던 특이한 문체를 지닌 서적으로 평가받는다.

② <보기>에서 전통은 우리 자신이 찾아내고 창조하는 것이라고 하였으므로, 『열하일기』를 새롭게 발견해야 할 전통이라고 말하는 것은 적절하다.

③ 6문단에서 『열하일기』는 당대 조선에서 볼 수 없었던 특이한 문체를 지닌 서적으로, 오늘날 창의적인 사고, 이면적 사고, 독창적 사고를 얻고자 하는 이들에게 전범이 되었다고 한 것을 통해 이끌어 낼 수 있다.

⑤ 2문단에서 조선 왕조는 체제를 유지하기 위한 장치로 고문체를 따르도록 했음을 알 수 있고, 4문단에서 고문체에서 벗어난 중국 서적 수입이 금지되고, 『열하일기』는 타락의 출발점으로 지목받았음을 알 수 있다. 이를 통해 『열하일기』가 과거에 그 가치를 인정받지 못한 것은 왕조의 체제를 흔들 수 있는 위험한 요소가 있다고 여겨졌기 때문이라고 말할 수 있다.

> 팩트✓체크 **2** ⁹이처럼 조선이 고문체를 따르게 한 것은 시간적으로 아득한 옛날, 공간적으로 먼 중국의 중원에 시선을 향하게 하는 반면 '지금, 여기'는 돌아보지 못하게 하여 왕조의 체제를 유지하려는 교묘한 장치이기도 했다. **4** ¹⁶실제로 소설을 두루 섭렵한 정조는 중국 서적 수입을 금지하고, 사대부의 글쓰기 전반에 대해 대대적 검열을 실시하는 문체 반정을 일으켰다. ¹⁹이러한 문체 반정의 바람은 마침내 문풍 타락의 출발점으로 『열하일기』를 지목하기에 이른다.

⓪4

정답 분석　　　　　　　　　　　　　　　　　　　　정답 ④

ⓐ '출발점'은 사물이나 사건이 일어난 근원, 실마리를 뜻한다. 즉, 일이 시작된 계기나 시작점을 의미하고 있다. 그런데 '분수령'은 '어떤 사실이나 사태가 발전하는 전환점' 또는 '어떤 일이 한 단계에서 전혀 다른 단계로 넘어가는 전환점'을 비유하는 말로, 일이 이미 진행되고 있는 와중에 변화, 결정의 계기가 되는 지점을 의미하므로 ⓐ와 바꾸어 쓰기에 적절하지 않다.

오답 분석

① '실마리'는 '일, 사건의 첫머리, 단서'를 의미하므로 ⓐ와 바꾸어 쓸 수 있다.

② '단서'는 '일의 첫 부분'을 의미하므로 ⓐ와 바꾸어 쓸 수 있다.

③ '진원지'는 '사건이나 현상이 일어난 근원이 되는 곳을 비유하여 이르는 말'이므로 ⓐ와 바꾸어 쓸 수 있다.

⑤ '시발점'은 '첫 출발하는 지점, 또는 일이 처음 시작되는 계기'를 의미하므로 ⓐ와 바꾸어 쓸 수 있다.

◎**1** ②   ◎**2** ①   ◎**3** ④   ◎**4** ④   ◎**5** ③

■ 핵심 키워드: # 자아 # 무시 # 상호 인정 관계 # 자기의식 # 인정투쟁

■ 문단별 중심 내용 & 구조도

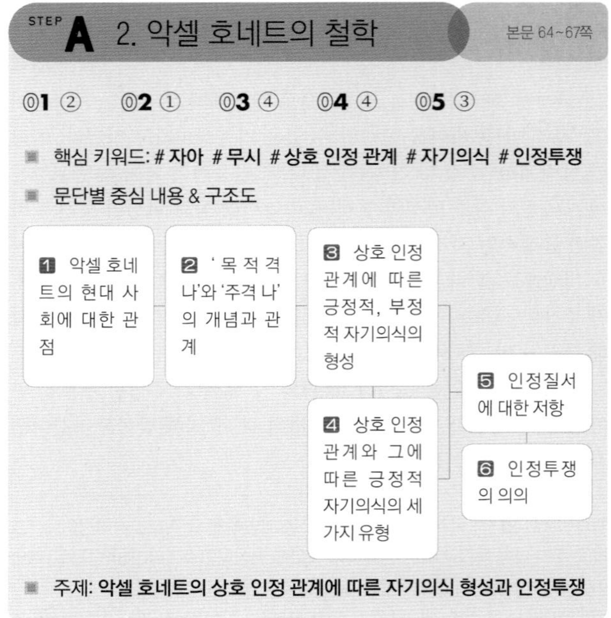

■ 주제: 악셀 호네트의 상호 인정 관계에 따른 자기의식 형성과 인정투쟁

1 **01** 악셀 호네트는 현대 사회 속 개인들의 처지를 부정적으로 본다.

○ [1문장] 철학자 악셀 호네트는 현대 사회 속 개인은 자아를 실현할 수 없는 병리적 사회에서 살아간다고 보았다.

02 악셀 호네트는 개인의 자아실현이 보장되는 사회를 건강한 사회로 평가했다.

○ [2문장] 악셀 호네트는 건강한 사회가 되기 위해서는 개인의 자아실현을 보장하는 사회적 인정이 회복되어야 한다고 주장하였다.

2 **03** '목적격 나'는 타인들의 영향을 받아 형성한 자아상이다.

○ [5문장] '목적격 나'는 타인들의 생각과 기대를 일반화하여 형성한 자아상이라고 하 였다.

04 '주격 나'는 이미 고정된 자아상으로, '목적격 나'와 대립한다.

✕ [7, 8문장] '주격 나'는 '목적격 나'에 반응하여 자아를 형성하기 이전의 자아상으로, 개인이 자아를 형성할 수 있는 무한한 가능성이라고 하였으므로 이미 고정된 자아상으로 볼 수 없다. 또한 '주격 나'는 '목적격 나'에 반발하기도 하지만, '목적격 나'를 내면화할 수도 있다.

3 **05** 호네트는 개인이 독립적으로 자아를 형성하는 것이 바람직하다고 본다.

✕ [10문장] 개인의 '주격 나'가 '목적격 나'에 반응하여 자아를 형성하는 데는 사회적 관계를 맺고 있는 주체들, 즉 개인과 타인의 상호 인정이 전제된다고 하였다.

06 호네트는 개인이 사회적 지지를 획득하는 경험을 할 수 있어야 한다고 주장한다.

○ [11문장] 호네트에 의하면 자아를 형성한 개인은 사회적 지지를 획득함으로써 긍정적 자기의식을 형성할 수 있게 된다.

07 자아가 자기의식을 형성하기 위해서는 사회적 지지를 받아야 한다.

✕ [12문장] 상호 인정 관계에서 형성된 자아가 사회적 지지를 받으면 자기 자신을 긍정적으로 인식하게 되지만, 사회적 무시를 경험하면 긍정적 자기의식이 파괴된다고 하였다. 즉, 사회적 지지 여부는 자기의식의 형성 자체가 아닌 긍정적 성향을 형성하는 데 영향을 미친다고 볼 수 있다.

4 **08** 정서적 배려와 대비되는 학대나 폭행을 경험한 개인은 '주격 나'를 형성하지 못하게 된다.

✕ [7, 16문장] 정서적 배려와 대비되는 타인으로부터의 학대나 폭행과 같은 무시를 경험한 개인은 자신감이 파괴된다고 하였으며, 곧 긍정적 자기의식이 아닌 부정적 자기의식을 갖게 된다. 한편 2문단에서 '주격 나'는 목적격

나에 반응하여 자아를 형성하기 이전의 자아상이라고 하였으므로, 이로 인해 '주격 나'를 형성하지 못하게 되는 것은 아니다.

09 자기존중감을 형성하기 위해서는 개인이 사회로부터 법적 권리를 존중받는 경험을 해야 한다.

○ [18문장] 자기존중감은 사회로부터 타인과 동등한 권리를 가진 존재로 자신이 존중받고 있다고 인지하는 것이라고 하였으므로, 자기존중감은 권리가 인정받는 경험을 바탕으로 한다.

10 가치 공동체 관계는 개인의 능력이 타인보다 뛰어날 때 맺을 수 있다.

✕ [20문장] 가치 공동체 관계는 개인이 공동체의 구성원들로부터 개성, 즉 능력과 속성을 인정받는 것이라고 하였다. 개인의 능력이 타인보다 뛰어나야만 맺는 것은 아니다.

11 긍정적인 자기의식이 부정적 자기의식으로 바뀔 수 있다.

○ [16, 19, 22문장] 긍정적 자기의식을 만드는 자신감, 자기존중감, 자부심은 그것이 부정되는 무시를 경험하면 파괴된다고 하였다.

5 **12** 개인이 자아실현을 하기 위해서는 긍정적인 자기의식이 반드시 형성되어야 한다.

○ [23, 24문장] 개인의 긍정적인 자기의식이 파괴되면 개인은 자아실현의 기회를 상실하게 된다고 하였으므로, 개인이 자아실현을 하기 위해서는 긍정적인 자기의식이 반드시 형성되어야 한다고 할 수 있다.

13 개인이 사회의 인정질서에 저항하는 것은 자아실현의 기회를 얻기 위해서이다.

○ [25문장] 긍정적인 자기의식이 파괴되면 개인은 자아실현의 기회를 상실하게 된다고 하였고, 개인은 이를 회복하기 위해, 곧 자아실현의 기회를 얻기 위해 인정질서에 저항하게 된다고 하였다.

14 인정질서에 대한 개인의 저항은 곧 사회적 판단 기준이나 원칙에 개인을 포함시키기 위한 것이다.

○ [25, 26문장] 기존 인정질서가 개인을 인정 대상에서 배제시킬 때 이에 저항하는 것이다. 따라서 인정질서에 대한 개인의 저항은 곧 사회적 판단 기준이나 원칙에 개인을 포함시키기 위한 것이라 할 수 있다.

6 **15** 원초적 관계, 권리 관계, 가치 공동체 관계에서 개인이 무시를 경험하면 인정투쟁이 발생할 수 있다.

○ [24, 25, 27문장] 5문단에서 상호 인정 관계(원초적 관계, 권리 관계, 가치 공동체 관계)에서 무시에 의해 긍정적인 자기의식이 파괴된 개인은 자아실현의 기회를 회복하기 위해 인정질서에 저항하게 된다고 하였다. 그리고 6문단에서 이러한 모든 저항을 인정투쟁이라고 명명한다고 하였다.

◎**1**

정답 분석   정답 ②

이 글은 호네트의 관점에서 자아 형성과 자아실현을 위한 조건을 탐색하고 있다. 호네트는 '목적격 나'와 '주격 나'의 개념을 구분하고 이를 바탕으로 상호 인정을 통한 자아 형성을 설명한다. 그리고 상호 인정을 통한 긍정적인 자기의식을 유형화하여 제시한 뒤, 긍정적 자기의식이 실현되지 않을 때 개인의 인정투쟁은 정당하다고 주장한다. 이와 같이 이 글은 특정 관점(호네트)에서 자아 형성 과정과 자기의식을 유형화하며, 자기의식과 자아실현의 연관성을 설명하고 있다.

오답 분석

① 자기의식 형성의 의의는 제시되었으나, 한계는 설명하지 않았다.

> 팩트✔체크 **5** [23]호네트는 이처럼 세 가지 상호 인정 관계에서 개인이 긍정적 자기의식을 형성할 때, 개인은 성공적으로 자아를 실현할 수 있다고 보았다.

③ 자기의식의 장단점을 밝히지는 않았다.

④ 자아 형성 과정의 역사적 변천은 제시되지 않았다.

⑤ 자아 형성 과정에 대한 통념은 제시되지 않았다.

02

정답 분석 정답 ①

5문단을 보면 상호 인정 관계에서 무시에 의해 개인의 긍정적인 자기의식이 파괴되면 개인은 자아실현의 기회를 상실하게 되며, 개인은 이를 회복하기 위해 사회에 형성되어 있는 인정질서에 저항하게 된다고 하였다. 따라서 ①은 선후 관계를 잘못 파악한 것으로, 무시가 개인의 자아실현을 위한 저항의 결과가 아니라 자아실현의 기회가 무시에 의해 상실되었을 때 개인은 저항을 하게 되는 것이다.

> 팩트✔체크 **5** [24]하지만 상호 인정 관계에서 무시에 의해 개인의 긍정적인 자기의식이 파괴되면 개인은 자아실현의 기회를 상실하게 된다. [25]개인은 이를 회복하기 위해 사회에 형성되어 있는 인정질서에 저항하게 되는데,

오답 분석

② 1문단에서 철학자 악셀 호네트는 현대 사회는 개인이 자아를 성공적으로 실현할 수 없는 병리적 사회가 되었으며, 그 원인이 무시에 있다고 지적하였다.

> 팩트✔체크 **1** [1]철학자 악셀 호네트는 현대 사회는 개인이 자아를 성공적으로 실현할 수 없는 병리적 사회가 되었으며, 그 원인이 무시에 있다고 지적한다.

③ 4문단에서 개인이 타인으로부터 학대나 폭행과 같은 무시를 경험하면 자신감이 파괴된다고 하였다.

> 팩트✔체크 **4** [16]하지만 개인이 타인으로부터 학대나 폭행과 같은 무시를 경험하면 자신감은 파괴된다.

④ 4문단에서 개인이 자신의 능력과 속성에 대해 공동체 구성원들로부터 부정되는 무시를 경험하면 자부심이 파괴된다고 하였다.

> 팩트✔체크 **4** [22]하지만 개인이 자신의 능력과 속성에 대해 공동체 구성원들로부터 부정되는 무시를 경험하면 자부심은 파괴된다.

⑤ 4문단에서 개인이 마땅히 충족될 것이라고 기대했던 법적 권리가 사회로부터 부정되는 무시를 경험하면 자기존중감이 파괴된다고 하였다.

> 팩트✔체크 **4** [19]하지만 개인이 마땅히 충족될 것이라고 기대했던 법적 권리가 사회로부터 부정되는 무시를 경험하면 자기존중감은 파괴된다.

03

정답 분석 정답 ④

2문단에서 '목적격 나'는 사회적으로 개인에게 요구되는 자아상이고, '주격 나'는 자아를 형성할 수 있는 가능성이라고 하였다. 이러한 상태에서 '주격 나'가 '목적격 나'에 반응하여 자아를 형성하는 데는 타인의 상호 인정이 전제된다. 그런데 상호 인정이 무시로 바뀌면 긍정적인 자기의식은 파괴되고 개인은 저항을 하게 된다. 이를 바탕으로 볼 때 [자료 2]에서 B 씨가 시위를 한 이유는 '주격 나'가 주장한 새로운 자아상이 △△시로부터 형성한 '목적격 나'에 의해 부정되거나 무시되었기 때문이다. 그래서 B 씨는 시위를 하였고 그 결과 권리를 얻은 것이다. B 씨의 '주격 나'가 주장한 새로운 자아상이 △△시로부터 형성한 '목적격 나'에 의해 받아들여졌다면 시위를 하지 않았을 것이다.

> 팩트✔체크 **2** [6]즉 목적격 나는 사회적으로 개인에게 요구되는 자아상이다. [7]그리고 주격 나는 목적격 나에 반응하여 자아를 형성하기 이전의 자아상으로, 개인이 자아를 형성할 수 있는 무한한 가능성이다.
> **3** [10]호네트에 의하면 개인의 주격 나가 목적격 나에 반응하여 자아를 형성하는 데는 사회적 관계를 맺고 있는 주체들, 즉 개인과 타인의 상호 인정이 전제된다. [12]하지만 상호 인정 관계에서 개인이 사회적 무시를 경험하면, 해당 개인은 자신에 대한 긍정적인 자기의식이 파괴된다.

오답 분석

① 2문단에서 '목적격 나'란 개인이 자신에 대한 타인들의 생각과 기대를 일반화하여 형성한 자아상을 말한다고 하였다.

② 3문단에서 '주격 나'가 '목적격 나'에 반응하여 자아를 형성하는 데는 사회적 관계를 맺고 있는 주체들, 즉 개인과 타인의 상호 인정이 전제된다고 하였으므로 적절한 설명이다.

③ 2문단에서 '목적격 나'란 한 개인이 자신에 대한 타인들의 생각과 기대를 일반화하여 형성한 자아상이라고 하였으므로, 이에 저항하는 것은 '목적격 나'에 반발한 행위이다.

⑤ 2문단에서 '주격 나'는 '목적격 나'를 내면화하여 자아를 형성할 수도 있지만, '주격 나'가 '목적격 나'에 반발할 수도 있다고 하였다. 또한 '주격 나'가 '목적격 나'에 반발할 때는, '주격 나'가 새로운 자아상을 '목적격 나'에게 주장할 수 있고 '목적격 나'가 이를 받아들여야만 개인은 자아를 형성할 수 있다고 하였다. 이에 따르면 B 씨가 내국인과 동등한 투표권을 승인받은 것은 B 씨의 '주격 나'가 주장하는 새로운 자아상을 △△시로부터 형성한 '목적격 나'가 인정했기 때문이라고 볼 수 있다.

04

정답 분석 정답 ④

6문단에서 사회적으로 인정하는 개인의 가치 범위가 확장되어 새로운 인정질서가 형성되는 것은 인정투쟁의 기능임을 알 수 있다. 5문단에서 호네트는 기존 인정질서와 대립하는 개인의 저항이 기존 인정질서에서 배제된 사람들의 자아실현의 조건을 확보하기 위한 사회적 저항(인정투쟁)으로 확대된다고 하였다. 그런데 [자료 1]의 A 씨는 아버지의 존중과 배려 덕에 기술을 익혀 올해의 장인으로 선정되었다. 따라서 A 씨는 상호 인정 관계에서 무시를 경험했다고 보기 어려우며, 인정질서에 저항하는 인정투쟁을 했다고도

볼 수 없다.

팩트✓체크 **5** [26]호네트는 개인이 새로운 자아상을 기존 인정질서에 주장하면 개인은 기존 인정질서와 대립할 수밖에 없고, 개인의 저항은 기존 인정질서에서 배제된 사람들의 자아실현의 조건을 확보하기 위한 사회적 저항으로 확대된다고 말한다.

오답 분석

① A 씨는 아버지로부터 배려를 받았으며, B 씨는 이웃들로부터 위로를 받으면서 시위에 참여하였으므로 두 사람은 정서적 배려를 통해 자신감을 형성했을 것이다.

② B 씨는 △△시로부터 지정된 투표소에서만 투표해야 한다는 통보를 받고 상심했지만, 이웃들의 위로를 받으면서 시위에 참여해 권리를 회복했으므로 파괴되었던 긍정적 자기의식을 회복했다고 볼 수 있다.

③ A 씨는 가족들이나 도예가 협회로부터 무시를 경험한 적이 없다. 이와 달리 B 씨의 1인 시위에는 여러 이민자들이 가세하여 시위가 확대되었는데, 이는 기존 인정질서에 대한 개인의 저항이 그 질서에서 배제된 사람들의 사회적 저항으로 확대된 것으로 볼 수 있다.

⑤ 4문단에서 가치 공동체 관계에서 개인은 자신이 구성원들로부터 가치 있는 존재로 인정받는 것을 통해 공동체에 기여하고 있다는 긍지인 자부심을 형성한다고 하였으므로, 기술을 익힌 결과 도예가 협회에서 올해의 장인으로 선정된 A 씨는 자부심을 느낄 것이다. 또한 권리 관계에서 법적 권리를 부여받은 개인은 사회로부터 타인과 동등한 권리를 가진 존재로 자신이 존중받고 있다고 인지하는 자기존중감을 형성한다고 하였으므로, 내국인과 동등한 투표권을 승인받은 B 씨는 자기존중감을 형성할 것이다.

ⓞ**5**

정답 분석　　　　　　　　　　　　　　　　　　　정답 ③

6문단에서 호네트는 인정투쟁(㉠)은 사회적으로 인정되는 개인의 권리나 가치의 범위를 확장하여 새로운 인정질서를 형성할 수 있다고 본다고 하였다. 이에 반해 <보기>의 홉스는 자기 보존을 위한 투쟁(㉡)을 해결한 결과는 개인의 권리를 국가에 양도하고 사회 질서에 복종하는 것이라고 하였다.

팩트✓체크 **6** [28]특히 그는 권리 관계나 가치 공동체 관계에서 발생하는 인정투쟁은 사회적으로 인정되는 개인의 권리나 가치의 범위를 확장하여 새로운 인정질서를 형성할 수 있다고 본다.

오답 분석

① 호네트는 ㉠을 자아실현의 기회를 회복하기 위한 것으로 보았지, 불안이 지속되는 상태인지는 언급하지 않았다. 그리고 홉스는 ㉡이 불안이 해소된 상태가 아니라, 지속적 불안 상태를 불러일으킨다고 하였다.

② 호네트의 관점에서 ㉠은 개인의 자아를 인정 대상으로 허용하기 위한 것이므로, ㉠에 의해 개인이 상대에게 굴복하게 된다고 보지 않는다. 한편 홉스는 ㉡에서 벗어나는 방법은 개인이 사회 질서에 복종하는 것이라고 하였으므로, ㉡에 의해 개인이 상대와 공존하게 된다고 본 것은 아니다.

④ 호네트가 ㉠을 통해 자신의 권리 중 일부를 포기한다고 보았는지는 알 수 없다. 한편 홉스는 ㉡으로 인한 지속적 불안 상태에서 벗어나기 위해 개인이 자신의 권리를 국가에 일부 양도한다고 보았다.

⑤ 호네트는 ㉠을 자아실현의 조건을 확보하기 위한 방안으로 제시하였다. 그러나 홉스는 ㉡을 개인의 욕망을 타인에게 양도하기 위한 기회로 본 것이 아니라, ㉡에서 벗어나기 위해 자신의 권리를 국가에 일부 양도해야 한다고 보았다.

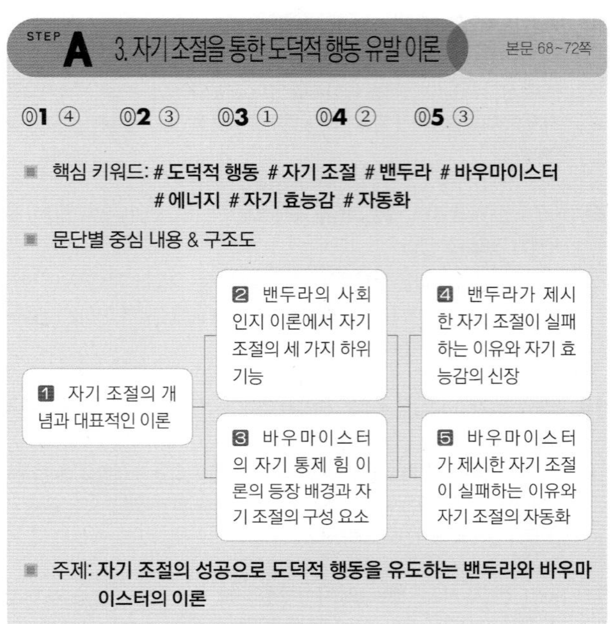

1　**01**　밴두라와 바우마이스터는 인간이 사고나 감정, 욕구, 행동 등을 스스로 바꿀 수 있다고 본다.

○　[3, 4문장] 밴두라와 바우마이스터는 자기 조절의 성공과 실패에 대한 대표적인 현대 심리 이론가이다. 따라서 인간이 자기 조절, 곧 목표 달성을 위해 자신의 사고, 감정, 욕구, 행동 등을 바꿀 수 있다고 볼 것이다.

2　**02**　밴두라는 인간이 자기 조절 능력을 지니게 되는 과정을 구체적으로 밝혀냈다.

✕　[5문장] 밴두라는 인간이 자기 조절 능력을 지니게 되는 과정은 언급하지 않았다. 오히려 자기 조절 능력을 선천적으로 지니고 있다고 보았을 뿐이다. 밴두라가 구체적으로 밝힌 부분은 자기 조절 능력의 하위 기능이다.

03　인간이 가치 있는 것을 획득하기 위해 행동하거나 두려워하는 것을 피하기 위해 행동하는 까닭은 자기 조절 능력을 가지고 있기 때문이다.

○　[6문장] 밴두라는 자기 조절 능력을 지닌 인간의 특징으로 가치 있는 것을 획득하기 위해 행동하거나 두려워하는 것을 피하기 위해 행동하는 것을 들었다.

04　밴두라의 자기 조절 능력의 세 가지 하위 기능은 순차적으로 작동할 것이다.

○　[8~10문장] 세 가지 하위 기능은 자기 검열, 자기 판단, 자기 반응이며, 자기 검열이 첫 단계라 하였다. 따라서 이 세 가지가 순차적으로 작동할 것임을 알 수 있다.

05 만족감과 긍지를 느끼기 위해서는 자신이 지향하는 목표와 관련된 개인적 표준에 부합하는 행동을 해야 한다.

○ [10문장] 자신이 지향하는 목표와 관련된 개인적 표준에 부합하는 행동은 만족감이나 긍지라는 자기 반응을 만들어 낸다고 하였다.

3 06 밴두라와 달리, 바우마이스터는 자기 조절에 들이는 에너지를 중시한다.

○ [7, 12문장] 2문단에서 밴두라는 자기 조절에 있어서 에너지 측면을 설정하지 않았지만, 바우마이스터는 자기 조절에 들이는 에너지를 구성 요소로 설정하고 에너지의 양적인 측면을 중시했다고 하였다.

07 밴두라의 자기 검열 기능은 바우마이스터의 모니터링과 유사하다.

○ [8, 12문장] 밴두라의 자기 검열 기능은 목표와 관련하여 자신의 상황과 현재 자신의 행동을 감독, 관찰하는 것이다. 바우마이스터의 모니터링 역시 자신의 행동을 관찰하는 것이라고 하였으므로 둘이 유사하다고 볼 수 있다.

08 바우마이스터의 이론에 따르면 지속적으로 자기 조절을 하기 위해서는 개인의 에너지를 가능한 한 많이 사용해야 한다.

× [14문장] 바우마이스터는 에너지의 양이 제한되어 있으므로 지속적으로 자기 조절에 성공하기 위해서는 에너지를 효율적으로 사용해야 한다고 하였다.

4 09 밴두라는 자기 조절 개념을 통해 보편적인 도덕규범에 맞는 행동이 무엇인지 정의하고 있다.

× [19, 20문장] 밴두라는 보편적인 도덕규범에 맞는 행동이 무엇인지를 정의하는 것이 아니라, 자기 조절 개념을 통해 도덕적 표준에 일치하는 행동을 하는 이유와 하지 않는 이유를 밝히고 있다.

10 밴두라는 자기 면책적 사고를 지닌 사람이 도덕적 표준을 달성할 수 있다고 주장한다.

× [20문장] 밴두라에 따르면, 자기 면책적 사고를 지니면 죄책감을 예측하는 것이 불가능하여 도덕적 표준에 어긋나는 행동을 할 수 있다. 이는 곧 자기 조절의 실패에 해당한다고 하였다.

11 자기 면책적 사고는 밴두라의 자기 조절의 세 가지 하위 기능 중 자기 검열 단계에서 강하게 나타날 것이다.

× [8, 9, 20문장] 자기 판단을 할 때 자기 반응을 예측하는데, 자기 면책적 사고로 인해 죄책감을 예측하지 못하여 도덕적 표준에 어긋나는 행동을 한다고 하였다. 따라서 자기 면책적 사고는 자기 판단 단계에서 강하게 나타날 것이다.

12 자기 효능감이 높을수록 도덕적 행동을 할 가능성이 높다.

○ [23문장] 자기 효능감이 신장되면 도덕적 행동이라는 목표에 있어서도 자기 조절의 성공을 가져올 수 있다고 하였으므로, 자기 효능감이 높을수록 도덕적 행동이라는 목표를 달성할 가능성이 높다고 볼 수 있다.

5 13 자아 소모는 직후의 자기 조절 과업의 수행에 부정적 영향을 끼친다.

○ [25, 26문장] 자아 소모가 발생하면 직후의 자기 조절 과업의 수행을 어렵게 만든다고 하였다.

14 바우마이스터에 따르면 자신의 목표 달성 경험을 포함하는 연습과 훈련이 거듭될수록 도덕적 행동을 할 때 점차 에너지를 많이 투입할 수 있다.

× [28문장] 자기 조절의 자동화는 자기 조절 과업을 수행하는 데 있어 이전보다 에너지를 더 적게 사용하게 되는 것을 의미한다고 하였다.

15 밴두라와 달리, 바우마이스터는 자기 조절에 성공하기 위해서는 목표를 달성하는 경험이 필요하다고 본다.

× [23, 29문장] 4문단에서 밴두라는 자신이 지향하는 목표를 달성하는 경험을 통해 자기 효능감이 신장되면 도덕적 행동이라는 목표에 있어서도 자기 조절의 성공을 가져올 수 있다고 하였다. 바우마이스터 역시 자신의 목표 달성 경험을 포함하는 연습과 훈련을 통한 자기 조절의 자동화로 자기 조절의 성공을 가져올 수 있다고 보았다.

01

정답 분석　　　　　　　　　　　　　　　　　　　　　**정답 ④**

이 글은 자기조절이라는 특정 개념을 설명하는 밴두라와 바우마이스터의 이론을 소개하고, 두 사람의 이론에 따라 비도덕적인 행동이라는 문제 상황에 대한 원인과 해결책을 제시하고 있다.

오답 분석

① 이 글은 두 이론을 소개하는 데에 초점이 있을 뿐, 이론의 한계는 지적하고 있지 않다.

② 두 이론이 만들어진 과정이나 그 과정이 갖는 역사적 의의는 제시되지 않았다.

③ 두 이론의 특징을 분석하고 있으나, 이를 보완할 새로운 이론은 제시되지 않았다.

⑤ 자기 조절이라는 개념과 관련하여 하나의 이론이 아니라 두 이론을 소개하였으며, 이 두 이론이 상반된 주장을 보여 준다고도 볼 수도 없다.

02

정답 분석　　　　　　　　　　　　　　　　　　　　　**정답 ③**

1문단을 통해 자기 조절은 목표 달성을 위해 자신의 사고, 감정, 욕구, 행동 등을 바꾸려는 시도임을 알 수 있다. 이러한 시도를 통해 목표를 달성한 경우는 자기 조절에 성공한 것이고 그렇지 못한 경우는 자기 조절에 실패한 것이다. 따라서 인간이 사고, 감정, 욕구, 행동 등을 바꾸려는 시도를 한 것 자체가 자기 조절의 성공을 의미하는 것은 아니다.

팩트✔체크　**1** [3]자기 조절은 목표 달성을 위해 자신의 사고, 감정, 욕구, 행동 등을 바꾸려는 시도인데, 목표를 달성한 경우는 자기 조절의 성공을, 반대의 경우는 자기 조절의 실패를 의미한다.

오답 분석

① 3문단의 '바우마이스터는 그중 에너지의 양이 목표 성취의 여부에 결정적인 영향을 준다고 보기 때문에 자기 조절에서 특히 에너지의 양적인 측면을 중시한다.'를 통해 확인할 수 있다.

② 2문단의 '밴두라의 사회 인지 이론에서는 인간이 자기 조절 능력을 선천적으로 가지고 있다고 본다.'를 통해 확인할 수 있다.

④ 4문단의 '밴두라에 따르면, 인간은 도덕적 정당화나 책임 전가 등과 같은 자기 면책적 사고로 인해 자기 조절에 실패한다는 설명이 가능하다.'를 통해 확인할 수 있다.

⑤ 4문단의 '인간은 자기 조절을 하여 도덕적 표준과 일치하는 행동을 할 것이고 이것이 바로 자기 조절의 성공에 해당한다.'를 통해 확인할 수 있다.

03

정답 분석   정답 ①

'자기 효능감의 신장'(㉠)과 관련하여 4문단에서 밴두라는 지향하는 목표를 달성하는 경험을 통해 자기 효능감이 신장되면 도덕적 행동의 목표에 성공할 수 있다고 하였다. 그리고 '자기 조절의 자동화'(㉡)와 관련하여 5문단에서 바우마이스터는 자기 조절의 자동화는 목표 달성 경험을 포함하는 연습과 훈련을 통해 자기 조절의 성공을 가져온다고 하였다. 따라서 자기 효능감의 신장과 자기 조절의 자동화는 모두 개인이 지향하는 목표를 성취하는 경험을 통해 이루어진다고 할 수 있다.

팩트✓체크 **4** [23]자신이 지향하는 목표를 달성하는 경험을 통해 자기 효능감이 신장되면 도덕적 행동이라는 목표에 있어서도 자기 조절의 성공을 가져올 수 있다.
5 [29]자신의 목표 달성 경험을 포함하는 연습과 훈련을 통한 자기 조절의 자동화로 에너지의 효율적인 사용이 가능하게 되면 도덕적 행동이라는 목표에 있어서도 자기 조절의 성공을 가져올 수 있다.

오답 분석

② ㉠, ㉡과 관련하여 개인적 표준에 일치하는 행동에 대한 연습 여부는 언급되지 않았다.

③ 에너지 조절과 관련된 것은 ㉡뿐인데, ㉡은 자기 조절 과업을 수행하는 데 있어 이전보다 에너지를 더 적게 사용하게 되는 것을 의미한다.

④ 인간의 심리적 현상에 대해 자연과학적 근거를 찾으려는 것은 바우마이스터의 자기 통제 힘 이론의 등장 배경에 해당하는 설명이다.

⑤ ㉠은 구체적인 상황에서 자기 조절을 성공시킬 수 있다는 신념, 곧 믿음이 강해진다는 것을 의미한다. 한편 ㉡은 에너지의 효율적 사용과 관련되므로 믿음과 무관하다.

04

정답 분석   정답 ②

밴두라는 자기 조절이 자기 검열, 자기 판단, 자기 반응이라는 세 가지 단계를 통해 작동한다고 보았다. P 씨가 놓여 있는 근무 환경은 자기 조절의 첫 단계인 자기 검열 과정에서 고려해야 할 상황적 요소라고 볼 수 있다. 한편 자신이 하고자 하는 행동을 결정하는 것은 자기 판단 과정에서 이루어진다.

팩트✓체크 **2** [8]자기 검열은 자기 조절의 첫 단계로, 선입견이나 감정을 배제하고 자신이 지향하는 목표와 관련하여 자신이 놓여 있는 상황과 현재 자신의 행동을 감독, 관찰하는 것을 말한다. [9]자기 판단은 목표 성취와 관련된 개인의 내적 기준인 개인적 표준, 현재 자신이 처한 상황, 그리고 자신이 하게 될 행동 이후 느끼게 될 정서 등을 고려하여 자신이 하고자 하는 행동을 결정하는 것을 말한다.

오답 분석

① 행동 후에 느끼는 만족감은 자기 반응에 해당하므로, '자신이 한 행동 이후에 자신에게 부여하는 정서적 현상'이라 할 수 있다.

③ 매일 충실하게 운동하기로 다짐한 것은 자신이 하고자 하는 행동을 결정하는 것이므로, 자기 판단에 해당한다.

④ 밴두라에 따르면 목표와 관련된 개인적 표준에 부합하는 행동은 만족감이나 긍지라는 자기 반응을 만들어 내고 그렇지 않은 행동은 죄책감이나 수치심이라는 자기 반응을 만들어 낸다. 따라서 식단에 따르지 못한 결과 수치심을 느낀 것은 개인적 표준에 부합하지 않은 행동으로 인한 자기 반응으로 볼 수 있다.

⑤ 자신의 편식하는 행동을 관찰하는 것은 자신이 놓여 있는 상황과 행동을 감독, 관찰하는 자기 검열에 해당하므로, 자기 조절의 첫 단계에 해당한다.

05

정답 분석   정답 ③

3문단에서 바우마이스터에 따르면 에너지의 양은 제한되어 있어서 에너지를 효율적으로 사용해야 한다고 하였다. 그런데 에너지를 많이 사용하더라도 에너지가 고갈되지는 않는다. 인간이 긴박한 욕구나 예외적인 상황을 대비하여 에너지의 일부를 남겨 두기 때문이다. 따라서 바우마이스터의 입장에서 을이 동료에게 거짓말을 함으로써 에너지가 고갈되었다고 보지는 않을 것이다.

팩트✓체크 **3** [15]그런데 에너지를 많이 사용한다 하더라도 에너지가 완전히 고갈되는 상황은 벌어지지 않는다. [16]그 이유는 인간이 긴박한 욕구나 예외적인 상황을 대비하여 에너지의 일부를 남겨 두기 때문이다.

오답 분석

① 4문단을 보면 밴두라는 인간은 도덕적 정당화나 책임 전가 등과 같은 자기 면책적 사고로 인해 자기 조절에 실패한다고 하였으므로, 책임을 자신이 지겠다는 상사의 지시는 갑의 입장에서 자기 면책적 사고를 유발하였다고 볼 수 있다.

② 4문단을 보면 밴두라는 인간은 교육 등의 사회화를 통해 내면화한 보편적인 도덕규범인 도덕적 표준을 가진다고 하였으므로, 갑의 신념은 내면화한 도덕적 표준이라 볼 수 있다.

④ 5문단을 보면 바우마이스터는 인간의 에너지는 유한하기 때문에 자기 조절 과업에서 에너지를 지나치게 많이 사용하면 자기 조절 능력이 감소된 상태가 발생할 수밖에 없고, 이것이 직후의 자기 조절 과업의 수행을 어렵게 만드는 것이라고 하였다. 따라서 을의 거짓말은 에너지를 지나치게 많이 써서 나타난 행동으로 볼 수 있다.

⑤ 3문단에 따르면 바우마이스터는 개인의 목표 성취와 관련된 개인적 표준이 자기 조절의 요소 중 하나라고 보았고, 5문단에서는 '보편적 도덕규범에 따라 행동해야 한다는 개인적 표준'에 있어 자기 조절에 실패하는 경우를 설명하고 있다. 이에 따르면 을이 정직하게 살아야 한다는 생각을 평소에 가지고 있었던 것은 보편적 도덕규범에 따라 행동해야 한다는 개인적 표준을 지닌 것으로 볼 수 있다.

팩트✓체크 **3** [12]이 이론에서 말하는 자기 조절은 개인의 목표 성취와 관련된 개인적 표준, 자신의 행동을 관찰하는 모니터링, 개인적 표준에 도달할 수 있게 하는 동기, 자기 조절에 들이는 에너지로 구성된다.
5 [24]한편 바우마이스터에 따르면, 인간이 자기 조절 과업들에 에너지를 비효율적으로 사용함으로 인해 보편적 도덕규범에 따라 행동해야 한다는 개인적 표준에 있어서도 자기 조절에 실패한다는 설명이 가능하다.

---

01 ④ 02 ③ 03 ② 04 ④ 05 ①

■ 핵심 키워드: # 아도르노 # 계몽주의 # 이성 # 비이성 # 신화 # 계몽
   # 동일성 사고 # 헤겔

■ 문단별 중심 내용 & 구조도

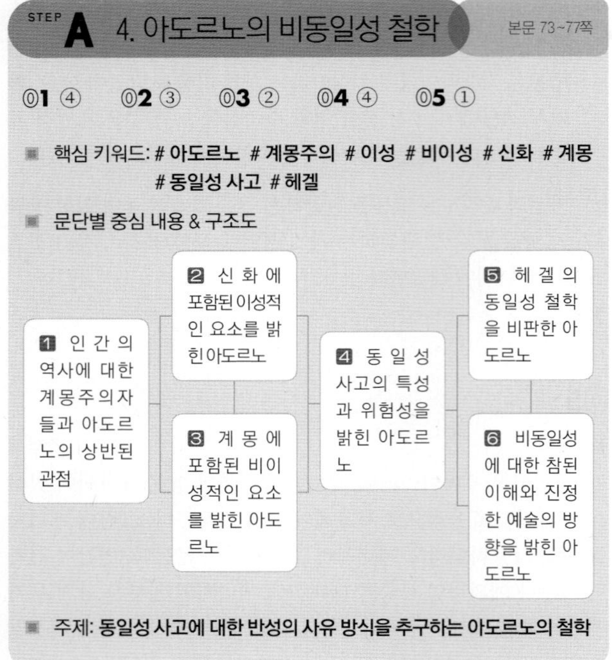

■ 주제: 동일성 사고에 대한 반성의 사유 방식을 추구하는 아도르노의 철학

1

01 계몽주의자들은 인간의 이성이 전체주의의 폭력과 같은 야만 상태를 만들었다고 본다.

✕ [1문장] 계몽주의자들은 인간의 이성을 통해 문명의 발전과 진보를 추구해 왔다고 본 것이지, 전체주의의 폭력과 같은 야만 상태를 만들었다고 본 것은 아니다.

02 계몽주의자들과 달리, 아도르노는 인간의 역사를 부정적으로 평가한다.

○ [1, 2문장] 계몽주의자들은 인간의 역사를 긍정적으로 평가하지만, 아도르노는 인간의 역사를 자연에 대한 지배의 역사라고 보며 인류가 야만 상태에 빠지게 되었다고 비판한다고 하였다.

2

03 계몽주의자들은 신화를 미성숙한 상태로, 계몽을 성숙한 상태로 평가할 것이다.

○ [1, 3문장] 계몽주의자들은 신화를 비이성적인 것으로, 계몽을 이성적인 것으로 본다고 하였다. 따라서 이성에 의해 인간이 미성숙 상태에서 벗어났다고 보는 계몽주의자들은, 신화를 미성숙한 상태로, 계몽을 성숙한 상태로 평가할 것이다.

04 아도르노는 하나의 대상 속에는 양면이 존재한다는 관점을 제시한다.

○ [4문장] 아도르노는 신화에도 이성적인 면이 있으며 계몽에도 비이성적인 면이 있다고 하며, 어떤 대상을 이분법적으로 인식하는 것이 아니라 그 속에 양면이 존재한다는 관점을 제시하고 있다.

05 아도르노는 자연과 인간이 분리되지 않은 상태를 신화, 자연과 인간이 분리된 상태를 계몽으로 보았다.

✕ [7, 8문장] 아도르노는 인간이 자연과 분리되지 않은 상태에서 자연이 공포의 대상이었으나, 이러한 공포에서 벗어나려는 노력이 신화에 나타나 있다고 여겼다. 따라서 인간과 자연의 분리 여부를 기준으로 신화와 계몽을 이분법적으로 구분했다고 할 수 없다.

3

06 아도르노는 인간의 이성이 발달할수록 계몽에서 신화로 환원한다고 보았다.

✕ [9, 13문장] 아도르노는 계몽에도 신화와 같이 비이성적인 면모가 있음을 밝힌 것이지, 이성이 발달할수록 신화로 환원한다고 본 것은 아니다.

07 아도르노는 과학적 지식과 수학이 당위적인 질서를 만들어 인간을 억압한다고 보았다.

○ [11, 12문장] 아도르노는 이성에 의해 발달한 과학적 지식과 수학이 보편적이고 당위적인 것이 됨으로써 지배와 복종의 작동 방식이 만들어졌다고 하였고, 이러한 당위적인 질서가 인간을 억압한다고 보았다.

08 아도르노는 신화의 가치를 높이 평가함으로써 계몽주의자들의 모순을 드러냈다.

✕ [13문장] 아도르노가 신화의 가치를 높이 평가했다고 볼 근거는 없다. 한편 아도르노는 계몽주의자들이 신화를 비이성적인 것으로, 계몽을 이성적인 것으로 규정하는 이분법적 사고에 대해 신화에도 이성적인 면이 있고, 계몽에도 비이성적인 면모가 있음을 밝힘으로써 이분법적 사고로 나눌 수 없음을 드러냈다.

4 **09** 아도르노는 계몽주의자들이 동일성 사고에 지배받고 있다고 볼 것이다.

○ [11, 14문장] 아도르노는 계몽에도 비이성적인 면모가 있었던 것은 인간의 이성에 내재된 동일성 사고 때문이라고 하였다. 그리고 동일성 사고에 지배받는 사회는 필연적으로 전체주의적 사회 질서를 강화하는 방향으로 나아간다고 보았다. 이를 3문단의 아도르노가 이성의 힘이 당위적인 질서를 만들어 인간을 억압한다고 보았다는 견해와 연결하면, 아도르노는 계몽주의자들이 동일성 사고에 지배받고 있다고 볼 것이다.

10 동일성 사고에서 '사과'라는 개념적 틀은 색깔과 크기, 모양의 다름을 중요하게 고려하지 않는다.

○ [16문장] 여러 개의 사과가 있을 때 색깔과 크기, 모양 등은 서로 다르지만 동일성 사고에 의해 모두 '사과'라는 하나의 개념의 틀에 포함시킨다고 하였다.

11 아도르노는 동일성 사고가 모든 대상을 계량화한다고 보았다.

○ [17문장] 아도르노는 동일성 사고에 의해 모든 대상은 고유의 질적 측면을 잃어버린 채, 계산 가능한 형태로만 측정되어 숫자로 환원된다고 보았다.

12 동일성 사고는 전체주의적 사회 질서에 대한 반성을 유발한다.

✕ [21문장] 동일성 사고가 전체주의적 사회 질서에 대한 반성을 불러일으키는 것이 아니라, 오히려 전체주의적 사회 질서를 강화한다고 하였다. 따라서 아도르노는 동일성 사고에 대한 반성의 사유가 필요하다고 말하는 것이다.

5 **13** 아도르노와 달리, 헤겔은 보편자가 특수자를 동일화시키는 과정을 긍정적으로 평가한다.

○ [22, 26문장] 아도르노는 동일성 사고의 위험성을 지적하였지만, 헤겔은 보편자가 특수자를 동일화시켜 파악하는 과정을 반복함으로써 인간의 역사가 보다 발전된 방향으로 나아갈 수 있었다고 주장한다.

6 **14** 아도르노는 비동일성을 진정으로 파악하는 것은 비동일성의 고유성과 독자성을 인정하는 것이라고 보았다.

○ [28문장] 아도르노는 비동일성이 가지고 있는 차이, 곧 고유성과 독자성을 아는 것이 비동일성을 인정하는 것이라고 보았다.

15 아도르노는 친숙함을 느끼게 하는 예술 작품을 통해 동일성 사고의 논리에 지배받고 있는 자신을 반성할 수 있다고 본다.

✕ [32~34문장] 아도르노에게 진정한 예술은 동일성 사고의 논리에 지배받고 있는 자신을 반성하도록 하는 예술이라고 하였다. 그러한 예술의 모습은 고정된 질서와 이에 대한 친숙함에서 벗어나려는 것이어야 한다고 말했다. 따라서 친숙함을 느끼게 하는 예술 작품은 동일성 사고로 인한 것이므로, 자신을 반성하게 하는 진정한 예술이라 평가하지 않을 것이다.

01

정답 분석   **정답 ④**

이 글에서는 동일성과 비동일성이라는 대비되는 개념을 다루고 있다. 그리고 아도르노의 비동일성 철학이 추구하는 동일성 사고에

대한 반성의 사유 방식을 설명하고 있다. 따라서 이 글은 동일성과 비동일성이라는 대비되는 두 개념을 통해 아도르노의 비동일성 철학이 추구하는 바를 밝히고 있다고 볼 수 있다.

오답 분석

① 계몽주의에 대한 아도르노의 비판적 입장은 제시되고 있으나, 계몽주의가 지닌 의의를 밝히고 있지 않다.

② '신화는 이미 계몽이었다.', '계몽은 다시 신화로 돌아간다.'와 같이 아도르노의 말을 인용하고 있지만, 계몽주의가 분화된 원인을 탐색하지는 않는다.

③ 인간이 자연을 지배하는 과정은 언급되나 시대적 흐름을 제시했다고 볼 수 없으며, 비동일성 철학의 변화 요인은 제시되지 않았다.

⑤ 동일성 사고에 대한 문제점은 제시하고 있으나, 비동일성 철학의 문제점은 제기하고 있지 않다.

02

정답 분석   **정답 ③**

㉠은 신화에는 자연의 공포로부터 탈출하려는 인간의 노력이 나타나 있으며, 이러한 노력은 계몽주의자들이 말하는 이성이므로 인간의 이성이 신화에도 작용한 것이라는 의미를 담고 있다. 한편 ㉡에는 이성이 자연을 지배하는 도구가 되었다는 관점에서 근대 과학이나 수학과 같은 이성의 힘이 지배와 복종의 당위적 질서를 만들어 인간을 억압한다는 관점이 담겨 있다. 즉, ㉡은 자연이 인간의 이성을 억압하고 있음을 의미하는 것이 아니라, 인간이 이성에 의해 만든 질서가 인간을 억압하고 있음을 지적하고 있는 것이다.

오답 분석

①, ② 2문단을 통해 계몽주의자들이 신화를 비이성적인 것으로, 계몽을 이성적인 것으로 규정하는 이분법적 인식을 하였음을 알 수 있다. 그런데 아도르노는 신화에서 운명적 필연성으로부터 탈출하려는 인간의 노력을 이성으로 보았다. 따라서 ㉠은 신화에도 인간의 이성이 작용했음을 의미하는 것이다.

④, ⑤ 3문단에서 아도르노는 근대 과학이 발달하면서 과학적 지식과 수학이 당위적인 것이 되었고, 이러한 이성의 힘이 인간을 억압한다고 보았다고 하였다. 따라서 ㉡은 인간의 이성이 인간을 억압하고 있음을 의미하는 것이다.

03

정답 분석   **정답 ②**

4문단에서 '아도르노는 이와 같은 동일성 사고에 지배받는 사회는 필연적으로 전체주의적 사회 질서를 강화하는 방향으로 나아간다고 보았다.'라고 하였다. 따라서 동일성 사고는 전체주의적 사회 질서를 강화하는 것이지, 부정하는 것이 아니다.

오답 분석

① 4문단에서 '동일성 사고에 의해, 알려진 것과 아직 알려지지 않은 모든 대상은 고유의 질적 측면을 잃어버린 채, 계산 가능

한 형태로만 측정되어 숫자로 환원된다'고 한 것으로 보아 적절하다.

③ 4문단에서 '동일성 사고가 내재된 이성이, 자연은 물론 인간과 인간의 본성까지 계량화하여 지배하는 도구로 사용되었다'고 한 것으로 보아 적절하다.

④ 4문단에서 동일성 사고에 의해 '서로 질적으로 다른 것들이 쉽게 교환 가능해진다'고 하였다.

⑤ 4문단에서 '동일성 사고가 내재된 이성이, 자연은 물론 인간과 인간의 본성까지 계량화하여 지배하는 도구로 사용되었다'고 한 것을 통해 동일성 사고는 이성에 내재되어 자연을 지배하는 도구로 사용되었음을 알 수 있다.

04

정답 분석   **정답 ④**

5문단에서 아도르노는 동일성 사고에 의해 대상을 끌어들이는 주체를 '동일성'으로, 끌어들임을 당하는 대상을 '비동일성'으로 보았다고 하였다. 이를 바탕으로 <보기>를 볼 때, A 국가는 5단계의 평가 척도라는 기준으로 대상을 끌어들이는 주체에 해당하므로 '동일성'이며, K 씨는 끌어들임을 당하는 대상이므로 '비동일성'이다. 따라서 K 씨를 비동일성으로 본다는 것은 K 씨가 끌어들임을 당하는 대상으로 본다는 것이다.

팩트✔체크 **5** [25]즉 동일성 사고에 의해 대상을 끌어들이는 주체를 '동일성'으로, 끌어들임을 당하는 대상을 '비동일성'으로 본 것이다.

오답 분석

① 헤겔은 동일성 철학을 주장하므로, 헤겔의 관점에서 A 국가를 보편자로 본다면 K 씨는 A 국가의 수치화에 대해 거부감을 드러내므로 A 국가의 개념적 틀에서 벗어나 있는 특수자로 볼 수 있다.

② 5문단에서 '헤겔의 동일성 철학에서 특수자는 보편자의 개념적 틀에서 벗어나 있는 대상을 의미'한다고 하였다. 따라서 헤겔의 관점에서 A 국가를 보편자로 본다면 A 국가에서 만든 5단계의 평가 척도가 보편자의 개념적 틀에 해당한다. P 씨는 5단계의 평가 척도에 따라 자신의 삶을 평가하고 있으므로, 평가 척도는 P 씨에게 개념적 틀로 작용한 것으로 볼 수 있다.

팩트✔체크 **5** [26]헤겔의 동일성 철학에서 특수자는 보편자의 개념적 틀에서 벗어나 있는 대상을 의미하는데,

---

③ 6문단에서 '아도르노는 이와 같은 헤겔의 동일성 철학으로 인해 특수자의 고유성과 독자성이 파괴된다고 보았다.'라고 하였다. 따라서 아도르노의 관점에서 A 국가를 동일성으로 본다면 P 씨는 A 국가의 평가 척도에 따라 자신의 삶을 평가하고 있으므로, 자신의 고유성이 파괴된 것이라고 볼 수 있다.

팩트✔체크 **6** [27]하지만, 아도르노는 이와 같은 헤겔의 동일성 철학으로 인해 특수자의 고유성과 독자성이 파괴된다고 보았다.

---

⑤ 4문단에서 '아도르노는 이러한 동일성 사고가 내재된 이성이, 자연은 물론 인간과 인간의 본성까지 계량화하여 지배하는 도

구로 사용되었다고 주장한다.'라고 하였다. 따라서 아도르노의 관점에서 P 씨를 비동일성으로 본다면 P 씨는 자신의 삶을 A 국가의 평가 척도에 맞추어 불행하다고 평가하고 있으므로, 동일성 사고의 지배를 받았다고 볼 수 있다.

05

정답 분석 정답 ①

6문단에서 아도르노는 진정한 예술은 동일성 사고로 인해 고정된 질서와 이러한 질서에 대한 친숙함에서 벗어나려는 것이어야 한다고 하였다. 이를 통해 볼 때, <보기>에 제시된 '조성 중심의 작곡법'은 질서를, '쇤베르크의 12음 기법 음악'은 질서에서 벗어난 것을 의미한다고 볼 수 있다. 즉, <보기>의 '12음 기법 음악'은 조성 중심의 작곡법을 사용한 것이 아니라 그것에서 탈피하여 억압을 자각하게 한 것으로 볼 수 있다.

팩트✓체크 **6** [32]그래서 아도르노는 진정한 예술의 모습은, 동일성 사고로 인해 고정된 질서와 이러한 질서에 대한 친숙함에서 벗어나려는 것이어야 한다고 말한다.

오답 분석

②, ⑤ '12음 기법 음악'은 조성 중심의 작곡법에서 벗어나 12개의 서로 다른 음이 모두 한 번씩 사용될 때까지 같은 음이 되풀이되지 않도록 하였고, 이를 통해 어떤 음도 조성에 얽매이지 않도록 하였다. 이는 동일성 사고로 인해 고정된 질서에서 벗어나려 한 것이므로 비동일성 철학의 논리를 담은 것이라고 할 수 있다.

③ '12음 기법 음악'이 조성 음악에 익숙했던 사람들에게 어떤 음이 이어질지 전혀 예측할 수 없는 것이었다는 점은, 동일성 사고의 질서에 대한 친숙함에서 벗어난 것이라고 볼 수 있다.

④ 6문단에서 비동일성 철학의 논리를 담은 진정한 예술은 그 예술을 접한 사람들로 하여금 동일성 사고가 지닌 억압을 자각할 수 있게 하여, 동일성 사고의 논리에 지배받고 있는 자신을 반성하도록 한다고 하였다. 이로 보아 '12음 기법 음악'은 감상자들로 하여금 곤혹스러움을 느끼게 함으로써 조성 중심 작곡법에 익숙한 자신의 모습에 대한 반성을 이끌어 낸다고 볼 수 있다.

팩트✓체크 **6** [33]이러한 예술을 접한 사람들로 하여금 동일성 사고가 지닌 억압을 자각할 수 있게 하기 때문이다. [34]결국 아도르노에게 진정한 예술은 동일성 사고의 논리에 지배받고 있는 자신을 반성하도록 하는 예술이다.

STEP B **1. 이원론과 동일론** 본문 78~81쪽

01 ⑤ **02** ① **03** ① **04** ④ **05** ③ **06** ③

■ 핵심 키워드: # 육체 # 정신 # 이원론 # 동일론 # 동일자 식별 불가능성 원리 # 데카르트

■ 문단별 중심 내용 & 구조도

1 정신과 육체의 분리 여부에 대한 두 이론 ─ 이원론과 동일론

2 '동일자 식별 불가능성 원리'에 따른 이원론의 주장

3 이원론자인 데카르트의 주장에 대한 반박 ①

4 이원론자인 데카르트의 주장에 대한 반박 ②

■ 주제: 정신을 비물리적 대상으로 여기는 이원론에 대한 동일론의 반박

1 **01** 이원론자와 동일론자 모두 인간이 육체와 정신을 지니고 있다는 점에 동의할 것이다.

○ [5, 6문장] 이원론자는 육체는 물리적이며, 정신은 비물리적 대상이므로 별도로 존재한다고 보는 반면, 동일론자는 정신은 육체와 동일한 것으로, 육체와 독립되어 존재하지 않는다고 본다. 따라서 이원론자와 동일론자 모두 인간이 육체와 정신을 지니고 있다고 여기고 있는 것이다.

02 이원론은 정신을 '완전히 물리적인 체계'에 포함시킬 것이다.

✕ [5문장] 이원론은 정신을 비물리적 대상으로 간주하는 이론이라고 하였다. 따라서 완전히 물리적인 체계에 비물리적인 정신을 포함시키지 않을 것이다.

03 동일론자는 정신을 육체와 동일한 상태의 물리적 대상으로 본다.

○ [6문장] 동일론자는 정신이 두뇌의 물리적 상태와 동일한 것으로 존재한다고 본다.

2 **04** 이원론자는 원자나 엑스선과 달리, 정신은 비가시적으로 존재한다고 주장한다.

✕ [10, 11문장] 이원론자는 원자나 엑스선이 눈으로 볼 수 없지만 존재한다고 가정함으로써 다양한 현상들을 잘 설명할 수 있는 것처럼, 정신도 눈에 보이지 않지만 존재한다고 가정함으로써 설명할 수 있는 특성들이 있다고 주장한다고 하였다. 즉, 원자나 엑스선, 정신 모두 비가시적으로 존재한다고 보나, 원자나 엑스선과 달리 정신을 비물리적 대상으로 여기는 것이다.

05 이원론자는 정신에 물질과 다른 고유한 특성이 있다고 볼 것이다.

○ [11, 12문장] 이원론자는 정신은 눈에 보이지 않지만 그것을 가정해야만 설명할 수 있는 특성들이 있다고 주장한다. 그리고 물리적 대상과 정신을 다르다고 여기므로, 어떠한 물리적 대상도 갖지 못할 특성을 정신이 갖는다고 볼 것이다.

06 '동일자 식별 불가능성 원리'에 따르면 서로 다른 특성을 갖는 X와 Y는 동일하지 않다.

○ [12문장] 동일자 식별 불가능성 원리에 따르면 X와 Y가 동일하다면 똑같은 특성을 가진다고 하였으므로, 서로 다른 특성을 갖는 X와 Y는 서로 동일하지 않다고 볼 것이다.

3 **07** 데카르트는 언어와 수학적 추론을 정신의 기능으로 여겼다.

○ [13, 14문장] 1문단을 통해 이원론자는 정신을 비물리적 대상으로 간주한다는 것을 알 수 있고, 데카르트는 이원론자로서 완전히 물리적인 체계가 사람처럼 언어를 사용하거나 수학적인 추론을 할 수 없으리라고 보았다고 하였다. 즉, '언어와 수학적 추론'을 정신의 기능으로 여겼다.

08 데카르트는 완전히 물리적인 체계는 정신을 지니고 있지 않다고 볼 것이다.

○ [5, 14문장] 데카르트는 이원론자로, 완전히 물리적인 체계는 언어 사용이나 수학적 추론을 할 수 없으므로 정신을 지니고 있지 않다고 볼 것이다.

09 기술이 발달하면 컴퓨터 언어가 인간이 사용하는 언어에 근접할 수도 있다.

○ [17문장] 컴퓨터 언어는 인간의 언어와 종류의 차이가 아니라 정도의 차이만 있다고 하였으므로, 기술이 발달하면 그 정도를 좁혀 나갈 수 있다.

10 동일론자들은 완전히 물리적인 체계도 정신을 가질 수 있다고 본다.

○ [19문장] 데카르트는 완전히 물리적인 체계는 정신을 갖지 않는다고 보았지만, 언어와 수학적 추론을 설명할 수 있는 가능성이 있으므로 동일론자는 완전히 물리적인 체계가 정신과 독립되어 존재하지 않는다고 볼 것이다.

11 이원론은 독립적인 정신을 가정할 필요 없이 기계가 인간의 언어를 설명할 수 있다고 본다.

× [19, 20문장] 독립적인 정신을 가정할 필요가 없다는 것은 정신과 기계가 동일하다는 의미이며, 기계가 인간의 언어를 설명할 수 있다는 것도 정신과 기계가 다른 존재가 아니라는 의미이다. 이는 이원론자인 데카르트의 의견을 반박하는 동일론의 입장이다.

12 데카르트는 육체를 물리적 대상으로, 정신을 비물리적 대상으로 보며 육체와 정신을 명확하게 구분하였다.

○ [21문장] 데카르트는 인간의 정신과 육체가 별도로 존재한다고 보는 이원론자이다. 그는 육체의 존재는 얼마든지 의심할 수 있지만 정신은 의심할 수 없다고 주장하며 육체와 정신은 동일하지 않다고 본다.

13 정약용과 다산은 동일한 사람이지만, 서로 독립적인 존재이다.

× [24, 27문장] 서로 동일하다면 독립적인 존재일 수 없다. 데카르트가 육체와 정신이 별도로 존재한다고 보는 것은 둘이 동일하지 않다고 보기 때문이다.

14 현실에서 다산이 책을 쓴 일이 발생해도, 이를 발생하지 않았다고 의심하는 것은 논리적으로 모순된 일이다.

× [26문장] 다산이 썼어도 쓰지 않았다고 의심하는 것은 논리적으로 모순된 것이 아니라고 하였다.

15 동일자의 경우, 육체의 존재는 의심할 수 있지만 정신은 의심할 수 없다는 데카르트의 논증은 동일자 식별 불가능성 원리가 적용되지 않는다고 본다.

○ [28문장] 동일론자는 정신은 의심할 수 있으므로 육체와 정신이 동일하지 않다는 데카르트의 논증을 반박하며, 동일자 식별 불가능성 원리는 '의심이나 생각'과 같은 것에는 적용되지 않는다고 말한다.

①**1**

정답 분석 정답 ⑤

이 글은 인간과 세계에 대한 이해를 목적으로, 인간의 정신과 물질(육체)을 별개로 보는 '이원론'에 대해 반박한 동일론을 설명하고 있다. 서로 논쟁이 되는 대립적 견해를 통해 인간과 세계를 이해하고 있다는 점에서, 이 글은 인간과 세계를 이해하기 위해 인간과 사물의 본질을 논쟁적으로 다룬 글을 읽으려는 독자에게 추천할 수 있다.

오답 분석

① 감동적인 경험을 다루고 있지는 않으며 감정의 정화를 가져온다고 보기도 어려우므로 적절하지 않다.

② 인간관계의 유지와는 관련성이 먼 화제이며, 타인의 일상은 다루고 있지 않으므로 적절하지 않다.

③ 학문적인 정보를 제공하고 있다고 볼 수 있으나, 기술에 적용된 원리를 설명하고 있는 것은 아니므로 적절하지 않다.

④ 인간의 정신과 육체 혹은 정신과 물질이라는 대상을 어떻게 볼 것인가에 대한 논의를 담은 것이지, 사회적 현상의 원인을 분석한 것과는 거리가 먼 내용이므로 적절하지 않다.

①**2**

정답 분석 정답 ①

4문단에서 정약용과 다산은 같은 사람이지만 『목민심서』를 정약용이 썼다는 것을 의심하지 않더라도 다산이 썼다는 것은 의심할 수 있으며, 이러한 의심은 논리적으로 모순된 것이 아니라고 하였다. 이를 통해 현실에서 발생한 일이라도 발생하지 않았다고 의심하는 것은 가능하다는 것을 알 수 있다.

───────────────

팩트✓체크 **④** [25]『목민심서』를 정약용이 썼다는 것을 의심하지 않더라도 다산이 썼다는 것은 얼마든지 의심할 수 있다. [26]다산이 썼어도 쓰지 않았다고 의심하는 것은 논리적으로 모순된 것이 아니기 때문이다.

오답 분석

② 1문단에서 이원론은 '정신'을 비물리적인 대상이라고 주장한다고 하였다. 따라서 완전히 물리적인 체계에서는 정신이 독립적으로 존재할 수 없다.

───────────────

팩트✓체크 **①** [3]컴퓨터와 같은 완전히 물리적인 체계는 정신을 가질 수 없는가? [4]오래전부터 정신을 비물리적 대상으로 간주하는 사람이 많았고 지금도 크게 다르지 않다. [5]이렇게 육체는 원자로 이루어져 있으며 화학적 조성을 띠지만 정신은 비물리적 대상이라고 주장하는 이론이 이원론이다.

③ 1문단에서 물리적 대상인 육체는 원자로 이루어져 있으며 화학적 조성을 띤다고 했으므로, 원자나 엑스선이 눈에 보이지 않는 대상이라고 하여 비물리적인 대상이라고 볼 수는 없다.

───────────────

팩트✓체크 **①** [5]이렇게 육체는 원자로 이루어져 있으며 화학적 조성을 띠지만 정신은 비물리적 대상이라고 주장하는 이론이 이원론이다.

④ 2문단에서 라이프니츠는 X와 Y가 동일하다면 이들이 똑같은 특성을 갖는다는 '동일자 식별 불가능성 원리'를 제시했으므로, 물리적 대상이 정신과 똑같은 특성을 갖는다면 그 둘은 동일하다고 볼 것이다.

───────────────

팩트✓체크 **②** [12]라이프니츠는 만일 X와 Y가 동일하다면 이들이 똑같은 특성을 갖는다는 '동일자 식별 불가능성 원리'를 제시했는데, 어떠한 물리적 대상도 갖지 못할 특성을 정신이 갖는다면, 이 원리에 따라 정신은 물리적 대상과는 다를 것이다.

⑤ 3문단에서 데카르트는 '완전히 물리적인 체계가 사람처럼 언어를 사용하거나 수학적인 추론을 해낼 수는 없으리라고 보았다.'고 하였다. 그러나 그 이후 여러 학자들이 수학적 추론의 일반적 원리들을 찾아내게 되었고, 컴퓨터 기술자들은 그 원리를 바탕으로 하는 기계를 만들었다고 하였다. 이는 데카르트의

‘수학적 추론이 가능한 기계의 출현은 불가능하다.’라는 생각을 뒤집은 것으로 볼 수 있다.

팩트✔체크 **3** [13]대표적 이원론자인 데카르트는 그런 특성으로 언어와 수학적 추론을 제시한다. [14]그는 완전히 물리적인 체계가 사람처럼 언어를 사용하거나 수학적인 추론을 해낼 수는 없으리라고 보았다.

03

정답 분석　　　　　　　　　　　　　　　　　　　　　　**정답 ①**

1문단에 따르면 동일론은 정신을 육체, 그중에서 두뇌의 물리적 상태와 동일한 것으로 보고, 정신은 육체(물리적 대상)와 독립되어 존재하지 않는다고 본다. 따라서 완전히 물리적인 체계인 ‘컴퓨터’를 정신과 독립적인 존재로 보지 않으므로, 기술이 발달하면 인간의 언어와 수학적 추론을 활용할 수 있는 컴퓨터도 인간과 같은 정신을 가질 것이라고 주장할 것이다.

팩트✔체크 **1** [6]이에 견줘 동일론은 정신은 육체, 그중에서 두뇌의 물리적 상태와 동일한 것으로 존재하지, 육체와 독립되어 존재하지 않는다고 주장한다.

오답 분석

② 동일론자들은 인간의 정신이 독립적으로 존재하지 않을 뿐 육체(물리적 대상)와 함께 존재한다고 전제하므로, ‘인간과 달리’ 정신을 가진다는 것은 적절하지 않다.

③ 3문단에서 컴퓨터 언어는 인간이 쓰는 언어에 비해서 단순하기는 하나 종류의 차이가 아니라 정도의 차이를 나타낸다고 하였다. 따라서 동일론자들은 컴퓨터가 인간과 종류가 다른 정신을 가질 것이라고 보지는 않을 것이다.

④ 동일론자들은 이원론자들과 달리 정신을 물리적 대상과 별개로 보지 않기 때문에, 물리적 대상인 컴퓨터가 인간과 달리 정신을 갖지 못할 것이라고 보지는 않을 것이다.

⑤ 3문단을 근거로 하면, 동일론자들은 기술이 발달하면 물리적 대상인 컴퓨터가 인간과 같은 정신(언어와 수학적 추론)을 가질 것이라고 주장할 것이다.

팩트✔체크 **3** [18]한편 데카르트의 저술이 나타난 이래로 수세기 동안 여러 학자들은 수학적 추론의 일반적 원리들을 이럭저럭 찾아낼 수 있게 되었고, 컴퓨터 기술자들은 그런 원리를 바탕으로 하여 데카르트를 깜짝 놀라게 했을 법한 기계를 만들어 내게 되었다. [19]독립적인 정신을 가정하지 않고서도 언어와 수학적 추론을 설명할 수 있는 가능성이 생긴 것이다.

04

정답 분석　　　　　　　　　　　　　　　　　　　　　　**정답 ④**

4문단에서 ‘동일자 식별 불가능성 원리’는, 식별하는 데 사용하는 특성이 의심이나 생각 같은 것을 포함한 경우에는 적용되지 않는다고 하였다. 따라서 (나)의 ‘왼손은 있다고 생각하면서 오른손은 사라졌다고 생각할 수 있다.’는 생각을 기준으로 하고 있으므로 동일자 식별 불가능성의 원리를 적용할 수 없다. 즉, 왼손과 오른손이 동일한 대상이 아니라고 할 수는 있지만, 이 결론이 ‘동일자 식별 불가능 원리’에 따른 것일 수는 없다.

팩트✔체크 **4** [28]동일자 식별 불가능성 원리는, 식별하는 데 사용되는 특성이 의심이나 생각 같은 것을 포함한 경우에는 적용되지 않는 것이다.

오답 분석

① 3문단에서 ‘단순성의 원리’는 더 복잡한 것을 끌어들이지 않고 무언가를 충분히 설명할 수 있다면 그것을 끌어들이지 말라는 것이라고 하였다. 따라서 (가)에서 악령의 존재를 가정하지 않아도 병원체의 존재를 가정함으로써 감염병의 발생을 충분히 설명할 수 있다면 단순성의 원리에 따라 더 복잡한 악령의 존재를 끌어들일 필요는 없을 것이다.

팩트✔체크 **3** [20]이와 같이 더 복잡한 것을 끌어들이지 않고 무언가를 충분히 설명할 수 있다면, 그것을 끌어들이지 말라는 ‘단순성의 원리’에 의해 독립적인 정신을 가정할 필요가 없다.

② 1문단에서 동일론이 이원론을 반박하기 위해 이원론의 모든 가능성을 점검할 필요는 없다고 하였다. 따라서 (가)에서 악령이 존재한다는 주장을 반박하기 위해 악령이 존재할 모든 가능성을 들여다볼 필요는 없다.

팩트✔체크 **1** [7]무엇인가가 독립되어 존재하지 않는다는 것을 증명하기 위해서는 그것이 독립적으로 존재할 모든 가능성을 들여다보며 “여기도 없군. 저기도 없네.” 하며 철저히 점검할 필요는 없다. [8]다만 그것이 존재한다고 말하는 주장들을 조목조목 반박해 나가면 된다. [9]그런 식으로 동일론은 이원론을 반박한다.

③ 2문단에서 원자나 엑스선은 눈으로 볼 수 없지만 그것을 가정함으로써 다양한 현상들을 가장 잘 설명할 수 있다고 하였다. 따라서 (가)에서 병원체의 존재를 가정하는 것이 감염병을 가장 잘 설명해 주기 때문에 병원체가 존재한다고 판단할 수 있다. 만약 병원체의 존재가 감염병을 잘 설명해 주지 못한다면 ‘악령의 존재’를 가정하는 것과 같은 ‘더 복잡한 것’을 끌어들여야 할 것이다.

팩트✔체크 **2** [10]원자나 엑스선은 눈으로 볼 수 없지만 그것을 가정함으로써 다양한 현상들을 가장 잘 설명할 수 있다. [11]이원론자는 정신도 눈에 보이지 않지만 그것을 가정해야만 설명할 수 있는 특성들이 있다고 주장한다.

⑤ 4문단에 따라 논리적으로 모순이 없으면 얼마든지 의심해 볼 수 있다. (나)에서 ‘하늘에 태양이 존재하면서 동시에 존재하지 않는다.’를 생각할 수 없는 것은, ‘하늘에 태양이 존재한다’와 ‘하늘에 태양이 존재하지 않는다’가 서로 논리적으로 모순되기 때문이다. 그런데 ‘왼손은 있다’고 생각하면서 ‘오른손은 사라졌다’고 생각하는 것은 논리적으로 모순이 없다. 따라서 (나)에서 생각의 가능성에 차이가 있는 까닭은 논리적인 모순 여부의 차이 때문이라고 볼 수 있다.

팩트✔체크 **4** [25]『목민심서』를 정약용이 썼다는 것을 의심하지 않더라도 다산이 썼다는 것은 얼마든지 의심할 수 있다. [26]다산이 썼어도 쓰지 않았다고 의심하는 것은 논리적으로 모순된 것이 아니기 때문이다.

05

정답 분석   정답 ③

[A]에 드러난 동일론의 주장은 기계도 언어를 사용하고 수학적 추론을 할 수 있다는 것이다. 즉, 수학적 추론은 비물질적 대상인 정신만이 가질 수 있는 특성이라는 데카르트의 주장이 잘못되었다는 것이다. 이를 통해 동일론은 기계도 정신을 가질 수 있다고 보는 입장임을 알 수 있다. 따라서 동일론에 대해 '기계가 정신을 가지지 못한다고' 말했다고 지적하는 것은 적절하지 않다.

오답 분석

①, ② 이원론자인 데카르트는 완전히 물리적인 체계(기계)가 인간처럼 언어를 사용할 수 없다고 보았다. 따라서 기계가 인간 수준의 언어를 사용한다고 하더라도 정말로 그 뜻을 인간처럼 이해하고 사용하는 것은 아니라고 비판하거나, 인간의 감성적 측면은 따라할 수 없다고 비판할 수 있다.

④, ⑤ 데카르트는 완전히 물리적인 체계는 수학적인 추론을 해낼 수 없다고 보았다. 따라서 기계가 수학적 추론을 하더라도 그것은 프로그램에 따른 작동이며, 인간의 수학적 추론에 대한 모방일 뿐이라는 점에서 기계가 인간처럼 수학적 추론을 한 것이라고 볼 수는 없다고 비판할 수 있다.

06

정답 분석   정답 ③

ⓒ '또렷하게 존재해야'는 데카르트가 말한 '정신'의 속성이므로, 이것을 물리적 대상의 속성인 '화학적인 조성을 띠어야'로 바꿔 쓰는 것은 적절하지 않다.

오답 분석

① ⓐ의 앞부분에서 '원자나 엑스선은 눈으로 볼 수 없지만 그것을 가정함으로써 다양한 현상들을 가장 잘 설명할 수 있다.'고 하였다. ⓐ는 정신도 이와 같은 특성을 가졌다는 의미이므로 ⓐ의 '눈에 보이지 않지만 그것을 가정해야만 설명할 수 있는 특성'은 '원자나 엑스선과 유사한 특성'으로 바꿔 쓸 수 있다.

② ⓑ의 '기계'는 데카르트가 말한 '완전히 물리적인 체계'를 의미하므로 바꿔 쓰기에 적절하다.

④ ⓓ의 앞부분에서 '육체와 정신 중 하나는 의심 가능하다는 특성을 갖지만 다른 하나는 갖지 않으므로' 그 둘은 동일하지 않다고 하였다. 즉, ⓓ의 '동일하지 않다'는 하나는 의심 가능하다는 특성을 갖고 다른 하나는 그 특성을 갖지 않기 때문이므로 '똑같은 특성을 지니지 않는다'로 바꿔 쓸 수 있다.

⑤ 1문단에서 독립되어 존재한다는 것은 동일한 존재가 아니라는 의미임을 알 수 있다. 따라서 ⓔ의 '동일한 존재가 아닌'은 '독립적인 존재인'으로 바꿔 쓸 수 있다.

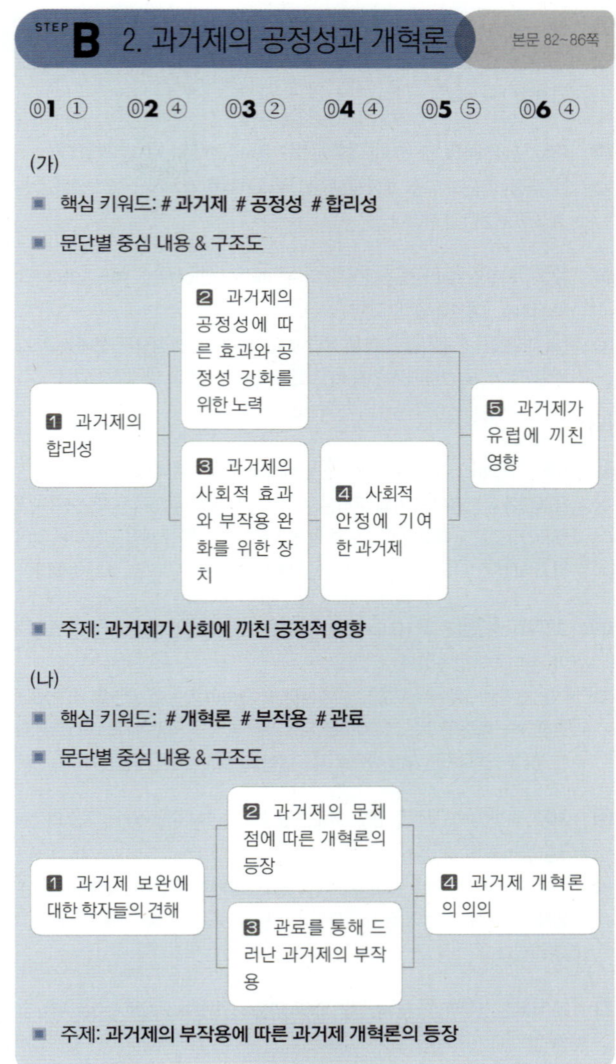

(가)

1 **01** 과거제는 세습적 권리가 아닌 개인의 능력을 중시하는 제도이다.

○ [1문장] 과거제는 세습적 권리와 무관하게 능력주의적인 시험을 통해 관료를 선발하는 제도라고 하였다. 그래서 신분이나 추천보다 시험 성적이 더욱 중요해졌다고 하였다.

2 **02** 과거제의 공정성이 증대될수록 사회적 유동성도 증대될 것이다.

○ [3문장] 과거제의 공정성은 세습적 권리가 아닌, 명확하고 합리적인 기준에 따른 관료 선발 제도에서 기인한다. 따라서 과거제의 공정성이 증대될수록 보다 많은 사람들에게 사회적 지위 획득의 기회를 줄 수 있다. 이로 인해 사회적 유동성이 증대될 수 있다.

03 과거제에서 익명성을 확보한 까닭은 개인의 능력 외의 요소가 선발에 관여하지 않게 하기 위해서이다.

○ [2, 5문장] 과거제의 익명성 확보는 공정성 강화를 위한 노력이라고 하였다. 즉, 시험 과정에서 익명성을 확보하여 개인의 능력 외의 요소, 곧 이름을 통해 알 수 있는 신분 등이 선발에 영향을 끼치지 않게 한 것이라 추측할 수 있다.

3 **04** 과거제는 사회의 지배 질서에 복종하는 집단을 형성하였다.

✕ [7, 8문장] 과거제는 지식인 집단을 폭넓게 형성하고, 도덕적인 가치 기준에 대한 광범위한 공유를 이끌어 내는 효과를 가져왔다고 하였다. 이를 사회의 지배 질서에 복종하는 집단을 형성한 것으로 보기는 어렵다.

④ **05** 통치가 안정되면서 과거제를 통한 엘리트층의 동질성이 확보되었다.
× [12문장] 과거제를 통한 동질적인 엘리트층의 연속성이 통치의 안정성에도 기여했다고 하였다.

⑤ **06** 동아시아의 과거제는 일부 유럽 계몽사상가들의 지지를 받았다.
○ [15문장] 일군의 유럽 계몽사상들은 과거제를 정치적인 합리성을 갖춘 것으로 보았다고 하였다.

07 유럽이 시험을 통해 관료를 선발하게 된 배경은 선교사들을 통해 동아시아의 과거제를 접하게 되었기 때문이다.
○ [14, 16문장] 선교사들을 통해 유럽에 과거제에 대한 정보가 전해졌고, 그 영향으로 관료 선발에 시험을 통한 경쟁이 도입되기도 했다고 하였다.

(나)

① **08** 유형원은 공거제를 통해 신분적 세습의 부활을 주장하였다.
× [17문장] 유형원의 공거제 구상은 능력주의적, 결과주의적 인재 선발(과거제)의 약점을 극복하려는 의도와 함께 신분적 세습의 문제점도 의식한 것이라고 하였다. 따라서 신분적 세습의 부활을 주장했을 것으로 보기 어렵다.

09 고염무와 황종희는 과거제 이전에 시행한 제도의 봉건적 요소 일부를 도입해야 한다고 주장하였다.
○ [19, 20문장] 고염무는 지방관인 지현들의 세습이 가능한 방안을 제안했고, 황종희는 벽소와 같은 옛 제도를 되살리는 방법을 제안하기도 하였다. 이는 봉건적인 요소를 부분적으로 재도입하려는 개혁론에 해당한다.

② **10** 과거제의 경쟁적 선발 제도는 많은 인재들이 수험 생활을 하느라 재능을 낭비하게 하였다.
○ [24문장] 과거제 개혁론의 등장 배경으로, 과거제는 치열한 경쟁으로 많은 인재들이 수험 생활에 장기간 매달리면서 재능을 낭비하는 현상을 낳았다고 하였다.

11 과거제는 능력주의적 인재 선발 방식이었으나, 인성이나 실무 능력은 평가하지 않았다.
○ [25문장] 학습 능력 이외의 인성이나 실무 능력을 평가할 수 없다는 점 때문에 과거제의 익명성에 대한 회의가 있었다고 하였다.

③ **12** 과거제를 통해 임용된 관리들이 승진하기 위해서는 임기 내에 성과를 내야 했다.
○ [28문장] 과거제를 통해 임용된 관리들은 승진을 위해서 빨리 성과를 낼 필요가 있었다고 하였다.

13 과거제를 통해 임용된 관리들보다 지역에서 천거된 관리가 공동체에 대한 충성심이 강했다.
○ [31문장] 과거제 출신의 관리들이 세습 엘리트나 지역에서 천거된 관리에 비해 공동체에 대한 충성심이 약했다고 하였다.

④ **14** 과거제 개혁론자들은 사적이고 정서적인 관계에 의해 관리를 선발했던 봉건적 요소에 대한 긍정적인 측면을 인식했다.
○ [32문장] 과거제 이전에 대한 향수가 존재했던 것은 사적이고 정서적인 관계에서 볼 수 있는 소속감과 충성심을 과거제로 확보하기 어렵다는 판단 때문이었다고 하였다. 즉, 과거제 개혁론자들은 사적이고 정서적인 관계에 의해 관리를 선발했을 때의 소속감과 충성심을 긍정적으로 인식한 것이다.

15 과거제 개혁론자들은 과거제에서 시험 성적 외에 소속감과 충성심도 평가 항목으로 반영해야 한다고 주장했다.
× [32, 33문장] 과거제 개혁론자들은 과거제로는 소속감과 충성심을 확보하기 어렵다고 판단했고, 이에 과거제 이전의 선발 방식을 도입하기를 주장하였다.

⓪**1**

정답 분석 정답 ①

(가)는 과거제의 의미와 위상에 대해 설명한 후, 과거제가 사회에 미친 긍정적 영향에 대해 인과적으로 서술하고 있다. (나)는 과거제의 개인적, 사회적 문제를 배경으로 과거제 개혁론이 등장했음을 인과적으로 서술하고 있다.

오답 분석

② (가)는 과거제의 긍정적 측면을, (나)는 부정적 측면을 각각 설명하고 있을 뿐, 둘 다 과거제를 분석하는 두 가지 이론을 소개하지는 않았다.

③ 구체적 사상가들의 견해가 나타난 것은 (가)가 아니라, (나)이다.

④ 과거제의 특징은 (가)에서 주로 설명하였다. 또한 (나)에서는 과거제의 선호와 비판의 근거들을 비교하고 있지 않다.

⑤ (가)에서 과거제의 발전을 통시적으로 제시한 것은 아니며, (나)에서는 과거제 개혁론을 제시한 학자들의 의견이 제시되었을 뿐 과거제에 대한 상반된 입장을 공시적으로 언급하고 있는 것은 아니다.

> **배경지식 쌓기** '통시적'과 '공시적'
>
> **통시적**
> - 시대의 흐름을 보는 것이다. 하나의 시대가 아니라 여러 시대를 시간의 흐름에 따라 볼 때 적용되는 말이다. ⑤의 '통시적 변화'가 드러나는가를 파악하려면 '시대의 흐름 속에서 대상의 변화 양상이 드러나는지'를 파악해야 한다.
> - 통시적으로 전개되는 지문은 '대상의 시대의 흐름에 따른 차이점'을 문제로 낼 가능성이 높다.
>
> **공시적**
> - 동일한 시대 내에서 보는 것이다. 따라서 시간의 흐름이 드러나지 않는다. ⑤의 '공시적 변화'가 드러나는가를 파악하려면 '동일한 시대 내에서 대상의 다양한 면모가 드러나는지'를 파악해야 한다.
> - 공시적으로 전개되는 지문은 '동일한 시대의 여러 대상 간의 차이점'을 문제로 낼 가능성이 높다.

⓪**2**

정답 분석 정답 ④

(가)의 2문단에서 공정성을 바탕으로 과거제는 보다 많은 사람들에게 사회적 지위 획득의 기회를 주었다고 하였다. 이는 신분이나 추천보다 시험 성적으로 관료가 될 수 있기에 가능한 것이다. 한편 (나)의 1문단에서 지방의 관료가 자체적으로 관리를 초빙해서 시험한 후에 추천하는 '벽소'와 같은 옛 제도를 되살리는 방법으로 과거제를 보완하자는 주장이 있었음을 알 수 있다. 이는 경쟁을 바탕으로 하는 과거제에 대한 보완 방법으로 제안한 것이다. 따라서 과거제가 지방의 관료에 의해 초빙될 기회를 준 것은 아니다.

팩트✓체크 ② ³명확하고 합리적인 기준에 따른 관료 선발 제도라는 공정성을 바탕으로 과거제는 보다 많은 사람들에게 사회적 지위 획득의 기회를 줌으로써 개방성을 제고하여 사회적 유동성 역시 증대시켰다.

① (가)의 5문단에서 과거제에 대한 정보가 유럽에 전해졌고, 관련 선발에 시험을 통한 경쟁이 도입되기도 했다고 하였다.

> 팩트✔체크 **5** [16]이러한 관심은 사상적 동향뿐 아니라 실질적인 사회 제도에까지 영향을 미쳐서, 관료 선발에 시험을 통한 경쟁이 도입되기도 했다.

② (가)의 3문단에서 과거제를 통해 통치에 참여할 능력을 갖춘 지식인 집단이 폭넓게 형성되었다고 하였고, 4문단에서는 왕조의 교체와 같은 변화에도 불구하고 동질적인 엘리트층의 연속성을 가져왔다고 하였다.

> 팩트✔체크 **3** [7]그 결과 통치에 참여할 능력을 갖춘 지식인 집단이 폭넓게 형성되었다.
> **4** [11]과거제는 왕조의 교체와 같은 변화에도 불구하고 동질적인 엘리트층의 연속성을 가져왔다.

③ (가)의 3문단에서 최종 단계까지 통과하지 못한 사람들에게도 국가가 여러 특권을 부여하였다고 하였다.

> 팩트✔체크 **3** [9]또한 최종 단계까지 통과하지 못한 사람들에게도 국가가 여러 특권을 부여하고 ~

⑤ (가)의 5문단에서 일군의 유럽 계몽사상가들은 학자의 지식이 귀족의 세습적 지위보다 우위에 있는 체제를 정치적인 합리성을 갖춘 것으로 보았다고 하였다.

> 팩트✔체크 **5** [15]일군의 유럽 계몽사상가들은 학자의 지식이 귀족의 세습적 지위보다 우위에 있는 체제를 정치적인 합리성을 갖춘 것으로 보았다.

0**3**

정답 분석 정답 ②

㉮는 과거제의 문제점을 보완하기 위해 중국의 고염무가 제안한 것으로, 과거를 치르지 않더라도 능력을 검증할 수 있는 기간을 거친 후 지방관인 지현들의 지위를 평생 유지하게 하며 세습의 길까지 열어 놓자는 것이다. 그런데 (나)의 1문단에 따르면 관료 선발에 봉건적 요소를 부분적으로 재도입하려는 입장은 과거제로 등용된 관리들이 아니라 개혁론자의 입장이므로 과거제로 등용된 관리들이 봉건적 요소에 대한 지향을 가지고 있다고 볼 수는 없다. 또한 3문단에서 과거제를 통해 임용된 관리들이 개인적 동기, 즉 승진을 위해 업무를 하다 보니 공공성과 상충되는 현상이 나타났다고 하였으므로 봉건적 요소에 대한 지향이 공공성과 상충되는 세태로 나타났다는 설명도 적절하지 않다.

> 팩트✔체크 **1** [18]중국에서는 17세기 무렵 관료 선발에서 세습과 같은 봉건적인 요소를 부분적으로 재도입하려는 개혁론이 등장했다.
> **3** [29]개인적 동기가 공공성과 상충되는 현상이 나타났던 것이다.

오답 분석

① (나)의 3문단에서 과거제로 등용된 관리들이 몇 년의 임기마다 다른 지역으로 이동하다 보니 근무하는 지역 사회에 대한 소속감이 약했음을 알 수 있다.

> 팩트✔체크 **3** [28]세습적이지 않으면서 몇 년의 임기마다 다른 지역으로 이동하는 관리들은 ~
> [31]과거제 출신의 관리들이 공동체에 대한 소속감이 낮고 출세 지향적이기 때문에 ~

③ (나)의 3문단에서 과거제로 등용된 관리들은 승진을 위해 빨리 성과를 내려 하는 개인적 동기가 강해 공공성과 상충하는 현상이 나타났으며, 세습 엘리트나 지역에서 천거된 관리에 비해 공동체 의식이 높지 않았음을 알 수 있다.

> 팩트✔체크 **3** [31]과거제 출신의 관리들이 공동체에 대한 소속감이 낮고 출세 지향적이기 때문에 세습 엘리트나 지역에서 천거된 관리에 비해 공동체에 대한 충성심이 약했던 것이다.

④, ⑤ (나)의 3문단에서 과거제로 등용된 관리들은 지역 사회를 위해 장기적인 전망을 가지고 정책을 추진하기보다 승진을 위해 가시적이고 단기적인 결과만을 중시했음을 알 수 있다.

> 팩트✔체크 **3** [28]세습적이지 않으면서 몇 년의 임기마다 다른 지역으로 이동하는 관리들은 승진을 위해서 빨리 성과를 낼 필요가 있었기에, 지역 사회를 위해 장기적인 전망을 가지고 정책을 추진하기보다 가시적이고 단기적인 결과만을 중시하는 부작용을 가져왔다.

0**4**

정답 분석 정답 ④

㉠의 '익명성의 확보'는 과거제의 공정성 강화를 위한 장치이다. 과거제는 공정성을 바탕으로 많은 사람들에게 사회적 지위 획득의 기회를 주었으므로, ㉠은 사회적 지위 획득의 기회 확대에 기여했다고 할 수 있다. 한편 ㉡의 '익명성에 대한 회의'는 과거제가 학습 능력 외에 인성이나 실무 능력을 평가할 수 없다는 이유에서 나온 것이므로, 관리 선발 시 됨됨이 검증의 곤란함에서 비롯되었다고 할 수 있다.

> 팩트✔체크 (가) **2** [3]명확하고 합리적인 기준에 따른 관료 선발 제도라는 공정성을 바탕으로 과거제는 보다 많은 사람들에게 사회적 지위 획득의 기회를 줌으로써 개방성을 제고하여 사회적 유동성 역시 증대시켰다.
> (나) **2** [25]또한 학습 능력 이외의 인성이나 실무 능력을 평가할 수 없다는 이유로 시험의 익명성에 대한 회의도 있었다.

오답 분석

① 과거제는 응시 자격에 일부 제한이 있었다고 하였으므로 ㉠이 모든 사람에게 응시 기회를 보장했다는 것은 적절하지 않고, ㉡은 결과주의적 인재 선발 때문에 나타난 것이지 결과주의의 지나친 확산에서 비롯되었다고 볼 수 없다.

② (가)의 4문단에서 과거제의 합리성이 사회적 안정을 기여했음을 알 수 있는데, 그렇다고 해서 ㉠이 사회적 안정을 보장한다고 볼 수는 없다. 한편 ㉡은 과거에의 부작용에서 비롯된 것이지 세습제로 인한 것이 아니다.

③ ㉠이 지역 공동체의 이익에 끼친 영향은 알 수 없으며, ㉡은 과거제의 부작용 중 인성이나 실무 능력을 평가할 수 없는 것과 관련된 것이지 지나친 경쟁이 가져오는 비효율성에서 비롯된 것은 아니다.

⑤ (가)의 3문단에서 과거 시험을 위한 학습 내용은 도덕적인 가치 기준에 대한 광범위한 공유를 이끌어 냈다고 하였을 뿐 과거의 공정성 강화를 위한 ⑤이 도덕적 가치 기준의 다양성을 확대했다고 볼 수는 없다. 한편 ⓒ은 인성이나 실무 능력을 평가할 수 없기 때문이지, 사적이고 정서적인 관계 확보의 어려움에서 비롯되었다고 볼 수는 없다.

0**5**

정답 분석 정답 ⑤

'병'은 과거제 덕분에 더 많은 사람들이 공부를 하려는 생각을 가지게 된 것이 다행이라고 하였으므로, 과거제로 인해 교육에 대한 동기가 강화되었다는 점을 긍정적으로 평가한 것으로 볼 수 있다. 그러나 (가)의 3문단을 통해 볼 때 과거 시험에는 고전과 유교 경전 학습이 필요했고 (나)의 2문단에서 드러나듯 과거제를 통해 실무 능력을 평가하기는 어려웠다. 따라서 '병'이 실무 능력을 중심으로 평가하는 시험 방식에 주목했다는 것은 적절하지 않다.

팩트✓체크 (가) ❸ [8]시험에 필요한 고전과 유교 경전이 주가 되는 학습의 내용은 도덕적인 가치 기준에 대한 광범위한 공유를 이끌어 냈다.
(나) ❷ [25]또한 학습 능력 이외의 인성이나 실무 능력을 평가할 수 없다는 이유로 시험의 ⓒ 익명성에 대한 회의도 있었다.

오답 분석

① '갑'은 변변치 못한 집안 출신들이 과거를 통해 관직에 진출하는 것이 바람직하다고 한 것은 사회적 유동성이 증가한 것에 대해 긍정적으로 평가한 것이다. 이는 (가)의 2문단에서 설명한 능력주의적 시험인 과거제가 지닌 공정성과 개방성이라는 성격에 주목한 것으로 볼 수 있다.

팩트✓체크 ❷ [3]명확하고 합리적인 기준에 따른 관료 선발 제도라는 공정성을 바탕으로 과거제는 보다 많은 사람들에게 사회적 지위 획득의 기회를 줌으로써 개방성을 제고하여 사회적 유동성 역시 증대시켰다.

② '을'이 많은 선비들이 오랜 시간 과거를 준비하느라 능력을 펼치지 못하는 것이 안타깝다고 한 것은 과거제로 인해 재능을 낭비하는 것을 부정적으로 본 것이다. 이는 (나)의 2문단에서 과거제의 치열한 경쟁으로 인한 문제점으로 제시된 내용이다.

팩트✓체크 ❷ [24]치열한 경쟁은 학문에 대한 깊이 있는 학습이 아니라 합격만을 목적으로 하는 형식적 학습을 하게 만들었고, 많은 인재들이 수험 생활에 장기간 매달리면서 재능을 낭비하는 현상도 낳았다.

③ '을'은 과거제를 통해 조선 사회에 유교적 가치가 광범위하게 자리를 잡아 좋다고 하였는데 이는 (가)의 3문단에서 언급한 과거 시험에 필요한 고전과 유교 경전이 주가 되는 학습 내용이 도덕적 가치 기준에 대한 광범위한 공유를 이끌어 낸 점을 긍정적으로 평가한 것이다.

④ '병'은 과거 시험 준비를 위해 나오는 책들을 보면 학습의 깊이가 없다는 점을 지적하고 있는데 이는 과거제로 인해 심화된 공부를 하기 어렵다는 점을 부정적으로 본 것이다. 이는 (나)의 2문단에서 과거제가 학문에 대한 깊이 있는 학습이 아니라 형식적 학습을 하게 만들었다고 한 것에 주목한 것으로 볼 수 있다.

0**6**

정답 분석 정답 ④

ⓓ의 '매달리다'는 '어떤 일에 관계하여 거기에만 몸과 마음이 쏠려 있다.'의 의미이다. '사소한 일에만 매달리면'의 '매달리다' 역시 유사한 의미이다.

오답 분석

① ⓐ의 '두다'는 '행위의 준거점, 목표, 근거 따위를 설정하다.'의 의미이다. '열쇠를 방 안에 두고'의 '두다'는 '일정한 곳에 놓다.'의 의미이다.

② ⓑ의 '되살리다'는 '죽거나 없어졌던 것이 다시 살다.'의 의미로 쓰이는 '되살다'의 사동형이다. '기억을 되살렸다'의 '되살리다'는 '잊었던 감정이나 기억, 기분 따위가 다시 일다.'의 의미로 쓰이는 '되살다'의 사동형이다.

③ ⓒ의 '걸치다'는 '일정한 횟수나 시간, 공간을 거쳐 이어지다.'의 의미이다. '구름다리가 멋지게 걸쳐'의 '걸치다'는 '가로질러 걸리다.'의 의미이다.

⑤ ⓔ의 '어렵다'는 '가능성이 거의 없다.'의 의미이다. '형편이 어려울수록'의 '어렵다'는 '가난하여 살아가기가 고생스럽다.'의 의미이다.

STEP **B** 3. 베이즈주의의 조건화 원리 본문 87~91쪽

0**1** ② 0**2** ② 0**3** ④ 0**4** ⑤ 0**5** ②

■ **핵심 키워드**: # 믿음 # 베이즈주의 # 믿음의 정도 # 조건화 # 효율성

■ **문단별 중심 내용 & 구조도**

1 전통적 인식론자와 베이즈주의자의 믿음에 관한 견해 차이	**2** 조건화 원리에 따라 믿음의 정도가 변하는 경우
	3 조건화 원리에서 믿음의 정도가 변하지 않는 경우
	4 기존의 믿음의 정도를 유지하는 까닭

■ **주제**: 베이즈주의의 조건화 원리에 따른 믿음의 정도 변화

1 **01** 대다수의 전통적 인식론자는 모든 명제에 대해 참 또는 거짓 중 하나의 믿음을 갖는다고 보았다.

✗ [1, 2문장] 많은 전통적 인식론자는 임의의 명제에 대해 참이라고 믿거나, 거짓이라고 믿거나, 참이라 믿지도 않고 거짓이라 믿지도 않을 수 있는 세 가지 믿음의 태도 중 하나만을 가질 수 있다고 본다.

02 베이즈주의자는 참이라고 믿더라도 인식 주체마다 그 정도가 다를 수 있다고 본다.

○ [3, 4문장] 베이즈주의자는 각 인식 주체가 참이라는 것에 대하여 가장 강한 믿음의 정도에서 가장 약한 믿음의 정도까지 가질 수 있다고 본다.

03 믿음의 태도에 대한 인식은 전통적 인식론자보다 베이즈주의자가 더 협소하다.

✗ [5문장] 베이즈주의자는 믿음의 정도를 믿음의 태도에 포함함으로써 믿음

의 태도를 풍부하게 표현한다고 하였으므로, 믿음의 태도에 대한 인식은
전통적 인식론자보다 베이즈주의자가 더 넓다고 볼 수 있다.

2 **04** 베이즈주의자는 임의의 명제에 대한 믿음이 그와 관련된 기존 명제
의 믿음의 정도에 영향을 끼친다고 본다.

○ [9문장] 베이즈주의자는 임의의 명제 A가 참이라는 것만을 또는 거짓이라
는 것만을 새롭게 알게 됐을 때, 다른 임의의 명제 B에 대한 인식 주체의 기
존 믿음의 정도는 조건화 원리의 적용을 받아 변한다고 본다.

05 조건화 원리에 따라 임의의 명제에 대한 참 또는 거짓을 판단할 수 있
다.

✕ [9, 10문장] 조건화 원리는 기존 믿음의 정도를 변화시키는 데 작용하는 원
리이지, 명제의 참 또는 거짓을 판단하는 데 작용하지 않는다.

06 조건화 원리는 애초의 명제에 대한 믿음의 정도가 강할 때에는 적용되지
않는다.

✕ [10문장] 조건화 원리는 애초의 명제에 대한 믿음의 정도가 새롭게 알게 된
명제에 대한 믿음에 의해 어떻게 변하는지를 설명하는 것으로, 애초의 명
제에 대한 믿음의 정도에 따라 적용 여부가 결정된다고 볼 수 없다.

07 조건화 원리에 따를 때, 갑이 '오늘 비가 온다.'가 참이라는 조건하에서
'내일 비가 온다.'가 참이라는 것을 강하게 믿는다면, '오늘 비가 온다.'가
거짓이라는 것만을 새롭게 알게 되었을 때 '내일 비가 온다.'에 대한 믿음
은 약해질 것이다.

○ [12문장] '오늘 비가 온다.'가 거짓이라는 것만을 새롭게 알게 되었으므로,
애초의 믿음의 정도는 약해지는 것이 합리적이다.

08 새롭게 알게 된 명제가 동시에 둘 이상인 경우, 조건화 원리에 따라 더
합리적인 하나의 명제를 선택해야 한다.

✕ [13문장] 조건화 원리는 새롭게 알게 된 명제가 동시에 둘 이상인 경우에도
마찬가지로 적용된다고 하였지, 그중 하나의 명제를 선택해야 한다고 설명
하지는 않았다.

09 조건화 원리는 임의의 명제에 대한 믿음의 정도를 변화시켜 인식 주체의 행
동 변화를 유발한다.

✕ [14문장] 조건화 원리는 믿음의 정도에 관한 것이지 행위에 관한 것은 아니
라고 하였다.

3 **10** 새롭게 알게 된 명제가 있더라도, 기존에 믿고 있는 명제들과 관
련이 없는 경우에는 애초 믿음의 정도에 영향을 끼치지 않는다.

○ [16문장] 어떤 명제를 새롭게 알게 되더라도 그 명제와 관련 없는 명제에 대
한 믿음의 정도는 변하지 않아야 한다고 하였다.

11 '다른 은하에는 외계인이 존재한다.'에 대한 믿음의 정도는 '내일 비가 온다.'
가 참이라고 약하게 믿는 기존의 믿음의 정도에 영향을 끼치지 않아야 한다.

○ [17문장] '다른 은하에는 외계인이 존재한다.'와 '내일 비가 온다.'의 명제 간
에는 관련성이 없으므로, 어느 한쪽에 대한 믿음의 정도가 다른 명제에 대
한 믿음의 정도에 영향을 끼치지 않는다.

12 베이즈주의자는 인식 주체의 믿음의 정도는 자주 변한다고 주장한다.

✕ [18문장] 베이즈주의자는 특별한 이유가 없는 한 우리의 믿음의 정도는 유
지되어야 한다고 보므로, 믿음의 정도가 자주 변한다는 주장을 한다고 보
기 어렵다.

4 **13** 베이즈주의자는 상식적으로 당연하게 여겨지는 생각은 기존과 같이
그대로 유지하는 것이 실용적 효율성이 있다고 본다.

○ [21, 22문장] 베이즈주의자는 상식적으로 당연하게 여겨지는 생각을 정당
화하기 위해 기존의 믿음의 정도를 유지함으로써 실용적 효율성을 얻을 수
있다고 말한다.

14 베이즈주의자는 특별한 이유 없이 믿음의 정도를 바꾸는 것을 반대할 것이다.

○ [21문장] 베이즈주의자는 특별한 이유 없이 기존의 믿음의 정도를 바꾸는
것은 에너지를 불필요하게 소모한다고 볼 수 있으므로, 특별한 이유 없이
믿음의 정도를 바꾸는 것을 반대할 것이다.

15 베이즈주의자는 새롭게 알게 된 명제에 대한 믿음이 기존 믿음의 정도와
관련되는지 여부에 따라 믿음의 정도를 바꾸거나 바꾸지 않을 것이다.

○ [10, 22문장] 베이즈주의자는 새롭게 알게 된 명제에 대한 믿음이 기존 믿음
의 정도와 관련된다면 2문단에 따라 믿음의 정도를 바꿀 것이고, 관련이 없
다면 4문단에 따라 기존의 믿음의 정도를 유지할 것이다.

⓪**1**

정답 분석　　　　　　　　　　　　　　　　　　　　　　**정답 ②**

4문단에서 특별한 이유 없이 기존의 믿음의 정도를 바꾸는 것은 불
필요한 에너지 소모라고 하면서 특별한 이유가 없는 한 믿음의 정
도를 유지하는 것이 합리적이라고 하였다. 그러므로 특별한 이유
없이 믿음의 정도를 바꾸어야 하는 이유는 이 글을 통해 알 수 없다.

오답 분석

① 4문단에서 상식적으로 당연하게 여겨지는 생각을 정당화하기
위해 기존의 믿음의 정도를 유지함으로써 얻을 수 있는 실용적
효용성에 호소할 수 있다고 하였다.

　　팩트✓체크　**4** [19]베이즈주의자는 이렇게 상식적으로 당연하게 여겨지는 생
각을 정당화하기 위해 기존의 믿음의 정도를 유지함으로써 얻을 수 있는 실
용적 효율성에 호소할 수 있다.

③ 2문단에서 베이즈주의자는 어떤 명제에 대한 참이라는 새로운
믿음이 다른 명제에 대한 참인 믿음의 정도를 바꾼다고 하였
고, 3문단에서 어떤 명제와 관련 없는 명제에 대한 믿음의 정도
는 변하지 않아야 한다고 하였다.

　　팩트✓체크　**2** [10]이는 믿음의 정도의 변화에 관한 원리로서, 만약 인식 주체
가 A가 참이라는 것만을 새롭게 알게 된다면, B가 참이라는 것에 대한 그 인
식 주체의 믿음의 정도는 애초의 믿음의 정도에서 A가 참이라는 조건하에
B가 참이라는 것에 대한 믿음의 정도로 되어야 함을 의미한다.
3 [16]조건화 원리에 따르면, 어떤 명제가 참인지 거짓인지 새롭게 알게 되더
라도 그 명제와 관련 없는 명제에 대한 믿음의 정도는 변하지 않아야 한다.

④ 2문단에서 인식 주체가 특정 시점에 임의의 명제 A가 참이라
는 것만을 새롭게 알게 된다면, B가 참이라는 것에 대한 그 인
식 주체의 믿음의 정도는 애초의 믿음의 정도에서 A가 참이라
는 조건하에 B가 참이라는 것에 대한 믿음의 정도가 되는 조건
화 원리에 따라 믿음의 정도를 바꾼다고 하였다.

⑤ 1문단에서 전통적 인식론자는 임의의 명제에 대해 참, 거짓, 또
는 참도 거짓도 아니라는 세 가지 믿음의 태도 중 하나를 가진
다고 하였고, 이에 반해 베이즈주의자는 믿음은 정도의 문제라
고 하면서 임의의 명제에 대해 가장 강한 믿음에서 가장 약한
믿음의 정도까지 가질 수 있다고 하였다.

팩트✓체크 **1** [1]많은 전통적 인식론자는 임의의 명제에 대해 우리가 세 가지 믿음의 태도 중 하나만을 가질 수 있다고 본다.
[3]반면 베이즈주의자는 믿음은 정도의 문제라고 본다. [4]가령 각 인식 주체는 '내일 눈이 온다.'가 참이라는 것에 대하여 가장 강한 믿음의 정도에서 가장 약한 믿음의 정도까지 가질 수 있다.

0**2**

정답 분석   정답 ②

1문단에서 전통적 인식론자(㉠)는 어떤 명제에 대해 참이라고 믿거나, 거짓이라고 믿거나, 참이라 믿지도 않고 거짓이라 믿지도 않는 세 가지 믿음의 태도 중 하나만을 가질 수 있다고 했다. 반면 믿음의 정도를 믿음의 태도에 포함한 것은 베이즈주의자(㉡)이다. 따라서 전통적 인식론자는 '내일 눈이 온다.'에 대해 거짓이라 믿는 것이 그 명제가 거짓임을 강한 정도로 믿는다는 의미라고 주장하지는 않을 것이다.

오답 분석

① ㉠은 임의의 명제에 대해 세 가지 믿음의 태도 중 하나만을 가질 수 있다고 했는데, ㉡은 명제에 대해 가장 강한 믿음에서 가장 약한 믿음까지 믿음의 정도를 가질 수 있다고 보았으므로 ㉠이면서 동시에 ㉡일 수는 없다.

③ ㉠은 어떤 명제에 대해 참이라고 믿거나, 거짓이라고 믿거나, 참이라 믿지도 않고 거짓이라 믿지도 않는 세 가지 믿음의 태도 중 하나만을 가지므로, '내일 눈이 온다.'를 참이라고 믿으면서 동시에 거짓이라고 믿을 수는 없다.

④, ⑤ 1문단에서 ㉡은 믿음을 정도의 문제로 보면서 각 주체는 가장 강한 믿음의 정도에서 가장 약한 믿음의 정도까지 가질 수 있다고 하였다. 따라서 ㉡은 '내일 눈이 온다.'는 명제가 참이라는 것에 대한 믿음과 거짓이라는 것에 대한 믿음의 정도는 같을 수 있다고 볼 수 있다. 마찬가지로 '내일 눈이 온다.'와 '내일 비가 온다.'가 모두 거짓이라고 믿더라도 어느 한쪽을 더 강하게 거짓이라고 믿을 수 있다고 주장할 것이다.

0**3**

정답 분석   정답 ④

2문단에서 조건화 원리는 새롭게 알게 된 명제가 동시에 둘 이상인 경우에도 마찬가지로 적용된다고 하였다. 따라서 어떤 명제가 참인 것을 새롭게 알게 되고 동시에 그와 다른 명제가 거짓인 것을 새롭게 알게 되었을 때에도 조건화 원리는 적용될 수 있다.

팩트✓체크 **2** [13]조건화 원리는 새롭게 알게 된 명제가 동시에 둘 이상인 경우에도 마찬가지로 적용된다.

오답 분석

① 4문단에서 특별한 이유 없이 기존의 믿음의 정도를 바꾸는 것은 에너지를 불필요하게 소모한다고 하였으므로, 이를 실용적 효율성이 없다고 설명할 것이다.

팩트✓체크 **4** [20]특별한 이유 없이 학교를 옮기는 행위는 어떠한 방식으로든 우리의 에너지를 불필요하게 소모한다. [21]베이즈주의자는 특별한 이유 없이 기존의 믿음의 정도를 바꾸는 것도 이와 유사하게 에너지를 불필요하게 소모한다고 볼 수 있다.

② 2문단에서 조건화 원리는 믿음의 정도에 관한 것이지 행위에 관한 것은 아니라고 했으므로 적절하지 않다.

팩트✓체크 **2** [14]다만 이 원리는 믿음의 정도에 관한 것이지 행위에 관한 것은 아니다.

③ 3문단에서 어떤 명제가 참인지 거짓인지 새롭게 알게 되더라도 그 명제와 관련 없는 명제에 대한 믿음의 정도는 변하지 않아야 한다고 하였다. 이를 통해 새롭게 알게 된 명제와 관련 없는 명제에 대한 우리의 믿음의 정도가 어떠해야 하는지 알 수 있다.

팩트✓체크 **3** [18]조건화 원리에 따르면, 어떤 명제가 참인지 거짓인지 새롭게 알게 되더라도 그 명제와 관련 없는 명제에 대한 믿음의 정도는 변하지 않아야 한다.

⑤ 1문단과 2문단에서 조건화 원리는 가장 강한 믿음에서부터 가장 약한 믿음까지 모든 범위에 적용되는 것임을 알 수 있으므로, 조건화 원리가 특정 정도의 믿음을 가진 인식 주체에게 적용될 수 없다는 것은 적절하지 않다.

팩트✓체크 **1** [4]가령 각 인식 주체는 '내일 눈이 온다.'가 참이라는 것에 대하여 가장 강한 믿음의 정도에서 가장 약한 믿음의 정도까지 가질 수 있다. **2** [9]이에 따르면, 인식 주체가 특정 시점에 임의의 명제 A가 참이라는 것만을 또는 거짓이라는 것만을 새롭게 알게 됐을 때, 다른 임의의 명제 B에 대한 인식 주체의 기존 믿음의 정도의 변화는 조건화 원리의 적용을 받는다.

0**4**

정답 분석   정답 ⑤

2문단에 따르면 임의의 명제 A가 참이라는 것만을 새롭게 알게 된다면, 다른 임의의 명제 B가 참이라는 것에 대한 인식 주체의 믿음의 정도는 애초의 믿음의 정도에서 A가 참이라는 조건하에 B가 참이라는 것에 대한 믿음의 정도로 되어야 한다고 하였다. 따라서 명제 ㉯를 알기 전에 ㉮가 참이라는 것에 대한 믿음의 정도가 서로 달랐다 해도 ㉯만을 알게 된 후에 ㉮가 참이라는 것에 대한 병과 정의 믿음의 정도는 같아질 수도 있다고 보는 것이 적절하다.

오답 분석

① 3문단에서 어떤 명제가 참인지 거짓인지 새롭게 알게 되더라도 그 명제와 관련 없는 명제에 대한 믿음의 정도는 변하지 않아야 한다고 하였으므로, ㉮와 관련이 없는 다른 명제를 새롭게 알게 된다면 ㉮에 대한 병의 믿음의 정도는 변하지 않을 것이다.

② 병과 정은 ㉮가 참이라고 믿는 정도는 강하지 않다고 하였다. 그런데 병이 ㉯에 대한 새로운 믿음을 갖게 된다면 그 후에 ㉮가 참이라는 병의 믿음의 정도는 그 전보다 강할 수 있다. 왜냐하면 ㉮와 ㉯는 체육관에 수첩이 있다는 점에서 서로 관련이

있는 명제이기 때문이다.

③ 병과 정은 ㉮가 참이라고 믿는 정도가 강하지 않다고 하였다. 병과 정이 흰색 수첩 하나를 잃어버렸으므로 병이 ㉯만을 새롭게 참이라고 알게 된다면 그 수첩에 병의 이름이 적혀 있을 것이라고 생각할 수 있다. 그러나 병이 ㉯를 알게 된 후에 ㉰를 추가로 알게 된다면 병의 이름이 적혀 있는 흰색 수첩은 체육관에 있을 수도 있고 병의 집에 있을 수도 있게 되므로, ㉮가 참이라는 것에 대한 병의 믿음의 정도는 ㉰를 추가로 알기 전보다 더 약해질 것이다.

④ 2문단에서 임의의 명제 A가 참이라는 것만을 새롭게 알게 된다면 B가 참이라는 것에 대한 인식 주체의 믿음의 정도는 애초의 믿음의 정도에서 A가 참이라는 조건하에 B가 참이라는 것에 대한 믿음의 정도로 되어야 한다고 하였다. 따라서 병이 ㉯와 ㉰를 동시에 알게 된다면 ㉮가 참이라는 것에 대한 병의 믿음의 정도는 ㉯와 ㉰가 참이라는 조건하에 ㉮가 참이라는 것에 대한 믿음의 정도로 변할 것이다.

ⓞ5

정답 분석   정답 ②

'조건화 원리에 따르면'에서 ⓑ '따르면'은 '어떤 경우나 사실이나 기준 따위에 의거하다.'의 의미이다. '법에 따라'의 '따라'도 '법이라는 경우나 사실이라는 기준에 의거하다.'의 의미이므로 ⓑ와 문맥적 의미가 유사하다.

오답 분석

① ⓐ의 '가질'은 '생각, 태도, 사상 따위를 마음에 품다.'라는 의미이다. 이와 달리 '자리를 가졌다'에서 '가졌다'는 '모임을 치르다.'의 의미이다.

③ ⓒ의 '본다'는 '대상을 평가하다.'의 의미이다. 이와 달리 '아이를 봐 줄'에서 '봐'는 '맡아서 보살피거나 지키다.'의 의미이다.

④ ⓓ의 '얻을'은 '긍정적 태도, 반응, 상태 따위를 가지거나 누리다.'의 의미이다. 이와 달리 '얻은 병'에서 '얻은'은 '병을 앓게 되다.'의 의미이다.

⑤ ⓔ의 '바꾸는'은 '원래의 내용이나 상태를 다르게 고치다.'의 의미이다. 이와 달리 '~냉장고를 ~선풍기와 바꿨다'의 '바꿨다'는 '자기가 가진 물건을 다른 사람에게 주고 대신 그에 필적할 만한 다른 사람의 물건을 받다.'의 의미이다.

ⓞ1 ①   ⓞ2 ②   ⓞ3 ③   ⓞ4 ④

■ 핵심 키워드: # 명제 # 참 # 거짓 # 모순 관계 # 가능세계 # 가능성 # 필연성 # 현실세계 # 유사성 # 일관성 # 포괄성 # 완결성 # 독립성

■ 문단별 중심 내용 & 구조도

2 필연성과 가능성에 관한 진술 분석을 위한 가능세계의 역할

1 모순 관계의 개념과 가능세계

3 가능세계 담론을 통한 일상적인 표현의 이해

4 가능세계의 네 가지 성질 – 일관성, 포괄성, 완결성, 독립성

5 가능세계 담론의 의의

■ **주제: 필연성과 가능성에 따른 가능세계의 여부와 성질**

1 **01** 명제 P와 ~P 모두 거짓인 것은 가능하다.
✕ [1, 2문장] 명제 P와 ~P는 모순 관계라고 하였다. 모순 관계는 두 명제가 모두 참인 것도 모두 거짓인 것도 가능하지 않은 관계이다.

02 '다보탑은 개성에 있다.'라는 명제는 현실에서는 거짓이지만, 어떤 가능세계에서는 참일 수 있다.
○ [6문장] 철학자들은 다보탑이 개성에 있는 가능세계는 있다고 하였다. 따라서 현실에서는 다보탑이 경주에 있으므로 '다보탑은 개성에 있다.'가 거짓이지만, 이 명제가 참인 가능세계가 있을 수 있다.

2 **03** 명제 'P는 가능하다'는 P가 모든 가능세계에서 성립한다는 의미이다.
✕ [8문장] 가능한 명제가 아니라, 'P는 필연적이다.'일 때 P가 모든 가능세계에서 성립한다.

04 '만약 Q이면 Q이다.'가 성립하지 않는 가능세계가 있다.
✕ [9문장] '만약 Q이면 Q이다.'는 필연적인 명제이므로, 모든 가능세계에서 성립한다.

05 '다보탑은 경주에 있다.'가 성립하지 않는 가능세계가 존재한다.
○ [10문장] 현실세계에서는 성립하는 명제이지만, 필연적인 명제가 아니므로 어떤 가능세계에서는 성립하지 않는다.

3 **06** 전통 논리학에 따르면 명제 '만약 A이면 B이다.'는 A가 참일 때 항상 참이다.
✕ [15문장] 전통 논리학에 따르면 A가 거짓인 경우에 B의 참 거짓에 상관없이 참이라고 규정한다고 하였다. A가 참이라면 B의 참 거짓에 따라 결정될 것이다.

07 제시된 상황에서 기차를 탔더라도 지각을 한 가능세계와 기차를 탔다면 지각을 하지 않는 가능세계가 모두 있다.
○ [18~20문장] 기차를 탔다는 것은 A가 참인 것이므로, B는 참일 수도 있고 거짓일 수도 있다. 또한 이 명제는 필연적인 명제가 아니므로 어떤 가능세계에서는 성립하고 어떤 가능세계에서는 성립하지 않는다. 따라서 기차를 탔더라도 지각을 한 가능세계도 있고, 기차를 탔다면 지각을 하지 않는 가능세계도 있는 것이다.

08 기차를 탄 가능세계들 중에는 기차가 제시간에 도착하지 못하는 경우보다 제시간에 도착하는 경우가 현실세계와 유사성이 더 높다.

○ [20문장] 기차를 타고 별다른 이변 없이 제시간에 도착한 세계가 그렇지 않은 세계보다 우리의 현실세계와의 유사성이 더 높다고 하였다.

09 '만약 A이면 B이다.'에서 B가 거짓인 것보다 참인 가능세계가 현실세계와 더 유사하다면, 현실세계에서 A가 실현되지 않았더라도 '만약 A이면 B이다.'라고 말할 수 있다.

○ [21문장] '만약 A이면 B이다.'에서 B가 참인 가능세계가 B가 거짓인 가능세계보다 현실세계와 더 유사하다면, 현실세계의 나는 A가 실현되지 않은 경우에 '만약 A라면 B이다.'라고 말할 수 있다고 하였다. 즉, 우리는 일상적인 표현에서 현실세계와 유사한 경우를 주로 주장하는 것이다.

☒ 10 가능세계의 일관성에 따르면, 가능한 명제가 성립하는 가능세계는 적어도 하나 이상 있다.

✕ [24문장] 가능세계의 일관성은 가능하지 않은 명제는 그것이 성립하는 가능세계도 없다는 것이다. 가능한 명제가 성립하는 가능세계가 있다는 것은 가능세계의 포괄성에 해당한다.

11 가능세계의 포괄성에 따르면, '다보탑은 경주에 있다.'가 성립하는 가능세계는 적어도 하나 이상 있다.

○ [26문장] 가능세계의 포괄성은 어떤 것이 가능하다면 그것이 성립하는 가능세계가 존재한다는 것이다. 따라서 '다보탑은 경주에 있다.'는 가능한 명제이므로 그것이 성립하는 가능세계는 적어도 하나 이상 있다.

12 임의의 명제 A와 B가 모두 가능한 명제라면, A가 참이거나 B가 참인 가능세계는 없다.

✕ [26문장] 포괄성은 어떤 것이 가능하다면 그것이 성립하는 가능세계가 존재한다는 것이므로, A와 B가 모두 가능한 명제라면 각각이 참인 가능세계가 있다.

13 배중률은 모든 가능세계에서 성립한다.

○ [28문장] 어느 세계에서든 임의의 명제 P에 대해 'P이거나 ~P이다.'라는 배중률이 성립한다고 하였다.

14 P와 ~P가 모두 참인 것은 가능하지 않지만 모두 거짓인 것은 가능하다면, 가능세계의 완결성을 적용할 수 있다.

✕ [29문장] 가능세계의 완결성은 P와 ~P 중 하나는 반드시 참이라는 것이다. 모두 거짓인 것이 가능하다면 두 명제는 P와 ~P의 관계가 아니므로 가능세계의 완결성을 적용할 수 없다.

15 가능세계의 독립성에 따르면 각각의 가능세계들은 서로 단절되어 있다.

○ [32문장] 가능세계의 독립성은 연속된 시간과 공간에 포함된 존재들은 동일한 하나의 세계에만 속하며, 한 가능세계의 시간과 공간이 다른 가능세계와 이어질 수 없다는 것이다. 따라서 각각의 가능세계들은 서로 단절되어 있다고 볼 수 있다.

⓪**1**

정답 분석   정답 ①

4문단에서 '어느 세계에서든 임의의 명제 P에 대해 "P이거나 ~P이다."라는 배중률이 성립한다.'라고 하였다. 따라서 모든 가능세계에서 배중률, 즉 'P이거나 ~P이다.'가 성립한다.

팩트√체크 **4** [28]어느 세계에서든 임의의 명제 P에 대해 "P이거나 ~P이다."라는 배중률이 성립한다. [29]즉 P와 ~P 중 하나는 반드시 참이라는 것이다.

오답 분석

② 2문단에 따르면 "다보탑은 경주에 있다."와 같이 가능하지만

필연적이지는 않은 명제는 우리의 현실세계를 비롯한 어떤 가능세계에서는 성립하고 또 어떤 가능세계에서는 성립하지 않는다고 하였다. 즉, 가능한 명제는 적어도 하나의 가능세계에서 성립하는 명제이지만, 그 하나의 가능세계가 반드시 현실세계인 것은 아니다. 예를 들어, "다보탑은 개성에 있다."는 가능한 명제이지만 현실세계에서 성립하지 않는다. 따라서 모든 가능한 명제가 현실세계에서 성립하는 것은 아니다.

③ 2문단에 따르면 "만약 Q이면 Q이다."를 비롯한 필연적인 명제들은 모든 가능세계에서 성립한다고 하였다. 따라서 필연적인 명제가 성립하지 않는 가능세계는 없다.

팩트√체크 **2** [9]"만약 Q이면 Q이다."를 비롯한 필연적인 명제들은 모든 가능세계에서 성립한다.

④ 1문단에 따르면 무모순율은 'P와 ~P가 모두 참인 것은 가능하지 않다는 법칙'을 말한다. 따라서 무모순율에 의하면 P와 ~P가 모두 참인 것은 불가능하다는 것을 알 수 있다.

팩트√체크 **1** [3]P와 ~P가 모두 참인 것은 가능하지 않다는 법칙을 무모순율이라고 한다.

⑤ 3문단에 따르면 '전통 논리학에서는 "만약 A이면 B이다."라는 형식의 명제는 A가 거짓인 경우에는 B의 참 거짓에 상관없이 참이라고 규정한다.'라고 하였다. 즉, "만약 A이면 B이다."의 참 거짓은 A가 거짓인 경우에 'B의 참 거짓에 상관없이' 참으로 결정되는 것이지, A의 참 거짓과 상관없이 결정되는 것은 아니다.

팩트√체크 **3** [15]그런데 전통 논리학에서는 "만약 A이면 B이다."라는 형식의 명제는 A가 거짓인 경우에는 B의 참 거짓에 상관없이 참이라고 규정한다.

⓪**2**

정답 분석   정답 ②

2문단에 따르면 "만약 Q이면 Q이다."와 같은 필연적인 명제는 모든 가능세계에서 성립한다고 하였다. 따라서 "만약 다보탑이 개성에 있다면(Q이면), 다보탑은 개성에 있다(Q이다)."는 필연적인 명제에 해당하므로, 이 명제가 성립하는 가능세계는 '모든 가능세계'이다. 한편 2문단에서 ㉠은 가능하지만 필연적이지는 않은 명제이므로, 어떤 가능세계에서는 성립하고 또 어떤 가능세계에서는 성립하지 않는다고 하였다. 따라서 모든 가능세계 중에 ㉠이 거짓인 가능세계는 존재한다.

팩트√체크 **2** [9]"만약 Q이면 Q이다."를 비롯한 필연적인 명제들은 모든 가능세계에서 성립한다. [10]"다보탑은 경주에 있다."와 같이 가능하지만 필연적이지는 않은 명제는 우리의 현실세계를 비롯한 어떤 가능세계에서는 성립하고 또 어떤 가능세계에서는 성립하지 않는다.

오답 분석

① 2문단에 따르면 "다보탑은 경주에 있다."는 가능하지만 필연적이지는 않은 명제이므로, 어떤 가능세계에서는 성립하고 또 어떤 가능세계에서는 성립하지 않는다. 따라서 ㉠이 성립하지 않는 가능세계가 존재한다는 것을 알 수 있다.

③ 1문단에 따르면 모순 관계란 '두 명제가 모두 참인 것도 모두 거짓인 것도 가능하지 않은 관계'를 말한다. 그런데 다보탑이 경주에 있지만 개성에 세워질 가능성이 있었다면, 이 가능세계에서 ㉡("다보탑은 개성에 있을 수도 있었다.")과 "다보탑은 개성에 있지 않다."는 모두 참이므로 서로 모순 관계가 아니다.

④ 1문단에 따르면 ㉡이 참이라는 것은 다보탑이 개성에 있는 가능세계가 존재한다는 뜻이다. 반면 ㉡이 거짓이라는 것은 다보탑이 개성에 있는 가능세계가 존재하지 않는다는 뜻이 된다.

⑤ 1문단에 따르면 ㉠과 ㉡은 모순 관계가 아니다. 모순 관계는 두 명제가 모두 참인 것도 모두 거짓인 것도 가능하지 않은 관계를 말하는데, ㉠과 ㉡은 동시에 참이거나 거짓일 수 있다. 만일 다보탑을 개성에 세우려다가 경주에 세우게 된 것이라면 현실세계에서 ㉠과 ㉡이 모두 참인 것이 가능하다.

팩트✓체크 **1** [4]그런데 "㉠ 다보탑은 경주에 있다."와 "㉡ 다보탑은 개성에 있을 수도 있었다."는 모순 관계가 아니다. [5]현실과 다르게 다보탑을 경주가 아닌 곳에 세웠다면 다보탑의 소재지는 지금과 달라졌을 것이다.

0**3**

정답 ③

3문단에 따르면 내가 그 기차를 탄 가능세계들을 생각해 볼 때, 그 가능세계 중에는 내가 지각을 하는 가능세계도 존재하며, 내가 지각을 하지 않는 가능세계도 존재한다. 그중 기차가 별다른 이변 없이 제시간에 도착하여 지각을 하지 않는 세계가 기차가 고장이 나 지각을 하는 세계보다 현실세계와의 유사성이 더 높다. 즉, 내가 기차를 탔을 때 지각을 하는 가능세계는 현실세계와의 유사성이 낮기 때문에, 일상적인 담화에서 '내가 만약 그 기차를 탔다면 지각을 하지 않았을 것이다.'라는, 현실세계와 더 유사한 주장을 하는 것이다.

팩트✓체크 **3** [21]일반적으로, A가 참인 가능세계들 중에 비교할 때, B도 참인 가능세계가 B가 거짓인 가능세계보다 현실세계와 더 유사하다면, 현실세계의 나는 A가 실현되지 않은 경우에, 만약 A라면 ~B가 아닌 B이라고 말할 수 있다.

---

①, ② 3문단에서는 내가 그 기차를 탄 가능세계끼리 비교를 할 때 지각을 한 가능세계와 지각을 하지 않은 가능세계의 현실세계와의 유사성 정도가 다름을 언급하고 있다. 그러나 @의 전제는 '내가 만약 기차를 탔다면'이므로 '내가 기차를 타지 않은 가능세계'들을 비교하는 것은 무의미하다.

④ 내가 기차를 탄 가능세계들에서는 대다수 지각을 하지 않았다는 것이 현실세계에서의 나의 주장과 어떻게 관련되는지는 언급되지 않았다.

⑤ 3문단에서 '나는 현실에서 아침 8시에 출발하는 기차를 놓쳤다'고 하였다. 따라서 '내가 그 기차를 탄 것'이 현실세계에서 거짓인 것은 맞다. 하지만 @는 기차를 탔다고 가정할 때 여전히 지각을 했을 것이라고 주장하지 않는(=지각을 하지 않을 것이라고 주장하는) 이유에 대한 질문이므로, 가정한 사실의 거짓 여부를 따질 필요가 없다.

0**4**

정답 ④

4문단에 따르면 가능세계의 포괄성은 '어떤 것이 가능하다면 그것이 성립하는 가능세계는 존재한다.'라는 것을 말한다. <보기>의 두 명제는 서로 반대 관계이므로 둘 중 하나만 참인 것이 가능하다. 즉, "모든 학생은 연필을 쓴다."가 참이거나 "어떤 학생도 연필을 쓰지 않는다."가 참인 것이 가능하다. 따라서 가능세계의 포괄성에 따르면 각각의 명제가 성립하는 가능세계가 있다는 설명은 적절하다.

팩트✓체크 **4** [25]둘째는 가능세계의 포괄성이다. [26]이것은 어떤 것이 가능하다면 그것이 성립하는 가능세계는 존재한다는 것이다.

---

① <보기>의 두 명제 "모든 학생은 연필을 쓴다."와 "어떤 학생도 연필을 쓰지 않는다."는 반대 관계이다. 가능세계의 완결성은 '어느 세계에서든 임의의 명제 P에 대해 "P이거나 ~P이다."라는 배중률이 성립한다'는 것인데, <보기>의 명제는 모순 관계가 아니므로 배중률이 성립한다고 말할 수 없다. 또한 완결성은 P인 가능세계가 존재하거나 ~P인 가능세계가 존재한다는 것이 아니라, 임의의 명제 P에 대해 P와 ~P 중 하나는 반드시 참이라는 것이므로 완결성에 대한 진술로도 볼 수 없다.

팩트✓체크 **4** [27]셋째는 가능세계의 완결성이다. [28]어느 세계에서든 임의의 명제 P에 대해 "P이거나 ~P이다."라는 배중률이 성립한다.

② 가능세계의 포괄성에 따르면 "어떤 학생도 연필을 쓰지 않는다."가 가능하므로 이 명제가 성립하는 가능세계가 존재한다. 하지만 이 세계는 단 한 명의 학생도 연필을 쓰지 않는 세계이므로, 이 명제가 성립하면서 그 세계에 속한 한 명의 학생이 연필을 쓰는 가능세계는 존재하지 않는다.

③ 가능세계의 완결성에 따르면, 모순 관계에 있는 두 명제 P와 ~P 중 하나는 반드시 참이다. 하지만 "어떤 학생은 연필을 쓴다."와 "어떤 학생은 연필을 쓰지 않는다."는 동시에 참일 수 있기 때문에 모순 관계가 아니다. 즉, P와 ~P의 관계에 있지 않다. 따라서 두 명제를 통해 가능세계의 완결성을 논할 수 없다.

⑤ 가능세계의 일관성은 '어떤 것이 가능하지 않다면 그것이 성립하는 가능세계는 없다.'라는 것을 말한다. '학생들 중 절반은 연필을 쓰고 절반은 연필을 쓰지 않는' 것은 가능하기 때문에 그것이 성립하는 가능세계가 존재한다. 그런데 가능한 명제가 성립하는 가능세계가 있다는 것은 가능세계의 포괄성에 따른 설명이지, 일관성에 따른 설명이 아니다.

팩트✓체크 **4** [23]첫째는 가능세계의 일관성이다. [24]가능세계는 명칭 그대로 가능한 세계이므로 어떤 것이 가능하지 않다면 그것이 성립하는 가능세계는 없다.

모순 관계	두 명제가 모두 참이거나 모두 거짓인 것이 가능하지 않음. = 명제 P와 이를 부정한 명제 ~P는 모순 관계임. 예 • 고양이는 동물이다.(P) 　• 고양이는 동물이 아니다.(~P) = 한 명제가 참이면 다른 한 명제는 거짓임. = 두 명제의 중간이 존재하지 않음. ★ 두 명제가 모순 관계인지, 아닌지를 먼저 판단해야 함.
무모순율	모순 관계에 있는 P와 ~P가 모두 참인 것은 가능하지 않다는 법칙
배중률	임의의 명제 P에 대해 'P이거나 ~P이다.'가 성립하는 것 = 모순 관계에 있는 두 명제 중 하나는 반드시 참이라는 법칙 = 어떤 명제와 그것의 부정 가운데 하나는 반드시 참이라는 법칙

STEP B　5. 아리스토텔레스의 목적론

본문 96~99쪽

◎1 ⑤　　◎2 ③　　◎3 ②　　◎4 ③

■ 핵심 키워드: # 아리스토텔레스 # 자연물 # 목적 지향 # 본성 # 근대 과학 # 물질 # 환원론

■ 문단별 중심 내용 & 구조도

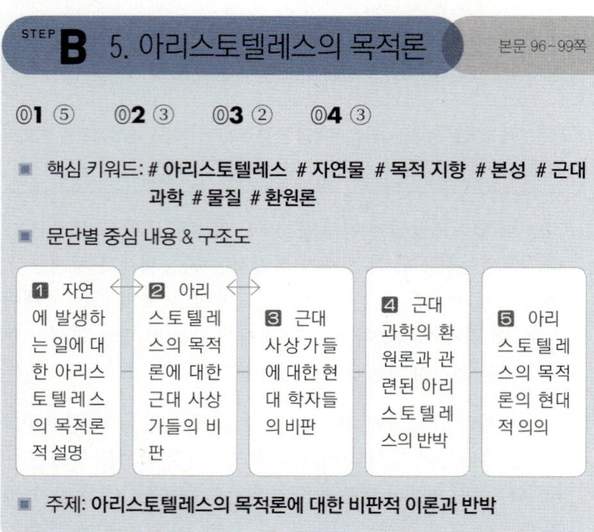

■ 주제: 아리스토텔레스의 목적론에 대한 비판적 이론과 반박

1 01 아리스토텔레스는 개미가 나뭇가지나 잎사귀를 운반하는 것은 본성적 목적을 실현하는 것이라고 볼 것이다.

○ [5문장] 아리스토텔레스는 모든 자연물이 목적을 추구하는 본성을 타고나며, 내재적 본성에 따른 운동을 한다는 목적론을 제시한다고 하였다. 따라서 개미가 나뭇가지나 잎사귀를 운반하는 것은 본성적 목적을 실현하는 것이라고 볼 것이다.

02 아리스토텔레스는 동물의 본능적 행위는 목적을 추구하는 행동으로 보지 않는다.

✕ [5, 6문장] 아리스토텔레스는 "자연은 헛된 일을 하지 않는다!"라며 자연에서 발생하는 모든 일을 목적 지향적으로 보았다. 따라서 동물의 본능적 행위도 목적을 추구하는 일과 관련지어 볼 것이다.

03 아리스토텔레스에 따르면, 자연물은 방해받지 않는 한 목적을 실현하는 방향으로 움직인다.

○ [5문장] 아리스토텔레스에 따르면 자연물은 목적을 실현할 능력을 타고나며, 그 목적은 방해받지 않는 한 반드시 실현될 것이라고 하였다.

2 04 근대 사회는 과학적 설명이 되지 않는 이론은 받아들이지 않았다.

○ [7문장] 근대에 접어들어 아리스토텔레스의 목적론은 비과학적이라는 이유로 많은 비판에 직면하였다고 하였다.

05 갈릴레이와 베이컨은 아리스토텔레스의 목적론이 비과학적이라고 평가하였다.

○ [8문장] 갈릴레이는 아리스토텔레스의 목적론이 과학적 설명으로 사용될 수 없다고 하였으며, 베이컨은 과학에 무익하다고 하였다.

06 스피노자는 자연의 모든 일은 본성적 목적을 지향한다고 생각하였다.

✕ [8문장] 스피노자는 목적론이 자연에 대한 이해를 왜곡한다고 비판하였다고 하였다. 따라서 자연의 모든 일은 본성적 목적을 지향한다고 보는 목적론의 관점에 수긍하지 않을 것이다.

07 아리스토텔레스와 달리, 갈릴레이와 베이컨, 스피노자는 모두 자연물은 이성을 지닌다고 생각하였다.

✕ [10문장] 갈릴레이, 베이컨, 스피노자는 아리스토텔레스의 목적론이 인간 이외의 자연물도 이성을 갖는 것으로 의인화한다고 비판했다고 하였다. 즉, 이들은 인간만이 이성을 지닌다고 생각한 것이다. 그리고 2문단의 마지막 문장에서 아리스토텔레스 역시 인간만이 이성을 지닌다고 생각했다고 하였다.

3 08 일부 현대 학자들은 아리스토텔레스의 목적론이 과학보다 우위에 있다고 본다.

✕ [11문장] 일부 현대 학자들은 근대 사상가들이 아리스토텔레스의 목적론을 거부할 충분한 근거를 제시하지 못했다고 비판한 것이지, 목적론이 과학보다 우위에 있다고 평가했다고 언급된 바는 없다.

09 현대 학자들은 근대 사상가들이 아리스토텔레스의 견해를 반박하는 과학적 근거가 충분하다고 생각하였다.

✕ [11문장] 현대 학자들은 근대 사상가들이 과학에 기초한 기계론적 모형이 더 설득력을 갖는다는 교조적 믿음에 의존하여 아리스토텔레스의 목적론을 반박할 충분한 근거를 제시하지 못했다고 비판하였다.

10 볼로틴은 근대과학이 아리스토텔레스의 목적론을 긍정적으로 수용하지 않았음을 비판하였다.

✕ [12문장] 볼로틴은 근대 사상가들이 아리스토텔레스의 목적론을 거부할 충분한 근거를 제시하지 못했다는 맥락에서, 근대과학이 자연에 목적이 없음을 보이지도 못했고 그렇게 하려는 시도조차 하지 않았다고 하였을 뿐, 아리스토텔레스의 목적론을 긍정적으로 수용하지 않은 것을 비판하지는 않았다.

4 11 근대과학은 세상의 모든 것을 실험을 통해 설명하면서 자연물을 단순화시켰다.

○ [14문장] 근대과학은 실험을 통해 과학적 설명의 참, 거짓을 확인할 것을 요구했으며, 세상의 모든 것이 단순히 물질로만 구성된다는 물질론으로 이어졌다.

12 환원론은 살아 있는 생명체만 본성적 목적을 갖는다는 아리스토텔레스의 견해를 인정할 것이다.

✕ [12, 17문장] 환원론은 모든 생물학적 과정이 물리·화학 법칙으로 설명된다는 이론이다. 그리고 아리스토텔레스의 엠페도클레스의 견해에 대한 반박에는 자연물의 본성이 단순히 물리·화학적으로 환원되지도 않는다는 주장을 내포한다고 하였다. 따라서 환원론과 아리스토텔레스의 견해가 다름을 알 수 있다.

13 엠페도클레스와 환원론은 모두 자연물이 물질로만 구성되어 있으며, 그 과정이 물리·화학 법칙으로 설명할 수 있다고 본다.

○ [14, 16문장] 엠페도클레스는 자연물의 물질적 구성 요소를 알면 그것의 본성을 모두 설명할 수 있다고 하였는데, 아리스토텔레스는 그의 견해를 반박하며 자연물의 본성이 단순히 물리·화학적으로 환원되지도 않는다고 주장하였다. 따라서 엠페도클레스의 견해에는 환원론의 입장인, 세상의 모든 것이 물질로 구성되며, 모든 생물학적 과정이 물리·화학 법칙으로 설명

된다는 것이 담겨 있다고 볼 수 있다.

⑤ **14** 첨단 과학은 아리스토텔레스의 목적론을 거부할 충분한 근거를 제시하지 못하고 있다.

○ [18문장] 첨단 과학의 발전에도 불구하고 생명체의 존재 원리와 이유를 정확히 규명하는 과제는 아직 진행 중이라고 하였다.

15 자연물이 운동하는 원리가 본성적 목적에 있음을 주장한 아리스토텔레스의 탐구는 현대에도 유효하다.

○ [4, 19문장] 1문단을 참고할 때 아리스토텔레스는 자연물이 존재하고 운동하는 원리와 이유가 본성적 목적에 있다고 하였고, 그의 목적론은 현대에도 이어지는 탐구의 출발점이라고 하였으므로 현대에도 유효한 것이다.

⓪1

정답 분석   정답 ⑤

이 글은 1문단에서 아리스토텔레스의 목적론을 소개한 후, 이에 대한 비판을 2문단부터 4문단까지에 걸쳐 제시하며 그 비판들이 타당한지 검토하였다. 그리고 5문단에서는 아리스토텔레스의 목적론의 현대적 의의를 밝히고 있다.

오답 분석

① 아리스토텔레스의 목적론과 그에 대한 비판적 입장이 나타날 뿐, 대립되는 두 이론과 각 이론의 장단점을 제시한 것은 아니다. 즉, 목적론에 대한 근대 사상가들의 비판과 그 한계 및 근대 과학의 관점과 그에 대한 반박이 제시되어 있을 뿐, 아리스토텔레스의 목적론과 대립되는 이론의 장단점을 각각 제시하고 있지는 않다.

② 목적론에 대한 근대 사상가들의 비판적 견해와, 근대 사상가들의 견해에 대한 현대 학자들의 비판을 통해 아리스토텔레스의 목적론에 대한 상반된 주장이 나타난다고 볼 수 있지만, 그 둘 사이의 절충 방안을 모색하고 있는 것은 아니다.

③ 아리스토텔레스의 목적론에 대한 비판의 타당성을 검토하고 있지만, 새로운 이론을 도출하지는 않았다.

④ 아리스토텔레스의 목적론에 대한 근대 사상가들의 비판이 제시되었으나 현대 사상가들의 견해는 목적론이 아닌 근대 사상가들의 견해에 대한 비판이다. 따라서 목적론에 대한 비판들을 시대순으로 제시한 것은 아니다. 또한 이 글은 아리스토텔레스의 목적론이 지닌 현대적 의의를 제시하고 있을 뿐 그 부당성을 주장하지는 않았다.

⓪2

정답 분석   정답 ③

1문단에서 아리스토텔레스는 모든 자연물은 목적을 추구하는 본성을 타고나며, 내적 본성에 따라 운동을 한다는 목적론을 제시하였다. 그리고 자연물은 단순히 목적을 갖는 데 그치는 게 아니라 목적을 실현할 능력도 타고난다고 하였다.

팩트✔체크 **1** [5]그는 자연물이 단순히 목적을 갖는 데 그치는 것이 아니라 목적을 실현할 능력도 타고나며, ~

<hr>

오답 분석

① 2문단에서 아리스토텔레스는 인간만이 이성을 지닌다고 하였다. 이에 따르면 개미의 본성적 운동은 목적은 가지지만 이성에 의한 행위로 볼 수 없다.

팩트✔체크 **2** [10]그러나 이런 비판과는 달리 아리스토텔레스는 자연물을 생물과 무생물로, 생물을 식물·동물·인간으로 나누고, 인간만이 이성을 지닌다고 생각했다.

② 1문단에서 아리스토텔레스는 반드시 실현되는 목적은 운동 주체에 항상 바람직한 결과를 가져온다고 하였다.

팩트✔체크 **1** [6]그는 자연물이 단순히 목적을 갖는 데 그치는 것이 아니라 목적을 실현할 능력도 타고나며, 그 목적은 방해 받지 않는 한 반드시 실현될 것이고, 그 본성적 목적의 실현은 운동 주체에 항상 바람직한 결과를 가져온다고 믿는다.

④ 아리스토텔레스는 모든 자연물이 목적을 추구하는 본성을 타고난다고 하였으므로, 낙엽의 운동 역시 본성적 목적 개념으로 설명할 수 있다.

⑤ 1문단에서 목적을 추구하는 본성을 타고난 자연물은 외적 원인이 아니라 내재적 본성에 따라 운동을 한다고 하였다.

팩트✔체크 **1** [4]아리스토텔레스는 모든 자연물이 목적을 추구하는 본성을 타고나며, 외적 원인이 아니라 내재적 본성에 따른 운동을 한다는 목적론을 제시한다.

⓪3

정답 분석   정답 ②

2문단에 따르면 근대에 들어 모든 사물이 일종의 기계라는 견해가 강조되면서 아리스토텔레스의 목적론은 비과학적이라는 이유로 비판에 직면하였는데, 그중 갈릴레이는 목적론적 설명이 과학적 설명으로 사용될 수 없다고 주장하였다. 그리고 3문단에서 우드필드는 목적론적 설명이 과학적 설명은 아니라고 하였다. 이로 보아 갈릴레이와 우드필드는 둘 다 목적론적 설명이 과학적 설명이 아니라는 데 동의한다고 볼 수 있다.

팩트✔체크 **2** [8]갈릴레이는 목적론적 설명이 과학적 설명으로 사용될 수 없다고 주장하며, ~
3 [13]또한 우드필드는 목적론적 설명이 과학적 설명은 아니지만, ~

<hr>

오답 분석

① 2문단에서 갈릴레이는 목적론적 설명이 과학적 설명으로 사용될 수 없다고 비판하였음을 알 수 있다. 그리고 3문단에서 이러한 근대 사상가들의 견해에 대해 일부 현대 사상가들은 당시 과학에 기초한 기계론적 모형이 더 설득력을 갖는다는 교조적 믿음에 의존한 것이라고 비판하였고, 볼로틴 또한 이러한 맥락에서 근대과학이 자연에 목적이 없음을 보이지 못했음을 비판하였다. 따라서 갈릴레이와 볼로틴이 목적론에 대해 근대 과학에 기초한 기계론적 모형이라고 비판한 것은 아니다.

팩트✓체크 **2** [7]근대에 접어들어 모든 사물이 생명력을 갖지 않는 일종의
기계라는 견해가 강조되면서, 아리스토텔레스의 목적론은 비과학적이라는
이유로 많은 비판에 직면한다. [8]갈릴레이는 목적론적 설명이 과학적 설명으
로 사용될 수 없다고 주장하며, ~
3 [12]이런 맥락에서 볼로틴은 근대과학이 자연에 목적이 없음을 보이지도
못했고 그렇게 하려는 시도조차 하지 않았다고 지적한다.

③ 3문단에서 일부 현대 학자들이 근대 사상가들의 목적론에 대
한 비판이 일종의 교조적 믿음에 의존한 것이라고 비판한 것이
지, 근대 사상가인 베이컨과 현대 학자인 우드필드가 목적론적
설명이 교조적 신념에 의존했다고 비판한 것은 아니다. 베이컨
은 목적에 대한 탐구가 과학에 무익하다고 평가했고, 우드필
드는 목적론적 설명이 과학적 설명은 아니지만 그 옳고 그름을
확인할 수도 없다고 하였다.

팩트✓체크 **2** [8]베이컨은 목적에 대한 탐구가 과학에 무익하다고 평가하고, ~
3 [13]또한 우드필드는 목적론적 설명이 과학적 설명은 아니지만, ~

④ 2문단에서 스피노자는 목적론이 자연에 대한 이해를 왜곡한다
고 비판했다고 하였으므로 목적론이 자연에 대한 이해를 확장
했다는 주장과는 거리가 멀다. 한편 3문단에서 볼로틴이 목적
론에 대한 근대과학의 태도를 비판한 것만 알 수 있을 뿐, 목적
론에 대해 평가한 내용은 알 수 없다.

팩트✓체크 **2** [8]스피노자는 목적론이 자연에 대한 이해를 왜곡한다고 비판
한다.
3 [12]이런 맥락에서 볼로틴은 근대과학이 자연에 목적이 없음을 보이지도
못했고 그렇게 하려는 시도조차 하지 않았다고 지적한다.

⑤ 2문단에서 근대 사상가들이 목적론이 인간 이외의 자연물도
이성을 갖는다는 것으로 의인화한다는 점을 비판했음을 알 수
있다. 그러나 3문단에 따르면 우드필드는 목적론의 옳고 그름
을 확인할 수 없기 때문에 목적론이 거짓이라 할 수도 없다고
지적했다고 하였다.

팩트✓체크 **2** [9]이들의 비판은 목적론이 인간 이외의 자연물도 이성을 갖는
것으로 의인화한다는 것이다.
3 [13]또한 우드필드는 목적론적 설명이 과학적 설명은 아니지만, 목적론의
옳고 그름을 확인할 수 없기 때문에 목적론이 거짓이라 할 수도 없다고 지
적한다.

04

정답 분석　　　　　　　　　　　　　　　　　　　　　정답 ③

4문단에 따르면 아리스토텔레스는 엠페도클레스의 견해, 즉 자연
물의 구성 요소를 알면 그것의 본성을 모두 설명할 수 있다는 환원
론을 비판하였다. <보기>의 마이어는 구성 요소에 관한 지식만으
로는 생명체의 특성들을 예측할 수 없다는 입장을 취한다. 따라서
두 사람 모두 생명체의 특성들은 구성 요소에 대한 지식만으로 예
측할 수 없다고 보는 것이다.

팩트✓체크 **4** [16]하지만 아리스토텔레스는 자연물의 물질적 구성 요소를 알면
그것의 본성을 모두 설명할 수 있다는 엠페도클레스의 견해를 반박했다.

오답 분석

① 아리스토텔레스는 엠페도클레스의 물질론적 견해를 반박하였
으므로 적절하지 않다.

② 아리스토텔레스는 자연물이 물질만으로 구성된다는 물질론에
동의하지 않았으므로 적절하지 않다.

④ 아리스토텔레스는 자연물이 목적을 추구하는 본성을 타고나
며 그 본성에 따라 운동한다고 보았다. 한편 <보기>에서 마이
어는 세포 이상의 단계에서 각 체계의 고유 활동은 미리 정해
진 목적을 수행한다고 생각한다고 하였다. 따라서 아리스토텔
레스도 자연물이 목적 지향적으로 운동한다고 본 것이다.

팩트✓체크 **1** [4]아리스토텔레스는 모든 자연물이 목적을 추구하는 본성을
타고나며, 외적 원인이 아니라 내재적 본성에 따른 운동을 한다는 목적론을
제시한다.

⑤ 아리스토텔레스는 자연물의 본성이 단순히 물리·화학적으로
환원되지 않는다고 보았다. 그런데 <보기>에서 마이어 역시
생명체가 물리·화학적 법칙으로 모두 설명되지는 않는다고 보
았으므로, 마이어가 물리·화학적 환원을 인정했다는 것은 적
절하지 않다.

팩트✓체크 **4** [17]이 반박은 자연물이 단순히 물질로만 이루어진 것이 아니
며, 또한 그것의 본성이 단순히 물리·화학적으로 환원되지도 않는다는 주
장을 내포한다.

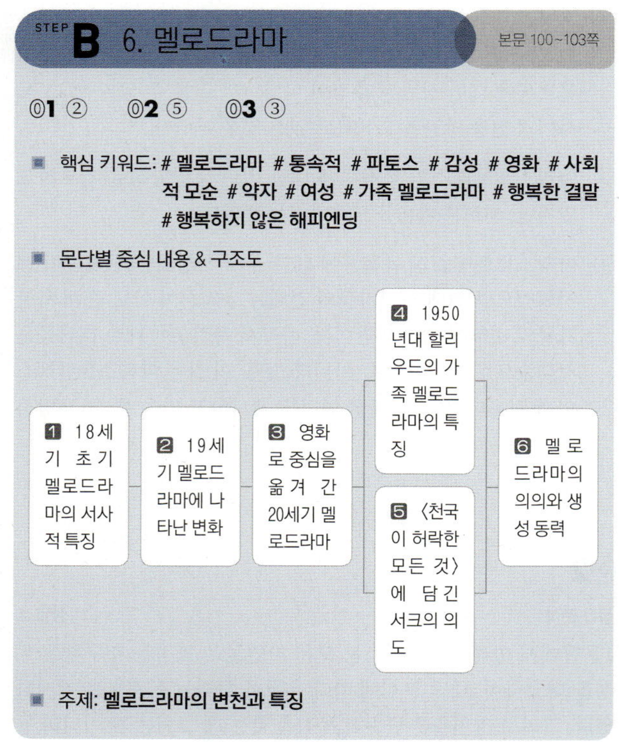

1　**01**　초기의 멜로드라마는 봉건 귀족과 부르주아 사이의 사회적 문제를 적
　　극적으로 해결하는 내용을 담고 있다.

✕　[2, 3문장] 초기의 멜로드라마는 대개 봉건 귀족에게 핍박받는 부르주아의
　　이야기라고 하였으나, 사회적 모순을 적극적으로 타개하는 데에는 이르지

못했다고 하였다.

02 멜로드라마는 비약이나 우연 같은 작위적인 서사를 통해 갈등이 해소되는 방향으로 전개되었다.

○ [3문장] 초기의 멜로드라마는 비약이나 우연 같은 의외성에 기대어 부르주아의 덕행과 순결함이 어떻게든 승리하도록 만들려고 했다고 하였다. 즉, 작위적인 서사를 통해 봉건 귀족과 부르주아의 갈등을 해소했다고 볼 수 있다.

② 03 19세기 멜로드라마에는 강한 인물과 약한 인물이 주로 빈부 차이로 인해 이루어질 수 없는 사랑을 하는 관계로 나타났다.

× [5문장] 멜로드라마가 불가능한 사랑을 다루고 있다고는 했지만, 선량한 주인공은 강한 인물에 의해 고통을 받는다고 했으므로, 이들이 빈부 차이로 인해 이루어질 수 없는 사랑을 하는 관계로 나타났다고 볼 수는 없다.

04 19세기 멜로드라마는 18세기에 비해 선악의 대립이 뚜렷해지고, 파토스의 조성이 부각되었다.

× [6문장] 19세기 멜로드라마가 파토스의 조성이 부각된 것은 맞으나, 18세기보다 선악 대립이 뚜렷해졌다고 보기는 어렵다.

05 19세기 멜로드라마는 약자의 고통과 슬픔을 형상화하여 관객의 감성을 자극하였다.

○ [7문장] 19세기 멜로드라마에서 약자가 겪는 고통과 슬픔을 과장되게 보여 주면서 감성을 자극하는 것이 주된 관심사가 되었다고 하였다.

③ 06 20세기에 들어서 '영화'라는 매체의 특성을 효과적으로 활용한 멜로드라마가 등장하기 시작했다.

○ [9, 10문장] 20세기 멜로드라마는 영화로 중심을 옮겨 갔는데, 그 이유는 클로즈업을 통해 관객들이 감정 이입을 하게 하기 쉬웠고, 통속성과 스펙터클을 만들어 내기에도 적절했으며, 음악을 통해 과잉된 정서를 표현하기에 효과적이었기 때문이라고 하였다. 이를 통해 연극을 통한 멜로드라마가 중심이었던 이전 시기에 비해, 20세기에 들어서는 영화라는 매체의 특성을 효과적으로 활용한 멜로드라마가 등장하였음을 알 수 있다.

07 20세기 멜로드라마는 사회적 모순에 따른 억압에서 나아가 악인의 괴롭힘 때문에 고통받는 약자로부터 파토스를 이끌어 냈다.

× [11문장] 멜로드라마 영화는 악인에게 괴롭힘을 당하는 약자로부터가 아니라 사회적 모순에 따른 억압적 상황에서 고통받는 약자들로부터 파토스를 이끌어 냈다고 하였다.

08 20세기 멜로드라마는 가부장제나 계층의 차이로 고통받는 남성들의 삶을 통해 여성들의 감정을 자극하였다.

× [11문장] 멜로드라마 영화는 사회적 모순에 따른 억압적 상황에서 고통받는 약자, 특히 여성들로부터 파토스를 이끌어 냈는데, 이들은 가부장제나 계층적인 차이로 고통받는 존재들이라고 하였다. 따라서 20세기 멜로드라마가 고통받는 남성들의 삶을 그렸다고 볼 근거는 없다.

09 〈스텔라 달라스〉에서 딸의 결혼식을 바라보는 어머니의 표정은 클로즈업되었을 것이다.

○ [10, 15문장] 영화는 클로즈업을 통해 관객들이 인물에 감정 이입을 하게 하기 쉬웠다고 하였다. 클로즈업이란 '등장하는 배경이나 인물의 일부를 화면에 크게 나타내는 일'로, 인물의 표정을 강조할 수 있다. 따라서 〈스텔라 달라스〉에서 어머니가 입가에 미소를 띤 채 눈물을 흘리는 모습은 클로즈업되어 관객에게 전달되었을 것이다.

④ 10 〈천국이 허락한 모든 것〉은 가족 멜로드라마로, 기존의 통속적 서사의 틀을 깬 작품이다.

× [17문장] 1950년대 가족 멜로드라마는 통속적 서사의 틀을 유지한다고 하였고, 그 예로 〈천국이 허락한 모든 것〉을 들고 있다.

11 〈천국이 허락한 모든 것〉에서 중산층 가족은 유복한 과부의 사랑을 반대하는 현실적 억압 요소이다.

○ [18, 19문장] 〈천국이 허락한 모든 것〉에서 과부와 정원사의 결합을 반대하는 자식들이 가족의 이름으로 등장하며, 가족은 개인의 삶을 관리하는 제도가 된다고 하였다. 따라서 유복한 과부의 사랑을 반대하는 현실적 억압 요소는 가족으로 나타난다.

⑤ 12 〈천국이 허락한 모든 것〉은 모든 갈등이 해소된 뒤에 유복한 과부가 정원사와 재회하는 행복한 결말 구조를 갖는다.

× [22, 23문장] 〈천국이 허락한 모든 것〉은 유복한 과부가 정원사와 재회하게 되는 결말 구조를 가지나, 이는 근본적인 갈등이 해소되지 않은 '행복하지 않은 해피엔딩'이라고 하였다.

13 서크는 〈천국이 허락한 모든 것〉을 통해 행복한 결말은 인위적인 허구 안에서만 가능하다는 관객들의 편견을 깼다.

× [23문장] 서크는 근본적인 갈등이 해소되지 않은 결말에 관객들이 주목하게 하여, 자신들이 보고 있는 것이 '만들어진 현실'이며, 행복한 결말은 오히려 인위적인 허구 안에서만 가능하다는 것을 생각하게 하고자 했다. 따라서 서크는 현실에서도 행복한 결말이 가능하다는 관객들의 편견을 깨려 한 것이다.

14 〈천국이 허락한 모든 것〉은 중산층 가족의 가치가 회복되는 과정을 담고 있다.

× [24문장] 〈천국이 허락한 모든 것〉에 미국 중산층 핵가족이 등장하나, 중산층 가족은 과부와 정원사의 결합을 반대하는 요소로 작용한다. 또한 중산층으로서 여주인공이 누리는 삶의 풍요로움이 오히려 중산층의 지배적 가치와 규범으로 인한 억압과 소외의 상황임을 드러냈다는 점에서 중산층 가족의 가치가 회복되는 과정이 담겨 있다고 보기 어렵다.

⑥ 15 멜로드라마는 점차 정서 표출보다 사회 현실을 묘사하는 데 집중하였다.

× [26문장] 멜로드라마는 사회적 약자의 말할 수 없는 슬픔을 드러냈다고 하였으므로, 정서 표출보다 사회 현실을 묘사하는 데 집중하였다고 볼 수는 없다.

⓪1

정답 분석　　　　　　　　　　　　　　　　　　　　　　정답 ②

4문단에서 1950년대 가족 멜로드라마 역시 통속적 서사의 틀을 유지한다고 하였으므로, 멜로드라마의 통속성이 점차 사라졌다고 볼 수 없다. 또한 멜로드라마 모두 주인공의 고통과 슬픔을 표출하고 있으므로, 감정 표출보다는 현실 묘사에 치중하게 되었다는 것도 적절하지 않다.

팩트✔체크 **④** [17]이제 멜로드라마는 통속적 서사의 틀을 유지하면서도 사회적 갈등의 축도와도 같은 미국 중산층 핵가족에 주목하게 되는데, ~

⑥ [26]하지만 서크의 영화에서처럼 멜로드라마는 사회적 약자의 말할 수 없는 슬픔과 이루어질 수 없는 꿈을 전달하는 서사이면서 ~

오답 분석

① 1문단에서 초기 멜로드라마의 서사에서는 사회적 모순을 적극적으로 타개하지는 못했다고 하였다.

팩트✔체크 **①** [3]하지만 사회적 모순을 적극적으로 타개하는 데에는 이르지 못한 채 ~

---

③ 3문단에서 20세기 멜로드라마 영화는 사회적 모순에 따른 억압
  적 상황에서 고통받는 약자, 특히 여성들로부터 파토스를 이끌
  어 냈다고 하였다. <스텔라 달라스>에 나타난 가정의 문제는 사
  회 계층의 차이 문제가 전환된 것이고, <천국이 허락한 모든 것>
  의 주인공의 슬픔은 사회적 가족 제도의 억압을 전환한 것이다.

> 팩트✓체크 ❸ [11]멜로드라마 영화는 악인에게 괴롭힘을 당하는 약자로부터
> 가 아니라 사회적 모순에 따른 억압적 상황에서 고통받는 약자, 특히 여성
> 들로부터 파토스를 이끌어 냈다.

④ 1문단에서 멜로드라마는 '비약이나 우연 같은 의외성에 기대
  어 부르주아의 덕행과 순결함이 어떻게든 승리하도록 만들려
  고 했다.'라고 하였다. 이를 통해 멜로드라마는 작위적(꾸며서
  하는 것이 두드러지게 눈에 띄는)인 서사를 통해 인물이 처한
  문제를 해소하려는 방향으로 이야기가 전개됨을 알 수 있다.

> 팩트✓체크 ❶ [3]하지만 사회적 모순을 적극적으로 타개하는 데에는 이르지
> 못한 채 다만 비약이나 우연 같은 의외성에 기대어 부르주아의 덕행과 순결
> 함이 어떻게든 승리하도록 만들려고 했다.

⑤ 2문단에서 19세기 멜로드라마에서는 '선악 대립보다는 파토스
  의 조성이 부각되었다.'고 한 것과 3문단에서 '멜로드라마 영화
  는 악인에게 괴롭힘을 당하는 약자로부터가 아니라 사회적 모
  순에 따른 억압적 상황에서 고통받는 약자, 특히 여성들로부터
  파토스를 이끌어 냈다.'고 한 것을 통해 알 수 있다.

> 팩트✓체크 ❷ [6]선악 대립보다는 파토스(pathos)의 조성이 부각되었다.
> ❸ [11]멜로드라마 영화는 악인에게 괴롭힘을 당하는 약자로부터가 아니라 사
> 회적 모순에 따른 억압적 상황에서 고통받는 약자, 특히 여성들로부터 파토
> 스를 이끌어 냈다.

0②

정답 분석   정답 ⑤

ⓛ은 미국 중산층 핵가족에 주목한 작품의 사례이므로 위기에 빠
진 중산층 가족을 다룬다고 볼 수 있으나, 유복한 과부와 연하의 정
원사의 사랑을 다룬다는 점에서 중산층 가족의 가치 회복이라는
주제 의식을 담았다고 볼 수 없다. 그리고 ⓘ은 중산층 가족의 문제
를 다루고 있는 것이 아니라 상층 계급의 남편과 하층민 여성의 이
야기를 다루고 있다.

> 팩트✓체크 ❸ [13]일례로 비더의 ⓘ <스텔라 달라스>(1937)에는 상류 계급의 문화
> 장벽을 넘지 못하고 남편과 헤어져야 했던 하층민 여성이 주인공으로 등장한다.
> ❹ [18]예컨대 서크의 ⓛ <천국이 허락한 모든 것>(1955)은 유복한 과부와 연하의
> 정원사의 사랑과 시련, 그리고 재회의 과정을 보여 주는데, 여기에는 그들의 결
> 합을 반대하는 자식들이 가족의 이름으로 등장한다.

오답 분석

① 3문단에서 20세기 멜로드라마는 영화로 중심을 옮겨 갔는데,
  이는 '음악을 통해 과잉된 정서를 표현하기에 효과적'이었기
  때문이라고 하였다. 따라서 멜로드라마 영화인 ⓘ, ⓛ 모두 정
  서를 효과적으로 표현하기 위해 음악을 사용했을 것이다.

> 팩트✓체크 ❸ [10]음악을 통해 과잉된 정서를 표현하기에 효과적이었기 때문
> 이다.

② ⓘ은 여성 인물이 딸에 대한 모성으로 고통을 택하는 내용으
  로, 3문단에서 '마지막 장면에서 관객들은 고통 어린 만족을 선
  택한 모성에 공감의 눈물을 흘리게 된다.'고 하였다. ⓛ은 자식
  들의 반대로 정원사와의 사랑을 포기했던 여주인공이 우연 끝
  에 그와 재회하는 결말인데, 5문단에 따르면 이는 '행복하지 않
  은 해피엔딩'으로 관객들에게 자신들이 보고 있는 것이 '만들
  어진 현실'임을 생각하게 하도록 했음을 알 수 있다. 따라서 ⓘ
  은 ⓛ에 비해 관객들이 여성 인물과 자신을 동일시하는 정도가
  더 강했으리라 추론할 수 있다.

> 팩트✓체크 ❸ [15]이러한 어찌할 수 없는 상황에서 그녀가 결국 딸을 상류층
> 의 전남편에게 보내는 선택을 하는 것은 희생적 모성이라는 이데올로기와
> 타협한 것이라고 할 수 있겠지만, 딸의 결혼식을 창밖에서 바라보던 어머니
> 가 입가에 미소를 띤 채 눈물을 흘리는 마지막 장면에서 관객들은 고통 어
> 린 만족을 선택한 모성에 공감의 눈물을 흘리게 된다.

③ 3문단에 따르면 ⓘ의 결말은 관객들에게 공감의 눈물을 흘리
  게 했다. 이와 달리 5문단에서 ⓛ의 결말은 근본적인 갈등이 해
  소되지 않은 결말에 관객들이 주목하게 하여, 자신들이 보고
  있는 것이 '만들어진 현실'이며, 행복한 결말은 인위적인 허구
  안에서만 가능하다는 것을 생각하게 하고자 한 것임을 알 수
  있다. 따라서 ⓘ에 비해 ⓛ은 결말에서 관객들에게 더 능동적
  인 감상을 이끌어 내려 했으리라 추론할 수 있다.

> 팩트✓체크 ❺ [23]서크는 여전히 근본적인 갈등이 해소되지 않은 결말에 관
> 객들이 주목하게 하여, 자신들이 보고 있는 것이 '만들어진 현실'이며 행복
> 한 결말은 인위적인 허구 안에서만 가능하다는 것을 생각하게 하고자 했다.

④ ⓘ에서는 하층민 여성이 딸을 곁에 두고 싶어 하면서도 딸이
  더 나은 삶을 누릴 수 있도록 딸을 상류층의 전남편에게 보내
  는 선택을 하고 있으며, ⓛ에서는 '가족(개인의 삶을 관리하는
  사회 제도)'이라는 이름으로 사랑의 장애가 발생하지만 거듭된
  우연으로 여주인공과 정원사가 재회하는 장면을 통해 현실적
  억압에도 불구하고 소망을 성취하고자 하는 사회적 약자의 모
  습이 나타난다. 따라서 두 작품 모두 현실적 억압에도 불구하
  고 소망을 성취하고자 하는 약자를 그렸다고 할 수 있다.

> 팩트✓체크 ❸ [15]이러한 어찌할 수 없는 상황에서 그녀가 결국 딸을 상류층
> 의 전남편에게 보내는 선택을 하는 것은 희생적 모성이라는 이데올로기와
> 타협한 것이라고 할 수 있겠지만, ~
> ❹ [20]따라서 자식들의 반대로 사랑을 포기했던 그녀가 거듭된 우연 끝에 병
> 상의 정원사와 재회하게 되는 결말은 의미심장하다.

0③

정답 분석   정답 ③

ⓐ에 주목할 때에는 멜로드라마에서 현실에 종속되는 부분과 그
현실을 넘어서려는 절박한 요구 두 가지를 바탕으로 감상해야 한
다. <자유부인>에서 사회 활동을 갈망했던 가정주부가 춤바람이
났다가 집으로 돌아오는 것은 현실에 종속되는 부분이며, 춤바람
이 권위적인 가부장제에 대한 반발이라는 것은 가부장적 현실을

넘어서려는 절박한 요구에 해당하는 부분이므로 ⓐ에 주목한 감상
으로 적절하다.

오답 분석

① <장한몽>이 김중배와 심순애, 이수일을 통해 돈과 사랑을 대
립적으로 생각했던 당시 사람들의 가치관을 보여 준다는 것에
는 현실에 종속된 부분만이 드러난다.

② <검사와 여선생>이 세상 누구에게도 호소하지 못한 약자의 사
정을 보여 준다는 것은 현실에 종속된 부분이다. 한편 검사가
된 제자가 사건을 해결한다는 것은 현실을 넘어서려는 절박한
요구라기보다는 행복한 결말을 드러낸다고 볼 수 있다.

④ <미워도 다시 한 번>에서 인물들이 처한 상황이 인간 운명의
어찌할 수 없음을 보여 준다는 것은 운명론적인 비극을 드러내
는 것이지, 현실을 넘어서려는 요구가 드러난 것은 아니다.

⑤ <별들의 고향>에서 인간 소외를 사실적으로 보여 준다는 것은
현실에 종속된 부분으로, 현실을 넘어서려는 절박한 요구에 주
목한 내용은 나타나지 않는다.

2. 사회·문화

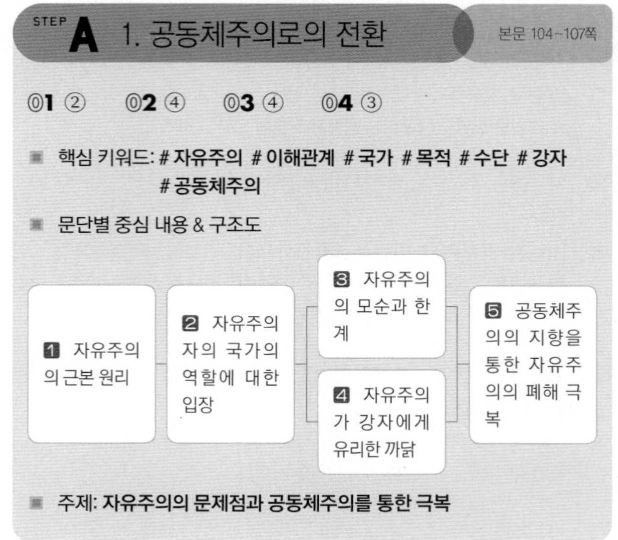

1　**01**　자유주의는 인간을 합리적 존재로 여긴다.

○　[1, 2문장] 자유주의는 개인이 자신의 이해관계를 가장 정확히 판단할 수
있으며, 개별적 이해관계는 궁극적으로 조화가 가능하리라고 보므로, 인간
을 합리적 존재로 여긴다고 할 수 있다.

02　자유주의는 사회를 유지해 나가는 데 있어서 개인의 이해관계를 중요한 요
소로 여긴다.

○　[3문장] 자유주의는 개인의 이해관계가 아무런 방해를 받지 않고 자유롭게
추구하도록 방임함으로써 사회적 조화가 확보된다고 보므로, 개인의 이해
관계를 추구하는 것을 중요하게 여긴다고 볼 수 있다.

03　자유주의는 개인의 이해관계를 적극적으로 나서서 조정해 주는 사회를 이상
적으로 본다.

✕　[3문장] 자유주의는 개인이 이해관계를 추구하도록 방임할 때 사회적 조화
가 확보된다고 보므로, 사회가 개인의 이해관계를 조정하기 위해 적극적으
로 나서는 것을 이상적으로 보지 않을 것이다.

2　**04**　근대 이후 개인주의적 자유주의자는 이전의 자유주의자와 달리 국가
를 긍정적으로 평가했다.

✕　[5문장] 근대 이후 개인주의적 자유주의자 역시 자유주의의 입장과 크게 다
르지 않으며, 이들은 일종의 적개심을 안고 국가를 대했다고 하였다.

05　자유주의는 전체주의에 대한 대항으로 탄생한 사상이다.

✕　[7문장] 자유주의는 전체주의적 위험성을 지적한다고 하였을 뿐, 전체주의
에 맞서기 위해 탄생했다고 언급한 바 없다.

06　자유주의자는 개인의 복지는 개인에게 맡겨야 한다고 생각할 것이다.

○　[7, 8문장] 자유주의자는 공공의 복지를 위한 국가의 개입 등을 부정적으로
보므로, 개인의 복지도 개인에게 맡겨야 한다고 생각할 것이다.

07　자유주의자들은 사회 민주주의적인 정책이나 공공의 복지 제도는 개인의 자
유를 억압한다고 여길 것이다.

○　[7, 8문장] 자유주의자들은 사회 민주주의적인 정책이나 공공의 복지를 위
한 국가의 개입 등에 대해 전체주의적 위험성을 지적한다고 하였다. 즉, 국
가의 정책이나 개입은 개인의 자유를 제한하고 전체주의적으로 흐를 수 있
다고 보는 것이다.

3　**08**　자유주의와 철학자 칸트 모두 개인의 존엄과 권리를 보장해야 한다고

주장한다.

○ [10문장] 개인은 그 자체를 목적으로 대우해야 한다는 칸트의 명제처럼 자유주의는 개인의 존엄과 권리의 평등을 널리 주장하고 있다고 하였다.

09 자유주의 입장은 개인이 목적이자 수단으로 존재하게 되는 모순을 안고 있다.

○ [10문장] 자유주의는 개인을 목적으로 간주한다고 하면서도 타인을 수단으로 여기는 관념을 내포하는 점에서 모순이 있다고 하였다.

10 자유주의는 궁극적으로 개인과 개인 간의 갈등을 피할 수 있는 대안을 제시한다.

× [12문장] 자유주의는 개인과 개인 간의 이기주의적 갈등과 충돌을 그 숙명적 동반자로 삼을 수밖에 없는 근본적 한계를 지니고 있다고 하였다. 따라서 자유주의 사회에서는 개인과 개인 간의 갈등을 피할 수 없는 것이다.

④ 11 불공정 경쟁을 금지하는 합리적인 시스템을 만들면 약자들이 경쟁에서 유리할 수 있다.

× [14문장] 불공정 경쟁을 금지하는 합리적인 시스템을 만들어도 강자들이 승리하는 결과는 달라질 것이 없다고 하였다.

12 자본주의를 바탕으로 하는 사회에 자유주의 사상을 강화하면 사회적 약자의 힘이 강해질 것이다.

× [16문장] 자본주의를 바탕으로 하는 사회에 자유주의 사상을 강화하면 사회 내부의 더 힘센 세력이 유리해지는 것이지, 사회적 약자의 힘이 강해진다고 보기 어렵다.

⑤ 13 자유주의의 한계를 극복하기 위해서는 개인의 존엄성을 인정하는 태도가 필요하다.

× [10, 17문장] 자유주의도 개인의 존엄성을 인정했으므로, 개인의 존엄성을 인정하는 태도가 자유주의의 한계를 극복하는 방안이라 볼 수 없다.

14 공동체주의는 자유주의와 달리, 강자의 이해관계보다 약자에 관심을 갖는다.

○ [16, 19문장] 공동체주의는 사회적으로 억눌리는 집단, 곧 약자의 소외 극복을 일차적 목표로 삼는다고 하였다. 반면 자유주의는 개인의 이해관계를 자유롭게 추구하기 때문에 강자에게 유리하다.

15 공동체주의는 개인의 이해관계를 보장해야 공동체 전체의 화해와 연대가 이루어진다고 생각한다.

× [20문장] 공동체주의는 공동체 전체 구성원의 화해와 연대를 추구한다. 그러나 이는 개인의 이해관계를 보장할 때 이루어지는 것이 아니라, 사회적으로 억눌리는 집단의 소외를 극복하는 것에서부터 시작한다고 본다.

①1

정답 분석 정답 ②

이 글은 자유주의가 거인주의로 전락한 현실을 문제 상황으로 설정하고 있다. 글쓴이는 자유주의가 자본주의 시장 안에서 강자가 승리하는 사회를 만들었고, 이에 공동체적 가치는 무너지게 되었다고 말한다. 그러나 합리적인 시장 시스템이 붕괴되었다고는 언급하고 있지 않다. 오히려 4문단에서 '시장에서의 불공정 경쟁을 금지하고 합리적인 시스템을 만들면 경쟁 과정은 그럴 듯해 보이겠지만 결과는 달라질 것이 없다.'라며 불공정 경쟁을 금지하는 합리적인 시스템을 만든다고 해도 자유주의의 근본적인 약점은 극복되지 않을 것이라고 판단한다. 따라서 합리적인 시장 시스템의 붕괴를 근대 이후 자유주의의 문제 상황으로 인식하는 것은 적절하지 않다.

팩트√체크 **④** [13]현실 세계에서 이기적인 개인들이 진흙탕 싸움을 벌인다면 강자가 승리할 것이므로, 자유주의 역시 결국 강자의 논리에 영합할 수밖에 없다. [14]시장에서 개인들이 모여 불공정 경쟁을 금지하는 합리적인 시스템을 만들면 경쟁 과정은 그럴 듯해 보이겠지만 결과는 달라질 것이 없다.

오답 분석

① 4문단에서 개인들의 경쟁에서 강자만 승리할 것이므로 자유주의 역시 강자의 논리에 영합할 수밖에 없다고 비판하였다.

팩트√체크 **④** [16]자유주의는 자본주의를 바탕에 깔고 있으며, 사회적 권력, 부, 명예 등을 배타적이고 독점적으로 장악하고 있는 사회 내부의 더 힘센 세력의 자유를 우선적으로 비호한다.

③ 3문단에서 자유주의는 개인을 목적 자체로 대우하면서 동시에 타인을 자신의 목적에 이용 가능한 수단으로 여기는 모순이 있음을 언급하고 있다.

팩트√체크 **③** [10]그러나 자유주의의 모순은 한편으로는 "개인은 결코 수단이 아니라 언제나 그 자체를 목적으로 대우해야 한다."는 철학자 칸트의 명제 속에 잘 드러나 있듯이 개인을 목적 그 자체로 간주함으로써 개인의 존엄과 권리의 평등을 널리 주장하고 있으면서도, 동시에 다른 한편으로는 개인을 이기적 존재로 옭아맴으로써 타인을 자신의 목적에 이용 가능한 수단으로 여기는 관념을 내포하고 있다는 점이다.

④ 3문단에서 자유주의는 개체적 존엄성을 추앙하지만, 실질적으로는 개인과 개인 간의 갈등을 조장하게 된다는 모순을 지적하고 있다.

팩트√체크 **③** [12]자유주의는 개인적 평등과 개체의 존엄성을 추앙하지만, 실질적으로는 개인과 개인 간의 이기주의적 갈등과 충돌을 그 숙명적 동반자로 삼을 수밖에 없는 근본적 한계를 지니고 있다.

⑤ 5문단에서 자유주의로 인한 모순과 한계를 극복하기 위해서는 공동체주의로의 전환이 필요함을 강조하며, 공동체주의는 사회적으로 억눌리는 집단의 소외 극복을 목표로 삼는다고 하였다.

팩트√체크 **⑤** [19]따라서 공동체주의는 사회적으로 억눌리는 집단의 소외 극복을 일차적인 목표로 삼는다.

①2

정답 분석 정답 ④

1문단을 통해 자유주의는 개인이 자신의 이해관계를 자유롭게 추구하면 사회적 조화가 확보된다고 보는 입장임을 알 수 있다. 한편 5문단을 통해 알 수 있듯이, 공동체주의는 개인의 공동체에 대한 책임을 강조하면서 궁극적으로 공동체 전체 구성원의 화해와 연대를 추구해 간다. 따라서 공동체주의가 개인들의 조화 가능성을 비관한다고 보기 어렵다.

팩트✓체크 **1** [1]자유주의는 개인에 대한 두 가지의 기본적인 가정에서 출발한다. [2]자신의 개인적 이해관계를 가장 정확히 판단할 수 있는 것은 개인이라는 믿음과, 인간의 개별적 이해관계는 궁극적으로 조화가 가능하리라는 낙관적 확신이다.
5 [18]자유주의자들은 사회가 추상적인 개인들로 구성된다고 보지만, 공동체주의자들은 개인이 공동체의 구성원임과 동시에 공동체에 대한 책임을 지고 있다고 본다.
[20]그리고 이들의 소외 극복을 시발점으로 하여 공동체 전체 구성원의 화해와 연대를 지속적으로 추구해 나가는 것이다.

오답 분석

① 4문단에서 자유주의는 사회 내부의 더 힘센 세력의 자유를 우선적으로 비호한다고 하였다. 그리고 5문단에서 공동체주의는 사회적으로 억눌리는 집단의 소외 극복을 일차적인 목표로 삼는다고 하였다.

팩트✓체크 **4** [16]자유주의는 자본주의를 바탕에 깔고 있으며, 사회적 권력, 부, 명예 등을 배타적이고 독점적으로 장악하고 있는 사회 내부의 더 힘센 세력의 자유를 우선적으로 비호한다.

② 2문단에서 자유주의자들은 정부에 개인의 자유를 최대한 보장하기를 요구한다고 하였으며, 5문단에서 '공동체주의자들은 개인이 공동체의 구성원임과 동시에 공동체에 대한 책임을 지고 있다고 본다.'라고 하였다. 따라서 자유주의는 '자유'와 같은 개인의 권리를 중시하고, 공동체주의는 공동체에 대한 개인의 책임, 곧 의무를 중시한다고 볼 수 있다.

팩트✓체크 **2** [9]따라서 자유주의자들은 정부에 타국으로부터 국가를 보호하는 일과 개인의 자유를 최대한 보장하는 것 외에는 아무 일도 하지 않는 역할을 감당하기를 요구한다.

③ 2문단에서 자유주의자는 국가의 개인과 사회에 대한 개입은 모든 경우에 부정적 결과를 낳을 것이라는 확신을 가지고 있다고 하였다. 반면 5문단에서 공동체주의는 사회적으로 억눌리는 집단의 소외 극복을 일차적 목표로 삼는다고 하였으므로 구성원 전체의 화해와 연대를 위한 국가의 개입을 긍정할 것이다.

팩트✓체크 **2** [8]이는 국가의 개인과 사회에 대한 개입은 모든 경우에 부정적 결과를 낳을 것이라는 확신을 가지고 있기 때문이다.

⑤ 사회적 상호 부조 행위란 사회적으로 서로 돕는 행위를 뜻한다. 시장 경쟁을 주장하는 자유주의는 개인의 권리를 중시할 뿐 사회 민주주의 정책이나 공공의 복지를 위한 국가의 개입에 대해 부정적이므로 상호 부조 행위에 대해 소극적이라고 할 수 있다. 반면 공동체주의는 공동체에 대한 책임을 강조하며, 억눌리는 집단의 소외 극복과 사회의 연대를 추구하므로 상호 부조 행위에 적극적이라고 할 수 있다.

팩트✓체크 **2** [7]자유주의는 사회 민주주의적인 정책이나 공공의 복지를 위한 국가의 개입 등에 대해 전체주의적 위험성을 지적한다.
[9]따라서 자유주의자들은 정부에게 타국으로부터 국가를 보호하는 일과 개인의 자유를 최대한 보장하는 것 외에는 아무 일도 하지 않는 역할을 감당하기를 요구한다.

0**3**

정답 분석

정답 ④

이 글은 자유주의의 문제점을 지적하며 공동체주의로의 전환을 역설하고 있다. <보기>에서는 글로벌 위기가 발생하자, 사회적 강자에 해당하는 채권 은행이 자신의 이익을 추구하기 위해 A 회사에 구조 조정을 요구하였고, A 회사 역시 부도 처리를 막기 위해 직원의 1/3을 감축한 상황이 제시되고 있다. 이를 윗글의 논지와 연결하면, 자유주의에 따를 때 강자의 논리에 영합할 수밖에 없고, 힘센 세력의 자유를 우선적으로 비호하게 되므로 직원과 같은 사회적 약자, 곧 소외되는 집단이 점차 늘어날 것이라고 이해할 수 있다.

팩트✓체크 **4** [16]자유주의는 자본주의를 바탕에 깔고 있으며, 사회적 권력, 부, 명예 등을 배타적이고 독점적으로 장악하고 있는 사회 내부의 더 힘센 세력의 자유를 우선적으로 비호한다.

오답 분석

① <보기>의 상황에서 글로벌 금융 위기로 인해 A 회사의 매출이 떨어지는 문제가 발생한 것은 맞으나, 국가가 개입하지 않은 것이지 국가가 개입할 수 있는 여지가 없었다고 단언하기 어렵다. 또한 이 글의 논지는 국가의 개입을 반대하는 자유주의가 아닌 공동체주의로의 전환을 강조한다는 점에서 적절한 이해로 보기 어렵다.

② A 회사와 채권 은행은 회사 경영이 어려워지자 직원들을 감축하는 결정을 한다. 따라서 직원들을 자신들의 목적에 이용 가능한 수단으로 여긴다고 비판할 수 있다. 그러나 직원들을 목적 그 자체로 간주한 부분은 드러나지 않는다.

③ 채권 은행과 A 회사가 이해관계를 추구했다고 볼 수 있으나, 직원들이 각자의 이해관계를 추구했다고 볼 수는 없다.

⑤ A 회사는 공동체에 대한 책임을 느끼기보다는 이해관계를 추구하며 직원들을 감축하고 있으므로 자유주의의 원칙에 따라 운영되고 있다고 볼 수 있다. 즉, 자유주의의 원칙에 따라 운영되어 직원을 감축한 것이므로 자유주의 원칙에 따라 운영되었다면 감축 방안 대신 직원들의 자유를 추구하는 방안을 취할 수 있었다는 것은 적절한 이해로 보기 어렵다.

0**4**

정답 분석

정답 ③

ⓒ '영합'은 '사사로운 이익을 위하여 아첨하며 좇음'을 의미한다. '힘이 모자라 복종함'의 의미를 지니는 단어는 '굴복'이다.

01 ⑤ 02 ③ 03 ④ 04 ① 05 ⑤ 06 ⑤

■ 핵심 키워드: # 세액 # 세율 # 누진 세율 구조 # 한계 효용

■ 문단별 중심 내용 & 구조도

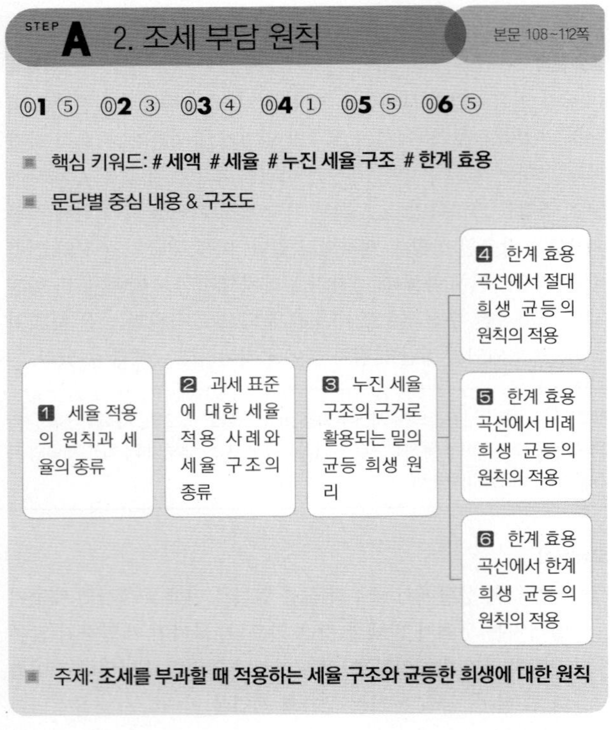

■ 주제: 조세를 부과할 때 적용하는 세율 구조와 균등한 희생에 대한 원칙

1 01 소득이 동일하더라도, 부양가족이 없는 사람보다 부양가족이 있는 사람이 납부하는 세액이 많다.

× [3문장] 부양가족이 있는 사람에게는 개인의 총소득 중 일부를 뺀 뒤에 세율을 적용한다고 하였으므로, 부양 가족이 있는 사람은 동일한 소득의 부양가족이 없는 사람보다 총소득이 적게 책정된다. 따라서 그에 따른 세금도 적어진다.

02 소득이 동일할 때, 부양가족이 있는 사람은 부양가족이 없는 사람보다 소득에 대한 만족감이 적다.

○ [3, 4문장] 부양가족이 있는 사람에게 총소득의 일부를 공제해 주는 까닭은 과세 대상 소득으로부터 얻는 만족감을 동일하게 해 주기 위한 것이라고 하였으므로, 동일한 소득에 대해 부양가족이 있는 사람이 부양가족이 없는 사람보다 소득에 대한 만족감이 적음을 알 수 있다.

03 한계 세율은 과세 표준의 증가분이 클수록 낮아진다.

○ [8문장] 한계 세율은 세액의 증가분을 과세 표준의 증가분으로 나눈 것이므로, 나누는 값인 '과세 표준의 증가분'이 클수록 세율은 낮아진다.

2 04 소득이 달라도 동일한 과세 표준 구간에 속한다면, 동일한 세율이 적용된다.

○ [12문장] 과세 표준 금액을 몇 개의 구간으로 나누어 구간마다 동일한 세율을 적용하고 있다.

05 평균 세율이 10%라면, 역진 세율 구조보다 비례 세율 구조를 적용할 때 고소득자가 더 많은 세금을 내게 된다.

○ [18문장] 역진 세율 구조는 평균 세율이 점차 감소하는 것이고, 비례 세율 구조는 평균 세율이 유지되는 것이므로, 소득이 높은 사람은 역진 세율 구조보다 비례 세율 구조일 때 더 많은 세금을 내게 된다.

3 06 대다수 국가가 누진 세율 구조를 적용하는 까닭은, 소득이 많은 사람이 세금을 많이 내고 소득이 적은 사람이 세금을 적게 내는 것이 공평하다고 생각하기 때문이다.

○ [19문장] 경제적 능력에 따라 조세를 부담하는 것이 공평하다고 생각하기 때문에 누진 세율 구조를 적용한다고 하였다.

07 '밀'은 조세 부담이 개인의 소득 감소를 유발한다는 점에서 조세 제도의 부당

함을 지적하였다.

× [20, 21문장] 밀의 주장은 후대에 누진 세율 구조를 옹호하는 근거로 활용되었다고 했으므로, 밀이 조세 제도의 부당함을 지적한 것은 아니다.

08 절대 희생 균등의 원칙, 비례 희생 균등의 원칙, 한계 희생 균등의 원칙 모두 개인의 소득에 따른 효용을 측정할 수 있다는 점을 전제로 한다.

○ [25문장] 세 원칙은 모두 소득 증가에 따라 한계 효용이 체감한다는 가정에 입각해 있다고 하였다.

4 09 〈그림〉의 한계 효용 곡선을 볼 때, 소득이 높을수록 한계 효용이 줄어든다.

○ [27문장] 〈그림〉을 보면 한계 효용은 소득이 높을수록 줄어들어 우하향 곡선을 이룬다.

10 〈그림〉에서 세액 납부 후 소득이 Y_00에서 Y_+0가 될 때, 효용의 절대량은 β만큼 감소한다.

○ [30문장] 〈그림〉에서 소득이 Y_00인 사람이 세액 T를 내어 세후 소득이 Y_10가 되었을 때 희생된 효용의 절대량은 면적 β로 나타낼 수 있다고 하였다.

11 절대 희생 균등의 원칙에서 갑이 세액을 납부하여 희생된 효용의 절대량이 β라면, 을이 세액을 납부하여 희생된 효용의 절대량은 α여야 한다.

× [31문장] 절대 희생 균등의 원칙은 각 개인들이 조세를 부담함으로써 떠안게 되는 희생의 절대적 크기가 균등해야 하므로, 갑이 희생한 효용의 절대량이 β라면, 을이 희생한 효용의 절대량도 β와 크기가 동일해야 한다.

12 한계 효용 곡선의 기울기가 0이라면, 절대 희생 균등 원칙에서는 고소득자와 저소득자가 동일한 세액을 부담하게 된다.

○ [35문장] 절대 희생 균등 원칙에서 한계 효용 곡선의 기울기가 0이라면, 희생된 효용의 절대량(예 β)이 같기 위해서 동일한 세액을 납부하게 된다.

5 13 비례 희생 균등의 원칙을 따를 때, 납세로 인해 상실하는 효용의 크기를 총효용의 크기로 나눈 값은 모두 동일해야 한다.

○ [37문장] 비례 희생 균등의 원칙은 희생이 차지하는 비율이 모든 개인에게 동일해야 하므로, '납세로 인해 상실하는 효용의 크기(β)/총효용의 크기($\alpha+\beta$)'가 모든 개인에게 동일해야 한다.

14 한계 효용 곡선의 기울기가 0이라면, 비례 희생 균등 원칙에서는 고소득자와 저소득자가 동일한 세액을 부담하게 된다.

× [41문장] 비례 희생 균등의 원칙에서는 한계 효용 곡선의 기울기가 0일 때, 비례 세율 구조가 될 것이라고 하였으므로 고소득자와 저소득자가 동일한 '세액'이 아니라 동일한 '세율'로 세금을 부담하게 된다. 세율은 동일하더라도, 소득이 많은 고소득자가 부담하는 '세액'은 저소득자보다 클 것이다.

6 15 한계 희생 균등의 원칙을 따를 때, 원래의 소득과 상관없이 모든 개인은 조세 부담 후 동일한 한계 효용의 크기를 가지게 된다.

○ [44문장] 한계 희생 균등의 원칙에서는 과세 이전의 소득 수준에 관계없이 모든 개인이 동일한 효용의 크기를 가지게 된다고 하였다.

01

정답 분석   정답 ⑤

이 글에는 과세 표준, 한계 세율, 평균 세율, 실효 세율 등 조세와 관련된 여러 개념들이 제시되고 있다. 이러한 개념들을 바탕으로 공평한 조세 부담을 위한 밀의 균등 희생 원리를 언급하면서 균등의 의미를 절대 희생 균등의 원칙, 비례 희생 균등의 원칙, 한계 희생 균등의 원칙으로 구분하여 설명하고 있다. 따라서 이 글은 조세 관련 용어들의 개념을 제시하고 조세 부담에서의 균등한 희생이란 무엇인가와 관련된 원칙들을 설명하고 있다고 볼 수 있다.

① 조세의 본질이나 조세의 경제적 효과에 대한 언급은 나타나지 않았다.

② 조세 부과의 효율성에 대한 언급이나 누진적 조세 부담의 변천 과정에 대한 언급은 나타나지 않았다.

③ 공평성에 대한 견해는 나타나 있으나 조세 행정의 목적을 효율적 자원 배분의 관점에서 설명한 것은 아니다.

④ 조세를 강제 징수하는 이유에 대한 설명은 나타나지 않았다.

02

정답 분석　　　　　　　　　　　　　　　　　　　　　　　정답 ③

2문단에서 과세 표준이 증가할 때 평균 세율이 유지되면 비례 세율 구조, 함께 증가하면 누진 세율 구조라고 하였고, 3문단에서 대다수 국가에서 소득세는 누진 세율 구조를 적용하고 있다고 하였다.

팩트✓체크 **2** [18]즉 과세 표준이 증가할 때 평균 세율이 유지되면 비례 세율 구조, 평균 세율이 오히려 감소하면 역진 세율 구조, 함께 증가하면 누진 세율 구조이다.
3 [19]대다수 국가에서 소득세는 누진 세율 구조를 적용하고 있는데, 그 이유는 경제적 능력에 따라 조세를 부담하는 것이 공평하다고 생각되기 때문이다.

오답 분석

① 1문단을 보면 평균 세율은 세액을 과세 표준으로 나눈 값이고, 실효 세율은 세액을 과세 이전 총소득으로 나눈 값이다. 일반적으로 과세 표준보다 과세 이전 총소득이 크므로 평균 세율보다 실효 세율이 더 낮을 수밖에 없다.

팩트✓체크 **1** [9]이 밖에도 세율에는 세액을 과세 표준으로 나눈 값인 평균 세율, 세액을 과세 이전 총소득으로 나눈 값인 실효 세율 등이 있다.

---

② 1문단에서 세액(납세 부담액)은 과세 표준에 세율을 곱함으로써 산출된다는 것을 알 수 있다.

팩트✓체크 **1** [6]그리고 납세 부담액, 즉 세액은 과세 표준에 세율을 곱함으로써 산출된다.

---

④ 2문단에서 '소득에 대응하는 세율을 일일이 획정하는 것이 현실적으로 어렵기 때문'에 과세 표준을 몇 개의 구간으로 나눈다고 하였다.

⑤ 2문단을 보면 '과세 표준이 증가할 때 평균 세율이 유지되면 비례 세율 구조, 평균 세율이 오히려 감소하면 역진 세율 구조, 함께 증가하면 누진 세율 구조'라고 하였다. 따라서 누진 세율 구조인지의 여부는 과세 표준이 증가할 때 평균 세율이 증가하느냐로 판단할 수 있다.

03

정답 분석　　　　　　　　　　　　　　　　　　　　　　　정답 ④

5문단에 따르면 비례 희생 균등의 원칙은 '과세 이전의 총효용에서 희생이 차지하는 비율, 즉 효용의 희생 비율이 모든 개인에게 동

일해야 한다'는 것이다. 이에 비추어 보면 <보기>에서 갑의 세액이 GH라면 갑의 효용의 희생 비율은 GH/G0가 아니라 GHIJ/G0KJ가 된다. 또 을의 세액이 AB라면 을의 효용의 희생 비율은 AB/A0가 아니라 ABCD/A0KD가 된다. 따라서 비례 희생 균등의 원칙에 따르면 갑과 을의 효용의 희생 비율인 GHIJ/G0KJ와 ABCD/A0KD가 동일해야 균등한 희생이 실현된다고 할 수 있다.

오답 분석

① 4문단에서 '한계 효용 곡선이 체감하지 않고 기울기가 0이라면 절대 희생 균등의 원칙 아래에서는 모든 개인이 동일한 세액을 부담해야 한다'고 하였으므로 적절한 설명이다.

② 4문단을 보면 절대 희생 균등의 원칙은 각 개인이 조세를 부담함으로써 떠안게 되는 희생의 절대적 크기가 동등해야 한다는 것이다. <보기>에서 갑의 세액이 GH라면 갑의 희생의 절대적 크기는 GHIJ가 되고, 을의 세액이 AB라면 을의 희생의 절대적 크기는 ABCD가 된다. 절대 희생 균등의 원칙에 따르면 두 면적이 같아야 균등한 희생이 실현된다고 할 수 있다.

③ 5문단에서 비례 희생 균등의 원칙에 따르면 '과세 이전 총소득으로부터 얻는 총효용에서 납세로 인한 효용의 상실, 즉 희생이 차지하는 비율이 모든 개인에게 동일해야 한다. 이는 <그림>에서 면적 β를 면적 α+β로 나눈 값인 효용의 희생 비율이 모두 똑같아야 한다는 것을 뜻한다.'고 하였다. 따라서 희생 비율을 동일하게 하기 위해서는 을에게 AE만큼의 세액을 부담하게 해야 한다.

⑤ 6문단을 보면 한계 희생 균등의 원칙은 '과세 이후에 얻게 되는 한계 효용의 크기가 모든 개인에게 있어 동일해야 한다'는 것이다. <보기>에서 갑의 세액이 GH라면 조세 부담의 마지막 단위에서 발생하는 갑의 한계 효용은 HI이다. 을에게도 이 길이가 같아지도록 해야 하므로 을에게 AH만큼의 세액을 부담하게 해야 한다.

---

3 균등의 의미　

"이에 후대 학자들은 균등의 의미를 절대 희생 균등의 원칙, 비례 희생 균등의 원칙, 한계 희생 균등의 원칙으로 구분하여 논의하였다."

⋯▸ 세금 납부에 따른 경제적 희생, 즉 효용의 손실과 관련하여 4문단의 절대 희생 균등의 원칙에서는 '희생의 절대적 크기(면적)', 5문단의 비례 희생 균등의 원칙에서는 희생이 차지하는 비율 곧 '납세로 인한 효용을 총소득으로 나눈 값(면적 비율)', 6문단의 한계 희생 균등의 원칙에서는 '한계 효용의 크기(선분 길이)'가 동일해야 한다고 본다.

　이를 그림에 적용하면 다음과 같다.

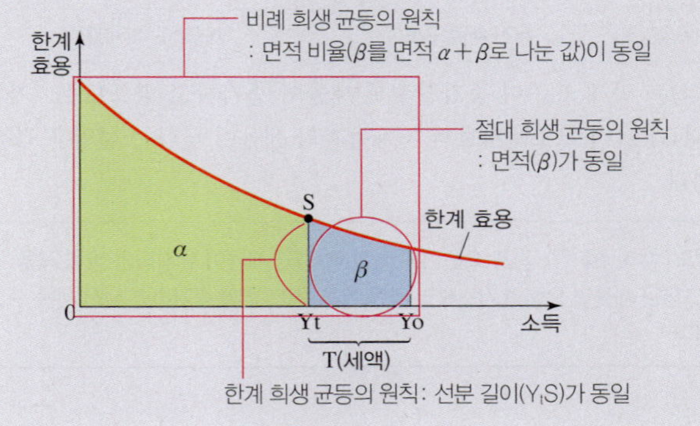

⓪4

정답 분석   **정답 ①**

㉠ 바로 뒤에 부양가족이 있는 사람에게는 개인의 총소득 중 일부를 공제한 뒤에 세율을 적용하는 이유가 '과세 대상 소득으로부터 얻는 만족감이 동일한 자에게, 동일한 조세 부담을 요구하는 것이 공평하다고 생각되기 때문'이라고 하였다. 이를 통해 부양가족이 있는 사람은 그렇지 않은 사람에 비해 동일한 소득으로부터 얻는 만족감이 낮다는 점을 고려하여 총소득 중 일부를 공제한 뒤 세율을 적용함으로써 만족감을 동일하게 하려는 것임을 알 수 있다.

오답 분석

② ㉠은 부양가족이 있는 사람은 그 점을 고려하여 세금을 부과한다는 것이므로, 부양가족의 유무에 상관없이 동일 소득에 대해 동일한 세율을 적용하는 것이 공평하다는 점을 고려한 것으로 볼 수 없다.

③ ㉠은 가족의 모든 소득을 합산해서 세금을 부과하는 것과 관련이 없으며, 탈세를 막기 위해서라고 언급되지도 않았다.

④ ㉠은 동일한 소득에 대하여 부양가족이라는 개인의 사정을 고려하여 세금을 부과하는 것이므로, 동일 소득에 대해 동일한 조세를 부담하게 하는 것이 공평하다는 점을 고려한 것으로 볼 수 없다.

⑤ ㉠은 부양가족이 많은 사람에게 조세 부담을 덜어 주는 방향이므로, 부양가족이 많은 사람에게 더 큰 조세 부담을 요구하는 것이 효율적이라는 것은 이와 상충하는 내용이다.

⓪5

정답 분석   **정답 ⑤**

<보기>에서 과세 표준과 세금을 통해 세율을 알아보면, 우선 (가)는 100만 원 소득에 10만 원을, 300만 원에 30만 원을 세금으로 부과했으므로 각 과세 표준에 세율 10%를 적용한 비례 세율 구조이다. (나)는 100만 원에는 30만 원, 200만 원에는 60만 원을 세금으로 부과했으므로 세율 30%를 적용한 비례 세율 구조이다. (다)는 100만 원에 10만 원, 200만 원에 30만 원, 300만 원에 60만 원의 세금을 부과했으므로 과세 표준이 클수록 높은 세율로 과세하는 누진 세율 구조이다. 이때 과세 표준 100만 원의 세율은 10%이고, 과세 표준 200만 원의 세율은 15%, 과세 표준 300만 원의 세율은 20%이다.

(가)	비례 세율 구조	세율 10%
(나)	비례 세율 구조	세율 30%
(다)	누진 세율 구조	세율 10-15-20%

(다)는 과세 표준이 증가할수록 세율이 증가하고 있으므로, (가), (나)와 달리 고소득자보다 저소득자의 세율이 낮다는 설명은 적절하다.

팩트✓체크 ② ¹⁸즉 과세 표준이 증가할 때 평균 세율이 유지되면 비례 세율 구조, 평균 세율이 오히려 감소하면 역진 세율 구조, 함께 증가하면 누진 세율 구조이다.

오답 분석

① (나)는 모든 소득에 대해 30%의 세금을 부과하고 있다. 따라서 과세 표준이 클수록 높은 세율을 부과하는 누진 세금 구조가 아니다.

② (다)는 소득이 높을수록 10% → 15% → 20%로 세율이 올라가고 있다. 따라서 역진 세율 구조가 아니라, 소득이 높을수록 더 높은 세율을 적용하는 누진 세율 구조이다.

③ (가)에는 모두 10%의 세율이 적용되고 있고, (나)에는 모두 30%의 세율이 적용되고 있다. 따라서 (가)와 (나)는 모든 과세 표준에 동일한 세율을 부과하는 비례 세율 구조이다.

④ 과세 표준이 증가할 때 평균 세율이 유지되는 세율 구조는 (가), (나)이다.

⓪6

정답 분석   **정답 ⑤**

ⓔ의 '성립'은 '일이나 관계 따위가 제대로 이루어짐.'의 뜻을 지닌 단어이다. '정도나 수준이 나아지거나 높아짐.'을 뜻하는 단어는 '진보'이다.

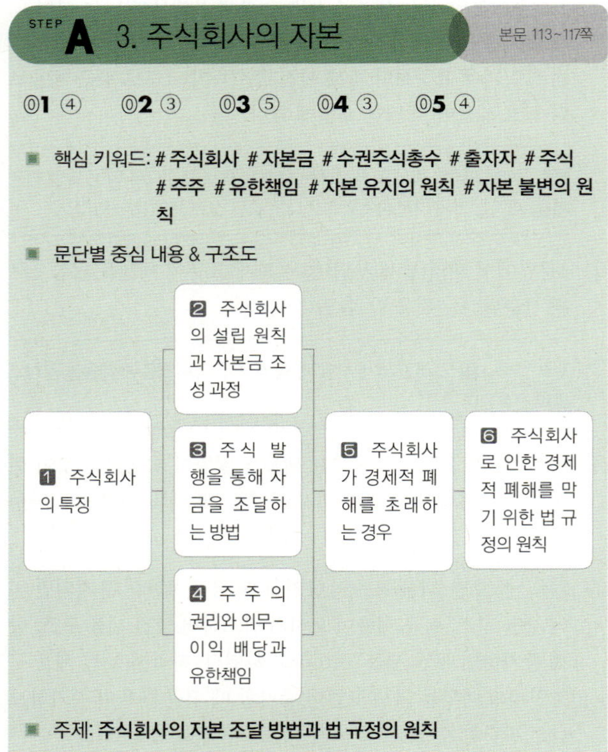

1 **01** 주식회사는 자본금, 주식, 유한책임을 바탕으로 자본을 형성할 수 있다.

○ [2문장] 주식회사의 자본 조달은 자본금, 주식, 유한책임이라는 주식회사의 본질적 요소와 관련된다고 하였다.

2 **02** 주식회사를 설립할 때 주식을 발행한다.

○ [3문장] 주식회사의 자본금은 회사 설립의 기초가 되는 것으로, 주식 발행

을 통해 조성된다고 하였다.

03 주식회사를 설립하려면 자본금의 최저와 최대한도 사이에서 정해지는 자본금을 마련해야 한다.

✕ [4, 5문장] 주식회사를 설립할 때 자본금의 최저와 최대한도를 규정하고 있지 않다. 따라서 자본금의 액수는 정해진다고 볼 수 없다. 한편 최저 자본금에 대한 제한은 두지 않고 있으며, 자본금의 최대한도는 정관에 기재하도록 하고 있다.

04 정관에 기재된 수권주식총수를 통해 회사의 최대 자본금을 알 수 있다.

○ [6문장] 수권주식총수란 회사가 발행할 주식총수로, 수권주식총수를 통해 자본금의 최대한도인 수권자본금을 알 수 있다고 하였다.

05 출자자가 없으면 주식회사를 설립할 수 없다.

○ [7, 8문장] 주식회사를 설립할 때 발행하는 주식은 모두 인수되어야 하는데, 회사가 발행하는 주식을 출자자가 인수하고 금액을 납입하면 그것이 바로 주식회사의 자본금이 된다고 하였다. 따라서 출자자가 없으면 주식이 인수되지 않아 회사의 자본금이 형성되지 않으므로, 주식회사를 설립할 수 없다.

❸ 06 주식회사가 발행하는 주식은 회사의 별도 허가 없이도 개인들끼리 양도할 수 있다.

○ [12문장] 주식회사가 발행하는 주식은 주식시장에서 자유롭게 양도된다고 하였다.

07 액면가액이 높을 경우에는 액면주식 1주를 여러 명에게 나눠 양도할 수 있다.

✕ [12문장] 액면주식의 금액은 균일하여야 하며, 1주의 액면주식은 둘 이상으로 나누어 타인에게 양도될 수 없다고 하였다.

08 두 개의 주식회사가 각각 발행한 주식총수가 같더라도, 자본금의 최대한도는 다를 수 있다.

○ [13문장] 발행할 주식의 총수가 같더라도 두 회사의 주식의 액면가액이 다를 수 있으므로, 자본금의 최대한도는 다를 수 있다.

❹ 09 채권자가 회사에 빌려준 돈을 상환하라고 요구할 경우, 회사는 주주에게 함께 돈을 상환하기를 요구할 수 있다.

✕ [15, 16문장] 주주는 유한책임을 지므로, 회사 채권자에 대해서는 아무런 책임을 부담하지 않으며, 주주의 유한책임을 정관이나 주주총회의 결의로 가중시킬 수 없다고 하였다.

❺ 10 실제 회사가 보유하고 있는 재산의 총액과 회사의 자본금 총액은 동일하다.

✕ [20문장] 자본금이 큰 회사이지만 실제 회사가 보유하고 있는 재산이 터무니없이 적은 경우가 있다고 하였으므로, 회사의 자본금의 총액과 재산 총액이 동일하다고 볼 수 없다.

11 자본금이 큰 회사일수록 회사의 신용도가 높다.

✕ [20문장] 자본금이 커도 실제 회사가 보유하고 있는 재산이 터무니없이 적을 수 있으므로, 자본금의 크기만으로 회사의 신용도를 평가할 수 없다고 하였다.

❻ 12 자본 유지의 원칙과 자본 불변의 원칙은 주식회사의 안정성을 높인다.

○ [22, 23, 25문장] 자본 유지의 원칙과 자본 불변의 원칙은 주식회사의 자본을 조달하는 요소들이 잘못 사용되어 폐해가 발생하는 것을 방지하기 위해 마련되었다.

13 여러 회사끼리 돌려 가며 출자를 반복하는 순환출자 방식은 자본 유지의 원칙에 어긋난다.

○ [23, 24문장] 여러 회사끼리 돌려 가며 출자를 반복하면 실제로 출자된 자본금은 늘어나지 않는데 서류상 가공의 자본금만 늘어나게 된다. 이는 자

금이 실제로 회사에 출자되어야 하고, 자본금에 해당하는 재산을 실질적으로 유지해야 한다는 자본 유지의 원칙에 어긋난다.

14 우리나라의 주식회사는 자본금을 증가시키는 것보다 감소시키는 것이 더 수월하다.

✕ [26문장] 우리나라의 법률에서 자본금의 증가는 이사회의 결의만으로 가능하도록 한 반면에 자본금의 감소는 엄격한 법적 절차를 요구하고 있다고 하였으므로, 자본금을 감소시키는 것이 더 까다롭다.

15 주식을 추가 발행하여 자본금을 증가시킬 경우, 이사회의 결의를 거쳐 정관에 기재하여 공고해야 한다.

○ [5, 26, 27문장] 자본금의 증가는 이사회의 결의만으로 가능하다고 하였다. 한편 주식을 발행하여 자본금을 증가시킬 경우, 2문단을 통해 수권주식총수를 정관에 변동 사항으로 기재해야 하며, 이러한 정관의 변동 사항은 공고해야 함을 알 수 있다.

⓪**1**

정답 분석   **정답 ④**

4문단에서 '주식회사에서는 회사가 현재 보유하고 있는 재산만이 회사 채권자를 위한 유일한 담보가 된다.'라고 하였다. 즉, 자본금의 최대한도인 수권자본금이 아니라 실제 재산의 한도 내에서 담보 설정이 가능하므로, 수권자본금의 한도 내에서 채무 이행을 할 의무가 있는 것은 아니다.

팩트✓체크 **❹** [18]이 때문에 주식회사에서는 회사가 현재 보유하고 있는 재산만이 회사 채권자를 위한 유일한 담보가 된다.

오답 분석

① 3문단에서 '1주의 액면주식은 둘 이상으로 나뉘어 타인에게 양도될 수 없다.'라고 하였다.

팩트✓체크 **❸** [12]주식은 주식시장에서 자유롭게 양도되는데, 1주의 액면주식은 둘 이상으로 나뉘어 타인에게 양도될 수 없다.

---

② 4문단에서 '유한책임이란 주주가 회사에 대하여 주식의 인수가액을 한도로 하는 유한의 출자 의무를 부담'하는 것을 말한다고 하였다.

팩트✓체크 **❹** [16]유한책임이란 주주가 회사에 대하여 주식의 인수가액을 한도로 하는 유한의 출자 의무를 부담하고 회사 채권자에 대해서는 직접적으로 아무런 책임도 부담하지 않는 것을 말한다.

---

③ 4문단에서 '주주는 자기가 보유하고 있는 주식 금액의 비율에 따라 이익배당 등의 권리를 가'진다고 하였다.

팩트✓체크 **❹** [15]주식의 소유주인 주주는 자기가 보유하고 있는 주식 금액의 비율에 따라 이익배당 등의 권리를 가지면서 회사에 대해 유한책임을 진다.

---

⑤ 6문단에서 '회사에 관한 중요 사항 및 정관의 변동 사항을 공고하도록' 한다고 하였다.

팩트✓체크 **❻** [27]이 밖에도 주식회사에 관한 법률을 법에서 규정된 내용대로만 이행해야 하는 강행법으로 하고, 회사에 관한 중요 사항 및 정관의 변동 사항을 공고하도록 하는 등 주식회사의 폐해를 최소화하기 위한 조치도 시행하고 있다.

02

정답 분석   **정답 ③**

2문단에서 주식회사를 설립할 때는 수권주식총수 중 일부의 주식만을 발행해도 되는데, 발행하는 주식은 모두 인수되어야 한다고 하였다. 따라서 <보기>의 갑이 주식회사를 설립하면서 발행한 주식은 5천 주이므로, 발행하는 5천 주에 대한 출자자만 확정되면 회사를 설립할 수 있다.

팩트√체크 ❷ ⁷주식회사를 설립할 때는 수권주식총수 중 일부의 주식만을 발행해도 되는데, 발행하는 주식은 모두 인수되어야 한다.

오답 분석

① <보기>의 주식 1주의 가격이 5천 원이고 발행할 주식의 총수는 1만 주이므로, 둘을 곱한 5천만 원이 수권자본금이다.

② 2문단에서 주식회사를 설립할 때 최저 자본금에 대한 제한은 두지 않고 있다고 하였다. 따라서 <보기>의 회사가 1주만 발행하여 자본금이 매우 적더라도 주식회사를 설립할 수 있다.

팩트√체크 ❷ ⁴현행 상법에서는 주식회사를 설립할 때 최저 자본금에 대한 제한을 두지 않고 있으며, 자본금을 정관의 기재사항으로도 규정하지 않고 있다.

④ 정관에 따르면 주식 1주의 금액은 5천 원이고, 회사 설립 시에 5천 주의 주식을 발행하기로 하였으므로, 이에 따라 주식회사를 설립하였다면 회사의 주주가 납입한 금액의 총합은 2천 5백만 원이다.

⑤ 2문단에서 아직 발행하지 않은 주식은 추후 이사회의 결의만으로 발행할 수 있다고 하였다.

팩트√체크 ❷ ¹⁰회사가 수권주식총수 가운데 아직 발행하지 않은 주식은 추후 이사회의 결의만으로 발행할 수 있는데, 이는 주식회사가 필요에 따라 자본금을 쉽게 조달할 수 있도록 하기 위한 것이다.

03

정답 분석   **정답 ⑤**

6문단에서 여러 회사끼리 돌려 가며 출자를 반복하는 상황이 벌어진다면 실제로 출자된 자본금은 늘어나지 않는데 서류상 가공의 자본금만 늘어나는 결과를 낳는다고 하였다. <보기>의 상황이 바로 이에 해당한다. A 회사는 5천 원의 주식을 1백만 주 발행하였으므로 자본금은 50억 원, B 회사는 주식 100% 금액이 25억 원이므로 자본금은 25억 원, C 회사는 주식 100% 금액이 15억 원이므로 자본금은 15억 원이다. 그런데 A 회사는 B 회사의 주식을 인수하였고, B 회사는 C 회사의 주식을 인수하였고, C 회사는 A 회사의 주식을 10억 원어치 매입하였다. 이렇게 보면 세 회사의 서류상 자본금 총합은 90억 원이지만, 실제 자본금은 A 회사의 50억 원이 반복 출자된 것뿐이다. 따라서 A, B, C의 실제 자본금보다 서류상으로 드러난 A, B, C의 자본금의 총합이 더 크다.

오답 분석

① C 회사가 A 회사의 주식을 10억 원어치 매입하였으므로, A 회사가 파산하면 C 회사에 피해가 발생할 것이다.

② A 회사는 B 회사의 주식을 100% 인수하였으므로, B 회사가 부도가 난다면 B 회사의 주식 가치가 사라지므로 A 회사의 자본금이 손실을 입게 될 것이다.

③ A 회사는 B 회사의 주식 100%를 인수하였으므로 B 회사에 영향력을 행사할 수 있고, B 회사는 C 회사의 주식 100%를 인수하였으므로 C 회사에 영향력을 행사할 수 있다. 결국 A 회사는 B 회사뿐 아니라 B 회사를 통해 C 회사에도 영향력을 행사할 수 있다. 그리고 홍길동은 A 회사의 주주이므로, A 회사에 영향력을 행사할 수 있다. 따라서 홍길동은 A 회사를 통해 B 회사와 C 회사에 대해서 영향력을 행사할 수 있는 것이다.

④ C 회사의 자본금은 주식 100% 금액인 15억 원이다. B 회사가 C 회사의 주식을 어느 정도 사들였든 상관없이 C 회사 설립 시 자본금은 달라지지 않는다.

04

정답 분석   **정답 ③**

자본 불변의 원칙(ⓒ)은 자본금을 임의로 변경하지 못하며 자본금의 변경을 위해서는 법적 절차를 거쳐야 한다는 원칙으로, 이와 관련하여 6문단에서 '우리나라의 법률에서 자본금의 증가는 이사회의 결의만으로 가능하도록 한 반면에 자본금의 감소는 엄격한 법적 절차를 요구하고 있다.'라고 하였다. 즉, 자본 불변의 원칙(ⓒ)은 자본금 감소를 엄격하게 하여 5문단에서 제기된 채권자를 비롯한 회사의 이해 관계자들이 피해를 보게 되는 상황을 방지하기 위해서 마련된 원칙이다.

오답 분석

① 자본 유지의 원칙은 자본금이 실제로 회사에 출자되어야 하고, 회사는 자본금에 해당되는 재산을 실질적으로 유지해야 한다는 것이다. 이는 5문단에서 언급한 경제적 폐해를 방지하기 위해서이다. 그리고 경제적 폐해 중 하나로 대주주가 권한을 남용하는 것을 들었으므로, 자본 유지의 원칙이 주주의 권한을 확대하는 데에 목적이 있다고 볼 수 없다.

② 자본 불변의 원칙은 자본금을 임의로 변경하지 못하게 하는 원칙이지, 소액을 가지고 회사를 설립하는 것을 제한하는 것과는 관련이 없다. 또한 2문단에서 주식회사를 설립할 때 최저 자본금에 대한 제한을 두지 않고 있다고 하였다.

④ 자본 유지의 원칙과 자본 불변의 원칙은 주식회사의 자금을 운영하는 원칙이지, 어디에 어떻게 쓰였는지 그 운용 내역을 알 수 있게 하는 것은 아니다.

⑤ 자본 유지의 원칙과 자본 불변의 원칙은 주식회사의 폐해를 막기 위한 법률 규정이다. 따라서 이를 정관 작성의 원칙으로 보기 어렵고, 개인 간의 주식 양도와도 관련 없다.

⑥ 자본 유지의 원칙과 자본 불변의 원칙

"⊙ 자본 유지의 원칙은 자본금이 실제로 회사에 출자되어 야 하고, 회사는 자본금에 해당되는 재산을 실질적으로 유지 해야 한다는 것으로, 자본 충실의 원칙이라고도 한다."

"ⓛ 자본 불변의 원칙은 자본금을 임의로 변경하지 못하며 자본금의 변경을 위해서는 법적 절차를 거쳐야 한다는 것이다."

⋯► 자본 유지의 원칙과 자본 불변의 원칙이 무엇인지 확인하기 전에, 이 두 원칙이 '무엇'을 위한 원칙인지를 알아차렸어야 한다. 그것은 바로 6문단의 첫 번째 문장, '이와 같은 문제를 방지하기 위해'서이다. 그렇다면 두 원칙이 어떤 문제를 방지하는 것인지('문제–해결' 관계)를 파악해야 글을 제대로 읽었다고 말할 수 있는 것이다.

이 지문은 다음의 흐름에 따라 구성되어 있다.

1문단	주식회사의 요소인 '자본금', '주식', '유한책임'에 대한 화제를 제시한 후,
▼	
2, 3, 4문단	'자본금', '주식', '유한책임'을 각각 설명하고
▼	
5문단	주식회사의 문제를 제시한 후
▼	
6문단	이에 대한 해결 방안을 제시하고 있다.

그럼 5문단에서 제시한 주식회사의 폐해를 6문단에서 제시한 해결 방안과 연결하여 보자.

문제	자본금이 큰 회사지만 실제 회사가 보유하고 있는 재산이 터무니없이 적은 경우, 회사의 신용도를 제대로 파악할 수 없음.	회사가 자본금만큼 실제 재산을 유지하지 않음.
	파산이나 부도 등 회사의 위기 상황에서 회사의 이해 관계자들이 피해를 보게 됨.	회사의 위기 상황에서 피해를 보상할 자본금이 없음.
▼		
해결 방안	자본 유지의 원칙	회사는 자본금에 해당되는 <u>재산을 실질적으로 유지해야 함.</u>
	자본 불변의 원칙	회사가 <u>자본금을 임의로 변경하지 못함.</u>

ⓞ5

정답 분석   정답 ④

'법적 절차를 ⓐ <u>거쳐야</u> 한다는 것이다.'의 '거치다'는 '어떤 과정이나 단계를 겪거나 밟다.'의 의미로 사용되었다. ④의 '거쳐서' 역시 '어떤 과정이나 단계를 겪거나 밟다.'의 의미이다.

오답 분석

①, ③ '오가는 도중에 어디를 지나거나 들르다.'의 의미이다.

② '무엇에 걸리거나 막히다.'의 의미이다.

⑤ '마음에 거리끼거나 꺼리다.'의 의미이다.

◎1 ④   ◎2 ③   ◎3 ③   ◎4 ④   ◎5 ④

■ 핵심 키워드: # 통화량 # 유동성 # 본원통화 # 신용창조 # 통화승수 # 통화 지표 # 협의통화 # 광의통화 # Lf

■ 문단별 중심 내용 & 구조도

1 통화량의 개념과 통화량 파악의 필요성	**2** 통화 형성 과정과 통화량의 변화	**3** 통화 지표의 변화와 각 지표의 특성
		4 협의통화, 광의통화, Lf 통화 지표의 기능

■ **주제: 통화 지표를 통한 통화량 파악 방법**

1   **01**   물가를 안정시키기 위해서 통화량을 적절한 수준으로 조절해야 한다.

○ [1, 2문장] 통화량이 과도하게 많거나 적으면 심한 물가 변동이 일어날 수 있다고 하였으므로, 물가를 안정시키기 위해서는 통화량이 적정해야 한다.

02   개인이 갖고 있는 현금이나 예금 모두 통화량에 포함된다.

○ [4문장] 통화에는 현금뿐 아니라 유동성을 가진 금융상품까지 포함되므로, 개인이 갖고 있는 현금과 예금도 통화량에 포함된다.

2   **03**   중앙은행은 통화량을 조절할 수 있다.

○ [6문장] 중앙은행이 화폐를 발행하므로, 화폐 발행량을 조절함으로써 통화량을 조절할 수 있다.

04   예금은 유동성을 가진 금융상품이므로 통화에 포함된다.

○ [9문장] 예금은 현금으로 바뀔 수 있는 유동성이 있으므로 통화에 포함된다고 하였다.

05   지급준비금은 예금자의 인출에 대비해 은행에서 남겨 놓는 금액이다.

○ [10문장] 예금 중 예금자의 인출에 대비해 일정 비율을 남긴 금액을 지급준비금이라 한다.

06   대출액이 많을수록 신용창조가 크게 발생한다.

○ [11문장] 대출액만큼의 통화가 새로 만들어지는데, 이를 신용창조라고 한다. 따라서 대출액이 많을수록 신용창조가 크게 발생한다.

07   신용창조의 과정이 반복될수록 통화승수는 작아진다.

✕ [13문장] 통화승수는 신용창조로 인해 본원통화보다 통화량이 증가된 배수이다. 신용창조의 과정이 반복될수록 본원통화보다 더 많은 통화량이 형성되므로, 통화승수는 커진다.

3   **08**   통화량 파악이 복잡한 까닭은 금융상품마다 유동성의 정도가 다르기 때문이다.

○ [15문장] 금융상품마다 유동성의 정도가 달라 모두 동일한 통화로 취급하기 어려운 까닭에 통화량 파악이 복잡해진다고 하였다.

09   통화 지표가 달라져도 통화량은 변하지 않는다.

✕ [18, 20문장] 통화 지표에 따라 통화에 포함시키는 종류가 달라지기 때문에 통화량에 차이가 발생할 것이다.

10   2003년 앞 시기 통화 지표 중 '총유동성'의 통화량이 '통화'나 '총통화'보다 크다.

○ [19문장] '총유동성'은 '통화'와 '총통화'에 포함된 현금과 예금은행의 금융상품에다 비은행금융기관의 금융상품들이 추가되었다고 하였으므로, '총

유동성'의 통화량이 '통화'나 '총통화'보다 크다.

11 '협의통화'는 유동성이 매우 높은 통화만 포함된다.

O [21, 22문장] 협의통화에는 현금뿐 아니라 유동성이 매우 높다고 판단되는 요구불예금과 수시입출식 저축성 예금이 포함된다고 하였다.

12 '광의통화'에는 예금은행의 금융상품들이 모두 포함된다.

✕ [23, 24문장] 만기 2년 미만의 금융상품들만 해당된다고 하였다.

13 Lf는 유동성이 매우 낮은 금융상품까지도 통화에 포함한다.

O [26문장] Lf는 유동성이 매우 낮다고 판단되는 만기 2년 이상의 저축성 예금 등 모든 금융기관의 금융상품을 포괄한다고 하였다.

4 **14** 시중의 통화량을 파악하기 위해서는 광의통화 지표를 살펴보는 것이 효과적이다.

O [27문장] 광의통화는 시중의 통화량을 가장 잘 드러내는 지표로 인정받는다고 하였다.

15 '협의통화'는 유동성이 매우 높기 때문에 장기보다는 단기금융시장의 규모를 파악하는 데 적합하다.

O [28문장] 협의통화에는 유동성이 매우 높은 통화만 해당한다. 즉, 변화 요소가 크므로 장기보다는 단기금융시장의 규모를 파악하는 데 적합하다.

01

정답 분석 정답 ④

3문단에서 우리나라의 통화 지표가 2003년을 기준으로 양분된다고 설명하며, 우리나라의 통화 지표의 종류에 대해서 설명하고 있다. 그러나 국가별 통화 지표의 종류에 대해서는 언급하지 않았다.

오답 분석

① 1문단에서 '현금으로 바뀔 수 있는 성질이 유동성'이라고 언급하였다.

팩트✓체크 **1** [4]현금뿐 아니라, 현금으로 바뀔 수 있는 성질인 유동성을 가진 금융상품까지 통화에 포함되기 때문이다.

② 2문단의 '예금 중 일정 비율만 예금자의 인출에 대비해 지급준비금으로 남고'에서 지급준비금은 예금자의 인출에 대비해 보유하는 금액임을 언급하였다.

팩트✓체크 **2** [10]그런데 이 예금 중 일정 비율만 예금자의 인출에 대비해 지급준비금으로 남고 나머지는 대출된다.

③ 1문단에서 통화량이 과도하게 많거나 적으면 심한 물가 변동이 일어날 수 있으며, 실업률, 이자율 등에도 영향을 미칠 수 있기 때문에 통화량을 파악해야 함을 언급하였다.

팩트✓체크 **1** [1]돈의 총량을 뜻하는 통화량이 과도하게 많거나 적으면 심한 물가 변동이 일어날 수 있으며, 실업률, 이자율 등에도 영향을 미칠 수 있다. [2]따라서 통화량을 파악하여 적절한 수준으로 조절하는 통화정책의 중요성이 갈수록 커지고 있다.

⑤ 3문단에서 우리나라의 통화 지표는 2003년 기준으로 변화하여 이전에는 '통화', '총통화', '총유동성'이라는 통화 지표를 사용했고, 이후에는 '협의통화', '광의통화', 'Lf'라는 통화 지표가 사용된다고 하였다.

팩트✓체크 **3** [17]우리나라의 통화 지표는 2003년을 기점으로 양분된다.

02

정답 분석 정답 ③

2003년 이후의 통화 지표는 IMF의 통화금융통계매뉴얼에 따라 작성하였다고 했다. 2003년 이전의 통화 지표 중 총통화는 현금, 예금은행의 금융상품을 포함하였고, 총유동성은 비은행금융기관의 금융상품들을 추가하는 방식으로 통화 지표를 설정하였다. 즉, 금융 기관의 유형을 기준으로 통화 지표를 설정한 것이다. 그러나 IMF의 통화금융통계매뉴얼에 따라 이후에는 협의통화, 광의통화, Lf 지표를 사용한다. 협의통화에는 모든 금융기관의 저축성 예금이 포함되고, 광의통화에는 협의통화와 유동성이 낮은 금융상품까지 추가하였으며, Lf는 모든 금융기관의 금융상품까지 포괄하였다. 이때 협의통화에는 유동성이 높은 것이 포함되고, 광의통화는 협의통화에 유동성이 낮은 상품들까지 추가한 것이며, Lf는 유동성이 매우 낮은 상품까지 포괄하는 것이다. 즉, 2003년 이후에는 금융기관의 유형을 구분하지 않고 유동성의 정도를 기준으로 통화 지표를 설정하였으므로, ㉠에서는 이 점을 강조했을 것으로 볼 수 있다.

오답 분석

① 2003년 이후의 통화 지표를 볼 때, 만기와 이자율을 재정비한 부분은 없다. 다만 만기에 따라 유동성의 정도를 구분하였다.

② 유동성 정도에 따라 통화 지표가 변경된 것이지, 예금 상품들의 유동성을 조절한 부분은 없다.

④ 2003년 이후의 통화 지표에서 현금과 예금 상품은 분리되어 있지 않다.

⑤ 통화 지표는 유동성에 따라 구분했을 뿐, 경제 주체의 특성을 반영하지는 않았다.

03

정답 분석 정답 ③

2문단에서 예금 중 일부가 대출되면 대출액만큼의 통화가 새로 만들어지는데, 이를 신용창조라고 한다고 하였다. 즉, 예금이 시중에 대출될 때 예금액에 대출액이 합쳐진 금액이 통화량이 된다. 다만 시중에 유통되던 현금이 은행에 예금되면 이때는 그만큼 시중의 현금이 줄어들기 때문에 통화량에 변화가 없고, 지급준비금도 통화량에 포함되지 않는다. 이를 바탕으로 <보기>를 볼 때, 김 씨가 현금 100만 원을 A 은행에 입금했고, A 은행은 90만 원을 이 씨에게 대출했으므로 중앙은행이 김 씨에게 공급한 100만 원은 190만 원으로 늘었다. 이때 이 씨가 대출받은 90만 원을 B 은행에 입금한 것은 시중에 유통되던 현금이 예금된 것이므로 통화량에는 변화가 없다. 또한 B 은행은 이 씨의 예금 중 81만 원을 박 씨에게 대출했으므로 190만 원에서 81만 원을 더한 271만 원으로 통화량이 늘었다. 이때 박 씨가 C 은행에 대출받은 돈을 입금한 것은 통화량에 변화를 주지 않는다.

04

정답 분석 　　　　　　　　　　　　　　　　　　　　　　　　정답 ④

2문단에서 통화승수는 본원통화보다 증가된 배수라고 하였고, 본원통화가 늘어나는 것은 대출을 통한 신용창조로 가능하다. 따라서 통화승수가 하락한 것은 본원통화보다 통화량이 늘지 않았다는 것이고, 곧 대출이 일어나지 않았다는 의미이다. 금융기관이 대출을 제한하였다면 중앙은행이 화폐 공급을 늘려도 통화승수는 하락할 수밖에 없다.

팩트✓체크 ❷ [13]이러한 신용창조의 과정이 반복되면서 본원통화보다 몇 배 많은 통화량이 형성되는데 그 증가된 배수를 통화승수라고 한다.

오답 분석

① 신용창조 활동이 활성화되면 통화량이 늘어 통화승수가 상승할 것이다.

② 원래의 통화에서 대출 등으로 신용창조가 일어난 통화를 파생된 통화라고 볼 수 있으므로, 파생된 통화가 급속히 증가하면 통화승수가 상승할 것이다.

③ <보기>에서는 중앙은행 화폐를 발행하여 공급을 대폭 늘렸다고 하였으므로, 본원통화는 늘었다.

⑤ 대출을 늘리면 통화승수는 상승한다.

05

정답 분석 　　　　　　　　　　　　　　　　　　　　　　　　정답 ④

IMF의 통화금융통계매뉴얼에 따라 설정된 지표는 협의통화, 광의통화, Lf이다. 3문단에서 협의통화에는 현금과 요구불예금 및 수시입출식 저축성 예금이 포함된다고 하였고, 광의통화에는 협의통화와 만기 2년 미만의 금융상품들이 해당된다고 하였으며, Lf는 만기 2년 이상의 저축성 예금 등 모든 금융기관의 금융상품까지 포괄한다고 하였다. 따라서 통화량이 가장 큰 ㉮는 Lf이고, ㉯는 광의통화, ㉰는 협의통화로 볼 수 있다. ㉯가 ㉰보다 높게 나타난 이유는 ㉰에 더하여 만기 2년 미만의 금융상품들이 해당되기 때문이며, 만기 2년 이상의 저축성 예금은 유동성이 매우 낮다는 이유로 제외되었다.

팩트✓체크 ❸ [24]여기에는 정기예금 등 만기 2년 미만의 금융상품들이 해당된다. [25]다만 이전 지표의 '총통화'에 포함되었던 만기 2년 이상의 저축성 예금은 유동성이 매우 낮다는 이유로 제외했다.

오답 분석

① Lf는 모든 금융기관의 금융상품까지 포함하므로 광의통화에 포함되지 않은 금융상품을 포괄한다.

② 협의통화는 현금과 수시입출식 저축성 예금을 지표에 묶었으므로, 수시입출식 저축성 예금을 포함한다.

③ Lf가 실물경제의 규모를 파악하는 데 더 적합하다고 하였다.

팩트✓체크 ❹ [28]그리고 협의통화는 단기금융시장의 규모를 파악하는 데, 나는 실물경제의 규모를 파악하는 데 더 적합하다.

---

⑤ 통화승수는 광의통화를 기반으로 한다고 하였으므로 통화승수를 비교하려면 본원통화 대비 광의통화인 ㉯의 통화량을 파악해야 한다.

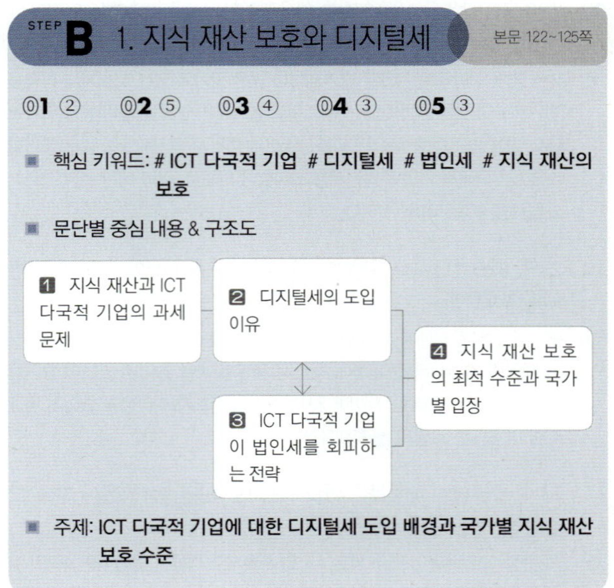

❶ **01** 특허권과 영업 비밀은 모두 그 소유자가 일정 기간 독점적으로 사용할 수 있다.

✕ [1, 2문장] 특허권은 일정 기간 독점적으로 사용할 수 있는 법률상 권리라고 하였으나, 영업 비밀은 독점적으로 사용할 수 있다는 언급이 없다.

02 영업 비밀이 법으로 보호받기 위해서는 먼저 특허를 획득해 두어야 한다.

✕ [2문장] 영업 비밀이 법으로 보호받기 위해서는 일정 조건을 갖추어야 한다고 하였을 뿐 먼저 특허를 획득해 두어야 한다고 언급하지 않았다. 또한 특허는 발명에 대해, 영업 비밀은 방법이나 정보에 대한 것이다.

03 일반 기업과 달리 정보 통신 기술(ICT) 기업은 지식 재산에 따른 수익이 회사 전체 수익의 상당 부분을 차지할 것이다.

○ [3문장] 정보 통신 기술 산업은 지식 재산을 기반으로 창출된다고 하였으므로, 제품을 생산하여 수익을 얻는 회사가 아닌 지식 재산을 통해 수익을 얻는 회사이다.

❷ **04** 디지털세는 모든 국가가 필수적으로 걷는 세금이다.

✕ [5문장] 디지털세는 이를 도입한 일부 국가에서 걷는 세금이다.

05 정보 통신 기술을 활용하지 않는 일반 기업이나 국내에만 있는 기업에는 디지털세가 부과되지 않을 것이다.

○ [5문장] 디지털세는 ICT 다국적 기업이 거둔 수입에 대해 부과되는 세금이라고 하였으므로, 정보 통신 기술을 활용하지 않는 기업이나 다국적 기업이 아닌 기업에는 디지털세가 부과되지 않을 것이다.

06 디지털세를 부과하면 ICT 다국적 기업이 지닌 지식 재산권의 독점 이용권을 침해할 우려가 있다.

✕ [6문장] 디지털세는 ICT 다국적 기업의 수입에 대해 부과하는 세금이므로, 이로 인해 지식 재산권을 침해한다고 보기 어렵다.

07 디지털세는 법인세의 감소로 인해 국가의 수입이 감소하는 것을 보완할 수 있다.

○ [7문장] 디지털세의 배경에는 법인세 감소에 대한 각국의 우려가 있다고 하였다. 즉, 디지털세는 법인세 감소로 인한 국가의 수익이 감소하는 것을 보완하기 위한 세금임을 알 수 있다.

③ **08** 각 나라마다 법인세율이 다르다.

○ [9문장] 법인세율이 현저하게 낮은 국가가 있다는 점으로 보아, 나라마다 법인세율이 다름을 알 수 있다.

09 법인세율이 낮은 국가일수록 ICT 다국적 기업에 대한 디지털세의 부과에 찬성할 것이다.

✕ [9문장] ICT 다국적 기업은 법인세율이 높은 국가에 있는 자회사의 이익을 법인세율이 낮은 국가에 있는 자회사로 몰아주어, 법인세율이 높은 국가에 내야 하는 법인세를 최소화한다고 하였다. 따라서 법인세율이 높은 국가일수록 ICT 다국적 기업이 법인세를 회피할 것이므로, 이에 대한 보완으로 디지털세를 부과하려 할 것이다.

10 Z사는 B국의 자회사가 로열티를 지출하도록 함으로써 B국의 자회사의 제반 비용을 높이고 있다.

○ [8, 11문장] 2문단에서 수입에서 제반 비용을 제외하고 남은 이윤에 부과하는 세금이 법인세라고 하였다. 따라서 제반 비용을 높이면 이윤이 줄어들어 법인세 역시 적어진다. 이에 Z사는 B국의 자회사의 이윤을 줄이기 위해 제반 비용으로 '로열티'를 지출하게 하는 것이다.

11 Z사는 법인세율이 매우 낮은 A국의 자회사로 이윤을 몰아줌으로써 전체적으로 납부할 법인세를 줄이고 있다.

○ [12문장] 법인세율이 매우 낮은 A국의 자회사로 이윤을 몰아주면 A국의 자회사의 이윤은 커지고, B국의 자회사의 이윤은 작아진다. Z사 입장에서는 동일한 이윤이더라도 법인세율이 낮은 국가에 있는 자회사의 이윤 비중이 커지므로 전체적으로 납부할 법인세를 줄일 수 있는 것이다.

12 ICT 다국적 기업의 본사를 많이 보유한 국가의 경우, 법인세를 적게 징수하더라도 해당 산업의 주도권을 유지하기 위해 디지털세를 도입하고 있다.

✕ [13, 14문장] ICT 다국적 기업의 본사를 많이 보유한 국가도 법인세를 적게 징수하게 되는 문제가 있으나, ICT 다국적 기업의 활동이 해당 산업에서 자국이 주도권을 유지하는 데 중요하기 때문에라도 디지털세 도입에는 방어적이라고 하였다. 즉, 디지털세를 도입하지 못하고 있는 것이다.

④ **13** 지식 재산을 보호하는 이유는 관련 산업에 대한 지식을 창출하기 위해서이다.

○ [16문장] 지식 재산의 보호가 약할수록 유용한 지식 창출의 유인이 저해되어 지식의 진보가 정체된다고 하였다. 이를 통해 지식 재산을 보호하는 이유는 관련 산업에 대한 지식을 창출하여 지식의 진보를 이루기 위해서임을 이끌어 낼 수 있다.

14 유인 비용과 접근 비용의 합이 최소일 때가 지식 재산 보호의 최적 수준인 까닭은 지식 재산을 보호하는 데 필요한 비용을 줄일 수 있기 때문이다.

✕ [17문장] 유인 비용과 접근 비용은 모두 손해 비용이다. 따라서 손해 비용의 합이 최소가 될 때 지식 재산 보호에 따른 이익이 가장 큼을 알 수 있다. 한편 지식 재산을 보호하는 데 필요한 비용에 대한 언급은 없다.

15 가장 낮은 소득 수준을 벗어난 국가가 그들보다 소득 수준이 낮은 국가들보다 접근 비용이 클 것이다.

✕ [17, 19문장] 지식 재산의 보호가 약할 경우, 이로 인한 손해를 유인 비용이라고 했다. 그리고 가장 낮은 소득 수준을 벗어난 국가는 그들보다 소득 수준이 낮은 국가들보다 특허 보호가 약하다고 하였으므로, 접근 비용이 아닌 유인 비용이 클 것이다.

⓪1

정답 분석 정답 ②

1문단에서 영업 비밀은 생산 방법, 판매 방법, 그 밖에 영업 활동에 유용한 기술상 또는 경영상의 정보 등으로, 일정 조건을 갖추면 법으로 보호받을 수 있다고 하였다. 즉, 영업 비밀의 범위와 영업 비밀이 법적 보호 대상으로 인정받기 위해 일정 조건을 갖추어야 함을 언급하고 있다. 그러나 영업 비밀을 법적 보호 대상으로 인정을 받기 위한 구체적 절차는 밝히고 있지 않다.

오답 분석

① 1문단에서 법으로 보호되는 특허권과 영업 비밀은 모두 지식 재산이라고 하였다.

팩트✓체크 **1** [3]법으로 보호되는 특허권과 영업 비밀은 모두 지식 재산인데, ~

③ 2문단에서 디지털세의 배경에는 국가가 기업으로부터 걷는 세금 중 가장 중요한 법인세의 감소에 대한 각국의 우려가 있다고 설명하고 있다.

팩트✓체크 **2** [7]디지털세의 배경에는 법인세 감소에 대한 각국의 우려가 있다.

④ 3문단에서 많은 ICT 다국적 기업이 법인세율이 현저하게 낮은 국가에 자회사를 설립하고 그 자회사에 특허의 사용 권한을 부여하여 법인세율이 높은 국가에 설립된 자회사에서 특허 사용으로 수입이 발생하면 법인세율이 현저하게 낮은 국가의 자회사에 로열티를 지출하게 한다고 하였다. 이를 통해 로열티를 이용하여 법인세가 부과될 이윤을 최소화함으로써 법인세를 줄일 수 있음을 알 수 있다.

팩트✓체크 **3** [11]그리고 법인세율이 A국보다 높은 B국에 설립된 Z사의 자회사에서 특허 사용으로 수입이 발생하면 Z사는 B국의 자회사로 하여금 A국의 자회사에 특허 사용에 대한 수수료인 로열티를 지출하도록 한다. [12]그 결과 Z사는 B국의 자회사에 법인세가 부과될 이윤을 최소화한다.

⑤ 4문단에서 지식 재산 보호의 최적 수준은 유인 비용과 접근 비용의 합이 최소가 될 때라고 언급하고 있다.

팩트✓체크 **4** [17]전자로 발생한 손해를 유인 비용, 후자로 발생한 손해를 접근 비용이라고 한다면, 지식 재산 보호의 최적 수준은 두 비용의 합이 최소가 될 때일 것이다.

⓪2

정답 분석 정답 ⑤

2문단에서 디지털세는 이를 도입한 국가에서 ICT 다국적 기업이 거둔 수입에 대해 부과되는 세금이라고 하였다.

팩트✓체크 **2** [6]디지털세는 이를 도입한 국가에서 ICT 다국적 기업이 거둔 수입에 대해 부과되는 세금이다.

오답 분석

① 1, 2문단에 따르면 일부 국가에서 디지털세 도입을 진행하는

것은 ICT 다국적 기업이 지식 재산으로 거두는 수입에 대한 과세 문제에서 불거진 결과이므로, 디지털세의 도입은 지식 재산 보호를 강화하는 것과 관련이 없다.

② 2문단에 따르면 디지털세는 이를 도입한 국가에서 ICT 다국적 기업이 거둔 수입에 대해 부과되는 세금이다. 재화나 서비스의 판매 등을 통해 거둔 수입에서 제반 비용을 제외하고 남은 이윤에 대해 과세하는 세금은 법인세이다.

팩트✔체크 **2** [8]법인세는 국가가 기업으로부터 걷는 세금 중 가장 중요한 것으로, 재화나 서비스의 판매 등을 통해 거둔 수입에서 제반 비용을 제외하고 남은 이윤에 대해 부과하는 세금이라 할 수 있다.

---

③ 3문단에서 ICT 다국적 기업의 본사를 많이 보유한 국가 중 어떤 국가들은 ICT 다국적 기업의 활동이 해당 산업에서 자국이 주도권을 유지하는 데 중요하기 때문에라도 디지털세 도입에는 방어적이라고 하였다. 또한 4문단에서 ICT 산업을 주도하는 국가에서 더 중요한 문제는 ICT 지식 재산 보호의 국제적 강화일 수 있다고 언급하고 있다. 따라서 ICT 산업에서 주도적인 국가가 디지털세 도입에 적극적이라고 볼 수는 없다.

④ 3문단에서 ICT 다국적 기업이 여러 국가에 자회사를 설립하는 방식으로 회피하는 것은 디지털세가 아닌 법인세임을 알 수 있다.

팩트✔체크 **3** [9]많은 ICT 다국적 기업이 법인세율이 현저하게 낮은 국가에 자회사를 설립하고 그 자회사에 이윤을 몰아주는 방식으로 법인세를 회피한다는 비판이 있어 왔다.

0**3**

정답 분석   정답 ④

2문단에서 법인세는 재화나 서비스의 판매 등을 통해 거둔 수입에서 제반 비용을 제외하고 남은 이윤에 대해 부과하는 세금이라고 하였다. 그리고 법인세율이 높다는 것은 동일한 이윤에 대해 법인세를 더 많이 부과한다는 것이다. 그리고 3문단에서 ICT 다국적 기업 Z사는 법인세율이 높은 국가에 세운 자회사의 이윤을 법인세가 낮은 국가에 세운 자회사에 로열티 형식으로 넘김으로써, 법인세율이 높은 국가에 세운 자회사의 이윤을 최소화한다고 하였다. 따라서 ICT 다국적 기업 자회사들의 수입 대비 이윤의 비율은 법인세율이 높은 국가일수록 낮게 되는 것이다. 이는 <보기>의 가설과 일치한다. 결국 이 가설이 참이라면 'ICT 다국적 기업이 법인세율이 높은 국가의 자회사에서 수입에 비해 이윤을 줄이는 방식으로 법인세를 줄이고 있다'고 할 수 있으므로, 법인세를 보완하기 위한 디지털세 부과를 지지할 수 있는 것이다.

팩트✔체크 **3** [9]많은 ICT 다국적 기업이 법인세율이 현저하게 낮은 국가에 자회사를 설립하고 그 자회사에 이윤을 몰아주는 방식으로 법인세를 회피한다는 비판이 있어 왔다.
[12]그 결과 Z사는 B국의 자회사에 법인세가 부과될 이윤을 최소화한다.

오답 분석

① 3문단을 통해 ICT 다국적 기업이 법인세율이 낮은 국가에 세운 자회사로 이윤을 몰아주어 법인세를 회피한다는 것은 알 수

있으나, 법인세율이 높은 국가가 재화나 서비스의 판매 등을 통해 거둔 수입이 많은지의 여부는 알 수 없다.

② 3문단에서 ICT 다국적 기업은 법인세율이 높은 국가에 세운 자회사가 법인세율이 낮은 국가에 세운 자회사로 로열티를 지출하도록 함으로써, 법인세율이 높은 국가에 세운 자회사의 이윤을 최소화하여 법인세를 회피한다고 하였다. 즉, 로열티 지출은 법인세율이 높은 국가의 자회사와 법인세율이 낮은 국가의 자회사 사이에서 발생한다.

③, ⑤ 2문단에서 법인세는 수입에서 제반 비용을 제외하고 남은 이윤에 대해 부과하는 세금이라고 하였다. 그리고 3문단에서 ICT 다국적 기업은 법인세율이 낮은 국가에 세운 자회사에는 이윤을 몰아주고, 법인세율이 높은 국가에 세운 자회사에는 로열티를 지출하게 함으로써 제반 이용을 높여 이윤을 최소화한다고 하였다. 이에 따라 ICT 다국적 기업 자회사의 수입 대비 제반 비용의 비율은 법인세율이 높은 국가일수록 높고, 수입 대비 이윤의 비율은 법인세율이 낮은 국가일수록 높다.

0**4**

정답 분석   정답 ③

[A]에서 지식 재산의 보호가 약할수록 유용한 지식 창출의 유인이 저해되어 지식의 진보가 정체되고, 지식 재산의 보호가 강할수록 해당 지식에 대한 접근을 막아 소수의 사람만이 혜택을 보게 된다고 하였다. 이때 전자로 발생한 손해를 유인 비용, 후자로 발생한 손해를 접근 비용이라고 하였다. 따라서 <보기>의 S국에서 현재의 특허 제도가 특허권을 과하게 보호한다고 판단한다면 접근 비용이 큰 것이다. 이에 지식 재산 보호 수준을 낮추어 접근 비용을 줄이고 싶어할 것이라고 예상할 수 있다.

팩트✔체크 **4** [16]이론적으로 봤을 때 지식 재산의 보호가 약할수록 유용한 지식 창출의 유인이 저해되어 지식의 진보가 정체되고, 지식 재산의 보호가 강할수록 해당 지식에 대한 접근을 막아 소수의 사람만이 혜택을 보게 된다. [17]전자로 발생한 손해를 유인 비용, 후자로 발생한 손해를 접근 비용이라고 한다면, 지식 재산 보호의 최적 수준은 두 비용의 합이 최소가 될 때일 것이다.

오답 분석

① [A]에 따르면, ICT 산업을 주도하는 국가에서는 ICT 지식 재산 보호의 국제적 강화를 중시할 수 있다. 따라서 ICT 산업에서 주도적인 국가는 지적 재산 보호의 국제적 강화를 목적으로 <보기>의 S국이 유인 비용을 현재보다 크게 인식하여 지식 재산 보호 수준을 높이기 바랄 것이라고 예상할 수 있다.

팩트✔체크 **4** [15]ICT 산업을 주도하는 국가에서 더 중요한 문제는 ICT 지식 재산 보호의 국제적 강화일 수 있다.

---

② [A]에서 지식 재산의 보호가 약할수록 유용한 지식 창출의 유인이 저해되어 지식의 진보가 정체되고, 지식 재산의 보호가 강할수록 해당 지식에 대한 접근을 막아 소수의 사람만이 혜택을 보게 된다고 언급하고 있다. 따라서 <보기>의 S국에서는 지식 재산 보호 수준이 낮을 때가 높을 때보다 지식 재산 창출 의욕의 저하로 인한 손해가 더 심각하리라고 예상할 수 있다.

④ [A]에서 소개한 특허 보호 정도와 국민 소득의 관계를 보여 주

는 한 연구에서는 국민 소득이 일정 수준 이상인 상태에서는 국민 소득이 증가할수록 특허 보호 정도가 강해지는 경향이 있지만, 가장 낮은 소득 수준을 벗어난 국가들은 그들보다 소득 수준이 낮은 국가들보다 오히려 특허 보호가 약한 것으로 나타났다고 하였다. <보기>의 S국은 현재 국민 소득이 가장 낮은 수준의 국가라고 하였으므로 S국의 국민 소득이 점점 높아진다면 유인 비용과 접근 비용의 합이 최소가 되는 지식 재산 보호 수준은 소득이 가장 낮은 수준이었을 때보다 낮아졌다가 높아질 것으로 예상할 수 있다.

팩트✓체크 ❹ [19]특허 보호 정도와 국민 소득의 관계를 보여 주는 한 연구에서는 국민 소득이 일정 수준 이상인 상태에서는 국민 소득이 증가할수록 특허 보호 정도가 강해지는 경향이 있지만, 가장 낮은 소득 수준을 벗어난 국가들은 그들보다 소득 수준이 낮은 국가들보다 오히려 특허 보호가 약한 것으로 나타났다.

---

⑤ [A]에서는 지식 재산의 보호가 약할수록 유용한 지식 창출의 유인이 저해되어 지식의 진보가 정체되고, 지식 재산의 보호가 강할수록 해당 지식에 대한 접근을 막아 소수의 사람만이 혜택을 보게 되는데, 전자로 발생한 손해를 유인 비용, 후자로 발생한 손해를 접근 비용이라고 한다고 하였다. <보기>의 S국이 지식 재산 보호 수준을 높이면 지식의 발전이 저해되어 발생하는 손해, 즉 유인 비용은 감소할 것이고, 다수가 지식 재산의 혜택을 누리지 못하여 발생하는 손해, 즉 접근 비용은 증가할 것으로 예상할 수 있다.

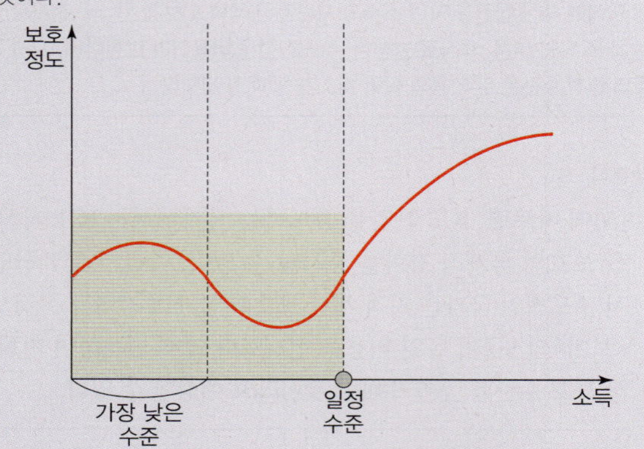

❹ 소득 수준에 따른 비용

킬링 지문 이해 하기

"국민 소득이 일정 수준 이상인 상태에서는 국민 소득이 증가할수록 특허 보호 정도가 강해지는 경향이 있지만, 가장 낮은 소득 수준을 벗어난 국가들은 그들보다 소득 수준이 낮은 국가들보다 오히려 특허 보호가 약한 것으로 나타났다."

⋯→ 국민 소득 수준에 따른 특허 보호 정도를 그래프로 나타내면 다음과 같을 것이다.

그리고 지식 재산의 보호가 약하여 발생한 손해를 유인 비용, 지식 재산의 보호가 강하여 발생한 손해를 접근 비용이라고 하였으므로, 보호 정도가 낮을수록 유인 비용은 높아지고, 보호 정도가 강할수록 접근 비용은 높아진다고 볼 수 있다.

> 보호 정도 ↓ = 유인 비용 ↑　　보호 정도 ↑ = 접근 비용 ↑

05

정답 분석　　　　　　　　　　　　　　　　　정답 ③

ICT 다국적 기업인 Z사는 법인세율이 A국보다 높은 B국의 자회사로 하여금 수입 중 일부를 법인세율이 매우 낮은 A국의 자회사에 로열티로 지출하도록 하여 A국의 자회사의 수입을 늘린다. 2문단에서 법인세는 재화나 서비스의 판매 등을 통해 거둔 수입에서 제반 비용을 제외하고 남은 이윤에 대해 부과하는 세금이라고 하였고, 3문단에서 A국은 법인세율이 매우 낮은 국가라고 하였다. 따라서 Z사는 B국의 자회사의 이윤을 최소화하여 내야 할 법인세를 줄이는 반면 A국의 자회사의 이윤을 극대화할 것이므로, 'A국의 자회사가 얻게 될 이윤을 줄인다'는 ⓐ에 들어갈 내용과 반대된다.

오답 분석

① ICT 다국적 기업인 Z사는 법인세율이 상대적으로 높은 B국의 자회사가 법인세율이 매우 낮은 A국의 자회사에 로열티를 지출하게 하여, 법인세율이 높은 국가에서의 이윤은 줄이고 법인세율이 낮은 국가에서의 이윤은 늘리는 방식으로 법인세를 회피할 수 있다. 따라서 ⓐ를 'Z사의 전체적인 법인세 부담을 줄인다'로 바꿔 쓸 수 있다.

② ICT 다국적 기업인 Z사는 B국의 자회사로 하여금 A국의 자회사에 특허 사용에 대한 수수료인 로열티를 지출하도록 한다고 하였으므로, ⓐ를 'A국의 자회사가 거두는 수입을 늘린다'로 바꿔 쓸 수 있다.

④, ⑤ 2문단에 따르면 법인세는 재화나 서비스의 판매 등을 통해 거둔 수입에서 제반 비용을 제외하고 남은 이윤에 대해 부과하는 세금이다. 따라서 ⓐ에서 B국의 자회사에 법인세가 부과될 이윤을 최소화한다는 것은 'B국의 자회사가 낼 법인세를 최소화한다'는 것을 의미한다. 또한 이는 B국의 자회사로 하여금 A국 자회사에 로열티를 지출하도록 한다고 하였는데, 이 로열티는 제반 비용의 일부라고 할 수 있으므로 ⓐ를 'B국의 자회사가 지출하는 제반 비용을 늘린다'로 바꿔 쓸 수 있다.

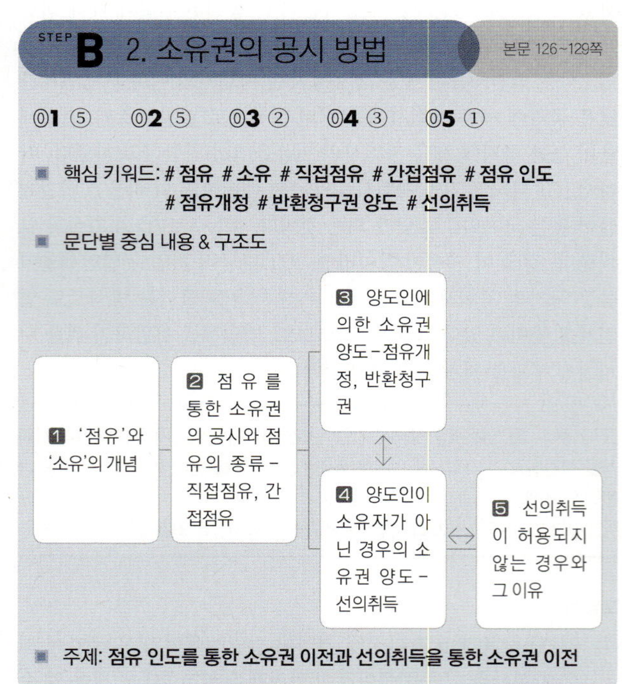

1 01 물건을 사용하고 있는 사람을 그 물건의 점유자라 한다.

O [2문장] 점유란 물건에 대한 사실상의 지배 상태를 뜻한다고 하였으므로, 물건을 사용하고 있는 사람은 그 물건을 지배하고 있는 점유자라 볼 수 있다.

02 물건을 점유하고 있더라도 그 물건의 소유자가 아닐 수 있다.

O [4문장] 소유란 물건을 사용, 수익, 처분할 수 있는 권리를 가진 사람인데, 점유자와 소유자가 항상 일치하지는 않는다고 하였다. 이어서 나올 2문단을 통해 간접 점유자가 소유자인 경우가 이에 해당함을 알 수 있다.

2 03 피아노를 빌려 쓰고 있는 사람은 그 피아노를 간접점유한 사람이다.

× [2, 8문장] 물건을 빌려 쓰거나 보관하고 있는 것을 포함하여 물건을 물리적으로 지배하는 상태를 직접점유라고 하였으므로, 피아노를 빌려 쓰고 있는 사람은 그 피아노를 직접점유한 사람이다.

04 물건을 직접 사용하고 있지 않더라도 물건의 점유자가 될 수 있다.

O [6, 7문장] 간접점유도 점유에 해당한다. 간접점유는 물건을 물리적으로 지배하지 않지만, 그 물건의 반환을 청구할 수 있는 권리를 가진 상태이다.

05 직접점유자나 간접점유자는 모두 물건에 대한 사실상의 지배를 하는 사람이다.

O [6, 8문장] 1문단에서 점유란 물건에 대한 사실상의 지배 상태를 뜻한다고 하였고, 2문단에서 직접점유와 간접점유는 모두 점유에 해당한다고 하였다. 따라서 직접점유자이든 간접점유자이든 물건에 대한 사실상의 지배를 하는 사람이다.

06 피아노를 간접점유하고 있다면, 소유권이 공시되지 않는다.

× [8, 9문장] 직접점유와 간접점유는 모두 점유에 해당한다고 하였고, 점유는 소유자를 공시하는 기능도 수행한다고 하였다. 따라서 간접점유를 하고 있어도 소유권이 공시된다고 볼 수 있다.

3 07 양도인과 양수인이 유효한 양도 계약을 한 것으로 물건의 소유권 양도가 공시된다.

× [12문장] 소유권이 양도되려면 양도인과 양수인이 유효한 양도 계약을 하고, 이에 더하여 점유를 넘겨주는 점유 인도를 해야 소유권이 공시된다.

08 유효한 양도 계약 후, 양도받은 동산을 물리적으로 지배하지 않더라도 소유권 이전이 공시될 수 있다.

O [13, 14문장] 동산의 소유권 양도는 점유를 넘겨주는 점유 인도로 공시된다고 하였다. 이때 양수인이 간접점유를 하여 소유권 이전이 공시되는 경우가 있다고 하였으므로, 양도 계약 후 양도받은 동산을 물리적으로 지배하지 않더라도 소유권 이전이 공시될 수 있다.

09 점유개정과 달리, 반환청구권 양도는 소유권 이전이 공시되었다고 보지 않는다.

× [14문장] 점유개정과 반환청구권 양도 모두 양수인이 간접점유를 하여 소유권 이전이 공시되는 경우라고 하였다.

10 A가 물건의 소유권을 B에게 양도한 뒤 그 물건을 빌려 쓰고 있고, B는 C에게 그 물건의 반환청구권을 양도했다면, 현재 물건의 소유자는 A이다.

× [17, 18문장] A와 B의 양도 계약을 통해 물건의 소유자가 B가 되었는데, B가 C에게 소유권을 양도하면서 반환청구권을 넘긴 것이므로 현재 물건의 소유자는 C이다.

4 11 양도인이 소유자가 아니더라도, 양수인이 물건을 점유 인도로 받아 직접점유를 하고 있으면 소유권을 취득할 수 있다.

O [21문장] 양도인이 소유자가 아님을 알지 못한 채, 양도인과 유효한 계약을 하고 점유 인도로 공시를 했다면 양수인은 소유권을 취득한다고 하였다. 다만 직접점유나 간접점유의 반환청구권 양도가 아닌, 점유개정으로는 선

의취득을 하지 못한다고 하였다.

12 양도인이 소유자일 경우, 양수인은 선의취득을 통해 양도인의 의사와 상관없이 소유권을 취득할 수 있다.

× [12, 21문장] 선의취득은 양도인이 소유자가 아닌 경우에만 해당한다. 양도인이 소유자일 경우에는 3문장에서 밝힌 바와 같이 유효한 양도 계약을 하고 점유 인도를 통해 소유권을 공시하면 된다.

13 양수인 A의 선의취득이 인정되면 원래 물건의 소유자의 의사와 상관없이 소유권은 양수인 A가 갖게 된다.

O [24문장] 선의취득으로 양수인이 소유권을 취득하면 원래 소유자는 원하지 않아도 소유권을 상실하게 된다고 하였다.

5 14 피아노와 달리, 토지의 경우 양수인이 물리적 지배를 통해 점유할 수 없으므로 선의취득 대상이 아니다.

× [25, 26문장] 토지의 경우 국가가 관리하는 공적 기록인 등기로 공시되는 물건이며, 고가의 재산으로 보기 때문에 선의취득 대상이 아닌 것이다. 물리적 지배를 통한 점유 방식의 적용 여부와는 관련 없다.

15 양도인과 양수인 간의 거래 안전을 중시하기 위해 선의취득을 인정한다.

O [28문장] 선의취득을 인정하지 않는 까닭은 거래 안위에만 치중하고 원래 소유자의 권리 보호를 경시한 것이 되기 때문이라고 하였으므로, 반대로 선의취득을 인정하는 까닭은 거래 안위를 중시하기 위해서임을 이끌어 낼 수 있다.

①1

정답 분석 　　　　　　　　　　　　　　　　　　　**정답 ⑤**

3문단에서 물건의 소유권이 양도되려면 소유자가 양도인이 되어 양수인과 유효한 양도 계약을 하고 소유권 양도를 공시해야 함을 알 수 있다. 그리고 동산의 소유권 양도는 '점유 인도'로 공시된다고 하였으므로, 공시 방법이 갖춰지지 않으면 소유권이 이전되지 않는다.

팩트✔체크 **3** [12]물건의 소유권이 양도되려면, 소유자가 양도인이 되어 양수인과 유효한 양도 계약을 하고 이에 더하여 소유권 양도를 공시해야 한다. [13]점유로 소유권이 공시되는 동산의 소유권 양도는 점유를 넘겨주는 점유 인도로 공시된다.

오답 분석

① 1문단에서 점유란 물건에 대해 사실상 지배하고 있는 상태라고 한 것과, 2문단에서 물건을 빌려 쓰거나 보관하고 있는 것을 포함하여 직접점유라고 한다는 것을 통해 가방을 사용하고 있는 사람은 그 가방의 점유자임을 알 수 있다.

팩트✔체크 **1** [2]점유란 물건에 대한 사실상의 지배 상태를 뜻한다. **2** [5]물건을 빌려 쓰거나 보관하고 있는 것을 포함하여 물건을 물리적으로 지배하는 상태를 직접점유라고 한다.

② 1문단에서 소유란 어떤 물건을 사용·수익·처분할 수 있는 권리를 가진 상태로, 점유자와 소유자가 항상 일치하지는 않는다고 하였다. 즉, 가방을 점유하고 있더라도 그 가방의 소유자가 아닐 수 있다.

팩트✔체크 **1** [4]따라서 점유자와 소유자가 항상 일치하지는 않는다.

③ 3문단에서 물건의 소유권이 양도되려면 유효한 양도 계약을

하고 소유권 양도를 공시해야 하는데, 동산의 소유권 양도는 점유를 넘겨주는 점유 인도로 공시된다고 하였다. 따라서 가방의 소유권이 유효한 계약으로 이전되려면 점유 인도가 있어야 한다.

④ 2문단에서 점유는 소유자를 공시하는 기능도 수행하는데, 가방과 같은 대부분의 동산은 점유에 의해 소유권이 공시된다고 하였다.

팩트✔체크 ❷ ¹¹물건 중에서 피아노, 금반지, 가방 등과 같은 대부분의 동산은 점유에 의해 소유권이 공시된다.

⓪2

정답 분석　　　　　　　　　　　　　　　　　　　정답 ⑤

[A]에서 피아노, 금반지, 가방 등과 같은 대부분의 동산은 점유에 의해 소유권이 공시된다고 하였다. 직접점유와 간접점유는 모두 점유에 해당하므로 결국 피아노의 소유자가 되려면 피아노를 직접점유하거나 간접점유해야 한다.

팩트✔체크 ❷ ⁸직접점유와 간접점유는 모두 점유에 해당한다.
¹¹물건 중에서 피아노, 금반지, 가방 등과 같은 대부분의 동산은 점유에 의해 소유권이 공시된다.

오답 분석

① [A]에서 물건을 물리적으로 지배하는 상태를 '직접점유'라고 하였고, 이와 달리 물리적으로 지배하고 있지는 않지만 반환청구권을 가진 상태를 '간접점유'라고 하였다. 따라서 물리적으로 지배하면 동산의 간접점유자가 아니라 직접점유자가 되는 것이다.

② [A]에서 점유는 소유자를 공시하는 기능도 수행한다고 하였는데, 직접점유와 간접점유는 모두 점유에 해당하므로 간접점유도 소유자를 공시하는 기능을 수행한다고 볼 수 있다.

③ [A]에서 직접점유는 물건을 빌려 쓰거나 보관하고 있는 것을 포함하여 물리적으로 지배하는 상태, 간접점유는 물건의 반환청구권을 가진 상태라고 하였다. 직접점유자가 소유권을 가진 물건을 점유하는 경우에는 간접점유자가 없으므로, 하나의 동산에 직접점유자가 있으려면 간접점유자도 있어야 하는 것은 아니다.

④ [A]에서 직접점유는 물건을 빌려 쓰거나 보관하고 있는 것을 포함하여 물리적으로 지배하는 상태, 간접점유는 물건의 반환청구권을 가진 상태임을 알 수 있다. 따라서 피아노의 직접점유자가 피아노를 빌려 쓰거나 보관하고 있는 경우, 피아노의 소유권을 가진 이는 반환청구권을 가진 간접점유자이다.

⓪3

정답 분석　　　　　　　　　　　　　　　　　　　정답 ②

㉠의 동산은 점유로 소유권이 공시되며 선의취득이 가능하다. 이와 달리 ㉡의 자동차, 항공기 등의 동산은 등록으로 공시되며 선의취득이 불가능하다. 그리고 5문단을 통해 선의취득은 소유자의 권

리보다 거래의 안전을 보호하기 위한 제도임을 알 수 있다. 즉, ㉡이 선의취득이 불가능한 것은 ㉡과 같은 고가의 재산에 선의취득을 허용하게 되면 거래 안전에만 치중하고 원래 소유자의 권리 보호를 경시하게 되기 때문이다. 이를 통해 ㉡은 원래 소유자의 권리 보호가 거래 안전보다 중시되는 대상이라고 볼 수 있다.

팩트✔체크 ❺ ²⁷이러한 고가의 재산에 대해 선의취득을 허용하게 되면 원래 소유자의 의사에 반하는 소유권 박탈이 일어나게 된다. ²⁸이것은 거래 안위에만 치중하고 원래 소유자의 권리 보호를 경시한 것이 되어 바람직하지 않다고 볼 수 있다.

오답 분석

① ㉠의 동산은 점유로 소유권이 공시되는 것과 달리, ㉢의 토지·건물과 같은 부동산은 국가가 관리하는 공적 기록인 등기로 공시된다. 따라서 ㉠이 아니라 ㉢이 공적 기록에 의해 소유권 양도가 공시된다.

③ ㉠의 동산은 점유에 의해 소유권이 공시되는 대상이다. 이와 달리 ㉢의 부동산은 등기로 공시되는 물건이므로 점유로 공시될 수 없는 것이다. 하지만 ㉢의 부동산 또한 ㉠처럼 빌려 쓰거나 보관할 수 있으므로 물리적 지배의 대상이다.

④ ㉠과 같이 점유로 공시되는 동산은 선의취득이 가능하므로 양도인이 소유자가 아니더라도 양수인이 점유 인도를 받아 소유권을 취득할 수 있다. 이와 달리 등록으로 공시되는 물건인 ㉡은 아예 선의취득 대상이 아니다.

⑤ 점유로 소유권 양도가 공시되는 ㉠은 양수인이 직접점유를 하지 않아도 유효한 양도 개정이 이루어지고 반환청구권을 가지면 점유개정으로 소유권 이전이 공시될 수 있지만, ㉢은 등기로 공시되는 물건이므로 점유개정으로 소유권 양도가 공시될 수 없다.

⓪4

정답 분석　　　　　　　　　　　　　　　　　　　정답 ③

<보기>에서 금반지는 양도인 갑이 직접점유를 하고 있고, 양수인 을은 유효한 양도 계약을 맺었지만 금반지를 점유하고 있는 것은 아니다. 이는 양도인이 직접점유를 유지하지만, 양수인에게 점유 인도가 이루어진 것으로 간주되는 점유개정의 상황이다. 이때 을은 병과 반환청구권 양도 계약을 맺었다. 그런데 4문단에서 점유개정으로는 선의취득을 하지 못한다고 하였으므로, 갑이 금반지 소유자가 아니라면 을은 소유권을 가지지 못하기 때문에 병도 을의 소유권을 양도받을 수 없다.

팩트✔체크 ❹ ²³다만 간접점유에 의한 인도 방법 중 점유개정으로는 선의취득을 하지 못한다.

오답 분석

① <보기>에서 갑이 금반지 소유자였다면 을은 유효한 양도 계약으로 금반지를 점유개정한 것이 되고, 을이 다시 병에게 유효한 소유권 양도 계약을 했으므로, 을이 가진 금반지에 대한 반환청구권이 병에게 넘어가 병은 소유권을 취득하게 된다.

② <보기>에서 갑이 금반지 소유자였다면 을은 유효한 양도 계약

으로 금반지 소유권을 넘겨받는다. 다만 갑이 금반지를 보관하고 있으므로 양도인이 물리적 지배, 즉 직접점유를 유지하고 있는 것이다. 이때 을은 점유 인도를 받은 것으로 간주된다.

팩트✔체크 **3** [16]이처럼 양도인이 직접점유를 유지하지만, 양수인에게 점유 인도가 이루어진 것으로 간주되는 경우를 점유개정이라고 한다.

④ <보기>에서 을은 갑과 유효한 양도 계약을 맺고, 갑이 금반지를 보관하고 있다가 을이 원할 때 넘겨주기로 했으므로 을은 갑의 금반지에 대한 반환청구권을 가진 간접점유의 상태이다. 그리고 을이 병과 유효한 소유권 양도 계약을 맺어 갑에게 통지하여 병에게 금반지를 넘겨주라고 하였으므로 반환청구권 양도에 해당한다. 즉, 갑이 금반지 소유자가 아니더라도 을과 병 사이의 반환청구권 양도에 관한 계약에는 문제가 될 것이 없으므로, 을이 병에게 반환청구권 양도로 인한 점유 인도를 한 것으로 간주될 수 있다.

⑤ 4문단에서 양수인이 충분히 주의를 했는데도 양도인이 소유자가 아님을 알지 못한 채 양도인과 유효한 계약을 하고, 점유 인도로 공시를 했다면 양수인은 소유권을 취득한다고 하였다. 이에 따라 <보기>에서 갑이 금반지 소유자가 아니더라도 병이 을과 반환청구권 양도 계약을 할 때 병이 양도인 을이 소유자라고 믿었고 그것을 확인하기 위해 충분히 주의했다면 선의취득의 원칙에 의해 병은 소유권을 취득할 것이다. 선의취득은 점유개정으로는 하지 못하지만 반환청구권 양도는 할 수 있기 때문이다.

⓪5

정답 분석 정답 ①

'소유권 박탈이 일어나게 된다.'의 '일어나다'는 '어떤 일이 생기다.'의 의미로 쓰인 것이다. '사건이 일어난'의 '일어난'도 이 의미로 쓰였다.

오답 분석

② '소리가 나다.'의 의미이다.

③ '약하거나 희미하던 것이 성하여지다.'의 의미이다.

④ '어떤 마음이 생기다.'의 의미이다.

⑤ '몸과 마음을 모아 나서다.'의 의미이다.

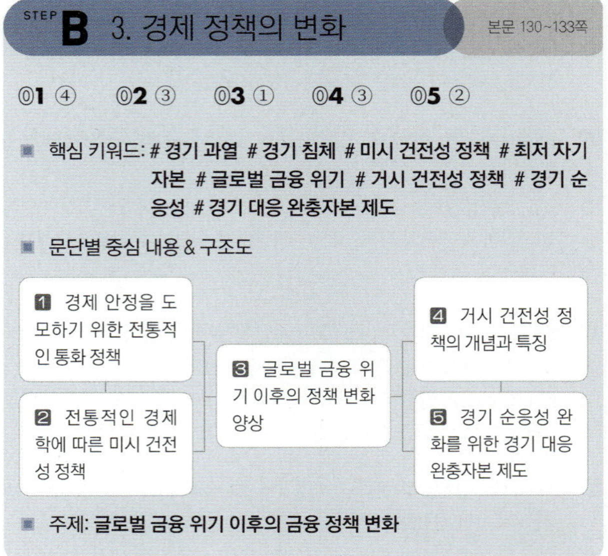

1 **01** 통화 정책은 경제를 안정시키기 위한 것으로, 전통적인 방식에서는 정책 금리를 활용한다.

○ [1문장] 전통적인 통화 정책은 정책 금리를 활용하여 경제 안정을 도모하는 것을 목표로 한다고 하였다.

02 전통적인 통화 정책에 따르면 금리를 인상하면 경기가 부양되고, 금리를 인하하면 경기가 진정된다.

✕ [2, 5문장] 정책 금리가 인상되면 시장 금리가 높아져 가계 및 기업에 대한 대출이 감소되고, 신용 공급이 축소되어 경제 내 수요가 줄면서 물가가 안정된다고 하였다. 그리고 경기가 침체되었을 때는 반대의 과정을 통해 경기를 부양시킨다고 하였다. 따라서 금리를 인상하면 경기가 진정되고, 금리를 인하하면 경기가 부양된다.

03 중앙은행은 시장에 적정 수준의 통화가 유통되게 한다.

○ [2, 5문장] 중앙은행은 시장에 적정 수준의 통화가 유통되도록 금리를 활용하여, 경기 과열 시기는 신용 공급이 축소되게 하고 경기 침체 시기는 신용 공급이 확대되게 한다.

04 시장 금리가 높아지면 가계 및 기업이 대출을 받을 때 부담을 느낄 것이다.

○ [3문장] 시장 금리가 높아지면 가계 및 기업에 대한 대출이 감소된다고 하였다. 이는 가계 및 기업이 대출을 받고 싶어도 금리가 높아 부담을 느끼기 때문이라고 짐작할 수 있다.

2 **05** 전통적인 경제학에서는 미시 건전성 정책으로 금융 안정을 달성할 수 있다고 보았다.

○ [6문장] 전통적인 경제학에서는 금융 안정을 달성하고자 하는 미시 건전성 정책에 집중해야 한다고 보았다고 하였다.

06 효율적 시장 가설은 금융 정책이 경제 성장을 단기적, 장기적으로 이끌어 낼 수 있음을 전제한다.

✕ [7문장] 효율적 시장 가설은 금융이 단기적일 때와 달리 장기적으로는 경제 성장에 영향을 미치지 못한다고 인식한다고 하였다.

07 미시 건전성 정책에서는 개별 금융 회사가 제한적으로 자기자본을 사용하게 한다.

○ [8문장] 미시 건전성 정책에서는 개별 금융 회사의 손실에 대비하여 최저 자기자본 규제를 한다고 하였다. 즉, 반드시 유지해야 할 자기자본의 하한을 설정하여 금융 회사가 자기자본을 모두 사용하지 못하게 한다.

3 **08** 전통적인 경제학에서는 금융 안정과 물가 안정은 각각 별개의 정책

을 통해 달성하려 하였다.

- [9문장] 전통적인 경제학에서는 금융감독 정책을 통해 금융 안정을, 통화 정책을 통해 물가 안정을 달성할 수 있다고 보았다.

09 글로벌 금융 위기 이후에는 전통적인 통화 정책으로 경기를 안정화시키지 못했다.

- [10, 13문장] 글로벌 금융 위기 이후 기존의 접근 방식에 대한 자성이 일어났다고 하며, 기존의 정책으로는 금융 안정을 확보할 수 없음이 밝혀졌다고 하였다.

10 글로벌 금융 위기 이후 물가 안정보다 금융 안정이 중요함을 인식하게 되었다.

- ✕ [13문장] 글로벌 금융 위기 이후 경제 안정을 위해서는 물가 안정뿐만 아니라 금융 안정도 필수적인 요건임이 밝혀졌다고 하였으므로, 물가 안정과 금융 안정 모두의 중요성을 인식하게 된 것이다.

④ 11 거시 건전성 정책에서는 개별 금융 회사들의 상태가 건전하면 전체 금융 시스템이 건전하다고 믿는다.

- ✕ [16문장] 거시 건전성 정책은 미시 건전성이 거시 건전성을 담보할 수 있는 충분조건이 되지 못한다고 보므로, 개별 금융 회사들의 상태가 건전해도 전체 금융 시스템이 건전하지 않을 수도 있다고 본다.

12 미시 건전성 정책은 개별 금융 회사에 대한 예방적 규제를, 거시 건전성 정책은 금융 시스템에 대한 예방적 규제를 추구한다.

- [8, 17문장] 2문단에서 미시 건전성 정책은 개별 금융 회사의 건전성에 대한 예방적 규제 성격을 가진 정책 수단을 활용한다고 하였고, 4문단에서 거시 건전성 정책은 금융 시스템 위험 요인에 대한 예방적 규제를 한다고 하였다.

13 거시 건전성 정책에서는 개별 금융 회사가 건전하더라도, 금융 회사의 규모가 대형화되는 것에 대한 규제를 강화할 것이다.

- [12, 17문장] 미시 건전성 정책에서는 금융 회사의 자기자본에 대한 규제를 했다. 그러나 3문단에서 금융 회사의 규모가 금융 안정의 새로운 위험 요인으로 등장했다고 하였으므로, 거시 건전성 정책에서는 금융 회사의 규모가 대형화되는 것에 대한 규제를 강화할 것이다.

⑤ 14 경기가 호황일 때 다시 경기가 더 과열되거나 경기가 불황일 때 다시 경기가 더 침체되는 현상을 경기 순응성이라 한다.

- [19, 20문장] 경기 순응성은 경기가 호황일 때 금융 회사들이 대출을 늘려 다시 경기를 과열시키는 반면 불황일 때는 그 반대의 상황이 일어나는 것이라고 하였다.

15 개별 금융 회사가 최저 자기자본 외에도 완충자본을 마련하도록 함으로써 금융 시스템을 안정화시킬 수 있다.

- [21, 22문장] 금융 시스템 위험 요인은 경기 순응성을 가진다고 하였고, 이를 완화할 수 있는 정책이 경기 대응 완충자본 제도라고 하였다.

①**1**

정답 분석　　　　　　　　　　　　　　　　　　　　　　**정답 ④**

3문단에서 글로벌 금융 위기 이후 경제 불안이 확산되면서 기존의 접근 방식에 자성이 일어났다고 하였다. 즉, 경기 부양을 위한 중앙은행의 저금리 정책이 자산 가격 버블에 따른 금융 불안을 야기하여 경제 안정이 훼손될 수 있다는 데 공감대가 형성되었다는 것이다. 따라서 글로벌 금융 위기 이후에는 정책 금리 인하가 경제 안정을 훼손하는 요인이 될 수 있다고 본 것이다.

팩트✓체크 **③** [11]이 당시 경기 부양을 목적으로 한 중앙은행의 저금리 정책이 자산 가격 버블에 따른 금융 불안을 야기하여 경제 안정이 훼손될 수 있다는 데 공감대가 형성되었다.

오답 분석

① 2문단에서 전통적 경제학에서는 금융감독 정책이 미시 건전성에 치중하였는데 이는 금융이 단기적일 때와 달리 장기적으로는 경제 성장에 영향을 미치지 못한다는 인식에 기인한다고 하였다. 따라서 단기적으로는 금융이 경제 성장에 영향을 미친다고 본 것이다.

팩트✓체크 **②** [7]이러한 관점은 금융이 직접적인 생산 수단이 아니므로 단기적일 때와는 달리 장기적으로는 경제 성장에 영향을 미치지 못한다는 인식과, ~

② 2문단에서 글로벌 금융 위기 이전에는 개별 금융 회사의 건전성 확보를 통해 금융 안정을 달성하고자 하는 금융감독 정책이 시행되었다고 하였으므로 적절하지 않다.

팩트✓체크 **②** [6]금융을 통화 정책의 전달 경로로만 보는 전통적인 경제학에서는 금융감독 정책이 개별 금융 회사의 건전성 확보를 통해 금융 안정을 달성하고자 하는 미시 건전성 정책에 집중해야 한다고 보았다.

③ 3문단을 보면 전통적 경제학에서는 금융감독 정책과 통화 정책이 별개의 목적으로 시행되었다. 그러나 글로벌 금융 위기 이후에는 기존 접근 방식에 대한 자성이 일어나 금융감독 정책과 통화 정책이 상호 보완을 해야 한다는 입장으로 바뀌었다고 하였으므로 적절하지 않다.

팩트✓체크 **③** [14]그 결과 미시 건전성 정책에 거시 건전성 정책이 추가된 금융감독 정책과 물가 안정을 위한 통화 정책 간의 상호 보완을 통해 경제 안정을 달성해야 한다는 견해가 주류를 형성하게 되었다.

⑤ 3문단에서 중앙은행의 저금리 정책이 자산 가격 버블에 따른 금융 불안을 야기하여 경제 안정이 훼손될 수 있다고 하였으므로, 자산 가격 변동이 경기 변동을 유발한다고 본 것이다.

팩트✓체크 **③** [11]이 당시 경기 부양을 목적으로 한 중앙은행의 저금리 정책이 자산 가격 버블에 따른 금융 불안을 야기하여 경제 안정이 훼손될 수 있다는 데 공감대가 형성되었다.

①**2**

정답 분석　　　　　　　　　　　　　　　　　　　　　　**정답 ③**

2문단에서 미시 건전성 정책은 개별 금융회사의 건전성에 대한 예방적 규제 성격을 가진 정책 수단을 활용한다고 하였다. 그런데 4문단에서 거시 건전성 정책은 금융 시스템 위험 요인에 대한 예방적인 규제를 통해 금융 시스템의 건전성을 추구한다고 하였다. 따라서 두 정책 모두 예방적 규제 성격의 정책 수단을 사용하여 금융 안정을 달성하고자 한다고 할 수 있다.

오답 분석

① 3문단에서 전통적인 경제학에서는 금융감독 정책을 통해 금융 안정을, 통화 정책을 통해 물가 안정을 달성할 수 있다는 이원적 접근 방식이 지배적 견해였다고 하였으므로, 미시 건전성 정책은 물가 안정을 위한 정책 수단과는 별개의 정책 수단을 통해 금융 안정을 달성하고자 한 것이다.

② 5문단에서 거시 건전성 정책의 목표를 달성하기 위해서는 경기 변동과 금융 시스템의 위험 요인 간의 상관관계를 감안한 정책 수단의 도입이 필요하다고 하였다. 금융 시스템 위험 요인은 경기 순응성을 가지는데, 이는 경기가 호황일 때 금융 회사들이 대출을 늘려 신용 공급을 늘림에 따라 자산 가격 급등을 일으킴으로써 경기를 더 과열시키는 결과를 낳는 것을 가리킨다. 따라서 신용 공급의 경기 순응을 완화시키는 정책 수단이 있어야 하며, 경기 대응 완충자본 제도가 이에 해당한다.

④ 5문단에서 금융 시스템의 위험 요인은 경기 순응성을 가진다고 하였는데, 이를 완화하는 정책 수단으로 경기 대응 완충자본 제도를 사용한다고 하였다.

⑤ 2문단에서 미시 건전성 정책은 개별 금융 회사의 건전성에 대한 예방적 규제 정책 수단으로 최저 자기자본 규제를 활용한다고 하였다. 그리고 5문단에서 거시 건전성 정책은 금융 시스템의 안정을 위해 금융 회사에 경기 대응 완충자본 제도를 시행한다고 하였다. 따라서 두 정책은 모두 금융 회사의 자기 자본을 이용한 정책 수단을 사용한다고 할 수 있다.

03

정답 분석   정답 ①

2문단에서 미시 건전성 정책은 최저 자기 자본 규제를 통해 개별 금융 회사의 건전성을 확보한다고 하였다. 그리고 5문단에서 거시 건전성 정책에서는 목표 달성을 위해 경기 순응성을 줄이는 정책을 시행하는데, 경기가 과열일 때는 경기 대응 완충자본을 쌓도록 하

여 신용 팽창을 억제하고, 경기 침체기에는 이를 대출 재원으로 사용하도록 함으로써 신용이 충분히 공급되도록 한다고 하였다. 따라서 경기가 불황일 때 거시 건전성 정책에서는 완충자본을 '사용'하도록 하고, 미시 건전성 정책에서는 최저 자기자본을 '유지'하도록 하여 개별 금융 회사의 건전성을 확보하려 할 것임을 알 수 있다.

오답 분석

② 경기가 호황일 때는 완충자본을 쌓도록 해야지, 사용해서는 안 된다.

③ 경기가 불황일 때는 완충자본을 사용해야지, 쌓도록 해서는 안 된다.

④, ⑤ 미시 건전성 정책은 완충자본 적립·사용과는 관련이 없으므로 적절하지 않다.

04

정답 분석   정답 ③

〈보기〉에서 경제 주체들이 경기 상황에 대해 비대칭적으로 반응하기 때문에 나타나는 현상이 '끈 밀어올리기'라고 하였다. 경기 상황에 비대칭적으로 반응한다는 것은, 통화 정책이 경기 과열을 억제하는 데는 효과적이지만 경기 침체를 벗어나는 데는 효과가 미미하다는 의미이다. 즉, 경기 침체를 극복하기 위해 정책 금리 인하로 대출을 늘려도 기대 효과가 나타나지 않는다. 이때 늘어난 통화는 오히려 엉뚱한 곳으로 유입된다고 하였으므로, '끈 밀어올리기'가 있을 경우 경기 침체기에 완충자본 제도를 도입해 신용 공급을 늘리더라도 금융 안정이 달성되기는 어려울 것이다.

오답 분석

① 〈보기〉에서 신용 공급의 확대가 가계의 소비와 기업의 투자로 이어지지 않고 자산 시장으로 과도하게 유입된다고 하였으므로, 끈 밀어올리기를 통해 경기 침체기에 자산 가격 버블이 발

생하는 경우를 설명할 수 있을 것이다.

② <보기>에서 경기 침체를 극복하기 위해 정책 금리 인하로 대출을 늘려도 소비 심리가 위축되었을 경우 통화 정책이 기대하는 효과가 나타나지 않는다고 하였으므로, 경제 주체의 심리적 요인이 경기 부양 효과를 결정한다고 볼 수 있다.

④ <보기>에서 통화 정책은 경기 과열을 억제하는 데는 효과적이지만 경기 침체를 벗어나는 데에는 효과가 미미한 비대칭성을 보인다고 하였다. 따라서 경기 침체기에는 정책 금리 조성 외에 다른 방안을 도입해야 할 것이다.

⑤ <보기>에서 통화 정책은 경기 과열을 억제하는 데에는 효과적이라고 하였으므로, 정책 금리 인상으로 경기를 진정시킬 수 있을 것이다.

배경지식 쌓기 **끈 밀어올리기**

'끈 밀어올리기'란 '끈을 당겨서 아래로 내리는 것은 쉽지만, 밀어서 위로 올리는 것은 어렵다는 것'을 경기 상황에 빗댄 것이다. '끈을 아래로 내리는 것'은 통화 정책을 통해 과열된 경기를 억제하는 것을, '끈을 위로 올리는 것'은 통화 정책을 통해 경기를 부양시키는 것을 뜻하므로, '끈'은 '경기'에 대응되는 셈이다. 결국 '끈 밀어올리기'가 어렵다는 것은, 경기 침체 상황에서 금리를 낮춰 경기를 부양시키는 게 이론적으로는 가능하지만 현실적으로는 쉽지 않다는 의미이다.

ⓞ5

정답 분석   **정답 ②**

'경기 대응 완충자본 제도를 들 수 있다.'에서 '들다'는 '설명하거나 증명하기 위해서 사실을 가져다 대다.'의 의미로 쓰인 것으로, '증거로 들고 있다.'의 '들고' 또한 이 의미로 쓰인 것이다.

오답 분석

① '어떤 물건이나 사람이 좋게 받아들여지다.'의 뜻으로 쓰인 예이다.

③ '어떤 처지에 놓이다.'의 뜻으로 쓰인 예이다.

④ '어떠한 시기가 되다.'의 뜻으로 쓰인 예이다.

⑤ '적금이나 보험 따위의 거래를 시작하다.'의 뜻으로 쓰인 예이다.

STEP B **4. 계약과 채무 이행 불능** 본문 134~137쪽

ⓞ1 ③ ⓞ2 ⑤ ⓞ3 ① ⓞ4 ③ ⓞ5 ①

■ **핵심 키워드:** # 계약 # 채권 # 채무 # 이행 불능 # 계약 해제

■ **문단별 중심 내용 & 구조도**

```
                              ┌─────────┐  ┌─────────┐
                              │ ❸ 갑 과 │  │ ❹ 실 체 │
                              │ 을의 매매 │  │ 법과 절차 │
                              │ 계약 사례 │  │ 법으로 보 │
┌────────┐ ┌────────┐         └─────────┘  │ 장하는 채 │
│ ❶ 약 속 │ │ ❷ 계 약 │                      │ 권과 채무 │
│ 과 계약의 │ │ 에 따른 법 │                   │ 의 내용  │
│ 차이    │ │ 률 효과  │                      └─────────┘
│        │ │ -채권, 채 │  ┌─────────┐ ┌─────────┐ ┌─────────┐
└────────┘ │ 무      │  │ ❺ 채 무 │ │ ❻ 채 무 │ │ ❼ 계 약 │
           └────────┘  │ 이행 불능 │ │ 불이행에 │ │ 해제에 따 │
                        │ 에 대한 사 │ │ 따른 계약 │ │ 른 원상회 │
                        │ 례      │ │ 해제권의 │ │ 복 청구권 │
                        │        │ │ 발생    │ │ 발생    │
                        └─────────┘ └─────────┘ └─────────┘
```

■ **주제: 계약에 따른 채권 · 채무 관계와 계약 해제권의 행사**

❶ 01 매매 계약이 이루어지면 매도인은 대금 지급의 의무를, 매수인은 소유권을 이전하는 의무를 이행해야 한다.

✕ [5, 6문장] 매도인은 매수인에게 매매 목적물의 소유권을 이전하여야 할 의무를 지고, 매수인은 매도인에게 매매 대금을 지급할 의무를 진다.

02 매매 계약이 성립하면 매도인과 매수인 각각에게 의무가 먼저 발생한 후, 권리가 주어진다.

✕ [5, 6문장] 매매 계약이 성립하면 매도인과 매수인 각각에게 의무와 권리가 발생한다. 매도인의 권리는 곧 매수인의 의무이며, 매수인의 권리는 곧 매도인의 의무가 되므로, 각각의 의무와 권리는 동시에 발생한다고 볼 수 있다.

❷ 03 계약은 채권과 채무의 법률 효과를 발생시키므로, 법률 행위에 속한다.

◯ [9문장] 계약은 법률 행위의 일종으로서, 당사자에게 일정한 청구권과 이행 의무를 발생시킨다고 하였다.

04 채무자가 채무를 이행하면 이에 대한 채권자의 채권은 소멸한다.

◯ [12문장] 채무자가 채무의 내용대로 이행하면 채권이 소멸되는데, 이를 변제라 한다고 하였다.

❸ 05 제시된 사례에서 갑은 채무를 이행하였으므로, 을의 채권을 소멸시켰다.

◯ [16문장] 갑은 자신의 채무인 매매 대금 전액을 지급할 의무를 이행하였으므로, 을의 채권인 매매 대금의 지급 청구권을 소멸시켰다.

06 갑이 사적으로 물리력을 행사하는 것이 금지된 까닭은 갑과 을의 매매 계약을 법률 행위로 볼 수 없기 때문이다.

✕ [13, 18문장] 갑과 을의 매매 계약은 법률 행위의 일종이므로 일정한 청구권과 이행 의무를 발생시켰다. 따라서 갑이 사적으로 물리력을 행사하는 것이 금지된 까닭은 둘의 계약이 법률 행위가 아니기 때문은 아니다. 한편 4문단에서 채권은 사적으로 물리력을 행사할 것이 아니라 법에 따라 실행시켜야 함을 설명하고 있다.

❹ 07 실체법은 권리나 의무의 발생, 소멸 등의 법률관계를 규정하는 법률이다.

◯ [10, 19문장] 채권의 내용은 민법과 같은 실체법에서 규정하고 있다고 하였다.

08 강제 집행은 절차법을 통해 시행할 수 있는 제도이다.

○ [19, 21문장] 채권의 내용을 강제적으로 실현할 수 있도록 절차법이 갖추어져 있다고 하였고, 강제 집행은 채무의 내용을 실행시켜 채권이 실현되도록 하는 제도이다. 따라서 강제 집행은 절차법에 해당한다.

5 **09** 을의 과실로 그림 A가 타 없어진 상황에서는 강제 집행을 신청할 수 없다.

○ [23, 24문장] 을의 채무는 이행 불능이 되었으므로, 이를 이행하라는 판결은 나올 수 없다. 따라서 강제 집행 신청이 받아들여질 수 없다.

10 제시된 사례에서 을은 채무 불이행에 대한 책임을 져야 한다.

○ [26문장] 이행 불능이 채무자 을의 과실 때문에 일어났으므로, 을은 채무 불이행에 대한 책임을 져야 한다.

6 **11** 의사 표시가 작용하지 않아도 법률 효과가 발생할 수 있다.

○ [27, 28문장] 갑과 을의 의사 표시가 작용한 것이 아니지만 채무 불이행이 된 사건을 통해서도 법률 효과가 발생한다고 하였다.

12 계약 이후 채무 불이행 사건이 발생하면, 채권자에게는 이전에 발생하지 않았던 새로운 권리가 주어진다.

○ [29문장] 채무 불이행 사건이 생기면, 채권자인 갑에게 계약을 해제할 수 있는 권리를 갖게 한다고 하였다.

13 채무 불이행 사건이 발생하면, 계약 당사자들의 의사와 상관없이 계약이 해제된다.

✕ [30문장] 계약 해제권은 계약 당사자인 갑과 을의 의사와 상관없이 발생하지만, 권리를 행사하여 계약을 해제하는 것은 갑의 의사 표시가 있어야 성립한다.

7 **14** 계약이 해제되면 그 계약에 따른 채권과 채무가 소멸한다.

○ [34, 35문장] 갑이 계약을 해제함으로써 그 계약으로 발생한 채권과 채무가 없던 것이 된다고 하였다.

15 계약 해제 후 원상회복 청구권은 채권자가 갖는다.

○ [39문장] 원상회복 청구권은 계약 해제 전에 이미 이행된 것을 계약 체결 전의 상태로 돌려놓는 것이므로, 채무를 이미 이행한 채권자가 원상회복 청구권을 갖게 된다.

01

정답 분석　　　　　　　　　　　　　　　　　　　　**정답 ③**

2문단에서 법률 행위란 '의사 표시를 필수적 요소로 하여 법률 효과를 발생시키는 행위'라고 정의하였다. 그런데 6문단에서 '이때 채무 불이행은 갑이나 을의 의사 표시가 작용한 것이 아니라, 매매 목적물의 소실에 따른 이행 불능으로 말미암은 것이다. 이러한 사건을 통해서도 법률 효과가 발생한다.'라고 하였다. 즉, 을의 채무 불이행으로 인해 갑은 계약 해제권이라는 권리를 갖게 되는데, 의사 표시를 필수적 요소로 하는 법률 행위가 없어도 계약 해제권이라는 법률 효과가 발생한 것이다. 따라서 일반적으로 법률 행위가 법률 효과를 발생시키지만, 채무 불이행 사건과 같이 법률 행위가 없어도 법률 효과가 발생할 수도 있다.

팩트✓체크 **2** [8]이처럼 의사 표시를 필수적 요소로 하여 법률 효과를 발생시키는 행위들을 법률 행위라 한다.
6 [28]이러한 사건을 통해서도 법률 효과가 발생한다.

오답 분석

① 4문단에서 채권의 내용은 민법과 같은 실체법에서 규정하고 있다고 하였다. 또한 2문단에서 청구권을 내용으로 하는 권리가 채권이라고 한 것을 통해 채권의 내용이 청구권임을 알 수 있다. 따라서 실체법에는 채권의 내용인 청구권에 관한 규정이 있음을 알 수 있다.

팩트✓체크 **2** [10]청구권을 내용으로 하는 권리가 채권이고, 그에 따라 이행을 해야 할 의무가 채무이다.
4 [19]채권의 내용은 민법과 같은 실체법에서 규정하고 있고, ~

② 4문단에서 채권의 내용을 강제적으로 실현할 수 있도록 민사 소송법이나 민사 집행법 등의 절차법이 갖추어져 있다고 하였다. 이를 통해 절차법에 강제 집행 제도가 마련되어 있음을 알 수 있다.

팩트✓체크 **4** [19]채권의 내용은 민법과 같은 실체법에서 규정하고 있고, 그것을 강제적으로 실현할 수 있도록 민사 소송법이나 민사 집행법 같은 절차법이 갖추어져 있다.

④ 3문단에서 채권자인 갑이 사적으로 물리력을 행사하는 것은 금지된다고 하였지만, 4문단에서 법원에 강제 집행을 신청하면 국가가 물리력을 행사하여 채무자의 의사와 상관없이 채권이 실현되도록 한다고 하였다. 따라서 채권자는 법원을 통해 물리력으로 채권을 실현할 수 있음을 알 수 있다.

팩트✓체크 **4** [21]강제 집행은 국가가 물리적 실력을 행사하여 채무자의 의사에 구애받지 않고 채무의 내용을 실행시켜 채권이 실현되도록 하는 제도이다.

⑤ 5문단을 통해 그림 A가 계약 체결 전에 이미 소실된 경우처럼 실현 불가능한 내용을 담고 있는 계약은 체결할 때부터 계약 자체가 무효임을 알 수 있다.

팩트✓체크 **5** [25]그림 A의 소실이 계약 체결 전이었다면, 그 계약은 실현 불가능한 내용을 담고 있기 때문에 체결할 때부터 계약 자체가 무효이다.

02

정답 분석　　　　　　　　　　　　　　　　　　　　**정답 ⑤**

3문단에서 갑과 을은 을이 소유한 그림 A를 갑에게 매도하는 것을 내용으로 하는 매매 계약을 체결했다. 이때 ㉠은 '그림 A의 소유권을 갑에게 이전하는 것'이고, 소유권을 이전하는 방식은 '그 물건을 인도하는 것'이라고 하였으므로 ㉠에는 물건(그림 A)을 인도할 의무가 있다. 하지만 5~6문단에서 을의 과실로 그림 A가 소실되어 ㉠이 이행 불능이 되었고, 갑에게는 계약을 해제할 수 있는 권리가 주어졌다. 이에 따라 7문단에서 갑은 계약을 해제하였고, 이 계약으로 발생한 채권과 채무가 없었던 것이 되었으므로 갑에게는 계약 당시 지급한 매매 대금을 반환해 달라고 청구할 수 있는 '원상회복 청구권'인 ㉡이 발생하였다. 따라서 ㉡에는 을에게 금전의 지급을 청구할 권리가 있다.

팩트✓체크 **3** ¹⁴㉠ 을의 채무는 그림 A의 소유권을 갑에게 이전하는 것이다. ¹⁵동산인 물건의 소유권을 이전하는 방식은 그 물건을 인도하는 것이다.
7 ³⁹계약의 해제로 갑은 원상회복 청구권을 행사할 수 있으며, 이러한 ㉡ 갑의 채권은 결국 을에게 매매 대금을 반환해 달라고 청구할 수 있는 권리가 된다.

오답 분석

① 3문단에서 갑과 을이 체결한 계약에서 그림 A의 매도인은 을이며, 매수인은 갑이다. 갑은 매수인으로서 그림 A의 소유권을 넘겨달라고 청구할 권리를 가지며, 매매 대금을 지급할 의무가 있다. 반면 을은 매도인으로서 그림 A를 인도할 의무와 함께 매매 대금을 청구할 권리를 가진다. 따라서 을의 채무는 '그림 A의 소유권을 갑에게 이전하는 것'을 말하며, 이는 매수인 갑의 청구와 매도인 을의 이행으로 소멸한다.

② 5문단에서 을의 과실로 그림 A가 소실되어 을의 채무가 이행 불능이 되었고, 6문단에서 매매 목적물의 소실에 따른 채무 불이행에 대한 책임은 갑으로 하여금 '계약을 해제할 수 있는 권리'를 갖게 하였다. 또한 7문단에서 갑은 계약 해제권을 행사한 결과로 '을에게 매매 대금을 반환해 달라고 청구할 수 있는 권리'를 갖게 되었다. 이때 채무 불이행에 갑이나 을의 의사 표시가 작용한 것은 아니며, 이에 따른 계약 해제도 을의 승낙 없이 갑의 의사 표시만으로 성립된 것이다.

③ ㉡은 을의 과실 때문에 ㉠이 이행 불능이 되어 계약이 해제되면서, 그 계약으로 발생한 채권과 채무가 없던 것이 됨으로써 갑에게 발생한 '원상회복 청구권'이다. 따라서 ㉠이 이행되었다면 ㉡은 애초에 발생하지 않았을 것이다.

④ 2문단에 따르면 '채권과 채무는 발생한 법률 효과가 동전의 양면처럼 서로 다른 방향에서 파악되는 것'이다. 즉, 채권과 채무는 동일한 법률 효과를 서로 다른 측면에서 본 것이며, 채무자가 채무의 내용대로 이행하여 채권을 소멸시키는 것을 변제라고 한다. 이에 따르면 채무인 ㉠과 동일한 법률 효과를 가지는 채권은 '갑의 그림 A의 소유권을 청구할 수 있는 권리'이며, 채권인 ㉡과 동일한 법률 효과를 가지는 채무는 '을의 매매 대금을 반환할 의무'이다. 따라서 채무자인 을이 ㉠을 이행한다고 해서 ㉡이 변제되는 관계가 아니므로, ㉠과 ㉡은 동일한 계약의 효과를 서로 다른 측면에서 바라본 것으로 볼 수 없다.

⓪3

정답 분석 정답 ①

㉮에서 채무는 을이 그림 A의 소유권을 갑에게 이전하는 것인데, 을은 이를 이행할 수 없는 상태가 되었다. 5문단에서 이행 불능의 원인은 '을의 과실로 불이 나 그림 A가 타 없어졌기 때문'이라고 하였으므로, ㉮는 을의 과실 때문임을 알 수 있다. 그리고 6문단에서 을의 과실로 채무가 이행 불능이 된 결과 갑에게 계약 해제권이 발생했다고 하였다. 결국 ㉮의 상황은 을의 과실로 이행 불능이 되어 갑의 계약 해제권이 발생한 것이다.

팩트✓체크 **5** ²²을이 그림 A를 넘겨주지 않은 까닭은 갑으로부터 매매 대금을 받은 뒤에 을의 과실로 불이 나 그림 A가 타 없어졌기 때문이다.
6 ²⁹채무 불이행에 대한 책임은 갑으로 하여금 계약을 해제할 수 있는 권리를 갖게 한다.

오답 분석

② 5문단에 따르면 매매 목적물인 그림 A가 을의 과실로 소실되어 ㉮의 상황이 발생했기 때문에, 소송을 하더라도 불능의 내용을 이행하라는 판결은 나올 수 없다. 따라서 갑이 소를 제기하여도 매매의 목적이 된 재산권(그림 A의 소유권 이전)을 이전받을 수 없다.

팩트✓체크 **5** ²⁴소송을 하더라도 불능의 내용을 이행하라는 판결은 나올 수 없다.

③ 7문단에서 갑이 계약을 해제함으로써, 그 계약으로 발생한 채권과 채무가 없던 것이 된다고 하였다. 또한 이미 이행된 것이 있다면 계약 체결 전 상태로 돌려놓아야 한다고 하며, 이를 청구할 수 있는 권리를 '원상회복 청구권'이라고 하였다. 따라서 갑이 원상 회복 청구권을 행사하면 이미 지급한 매매 대금을 을에게 반환하게 할 수는 있으나, 이미 소실된 그림 A의 소유권은 회복할 수 없다.

④ 그림 A가 소실된 것은 갑으로부터 매매 대금을 받은 뒤, 곧 계약 체결 이후였으므로 계약 체결 당시에는 실현 가능한 상태였다. 따라서 갑과 을이 애초부터 실현 불가능한 내용의 계약을 체결한 것은 아니며, 채무가 이행 불능이 된 까닭은 계약 이후에 을의 일방적인 과실 때문이다.

⑤ 5문단에서 '이행 불능이 채무자의 과실 때문에 일어난 것이라면 채무자가 채무 불이행에 대한 책임을 져야 한다.'라고 하였으므로, 을은 그림 A를 인도할 수 없는 것에 대한, 곧 채무 불이행에 대한 책임을 져야 한다.

⓪4

정답 분석 정답 ③

2문단에서 법률 행위에 따라 이행해야 할 의무가 '채무'이며, 채무자가 채무의 내용대로 이행하여 채권을 소멸시키는 것을 '변제'라고 하였다. 그리고 <보기>의 증여는 당사자의 일방, 즉 증여자만 자기의 재산을 무상으로 상대방에게 주는 이행 의무, 즉 채무를 지니기 때문에 채무의 내용대로 이행하여 채권을 소멸시킬 변제의 의무가 있다고 볼 수 있다. 따라서 증여와 매매 모두 변제의 의무가 발생한다는 점에서 공통점을 갖는다.

팩트✓체크 **2** ¹²채무자가 채무의 내용대로 이행하여 채권을 소멸시키는 것을 변제라 한다.

오답 분석

① 2문단에서 '의사 표시를 필수적 요소로 하여 법률 효과를 발생시키는 행위들을 법률 행위라 한다.'라고 하였다. 1~2문단을 통해 매매 계약은 '팔겠다'는 일방의 의사 표시와 '사겠다'는 상대방의 의사 표시가 합치함으로써 성립됨을 알 수 있고, 이러

한 의사 표시의 합치를 통해 서로 권리를 행사하고 의무를 이행하는 관계에 놓이는(법률 효과를 발생시키는) 법률 행위임을 알 수 있다. 또한 <보기>에 따르면 증여는 당사자 일방이 상대방에게 자신의 재산을 무상으로 준다는 의사 표시를 하고 상대방이 이를 승낙함으로써 성립하는 '계약'이며, 이는 일정한 법률 효과의 발생을 목적으로 하는 법률 행위이다. 또한 유언 역시 유언자의 의사 표시를 요소로 하고 있으며, 사망과 동시에 일정한 법률 효과를 발생시키려는 것을 목적으로 하는 법률 행위이다.

② 2문단에서 계약은 법률 행위의 일종이며, 법률 행위는 법률 효과를 발생시키는 행위를 말한다고 하였다. <보기>에 따르면 증여는 계약이므로 법률 효과를 발생시키려는 목적이 있다고 볼 수 있다. 또한 유언은 '유언자의 사망과 동시에 일정한 법률 효과를 발생시키려는 것을 목적으로' 한다고 하였으므로, 증여와 유언 모두 법률 효과를 발생시키려는 목적이 있다는 점이 공통된다고 할 수 있다.

④ 1문단에서 매매 계약을 통해 양 당사자는 서로 권리를 행사하고 서로 의무를 이행하는 관계에 놓인다고 하였다. 반면 증여는 증여자만 이행 의무를 지닌다는 특징을 가지고 있으므로, 양 당사자가 서로 의무를 이행하는 관계를 갖는 매매와 차이가 있다.

⑤ <보기>에 따르면 증여는 당사자의 일방이 자기 재산을 무상으로 상대방에게 줄 의사를 표시하고 상대방이 이를 승낙함으로써 성립한다고 하였다. 따라서 상대방이 거절한다면 성립하지 않는 것이다. 반면 유언은 유언자의 의사 표시만으로 성립하고 상대방의 의사 표시가 필요 없다고 하였다.

⓪5

정답 분석　　　　　　　　　　　　　　　　　　　　　　　　정답 ①

'판결은 나올 수 없다.'에서 '나오다'의 문맥적 의미는 '처리나 결과로 이루어지거나 생기다.'이다. '실험 결과가 나왔다.'의 '나왔다' 또한 이 의미로 쓰인 것이다.

오답 분석

② '어떠한 태도를 취하여 겉으로 드러내다.'의 뜻으로 사용되었다.

③ '방송을 듣거나 볼 수 있다.'의 뜻으로 사용되었다.

④ '책, 신문 따위에 글, 그림 따위가 실리다.'의 뜻으로 사용되었다.

⑤ '상품이나 인물 따위가 산출되다.'의 뜻으로 사용되었다.

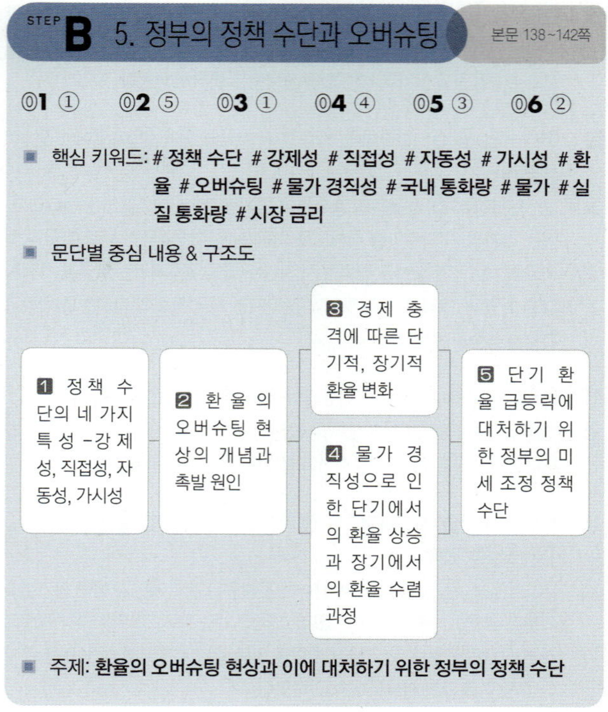

❶ 01 불법 주차를 제한하기 위해 정부가 불법 주차 차량에 과태료를 부과하는 정책 수단은 강제성이 높다.

O [3문장] 불법 주차 차량에 과태료를 부과하는 것은 불법 주차 행위를 제한하는 것이므로, 강제성이 높다고 볼 수 있다.

02 부서를 신설하지 않고, 기존의 담당 부서에서 업무를 처리하는 것은 자동성이 높다.

O [6문장] 정책을 수행하기 위해 기존의 조직을 활용하는 것이므로, 자동성이 높다고 볼 수 있다.

03 학교 급식을 제공하기 위한 재원을 정부 예산에 편성하는 것은 가시성이 낮다.

X [8문장] 학교 급식을 제공하기 위한 재원이 명시적으로 드러나므로 가시성이 높다고 볼 수 있다.

❷ 04 외국 통화가 부족하고 자국 통화의 공급이 많을 때 환율이 상승할 것이다.

O [11문장] 환율은 외국 통화에 대한 자국 통화의 교환 비율이라고 하였다. 외국 통화가 부족하고 자국 통화의 공급이 많으면, 외국 통화에 대한 자국 통화의 교환 비율이 높아지므로 환율이 상승한다.

05 환율의 오버슈팅은 물가 경직성 또는 금융 시장 변동을 초래한다.

X [15문장] 물가 경직성 또는 금융 시장 변동에 따른 불안 심리가 오버슈팅의 원인이 되는 것이다.

❸ 06 오버슈팅은 단기적으로 물가의 조정 속도보다 환율의 조정 속도가 빠르기 때문에 발생한다.

O [19~21문장] 물가는 단기에는 경직적이지만 환율은 단기에서도 신축적인 조정이 가능한데, 이러한 물가와 환율의 조정 속도 차이가 오버슈팅을 초래한다고 하였다.

07 국내 통화량이 증가하여 유지되면, 장기적으로 환율도 상승한다.

O [23문장] 국내 통화량이 증가하여 유지되면 장기에서는 자국 물가도 높아져 장기의 환율은 상승한다고 하였다.

08 국내 통화량이 증가하여 유지되면, 장기적으로 실질 통화량도 증가한다.

× [24문장] 국내 통화량이 증가하여 유지되면 장기에서는 자국 물가도 높아져 장기의 환율은 상승한다고 하였다. 그러나 통화량과 물가 모두 상승했으므로 통화량을 물가로 나눈 실질 통화량은 변하지 않는다.

4 **09** 시장 금리가 하락하면 외국 투자 자금의 국내 유입이 늘어나 환율이 상승한다.

× [27, 28문장] 국내 통화량이 증가하여 유지될 경우 시장 금리는 하락하고, 이는 투자의 기대 수익률 하락으로 이어져 단기성 외국인 투자 자금이 해외로 빠져나가거나 신규 해외 투자 자금 유입을 위축시키는 결과를 초래한다고 하였다. 그리고 외국 통화가 적어지면 자국 통화의 가치는 하락하고 환율은 상승하게 된다.

10 환율의 오버슈팅이 발생한 상황은 물가 경직성이 클수록 오래 지속된다.

○ [30문장] 오버슈팅의 정도 및 지속성은 물가 경직성이 클수록 더 크게 나타난다고 하였으므로, 물가 경직성이 클수록 오래 지속된다고 볼 수 있다.

11 환율의 오버슈팅이 발생하더라도 장기적으로 시장의 조정을 통해 균형 환율 수준에 도달할 것이다.

○ [22, 31문장] 단기에 과도하게 상승했던 환율은 장기에는 구매력 평가설에 기초한 환율로 수렴된다고 하였다. 그리고 3문단에서 구매력 평가설에 의하면 장기의 환율은 자국 물가 수준을 외국 물가 수준으로 나눈 비율로 나타내며, 이를 균형 환율로 본다고 하였다.

12 국내 통화량이 증가하여 유지될 경우, 물가 경직성으로 인해 시장 금리는 단기적으로 하락하지만 장기적으로는 반등할 것이다.

○ [29, 31문장] 국내 통화량이 증가하여 유지될 경우, 물가가 경직적이어서 실질 통화량은 증가하고 시장 금리는 하락한다고 하였다. 그러나 시간이 경과함에 따라 물가가 상승하여 실질 통화량이 원래 수준으로 돌아오고 시장 금리가 반등한다고 하였다.

5 **13** 정부가 외환의 수급 불균형 해소를 위해 관련 정보를 신속하고 정확하게 공개하는 것은 오버슈팅의 정도와 지속성을 작게 하기 위해서이다.

○ [30, 33문장] 오버슈팅의 원인인 물가 경직성을 완화하기 위한 정책 수단으로 외환의 수급 불균형 해소를 위해 관련 정보를 신속하고 정확하게 공개하는 것을 들고 있다. 또한 4문단에서 물가 경직성이 클수록 오버슈팅의 정도 및 지속성이 크게 나타난다고 하였으므로, 물가 경직성을 완화하면 오버슈팅의 정도 및 지속성이 작게 나타날 것이다.

14 환율의 오버슈팅이 발생한 상황에서 정부가 수출입 기업에 외화 차입 시 지급 보증을 제공하는 것은 직접성이 낮다.

× [35, 36문장] 환율의 오버슈팅이 발생한 상황에서 정부가 수출입 기업에 외화 차입 시 지급 보증을 제공하는 것은, 정부가 직접 관여하는 행동이므로 직접성이 높은 정책 수단이다.

15 환율의 오버슈팅이 발생할 경우, 정부는 환율의 추세를 바꾸기 위해 적극적으로 국내 통화량을 조정한다.

× [37문장] 정부는 환율의 추세는 용인하되, 사전적 또는 사후적인 미세 조정 정책 수단을 활용하여 실물 경제와 금융 시장의 안정을 도모하는 정책을 수행한다고 하였다. 따라서 정부가 적극적으로 환율의 추세를 바꾸기 위한 정책을 편다고 볼 수 없다.

⓪1

정답 분석   **정답 ①**

3문단에서 '국내 통화량이 증가하여 유지될 경우 장기에서는 자국 물가도 높아져 장기의 환율은 상승한다. 이때 통화량을 물가로 나눈 실질 통화량은 변하지 않는다.'라고 하였다. 즉, 국내 통화량이 증가하여 유지될 경우 장기에서 실질 통화량은 변하지 않지만, 장기의 환율은 변한다.

팩트✓체크 **3** [23]가령 국내 통화량이 증가하여 유지될 경우 장기에서는 자국 물가도 높아져 장기의 환율은 상승한다. [24]이때 통화량을 물가로 나눈 실질 통화량은 변하지 않는다.

오답 분석

② 2문단에서 '환율이나 주가 등 경제 변수가 단기에 지나치게 상승하거나 하락하는 현상을 오버슈팅'이라 하는데, 이러한 오버슈팅은 물가 경직성이 그 원인이 된다고 하였다. 그리고 4문단에서 '국내 통화량이 증가하여 유지될 경우, 물가가 경직적이어서 실질 통화량은 증가하고 이에 따라 시장 금리는 하락한다.'라고 하였다. 이를 통해 물가가 신축적이라면 경직적인 경우에 비해 금리 하락의 폭이 작게 나타날 것임을 추측할 수 있다.

팩트✓체크 **4** [26]가령 국내 통화량이 증가하여 유지될 경우, 물가가 경직적이어서 실질 통화량은 증가하고 이에 따라 시장 금리는 하락한다.

③ 3문단에서 물가는 단기에는 경직적이지만 장기에는 신축적으로 조정되는데 비해, 환율은 단기에서도 신축적인 조정이 가능하다고 하였다. 그리고 이와 같은 물가의 조정 속도와 환율의 조정 속도의 차이로 인해 오버슈팅이 발생한다고 하였다.

팩트✓체크 **3** [19]물가는 단기에는 장기 계약 및 공공요금 규제 등으로 인해 경직적이지만 장기에는 신축적으로 조정된다. [20]반면 환율은 단기에서도 신축적인 조정이 가능하다. [21]이러한 물가와 환율의 조정 속도 차이가 오버슈팅을 초래한다.

④ 4문단에서 국가 간 자본 이동이 자유로운 상황에서, 시장 금리가 하락할 경우 외국인 투자 자금이 해외로 빠져나가게 되고, 이로 인해 자국 통화의 가치가 하락하면서 환율이 추가적으로 상승한다고 하였다. 따라서 외국인 투자 자금이 국내 시장 금리에 민감하게 반응할수록 오버슈팅의 정도가 더 커질 것이다.

팩트✓체크 **4** [27]국가 간 자본 이동이 자유로운 상황에서, 시장 금리 하락은 투자의 기대 수익률 하락으로 이어져, 단기성 외국인 투자 자금이 해외로 빠져나가거나 신규 해외 투자 자금 유입을 위축시키는 결과를 초래한다.

⑤ 4문단에서 '시간이 경과함에 따라 물가가 상승하여 실질 통화량이 원래 수준으로 돌아오고 해외로 유출되었던 자금이 시장 금리의 반등으로 국내로 복귀하면서, 단기에 과도하게 상승했던 환율은 장기에는 구매력 평가설에 기초한 환율로 수렴된다.'고 하였다. 그리고 물가 경직성은 시장에서 가격이 조정되기 어려운 정도이므로, 물가 경직성이 클 경우에는 물가의 조정에 걸리는 시간이 길어질 것이다. 따라서 물가 경직성이 크면 실질 통화량이 원래의 수준으로 회복되는 데까지 걸리는 시간이 길어질 것이므로 환율이 구매력 평가설에 기초한 환율로 수렴되는 데까지 걸리는 시간 역시 길어질 것이다.

팩트✓체크 **4** [31]시간이 경과함에 따라 물가가 상승하여 실질 통화량이 원래 수준으로 돌아오고 해외로 유출되었던 자금이 시장 금리의 반등으로 국내로 복귀하면서, 단기에 과도하게 상승했던 환율은 장기에는 구매력 평가설에 기초한 환율로 수렴된다.

02

정답 분석 정답 ⑤

정책 수단의 네 가지 측면은 강제성, 직접성, 자동성, 가시성이다. 이 중 자동성은 '정책을 수행하기 위해 별도의 행정 기구를 설립하지 않고 기존의 조직을 활용하는 정도'를 말한다. 따라서 담당 부서에서 문화 소외 계층에 대한 복지 카드 혜택을 늘리는 것은 별도의 행정 기구를 설립하지 않고 기존의 조직을 활용하는 것이므로, 전담 부처를 신설하여 상수원 보호 구역을 감독하는 것보다 자동성이 높다.

오답 분석

① 강제성은 정부가 개인이나 집단의 행위를 제한하는 정도로, 불법 주차 차량에 과태료를 부과하는 것은 강제성이 높다고 할 수 있다. 반면 다자녀 가정에 출산 장려금을 지급하는 것은 특정한 행위를 제한하는 것이 아니므로 강제성이 높지 않다.

② 가시성은 예산 수립 과정에서 정책을 수행하기 위한 재원이 명시적으로 드러나는 정도로, 전기 제품 안전 규제를 강화하는 것은 예산 지출을 수반하지 않으므로 가시성이 높지 않다. 그러나 학교 급식을 제공하기 위해 재원을 편성하는 것은 재원이 명시적으로 드러나므로 가시성이 높다.

③ 자연 보존 지역에서의 개발 행위 금지는 특정 행위를 제한하는 것이므로 강제성이 높지만, 문화재 발견 신고 시 포상금을 지급하는 것은 특정 행위를 제한하는 것이 아니므로 강제성이 높지 않다.

④ 직접성은 정부가 공공 활동의 수행과 재원 조달에 직접 관여하는 정도로, 정부 기관에서 특정한 정책을 직접적으로 수행할수록 직접성이 높다. 따라서 쓰레기 처리를 민간 업체에 맡기는 것보다 주민등록 관련 행정 업무를 정부 기간에서 직접 수행하는 것이 직접성이 높다.

03

정답 분석 정답 ①

A국에 환율의 오버슈팅이 발생한 상황에서 B국에 해외 자금 유입이 증가하면 B국에서는 통화량 증가에 따라 시장 금리가 내려갈 것이다. B국의 시장 금리가 내려가면 B국에 유입되는 투자 자금이 적어지는 반면 A국에 대한 투자 수요가 높아지면서 A국의 환율 급등은 다소 진정될 것이다. 따라서 오버슈팅의 정도가 커지지는 않는다.

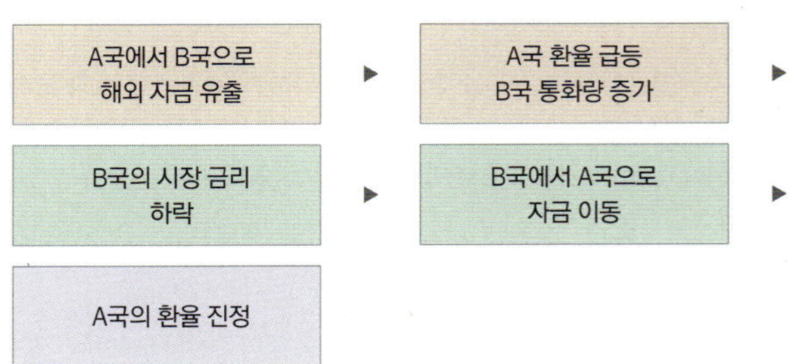

팩트✓체크 ④ [31]해외로 유출되었던 자금이 시장 금리의 반등으로 국내로 복귀하면서, 단기에 과도하게 상승했던 환율은 장기에는 구매력 평가설에 기초한 환율로 수렴된다.

오답 분석

② <보기>에서 '금융 시장 불안의 여파'로 A국의 금융 자산 가격 하락에 대한 우려가 확산되었다고 하였으므로, A국 환율의 오버슈팅은 금융 시장 변동에 따른 불안 심리에 의해 촉발된 것으로 볼 수 있다.

③ <보기>에서 A국에 환율의 오버슈팅이 발생하여 A국 환율이 상승하게 되면 A국의 수입은 감소하게 되지만 수출이 증대되며, 이로 인해 A국에 외환의 유입이 증가하면 A국 환율은 다시 낮아져 균형 환율 수준으로 수렴하게 된다고 하였다. 이러한 과정은 정부의 직접적인 개입이 없이 시장의 조정을 통해 이루어지는 것이다.

④ A국의 환율이 상승하면 수출이 증대되고 수입이 감소하므로, A국 외환 보유액이 증가하게 되고 이는 환율이 균형 환율 수준으로 회복되는 데 긍정적으로 작용할 것이다. <보기>에서 이에 따라 정부는 시장 개입을 가능한 한 자제해야 한다고 하였는데, 이는 정책 당국이 외환 시장 개입에 신중해야 한다는 입장으로 볼 수 있다.

⑤ 5문단에서 '환율 변동으로 가격이 급등한 수입 필수 품목에 대한 세금을 조절함으로써 내수가 급격히 위축되는 것을 방지'한다고 한 것으로 보아, 수입품의 가격이 급등하면 내수가 위축될 수 있다. 따라서 <보기>에서 A국의 환율 상승으로 수입품의 가격이 상승하면 A국의 내수를 위축시키는 결과를 초래할 수 있다고 볼 수 있다.

팩트✓체크 5 [34]한편 오버슈팅에 따른 부정적 파급 효과를 완화하기 위해 정부는 환율 변동으로 가격이 급등한 수입 필수 품목에 대한 세금을 조절함으로써 내수가 급격히 위축되는 것을 방지하려고 하기도 한다.

04

정답 분석 정답 ④

<보기>의 a는 국내 통화량이 증가함과 동시에 하락하였으므로 '시장 금리(ⓒ)'에 해당한다. 시장 금리는 실질 통화량이 원래 수준으로 회복되면 이전 수준으로 반등하게 된다.

반면, b와 c는 국내 통화량이 증가함과 동시에 상승하였는데, b는 상승 후에 약간 떨어지긴 하지만 여전히 상승 상태를 유지하고 있고, c는 다시 이전의 상태로 돌아오고 있다. 환율은 오버슈팅으로 크게 상승하였다가 장기적으로 구매력 평가설에 기초한 균형 환율로 수렴되는데, 3문단을 보면 장기적으로 자국 물가도 높아지므로 환율도 따라 상승한다고 하였다. 이를 통해 b는 '환율(ⓒ)'임을 알 수 있다. 그리고 c는 오버슈팅이 일어나도 시간이 경과함에 따라 물가도 상승하여 원래 수준으로 돌아오는 '실질 통화량(ⓒ)'에 해당한다.

팩트✓체크 ④ [26]가령 국내 통화량이 증가하여 유지될 경우, 물가가 경직적이어서 실질 통화량은 증가하고 이에 따라 시장 금리는 하락한다.
[31]시간이 경과함에 따라 물가가 상승하여 실질 통화량이 원래 수준으로 돌아오고 해외로 유출되었던 자금이 시장 금리의 반등으로 국내로 복귀하면서, 단기에 과도하게 상승했던 환율은 장기에는 구매력 평가설에 기초한 환율로 수렴된다.
3 [23]가령 국내 통화량이 증가하여 유지될 경우 장기에서는 자국 물가도 높아져 장기의 환율은 상승한다.

ⓞ5

정답 ③

5문단에서 정부의 미세 조정 정책 수단으로는 관련 정보의 신속 정확한 공개, 불필요한 가격 규제 축소, 환율 변동으로 가격이 급등한 수입 필수 품목에 대한 세금 조절, 수출입 기업에 대한 환율 변동 보험이나 외화 차입 시 지급 보증 제공 등이 있다고 하였다. 이는 물가 경직성 완화를 위한 수단 중 강제성이 낮은 것과 오버슈팅에 따른 부정적 파급 효과를 완화하기 위한 것이지만, 해외 자금 유출과 유입을 통제하는 것과 같은 강제성이 높은 정책은 언급되지 않았다. 또한 정부는 환율의 추세는 용인하되 미세 조정 정책 수단을 활용하여 환율의 단기 급등락에 따른 위험으로부터 안정을 도모한다고 하였으므로, 환율의 추세를 바꾼다는 것도 적절하지 않다.

오답 분석

① 환율 급등락으로 인한 피해에 대비하여 수출입 기업에 환율 변동 보험을 제공한다고 하였으므로, 환율 변동 보험의 제공은 미세 조정 정책 수단의 사례로 볼 수 있다.

> 팩트✔체크 ⑤ ³⁵또한 환율 급등락으로 인한 피해에 대비하여 수출입 기업에 환율 변동 보험을 제공하거나, ~

② 환율 변동으로 가격이 급등한 수입 필수 품목에 대한 세금을 조절한다고 하였다. 원유와 같은 수입 의존도가 높은 상품은 수입 필수 품목에 해당하므로 이에 대한 세율 조정은 미세 조정 정책 수단의 사례로 볼 수 있다.

> 팩트✔체크 ⑤ ³⁴한편 오버슈팅에 따른 부정적 파급 효과를 완화하기 위해 정부는 환율 변동으로 가격이 급등한 수입 필수 품목에 대한 세금을 조절함으로써 내수가 급격히 위축되는 것을 방지하려고 하기도 한다.

④ '환율 급등락으로 인한 피해에 대비하여 외화 차입 시 지급 보증을 제공'한다고 하였으므로 외화를 빌리는 수입 업체에 대한 지급 보증 제공은 미세 조정 정책 수단의 사례로 볼 수 있다.

> 팩트✔체크 ⑤ ³⁵또한 환율 급등락으로 인한 피해에 대비하여 ~ 외화 차입 시 지급 보증을 제공하기도 한다.

⑤ '외환의 수급 불균형 해소를 위해 관련 정보를 신속하고 정확하게 공개'한다고 하였으므로 환율 변동에 영향을 주는 요인들에 대한 정보를 제공하는 것은 미세 조정 정책 수단의 사례로 볼 수 있다.

> 팩트✔체크 ⑤ ³³오버슈팅의 원인인 물가 경직성을 완화하기 위한 정책 수단 중 강제성이 낮은 사례로는 외환의 수급 불균형 해소를 위해 관련 정보를 신속하고 정확하게 공개하거나, 불필요한 가격 규제를 축소하는 것을 들 수 있다.

ⓞ6

정답 분석

정답 ②

ⓑ의 '노출되다'는 '겉으로 드러나다.'라는 의미이므로, '경제 주체들은 과도한 위험에 노출될 수 있다.'에서 '노출될'의 문맥적 의미는 '드러나게 될' 내지는 '처하게 될' 정도로 이해할 수 있다. 한편 '드러내다'는 '드러나다'의 사동사로, '가려 있거나 보이지 않던 것

을 보이게 하다.'라는 의미이다. 따라서 '노출될'을 '드러낼'로 바꿔 쓰는 것은 문맥상 적절하지 않다.

오답 분석

① '괴리되어'는 '서로 어그러져 동떨어져'라는 의미이므로, '동떨어져'로 바꿔 쓰는 것은 적절하다.

③ '초래한다'는 '어떤 결과를 가져오게 한다.'라는 의미이므로, '불러온다'로 바꿔 쓰는 것은 적절하다.

④ '복귀하면서'는 '본디의 자리나 상태로 되돌아가면서'라는 의미이므로, '되돌아오면서'로 바꿔 쓰는 것은 적절하다.

⑤ '도모하는'은 '어떤 일을 이루기 위하여 대책과 방법을 세우는'이라는 의미이므로, '꾀하는'으로 바꿔 쓰는 것은 적절하다.

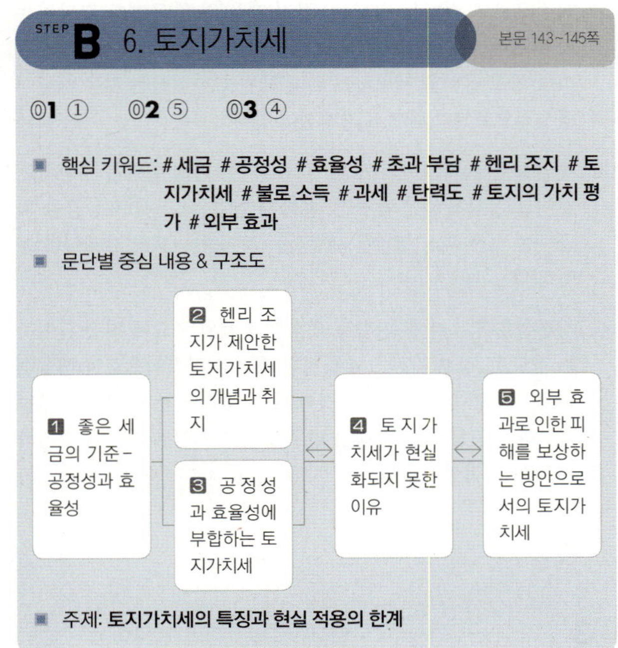

❶ 01 경제 주체들의 경제적 능력이나 편익에 맞춰 세금이 부과되는 것은 공정한 세금 부여 원칙에 부합한다.

◯ [2문장] 조세 이론에서는 경제 주체들이 경제적 능력 혹은 자신이 받는 편익에 따라 세금을 부담하는 경우 공정한 세금이라고 하였다.

02 경제 주체들의 초과 부담을 최소화하는 세금은 공정한 세금 부여 원칙에 부합한다.

✕ [3문장] 경제 주체들이 세금을 내고도 추가로 부담해야 하는 비용, 즉 초과 부담을 최소화하는 세금은 공정성이 아니라 효율성에 따라 평가할 수 있다. 따라서 이러한 세금은 효율적인 세금으로 볼 수 있다.

❷ 03 토지 소유자가 토지를 개량하여 얻은 수입에는 토지가치세가 부과될 것이다.

✕ [5문장] 토지가치세는 토지 소유자의 임대소득 중에 자신의 노력이나 기여와는 무관한 불로 소득을 환수하는 세금이다. 토지를 개량한 것은 소유자의 노력이나 기여가 들어간 부분이므로, 토지가치세가 부과되지 않을 것이다.

04 헨리 조지는 토지 소유자의 토지 사용권과 처분권은 보장하되, 수익권에는

제약이 필요하다고 주장했다.

○ [6문장] 헨리 조지는 사용권과 처분권은 개인의 자유로운 의사에 맡기고, 수익권 중 토지 개량의 수익을 제외한 나머지는 정부가 환수하여 사회 전체를 위해 사용하자고 주장하였다. 따라서 사용권과 처분권은 보장하되, 수익권에는 제약을 두었다고 볼 수 있다.

05 토지가치세는 토지에서 발생하는 불로 소득을 세금으로 거둬들이는 제도로, 공공 이익을 추구할 수 있다.

○ [6문장] 토지가치세는 토지 소유자의 불로 소득을 환수하는 세금으로, 토지가치세의 수익은 사회 전체를 위해 사용하자는 것이 토지가치세의 기본 취지라고 하였다.

06 헨리 조지는 자유 시장을 옹호하였지만, 토지에 대해서는 제약이 필요하다고 주장했다.

○ [10문장] 헨리 조지는 토지를 제외한 나머지 경제 영역에서는 자유 시장을 옹호했다고 하였다.

⑤ **07** 조세 이론에 따르면 수요자와 공급자 중 탄력도가 높은 쪽에서 더 많은 세금을 납부한다.

✕ [12문장] 조세 이론은 수요자와 공급자 중 탄력도가 낮은 쪽에서 많은 납세 부담을 지게 된다고 설명하였다.

08 토지가치세의 경우, 토지 소유자에게는 초과 부담을 발생시키지 않지만 임차인에게는 초과 부담을 발생시킨다.

✕ [14문장] 토지가치세는 토지 공급을 줄이지 않아 초과 부담을 최소화한다고 하였다. 초과 부담은 조세 외에 추가로 부담해야 하는 각종 손실 또는 비용이므로, 토지 소유자와 임차인뿐 아니라 다른 대상들에게도 초과 부담을 거의 발생시키지 않을 것이다.

09 헨리 조지는 토지가치세를 부과하면 토지의 공급이 감소할 것이며 가격이 상승할 것이라 예상했다.

✕ [17문장] 토지가치세는 토지 공급을 줄이지 않는다고 하였다. 따라서 이로 인한 가격 상승은 없다고 볼 것이다.

10 토지가치세가 실현될 경우, 토지 소유자가 아닌 사람들은 세금 부담을 줄일 수 있다.

○ [18문장] 토지가치세는 여타 세금을 축소하여 경제를 활성화한다는 연구가 있다고 하였다. 즉, 토지가치세를 통해 토지 소유자가 아닌 사람들은 세금 부담을 줄이게 되고, 이는 경제 활성화 효과를 가져올 것이다.

④ **11** 토지를 건물까지 포함하는 부동산으로 취급하여 과세하는 국가에서만 토지가치세를 부과할 수 있다.

✕ [23문장] 토지를 건물까지 포함하는 부동산으로 취급하여 과세하는 국가에서는 부동산 거래에서 건물을 제외한 토지의 가격이 별도로 인지되지 않는다고 하였다. 이로 인해 건물을 제외한 토지의 가치 평가가 어렵다고 하였으므로, 토지가치세를 부과하기 어려울 것이다.

12 자본주의 사회에서 토지가치세를 도입한다 하더라도 정부에서 원하는 만큼의 세수를 확보하기가 어려울 수 있다.

○ [25문장] 재산권 침해라는 비판이 거세지면 세율을 낮게 유지할 수밖에 없다고 하였다. 세율이 낮으면 세금도 적어지므로, 토지가치세를 도입해도 원하는 만큼의 세수를 확보하기 어려울 수 있다.

13 헨리 조지는 빈곤과 불평등 문제를 해결하기 위한 해법의 하나로 토지가치세 도입을 주장했다.

○ [26문장] 토지가치세는 빈곤과 불평등 문제에 대한 조지의 이상을 실현하는 방법이라고 하였고, 현실적으로는 적절한 해법이 되지 못한다는 비판을 받았다고 하였다.

⑤ **14** 외부 효과로 인해 부동산의 가치가 오른다면, 부동산 소유자는 이로 인한 불로 소득을 크게 얻게 된다.

○ [31~33문장] 외부 효과로 인해 부동산의 가치가 오르면, 부동산 소유자는 자신의 노력이나 기여와 무관하게 큰 이익을 얻게 된다.

15 외부 효과가 발생한 지역에 토지가치세를 도입하면, 지역민 전체에게 초과 부담을 발생시킨다.

✕ [33문장] 외부 효과가 발생한 지역에서는 지역민 전체가 임대료 상승이나 혼잡비용 같은 손실을 부담하게 된다. 이런 경우 토지가치세를 실행하여 그 세수로 지역민의 피해를 보상할 수 있다고 하였으므로, 토지가치세의 도입이 초과 부담을 발생시킨다고 볼 수 없다.

01

정답 분석

정답 ①

2문단에서 헨리 조지는 '토지 소유자의 임대소득 중에 자신의 노력이나 기여와는 무관한 불로 소득이 많다면, 토지가치세를 통해 이를 환수하는 것이 바람직하다고 주장했다.'고 하였다. 그리고 수익권 중 토지 개량의 수익을 제외한 나머지는 정부가 환수하여 사회 전체를 위해 사용하자는 토지가치세를 제안했다고 하였다. 따라서 개량되지 않은 토지는 자신의 노력이나 기여가 없는 부분이므로, 여기서 비롯된 임대 수입은 불로 소득으로 여겼을 것이다.

팩트✔체크 **②** [5]그는 토지 소유자의 임대소득 중에 자신의 노력이나 기여와는 무관한 불로소득이 많다면, 토지가치세를 통해 이를 환수하는 것이 바람직하다고 주장했다. [6]토지에 대한 소유권은 사용권과 처분권 그리고 수익권으로 구성되는데, 사용권과 처분권은 개인의 자유로운 의사에 맡기고 수익권 중 토지 개량의 수익을 제외한 나머지는 정부가 환수하여 사회 전체를 위해 사용하자는 것이 토지가치세의 기본 취지이다.

오답 분석

② 2문단에서 헨리 조지는 '토지가치세가 시행되면 다른 세금들을 없애도 될 정도로 충분한 세수를 올려줄 것이라 기대했다.'고 하였다.

팩트✔체크 **②** [7]조지는 토지가치세가 시행되면 다른 세금들을 없애도 될 정도로 충분한 세수를 올려줄 것이라고 기대했다.

③ 2문단에서 토지에 대한 소유권은 사용권과 처분권, 수익권으로 구성되는데, 헨리 조지는 사용권과 처분권은 개인의 자유로운 의사에 맡기고 수익권 중 토지 개량의 수익을 제외한 나머지를 정부가 환수하여 사용하자고 주장했다고 하였다.

④ 3문단에서 토지가치세는 초과 부담을 최소화한다는 점에서 효율적이라고 하였다. 그러나 효율성을 높임으로써 공정성을 높이는 방안이라고 주장하지는 않았다. 헨리 조지는 불로 소득에 대한 환수를 하는 토지가치세가 경제적 효율도 있고, 공정성을 높이는 방안이라고는 생각한 것이지, 그것이 인과 관계로 연결되어 영향을 준다고 본 것은 아니다.

⑤ 2문단에서 헨리 조지는 토지를 제외한 나머지 경제 영역에서는 자유 시장을 옹호했다고 하였다. 따라서 헨리 조지가 모든 경제 영역에서 시장 원리를 규제해야 한다고 주장했다고 볼 수는 없다.

팩트✓체크 **2** [10]토지단일세는 토지를 제외한 나머지 경제 영역에서는 자유 시장을 옹호했던 조지의 신념에 잘 부합하는 발상이었다.

02

정답 분석　　　　　　　　　　　　　　　　　　　　　　　　　정답 ⑤

3문단에서 일반적으로 어떤 재화나 생산 요소에 대한 과세는 거래량 감소, 가격 상승과 함께 초과 부담을 유발하지만 토지가치세는 토지 공급을 줄이지 않아 초과 부담을 발생시키지 않는다고 하였다. 즉, 토지가치세가 토지의 공급 감소와 가격 상승 문제를 일으키지 않음을 알 수 있지만, 이를 통해 토지가치세의 도입이 토지의 공급 감소 문제와 가격 상승 문제를 해결해 준다고 볼 수는 없다. 또한 4문단에서 조세 저항은 토지가치세가 재산권 침해라는 점과 관련된 것이므로, 토지가치세 도입에 긍정적인 효과가 있다고 해서 조세 저항이 줄어들 것이라고 보기는 어렵다.

팩트✓체크 **3** [17]그러나 토지가치세는 토지 공급을 줄이지 않아 초과 부담을 발생시키지 않는다.
4 [24]조세 저항도 문제가 된다. [25]재산권 침해라는 비판이 거세지면 토지가치세를 도입하더라도 세율을 낮게 유지할 수밖에 없어, 충분한 세수가 확보되지 않을 수 있다.

오답 분석

① 5문단에서 외부 효과가 나타나는 지역의 부동산 소유자들은 막대한 이익을 사유화하는 반면, 손실은 지역민 전체에게 전가된다고 하였다. 이러한 상황에서 높은 세율의 토지가치세를 실행할 수 있으면 불로 소득에 대한 과세를 통해 외부 효과로 인한 피해를 보상할 수 있다고 하였다. 따라서 토지가치세의 도입으로 외부 효과로 발생한 이익의 사유화를 완화할 수 있음을 이끌어 낼 수 있다.

　팩트✓체크 **5** [33]이 과정에서 해당 지역의 부동산 소유자들은 막대한 이익을 사유화하는 반면, 임대료 상승이나 혼잡비용 같은 손실은 지역민 전체에게 전가된다. [34]이러한 상황에서 높은 세율의 토지가치세가 본격적으로 실행에 옮겨질 수 있다면 불로소득에 대한 과세를 통해 외부 효과로 인한 피해를 보상하는 방안이 될 수 있다.

② 3문단에서 자동차에 과세하면 자동차 거래가 감소하여 초과 부담이 발생하게 된다고 하였다. 그런데 자동차에 과세해도 자동차 소비자들의 의사 결정에 영향을 미치지 않는다면 자동차 거래가 감소하지 않을 것이므로, 이때 자동차세는 정부의 세수 증대에 효과가 있을 것이다.

　팩트✓체크 **3** [16]예를 들어 자동차에 과세하면 자동차 거래가 감소하고 부동산에 과세하면 지역 개발과 건축업을 위축시켜, 초과 부담이 발생하게 된다.

③ 2문단에서 토지가치세가 시행되면 다른 세금들을 없애도 될 정도로 충분한 세수를 올려줄 것이라고 기대되기에 토지가치세는 토지단일세라고도 지칭된다고 하였다. 따라서 토지가치세가 단일세가 된다면 다른 세금인 근로소득세를 없앨 수 있다. 근로소득세는 누진세라고 했으므로 더 많이 버는 사람이 더 많은 세금을 낸다. 이것이 폐지된다면 저임금 근로자보다

근로소득세를 더 많이 냈던 고임금 근로자가 감면받게 되는 세액이 더 클 것이므로, 더 많은 혜택을 얻게 되는 셈이다.

④ 2문단에서 헨리 조지는 토지 소유자의 임대소득 중에 자신의 노력이나 기여와는 무관한 불로 소득을 토지가치세를 통해 환수하는 것을 주장했다고 하였다. 그런데 부가가치 생산에 기여한 부분은 불로 소득에 해당하지 않는다. 따라서 조지의 이론을 계승하는 학자라면 불로 소득이 아닌 부분은 세금을 부과하지 않는 것을 바람직하게 볼 것이다.

03

정답 분석　　　　　　　　　　　　　　　　　　　　　　　　　정답 ④

3문단에서 '조세 이론은 수요자와 공급자 중 탄력도가 낮은 쪽에서 많은 납세 부담을 지게 된다고 설명한다.'라고 하였다. 토지가치세의 경우, 납세 부담은 임차인이 아닌 토지 소유자가 떠안게 된다. 그리고 X국의 사치세는 요트 구매자가 납세 부담을 지므로, 요트 구매자가 탄력도가 낮은 쪽이라 볼 수 있다. Y국의 담배세는 담배 소비자가 납세 부담을 지므로, 담배 소비자가 탄력도가 낮은 쪽이라 볼 수 있다. 따라서 토지가치세뿐 아니라, X국의 사치세와 Y국의 담배세 모두 탄력도가 낮은 쪽에서 납세 부담을 진다고 볼 수 있다.

팩트✓체크 **3** [12]조세 이론은 수요자와 공급자 중 탄력도가 낮은 쪽에서 많은 납세 부담을 지게 된다고 설명한다.

오답 분석

① 토지가치세는 토지 소유자(공급자)에게 부과되는데 비해 X국의 사치세는 요트 구매자(소비자)에게, Y국의 담배세는 담배 소비자에게 부과되고 있다.

② X국의 사치세는 요트 공장 근로자의 대량 해고와 근로소득세 인상이라는 문제를 발생시키고 있으므로, 조세 외 추가로 부담해야 하는 손실 및 비용인 초과 부담을 발생시킨다고 볼 수 있다. 그러나 Y국의 담배세는 소비자의 불만을 불러오기는 했지만 그것이 초과 부담을 발생시키지는 않았고, 3문단에서 알 수 있듯이 토지가치세는 초과 부담을 발생시키지 않는다.

③ X국의 사치세는 근로소득세를 인상시켜 근로자들에게까지 납세 부담이 추가되었으나, Y국의 담배세는 담배 소비자한테만, 토지가치세는 토지 소유주에게만 납세 부담이 집중된다.

⑤ X국은 사치세를 통해 부유층의 납세 부담을 늘리려고 했지만 부자들이 요트 구매를 줄이고 지출의 대상을 바꿔 정책 목표를 달성하지 못했고, Y국은 담배세를 인상하여 담배 소비를 줄이려 했지만 담배 소비는 거의 감소하지 않아 실패했다. 이와 달리 토지가치세는 3문단에 제시된 연구 결과를 통해 경제 활성화 효과가 있음이 확인되었다.

팩트✓체크 **3** [18]토지가치세 도입에 따른 여타 세금의 축소가 초과 부담을 줄여 경제를 활성화한다는 G7 대상 연구에 따르면, 이러한 세제 개편으로 인한 초과부담의 감소 정도가 GDP의 14~50%에 이른다.

3. 과학·기술

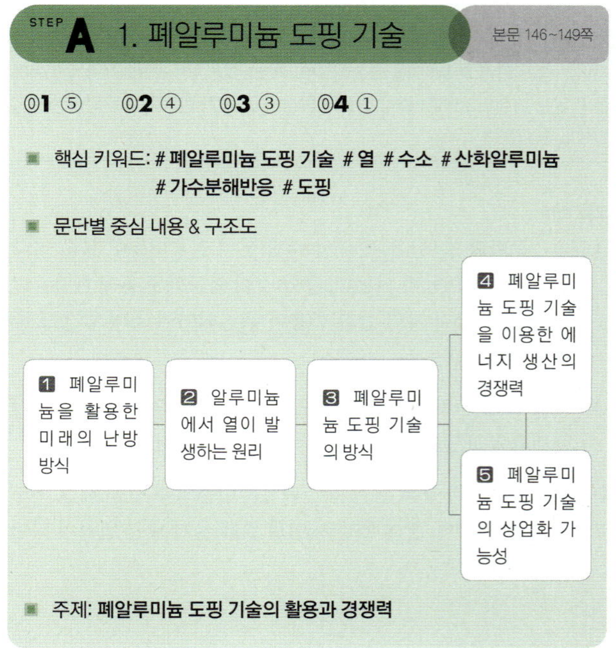

❶ 01 폐알루미늄에서 발생시킬 수 있는 열이 화석 연료에서 발생시킬 수 있는 열보다 크다.

✕ [2문장] 폐알루미늄에서 발생시킨 열로 난방을 할 수 있다고 언급하고 있으나, 그 열이 화석 연료를 통해 얻을 수 있는 열보다 크다는 언급은 없다.

02 폐알루미늄 도핑 기술을 활용하면 열을 발생시킴과 동시에 수소도 얻을 수 있다.

○ [3문장] 폐알루미늄 도핑 기술을 활용하면 열을 발생시킬 수도 있고 수소도 얻을 수 있으므로 꿩 먹고 알 먹는 셈이라고 하였다.

❷ 03 알루미늄에서 열을 얻기 위해서는 물이 필요하다.

○ [4문장] 알루미늄에 물을 더하는 가수분해반응에서 열이 발생한다고 하였다.

04 알루미늄과 물 분자가 결합하면 물 분자가 분해되면서 수소가 발생한다.

○ [5, 6문장] 물을 만난 알루미늄에서 수소가 분리된다고 하였다. 또한 식에서 알 수 있듯이, 알루미늄(Al)에 물 분자(H_2O)가 결합하면 물 분자가 분해되면서 수소(H)가 발생한다.

05 산화알루미늄은 음료 캔이나 주방의 포일 등에 쓰인다.

✕ [7문장] 음료 캔이나 주방의 포일 등은 알루미늄으로 만들어지는 것이고, 알루미늄이 물을 만나면 산화알루미늄으로 바뀌는 것이다.

06 녹이 슨 알루미늄에서는 이미 수소와 열이 발생하였을 것이다.

○ [8문장] 산화알루미늄이 된 상태를 녹이 슬었다고 표현한다고 하였으므로, 알루미늄이 산화알루미늄으로 바뀌는 과정에서 수소와 열이 발생하였을 것이다.

07 일상생활에서 사용하는 알루미늄은 물에 닿아도 열이 발생하지 않는다.

✕ [9문장] 일상생활에서 물이 닿은 알루미늄에서 열을 감지하지 못하는 것은 알루미늄에 물이 닿는 면적이 작아서 열이 적고 느리게 발생하기 때문이지, 열이 발생하지 않는 것이 아니다.

❸ 08 폐알루미늄 도핑 기술은 산화알루미늄을 난방용으로 재사용하는 기술이다.

✕ [12문장] 폐알루미늄 도핑 기술은 알루미늄으로 만든 재료를 재사용하는 방법이지, 이미 물과 만나 산화된 상태인 산화알루미늄을 재사용하는 기술은 아니다.

09 폐알루미늄 도핑 기술을 통해 같은 양의 알루미늄에서 열을 빠르게 발생시키고, 더 많은 수소를 얻을 수 있다.

○ [15문장] 폐알루미늄 도핑 기술을 통해 열이 빠르게 발생하고, 산화 반응이 촉진되어 수소의 발생도 증가한다고 하였다.

❹ 10 수소 에너지는 화석 연료보다 높은 에너지 밀도를 갖는다.

✕ [16문장] 화석 연료와 에너지 밀도를 비교할 수 있는 근거는 없다. 다만 수소 에너지는 환경 친화적이며 높은 에너지 밀도를 갖기 때문에 화석 연료를 대체할 수 있다는 것은 알 수 있다.

11 폐알루미늄 도핑 기술을 사용하면 물을 별도로 전기 분해하지 않고도 수소를 쉽게 얻을 수 있다.

○ [18문장] 수소는 물을 전기 분해해야 얻을 수 있으나 폐알루미늄 도핑 기술은 난방을 하면서도 수소를 쉽게 생성해 낸다고 하였다.

12 폐알루미늄 도핑 기술은 수소를 비교적 값싸게 생산할 수 있다.

○ [21, 22문장] 폐알루미늄의 가격은 새 알루미늄의 20% 수준으로, 폐알루미늄 도핑 기술은 여타 수소 양산 기술에 비해 가격 경쟁력이 높다고 하였다.

❺ 13 알루미늄의 사용량이 증가하는 까닭은 생산량이 풍부하고 값이 저렴하기 때문이다.

○ [23문장] 알루미늄은 생산량이 풍부하고 값이 저렴하여 매년 사용량이 증가 추세에 있다고 하였다.

14 폐알루미늄 도핑 기술은 전 세계적으로도 활용될 가능성이 높을 것이다.

○ [25문장] 전 세계적으로도 알루미늄 소비량이 증가하고 있다고 하였으므로, 폐알루미늄 도핑 기술의 활용 가능성 또한 높아진다고 추정할 수 있다.

15 보다 적은 부피의 폐알루미늄에서 수소를 많이 발생시키면 가격 경쟁력이 높아질 것이다.

○ [26문장] 적은 부피의 폐알루미늄에서 수소를 발생시켜 상업화하는 연구가 주목받고 있다고 하였다. 이는 더 적은 폐알루미늄에서 더 많은 수소를 발생시킴으로써 가격 경쟁력을 높이기 위함으로 볼 수 있다.

❶

정답 분석   정답 ⑤

5문단에서 알루미늄의 소비량과 폐알루미늄의 생산량을 언급할 때 중국의 사례를 들고 있다. 그러나 이는 폐알루미늄의 생산량이 늘어날 것이므로 폐알루미늄 도핑 기술에 대한 전망이 밝다는 점을 뒷받침하는 내용일 뿐, 이를 통해 문제에 대한 해결 방안을 이끌어 내고 있는 것은 아니다.

오답 분석

① 1문단에서 속담 '꿩 먹고 알 먹기'를 활용하여 폐알루미늄 도핑 기술의 가치를 강조하고 있다.

② 1문단에서 '미래에는 슈퍼마켓에서 음료수 캔을 사서 겨울철 난방을 하는 일이 일어날 수도 있다.'라며 상황을 가정하여 폐알루미늄을 활용한 기술에 대한 관심을 끌고 있다.

③ 4문단에서 폐알루미늄 도핑 기술을 통해 생산할 수 있는 열 에너지 양이나 수소량 등을 구체적 수치로 제시하고 있다.

④ 5문단에서 '보다 적은 부피의 폐알루미늄에서 수소를 발생시
켜 상업화하는 연구가 주목받고 있다.'라며 현재 기술보다 적
은 부피의 폐알루미늄에서 수소를 발생시킬 수 있도록 개발하
고 있음을 언급하고 있다.

⓪2

정답 분석 정답 ④

ⓐ, ⓔ 1문단에서 폐알루미늄 도핑 기술을 사용하면 버려지는 폐알루
미늄에서 화석 연료의 대체 에너지원으로 기대되는 수소를 얻을 수
있다고 하였으므로, 이에 따라 한정된 화석 연료를 절약할 수 있다.
ⓑ 폐알루미늄 도핑 기술로 수소를 얻을 수 있는데, 4문단에서 수
소 에너지는 환경 친화적이라고 하였다.
ⓓ 4문단에서 수소는 자연 상태로 존재하지 않아서 물을 전기 분해
해야 얻을 수 있는데 이 과정에서 많은 에너지가 필요하다고 하였
다. 그런데 폐알루미늄 도핑 기술을 사용하면 난방을 하면서 수소
를 쉽게 생산해 낸다고 하였다. 따라서 폐알루미늄 도핑 기술은 물
을 전기 분해하는 것보다 경제적이라 할 수 있다.

팩트✓체크   ⓐ 화석 연료의 절약
1 [3]게다가 화석 연료의 고갈이 예측되는 가운데 폐알루미늄 도핑 기술을 활용하
면 화석 연료의 대체 에너지원으로 기대되는 수소도 얻을 수 있으니~
ⓑ 환경 친화
4 [16]수소 에너지는 환경 친화적이며~
ⓓ 경제성
4 [22]따라서 폐알루미늄 도핑 기술은 여타 수소 양산 기술에 비해 가격 경쟁력이
높다.
ⓔ 재활용
1 [2]폐알루미늄 도핑 기술을 활용하면 캔 커피와 같은 마시고 버려지는 폐알루미
늄에서 열을 발생시킬 수 있기 때문이다.

오답 분석

ⓒ 3문단에서 도핑이란 부도체인 대상에 물질을 집어넣어 반도
체로 형질을 변화시키는 작업이라고 하였을 뿐, 이를 통해 폐
알루미늄 도핑 기술을 이용하면 반도체 산업 발전에 기여할 수
있는지는 알 수 없다.

⓪3

정답 분석 정답 ③

<보기>는 폐알루미늄에 도핑 처리를 했을 때의 변화를 나타낸 것
이라고 했으므로, Ⓐ는 도핑 기술을 적용하기 전 폐알루미늄이다.
2문단에서 알루미늄에 물을 더하는 가수분해반응에서는 열이 발
생한다고 하였으므로, Ⓐ에 물이 닿으면 열이 발생할 것이다. 다만
도핑 기술을 통해 철, 구리 등의 금속물을 넣은 Ⓑ보다 열이 적고
느리게 발생할 뿐이다.

팩트✓체크   **2** [9]그러나 알루미늄에 물이 닿는 면적이 작아서 열이 적고 느리게
발생하기 때문에 일상에서는 물이 닿은 알루미늄을 만져도 열을 감지하지 못한
다. [10]게다가 폐알루미늄은 새 알루미늄보다 산화가 더 늦게 일어난다.
3 [14]폐알루미늄에 도핑한 철, 구리 등의 금속물이 폐알루미늄의 표면을 헤집고
자리를 잡게 되면 폐알루미늄 표면에 금이 가게 된다. [15]이 과정에서 알루미늄에
물이 닿는 면적이 넓어져 열이 빠르게 발생하고, 산화 반응이 촉진되어 수소의
발생도 증가한다.

오답 분석

①, ② 2문단과 3문단을 통해 알 수 있듯이 알루미늄이 물을 만나
면 산화알루미늄이 되는데, Ⓑ와 같이 합금화를 통해 폐알루미
늄 표면에 금이 가면 산화 반응이 촉진되어 수소의 발생도 증
가할 것이다.

④ Ⓑ는 도핑 처리 후의 상태이므로 철, 구리 등의 금속물이 폐알
루미늄의 표면을 헤집고 자리를 잡았을 것이다.

⑤ Ⓑ는 철, 구리 등의 금속물이 폐알루미늄의 표면을 헤집고 자
리를 잡아 금이 간 상태이고, 이로 인해 물이 닿는 면적이 넓어
졌을 것이다.

⓪4

정답 분석 정답 ①

㉠의 '만들다'는 '노력이나 기술 따위를 들여 목적하는 사물을 이루
다.'의 의미로 쓰였다. ①의 '만들다' 역시 '노력이나 기술 따위를 들
여 목적하는 사물을 이루다.'의 의미로 쓰였다.

오답 분석

② '규칙이나 법, 제도 따위를 정하다.'의 의미로 쓰였다.

③ '허물이나 상처 따위를 생기게 하다.'의 의미로 쓰였다.

④ '기관이나 단체 따위를 결성하다.'의 의미로 쓰였다.

⑤ '돈이나 일 따위를 마련하다.'의 의미로 쓰였다.

01 ① **02** ⑤ **03** ⑤ **04** ②

■ 핵심 키워드: # 비트 # 부호화 절댓값 # 오버플로 # 1의 보수법
 # 2의 보수법

■ 문단별 중심 내용 & 구조도

2 음의 정수를 표현하는 방식 ① 부호화 절댓값

1 데이터를 비트로 표현하는 방법

3 음의 정수를 표현하는 방식 ② 1의 보수법

4 부호화 절댓값과 1의 보수법의 한계를 보완하는 2의 보수법

■ 주제: 데이터로 음의 정수를 표현하는 방식

1 **01** 컴퓨터 내부에서 데이터를 표시하는 최소 단위는 '비트'이다.
○ [1문장] 컴퓨터는 비트를 최소 단위로 삼아 내부적으로 데이터를 표시한다고 하였다.

02 1워드에 해당하는 비트 수가 많을수록 컴퓨터의 데이터 처리 속도가 빠르다고 볼 수 있다.
○ [2문장] 1워드는 컴퓨터가 한 번에 처리하는 비트 수이므로, 한 번에 처리하는 비트 수가 많을수록 데이터 처리 속도가 빠르다고 볼 수 있다.

03 4비트로 숫자를 표현할 때, 최상위 비트가 0이라도 음수를 나타낼 수 있다.
✕ [1, 4문장] 비트는 0 또는 1로 표시된다고 하였고, 양의 정수를 나타낼 때에는 최상위 비트를 0으로 표시한다고 하였으므로 최상위 비트가 0이라면 항상 양수를 나타낸다고 볼 수 있다.

04 4비트는 최상위 비트와 데이터 비트로 이루어진다.
○ [4, 6문장] 4비트에서 최상위 비트를 제외한 나머지 비트를 데이터 비트라고 하였으므로, 4비트는 최상위 비트(1개 비트)와 데이터 비트(3개 비트)로 이루어져 있다.

2 **05** 4비트 컴퓨터가 5개의 비트로 이루어진 데이터를 처리할 때에는 오버플로 현상이 발생한다.
○ [14문장] 4비트 컴퓨터는 4개로 이루어진 데이터까지만 한 번에 처리 가능하다.

06 4비트 컴퓨터에서 부호화 절댓값으로 7+(−4)를 계산할 때에는 오버플로 현상이 나타나지 않는다.
✕ [11, 14문장] 7+(−4)는 '0111+1100=10011'이므로, 오버플로 현상이 나타난다.

07 부호화 절댓값 방식에서는 '0000'도 '0'을 나타내고, '1000'도 '0'을 나타낸다.
○ [16문장] '0000'은 +0, '1000'은 '−0'이므로, 모두 '0'을 나타낸다.

3 **08** 컴퓨터 데이터에서 1의 보수는 0과 1뿐이다.
○ [18, 19문장] 데이터는 0 또는 1로 표시되므로, 0에 대한 1의 보수는 1이고, 1에 대한 1의 보수는 0뿐이다.

09 4비트에서 최상위 비트가 '1'이라면, 부호화 절댓값 방식이든 1의 보수법 방식이든 관계없이 음수를 나타낸다.
○ [7, 20문장] 부호화 절댓값 방식과 1의 보수법 방식 모두 최상위 비트를 '1'로 표시하여 음수임을 나타낸다.

10 '−1'을 부호화 절댓값으로 나타내면 '1001', 1의 보수법으로 나타내면 '1110'이다.
✕ [8, 20문장] '1'을 이진수로 나타내면 '001'이므로 부호화 절댓값으로 '−1'은 '1001'이나, 1의 보수법으로는 '1110'이다.

11 1의 보수법은 오버플로 현상이 나타나도 연산을 정확하게 할 수 있다.
○ [23문장] 1의 보수법에서는 오버플로가 발생할 경우 별도의 처리 규칙을 활용하여 계산값을 정확하게 할 수 있다고 하였다.

4 **12** 부호화 절댓값과 2의 보수법 모두 1의 보수법을 활용한다는 점에서 공통점이 있다.
✕ [8, 26문장] 2의 보수법은 1의 보수법을 활용하지만, 부호화 절댓값은 1의 보수법을 활용하지 않는다.

13 '−4'의 경우, 부호화 절댓값과 2의 보수법으로 표현하는 데이터가 동일하다.
○ [8, 27문장] '4'는 '100'이므로, 부호화 절댓값으로 '−4'는 '1100'으로 표현할 수 있다. 2의 보수법으로 표현할 때에는 먼저 1의 보수 '011'으로 나타낸 후 다시 1을 더하여 '100'이 되고, 최상위 비트에 '1'을 덧붙여 '1100'으로 나타낸다.

14 2의 보수법에서 '0'은 '0000'으로만 나타난다.
○ [25, 27문장] +0은 '0000'이고, '−0'을 2의 보수법으로 나타내면 먼저 '000'을 1의 보수인 '111'로 나타낸 후 다시 1을 더해 '1000'이 된다. 여기에 최상위 비트 1을 덧붙이면 '10000'이 된다. 그럼 오버플로가 발생하여 초과된 비트를 버리므로, '0000'이 된다.

15 2의 보수법은 5비트를 1워드로 처리함으로써 오버플로를 해결한다.
✕ [32문장] 2의 보수법은 오버플로가 발생하면 초과된 비트를 버려 4비트가 되게 함으로써 오버플로를 해결한다.

01

정답 분석 정답 ①

1문단에서 '4비트를 1워드로 처리하는 컴퓨터에서 양의 정수를 표현하는 경우, 4비트 중 가장 왼쪽 자리인 최상위 비트를 0으로 표시하여 양수를 나타내고'라고 하였다. 그러나 최상위 비트를 0으로 표시하여 양의 정수를 표시하도록 한 이유를 설명한 부분은 찾을 수 없다.

오답 분석

② 2문단에서 부호화 절댓값은 0000 또는 1000이 0을 나타내어 표현의 일관성과 저장 공간의 효율성이 떨어진다고 하였다.

 ───────────────
 팩트✔체크 **2** [16]또한 0000 또는 1000이 0을 나타내어 표현의 일관성과 저장 공간의 효율성이 떨어진다.
 ───────────────

③ 2문단에서 음의 정수를 표현하는 경우에는 최상위 비트를 1로 표시한 부호화 절댓값을 설명하였다. 이어 3문단에서는 '1의 보수법'으로, 4문단에서는 '2의 보수법'으로 음의 정수를 표시하는 방법을 설명하였다.

④ 1문단에서 '컴퓨터는 0 또는 1로 표시되는 비트를 최소 단위로 삼아 내부적으로 데이터를 표시한다.'고 하였다.

 ───────────────
 팩트✔체크 **1** '컴퓨터는 0 또는 1로 표시되는 비트를 최소 단위로 삼아 내부적으로 데이터를 표시한다.
 ───────────────

⑤ 2문단에서 '부호화 절댓값에서는 오버플로를 처리하는 별도의 규칙이 없기 때문에 계산값이 부정확하다.'고 하였다.

팩트✓체크 ❷ ¹⁵부호화 절댓값에서는 오버플로를 처리하는 별도의 규칙이 없기 때문에 계산값이 부정확하다.

02

정답 분석　　　　　　　　　　　　　　　　　　　정답 ⑤

부호화 절댓값(㉠)으로 음의 정수를 표시하면 최상위 비트는 1로, 데이터 비트는 음의 정수의 절댓값을 이진수로 나타내면 된다. 그리고 1의 보수법(㉡)으로 음의 정수를 표시할 때는 보수를 이용한다. 예를 들어 −3은 부호화 절댓값으로는 1011로 나타내고, 1의 보수법으로는 1100으로 나타내므로 데이터 비트가 서로 다르게 표시된다는 것을 알 수 있다.

팩트✓체크 ❷ ⁸−3을 표현한다면 −3의 절댓값을 이진수로 나타낸 011에 최상위 비트 1을 덧붙이면 된다. ⁹이러한 음수 표현 방식을 ㉠ 부호화 절댓값이라고 한다.
❸ ²¹1의 보수는 각 자리의 수에 대해 합이 1이 되는 수이므로, −3을 1의 보수법으로 표현한다면 −3의 절댓값 3을 이진수로 나타낸 011에 대한 1의 보수 100이 데이터 비트가 된다. ²²여기에 음수를 표시하는 최상위 비트 1을 덧붙여 1100이 된다.

오답 분석

① 2문단과 3문단에서 부호화 절댓값과 1의 보수법 모두 오버플로가 발생한다고 하였다. 다만 부호화 절댓값과 달리 1의 보수법은 오버플로가 발생할 경우 별도의 처리 규칙을 활용하여 계산값을 정확하게 할 수 있다고 하였다.

팩트✓체크 ❷ ¹⁵부호화 절댓값에서는 오버플로를 처리하는 별도의 규칙이 없기 때문에 계산값이 부정확하다.
❸ ²³1의 보수법에서는 오버플로가 발생할 경우 ~

② 4비트 컴퓨터에서 부호화 절댓값과 1의 보수법 모두 정수의 절댓값을 나타내는 데이터 비트는 3개이다.

팩트✓체크 ❶ ⁴4비트를 1워드로 처리하는 컴퓨터에서 양의 정수를 표현하는 경우, 4비트 중 가장 왼쪽 자리인 최상위 비트는 0으로 표시하여 양수를 나타내고 나머지 3개의 비트로 정수의 절댓값을 나타낸다.

③ 부호화 절댓값과 1의 보수법은 모두 음의 정수를 표현할 때의 최상위 비트는 1이다.

팩트✓체크 ❷ ⁷그런데 음의 정수를 표현하는 경우에는 최상위 비트를 1로 표시한다.
❸ ²⁰1의 보수법으로 음수를 표현하는 방법은 최상위 비트를 1로 표시하고 ~

④ 2문단에서 부호화 절댓값은 오버플로를 처리하는 별도의 규칙이 없기 때문에 계산값이 부정확하다고 했으나, 3문단에서 1의 보수법은 오버플로가 발생할 경우 별도의 처리 규칙을 활용하여 계산값이 정확하다고 하였다.

팩트✓체크 ❸ ²³1의 보수법에서는 오버플로가 발생할 경우 별도의 처리 규칙을 활용하여 계산값을 정확하게 할 수 있다.

03

정답 분석　　　　　　　　　　　　　　　　　　　정답 ⑤

(나)는 2의 보수법을 이용하여 계산한다고 하였으므로, −4의 절댓값인 4를 이진수로 나타낸 100에 대한 1의 보수 011을 구하고, 여기에 1을 더한 후 최상위 비트에 1을 덧붙인 1100이 2의 보수법으로 나타낸 −4의 값이다. 따라서 100에 1을 더한 101은 −4의 2의 보수가 될 수 없다.

오답 분석

① 0100+1000은 1100이므로, 4비트로 나타나 오버플로가 발생하지 않는다.

팩트✓체크 ❷ ¹⁴10010은 4비트 컴퓨터가 처리하는 1워드를 초과하게 된 것으로, 이러한 현상을 오버플로라 한다.

② (가)는 1의 보수법을 이용하여 계산하기 때문에 1의 보수가 활용된다. (나) 역시 2의 보수법은 먼저 1의 보수로 나타낸 후 데이터 비트에 1을 더하는 방식이므로 두 경우 모두 1의 보수가 활용된다.

③ 4는 양의 정수이므로 데이터 비트는 이진수 100 그대로 표시된다. 한편 2의 보수법에 따르면 −4는 절댓값 4를 이진수로 표시한 100이 1의 보수에 따라 011이 된 뒤 여기에 1을 더한 100으로 표현되므로 둘의 데이터 비트는 같게 나타난다.

④ −3−4를 2의 보수법으로 표현하면 1101+1100이므로 계산값이 11001이 되어 오버플로가 발생한다. 2의 보수법에서 오버플로가 발생하면 최상위의 초과된 비트를 버린다고 하였으므로 1001이 된다.

팩트✓체크 ❹ ³²2의 보수법에서는 오버플로가 발생하면 초과된 비트를 버려야 하므로 ~

04

정답 분석　　　　　　　　　　　　　　　　　　　정답 ②

2문단에서 부호화 절댓값에서는 0000 또는 1000이 0을 나타낸다고 하였고, 3문단에서 1의 보수법에서는 계산값이 0000 또는 1111인 경우 0을 나타낸다고 하였는데, ㉮에서는 이처럼 0이 두 가지로 표현되는 문제점을 2의 보수법이 해결했다고 밝히고 있다.
4비트를 1워드로 처리하는 컴퓨터에서 0의 경우, 1의 보수법으로 +0은 0000, −0은 1111 두 가지 방식으로 표현된다. 2의 보수는 음수일 때만 해당하므로, 1111의 데이터 비트에 1을 더하여 2의 보수를 구하면 10000이 되고, 초과된 비트를 버리면 0000이 되어 2의 보수법에서 −0도 0000으로 표현된다. 따라서 ⓐ가 '1의 보수법'일 때, ⓑ에는 '1111'이 들어갈 수 있는데, 이때 ⓒ에는 '0000'이 들어가야 한다.

4 0의 값 표현하기

　"0이 두 가지로 표현되는 문제점을 해결한 음수 표현 방식이 '2의 보수법'이다."

┉→ 0의 경우, −0과 +0의 값이 동일하다. 그런데 두 개의 표현으로 값을 나타내게 되면 표현의 일관성과 저장 공간의 효율성이 떨어지게 된다. 그런데 양수인 +0은 '0000'으로 고정되어 나타난다.
(*1문단에서 양의 정수는 최상위 비트를 '0'으로 표시하며, 이진수로 '0'은 '000'으로 나타낸다고 하였다.)

　그러면 음수인 '−0'을 '0000'으로 나타낼 수 있다면 이 문제가 해결될 수 있다. 음의 정수를 나타내는 각각의 방식에서 '0'을 표현하면 다음과 같다.

구분	−0	표현하는 방법
부호화 절댓값	1000	0의 절댓값을 이진수로 나타낸 '000'에 최상위 비트 1을 덧붙임.
1의 보수법	1111	최상위 비트는 '1'로 표시하고, 데이터 비트는 각 자리의 수(000)에 대한 1의 보수 '111'로 나타냄.
2의 보수법	0000	1의 보수 '111'에 데이터 비트 '1'을 더하여 '1000'이 되고, 최상위 비트에 1을 덧붙여 '10000'이 됨. 초과된 비트는 버려야 하므로 '0000'으로 나타냄.

STEP A　3. 통증 신호의 전달 과정　　본문 153~156쪽

◎1 ⑤　　◎2 ①　　◎3 ④　　◎4 ①　　◎5 ②

■ 핵심 키워드: # 통증 # 통각 수용기 # 통증 신호 # 신경 전달 물질

■ 문단별 중심 내용 & 구조도

1 통증을 받아들이는 통각 수용기의 분포와 기능	**2** 통각 수용 신경 섬유인 Aδ 섬유, C 섬유의 특징

3 통증 신호의 전달 과정
4 신경 전달 물질인 서브스턴스 P의 기능
5 진통 신경 전달 물질의 기능

■ 주제: 자극에 따른 통증 신호의 전달 과정과 통증 억제 시스템

1　**01** 통각 수용기는 감각 신경의 말단에 위치하여 자극을 받아들인다.

○ [3문장] 자극은 온몸에 퍼져 있는 감각 신경의 말단에서 받아들이며, 이 신경 말단을 통각 수용기라 한다고 하였다.

02 우리 몸은 통증을 유발하는 자극이 지속적으로 일어나면 감각 적응 현상이 일어나 위험한 상황에 대응할 수 없게 된다.

✕ [6문장] 후각이나 촉각 수용기는 감각 적응 현상이 일어나지만, 통각 수용기는 감각 적응 현상이 거의 일어나지 않아서 우리 몸은 위험한 상황에 대응할 수 있다고 하였다.

2　**03** Aδ 섬유보다 C 섬유가 우리 몸에 광범위하게 분포되어 있다.

✕ [9문장] C 섬유는 기계적 자극, 높은 온도에 의한 자극만이 아니라 화학적 자극에도 반응하는 통각 수용기가 분포되어 있다고 하였지만, 이를 통해 A

δ 섬유보다 C 섬유가 광범위하게 분포되어 있는지는 알 수 없다.

04 Aδ 섬유는 화학적 자극에는 반응하지 않는다.

○ [9문장] Aδ 섬유가 아닌 C 섬유에 화학적 자극에 반응하는 통각 수용기가 분포되어 있다.

05 Aδ 섬유와 C 섬유 중 어떤 섬유를 따라 전도된 통증 신호인가에 따라 대뇌 피질에서 느끼는 통증이 다르다.

○ [10, 11문장] Aδ 섬유를 따라 전도된 통증 신호는 날카롭고 쑤시는 듯한 짧은 초기 통증을 느끼게 하고, C 섬유를 따라 전도된 통증 신호는 욱신거리고 둔한 지연 통증을 느끼게 한다.

06 C 섬유는 직경이 작고 전도 속도가 느리기 때문에 통증 신호가 대뇌 피질로 전달되지 않는다.

✕ [11, 13문장] C 섬유가 직경이 작고 전도 속도가 느리기 때문에 이를 따라 전도된 통증 신호는 대뇌 피질에서 욱신거리고 둔한 지연 통증을 느끼게 한다.

3　**07** 자극에 의한 통증 신호는 [통각 수용기 → 1차 신경 섬유 → 2차 신경 섬유 → 시상 → 대뇌]로 전달된다.

○ [14, 18문장] 통각 수용기가 받아들인 자극이 전기적 신호로 변환되어 1차, 2차 신경 섬유로 전도된 후 시상을 거쳐 중추인 대뇌로 전달됨으로써 대뇌가 통증을 인식하게 한다.

08 글루탐산은 1차 신경 섬유를 따라 전도된 통증 신호를 2차 신경 섬유로 전달되게 한다.

○ [16문장] 글루탐산은 신경 전달 물질이며, 통증 신호를 2차 신경 섬유로 전달되게 하기 위해 분비된다.

09 2차 신경 섬유에 있는 AMPA 수용체를 활성화시키기 위해서는 글루탐산이 주기적으로 분비되어야 한다.

✕ [17문장] 소량의 글루탐산으로 AMPA 수용체가 활성화된다고 하였을 뿐, 활성화를 위해 글루탐산이 주기적으로 분비되어야 한다고 하지는 않았다.

10 통증 신호가 전달될 때, AMPA 수용체보다 NMDA 수용체가 먼저 활성화된다.

✕ [19문장] NMDA 수용체는 마그네슘 이온에 의해 억제되어 있기 때문에 AMPA 수용체가 먼저 활성화되어 나트륨 이온이 유입되면 뒤이어 NMDA 수용체가 활성화된다고 하였다.

11 칼슘 이온은 통증 신호의 전달을 원활하게 하고, 통각 수용기의 민감도도 높인다.

✕ [20문장] 칼슘 이온으로 인해 대뇌 피질로 통증 신호의 전달은 일어나지 않는다고 하였다. 그러나 통각 수용기의 민감도는 높아진다고 하였다.

4　**12** 서브스턴스 P의 분비는 NK 수용체의 활성화에 영향을 미친다.

○ [21문장] 서브스턴스 P는 2차 신경 섬유에 있는 NK 수용체를 활성화시킨다고 하였다.

13 2차 신경 섬유에 있는 수용체는 종류에 따라 활성화시키는 신경 전달 물질도 다르다.

○ [17, 21문장] AMPA 수용체는 글루탐산에 의해 활성화되고, NK 수용체는 서브스턴스 P에 의해 활성화된다.

5　**14** 진통 신경 전달 물질은 아편 수용체와 결합하여 통증 신호의 전달을 억제한다.

○ [24문장] 진통 신경 전달 물질은 아편 수용체와 결합하여 서브스턴스 P가 분비되는 것을 억제함으로써 통증 신호가 2차 신경 섬유로 전달되지 못하도록 한다.

15 엔도르핀이 분비되면 자극을 받아도 통증을 느끼지 못할 수 있다.

○ [25문장] 엔도르핀은 진통 신경 전달 물질의 하나로, 아편 수용체와 결합하여 서브스턴스 P가 분비되는 것을 억제함으로써 통증을 완화시키거나 느끼지 못하게 할 수 있다.

⓪1

정답 분석   **정답 ⑤**

1문단에서 '통각 수용기에는 지속적인 자극에 대해 감각 적응 현상이 거의 일어나지 않는다.'라고 하였다. 즉, 통각 수용기에서는 수용기의 반응이 감소되는 감각 적응 현상이 거의 일어나지 않으므로, 이로 인해 지속적인 자극에 의한 통증이 완화되는 것도 아니다.

팩트✓체크 **1** [6]하지만 통각 수용기에는 지속적인 자극에 대해 감각 적응 현상이 거의 일어나지 않는다.

오답 분석

① 2문단에서 'Aδ 섬유는 직경이 크고 전도 속도가 빠르며, C 섬유는 직경이 작고 전도 속도가 느리다.'라고 하였다.

팩트✓체크 **2** [13]Aδ 섬유는 직경이 크고 전도 속도가 빠르며, C 섬유는 직경이 작고 전도 속도가 느리다.

② 1문단에서 통각 수용기는 피부에 가장 많아 피부에서 발생한 통증은 위치를 확인하기 쉽지만, 통각 수용기가 많지 않은 내장 부위에서 발생한 통증은 위치를 정확히 확인하기 어렵다고 하였다.

팩트✓체크 **1** [4]통각 수용기는 피부에 가장 많아 피부에서 발생한 통증은 위치를 확인하기 쉽지만, 통각 수용기가 많지 않은 내장 부위에서 발생한 통증은 위치를 정확히 확인하기 어렵다.

③ 5문단에서 '망상체에서 1차 신경 섬유의 말단으로 뻗어 있는 신경 섬유 말단'이라고 한 것을 통해 알 수 있다.

팩트✓체크 **5** [23]한편 망상체에서 1차 신경 섬유의 말단으로 뻗어 있는 신경 섬유 말단에서는 엔도르핀, 엔케팔린, 다이노르핀 같은 진통 신경 전달 물질을 분비한다.

④ 2문단에서 'Aδ 섬유에는 기계적 자극이나 높은 온도 자극에 반응하는 통각 수용기가 분포되어 있으며, C 섬유에는 기계적 자극이나 높은 온도 자극뿐만 아니라 화학적 자극에도 반응하는 통각 수용기가 분포되어 있다.'라고 하였다. 따라서 Aδ 섬유와 C 섬유 모두 기계적 자극이나 높은 온도 자극에 반응하는 통각 수용기가 분포되어 있음을 알 수 있다.

팩트✓체크 **2** [9]Aδ 섬유에는 기계적 자극이나 높은 온도 자극에 반응하는 통각 수용기가 분포되어 있으며, C 섬유에는 기계적 자극이나 높은 온도 자극뿐만 아니라 ~

⓪2

정답 분석   **정답 ①**

2문단에서 'C 섬유를 따라 전도된 통증 신호가 대뇌 피질로 전달되면, 대뇌 피질에서는 욱신거리고 둔한 지연 통증을 느낀다.'라고 하였다. 따라서 C 섬유를 따라 전도된 통증 신호는 대뇌 피질로 전달됨을 알 수 있다.

팩트✓체크 **2** [11]C 섬유를 따라 전도된 통증 신호가 대뇌 피질로 전달되면, 대뇌 피질에서는 욱신거리고 둔한 지연 통증을 느낀다.

오답 분석

② 3문단에서 1차 신경 섬유와 2차 신경 섬유는 척수에서 서로 시냅스를 이룬다고 하였다.

팩트✓체크 **3** [15]1차 신경 섬유와 2차 신경 섬유는 척수에서 서로 시냅스를 이루고 있어 통증 신호의 전달을 위해서는 1차 신경 섬유에서 신경 전달 물질이 분비되어야 한다.

③ 2문단에서 'Aδ 섬유를 따라 전도된 통증 신호가 대뇌 피질로 전달되면, 대뇌 피질에서는 날카롭고 쑤시는 듯한 짧은 초기 통증을 느끼고', 'C 섬유를 따라 전도된 통증 신호가 대뇌 피질로 전달되면, 대뇌 피질에서는 욱신거리고 둔한 지연 통증을 느낀다.'라고 하였다.

④ 4문단에서 통증 신호가 대뇌변연계로 전달되면 자율 신경과 내분비계를 자극하여 통증으로 인한 행동이나 감정 반응을 일으킨다고 하였다.

팩트✓체크 **4** [22]통증 신호는 시상을 거쳐 대뇌 피질로 들어가 통증을 느끼게 하고, 망상체와 시상 하부 등 뇌의 여러 부분을 포함하는 대뇌변연계로 전달되어 자율 신경과 내분비계를 자극하여 통증으로 인한 행동이나 감정 반응을 일으킨다.

⑤ 3문단에서 글루탐산은 1차 신경 섬유 말단에서 분비된다고 하였고, 4문단에서 서브스턴스 P는 1차 신경 섬유 말단에서 분비된다고 하였다.

팩트✓체크 **3** [16]신경 전달 물질인 글루탐산은 1차 신경 섬유 말단에서 분비되어 ~
4 [21]신경 전달 물질 서브스턴스 P는 1차 신경 섬유 말단에서 분비되어 ~

⓪3

정답 분석   **정답 ④**

3문단에서 'NMDA 수용체도 활성화되어 나트륨 이온뿐만 아니라 칼슘 이온도 유입된다. 이 경우 칼슘 이온으로 인해 대뇌 피질로 통증 신호의 전달은 일어나지 않지만'이라고 하였다. 즉, NMDA 수용체(ⓒ)에 의해 칼슘 이온이 유입되지만 이로 인해 통증 신호가 대뇌 피질까지 전달되는 것은 아니다.

팩트✓체크 **3** [20]이 경우 칼슘 이온으로 인해 대뇌 피질로 통증 신호의 전달은 일어나지 않지만 통각 수용기의 민감도가 높아져 약한 자극에 대해서도 통각 수용기가 예민하게 반응하게 한다.

① 3문단에서 AMPA 수용체와 NMDA 수용체는 2차 신경 섬유에 있다고 하였다.

> 팩트✔체크 3 [16]~ 2차 신경 섬유에 있는 AMPA 수용체 및 NMDA 수용체와 결합하여 수용체를 활성화시킨다.

② 3문단에서 글루탐산은 1차 신경 섬유 말단에서 분비되어 AMPA 수용체와 결합하여 수용체를 활성화시킨다고 하였다.

> 팩트✔체크 3 [16]신경 전달 물질인 글루탐산은 1차 신경 섬유 말단에서 분비되어 ~
> [17]~ 소량의 글루탐산에는 AMPA 수용체만 먼저 활성화된다.

③ 3문단에서 NMDA 수용체는 마그네슘 이온에 의해 억제되어 있다고 하였다.

> 팩트✔체크 3 [17]그런데 NMDA 수용체는 마그네슘 이온에 의해 억제되어 있어 ~

⑤ 3문단에서 AMPA 수용체가 글루탐산과 결합하여 활성화되면 나트륨 이온이 유입된다고 했고, AMPA 수용체에 의해 나트륨 이온이 유입되면 뒤이어 NMDA 수용체도 활성화된다고 하였다.

> 팩트✔체크 3 [18]AMPA 수용체가 활성화되면 2차 신경 섬유로 나트륨 이온이 유입되어 ~
> [19]AMPA 수용체에 의해 나트륨 이온이 유입되면 뒤이어 NMDA 수용체도 활성화되어 나트륨 이온뿐만 아니라 칼슘 이온도 유입된다.

0**4**

정답 분석 정답 ①

1문단에서 통각 수용기는 자극을 받아들이는 감각 신경 말단이라고 하였고, <보기>에서 아스피린은 통각 수용기가 활성화되는 데 필요한 역치를 낮추는 프로스타글란딘의 생성을 억제한다고 하였다. 이를 통해 아스피린은 통각 수용기의 활성화를 어렵게 하여 자극을 잘 받아들이지 못하게 한다는 점을 이끌어 낼 수 있다. 한편 5문단에서 엔도르핀은 1차 신경 섬유의 말단에 있는 아편 수용체와 결합함으로써 서브스턴스 P의 분비를 억제하여 통증 신호가 2차 신경 섬유로 전달되지 못하도록 한다고 하였고, <보기>에서 모르핀은 엔도르핀의 분자 구조와 유사하여 아편 수용체와 잘 결합한다고 하였다. 이를 통해 모르핀은 엔도르핀처럼 아편 수용체와 결합하여 통증 신호의 전달을 억제한다는 점을 이끌어 낼 수 있다.

> 팩트✔체크 1 [3]이러한 자극은 온몸에 퍼져 있는 감각 신경의 말단에서 받아들이는데, 이 신경 말단을 통각 수용기라 한다.
> 5 [24]이 물질은 1차 신경 섬유의 말단에 있는 아편 수용체와 결합함으로써 1차 신경 섬유에서 서브스턴스 P가 분비되는 것을 억제하여 통증 신호가 2차 신경 섬유로 전달되지 못하도록 한다.

0**5**

정답 분석 정답 ②

'조직 손상이 일어나거나'에서 '일어나다'는 '자연이나 인간 따위에게 어떤 현상이 발생하다.'의 의미이다. '오한과 두통이 일어났다.'의 '일어났다'도 이와 유사한 의미로 쓰인 것이다.

오답 분석

① '잠에서 깨어나다.'의 의미로 쓰인 예이다.

③ '위로 솟거나 부풀어 오르다.'의 의미로 쓰인 예이다.

④ '약하거나 희미하던 것이 성하여지다.'의 의미로 쓰인 예이다.

⑤ '누웠다가 앉거나 앉았다가 서다.'의 의미로 쓰인 예이다.

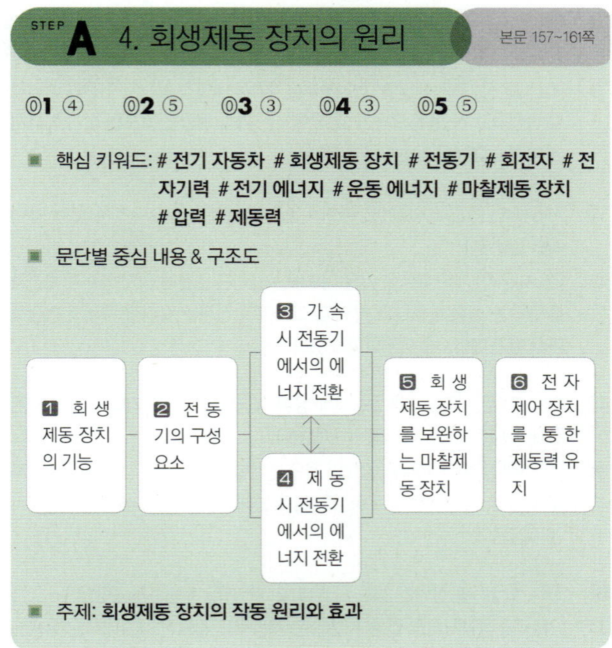

1 **01** 회생제동 장치는 전기 자동차의 운행 거리를 늘려 주는 기능을 한다.
O [1, 2문장] 회생제동 장치는 한 번 충전으로 운행할 수 있는 거리가 짧다는 전기 자동차의 단점을 보완하는 장치라고 하였다. 따라서 운행 거리를 늘려 주는 기능을 한다는 것을 알 수 있다.

02 회생제동 장치는 전기 자동차의 에너지 효율을 높인다.
O [3문장] 회생제동 장치는 일반적인 제동 장치와 달리 버려지는 에너지를 자동차의 운행에 다시 사용할 수 있게 해 준다고 하였으므로, 에너지 효율을 높인다고 볼 수 있다.

2 **03** 전동기에 자기장을 형성하려면 전류가 흘러야 한다.
X [6문장] 전동기는 영구자석과 회전자로 구성되어 있다고 하였고, 영구자석 사이에는 항상 자기장이 형성되어 있다고 하였다. 따라서 전동기에 전류가 흐르지 않아도 항상 자기장이 형성되어 있다.

04 배터리에서 나오는 전류는 회전자에 전달된다.
O [7문장] 회전자는 배터리에서 나오는 전류가 흐를 수 있는 도선으로 감겨 있다고 하였으므로, 배터리에서 나오는 전류는 회전자에 전달됨을 알 수 있다.

05 회전축은 회전자와 자동차의 바퀴를 연결한다.

○ [7문장] 회전자는 자동차의 바퀴를 움직이는 회전축과 연결되어 있다고 하였고, 〈그림〉에서 알 수 있듯이 회전축은 회전자와 자동차의 바퀴를 연결한다.

③ 06 영구자석 사이의 자기장으로도 회전자를 회전시킬 수 있다.

✕ [6, 10문장] 2문단에서 영구자석 사이에 자기장은 항상 형성되어 있다고 하였지만, 회전자가 이로 인해 회전하지는 않았다. 3문단에서 알 수 있듯이 자기장들이 상호작용하여 전자기력이 발생하면 회전자가 회전하게 된다.

07 회전자의 회전 속도는 전류의 세기와 비례한다.

○ [11문장] 회전자의 회전력은 도선에 흐르는 전류의 세기가 셀수록 커진다고 하였으므로, 회전자의 회전력에 따른 회전 속도와 전류의 세기는 비례한다고 볼 수 있다.

08 가속 페달을 밟으면 전기 에너지가 역학적 에너지로 전환된다.

○ [12문장] 가속 페달을 밟으면 전동기에 의해 배터리에서 나오는 전기 에너지가 바퀴를 움직이는 운동 에너지, 곧 역학적 에너지로 바뀐다.

④ 09 가속 또는 제동 페달을 밟을 때 전동기에서 에너지의 전환이 이루어진다.

○ [12, 13문장] 제동 페달을 밟으면 전동기에서 역학적 에너지가 전기 에너지로 바뀐다고 하였다. 그리고 3문단에서는 가속 페달을 밟으면 전기 에너지가 역학적 에너지로 바뀐다고 하였다.

10 제동 페달을 밟은 이후에는 바퀴의 운동 에너지가 회전자에서 전기 에너지로 전환된다.

○ [15, 16문장] 제동 페달을 밟은 이후에는 달리던 관성에 의해 바퀴가 회전자를 돌리는 상황이 된다고 하였다. 그리고 회전자는 자기장 속에서 회전하면서 전기 에너지를 만든다고 하였다.

11 제동 페달을 밟은 이후 전동기에 남아 있던 전기 에너지와 새로 생성된 전기 에너지는 모두 배터리에 저장된다.

✕ [17, 19문장] 제동 페달을 밟으면 전류가 차단되어 전기 에너지는 남아 있지 않게 된다. 다만 바퀴의 운동 에너지로 인해 생성된 전기 에너지가 배터리에 저장된다.

⑤ 12 회생제동 장치는 짧은 시간에 큰 제동력을 제공하지 못한다.

○ [21문장] 급정지처럼 짧은 시간에 큰 제동력이 필요한 상황에서는 회생제동 장치만으로는 필요한 제동력을 얻기 힘들다고 하였다.

⑥ 13 전자제어 장치는 제동에 필요한 제동력을 계산하여 회생제동 장치와 마찰제동 장치에 신호를 보낸다.

○ [24, 26문장] 전자제어 장치는 페달을 밟은 압력의 정도에 따라 제동에 필요한 전체 제동력을 계산하고, 이를 토대로 회생제동 장치와 마찰제동 장치에 신호를 보낸다고 하였다.

14 제동 페달을 밟은 압력이 강할수록 마찰제동의 정도는 작아질 것이다.

✕ [24~26문장] 제동 페달을 밟은 압력이 강하다는 것은 그만큼 필요한 제동력이 크다는 것이다. 따라서 마찰제동의 정도 역시 커질 것이다.

15 같은 압력으로 제동 페달을 밟았더라도, 배터리의 충전 상태에 따라 마찰제동의 정도는 달라질 수 있다.

○ [24, 25문장] 자동차 운행 상태와 배터리의 충전 상태 등을 고려하여 회생제동으로 얻을 수 있는 제동력을 계산하고, 이를 전체 제동력에서 뺀 나머지 제동력을 계산해 마찰제동 장치에 신호를 보낸다고 하였다. 따라서 배터리의 충전 상태에 따라 회생제동으로 얻을 수 있는 제동력이 달라지므로, 마찰제동의 정도 역시 달라질 것이다.

⓪1

정답 분석 　　　　　　　　　　　　　　　　　　**정답 ④**

2문단에서 '영구자석 사이에는 항상 자기장이 형성되어 있다.'라고 하였다. 그러므로 회전자의 회전력이 사라져도 영구자석 사이에 형성된 자기장은 사라지지 않음을 알 수 있다.

> 팩트✓체크 **2** ⁶전동기는 영구자석과 그 안쪽에서 회전할 수 있는 회전자로 구성되어 있는데, 영구자석 사이에는 항상 자기장이 형성되어 있다.

오답 분석

① 2문단에서 회전자는 배터리에서 나오는 전류가 흐를 수 있는 도선으로 감겨 있다고 하였고, 3문단에서 회전자의 도선에 전류가 흐르면 자기장이 생성된다고 하였다.

> 팩트✓체크 **2** ⁷회전자는 배터리에서 나오는 전류가 흐를 수 있는 도선으로 감겨 있고 ~
> **3** ⁹도선에 전류가 흐르면 자기장이 생성되고 ~

② 3문단에서 전자기력의 영향으로 도선이 힘을 받아 회전자는 회전하게 되고, 바퀴에 회전력이 전달되어 자동차가 움직이게 된다고 하였다.

> 팩트✓체크 **3** ¹⁰이렇게 발생된 전자기력의 영향으로 도선이 힘을 받아 회전자는 회전하게 되고, 회전축과 연결된 바퀴에 회전력이 전달되어 자동차가 움직이게 된다.

③ 5문단에서 대부분의 전기 자동차에는 회생제동 장치뿐만 아니라 일반 자동차에 사용되는 마찰제동 장치가 함께 장착되어 상호보완적으로 작동한다고 하였다. 따라서 전기 자동차에는 일반 자동차의 제동 장치가 장착되어 있고, 회생제동 장치까지 장착되어 있음을 알 수 있다.

> 팩트✓체크 **5** ²²따라서 대부분의 전기 자동차에는 회생제동 장치뿐만 아니라 일반 자동차에 사용되는 마찰제동 장치가 함께 장착되어 상호보완적으로 작동한다.

⑤ 6문단을 통해 전기 자동차의 제동력은 실시간으로 조정되어 전체 제동력이 일정하게 유지됨을 알 수 있다.

> 팩트✓체크 **6** ²⁷이 과정은 실시간으로 이루어지기 때문에 상황에 따른 전체 제동력은 일정하게 유지될 수 있다.

⓪2

정답 분석 　　　　　　　　　　　　　　　　　　**정답 ⑤**

전자제어 장치(ⓑ)는 페달을 밟은 압력의 정도에 따라 제동에 필요한 전체 제동력을 계산하는데, 이와 동시에 회생제동으로 얻을 수 있는 제동력과, 이를 전체 제동력에서 뺀 나머지 제동력을 계산해 낸다. 그리고 전자제어 장치는 회생제동 장치(ⓒ)에 신호를 보내 회생제동이 발생하도록 하는 한편, 마찰제동 장치(ⓓ)에 신호를 보내 마찰제동의 정도를 조절한다. 즉, 회생제동 장치에 신호를 보내는 주체는 전자제어 장치이며, 제동력의 크기를 계산하는 것 역시 전자제어 장치이므로, 마찰제동 장치가 회생제동 장치의 제동력을 계산하는 것은 아니다.

팩트✓체크 **6** [24]전자제어 장치는 이 신호를 바탕으로 페달을 밟은 압력의 정도에 따라 제동에 필요한 전체 제동력을 계산한다. [25]이와 동시에 현재 자동차 운행 상태와 배터리의 충전 상태 등을 고려하여 회생제동으로 얻을 수 있는 제동력과, 이를 전체 제동력에서 뺀 나머지 제동력을 계산해 낸다.

오답 분석

① 4문단에서 '제동 페달을 밟는 순간부터 배터리에서 전동기로 공급되는 전류가 차단되어 회전자의 도선에 전류가 흐르지 않게 되므로 회전자를 회전시키는 전자기력은 사라진다.'라고 하였고, '그러나 달리던 자동차의 관성으로 인해 바퀴는 일정 시간 굴러가기 때문에 바퀴가 회전자를 돌리는 상황이 된다.'라고 하였다. 이를 토대로 제동 페달을 밟게 되면 전기 에너지로 돌아가던 회전자는 운동 에너지에 의해 돌아가게 됨을 알 수 있다.

② 6문단에서 '운전자가 제동 페달을 밟으면 우선 페달에 있는 센서가 페달을 밟은 압력의 정도를 인식하여 전자제어 장치로 전기적 신호를 보낸다.'라고 하였다.

③ 6문단에서 '전자제어 장치는 이 신호를 바탕으로 페달을 밟은 압력의 정도에 따라 제동에 필요한 전체 제동력을 계산한다. 이와 동시에 현재 자동차 운행 상태와 배터리의 충전 상태 등을 고려하여 회생제동으로 얻을 수 있는 제동력과, 이를 전체 제동력에서 뺀 나머지 제동력을 계산해 낸다.'라고 하였으므로, 전자제어 장치에서 회생제동으로 얻을 수 있는 제동력을 계산하려면 제동페달로부터 받은 신호와 배터리 충전 상태 등을 고려해야 함을 알 수 있다.

④ 6문단에서 '이를 토대로 전자제어 장치는 회생제동 장치에 신호를 보내 이 신호가 배터리와 전동기의 연결을 차단하여 회생제동이 발생하도록' 한다고 하였으므로, 회생제동 장치가 전자제어 장치로부터 신호를 받으면 배터리와 전동기의 연결이 차단되어 제동력이 발생한다는 것을 알 수 있다.

0**3**

정답 분석 정답 ③

<보기>에서 ⓒ는 탑승카를 내려보내야 하는 상황에서 탑승카의 무게가 균형추보다 무거운 경우이다. 이때에는 중력에 의해 회전축이 회전하게 되어 전기 에너지가 만들어진다고 하였다. 즉, 도선에 공급되는 전류의 세기에 영향을 받지 않는다.

올라갈 때	ⓐ	균형추 무게＞탑승카 무게	중력
	ⓑ	균형추 무게＜탑승카 무게	전기
내려갈 때	ⓒ	균형추 무게＜탑승카 무게	중력
	ⓓ	균형추 무게＞탑승카 무게	전기

따라서 전류의 세기가 세서 회전자의 회전력의 커지는 경우는 전기 에너지를 사용하게 되는 상황(ⓑ, ⓓ)와 관련되며, 이 글에서는 가속 페달을 밟은 경우와 관련된다.

팩트✓체크 **3** [11]이때 회전자의 회전력은 도선에 흐르는 전류의 세기가 셀수록, 영구자석 사이의 자기장의 세기가 셀수록 커진다.

오답 분석

① ⓐ의 경우 균형추가 중력에 의해 움직여 회전축을 돌리는 역할을 한다. 이는 달리던 전기 자동차의 관성에 의해 회전하는 바퀴가 회전자를 돌려 전기 에너지가 만들어지는 것과 유사하다는 점에서 적절하다.

② ⓑ의 경우 전동기가 전기 에너지를 사용하여 탑승카를 움직이게(역학적 에너지) 하므로 적절하다.

④ ⓐ와 ⓒ 모두 전동기가 발전기의 기능을 하여 전기를 생산하는 경우이므로 적절하다.

⑤ ⓑ와 ⓓ 모두 전기를 사용하여 탑승카를 작동하는 경우에 해당하므로, 전기 자동차와 같이 전기를 공급하는 장치가 필요하다는 이해는 적절하다.

0**4**

정답 분석 정답 ③

4문단에서 회생제동이 일어날 때 제동 과정에서 만들어진 '전기' 에너지는 '전압변환 장치'의 작용을 통해 배터리에 저장된다고 하였고, 5문단에서 배터리가 완전히 충전된 상황에서는 생성된 전기 에너지를 저장할 수 없어 '회생'제동 장치가 작동하지 않는다고 하였다. 즉, 회생제동이 일어날 때에는 제동 과정에서 회전자를 돌리는 바퀴의 운동 에너지가 전기(㉮) 에너지로 전환되고, 이 전기 에너지는 전압변환 장치(㉯)의 작용을 통해 배터리에 저장되는 것이다. 그런데 배터리가 완전히 충전되면 전기 에너지를 저장할 곳이 없으므로 회생(㉰)제동 장치가 작동하지 않는다.

팩트✓체크 **4** [17]이때 도선으로 감긴 회전자가 영구자석에 의해 형성되어 있는 자기장 속에서 회전하면서 전자기 유도현상에 따라 전기 에너지가 만들어진다. [19]이렇게 만들어진 전기 에너지는 전압변환 장치의 작용을 통해 배터리에 저장되어야 비로소 회생제동의 효과가 발생해서 ~
5 [21]예를 들어 급정지처럼 짧은 시간에 큰 제동력이 필요한 상황에서는 회생제동 장치만으로는 필요한 제동력을 얻기 힘들고, 배터리가 완전히 충전된 상황에서는 생성된 전기 에너지를 저장할 수 없어 회생제동 장치가 작동하지 않는다.

0**5**

정답 분석 정답 ⑤

'전류가 흐르게 된다.'에서 '흐르다'는 '전기나 가스 따위가 선이나 관을 통하여 지나가다.'의 의미이다. '고압 가스가 흐른다.'에서 '흐른다'도 이와 유사한 의미로 사용되었다.

오답 분석

① '빛, 소리, 향기 따위가 부드럽게 퍼지다.'의 의미로 사용되었다.

② '새어서 빠지거나 떨어지다.'의 의미로 사용되었다.

③ '어떤 한 방향으로 치우쳐 쏠리다.'의 의미로 사용되었다.

④ '시간이나 세월이 지나가다.'의 의미로 사용되었다.

STEP **B** 1. 충전지의 충전 원리   본문 162~165쪽

01 ② **02** ② **03** ② **04** ③ **05** ⑤

■ 핵심 키워드: # 충전 # 방전 # 전압 # 전류 # 정전류 회로 # 최대 충전
시간 방식 # 전류 적산 방식 # 충전 상태 검출 방식

■ 문단별 중심 내용 & 구조도

| **1** 충전지의 종류와 공칭 전압 | **2** 과충전, 과방전의 문제점 | **3** 충전 회로의 작동 원리 | **4** 만충전 상태를 추정하여 충전을 중단하는 3가지 방식 |

■ 주제: 충전기를 통한 충전 원리와 과충전 방지 방법

1 01 충전지가 방전되면 전압이 상승하여 공칭 전압보다 높아진다.

✕ [3, 4문장] 충전지의 방전이 진행되면 전압은 감소한다고 하였다.

02 충전지의 평균 단자 전압은 전극 물질에 의해서 결정된다.

○ [5문장] 전극의 물질을 바꾸지 않는 한 공칭 전압, 곧 단자 전압의 평균은 변하지 않는다고 하였다. 이를 통해 전극 물질에 따라 충전지의 공칭 전압이 달라짐을 알 수 있다.

2 03 충전 양을 측정, 관리해야 하는 까닭은 충전지의 수명을 길게 하기 위해서이다.

○ [7, 8문장] 충전지는 최대 용량까지 충전하는 것이 효율적이며 과충전이나 과방전이 되면 충전지의 수명이 줄어들기 때문에 충전 양을 측정, 관리하는 것이 중요하다고 하였다.

04 충전지의 전압이 방전 하한 전압보다 낮아지면 금속 산화 물질이 누적될 수 있다.

✕ [8, 9문장] 충전지의 전압이 방전 하한 전압보다 낮아지는 것은 과방전 상태이다. 금속 산화 물질이 누적되는 것은 과충전 시 발열로 인해서이다.

05 충전지가 만충전에서 과충전 상태로 넘어가면 발열에 따른 위험성이 커진다.

○ [9문장] 충전지의 최대 용량을 넘어서는 과충전시에는 발열로 인해 누액이나 폭발의 위험이 있다고 하였다.

06 니켈 카드뮴 충전지는 일부만 방전한 후 충전하는 것을 반복해도 충전지의 최대 용량은 유지된다.

✕ [10문장] 니켈 카드뮴 충전지는 일부만 방전한 후 충전하는 것을 반복하면 충·방전할 수 있는 용량이 줄어든다고 하였으므로, 충전지의 최대 용량에도 영향을 끼친다.

3 07 충전기를 사용할 때에는, 충전지에 표시된 전압보다 전원 전압이 낮은 충전기를 사용해야 한다.

✕ [11문장] 충전기의 전원 전압은 공칭 전압보다 높은 전압을 사용한다고 하였다.

08 충전지의 단자 전압이 상승하면 유입되는 전류의 세기는 강해진다.

✕ [12문장] 단자 전압이 상승하면 유입되는 전류의 세기는 점점 줄어들게 된다고 하였다.

09 정전류 회로가 작동하지 않아서 충전 전류의 세기가 강해지면 충전지의 수명이 줄어든다.

✕ [12, 13문장] 정전류 회로가 작동하지 않으면 충전 전류의 세기는 점점 줄어들 것이다. 한편 2문단을 통해 충전지의 수명이 줄어드는 경우는 과충전, 과방전일 때임을 알 수 있다.

10 리튬 충전지를 충전할 때에는 정전류 회로와 정전압 회로가 동시에 작동한다.

✕ [15문장] 정전류 회로를 사용하여 충전하다가 만충전 전압에 이르면 정전압 회로로 전환된다고 하였다. 따라서 동시에 작동하는 것이 아니라 순차적으로 작동한다.

4 11 충전지를 안전하고 오래 사용하기 위해서 충전 중단 방식을 통해 충전지가 과충전되지 않게 한다.

○ [8, 9, 16문장] 2문단에서 과충전될 경우 충전지의 수명이 줄어들고 누액이나 폭발의 위험이 있다고 하였다. 이에 만충전 상태를 추정하여 충전을 중단하는 방식이 사용된다고 볼 수 있다.

12 만충전 상태에서 충전을 중단하기 위해서는 충전 전원을 차단하는 장치가 필요하다.

○ [17, 18, 21문장] 만충전 상태를 추정하여 충전을 중단한다는 것은 충전 전원을 공급하지 않는 것이다. 따라서 충전 시간이나 온도 등을 측정하여 충전 전원을 차단하는 장치가 있어야 한다.

13 전류 적산 방식에서 충전 전류의 세기가 일정할 경우, 충전지의 실제 충전 용량과 추정한 용량이 일치할 것이다.

○ [18문장] 전류 적산 방식은 일정한 시간 간격으로 전류의 세기를 측정하여 곱한 뒤, 모두 더한 값이 충전지의 충전 용량에 이르면 전원을 차단한다고 하였다. 따라서 충전 전류의 세기가 일정하다면 충전지의 실제 충전 용량과 추정한 용량이 일치할 것이다.

14 충전 상태 검출 방식은 외부 요인으로 인해 충전지 표면의 온도가 올라가도 만충전 여부를 정확하게 판단할 수 있다.

✕ [19문장] 충전 상태 검출 방식은 충전지의 단자 전압과 충전지 표면의 온도를 측정하여 만충전 여부를 판정한다고 하였으므로, 외부 요인으로 인해 충전지 표면의 온도가 올라가면 만충전 여부를 정확히 추정하기 어려울 것이다.

15 충전 상태 검출 방식에서 충전지의 단자 전압은 만충전에 이를 때까지 지속적으로 상승한다.

✕ [22문장] 만충전 상태에 가까워지면 단자 전압이 다소 감소한다고 하였다.

01

정답 분석   정답 ②

1문단에서 '공칭 전압'은 단자 전압의 평균을 의미하고, 방전이 진행되면 전압은 감소한다고 했다. 따라서 방전 시에는 충전지의 전압이 감소하므로 단자 전압이 그 평균인 공칭 전압보다 낮을 수 있다.

팩트✓체크 **1** [3]충전지가 방전될 때 양극 단자와 음극 단자 간에 전위차, 즉 전압이 발생하는데, 방전이 진행되면서 전압이 감소한다.

오답 분석

① 2문단에서 '과충전'이나 '과방전'으로 인해 충전지의 수명이 줄어든다고 하였으므로 적절하지 않다.

팩트✓체크 **2** [8]최대 용량을 넘어서 충전하는 과충전이나 방전 하한 전압 이하까지 방전시키는 과방전으로 인해 충전지의 수명이 줄어들기 때문에 충전 양을 측정·관리하는 것이 중요하다.

③ 3문단에서 회로에 입력되는 전압이 변해도 출력되는 전압을 일정하게 해주는 것이 정전압 회로라고 하였다. 따라서 전압 회로에서 입력되는 전압이 변해도 출력되는 전압은 일정하다.

④ 1문단에서 전극의 물질을 바꾸지 않는 한 충전지의 평균적인 전압인 공칭 전압은 변하지 않는다고 하였으므로, 전극의 물질을 바꾸면 충전지의 평균적인 단자 전압은 변한다.

⑤ 2문단에서 '니켈 카드뮴 충전지'는 다른 충전지와 달리 메모리 효과가 있어서 일부만 방전한 후 충전하는 것을 반복하면 충전과 방전을 할 수 있는 용량이 줄어든다고 하였다.

◉2

정답 분석　　　　　　　　　　　　　　　　　　　　　　　　정답 ②

2문단에서 충전지의 수명이 줄어드는 경우는 최대 용량을 넘어서 충전하는 과충전이나 방전 하한 전압 이하까지 방전시키는 과방전일 때라고 하였다. 충전지에 표시된 충전 허용 전류보다 충전 전류의 세기가 강할 때에도 충전지의 수명이 줄어드는지는 이 글을 통해 알 수 없다.

오답 분석

① 3문단에서 충전에 사용하는 충전기의 전원 전압은 충전지의 공칭 전압보다 높은 전압을 사용한다고 하였으므로 적절하다.

③ 2문단에서 발열이 되면 누액이나 폭발의 위험이 있다고 하였으므로 적절하다.

④ 1문단에서 충전지는 충전과 방전을 통해 반복적으로 사용할 수 있음을 알 수 있다. 다만 2문단에 의하면 니켈 카드뮴 충전지는 메모리 효과가 있어서 일부만 방전한 후 충전하는 것을 반복하면 충·방전 용량이 줄어든다고 하였다. 그러나 리튬 충전지에 대해서는 그러한 언급이 없으므로 충전지를 사용하다가 수시로 충전해도 무방할 것이라 볼 수 있다.

⑤ 2문단에서 과방전 시 충전지의 수명이 줄어든다고 하였으므로

적절하다.

◉3

정답 분석　　　　　　　　　　　　　　　　　　　　　　　　정답 ②

4문단에서 전류 적산 방식은 일정한 시간 간격으로 충전 전류의 세기를 측정하여 각각의 값에 시간 간격을 곱한 것을 모두 더한 값을 이용한다고 하였다. 시간 간격이 일정하므로, 충전 전류의 세기도 일정하다면 추정한 충전 양과 실제 충전 양은 일치할 것이다. 그러나 충전 전류의 세기가 일정하지 않고 변한다면 추정한 충전 양과 실제 충전 양의 차이가 커질 것이다.

오답 분석

① 최대 충전 방식은 충전이 시작된 후 완전 방전에서 만충전될 때까지 소요될 것으로 추정되는 시간을 이용한다고 했다. 따라서 만약 '완전 방전이 되지 않은 상태'라면 완전 방전 상태일 때보다 더 짧은 시간에 충전이 완료될 것이다. 이 상황에서 최대 충전 방식을 적용하면, 필요한 충전 시간보다 충전지가 더 오래 충전되어 과충전이 발생할 것이다.

③ 충전 상태 검출 방식 중 전압 강하를 검출하는 방식은 전압 강하가 검출이 가능할 만큼 크게 나타나야 하는데, 4문단에서 그와 같은 것은 니켈 카드뮴 충전지뿐이라고 하였으므로, 이 방식은 여러 충전지를 두루 충전하는 충전기에는 사용하기에 적절하지 않을 것이다.

④ 충전 상태 검출 방식 중 온도로 상태를 파악하는 방식은 충전지의 단자 표면의 온도가 올라가는 현상을 이용하여 충전 완료 시점을 추정하는데, 만약 주변 환경이 충전지 표면 온도에 영향을 줄 수 있다면 충전 완료 시점을 정확히 추정하기 어려울 것이다.

⑤ 만충전 방식을 추정하여 충전을 중단하고자 할 때, 만충전 상태를 추정한다 하더라도 충전 전원을 차단할 수단이 없다면 과충전을 방지하는 데 한계가 있을 것이다.

0**4**

정답 분석　　　　　　　　　　　　　　　　　　　　　　정답 ③

4문단에서 '충전 양이 만충전 용량의 80%에 이르면 발열량이 많아져 단자 전압과 온도가 급격히 올라'가며, '만충전 상태에 가까워지면 단자 전압이 다소 감소한다.'라고 하였다. 따라서 그래프에서 ㉓는 단자 전압의 최고 상태에 이른 부분이므로 이 지점을 만충전 상태로 볼 수는 없다. 단자 전압이 최고 상태에서 다소 감소한 ㉔ 지점을 만충전 상태로 보는 것이 적절하다.

팩트✓체크 **4** [21]충전 양이 만충전 용량의 약 80%에 이르면 발열량이 많아져 단자 전압과 온도가 급격히 올라간다. [22]만충전 상태에 가까워지면 단자 전압이 다소 감소하는데 일정 수준으로 감소한 시점을 만충전에 도달했다고 추정하여 충전 전원을 차단한다.

오답 분석

① 1문단에서 공칭 전압은 전극의 물질에 따라 납 충전지, 니켈 충전지, 리튬 충전지의 경우 각각 2V, 1.2V, 3.6V라고 하였다. 그래프에서 단자 전압이 0.8V에서 출발하므로, ㉠에서는 단자 전압이 공칭 전압 이하인 상태에서 충전이 시작된다고 볼 수 있다.

　팩트✓체크 **1** [6]납 충전지의 공칭 전압은 2V, 니켈 충전지는 1.2V, 리튬 충전지는 3.6V이다.

---

② 4문단에서 충전지에 충전 전류가 유입되면 충전이 시작되어 단자 전압과 온도가 서서히 올라간다고 하였으므로 충전 전류가 유입되고 있는 ㉡에서는 온도가 상승할 것이다. 또한 3문단에서는 충전이 이루어지면서 충전지의 단자 전압이 상승하여 유입되는 전류의 세기가 점점 줄어드는 것을 막기 위해 충전의 세기를 일정하도록 하는 정전류 회로가 사용된다고 하였는데 ㉠~㉣에서는 충전 전류가 일정하므로 정전류 회로가 작동하고 있다고 볼 수 있다.

　팩트✓체크 **3** [13]그러므로 이를 막기 위해 충전기에는 충전 전류의 세기가 일정하도록 하는 정전류 회로가 사용된다.
　4 [20]충전지에 충전 전류가 유입되면 충전이 시작되어 단자 전압과 온도가 서서히 올라간다.

---

④ 그래프에서 단자 전압이 급격히 올랐다가 ㉣에서 다소 감소하고, 충전 전류가 0으로 급격히 떨어졌으므로 ㉣는 만충전 상태가 되어 정전류 회로가 멈추고 전원이 차단되었다고 볼 수 있다.

　팩트✓체크 **4** [22]만충전 상태에 가까워지면 단자 전압이 다소 감소하는데 일정 수준으로 감소한 시점을 만충전에 도달했다고 추정하여 충전 전원을 차단한다.

---

⑤ ㉤는 그래프에서 충전 전류가 흐르지 않고 있으므로 충전이 멈춘 상태이며, 그래프의 전압이 서서히 떨어지고 있다. 1문단에서 방전이 진행되면 전압이 감소한다고 하였으므로, 방전이 진행되고 있다고 볼 수 있다.

　팩트✓체크 **1** [3]충전지가 방전될 때 양극 단자와 음극 단자 간에 전위차, 즉 전압이 발생하는데, 방전이 진행되면서 전압이 감소한다.

0**5**

정답 분석　　　　　　　　　　　　　　　　　　　　　　정답 ⑤

ⓐ의 '통해'는 '어떤 과정이나 경험을 거치다.'라는 의미로 쓰였는데, '실습을 통해'의 '통해' 역시 이 의미로 쓰였다. ⓑ의 '통해'는 '어떤 사람이나 물체를 매개로 하다.'라는 의미로 쓰였는데, '망원경을 통해'의 '통해' 역시 이 의미로 쓰였다.

오답 분석

① '그런 식은 안 통한다.'의 '통하다'는 '어떤 행위가 받아들여지다.'의 의미이며, '전류가 통한다'의 '통하다'는 '어떤 것이 지나가다.'의 의미이다.

② '그와 나는 서로 통하는'의 '통하다'는 '마음이 서로 통하다.'의 의미이며, '청년기를 통해'의 '통하다'는 '일정한 기간에 걸치다.'의 의미이다.

③ '길과 통해'의 '통하다'는 '어떤 곳으로 이어지다.'의 의미이며, '비상구를 통해'의 '통하다'는 '어떤 길이나 공간 따위를 거쳐서 지나가다.'의 의미이다.

④ '바람이 잘 통해'의 '통하다'는 '막힘이 없이 들고나다.'의 의미이며, '얄팍한 수는 나에게 통하지 않는다.'의 '통하다'는 '어떤 행위가 받아들여지다.'의 의미이다.

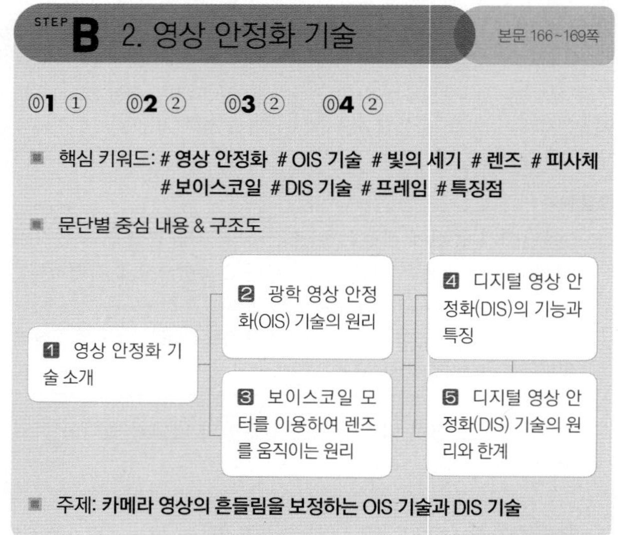

1　**01**　영상 안정화 기술은 디지털 카메라의 기술적인 결함을 보완하기 위해 개발되었다.

✕　[2문장] 흔들리는 영상이 만들어지는 것은 손이 떨리거나 걷고, 뛰어 촬영하여 발생하는 것이므로, 디지털 카메라의 기술적인 결함과는 관련이 없다.

2　**02**　빛이나 소프트웨어를 이용하는 기술로 영상의 흔들림을 안정화할 수 있다.

〇　[3문장] 영상 안정화 기술에는 빛을 이용하는 광학적 기술과 소프트웨어를 이용하는 디지털 기술이 있다고 하였으므로, 빛이나 소프트웨어를 이용하는 기술로 영상의 흔들림을 안정화시킬 수 있음을 알 수 있다.

03　OIS 기술의 렌즈 모듈은 어두운 곳에서도 안정된 영상을 얻기 위해 여러 개의 렌즈들로 구성되었을 것이다.

○ [5, 6문장] 일반적으로 카메라는 렌즈를 통해 빛이 들어온다고 하였고, 빛의 세기에 비례하여 전기 신호가 발생한다고 하였다. 그런데 어두운 곳에서는 빛의 세기가 적어 전기 신호가 발생하기 어려울 것이다. 따라서 렌즈 모듈에 여러 개의 렌즈들이 있는 것은 여러 군데에서 빛을 받아들여 어두운 곳에서도 안정된 전기 신호를 발생시키기 위함임을 이끌어 낼 수 있다.

04 일반적으로 카메라는 이미지 센서를 통해 빛의 세기를 전기 신호로 받아들인다.

○ [6문장] 빛이 이미지 센서에 닿아 피사체의 상이 맺히고, 화소마다 빛의 세기에 비례하여 발생한 전기 신호가 저장 매체에 영상으로 저장된다고 하였다.

05 OIS 기술이 작동될 때, 카메라가 움직이면 자이로 센서 → 렌즈 모듈 → 제어 장치 순으로 작동한다.

× [8, 9문장] OIS 기술이 작동되면 자이로 센서가 카메라의 움직임을 제어 장치에 전달하고, 제어 장치가 렌즈를 이동시킨다고 했다. 따라서 카메라가 움직이면 '자이로 센서 → 제어 장치 → 렌즈 모듈' 순으로 작동한다.

06 OIS 기술을 사용하더라도 보이스코일 모터가 없는 카메라 모듈도 있다.

○ [10문장] 보이스코일 모터는 렌즈를 움직이는 방법 중 하나이므로, 보이스코일 모터를 이용하지 않고 렌즈를 움직일 수도 있을 것이다.

07 자이로 센서가 카메라의 움직임을 감지하면 제어 장치는 보이스코일 모터에 전류가 흐르게 한다.

○ [8, 12문장] 2문단에서 자이로 센서가 카메라의 움직임을 감지하여 제어 장치에 전달한다고 하였고, 3문단에서 제어 장치에 의해 코일에 전류가 흘러서 그로 인해 발생한 힘으로 렌즈를 이동시킨다고 하였다.

08 카메라의 흔들림이 큰 상황에서는 DIS 기술보다 OIS 기술이 효과적이다.

× [15, 16문장] OIS 기술은 렌즈의 이동 범위에 한계가 있어 보정할 수 있는 움직임의 폭이 좁다고 하였고, DIS 기술은 역동적인 상황에서 촬영한 동영상에 적용할 때 좋은 결과를 얻을 수 있다고 하였다. 따라서 카메라의 흔들림이 큰 상황에서는 DIS 기술이 OIS 기술보다 효과적이라 할 수 있다.

09 OIS 기술은 촬영하는 과정에서 작동하지만, DIS 기술은 촬영한 후에 작동한다.

○ [7, 16문장] OIS 기술은 촬영할 때 카메라가 흔들리면 렌즈를 이동시켜 영상을 안정화하는 기술이고, DIS 기술은 촬영된 동영상에서 움직임을 보정하는 기술이다.

10 DIS 기술에서는 특징점이 적을수록 피사체의 움직임을 정밀하게 보정하기가 쉽다.

× [18문장] 특징점은 피사체의 움직임을 추정하는 기준이 된다. 따라서 특징점이 많을수록 피사체의 움직임을 정밀하게 보정할 수 있을 것이다.

11 DIS 기술에서 특징점은 주변과의 밝기 차이가 뚜렷이 구별되어야 한다.

○ [19문장] DIS 기술에서 주위와 밝기가 뚜렷이 구별되고, 영상이 이동하거나 회전해도 그 밝기 차이가 유지되는 부분이 특징점으로 선택된다고 하였다.

12 카메라의 흔들림이 클수록, 두 프레임 사이에서 같은 특징점의 이동 거리가 짧다.

× [21문장] 카메라의 흔들림이 클수록 피사체의 위치가 크게 달라지므로, 특징점 역시 많이 이동하게 된다.

13 DIS 기술은 흔들린 위치 차이만큼 영상을 이동시키거나 회전시켜 움직임을 부드럽게 한다.

○ [22문장] DIS 기술은 흔들림이 발생한 곳으로 추정되는 프레임에서 위치 차이만큼 보정하여 흔들림의 영향을 줄인다고 하였고, 영상을 보정하는 과정에서 영상을 회전한다고 하였다.

14 특징점의 수가 늘어날수록 보정에 필요한 시간이 많이 소요된다.

○ [23문장] 특징점의 수가 늘어날수록 연산이 더 오래 걸린다고 하였다.

15 DIS 기술은 영상의 크기가 작아지거나 화질이 떨어진다는 한계를 지닌다.

○ [25문장] 영상을 보정하는 과정에서 프레임들의 크기가 작아진다고 하였고, 원래의 프레임 크기를 유지하려면 화질은 떨어진다고 하였다.

01

정답 분석　　　　　　　　　　　　　　　　　　　　　　정답 ①

4문단과 5문단을 통해 디지털 영상 안정화 기술은 소프트웨어를 이용하여 프레임 간 피사체의 위치 차이를 줄여 영상을 보정하는 기술임을 알 수 있다. 한편 3문단에서 설명한 바와 같이 이미지 센서를 이동시켜 영상을 보정하는 기술은 광학 영상 안정화 기술이다. 따라서 디지털 영상 안정화 기술이 이미지 센서를 이동시킨다는 내용은 적절하지 않다.

팩트✓체크　**3** [14]이외에도 카메라가 흔들릴 때 이미지 센서를 움직여 흔들림을 감쇄하는 방식도 이용된다.
4 [16]디지털 영상 안정화(DIS) 기술은 촬영 후에 소프트웨어를 사용해 흔들림을 보정하는 기술로 ~
5 [22]그리고 흔들림이 발생한 곳으로 추정되는 프레임에서 위치 차이만큼 보정하여 흔들림의 영향을 줄이면 보정된 동영상은 움직임이 부드러워진다.

오답 분석

② 2문단의 '일반적으로 카메라는 렌즈를 통해 들어온 빛이 이미지 센서에 닿아 피사체의 상이 맺히고'를 통해, 광학 영상 안정화 기술을 사용하지 않는 일반적인 카메라에도 이미지 센서가 필요하다는 것을 알 수 있다.

③ 5문단의 '위치 차이만큼 보정하여 흔들림의 영향을 줄이면 보정된 동영상은 움직임이 부드러워진다.'를 통해, 연속된 프레임에서 동일한 피사체의 위치 차이가 작을수록 동영상의 움직임이 부드러워진다는 것을 알 수 있다.

④ 2문단의 '일반적으로 카메라는 렌즈를 통해 들어온 빛이 이미지 센서에 닿아 피사체의 상이 맺히고, 피사체의 한 점에 해당하는 위치인 화소마다 빛의 세기에 비례하여 발생 한 전기 신호가 저장 매체에 영상으로 저장된다.'를 통해 디지털 카메라의 저장 매체에는 이미지 센서 각각의 화소에서 발생하는 빛의 세기에 비례하여 발생한 전기 신호가 영상으로 저장됨을 알 수 있다.

⑤ 2문단의 '카메라가 흔들리면 이미지 센서 각각의 화소에 닿는 빛의 세기가 변한다.'를 통해, 손 떨림이 있을 때 이미지 센서 각각의 화소에 닿는 빛의 세기가 변한다는 것을 알 수 있다. 그리고 1문단에서 '손의 미세한 떨림로 인해 영상이 번져 흐려지고'라고 하였으므로, 보정 기능이 없다면 빛의 세기 변화로 인하여 영상이 흐려진다는 것을 알 수 있다.

　　　　　　　　　　　　　　　　　　정답 ②

2문단에서 자이로 센서는 이미지 센서 각각의 화소에서 빛의 세기 변화를 통해 카메라의 움직임을 감지하고, 움직임의 방향과 속도를 제어 장치에 전달한다고 하였다. 따라서 자이로 센서가 제어 장치에 전달하는 것은 이미지 센서에 맺히는 영상이 아니라 카메라의 움직임의 방향과 속도이다. 또한 이미지 센서에 피사체의 상이 맺히면 이미지 센서 각각의 화소에서 빛의 세기에 비례해 발생한 전기 신호가 저장 매체에 영상으로 저장된다고 하였다. 따라서 이미지 센서에 맺히는 것은 영상이 아니라 피사체의 상이다.

팩트✔체크 ❷ [6]일반적으로 카메라는 렌즈를 통해 들어온 빛이 이미지 센서에 닿아 피사체의 상이 맺히고, 피사체의 한 점에 해당하는 위치인 화소마다 빛의 세기에 비례하여 발생한 전기 신호가 저장 매체에 영상으로 저장된다. [8]이때 OIS 기술이 작동되면 자이로 센서가 카메라의 움직임을 감지하여 방향과 속도를 제어 장치에 전달한다.

오답 분석

① 2문단에서 OIS 기술을 사용하는 카메라 모듈의 구성 장치 중에는 렌즈를 움직이는 장치가 있음을 알 수 있고, 3문단에서 보이스코일 모터는 렌즈를 움직여서 동영상을 보정하는 장치라고 하였으므로 적절하다.

팩트✔체크 ❷ [4]광학 영상 안정화(OIS) 기술을 사용하는 카메라 모듈은 렌즈 모듈, 이미지 센서, 자이로 센서, 제어 장치, 렌즈를 움직이는 장치로 구성되어 있다.
❸ [10]렌즈를 움직이는 방법 중에는 보이스코일 모터를 이용하는 방법이 많이 쓰인다.

③ 3문단에서 보이스코일 모터를 포함한 카메라 모듈은 렌즈 주위에 코일과 자석이 배치되어 있고, 카메라가 흔들리면 제어 장치에 의해 코일에 전류가 흘러서 발생한 힘이 렌즈를 이동시켜 피사체의 상이 유지된다고 하였으므로 적절하다.

팩트✔체크 ❸ [12]카메라가 흔들리면 제어 장치에 의해 코일에 전류가 흘러서 자기장과 전류의 직각 방향으로 전류의 크기에 비례하는 힘이 발생한다. [13]이 힘이 렌즈를 이동시켜 흔들림에 의한 영향이 상쇄되고 피사체의 상이 유지된다.

④ 4문단에서 OIS 기술은 렌즈의 이동 범위에 한계가 있어 보정할 수 있는 움직임의 폭이 좁다고 했으므로, 자이로 센서가 카메라 움직임을 정확히 알려도 렌즈의 이동 범위에는 한계가 있을 것이다.

팩트✔체크 ❹ [15]OIS 기술이 손떨림을 훌륭하게 보정해 줄 수는 있지만 렌즈의 이동 범위에 한계가 있어 보정할 수 있는 움직임의 폭이 좁다.

⑤ 3문단에서 코일에서 발생한 힘이 렌즈를 이동시켜 흔들림에 의한 영향이 상쇄되어 피사체의 상이 유지되며, 이외에도 이미지 센서를 움직여 흔들림을 상쇄하는 방식도 이용된다고 한 것에서 알 수 있다.

팩트✔체크 ❸ [13]이 힘이 렌즈를 이동시켜 흔들림에 의한 영향이 상쇄되고 피사체의 상이 유지된다. [14]이외에도 카메라가 흔들릴 때 이미지 센서를 움직여 흔들림을 감쇄하는 방식도 이용된다.

　　　　　　　　　　　　　　　　　　정답 ②

4문단에서 '특징점으로는 피사체의 모서리처럼 주위와 밝기가 뚜렷이 구별되'는 부분이 선택된다고 하였으므로, 특징점으로 선택되는 점들과 주위 점들의 밝기 차이가 클수록(A) 특징점의 위치 추정이 유리할 것이다. 또한 '영상이 이동하거나 회전해도 그 밝기 차이가 유지되는 부분'이 선택된다고 하였으므로, 영상이 흔들리기 전의 밝기 차이와 후의 밝기 차이 변화가 작을수록(B) 특징점의 위치 추정이 유리할 것이다. 또한 5문단에서 '특징점의 수가 늘어날수록 연산이 더 오래 걸린다.'라고 하였으므로, 특징점들이 많을수록 보정에 필요한 시간(C)이 늘어날 것이다.

팩트✔체크 ❹ [19]특징점으로는 피사체의 모서리처럼 주위와 밝기가 뚜렷이 구별되며 영상이 이동하거나 회전해도 그 밝기 차이가 유지되는 부분이 선택된다. ❺ [23]그러나 특징점의 수가 늘어날수록 연산이 더 오래 걸린다.

　　　　　　　　　　　　　　　　　　정답 ②

5문단에서 DIS 기능을 통해 영상을 보정하는 과정에서 영상을 회전하면 프레임에서 비어 있는 공간이 나타난다고 하였다. 그리고 이러한 공간을 잘라 내면 프레임의 크기가 작아진다고 하였다. <보기>의 ⓛ을 DIS 기능으로 보정하고 나서 프레임 크기가 변했다면, 이는 비어 있는 부분이 없도록 잘라 내어 프레임의 크기가 작아졌음을 의미한다. 따라서 DIS 기능에 의해 흔들림은 보정되었으나 원래의 영상 일부가 손실되었을 것으로 추측할 수 있다.

팩트✔체크 ❺ [24]한편 영상을 보정하는 과정에서 영상을 회전하면 프레임에서 비어 있는 공간이 나타난다. [25]비어 있는 부분이 없도록 잘라 내면 프레임들의 크기가 작아지는데, 원래의 프레임 크기를 유지하려면 화질은 떨어진다.

오답 분석

① 특징점은 피사체의 모서리처럼 주위와 밝기가 뚜렷이 구별되는 부분이 선택된다. 즉, 프레임의 모서리가 아니라 피사체의 모서리를 특징점으로 선택하는 것이 움직임을 추정하는 데 유리하다.

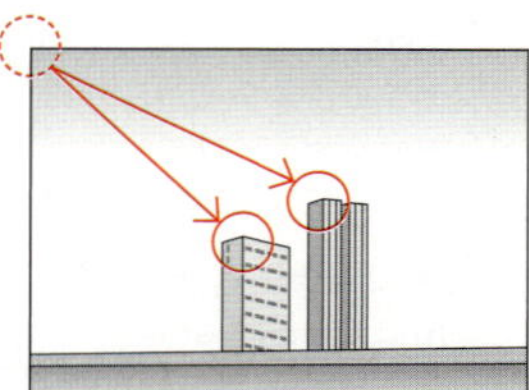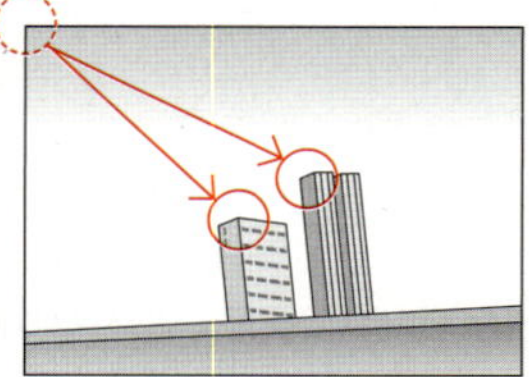

③ 특징점으로 선택되는 부분은 주위와 밝기가 뚜렷이 구별되며 영상이 이동하거나 회전해도 그 밝기 차이가 유지되는 부분이다. 따라서 ㉠에서 빌딩 모서리들 간의 차이를 특징점으로 선택하는 것이 아니라 각 프레임의 빌딩 모서리를 특징점으로 선택하고, 각 특징점들의 ㉠, ⓛ 프레임 간 위치 차이를 계산하여 ⓛ을 보정할 것으로 추측할 수 있다.

④ OIS 기능을 켜고 동영상을 촬영했으므로 ㉠, ⓛ 모두 OIS 기능으로 손 떨림이 보정된 프레임이다. 그럼에도 불구하고 ⓛ의 피사체가 기울어진 이유는 렌즈의 이동 범위의 한계로 인해 보

정할 수 있는 움직임의 폭이 좁기 때문일 것이다. 또한 OIS 기능은 카메라로 촬영할 때 작동하는 기술이므로, 촬영이 끝난 후에는 OIS 기능으로 ㉡을 보정할 수 없다. 따라서 ㉡이 OIS 기능으로 보정해야 하는 프레임이라는 것은 적절하지 않다.

⑤ ㉡에서 피사체가 기울어진 것을 보면 ㉠이 촬영된 직후 카메라가 크게 움직였을 것이라는 점을 추측할 수 있다. 하지만 <보기>에 따르면 소프트웨어로 보정하기 전이므로 DIS 기능은 아직 사용되지 않았을 것이다. 따라서 ㉡이 DIS 기능으로는 완전히 보정되지 않았다는 것은 적절하지 않다.

STEP B **3. 장기 이식과 내인성 레트로바이러스** 본문 170~173쪽

❶① ⑤   ❷② ①   ❸③ ③   ❹④ ①

■ 핵심 키워드: # 동종 이식 # 이식편 # 인공 장기 # 거부 반응 #이종 이식 # 내인성 레트로바이러스

■ 문단별 중심 내용 & 구조도

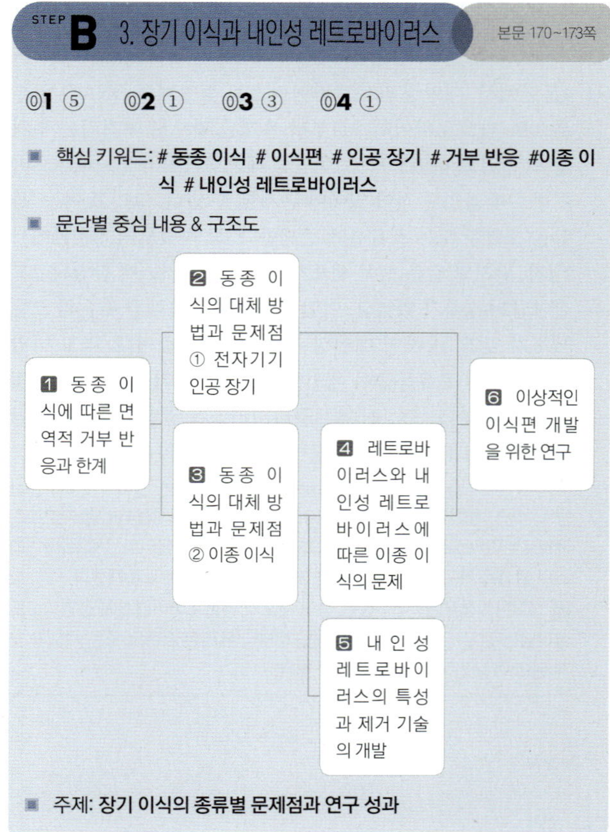

■ 주제: 장기 이식의 종류별 문제점과 연구 성과

❶ 01 자신이나 일란성 쌍둥이, 다른 사람에게서 이식편을 구할 수 있다.

○ [2, 3문장] 이식편이란 이식으로 옮겨 붙이는 세포, 조직, 장기로, 자신이나 일란성 쌍둥이의 이식편을 이용하거나 다른 사람의 이식편을 이용할 수 있다고 하였다.

02 자기 몸에서 이식편을 마련하더라도 항상 거부 반응이 일어난다.

✕ [4문장] 유전적으로 동일하지 않은 이식편에 대해 항상 거부 반응을 일으킨다고 하였으므로, 자기 몸에서 이식편을 마련한다면 거부 반응이 일어날 확률이 거의 없을 것이다.

03 면역 반응은 다른 세포, 조직, 장기로부터 자신을 보호하기 위한 반응이다.

○ [4, 7문장] 면역 반응은 자신의 것이 아닌 물질이 체내로 유입될 때 일어난다고 하였다. 그리고 면역 반응을 억제하면 질병 감염의 위험성이 높다고 하였다. 이를 통해 면역 반응은 다른 세포나 조직, 장기로부터 오는 질병 감염의 위험을 낮춰 자신을 보호하기 위한 반응으로 볼 수 있다.

❷ 04 전자 기기 인공 장기를 이용하여 동종 이식편의 수가 부족한 문제를 보

완할 수 있다.

○ [8문장] 이식에 많은 비용이 소요되고, 동종 이식편의 수가 부족하여 이를 대체하는 방법이 전자 기기 인공 장기를 이용하는 것이라고 하였다. 따라서 전자 기기 인공 장기를 이용하는 것은 동종 이식 문제를 보완하는 방법으로 볼 수 있다.

05 전자 기기 인공 장기는 영구적으로 사용 가능하다.

✕ [10문장] 전자 기기 인공 장기는 장기의 기능을 일시적으로 대체하는 데 사용된다고 하였다.

❸ 06 이종 이식은 동종 이식보다 유전적 거리가 멀기 때문에 MHC 분자의 차이도 커서 거부 반응이 훨씬 심하게 일어난다.

○ [6, 12문장] 이종 이식은 사람이 아닌 동물의 이식편을 이용하는 것이므로 거부 반응이 훨씬 심하게 일어난다. 1문단을 통해 그 이유는 MHC에 차이가 크기 때문임을 알 수 있다.

07 이종 이식은 동종 이식과 마찬가지로 이식편의 수가 부족하다는 한계를 지닌다.

✕ [8, 15문장] 2문단에서 동종 이식편의 수가 매우 부족하다고 하였고, 이종 이식은 미니돼지와 같이 번식력이 높아 단시간에 많은 개체를 생산할 수 있는 동물을 이용하므로 이식편의 수가 부족한 문제점을 보완할 수 있다.

08 이종 이식을 할 경우, 동종 이식에서는 일어나지 않는 초급성 거부 반응 및 급성 혈관성 거부 반응이 일어난다.

○ [13문장] 사람이 가진 자연 항체는 다른 종의 세포에서 발현되는 항원에 반응하기 때문에 이종 이식편에 대해서 초급성 거부 반응 및 급성 혈관성 거부 반응이 일어난다고 하였다. 따라서 같은 종의 세포로 이루어진 이식편에 대해서는 이와 같은 거부 반응이 일어나지 않을 것이다.

❹ 09 모든 포유류의 DNA에는 내인성 레트로바이러스가 있다.

○ [17, 18문장] 내인성 레트로바이러스는 DNA의 일부분이며, 모든 포유류에 존재한다고 하였다.

10 레트로바이러스는 역전사 과정을 통해 자신의 유전 정보를 생명체의 DNA로 바꾼다.

✕ [20문장] 레트로바이러스는 자신의 유전 정보를 RNA에 담고 있다고 하였고, 역전사 과정을 통해 자신의 RNA를 DNA로 바꾸고 그 세포의 DNA에 끼어들어 감염시킨다고 하였다. 즉, 생명체의 DNA를 레트로바이러스의 유전 정보로 감염시키는 것이다.

11 레트로바이러스에 감염된 세포는 결국 파괴된다.

○ [21문장] 레트로바이러스는 자신이 속해 있는 생명체를 숙주로 삼아 복제, 증식하고 일정한 조건이 되면 숙주 세포를 파괴한다고 하였다.

❺ 12 내인성 레트로바이러스를 지닌 모든 포유류는 레트로바이러스에 감염되고도 살아남은 적이 있다.

○ [22, 23문장] 내인성 레트로바이러스는 레트로바이러스에 감염되고도 살아남은 세포로부터 유래된 것이므로, 내인성 레트로바이러스를 지닌 모든 포유류는 레트로바이러스에 감염되고도 살아남은 적이 있다고 볼 수 있다.

13 내인성 레트로바이러스는 자신이 속해 있는 생명체를 숙주로 삼아 복제, 증식하고 숙주 세포를 파괴한다.

✕ [24문장] 내인성 레트로바이러스는 세포 안에서 바이러스로 활동하지 않는다고 하였으므로, 세포를 숙주로 삼은 뒤 파괴하는 기능은 하지 않는다.

14 내인성 레트로바이러스가 다른 종의 세포 속에 주입되면 역전사 과정이 일어나 레트로바이러스로 변환된다.

✕ [25문장] 내인성 레트로바이러스가 다른 종의 세포 속에 주입되면 레트로바이러스로 변환되는 것은 맞으나, 이는 역전사 과정이 일어나기 때문

이 아니다. 역전사 과정은 DNA에서 RNA가 생성되지 않고 거꾸로 RNA를 DNA로 바꾸는 것을 말한다.

6 **15** 미니돼지의 거부 반응을 일으키는 유전자와 내인성 레트로바이러스를 제거하면, 미니돼지에서 얻은 이식편은 이상적이라 볼 수 있다.

O [14, 26, 27문장] 미니돼지에서 이식편을 얻을 경우 발생하는 문제점은 거부 반응과 레트로바이러스에 따른 감염이다. 따라서 미니돼지에서 얻은 이식편에 거부 반응을 일으키는 유전자와 내인성 레트로바이러스가 제거되어 있다면, 이상적인 이식편이라 볼 수 있다.

⓪1

정답 분석   **정답 ⑤**

4문단에서 레트로바이러스는 '자신의 유전 정보를 RNA에 담고 있고 역전사 효소를 갖고 있는 바이러스'라고 하였다. 그리고 레트로바이러스는 다른 생명체와 달리, '다른 생명체의 세포에 들어간 후 역전사 과정을 통해 자신의 RNA를 DNA로 바꾸고 그 세포의 DNA에 끼어들어 감염시킨다.'라고 하였다. 그리고 감염시킨 이후에는 자신이 속해 있는 생명체를 숙주로 삼아 숙주 세포의 시스템을 이용하여 복제, 증식한다고 하였다. 즉, 레트로바이러스는 숙주 세포가 아니라 자신이 가지고 있는 역전사 효소를 이용해 RNA를 DNA로 바꾸는 것이다.

팩트✓체크 **4** [19]레트로바이러스는 자신의 유전 정보를 RNA에 담고 있고 역전사 효소를 갖고 있는 바이러스로서, 특정한 종류의 세포를 감염시킨다.

오답 분석

① 1문단에서 면역적 거부 반응은 주조직적합복합체(MHC) 분자의 차이에 의해 유발되는데, '서로 간의 유전적 거리가 멀수록 MHC에 차이가 커져 거부 반응이 강해진다.'라고 하였다. 그리고 3문단에서 '이종 이식은 동종 이식보다 거부 반응이 훨씬 심하게 일어난다.'라고 하였다. 이를 종합할 때, 이종 이식이 동종 이식보다 거부 반응이 훨씬 심하게 일어난다는 것은, MHC 분자의 차이가 더 크다는 의미로 볼 수 있다. 따라서 동종 간보다 이종 간이 MHC 분자의 차이가 더 크다고 할 수 있다.

팩트✓체크 **1** [6]개체마다 MHC에 차이가 있는데 서로 간의 유전적 거리가 멀수록 MHC에 차이가 커져 거부 반응이 강해진다.
3 [12]그런데 이종 이식은 동종 이식보다 거부 반응이 훨씬 심하게 일어난다.

② 1문단에서 '우리의 몸은 자신의 것이 아닌 물질이 체내로 유입될 경우 면역 반응을 일으키므로, 유전적으로 동일하지 않은 이식편에 대해 항상 거부반응을 일으킨다.'라고 하였다. 그리고 이 면역적 거부 반응이 유발되는 것은 '면역 세포가 표면에 발현하는 주조직적합복합체(MHC) 분자의 차이에 의'한 것이라고 하였다. 이를 종합할 때, 면역 세포가 작용하면(=면역 세포가 표면에 발현하는 주조직적합복합체(MHC) 분자의 차이가 발생하면) 장기 이식의 거부 반응이 일어난다고 할 수 있다.

팩트✓체크 **1** [4]그런데 우리의 몸은 자신의 것이 아닌 물질이 체내로 유입될 경우 면역 반응을 일으키므로, 유전적으로 동일하지 않은 이식편에 대해 항상 거부 반응을 일으킨다. [5]면역적 거부 반응은 면역 세포가 표면에 발현하는 주조직적합복합체(MHC) 분자의 차이에 의해 유발된다.

③ 3문단에서 이종 이식은 '사람의 조직 및 장기와 유사한 다른 동물의 이식편을 인간에게 이식하는' 것이라고 하였다. 그리고 4문단에서 '내인성 레트로바이러스는 사람을 포함한 모든 포유류에 존재한다.'라고 하였고, 5문단에서 '내인성 레트로바이러스를 떼어 내어 다른 종의 세포 속에 주입하면 이는 레트로바이러스로 변환되어 그 세포를 감염시키기도 한다.'라고 하였다. 이를 종합할 때, 모든 포유류는 내인성 레트로바이러스를 갖고 있는데, 다른 종인 인간의 세포 속에 주입될 경우(=이종 이식), 내인성 레트로바이러스가 레트로바이러스로 변환되어 그 세포를 감염시킬 수 있음을 알 수 있다. 따라서 이종 이식을 하는 것만으로도 바이러스 감염의 원인이 될 수 있다.

팩트✓체크 **5** [25]그러나 내인성 레트로바이러스를 떼어 내어 다른 종의 세포 속에 주입하면 이는 레트로바이러스로 변환되어 그 세포를 감염시키기도 한다.

④ 4문단에서 '내인성 레트로바이러스는 생명체의 DNA의 일부분으로, 레트로바이러스로부터 유래된 것으로 여겨지는 부위들이다.'라고 하였으므로, 내인성 레트로바이러스는 레트로바이러스에 감염된 적이 있어야 존재할 수 있다. 그리고 이는 '사람을 포함한 모든 포유류에 존재한다.'고 하였으며, 5문단에서 '정자, 난자와 같은 생식 세포가 레트로바이러스에 감염되고도 살아남는 경우가 있었다. 이런 세포로부터 유래된 자손의 모든 세포가 갖게 된 것이 내인성 레트로바이러스이다.'라고 하였다. 즉, 모든 포유동물이 내인성 레트로바이러스를 갖게 된 것은, 과거에 어느 조상이 레트로바이러스에 감염되고도 살아남아 이로부터 유래되었기 때문이라 할 수 있다.

팩트✓체크 **4** [17]내인성 레트로바이러스는 생명체의 DNA의 일부분으로, 레트로바이러스로부터 유래된 것으로 여겨지는 부위들이다. [18]이는 바이러스의 활성을 가지지 않으며 사람을 포함한 모든 포유류에 존재한다.
5 [22]그런데 정자, 난자와 같은 생식 세포가 레트로바이러스에 감염되고도 살아남는 경우가 있었다. [23]이런 세포로부터 유래된 자손의 모든 세포가 갖게 된 것이 내인성 레트로바이러스이다.

배경지식 쌓기   **전사와 역전사**

전사
유전정보가 담긴 DNA로부터 RNA가 생성되는 것이다. DNA는 유전자의 본체를 이루는 유전물질로, 유전 정보를 지니고 있다. 그리고 RNA는 DNA의 유전 정보를 전달하는 유기물이다.

역전사
전사의 역방향 과정이다. 따라서 RNA로부터 DNA가 생성되는 것이다. RNA에서 DNA로의 역전사를 할 때에는 역전사 효소를 이용한다. 이러한 역전사 효소는 레트로바이러스가 특이적으로 가지고 있는 효소이다.

⓪2

정답 분석   **정답 ①**

1문단에서 '이식편'이란 '이식으로 옮겨 붙이는 세포, 조직, 장기'를 의미한다고 하였다. 그리고 2문단에서 이식이 가능한 동종 이식편의 수가 매우 부족하기 때문에 이식편을 '전자 기기 인공 장기'로 대체하는 방법이 있으나, 정기적 부품 교체가 요구되는 단점이 있다고 하였다. 따라서 '이상적인 이식편'(ⓐ)은 정기적으로 부품 교체를 하지 않아야 하는 것이지, 정기 교체가 용이해야 하는 것은 아니다.

오답 분석

② 3문단에서 이종 이식을 설명하며, 형질 전환 미니돼지의 실험을 언급하고 있다. 이때 '미니돼지는 장기의 크기가 사람의 것과 유사'하다는 것을 장점으로 제시하였으므로, '이상적인 이식편'(ⓐ)은 대체를 하려는 장기의 크기와 유사해야 한다.

③ 1문단에서 '우리의 몸은 자신의 것이 아닌 물질이 체내로 유입될 경우 면역 반응을 일으'킨다고 하였다. 이러한 면역적 거부 반응은 '서로 간의 유전적 거리가 멀수록' 강해진다고 하였으므로, '이상적인 이식편'(ⓐ)은 수혜자 사이와의 유전적 거리를 극복해야 거부 반응을 줄일 수 있다.

④ 3문단에서 미니돼지의 실험을 언급하며 '번식력이 높아 단시간에 많은 개체를 생산할 수 있다는 장점이 있'다고 하였다. 따라서 '이상적인 이식편'(ⓐ)은 짧은 시간에 대량으로 생산이 가능해야 한다.

⑤ 1문단에서 면역적 거부 반응을 막기 위해 면역 억제제를 사용한다는 점을 언급하였고, 3문단에서 거부 반응을 일으키는 유전자를 제거한다는 점을 언급하였다. 즉, 이식을 할 때 거부 반응이 일어나서는 안 된다는 점을 알 수 있다. 따라서 '이상적인 이식편'(ⓐ)은 체내에서 거부 반응을 유발하지 않아야 한다.

⓪3

정답 분석　　　　　　　　　　　　　　　　　　　　정답 ③

4문단과 5문단에서 내인성 레트로바이러스는 이종 이식의 문제점으로 지적되고 있다. 따라서 내인성 레트로바이러스를 제거할 필요가 있는 것은 동종 이식편이 아닌, 이종 이식편에 해당한다. 한편 ㉮ '세포 기반 인공 이식편'은 수혜자와 유전적으로 동일한 줄기 세포를 이용하는 동종 이식에 해당한다. 이 경우에는 내인성 레트로바이러스가 레트로바이러스로 변환될 가능성이 없으므로 이를 제거할 필요가 없다.

오답 분석

① 2문단에서 전자 기기 인공 장기는 추가 전력 공급이 요구되는 단점이 있다고 하였다. 그러나 '세포 기반 인공 이식편'(㉮)은 수혜자 자신의 줄기 세포로 만드는 것이므로 전기 공급 없이도 기능을 유지할 수 있다.

② 1문단에서 유전적으로 동일하지 않은 이식편을 사용할 경우 거부 반응을 일으키며, 이를 막기 위해 면역 억제제를 사용한

다고 하였다. 그러나 '세포 기반 인공 이식편'(㉮)은 수혜자 자신의 줄기 세포를 이용하는 것이므로, 수혜자와 유전적으로 동일하여 거부 반응을 일으키지 않을 것이다. 따라서 거부 반응을 막기 위한 면역 억제제를 사용할 필요가 없다.

④ 5문단에서 '내인성 레트로바이러스를 떼어 내어 다른 종의 세포 속에 주입하면 이는 레트로바이러스로 변환되어 그 세포를 감염시키'는 문제점이 있다고 하였다. 그래서 DNA에 포함된 내인성 레트로바이러스를 효과적으로 제거하는 기술이 개발 중에 있다고 하였다. 그러나 '세포 기반 인공 이식편'(㉮)은 내인성 레트로바이러스를 지닌 인간이 다른 종의 세포가 아닌 자신의 세포를 이용하는 것이므로, DNA를 조작하는 과정이 필요하지 않다.

⑤ 3문단에서 '사람이 가진 자연항체는 다른 종의 세포에서 발현되는 항원에 반응하는데, 이로 인해 이종 이식편에 대해서 초급성 거부 반응 및 급성 혈관성 거부 반응이 일어난다.'고 하였다. 그러나 '세포 기반 인공 이식편'(㉮)은 수혜자 자신의 줄기 세포를 이용하는 것이므로, 다른 종의 세포에서 발현되는 항원과 접촉하지 않는다. 따라서 초급성 거부 반응 역시 일어나지 않는다고 볼 수 있다.

⓪4

정답 분석　　　　　　　　　　　　　　　　　　　　정답 ①

'내인성 레트로바이러스'(㉠)는 생명체의 DNA의 일부분이라고 하였으므로, 내인성 레트로바이러스가 속해 있는 생명체의 모든 세포의 DNA에는 내인성 레트로바이러스가 존재함을 알 수 있다. 그러나 '레트로바이러스'(㉡)는 자신의 유전 정보를 RNA에 담고 있으며, 특정한 종류의 세포를 감염시킨다고 하였다. 감염은 다른 생명체의 세포에 들어간 후 레트로바이러스가 자신의 RNA를 DNA로 바꾸고, 그 세포의 DNA에 끼어드는 과정으로 이루어진다. 이후 그 생명체를 숙주로 삼아 복제, 증식하고 일정한 조건이 되면 숙주 세포를 파괴한다. 즉, 레트로바이러스는 특정한 종류의 세포에 끼어들어 감염시키는 것이므로, 레트로바이러스가 자신이 속한 생명체(=숙주)의 모든 세포의 DNA에 존재하는 것은 아니다.

② '레트로바이러스'(ⓒ)는 자신의 유전 정보를 RNA에 담고 있으며, 다른 생명체의 세포에 들어간 후 역전사 과정을 통해 자신의 RNA를 DNA로 바꿀 수 있다고 하였다. 따라서 레트로바이러스도 자신의 유전 정보를 DNA에 담을 수 있다. 한편 '내인성 레트로바이러스'(㉠)는 생명체의 DNA의 일부분이므로, DNA에 이미 자신의 유전 정보가 포함되어 있다고 볼 수 있다.

③ 3문단에서 이종 이식은 동종 이식보다 거부 반응이 훨씬 심하게 일어난다고 하였다. 그리고 5문단에서 내인성 레트로바이러스가 레트로바이러스로 변환되어 그 세포를 감염시키기도 하므로, 미니돼지의 DNA에 포함된 내인성 레트로바이러스를 효과적으로 제거하는 기술이 개발 중에 있다고 하였다. 이를 통해 '레트로바이러스'(ⓒ)는 자신이 속해 있는 생명체에 면역 반응을 일으킴을 알 수 있다. 한편 '내인성 레트로바이러스'(㉠)는 생명체의 DNA의 일부분이며, 해당 세포 안에서는 바이러스로 활동하지 않는다고 하였으므로, 자신이 속해 있는 생명체에서는 면역 반응을 일으키지 않는다.

④ '내인성 레트로바이러스'(㉠)는 생명체의 DNA의 일부분이므로, 자신이 속해 있는 생명체의 유전 정보를 가지고 있다. 반면 '레트로바이러스'(ⓒ)는 자신의 유전 정보를 RNA에 담고 있고, 다른 생명체의 세포에 들어간 후 역전사 과정을 통해 자신의 RNA를 DNA로 바꾼다고 하였으므로, 자신이 속해 있는 생명체, 곧 레트로바이러스가 들어간 다른 생명체의 유전 정보는 갖고 있지 않다.

⑤ '내인성 레트로바이러스'(㉠)는 해당 세포 안에서 바이러스로 활동하지 않는다고 하였으므로, 자신이 속해 있는 생명체의 세포를 감염시켜 파괴하지 않는다. 반면 '레트로바이러스'(ⓒ)는 다른 생명체의 세포에 들어간 후 그 세포를 감염시키고, 일정한 조건이 되면 숙주 세포를 파괴한다.

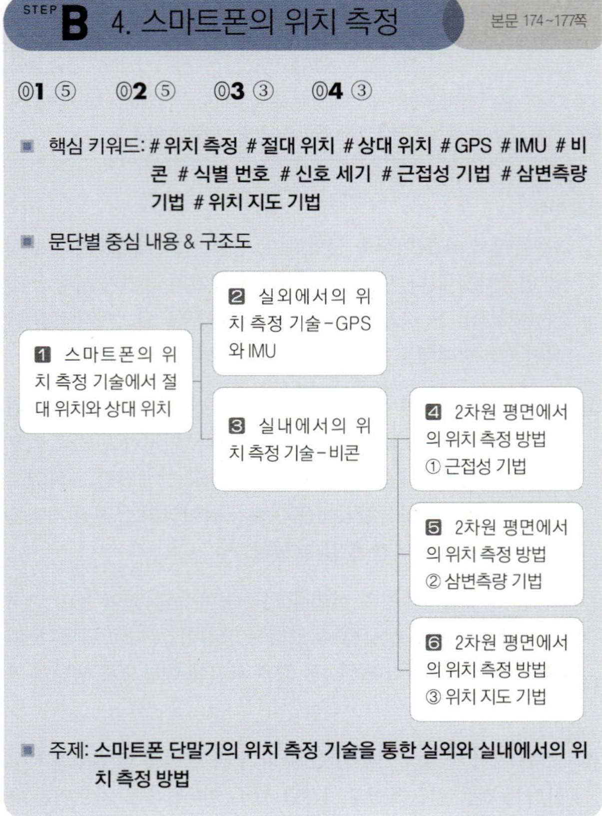

1　**01**　스마트폰에서 위치가 변하지 않는 경우에는 절대 위치를, 위치가 변하는 경우에는 상대 위치를 측정할 것이다.

○ [3문장] 절대 위치는 위도, 경도 등으로 표시된 위치라고 하였으므로, 위치가 변하지 않는 경우에는 위도, 경도와 같이 항상 고정되어 있는 값으로 위치를 측정할 것이다. 반면 상대 위치는 특정한 위치를 기준으로 한 상대적인 위치라고 하였으므로, 위치가 변하는 경우에는 변화하는 정도에 따른 상대적인 값으로 위치를 측정할 것이다.

2　**02**　GPS는 접속 초기에 발생한 큰 오차로 인해 시간이 지날수록 위치 오차가 커진다.

✕ [6, 7문장] GPS는 접속 초기에 짧은 시간 동안이지만 큰 오차가 발생한다고 하였다. 그러나 위치 오차가 시간에 따라 누적되지 않으므로 시간이 지날수록 위치 오차가 커지지는 않는다.

03　IMU로 위치를 측정할 때, 가속도와 속도 변화에 따라 현재 위치가 달라진다.

○ [8문장] IMU는 가속도와 속도를 측정하여 위치 변화를 계산한다고 하였다. 따라서 가속도와 속도 변화에 따라 초기 위치로부터의 현재 위치가 달라진다.

04　IMU는 시간이 지날수록 정확한 위치 추적이 가능해진다.

✕ [9문장] IMU는 센서가 측정한 값의 오차가 누적된다고 하였으므로, 시간이 지날수록 위치 오차가 커진다.

3　**05**　특정 비콘이 송신하는 식별 번호와 위치 정보는 항상 같다.

○ [12문장] 비콘은 고정 설치되어 있다고 하였고, 정해진 식별 번호와 위치 정보를 송신한다고 하였다.

06　식별 번호를 통해 단말기에 신호를 보내는 비콘을 알아낼 수 있다.

○ [12, 14문장] 비콘마다 정해진 식별 번호가 있으므로, 식별 번호를 통해 단말기가 수신하는 신호를 보내는 비콘을 알아낼 수 있다.

07　단말기 안의 수신기는 비콘들이 보내는 신호를 동일한 세기로 인식한다.

× [13문장] 비콘들은 동일한 세기의 신호를 보내지만, 단말기는 비콘으로부터 거리가 멀어질수록, 벽과 같은 장애물이 많을수록 신호의 세기를 다르게 인식한다. 이러한 신호 세기의 변화로 단말기의 위치를 측정할 수 있다.

④ **08** 근접성 기법에서 단말기 위치는 가장 강한 신호를 보내는 비콘의 위치이다.

○ [17문장] 근접성 기법은 신호가 가장 강한 비콘의 위치를 단말기의 위치로 정한다고 하였다.

09 근접성 기법은 비콘이 많을수록 단말기의 위치 오차가 커질 것이다.

× [17문장] 근접성 기법에서는 비콘의 위치가 단말기의 위치이므로, 비콘이 많을수록 더 정교한 위치 측정이 가능할 것이다.

⑤ **10** 삼변측량 기법에서 단말기의 위치는 3개 이상의 비콘과 단말기 사이다.

○ [18, 19문장] 삼변측량 기법은 3개 이상의 비콘으로부터 수신된 신호 세기를 측정하여 단말기와 비콘 사이의 거리를 환산하고, 그 거리를 반지름으로 하는 원들의 교점이나 중심점을 단말기의 위치로 측정한다.

11 삼변측량 기법에서 원의 반지름이 클수록 비콘의 신호 세기는 약하다.

○ [18, 19문장] 삼변측량 기법에서 원의 반지름은 단말기와 비콘 사이의 거리를 환산한 것이므로, 반지름이 클수록 단말기와 비콘 사이의 거리가 먼 것이다. 따라서 비콘의 신호 세기도 약할 것이다.

12 삼변측량 기법에서 장애물이 있다면 원의 반지름은 작아질 것이다.

× [13, 19문장] 삼변측량 기법에서 원의 반지름은 단말기와 비콘 사이의 거리를 환산한 것이며, 이 거리는 비콘의 신호 세기로 판단된다. 3문단에서 장애물이 많을수록 신호의 세기가 약해진다고 하였으므로, 장애물이 있다면 신호의 세기가 약해져 단말기와 비콘 사이의 거리를 더 멀게 인식할 것이다. 따라서 원의 반지름은 커질 것이다.

⑥ **13** 위치 지도 기법에서 측정 공간을 더 작게 나눌수록 기준점이 많아진다.

○ [21문장] 위치 지도 기법은 측정 공간을 작은 구역들로 나눠 각 구역마다 기준점을 설정한다고 하였다. 따라서 구역을 더 작게 나눌수록 기준점은 많아진다.

14 위치 지도 기법은 데이터베이스에 위치 지도를 먼저 구축한 후, 단말기가 보내는 신호 세기를 데이터베이스에서 찾는 방식이다.

○ [23, 26문장] 위치 지도 기법은 단말기가 측정 공간에 들어오면 수신되는 신호 세기와 가장 가까운 신호 세기를 갖는 기준점을 데이터베이스에서 찾아 그 위치를 단말기에 알려 주는 방식이므로, 단말기가 측정 공간에 들어오기 전에 데이터베이스가 미리 구축되어야 한다.

15 위치 지도 기법에서 단말기의 위치는 기준점들 중 하나이다.

○ [26문장] 위치 지도 기법에서는 비콘의 신호 세기를 통해 가장 가까운 신호 세기를 갖는 기준점의 위치를 단말기에 알려 주므로, 단말기의 위치는 기준점들 중 하나이다.

❶

정답 분석 정답 ⑤

2문단에서 IMU는 스마트폰 단말기에 내장된 센서로, 가속도와 속도를 측정하여 위치 변화를 계산하고 초기 위치를 기준으로 하는 상대 위치를 구한다고 제시되어 있다.

팩트✔체크 **2** [8]IMU는 내장된 센서로 가속도와 속도를 측정하여 위치 변화를 계산하고 초기 위치를 기준으로 하는 상대 위치를 구한다.

오답 분석

① 2문단에서 GPS는 위성으로부터 오는 신호를 이용하여 절대 위치를 측정한다고 하였는데, 절대 위치는 위도, 경도 등으로 표시된 위치이므로 기준이 되는 위치에 따라 측정한 위치가 달라지지 않는다.

팩트✔체크 **1** [3]절대 위치는 위도, 경도 등으로 표시된 위치이고, ~
2 [5]GPS는 위성으로부터 오는 신호를 이용하여 절대 위치를 측정한다.

② 3문단에서 비콘들은 동일한 세기의 신호를 사방으로 보내지만 비콘으로부터 거리가 멀어질수록 신호의 세기가 약해진다고 하였다. 그리고 단말기가 비콘 신호의 도달 거리 내로 진입하면 단말기 안의 수신기가 신호를 인식한다고 하였다. 따라서 비콘들은 동일한 세기의 신호를 송신한다.

팩트✔체크 **3** [13]비콘들은 동일한 세기의 신호를 사방으로 보내지만 비콘으로부터 거리가 멀어질수록, 벽과 같은 장애물이 많을수록 신호의 세기가 약해진다.

③ 6문단에서 위치 지도 기법에서는 단말기가 비콘 신호를 수신하면 신호 세기를 측정한 뒤 비콘의 식별 번호와 함께 서버로 전송하고, 서버는 수신된 신호 세기와 가장 가까운 신호 세기를 갖는 기준점을 찾아 기준점의 위치를 단말기에 알려 준다고 하였다. 이를 통해 식별 번호는 신호가 도달하는 단말기를 구별하기 위한 정보가 아니라, 비콘이 설치된 위치로 기준점을 찾기 위한 정보임을 알 수 있다.

팩트✔체크 **6** [25]특정한 위치에 도달한 단말기가 비콘 신호를 수신하면 신호 세기를 측정한 뒤 비콘의 식별 번호와 함께 서버로 전송한다. [26]서버는 수신된 신호 세기와 가장 가까운 신호 세기를 갖는 기준점을 데이터베이스에서 찾아 이 기준점의 위치를 단말기에 알려 준다.

④ 3문단에서 비콘은 블루투스 기반의 기술로 실내에 고정 설치되어 비콘마다 정해진 식별 번호와 위치 정보가 포함된 신호를 전송한다고 하였다. 또한 2문단에서 GPS 신호는 위성으로부터 오는 신호로 실내나 터널 등에서는 받기 어렵다고 하였으므로, 실내에 설치되는 비콘이 GPS 신호를 받는다고 볼 수는 없다.

팩트✔체크 **2** [7]그러나 전파 지연 등으로 접속 초기에 짧은 시간 동안이지만 큰 오차가 발생하고 실내나 터널 등에서는 GPS 신호를 받기 어렵다.
3 [11]한편 실내에서 위치 측정에 사용 가능한 방법으로는 블루투스 기반의 비콘을 활용하는 기술이 있다.

❷

정답 분석 정답 ⑤

2문단에서 IMU는 가속도와 속도를 측정하여 위치 변화를 계산하고 초기 위치를 기준으로 하는 상대 위치를 구하는데, 센서가 측정한 값의 오차가 누적되기 때문에 시간이 지날수록 위치 오차가 커진다고 한 것에서 알 수 있다.

팩트✔체크 **2** [9]단기간 움직임에 대한 측정 성능이 뛰어나지만 센서가 측정한 값의 오차가 누적되기 때문에 시간이 지날수록 위치 오차가 커진다.

① IMU는 센서가 측정된 값의 오차가 누적되며, 전파 지연으로 인해 오차가 생기는 것은 GPS이다.

② GPS는 위치 오차가 시간에 따라 누적되지 않는다고 하였으므로, 사용 시간이 길어진다고 해도 오차가 커지지 않을 것이다.

팩트✓체크 ② [6]GPS는 위치 오차가 시간에 따라 누적되지 않는다.

③ 접속 초기에 짧은 시간 동안 큰 오차가 발생하는 것은 GPS이며, IMU는 단기간 움직임에 대한 측정 성능이 뛰어나지만 센서가 측정한 값의 오차가 누적되기 때문에 시간이 지날수록 위치 오차가 커진다.

④ GPS는 전파 지연 등으로 접속 초기에 짧은 시간 동안이지만 큰 오차가 발생하고, 실내나 터널 등에서는 GPS 신호를 받기 어렵다고 하였다. 따라서 단말기가 터널에 진입 시 발생한 오차를 터널을 통과하는 동안 보정할 수 없을 것이다.

03

정답 분석   정답 ③

6문단에서 '위치 지도 기법'은 단말기가 비콘 신호를 수신하면 신호 세기를 측정한 뒤 서버로 보내고, 서버는 수신된 신호 세기와 가장 가까운 신호 세기를 갖는 기준점을 데이터베이스에서 찾아 기준점의 위치를 단말기에 알려 준다고 하였다. 따라서 측정된 신호 세기가 서버에 저장된 값과 가장 가까운 비콘의 위치가 단말기의 위치가 되는 것이 아니라, 기준점의 위치가 단말기의 위치인 것이다.

오답 분석

① 6문단에서 '위치 지도 기법'은 측정 공간을 작은 구역들로 나누어 각 구역마다 기준점을 설정한다고 하였으므로, 측정 공간을 더 많은 구역으로 나눌수록 기준점이 많아질 것이다.

② 6문단에서 '위치 지도 기법'은 특정한 위치에 도달한 단말기가 비콘 신호를 수신하면 신호 세기를 측정하여 비콘의 식별 번호와 함께 서버로 전송하고, 서버는 데이터베이스에서 그와 가까운 신호 세기를 찾는다고 하였다. 따라서 단말기가 측정 공간에 들어오기 전에 데이터베이스가 구축되어 있어야 단말기의 위치를 측정할 수 있다.

④ 6문단에서 '위치 지도 기법'은 기준점을 설정한 뒤 그 주위에 비콘들을 설치하고, 비콘들이 송신한 신호의 세기와 비콘의 식별 번호, 기준점의 위치 좌표를 서버에 있는 데이터베이스에 위치 지도로 기록해 놓는다고 하였다. 그리고 이 작업을 모든 기준점에서 수행한다고 하였으므로 비콘을 이동하여 설치하면 데이터베이스를 갱신해야 할 것이다.

⑤ '위치 지도 기법'에서 위치 지도는 측정 공간을 작은 구역들로 나누어 각 구역마다 기준점을 설정하고 그 주위에 비콘들을 설치한 뒤, 비콘들이 송신하는 신호 세기와 비콘의 식별 번호, 기준점의 위치 좌표 등을 데이터베이스에 기록해 놓은 것이다.

---

⑥ 위치 지도 기법 

"서버는 수신된 신호 세기와 가장 가까운 신호 세기를 갖는 기준점을 데이터베이스에서 찾아 이 기준점의 위치를 단말기에 알려 준다."

⋯▶ 위치 지도 기법에서 단말기의 위치를 어떻게 찾는지 순서대로 정리하면 다음과 같다.

[단말기 도달 전]
① 측정 공간을 작은 구역들로 나눔.
② 구역마다 기준점을 설정(구역별 1개)
③ 기준점 주위에 비콘들 설치(비콘은 여러 개)
④ 비콘들이 기준점에 도달하는 신호의 세기 측정
⑤ 신호 세기, 비콘, 기준점 등을 위치 지도로 기록함.

[단말기 도달 후]
⑥ 단말기가 비콘 신호 수신
⑦ 신호 세기, 비콘의 식별 번호를 서버로 전송
⑧ 서버는 위치 지도에서 가장 가까운 신호 세기를 갖는 기준점을 찾아 알려 줌.
⑨ 서버가 알려 준 기준점이 단말기의 위치로 인식됨.

04

정답 분석   정답 ③

5문단에서 삼변측량 기법은 3개 이상의 비콘으로부터 수신된 신호 세기를 측정하여 단말기와 비콘 사이의 거리로 환산한다고 하였다. 그리고 3문단에서 비콘으로부터 거리가 멀어질수록, 벽과 같은 장애물이 많을수록 신호의 세기가 약해진다고 하였다. <보기>에서는 비콘 3과 단말기 P 위치 사이에 있는 장애물 ⓐ가 비콘 3의 신호 세기에 영향을 미쳤을 것이므로, 실제 비콘 3의 신호 세기는 더 강할 것이다. 그렇다면 비콘 3의 반지름은 더 짧을 것이고 원의 크기도 줄어들게 된다. 비콘 3의 원의 크기가 줄어들게 되면 세 원의 교점 P와 비콘 3이 가까워지므로 실제 단말기의 위치는 삼변측량 기법으로 측정된 위치에 비해 비콘 3에 더 가까이 있게 된다.

팩트✓체크 ③ [13]비콘들은 동일한 세기의 신호를 사방으로 보내지만 비콘으로부터 거리가 멀어질수록, 벽과 같은 장애물이 많을수록 신호의 세기가 약해진다.
⑤ [19]각 비콘을 중심으로 이 거리를 반지름으로 하는 원을 그리고, 그 교점을 단말기의 현재 위치로 정한다.

오답 분석

① 4문단에서 근접성 기법은 여러 비콘 신호를 수신했을 경우 신호가 가장 강한 비콘의 위치를 단말기의 위치로 정한다고 하였으므로, <보기>를 근접성 기법으로 측정한다면 신호가 가장 강하여 반지름이 짧은 비콘 1이 단말기 위치가 될 것이다. 5문단에서 삼변측량 기법에서는 단말기와 비콘 사이의 거리로 환산한 값을 반지름으로 한 원을 그려 그 교점을 단말기의 현재 위치로 정한다고 하였으므로, <보기>를 삼변측량 기법으로 측정한다면 세 원의 교점인 P가 단말기의 위치에 해당한다. 따라서 근접성 기법과 삼변측량 기법으로 측정한 단말기의 위치는 다르다.

② 5문단에 따르면 삼변측량 기법에서는 신호 세기를 측정하여

단말기와 비콘 사이의 거리로 환산하고, 그 거리를 반지름으로 하는 원을 그린다. 따라서 신호 세기가 크면 단말기와 비콘 사이의 거리가 가까울 것이고 그에 따라 반지름이 짧을 것이므로, 측정된 신호 세기를 약한 것부터 나열하면 비콘 3, 비콘 2, 비콘 1의 순서이다.

④ <보기>에서는 신호 세기에 영향을 미치는 장애물이 비콘 3과 P 사이인 ⓒ에 있어 비콘 3의 신호 세기에 영향을 미쳤을 것이므로 실제 비콘 3의 신호 세기는 더 강할 것이다. 따라서 장애물이 제거된다면 비콘 3을 중심으로 한 원의 반지름이 짧아질 것이고, 그에 따라 세 원의 교점 또는 세 원이 공통으로 속하는 영역은 현재 측정된 위치에서 비콘 3 방향으로 이동할 것이다.

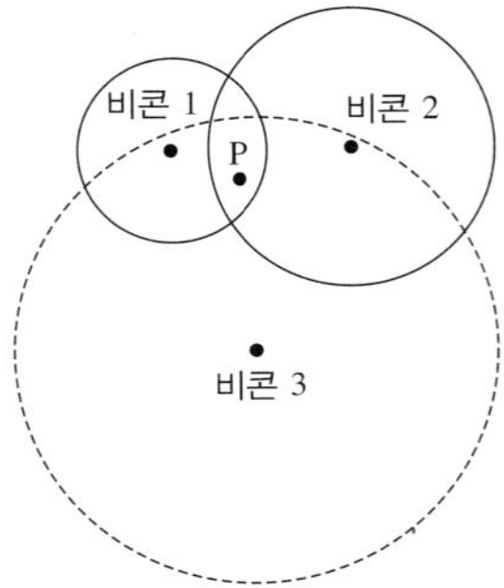

⑤ 단말기에서 측정되는 비콘 2의 신호 세기가 약해지면 비콘 2를 중심으로 하는 원의 반지름은 길어질 것이고, 그에 따라 세 원의 교점 또는 세 원이 공통으로 속하는 영역은 비콘 2에서 멀어질 것이다.

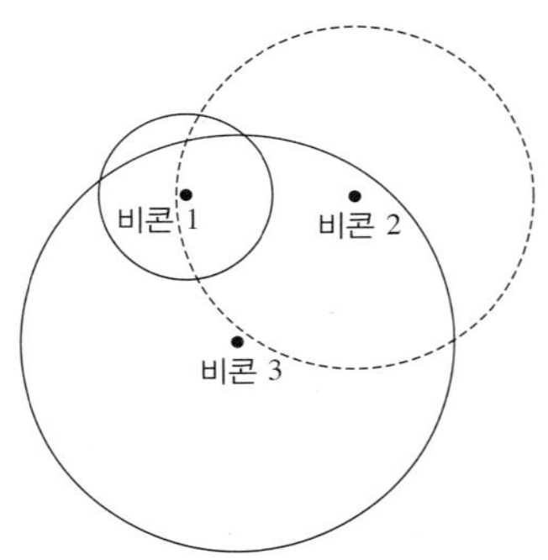

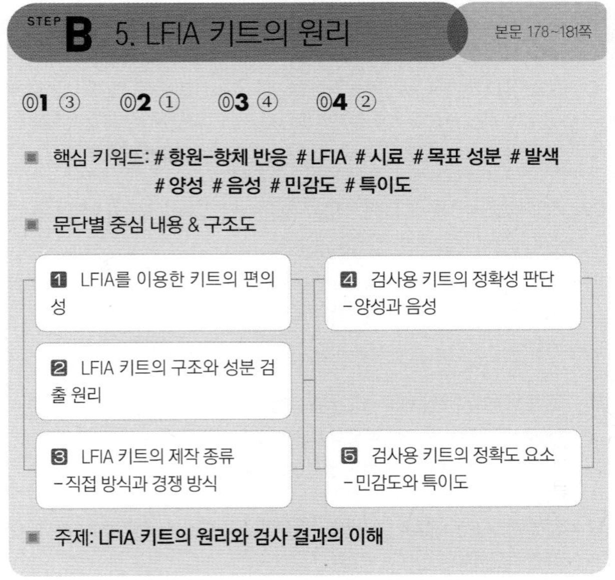

1 **01** LFIA 키트를 제작하기 위해서는 특정 항원에만 반응하는 항체에 대한 개발이 선행되어야 한다.

○ [4, 5문장] 키트는 항원-항체 반응, 곧 항원과 그 항원에만 특이적으로 반응하는 항체가 결합하는 면역 반응을 응용한다고 하였다. 따라서 항원-항체 개발이 선행되어야 이를 검출하는 키트를 제작할 수 있다.

02 LFIA는 휴대가 간편하고 검사 결과를 빨리 알 수 있는 장점을 지닌다.

○ [5문장] 측면유동면역분석법(LFIA)은 휴대성이 높고 분석 시간이 짧다고 하였다.

2 **03** LFIA 키트는 액체, 고체 시료 모두에서 목표 성분을 검출할 수 있다.

✕ [6문장] LFIA 키트는 액상의 시료에서 검출하고자 하는 목표 성분의 유무를 확인한다고 하였으므로, 시료는 고체가 아니라 액체 상태로 만들어야 한다.

04 LFIA 키트의 표지 물질은 시료에 목표 성분이 있는지 여부를 시각적으로 표시한다.

○ [10, 13문장] 표지 물질은 발색 반응에 의해 색깔을 낸다고 하였고, 표지 물질이 검사선이나 표준선에 놓이면 발색 반응에 의해 반응선이 나타난다고 하였다. 그래서 표지 물질이 발색되면서 시료에 목표 성분이 있음이 시각적으로 드러난다.

05 LFIA 키트에서 검사선이 발색되지 않으면 표준선도 발색되지 않는다.

✕ [13, 14문장] 검사선은 목표 성분의 유무(양성-음성 판정)를, 표준선은 검사의 정상 진행 여부를 나타내는 기능을 하므로, 검사선이 발색되지 않아도 검사가 정상 진행되었다면 표준선이 발색될 수 있다.

06 LFIA 키트에서 정상적인 검사로 시료에서 목표 성분을 검출했다면, 반응막에 반응선이 나타나지 않는다.

✕ [13, 14문장] 정상적인 검사를 했다면 표준선이 발색된 반응선이 나타난다. 그리고 목표 성분을 검출했다면 검사선이 발색된 반응선이 나타난다.

3 **07** 직접 방식에서 시료의 목표 성분이 복합체의 표지 물질과 결합하면 검사선이 발색된다.

✕ [9, 16문장] 2문단에서 복합체의 표지 물질은 금-나노 입자 또는 형광 비드 등의 물질이라고 하였고, 여기에 특정 물질이 붙어 복합체를 이룬다고 하였다. 그리고 3문단에서 직접 방식에서 복합체에 포함된 특정 물질은 목표 성분에 결합할 수 있는 항체라고 하였다. 따라서 직접 방식에서 시료의 목표 성분이 복합체의 표지 물질이 아닌 특정 물질과 결합하면 검사선이 발색된다.

08 직접 방식에서 시료에 들어 있는 목표 성분은 검사선에 도달하기 이전에 항체와 결합한다.

○ [17문장] 복합체에 들어 있는 특정 물질은 목표 성분에 결합할 수 있는 항체이다. 따라서 시료에 목표 성분이 있다면, 목표 성분은 먼저 특정 물질의 항체와 일차적으로 결합한 후, 이후 검사선의 고정된 항체와 결합한다.

09 직접 방식으로 시료에서 목표 성분을 검출했다면 검사선에서 항체와 목표 성분의 결합이 이루어지지 않았을 것이다.

× [17, 18문장] 시료에서 목표 성분이 검출되었다면 시료에 목표 성분이 포함되어 있는 것이다. 따라서 목표 성분은 검사선에 고정되어 있는 항체와 결합한다.

10 경쟁 방식에서 복합체의 특정 물질은 목표 성분에 결합할 수 있는 항체이다.

× [19문장] 경쟁 방식에서 특정 물질은 항체가 아니라 목표 성분 그 자체라고 하였으므로, 검출하고자 하는 항원이다.

11 경쟁 방식에서 시료에 들어 있는 목표 성분은 검사선에 도달하기 이전에 항체와 결합한다.

× [20문장] 경쟁 방식에서는 복합체에 포함된 특정 물질도 목표 성분 자체이고, 항체는 검사선에 있으므로, 목표 성분이 검사선 이전에 항체와 결합할 수 없다.

④ **12** LFIA 키트에서 검사선이 발색되어도 시료에 목표 성분이 포함되어 있지 않을 수 있다.

○ [26문장] 시료에 목표 성분이 없는데, 목표 성분이 들어 있다고 판정하면 '위양성'이라고 하였다. '위양성'은 검사선이 발색되었는데 실제로 목표 성분이 없는 경우에 해당할 것이다.

13 LFIA 키트를 이용하여 병원균이 검출되었다고 키트가 판정한 경우에도, 현실에서는 균이 검출되지 않을 수 있다.

○ [29문장] 현실에서 위양성이나 위음성을 배제할 수 있는 키트는 없다고 하였으므로, 키트의 판정이 틀린 경우도 있다.

⑤ **14** 위음성의 경우가 적을수록 키트의 민감도가 높다.

○ [28, 32문장] 목표 성분이 있는데 음성(목표 성분이 들어 있지 않다고 판단)으로 판정하는 '위음성'의 경우가 적다는 것은 목표 성분이 있을 때 양성으로 판정하는 경우가 많다는 의미이다. 따라서 위음성의 경우가 적을수록 시료에 목표 성분이 존재하는 경우에 키트가 이를 양성으로 판정하는 비율인 민감도가 높다고 볼 수 있다.

15 세균에 오염되었는지를 파악하기 위한 LFIA 키트를 개발한다면, 민감도보다 특이도가 높은 것이 효과적이다.

× [32문장] 시료에 목표 성분이 있을 때 이를 양성으로 판정하는 비율인 민감도가 높은 것이 오염 여부를 확인하는 데 효과적일 것이다.

01

정답 분석 정답 ③

2문단에 따르면 LFIA 키트에서 검사선의 발색은 목표 성분의 유무를, 표준선의 발색은 검사의 정상적인 진행 유무를 나타내는 기능을 한다. 따라서 검사선이 발색되지 않았다는 것은 목표 성분이 없다는 것일 뿐, 검사가 정상적으로 진행되지 않았다는 것을 의미하는 것은 아니다. 검사가 정상적으로 진행되는 경우에는 검사선은 발색되지 않아도 표준선이 발색될 수 있다.

팩트✓체크 **2** [13]검사선이 발색되어 나타나는 반응선을 통해서는 목표 성분의 유무를 판정할 수 있다. [14]표준선이 발색된 반응선이 나타나면 검사가 정상적으로 진행되었음을 알 수 있다.

오답 분석

① 2문단에서 LFIA 키트의 '시료 패드로 흡수된 시료는 결합 패드에서 복합체와 함께 반응막을 지나 여분의 시료가 흡수되는 흡수 패드로 이동'한다고 했으므로, 시료 패드와 흡수 패드는 모두 시료를 흡수한다고 할 수 있다.

팩트✓체크 **2** [8]시료 패드로 흡수된 시료는 결합 패드에서 복합체와 함께 반응막을 지나 여분의 시료가 흡수되는 흡수 패드로 이동한다.

② 1문단에서 LFIA 키트는 항원 – 항체 반응을 응용하여 시료에 존재하는 성분을 분석하는 키트라고 했고, 2문단에서 일반적으로 한 가지 목표 성분을 검출하는 LFIA 키트의 반응막에는 항체들이 고정되어 있다고 하였다. 따라서 검출하고자 하는 목표 성분은 '항원'이다.

팩트✓체크 **2** [11]일반적으로 한 가지 목표 성분을 검출하는 키트의 반응막에는 항체들이 띠 모양으로 두 가닥 고정되어 있는데, ~

④ 2문단에서 '표지 물질은 발색 반응에 의해 색깔을 내는데', '표지 물질이 검사선이나 표준선에 놓이면 발색 반응에 의해 반응선이 나타난다. 검사선이 발색되어 나타나는 반응선을 통해서 목표 성분의 유무를 판정할 수 있다.'라고 하였다. 따라서 표지 물질이 없다면 시각적으로 시료의 목표 성분 유무를 확인할 수 없다.

팩트✓체크 **2** [12]표지 물질이 검사선이나 표준선에 놓이면 발색 반응에 의해 반응선이 나타난다.

⑤ 4문단에서 시료에 목표 성분이 없어도 키트가 목표 성분이 들어 있다고 판정하는 위양성이 존재한다고 하였으므로, 시료에 목표 성분이 포함되어 있지 않더라도 검사선이 발색될 수 있다.

팩트✓체크 **4** [26]이때 시료에 목표 성분이 실제로 존재하면 진양성, 시료에 목표 성분이 없다면 위양성이라고 한다.

02

정답 분석 정답 ①

3문단에 따르면 직접 방식(㉠)에서 복합체에 포함된 특정 물질은 목표 성분에 결합할 수 있는 '항체'이다. 시료에 목표 성분이 포함되어 있다면 목표 성분은 이 항체와 일차적으로 결합하고, 이후 검사선의 고정된 항체와 결합한다. 하지만 경쟁 방식(㉡)에서 복합체에 포함된 특정 물질은 '목표 성분 자체(항원)'이다. 시료의 목표 성분은 검사선의 항체와 결합하기 위해 복합체의 목표 성분과 경쟁하게 된다. 따라서 검사선에 도달하기 전에는 항체와 결합할 수 없다.

	㉠ 직접 방식	㉡ 경쟁 방식
복합체의 특정 물질	항체	목표 성분 자체

검사 과정	시료의 목표 성분과 항체의 결합 → 검사선의 고정된 항체와 결합	시료의 목표 성분과 복합체의 목표 성분의 경쟁
검사선 발색의 의미	(검사선이 발색되는 경우) 목표 성분의 검출	(검사선이 발색되지 않는 경우) 목표 성분의 검출
사용처	세균, 분자량이 큰 단백질	항생 물질, 목표 성분의 크기가 작은 경우

2 직접 방식과 경쟁 방식 

"LFIA 키트는 주로 ㉠직접 방식 또는 ㉡경쟁 방식으로 제작되는데, 방식에 따라 검사선의 발색 여부가 의미하는 바가 다르다."

┈► LFIA 키트의 기본 구조는 동일하나, 방식에 따라 검사선의 발색 여부의 의미가 다르다고 명시하고 있으므로 이를 토대로 두 방식을 비교할 수 있다.

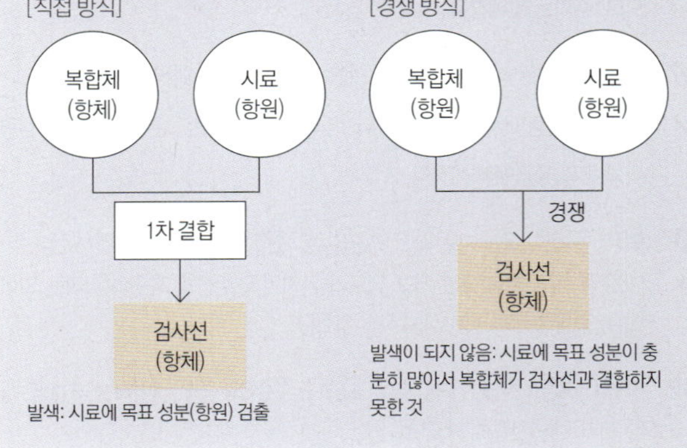

오답 분석

② 3문단을 보면, 직접 방식과 경쟁 방식은 모두 시료의 목표 성분이 검사선의 항체와 결합한다.

팩트✓체크 **3** [17]시료에 목표 성분이 포함되어 있다면 목표 성분은 이 항체와 일차적으로 결합하고, 이후 검사선의 고정된 항체와 결합한다. [20]만약 시료에 목표 성분이 포함되어 있으면 시료의 목표 성분과 복합체의 목표 성분이 서로 검사선의 항체와 결합하려 경쟁한다.

③ 2문단을 보면, 결합 패드의 검사선은 표준선보다 시료 패드에 더 가까이 있으므로, 직접 방식과 경쟁 방식에서 모두 시료는 검사선에 먼저 도달하게 된다.

팩트✓체크 **2** [11]일반적으로 한 가지 목표 성분을 검출하는 키트의 반응막에는 항체들이 띠 모양으로 두 가닥 고정되어 있는데, 그중 시료 패드와 가까운 쪽에 있는 가닥이 검사선이고 다른 가닥은 표준선이다.

④ 2문단을 보면, 직접 방식과 경쟁 방식에서 모두 검사선이 발색되어 나타나는 반응선을 통해 목표 성분의 유무를 판정할 수 있고, 표준선이 발색된 반응선을 통해 검사가 정상적으로 진행되었는지를 알 수 있다.

팩트✓체크 **2** [13]검사선이 발색되어 나타나는 반응선을 통해서는 목표 성분의 유무를 판정할 수 있다. [14]표준선이 발색된 반응선이 나타나면 검사가 정상적으로 진행되었음을 알 수 있다.

⑤ 2문단을 보면, LFIA 키트를 이용하여 목표 성분의 유무를 확인하는 것은 표지 물질이 아니라, 복합체의 표지 물질에 붙어

있는 특정 물질과 관련이 있다.

팩트✓체크 **2** [10]표지 물질은 발색 반응에 의해 색깔을 내는데, 이 표지 물질에 붙어 있는 특정 물질은 키트 방식에 따라 종류가 다르다.

03

정답 분석　　　　　　　　　　　정답 ④

'민감도'는 시료에 목표 성분이 존재하는 경우에 대해 키트가 이를 양성으로 판정한 비율이다. 시료에 목표 성분이 존재함에도 목표 성분이 들어 있지 않다고 판정하는 '위음성'(A)인 경우가 적을수록 시료에 목표 성분이 존재할 때 양성으로 판정하는 경우가 높으므로, 민감도가 높다고 할 수 있다.

'특이도'는 시료에 목표 성분이 없는 경우에 대해 키트가 이를 음성으로 판정한 비율이다. 목표 성분이 들어 있지 않은 시료에 대해 목표 성분이 들어 있지 않다고 판정하는 '진음성'(B)인 경우가 많을수록 특이도가 높다고 할 수 있다.

팩트✓체크 **5** [32]민감도는 시료에 목표 성분이 존재하는 경우에 대해 키트가 이를 양성으로 판정한 비율이다. [33]특이도는 시료에 목표 성분이 없는 경우에 대해 키트가 이를 음성으로 판정한 비율이다.

04

정답 분석　　　　　　　　　　　정답 ②

3문단에서 '세균이나 분자량이 큰 단백질 등'을 검출할 때 '직접 방식'의 LFIA 키트를 사용한다고 하였는데, 이때 키트의 복합체에 포함된 특정 물질은 목표 성분에 결합할 수 있는 '항체'이다. 이를 바탕으로 볼 때, <보기>에서는 '살모넬라균'을 키트를 통해 검출하려고 하므로 '직접 방식'의 LFIA 키트를 사용할 것이고, 이때 사용하는 특정 물질은 목표 성분과 결합할 수 있는 항체일 것이다. 따라서 ⓐ의 결합 패드에는 표지 물질에 '살모넬라균에 결합하는 항체'가 붙어 있는 복합체가 들어 있는 것이지, 표지 물질에 '항원'인 '살모넬라균'이 붙어 있는 복합체가 들어 있는 것은 아니다.

팩트✓체크 **3** [22]직접 방식은 세균이나 분자량이 큰 단백질 등을 검출할 때 이용하고, ~

오답 분석

① 1문단에 따르면 LFIA 키트는 항원－항체 반응을 응용하여 시료에 존재하는 성분을 분석하므로, ⓐ를 개발하기 전에 살모넬라균과 결합하는 항체를 제조하는 기술의 개발이 선행되어야 한다.

③ 2문단에 따르면 LFIA 키트에 나타나는 선을 통해 '액상의 시료'에서 목표 성분의 유무를 판단하는 것이므로, ⓐ를 이용하려면 시료를 액체 상태로 만들어야 한다.

팩트✓체크 **2** [6]LFIA 키트를 이용하면 키트에 나타나는 선을 통해, 액상의 시료에서 검출하고자 하는 목표 성분의 유무를 간편하게 확인할 수 있다.

④ 5문단에 따르면 민감도는 시료에 목표 성분이 존재하는 경우

에 대해 키트가 이를 양성으로 판정한 비율, 특이도는 시료에 목표 성분이 없는 경우에 대해 키트가 이를 음성으로 판정한 비율이므로, 오염 의심 시료를 선별하는 데에는 민감도가 높은 것이 더 효과적이다.

⑤ <보기>에서 ⓐ가 기존 방법에 비해 정확도는 낮다고 하였으므로 ⓐ의 판정은 실제로는 존재하지 않는 살모넬라균이 존재한다고 잘못 판단한 위양성일 수 있다.

팩트✔체크 ④ [26]이때 시료에 목표 성분이 실제로 존재하면 진양성, 시료에 목표 성분이 없다면 위양성이라고 한다.

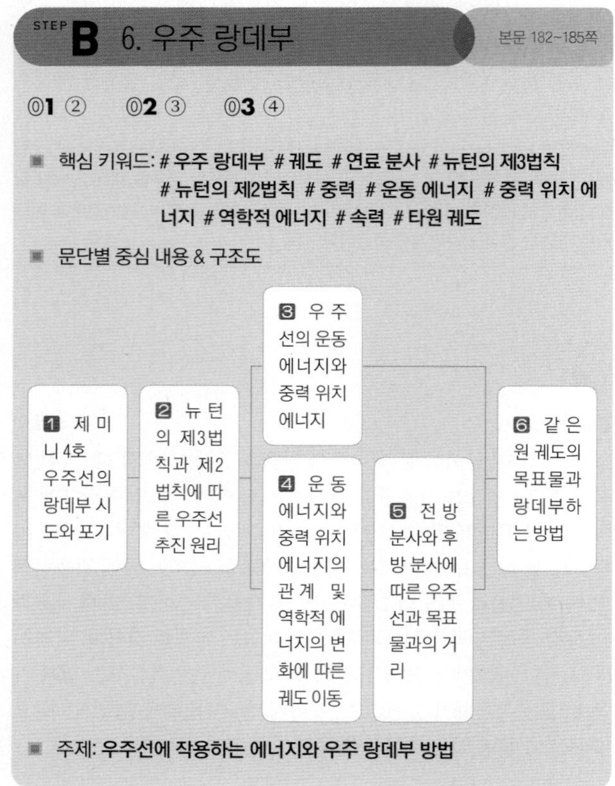

❶ **01** 우주선이 후방 분사를 반복하면 같은 궤도상 전방에 있는 목표물과 만나게 된다.

✕ [4문장] 제미니 4호 우주선이 후방 분사를 반복할수록, 같은 궤도상 전방에 있는 목표물인 타이탄 로켓과의 거리는 점점 더 멀어졌다고 하였다.

❷ **02** 전방을 향해 가는 우주선은 전방 분사를 통해 속도를 줄일 수 있다.

○ [5문장] 우주선은 분사 방향의 반대쪽으로 추진력을 받는다고 하였으므로, 전방을 향해 가는 우주선이 전방 분사를 하면 후방을 향한 추진력을 받아 속도가 줄고, 후방 분사를 하면 전방을 향한 추진력을 받아 속도가 높아질 것이다.

03 뉴턴의 제3법칙에 따라 우주선은 연료를 분사하는 방향의 반대쪽으로 나아간다.

○ [6문장] 연료를 분사하면 우주선은 분사 방향의 반대쪽으로 추진력을 받는다고 하였다. 이는 뉴턴의 제3법칙에 따라 연료를 분사하면 반대 방향에서도 미는 힘이 작용하는 데 따른 것이다.

04 동일한 양의 연료를 동일한 속도로 후방 분사할 때, 우주선이 무거울수록 앞으로 더 많이 나아갈 것이다.

✕ [8문장] 뉴턴의 제2법칙은 '같은 크기의 힘을 물체에 가했을 때, 물체의 질량과 가속도는 반비례한다.'이다. 즉, 동일한 양의 연료를 동일한 속도로 후방 분사하면, 질량이 가벼운 우주선일수록 가속도가 크므로 앞으로 더 많이 나아갈 것이다.

05 연료 기체를 분사하는 가속도보다 우주선이 반대쪽으로 나아가는 가속도가 느리다.

○ [9, 10문장] 뉴턴의 제2법칙을 적용할 때, 우주선이 연료보다 질량이 크므로 연료 기체를 분사하는 가속도보다 우주선이 반대쪽으로 나아가는 가속도가 느릴 것이다.

❸ **06** 원 또는 타원 궤도가 작을수록 주기가 짧아진다.

○ [13문장] 궤도를 한 바퀴 도는 데 걸리는 시간인 주기는 궤도의 지름이 클수록 더 길다고 하였다. 따라서 원 또는 타원 궤도가 작을수록 지름 역시 작으므로, 주기는 짧아진다.

07 우주선의 운동 에너지는 질량과 속력의 제곱에 반비례한다.

✕ [14문장] 운동 에너지(K)는 $\frac{1}{2}mv^2$이라고 하였으므로, 운동 에너지는 질량과 속력의 제곱에 비례한다.

❹ **08** 우주선이 도는 지구 궤도가 커질수록 중력 위치 에너지는 작아진다.

✕ [16문장] 우주선이 도는 지구 궤도가 커지면 우주선과 지구의 거리는 멀어진다. 따라서 중력 위치 에너지도 커진다.

09 지구의 중력만 작용할 때, 궤도 운동하는 우주선의 운동 에너지가 커지면 중력 위치 에너지는 작아진다.

○ [18, 19문장] 지구의 중력만 작용할 때, 궤도 운동하는 우주선의 역학적 에너지는 크기가 일정하게 보존된다고 하였다. 역학적 에너지(E)는 운동 에너지와 중력 위치 에너지의 합이므로, 운동 에너지가 커지면 중력 위치 에너지는 작아진다.

10 역학적 에너지가 보존될 때, 지구 궤도의 지름이 작아질수록 우주선의 속력은 빨라진다.

○ [20문장] 역학적 에너지가 보존될 때 지구 궤도의 지름이 작아지면 우주선은 지구 중심에 더 가까워지게 된다. 따라서 우주선의 속력은 빨라진다.

11 우주선이 큰 타원 궤도와 원 궤도, 작은 타원 궤도 중 어느 궤도를 돌더라도 접선에서의 중력 위치 에너지는 동일하다.

○ [<그림>] 큰 타원 궤도, 원 궤도, 작은 타원 궤도가 만나는 접선에서는 지구 중심과 우주선의 거리가 동일하다. 이때 지구의 질량, 우주선의 질량도 동일하므로 어느 궤도를 돌더라도 중력 위치 에너지는 동일할 것이다.

12 우주선이 궤도의 접선 방향으로 속력을 높이면, 운동 에너지는 커지나 역학적 에너지는 작아진다.

✕ [24문장] 우주선이 궤도의 접선 방향으로 속력을 높이면, 속력의 제곱에 비례하는 운동 에너지도 커지고, 운동 에너지와 중력 위치 에너지의 합인 역학적 에너지도 커진다.

❺ **13** 기존보다 작은 타원 궤도로 진입한 우주선이 가질 수 있는 최대 운동 에너지는 기존 궤도에서보다 더 크다.

○ [15, 20, 28문장] 4문단에서 운동 에너지는 우주선 속력의 제곱에 비례한다고 하였다. 그리고 작은 타원 궤도로 진입한 우주선의 최대 속력은 더 빨라진다고 하였다. 따라서 작은 궤도에서 우주선이 가질 수 있는 최대 운동 에너지는 기존 궤도에서보다 더 크다.

❻ **14** 제미니 4호 우주선은 전방 분사를 하여 목표물보다 낮은 위치로 이동해

야 타이탄 로켓과 랑데부할 수 있었다.

- O [33, 34문장] 제미니 4호 우주선의 상황에서 랑데부에 성공하려면 기존보다 더 작은 타원 궤도로 진입해서 목표물과 같은 위치에서 만나도록 속력을 조절한 뒤, 목표물보다 낮은 위치에서 충분히 가까워져야 한다고 하였다.

15 제미니 4호 우주선의 중력 위치 에너지가 최솟값인 지점에서 타이탄 로켓과 랑데부할 수 있다.

- X [17, 33, 34문장] 제미니 4호 우주선이 타이탄 로켓과 랑데부하려면, 전방 분사를 통해 기존 궤도보다 작은 타원 궤도에 진입한 후 여러 주기를 돌다가 원 궤도를 도는 타이탄 로켓과 같은 위치에서 만나야 한다. 따라서 제미니 4호 우주선과 타이탄 로켓은 접선 부근에서 랑데부하게 될 것이다. 작은 타원 궤도를 도는 제미니 4호 우주선의 경우, 접선 부근은 궤도 내에서 지구 중심과 거리가 가장 먼 지점이다. 4문단에서 우주선이 지구에 멀수록 중력 위치 에너지는 커진다고 하였으므로, 이때 제미니 4호 우주선의 중력 위치 에너지는 가장 클 것이다.

⑩**1**

정답 분석　　　　　　　　　　　　　　　　　　　　　　정답 ②

원 궤도의 지름이 크다는 것은 궤도가 크다는 의미이다. 그런데 4문단에서 '궤도 운동하는 우주선이 지구 중심에서 멀어지면 속력이 느려지고 가까워지면 속력이 빠르게 된다. 또한 원 궤도에서 작용하는 중력의 크기가 클수록 속력이 빨라진다.'라고 한 것으로 보아 우주선의 속력은 지구 중심과 가까운 작은 타원 궤도를 돌 때 빠를 것이다. 또한 6문단에서 '기존보다 더 작은 타원 궤도로 진입해서 목표물보다 더 빠른 속력으로 운동할 수 있다.'라고 하였으므로, 궤도가 작을 때(=원 궤도인 지름이 작을수록) 우주선의 속력이 더 빨라짐을 알 수 있다.

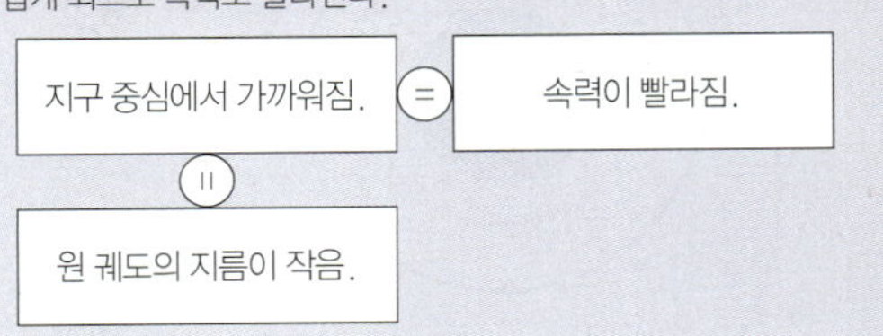

오답 분석

① 2문단에서 '연료를 분사하면 우주선은 분사 방향의 반대쪽으로 추진력을 받는다.'라고 한 뒤 이러한 우주선의 추진 원리가 '뉴턴의 제3법칙'에 따른 것임을 밝히고 있다.

팩트✓체크 **②** [5]연료를 분사하면 우주선은 분사 방향의 반대쪽으로 추진력을 받는다. [6]이는 뉴턴의 제3법칙인 '두 물체가 서로에게 작용하는 힘은 항상 크기가 같고, 방향은 반대이다.'로 설명할 수 있다.

③ 4문단에서 '지구의 중력만 작용할 때, 궤도 운동하는 우주선의 역학적 에너지는 크기가 일정하게 보존된다.'라고 하였다.

팩트✓체크 **④** [19]지구의 중력만 작용할 때, 궤도 운동하는 우주선의 역학적 에너지는 크기가 일정하게 보존된다.

④ 2문단에서 '우주선에 비해 연료 기체의 질량은 작더라도 연료 기체를 고속 분사하면 우주선은 충분한 가속도를 얻는다.'라고 하였다. 이는 뉴턴의 제2법칙에 따라 물체의 질량과 가속도는 반비례하기 때문이다. 따라서 연료 기체보다 질량이 큰 우주선이 연료 분사를 통해 추진력을 얻으려면, 연료 기체의 가속도가 우주선보다 커야 한다.

팩트✓체크 **②** [10]우주선에 비해 연료 기체의 질량은 작더라도 연료 기체를 고속 분사하면 우주선은 충분한 가속도를 얻는다.

⑤ 원 궤도에 있는 우주선이 속력을 늦추면, 4문단에서 알 수 있듯이 운동 에너지가 감소하여 기존보다 작은 타원 궤도로 진입하게 될 것이다. 그리고 3문단에서 '궤도를 한 바퀴 도는 데 걸리는 시간인 주기는 궤도의 지름이 클수록 더 길다.'라고 하였으므로, 작은 타원 궤도로 진입하면 회전 주기는 짧아진다.

팩트✓체크 **③** [13]이때 궤도를 한 바퀴 도는 데 걸리는 시간인 주기는 궤도의 지름이 클수록 더 길다.
④ [25]하지만 전방 분사하면, 운동 에너지가 감소하고 〈그림〉의 작은 타원 궤도로 진입하여 우주선은 기존보다 지구에 더 가까워진다.

⑩**2**

정답 분석　　　　　　　　　　　　　　　　　　　　　　정답 ③

ㄱ. 제미니 4호가 후방 분사를 했다면, 4문단에서 알 수 있듯이 우주선은 기존의 원 궤도보다 큰 타원 궤도로 진입하게 된다. 이는 기존보다 궤도가 커진 상황이므로 지구로부터 더 멀어지는 것이다.

ㄷ. 원 궤도에 있는 우주선이 궤도의 접선 방향 분사를 했는데 역학적 에너지가 증가했다면, 4문단에서 알 수 있듯이 우주선은 후방 분사를 한 것이다. 이때 우주선은 큰 타원 궤도로 진입하게 되는데, 4문단에서 '우주선이 지구에 가까울수록 중력 위치 에너지는 작아지고, 멀수록 중력 위치 에너지는 커진다.'라고 하였으므로, 큰 타원 궤도에서 최대 중력 위치 에너지가 기존 원 궤도에서의 최대 중력 위치 에너지보다 커질 것이다.

팩트✓체크 **④** [24]〈그림〉의 원 궤도에 있는 우주선이 궤도의 접선 방향으로 후방 분사하여 운동 에너지를 증가시키면, 그만큼 역학적 에너지도 증가하여 우주선은 기존의 원 궤도보다 지구로부터 더 멀리 도달할 수 있는 〈그림〉의 큰 타원 궤도로 진입한다.

오답 분석

ㄴ. 4문단에서 역학적 에너지는 운동 에너지와 중력 위치 에너지의 합이라고 하였고, 지구의 중력만 작용할 때 역학적 에너지는 크기가 일정하게 보존된다고 하였다. 그리고 '역학적 에너

지가 보존될 때, 궤도 운동하는 우주선이 지구 중심에서 멀어지면 속력이 느려지고 가까워지면 속력이 빠르게 된다.'라고 하였다. 즉, 타원 궤도에서는 지구 중심과 우주선의 거리가 위치가 이동할 때마다 달라지므로 중력 위치 에너지는 변하게 된다. 또한 속력이 변하면서 운동 에너지 역시 변한다. 다만 각각의 에너지 크기는 달라져도 이들의 합인 역학적 에너지 크기는 일정하게 보존되는 것이다.

팩트✓체크 ☑ [19]지구의 중력만 작용할 때, 궤도 운동하는 우주선의 역학적 에너지는 크기가 일정하게 보존된다. [20]역학적 에너지가 보존될 때, 궤도 운동하는 우주선이 지구 중심에서 멀어지면 속력이 느려지고 가까워지면 속력이 빠르게 된다.

☑ 중력 위치 에너지

킬링 지문 이해 하기

"우주선의 중력 위치 에너지는 우주선이 지구에서 무한대 거리에 있으면 0으로 정의되고, 지구에 가까워지면 그 값은 작아지므로 음수이다. 즉, 우주선이 지구에 가까울수록 중력 위치 에너지는 작아지고, 멀수록 중력 위치 에너지는 커진다."

┈▸ 3문단에서 중력 위치 에너지 $U = -\dfrac{GMm}{r}$ 이라고 하였으므로, 분모 r(지구 중심과 우주선의 거리)이 클수록 '0'에 가깝게 된다. 원 궤도일 경우 궤도 안에서 지구 중심과의 거리는 동일하겠지만, 타원 궤도의 경우 궤도 내에서도 중력 위치 에너지가 달라진다.

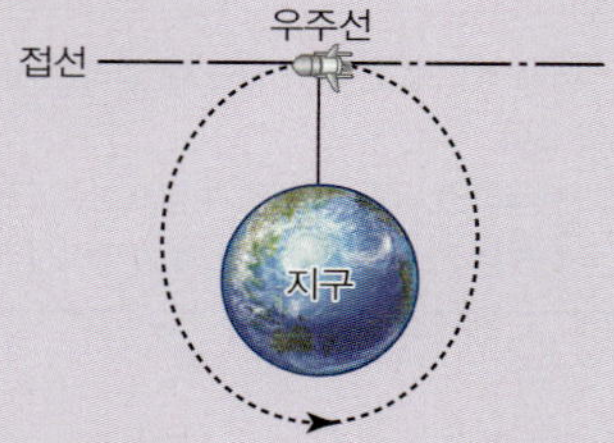

그림과 같은 타원형 궤도에서는 접선과 만나는 지점에서 지구 중심과 우주선의 거리가 가장 멀다. 따라서 이 지점에서 중력 위치 에너지가 가장 크다.

◎3

정답 분석   정답 ④

<보기>의 우주선 X가 궤도 A로 진입했다면 큰 타원 궤도를 돌게 되고, 우주선 Y는 기존의 원 궤도를 돌게 된다. 4문단에서 '지구의 중력만 작용할 때, 궤도 운동하는 우주선의 역학적 에너지는 크기가 일정하게 보존된다.'라고 하였고, 역학적 에너지는 운동 에너지와 중력 위치 에너지의 합이므로 타원 궤도에서는 중력 위치 에너지가 계속 달라져 운동 에너지(속력의 제곱에 비례) 역시 달라질 것이다. 반면 원 궤도에서의 운동 에너지(속력의 제곱)은 일정할 것이다. 이를 바탕으로 볼 때, 우주선 X는 궤도 A로 진입한 순간 속력이 빨랐다가 점차 느려진 후 다시 빨라질 것임을 예상할 수 있다. 이 과정에서 우주선 Y의 운동 에너지와 같은 지점이 발생할 수 있는데, 타원 궤도이므로 지구 중심과 우주선의 거리가 같은 지점은 적어도 2군데일 것이다. 따라서 우주선 X가 지구를 한 바퀴 도는 동안 우주선 Y와 같은 운동 에너지를 가지는 궤도상의 지점은 하나라고 말할 수 없다. 한편 우주선 X가 궤도 A로 진입하는 지점이 궤도들이 만나는 접점이므로, 접점상에서의 우주선 X의 속력은 우주선 Y보다 빠르다.

팩트✓체크 ☑ [20]역학적 에너지가 보존될 때, 궤도 운동하는 우주선이 지구 중심에서 멀어지면 속력이 느려지고 가까워지면 속력이 빠르게 된다.
☑ [27]따라서 분사가 끝나면 속력이 주기적으로 변화하고 목표물과의 거리가 더 멀어진다.

오답 분석

① 전방 분사한 우주선 X는 더 작은 궤도인 B로 진입하게 된다. 이때 더 작은 궤도에 진입할수록 속력은 빨라진다고 하였고, 운동 에너지는 속력의 제곱에 비례한다고 하였다. 따라서 궤도 B를 도는 우주선 X는 원 운동을 하는 우주선 Y보다 최대 속력이 빠르므로, 최대 운동 에너지도 더 크다.

② 우주선 X가 궤도 A에서 중력 위치 에너지의 최솟값을 갖는 지점은 지구 중심과 가장 가까이 있는 지점이다. 이 글과 <보기>를 종합할 때 해당 지점은 접점과 수직선상으로 만나는 지점이다. 한편 궤도 B에서의 최소 중력 위치 에너지 역시 접점과 수직선상으로 만나는 지점이다. 이 거리는 궤도 A에서 거리보다 짧으므로, 궤도 A에서의 최소 중력 위치 에너지가 궤도 B에서의 최소 중력 위치 에너지보다 크다.

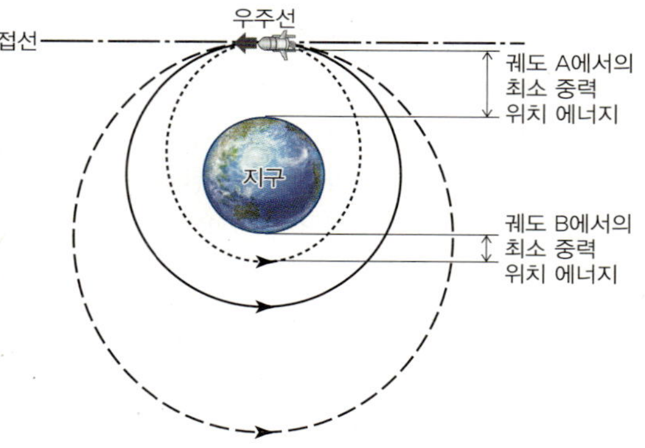

③ 후방 분사한 이후의 우주선 X는 궤도 A로 진입하게 된다. 이때 중력 위치 에너지의 최솟값은 지구와 가장 가까운 지점인 접점에 있을 때이다. 우주선 Y는 원 궤도를 돌기 때문에 항상 접점에서의 중력 위치 에너지를 궤도 모든 지점에서 가지므로, 궤도 A에서의 우주선 X가 지니는 중력 위치 에너지의 최솟값은 우주선 Y의 중력 위치 에너지와 같다.

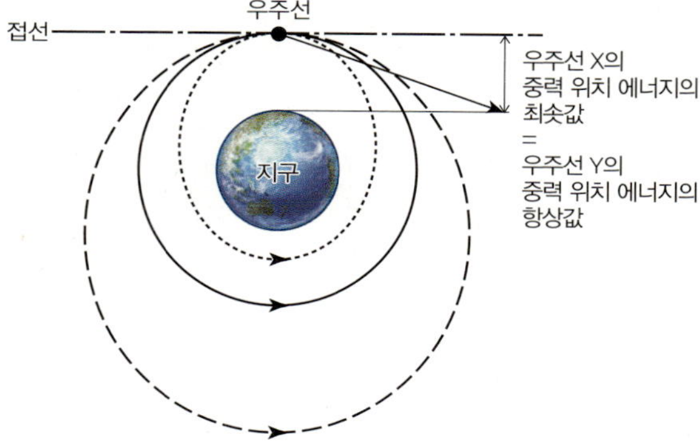

⑤ 우주선 X와 우주선 Y의 가능한 거리는 두 우주선이 같은 위치에서 만나 랑데부가 가능한 거리를 의미한다고 볼 수 있다. 우주선 X가 궤도 B로 진입한 경우, 원 궤도를 도는 우주선 Y와 일직선상에서 만나는 거리 중 최댓값은 접점에서 수직선상에서 만나는 지점 간의 거리이고, 궤도 A로 진입한 우주선 X가 우주

선 Y와 일직선상에서 만나는 거리 중 최댓값 역시 접점에서 수직선상에서 만나는 지점 간의 거리이다. 궤도 A와 궤도 B가 타원 궤도이므로, <그림>을 참고할 때 궤도 B에서의 최댓값이 궤도 A에서의 최댓값보다 작다.

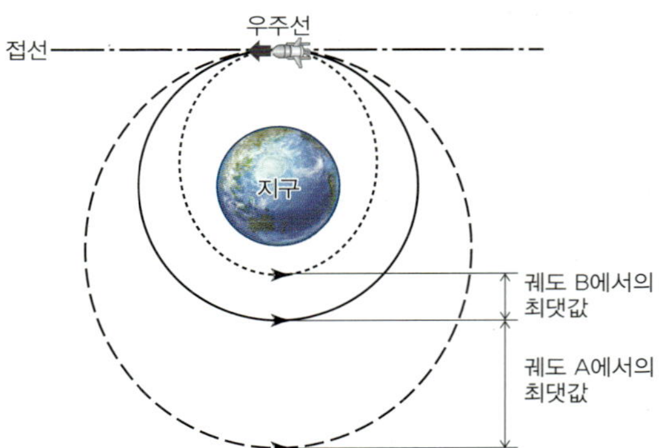

4. 융합

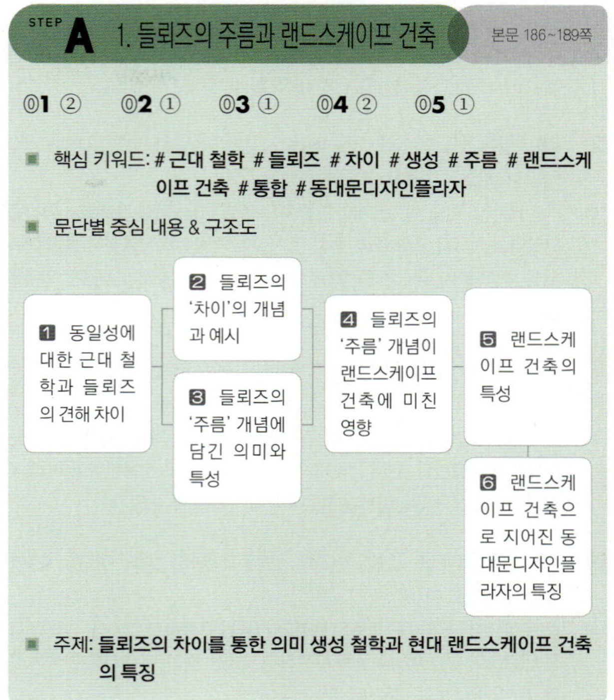

❶ 01 근대 철학은 대상이 지닌 고정된 진리나 고유한 본질이 단순할수록 동일성을 재현한다고 생각한다.

✕ [2문장] 근대 철학은 고정된 진리나 고유한 본질에 얼마나 유사하게 동일성을 재현할 수 있느냐에 관심을 가졌다고 하였지, 진리나 본질이 단순해야 동일성을 재현한다고 생각한 것은 아니다.

02 근대 철학은 대상들 간의 동일성에, 들뢰즈는 대상들 간의 차이점에 보다 주목한다.

○ [2, 4문장] 근대 철학은 동일성을 그대로 표상하는 것에 관심을 가진다고 하였다. 그러나 들뢰즈는 표상을 비판하며 대상들 간의 차이를 긍정한다고 하였다.

03 들뢰즈는 대상들 간의 차이를 명확히 파악해야 동일성의 원리에 이를 수 있다고 주장한다.

✕ [3, 4문장] 들뢰즈는 근대 철학이 중시하는 동일성의 원리를 비판하였다. 오히려 들뢰즈는 대상이 다른 대상들과 관계 맺으며 펼쳐지는 무수한 차이를 긍정하며 세계를 생성의 원리로 설명하였다.

❷ 04 '달리기를 잘하는 사람'이라는 의미는 어떤 사람이 땅과 관계를 맺어 생성된 것이다.

○ [7, 10문장] '달리기를 잘하는 사람'(A)이 자동차와 관계를 맺으면 '자동차 운전을 잘하게 된 사람'이라는 의미를 갖게 된다고 하였으므로, 본래의 '달리기를 잘하는 사람'(A)은 어떤 사람과 땅이 관계를 맺어 생성된 의미일 것이다.

05 차이는 대상에 대한 새로운 의미 규정을 일으키는 작용을 한다.

○ [11문장] '달리기를 잘하는 사람'이 자동차와 관계를 맺어 이전과 차이를 지니게 되자 '자동차 운전을 잘하게 된 사람'이라는 새로운 의미를 부여받았다.

❸ 06 들뢰즈는 대상과 대상이 연결되어 서로 닮아가는 과정을 '주름' 개념으로 설명한다.

✕ [12문장] 들뢰즈는 대상과 대상이 연결되어 서로를 변화시키는 생성의 과

정을 '주름' 개념으로 설명한 것이지, 서로 닮아가는 과정을 언급하지는 않았다.

07 들뢰즈의 주름은 대상이 존재하는 한 끊임없이 생성된다.
- ○ [15문장] '주름'은 대상 자체의 내재적 원인 또는 차이를 지닌 대상과의 관계 속에서 끊임없이 생성되는 흔적이라 할 수 있다고 하였다.

④ 08 현대 랜드스케이프 건축가들은 시간이 지날수록 새로운 의미가 생성되는 데 관심을 갖는다.
- ○ [16, 18문장] 현대 랜드스케이프 건축은 들뢰즈의 '주름' 개념에서 영감을 받았다고 하였다. 들뢰즈의 '주름'은 시간이 지날수록 새로운 주름이 계속해서 생성되어 간다. 현대 건축에서도 대지와 건물 자체가 새로운 의미를 생성한다.

09 이전의 건축과 달리, 현대 랜드스케이프 건축에서는 인간이 수동적 존재가 된다.
- × [20문장] 이전의 건축에서는 대지와 건물이 인간에 의해 역할이 규정되는 수동적 존재였지만, 현대 건축에서는 능동적 존재로 작동한다고 하였다. 하지만 이를 통해 인간이 수동적 존재가 되는지는 알 수 없다.

⑤ 10 랜드스케이프 건축은 대지와 건물을 구분하지 않고, 대지를 건물에 포함되는 요소로 여긴다.
- × [21문장] 랜드스케이프 건축은 대지와 건물을 구분하지 않는다. 그러나 둘을 연결하여 통합하거나 둘을 완전히 통합하는 것이지, 대지를 건물에 포함되는 요소로 보는 것은 아니다.

11 랜드스케이프 건축에서 대지와 건물이 만들어 내는 공간의 의미는 고정되지 않는다.
- ○ [22문장] 대지와 건물이 연속된 표면으로 펼쳐지는 공간은 그 성격이 고정되지 않는다고 하였다.

12 랜드스케이프 건축물에서는 내부에서 외부를 바라보는 동시에 외부에서 내부를 바라볼 수 있다.
- ○ [23, 24문장] 건물의 내부와 외부의 구분이 모호해지게 되어 건물 내부에서 외부를 바라보는 시선과 외부에서 내부를 바라보는 응시를 동시에 담아낼 수 있게 된다고 하였다.

⑥ 13 동대문디자인플라자는 건물 자체가 대지를 완전히 덮어서 대지와 건물이 통합된 형태이다.
- ○ [21, 26문장] 동대문디자인플라자는 건물 전체가 대지를 덮고 있는 형상을 띠고 있다고 하였다. 그리고 5문단에서 랜드스케이프 건축물에서는 건물 자체가 대지를 완전히 덮어서 대지와 건물이 통합되기도 한다고 하였다.

14 동대문디자인플라자의 공간은 그 성격이 유동적이다.
- ○ [27문장] 동대문디자인플라자의 공간은 디자인 전시관으로 활용되거나 체험 마당 등 다양한 용도로 활용된다고 하였으므로, 공간의 성격이 유동적이다.

15 동대문디자인플라자는 랜드스케이프 건축의 특성을 따라 건물의 내부와 외부의 구분이 모호하다.
- ○ [28문장] 동대문디자인플라자는 외부의 공원과 건물 간의 경계가 없다고 하였다.

⓪1

정답 분석   정답 ②

1문단에서 근대 철학은 대상의 고정된 진리, 즉 변하지 않는 진리인 동일성을 찾으려 노력한 반면, 들뢰즈는 대상이 다른 대상들과 관계를 맺으며 펼쳐지는 차이를 긍정하며 세계를 생성의 원리로 설명하고자 했다고 하였다. 따라서 '근대 철학'(㉠)은 대상의 변하지 않는 속성에, '들뢰즈'(㉡)는 대상의 변화하는 속성에 주목하였음을 알 수 있다.

팩트✓체크 **1** [1]근대 철학에서는 대상이 지닌 고정된 진리나 고유한 본질에 해당하는 동일성을 찾으려고 노력하였다.
[4]들뢰즈는 대상이 다른 대상들과 관계 맺으며 펼쳐지는 무수한 차이를 긍정하며 세계를 생성의 원리로 설명하고자 했다.

오답 분석

① 3문단에서 들뢰즈는 시간의 흐름 속에서 생성의 의미를 설명하였음을 알 수 있다. 그러나 고정적 본질을 중시했던 근대 철학에서는 생성의 개념이 나타나지 않는다.

팩트✓체크 **3** [12]또한 들뢰즈는 대상과 대상이 연결되어 서로를 변화시키는 생성의 과정을 주름 개념으로 설명한다.
[17]따라서 주름에는 시간적 개념과 변형이 포함됨을 알 수 있다.

③ 들뢰즈는 대상과의 관계에 주목하였으나, 근대 철학은 동일성의 재현에 관심을 가졌을 뿐 어떤 대상과 관계하느냐에 주목한 것은 아니다.

팩트✓체크 **1** [2]그리고 그 동일성을 그대로 표상하는 것, 즉 얼마나 유사하게 동일성을 재현할 수 있느냐에 관심을 가졌다.
2 [5]들뢰즈가 말하는 '차이'란 두 대상을 정태적으로 비교해서 나오는 어떤 것이 아니라, 두 대상이 만나고 섞임으로써 '생성'되는 것이다.

④ 1문단에서 들뢰즈의 비판에 따르면 근대 철학은 대상의 차이를 동일성에 종속시킨다고 볼 수 있다. 그러나 들뢰즈는 동일성의 추구를 비판하고 대상 간의 차이를 중시했으므로 동일성을 차이에 종속시키고자 했다고 볼 수 없다.

팩트✓체크 **1** [3]그러나 들뢰즈는 표상이 대상들이 지닌 차이를 동일성에 종속시키는 것이라 비판하였다.

⑤ 근대 철학은 대상의 고정된 본질을 파악하려고 노력했다. 그러나 들뢰즈는 대상의 의미가 고정되지 않고 끊임없이 변화한다고 하며 세계를 생성의 원리로 설명하고자 했다.

⓪2

정답 분석   정답 ①

3문단에서 '주름'은 대상 자체의 내재적 원인에 의해 혹은 차이를 지닌 대상과의 관계 속에서 계속해서 생성되는 속성을 지니고 있음을 알 수 있다. 그러므로 '주름'이 내재적 원인에 의해 완성된다고 보는 것은 적절하지 않다.

팩트✓체크 **3** [15]결국 주름은 대상 자체의 내재적 원인에 의해 혹은 차이를 지닌 대상과의 관계 속에서 끊임없이 생성되는 '흔적'이라 할 수 있다.

오답 분석

② 3문단에서 '주름'은 대상과 대상이 연결되어 서로를 변화시키는 생성의 과정이라고 하였다.

③ 3문단에서 '주름'이 다른 대상과의 차이를 만들어 내는 것임을
알 수 있다.

④ 2, 3문단에서 새롭게 생성된 것은 새로운 의미를 지니며, 다른
대상과의 관계를 통한 생성을 '주름'이라 할 수 있다고 하였다.

⑤ 3문단에서 서로 관계를 맺는 대상들이 새로운 '주름'을 계속해
서 생성한다고 했으므로, '주름'이 서로를 변화시키며 연속적
으로 만들어진다고 볼 수 있다.

⓪3

정답 분석   정답 ①

6문단에서 동대문디자인플라자(DDP)는 랜드스케이프 건축의 특
성이 잘 드러나는 건물로, DDP의 주름진 곡선은 건물의 표면을 형
성하면서도 내부로 이어져 내부의 공간을 형성함을 알 수 있다. 4
문단에서 랜드스케이프 건축에서는 대지와 건물 자체가 새로운 의
미를 생성하는 능동적인 존재로 작동한다고 하였으므로, 주름처럼
이어진 곡선이 대지의 의미가 건물에 의해 규정되도록 한다는 것
은 적절하지 않다.

오답 분석

② 5문단에서 랜드스케이프 건축은 대지와 건물이 구분되지 않거
나 건물 자체가 대지를 완전히 덮어서 통합된다고 하였는데,
DDP 역시 건축이 대지를 덮어 건물과 대지를 통합하는 방식
으로 연속된 표면을 이루고 있다.

③ 5문단에서 랜드스케이프 건축은 공간의 내부와 외부를 구분
없이 이어지게 하여 외부를 향한 시선과 내부를 향한 응시를
동시에 담아낼 수 있다고 하였다. DDP 역시 외부에서 내부로,
내부에서 외부로 자연스럽게 이어지고 있으므로 관람자는 시
선과 응시를 모두 경험할 수 있을 것이다.

④ 4문단에서 랜드스케이프 건축은 건물과 건물을 이분법적으
로 분리하여 보지 않는다고 하였는데, DDP 역시 지하철역을
DDP의 입구와 이어지도록 하여 통합된 공간으로 보고자 하
였다.

⑤ 5문단에서 랜드스케이프 건축은 공간의 성격을 고정하지 않았
음을 알 수 있는데, DDP 역시 공간들이 다양한 용도로 쓰이고
있으므로 공간의 성격을 고정하지 않았다.

⓪4

정답 분석   정답 ②

대지와 구분되어 비연속적인 표면을 이룬다는 것은 랜드스케이프
건축의 특성이 아니다. 5문단에서 랜드스케이프 건축에서는 대지
와 건물이 구분되지 않으며, 연속적인 표면을 이룬다고 하였다.

오답 분석

① 소쇄원의 길은 기존의 지형 및 물의 흐름과 조화를 이루면서
형성된 것이므로, 기존의 자연 환경과 관계를 맺으며 생성된
것이라는 점에서 랜드스케이프 건축의 특성을 보여 준다.

③ 소쇄원의 마당은 통로로서의 기능뿐 아니라 자연을 완상하거
나 놀이를 즐기는 공간으로도 활용되므로 성격이 고정되지 않
은 잠재적인 공간이라는 점에서 랜드스케이프 건축의 특성을
보여 준다.

④ 들어열개문은 광풍각의 안과 밖의 경계를 없애면서 자연을 내
부로 끌어들일 수 있으므로, 광풍각의 외부와 내부를 연결한다
는 점에서 랜드스케이프 건축의 특성을 보여 준다.

⑤ 들어열개문의 문짝을 닫으면 방과 마루가 독립된 공간이 되지
만, 문짝을 접어 올리면 방과 마루가 하나로 연결되기도 하므
로 방과 마루의 경계가 모호해진다. 이는 공간의 구분이 모호
한 랜드스케이프 건축의 특성을 보여 준다.

⓪5

정답 분석   **정답 ①**

'비교해서 나오는 어떤 것'에서 ⓐ '나오는'은 '판단이나 결론 따위
가 이끌려 나오는'이라는 '도출(導出)되는'으로 바꾸어 쓸 수 있다.

오답 분석

② '구성(構成)된다'는 '몇 가지 부분이나 요소들이 모여 일정한
전체가 짜여 이루어진다.'는 의미이다. ⓑ '생긴다'는 '없던 것
이 새로 있게 된다.'는 의미이므로 이와 바꿔 쓰는 것은 적절하
지 않다.

③ '봉인(封印)하여'는 '밀봉(密封)한 자리에 도장을 찍어'라는 의
미이다. ⓒ '덮어서'는 '일정한 범위나 공간을 빈틈없이 휩싸서'
의 의미이므로 이와 바꿔 쓰는 것은 적절하지 않다.

④ '제작(製作)해'는 '재료를 가지고 기능과 내용을 가진 새로운
물건이나 예술 작품을 만들어'라는 의미이다. ⓓ '만들어'는 '새
로운 상태를 이뤄서'라는 의미이므로 이와 바꿔 쓰는 것은 적
절하지 않다.

⑤ '주시(注視)하면'은 '어떤 목표물에 주의를 집중하여 보면'의
의미이다. ⓔ '내려다보면'은 '위에서 아래를 향하여 보면'을 의
미하므로 이와 바꿔 쓰는 것은 적절하지 않다.

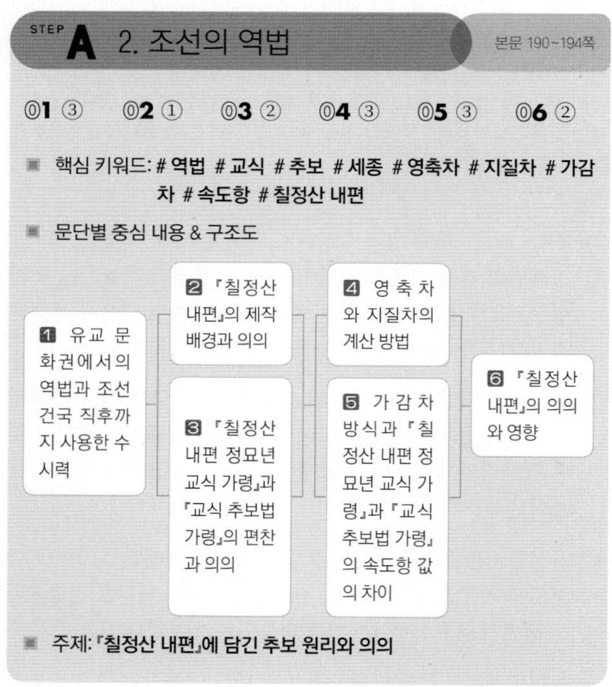

❶ 01 역법이 중요한 통치 행위로 여겨진 까닭은 역법을 하늘의 뜻 이해하
는 학문으로 여겼기 때문이다.

○ [1, 2문장] 전통적으로 동아시아에서 역법은 하늘의 뜻을 이해하는 것이며,
이는 나라를 다스리는 중요한 통치 행위였다고 하였다.

02 고려 말에는 중국의 역법을 우리의 역법으로 보완한 수시력이 도입되었다.

✕ [4, 5문장] 고려 시대에는 중국의 역을 거의 그대로 따라야 했다고 하였다.
따라서 수시력 역시 중국의 역법임을 알 수 있다.

---

03 선명력은 수시력보다 계산식이 단순하여 교식을 추보할 때 용이했다.

○ [6문장] 수시력은 계산식이 복잡해 교식을 추보할 때는 여전히 선명력이 사
용되었다고 하였다.

❷ 04 세종은 즉위하자마자 조선만의 교식 추보 방법을 사용하였다.

✕ [8, 9문장] 세종은 즉위 초부터 수시력에 대한 이해를 높이려고 애썼다고
하였으나, 세종 12년 교식 추보에 오차가 생기자 조선만의 교식 추보 방법
을 찾고자 했다고 하였다. 따라서 세종이 즉위해서 12년까지는 수시력을
사용했을 것이다.

05 세종은 중국의 역법을 수용하되 계산표는 한양을 기준으로 제작하였다.

○ [13문장] 세종은 중국의 역법을 수용하되 이를 조선에 맞게 운용하는 방법
을 택했다고 하였고, 중국을 기준으로 한 입성을 한양을 기준으로 계산하
였다고 하였다.

❸ 06 『교식 추보법 가령』은 『칠정산 내편』을 벗어나 새로운 추보 원리를 밝혀
냈다.

✕ [22문장] 『교식 추보법 가령』은 『칠정산 내편 정묘년 교식 가령』과 교식 추
보 원리는 동일하지만 계산식을 약간 달리했다고 하였으므로, 새로운 추보
원리를 밝혀 냈다고 보기 어렵다.

07 『교식 추보법 가령』은 당시 유럽의 천문학을 참고하여 보다 정교한 계산식을
고안했다.

✕ [23문장] 『교식 추보법 가령』과 『칠정산 내편 정묘년 교식 가령』의 추보 시
각은 당시 유럽의 천문학과 비교하더라도 그 방법론이 매우 정교하다고 하
였지, 당시 유럽의 천문학을 참고했다고 언급된 바 없다. 또한 유럽의 천문
학과의 비교는 후대의 평가이다.

❹ 08 북반구에서 관측한 태양은 동지 즈음에 근일점에 이른다.

○ [24, 25문장] 근일점에서 공전 속도가 가장 빠르다고 하였고, 북반구에서
관측한 태양은 동지 즈음에 가장 빠르게 운행하는 것으로 보인다고 하였
다. 이에 『칠정산 내편』은 근일점과 동지가 일치한다고 보았다.

09 동지부터 하지 사이에는 태양의 실제 위치가 평균 위치보다 앞선다.

○ [28, 30문장] 동지부터 하지 사이를 '영'이라 하였고, 태양의 실제 위치에서
평균 위치를 뺀 값인 '영차'는 양의 값이라고 하였다. 따라서 태양의 실제
위치가 평균 위치보다 앞선다.

10 근일점에서의 영축차 값과 근지점에서의 지질차 값은 동일하다.

○ [26, 32문장] 근일점에서의 영축차 값은 태양의 실제 위치에서 평균 위치를
뺀 값이다. 『칠정산 내편』에서 근일점과 동지가 일치한다고 하였고, 동지에
서 태양의 실제 위치가 평균 속도로 운행한 태양의 위치와 일치한다고 하
였으므로 그 값은 0으로 간주했을 것이다. 또한 지질차의 값은 0으로 간주
했다고 하였으므로, 두 값은 동일하다.

11 『칠정산 내편』은 근지점에서 달의 실제 위치와 평균 위치가 같다고 보
았다.

○ [32, 33문장] 『칠정산 내편』은 근지점에서 지질차의 값을 0으로 간주했다고
하였고, 지질차란 달의 실제 위치에서 평균 위치를 뺀 값이다.

❺ 12 『칠정산 내편 정묘년 교식 가령』에서 영축차가 지질차보다 큰 경우
에는 경삭, 경망에 값을 더하는 가차의 방식을 사용하였다.

○ [38, 41문장] 『칠정산 내편 정묘년 교식 가령』과 『교식 추보법 가령』 모두 가
감차 방식을 사용하였다고 하였다. 그리고 영축차에서 지질차를 뺀 값을
속도항 값으로 나눈 가감차 값이 양일 때에는 그 값을 경삭, 경망에 더하는
가차로 삼았다고 하였다.

13 『교식 추보법 가령』은 『칠정산 내편 정묘년 교식 가령』과 달리, 태양과 달
의 속도 차이를 고려하였다.

○ [44문장] 『교식 추보법 가령』은 『칠정산 내편 정묘년 교식 가령』과 달리, 태양이 달에 비해 느린 속도로 달과 같은 방향으로 이동하는 것처럼 보이는 현상을 고려했다고 하였다.

6　**14**　조선의 역법은 당시 일본의 역법보다 앞서 있었다고 볼 수 있다.
○ [46, 47문장] 『칠정산 내편』이 편찬된 지 200여 년 뒤에 일본에서도 이를 바탕으로 독자적인 역법을 완성했다고 하였으므로, 당시 조선이 일본보다 앞서 독자적인 역법을 완성했음을 알 수 있다.

15　『칠정산 내편』과 『정향력』은 한양을 기준으로 계산한 역법이다.
✕ [13, 47문장] 『칠정산 내편』은 조선의 역법으로 한양을 기준으로 하였지만, 『정향력』이 한양을 기준으로 했다는 언급은 나타나 있지 않다. 『정향력』은 일본의 독자적인 역법이므로 일본을 기준으로 하였을 것이다.

01

정답 분석　　　　　　　　　　　　　　　　　　　　　　**정답 ③**

1문단에서 『서경』의 '관상수시'라는 개념을 바탕으로 역법에 대한 유교적 관점을 드러낸 뒤, 2문단에서 5문단까지는 세종을 중심으로 조선이 유교적 관점에 따라 역법을 확립하기 위해 노력한 내용을 설명하였다. 그리고 마지막 6문단에서는 조선의 역법이 일본의 역법에 미친 영향을 밝히고 있다.

오답 분석

① 1문단에서 '관상수시'의 개념을 소개하였으나 고려와 조선이 그것을 어떻게 변용했는지에 대해서는 설명하지 않았다.

② 2~5문단에서 조선의 역법 발달 과정을 설명하고 있으나, 동서양 문명의 공통적인 천문과 역법의 의미에 대해서는 언급하지 않았다.

④ 2문단에서 세종이 조선만의 교식 추보 방법을 찾고자 했다고 하였을 뿐, 조선에서 교식 추보 방법이 발달했던 이유나 교식 추보가 중국 천문학 발전에 끼친 영향을 설명한 것은 아니다.

⑤ 3문단에서 『칠정산 내편 정묘년 교식 가령』과 『교식 추보법 가령』의 교식 추보 시각은 현대 천문학의 계산과 조금의 오차는 있지만 당시 유럽의 천문학과 비교하더라도 그 방법론이 매우 정교하다고 하였다. 이를 통해 조선 역법의 우수성을 부각하고 있으나, 당대에 관측한 값들이 현대적 관점에서 얼마나 정확한 것인지를 단계적으로 검증한 것은 아니다.

02

정답 분석　　　　　　　　　　　　　　　　　　　　　　**정답 ①**

1문단에서 '관상수시'는 하늘의 명을 받은 천자에게만 허락된 일이었기에 고려 시대에는 중국의 역을 거의 그대로 따라야 했다고 하였다. 그리고 2문단에서 세종의 명으로 편찬된 『칠정산 내편』은 중국 역법에 기반을 둔 독자적인 역법이라 하였다. 즉, 조선의 역법은 조선에 맞는 운용 방법을 택했지만 중국의 역법을 수용한 것이므로, 중국의 천자를 부정한 것이라 볼 수 없다. 한편 6문단에서 조선은 역법의 확립으로 유교적 이념을 만족스럽게 실현할 수 있는 체계를 갖추었다고 자부했다고 하였으므로, 독자적 정치 이념을 실현하고자 했다고 볼 수도 없다.

팩트✓체크　2　[10]세종은 중국의 역법을 수용하되 이것을 조선에 맞게 운용하는 방법을 택함으로써 중국과의 관계를 고려하면서도 시간 규범을 스스로 수립하고자 한 것이다.
6　[45]『칠정산 내편』 등을 통한 역법의 확립으로 조선은 유교적 이념을 만족스럽게 실현할 수 있는 체계를 갖추었다는 자부심을 가질 수 있게 되었다.

오답 분석

② 2문단에서 세종의 명에 따라 일련의 연구 성과를 담은 『칠정산 내편』이 편찬되었는데, 이때 '칠정산'의 '칠정'은 태양, 달, 다섯 행성의 운행을 가리키고, '산'이란 계산했다는 뜻이라고 하였다. 이를 통해 조선은 여러 행성들의 운동도 역법에 담으려고 노력했음을 알 수 있다.

팩트✓체크　2　[15]이러한 일련의 연구 성과를 담은 것이 세종 26년에 편찬된 『칠정산 내편』이다. [16]'칠정'이란 태양, 달, 다섯 행성의 운행을 가리키고, '산'이란 계산했다는 뜻이다.

③ 1문단에서 전통적으로 동아시아에서는 역법의 운용과 역서 발행을 중요한 국가 통치 행위로 여겨 국가 주도로 역법의 연구를 수행했다고 하였다.

팩트✓체크　1　[2]역법의 운용과 역서의 발행은 나라를 다스리는 중요한 통치 행위기 때문에 동아시아에서는 국가 기구를 설치하여 역법을 다루었고 그곳의 관리에게만 연구가 허락되었다.

④ 1문단에서 전통적으로 동아시아에서 역법은 천체의 변화를 이해하여 하늘의 뜻을 이해하는 것이었다고 하였다.

팩트✓체크　1　[1]전통적으로 동아시아에서 역법은 연월일시의 시간 규범을 제시하는 일뿐만 아니라 태양, 달 그리고 다섯 행성의 위치 변화를 통해 하늘의 뜻을 이해하는 것이었다.

⑤ 6문단에서 조선은 『칠정산 내편』 등을 통한 역법 확립으로 유교적 이념을 만족스럽게 실현할 수 있는 체계를 갖추었다고 자부했다고 하였다.

03

정답 분석　　　　　　　　　　　　　　　　　　　　　　**정답 ②**

2문단에 따르면 세종은 수시력에 대한 이해를 높이고자 했지만 교식 추보에 오차가 생기자 조선만의 교식 추보 방법을 찾고자 했고, 일련의 연구 성과로 『칠정산 내편』을 편찬하였다. <보기>와 연결하면 (가)에서 세종 12년에 일식이 시작과 끝 시각이 모두 차이가 있었다고 한 것은 교식 추보의 오차에 대한 해결책을 찾고자 연구한 결과로 『칠정산 내편』을 편찬한 것과 관련지을 수 있다. 그리고 3문단에서 『칠정산 내편 정묘년 교식 가령』은 세종 26년에 편찬된 『칠정산 내편』의 효용성을 살피기 위해 교식을 미리 추보하여 편찬한 것임을 알 수 있다.

팩트✓체크　2　[9]그럼에도 세종 12년, 교식 추보에 오차가 생기자 세종은 그 해결책으로 조선만의 교식 추보 방법을 찾고자 했다.
[15]이러한 일련의 연구 성과를 담은 것이 세종 26년에 편찬된 『칠정산 내편』이다.
3　[18]『칠정산 내편』의 효용성을 살피기 위해 세종은 정묘년(1447년) 8월에 일어날 교식을 미리 추보하여 『칠정산 내편 정묘년 교식 가령』을 편찬하게 했다.

① 1문단에서 고려 초 도입된 선명력은 정확성이 부족했지만 고려 말에 도입된 수시력은 계산식이 복잡하여 교식을 추보할 때는 선명력이 사용되었고, 이 상황은 조선 건국 직후에도 지속되었다고 하였다. <보기>의 (가)에서도 이전에는 선명력을 썼기 때문에 오차가 꽤 많았다고 한 것으로 보아, 세종 즉위 전까지 조선에서 교식을 추보할 때 선명력을 사용했고, 선명력은 정확성이 부족한 탓에 오차가 컸음을 알 수 있다.

팩트✓체크 **1** [6]수시력은 계산식이 복잡해 익히기가 어려웠기 때문에 일식과 월식, 곧 교식을 추보할 때는 여전히 선명력이 사용되었다. [7]이 상황은 조선 건국 직후에도 지속되었다.

③ 2문단에서 세종은 한양을 기준으로 한 입성을 제작하려 했고, 이에 필요한 주야각을 추보하기 위해 한양의 위도를 알아내도록 명했다고 하였다. <보기>의 (나)에서 세종이 일의 요체가 북극출지의 고하, 즉 한양의 위도를 정하는 데 있으니 간의를 만드는 것이 필요하다고 한 것에 따라 간의라는 천체 관측 기구가 제작되었음을 알 수 있다.

팩트✓체크 **2** [13]세종은 한양을 기준으로 한 입성을 제작하려 했다. [14]그래서 입성 제작에 필요한 낮과 밤의 길이인 주야각을 추보하기 위해 한양의 위도 등을 알아내도록 명했다.

④ <보기>의 (다)에서 『칠정산 내편』이 수시력에 근거하였다고 하였다. 그리고 1문단에 따르면 수시력은 중국의 역법이다.

팩트✓체크 **1** [4]관상수시는 하늘의 명을 받은 천자에게만 허락된 일이므로 고려 시대에는 중국의 역을 거의 그대로 따라야 했다. [5]고려 초에 도입된 선명력은 정확성이 부족하여 고려 말에는 정확성이 높아진 수시력을 도입했다.

⑤ 2문단에서 세종은 입성 제작에 필요한 주야각을 추보하기 위해 한양의 위도를 알아내도록 명하였고, <보기>의 (다)에서 이순지는 수시력의 주야각은 그것이 근거한 곳에서 추정한 것이므로 우리나라와는 다르다고 하였다. 이를 통해 세종과 이순지 모두 중국과 우리나라의 주야각 입성이 다르다고 생각했음을 알 수 있다.

⓪**4**

정답 분석   정답 ③

<보기>는 1447년 8월 교식에 대한 정보를 담고 있다. 먼저 하지를 지나 동지로 가는 시점이라고 하였으므로, 4문단에 따라 '축'이다. 이때 태양의 실제 위치보다 평균 속도로 운행한 태양의 위치가 더 앞서므로 '축차'는 음의 값이다. 그리고 <보기>에서 달이 원지점에서 근지점으로 이동하고 있었다고 했으므로, 4문단에 따라 달의 실제 위치가 평균 위치보다 뒤처지는 '지차'이며, 음의 값이다. 5문단에서 『칠정산 내편 정묘년 교식 가령』과 『교식 추보법 가령』에서 가감차 방식은 영축차에서 지질차를 뺀 값을 속도항 값으로 나누어 구하는데, 가감차 값이 양일 때에는 가차로, 음일 때에는 감차로 삼았다고 하였다. <보기>에서 영축차 값(-2.39)과 지질차 값(-4.99)은 모두 음의 값이므로, 가감차 값은 양의 값이 된다. 따라서 두 가령 모두 정삭을 추보할 때 가감차 값을 가차로 삼았을 것이다.

팩트✓체크 **4** [28]그리고 동지부터 하지 사이를 영, 하지부터 동지 사이를 축이라 했다. [29]영축차'는 태양의 실제 위치에서 평균 위치를 뺀 값이다. [30]그러므로 영에서의 값인 '영차'는 양의 값이고, 축에서의 값인 '축차'는 음의 값이다.
5 [40]가감차 값은 영축차에서 지질차를 뺀 값을 속도항 값으로 나누어 구했다. [41]즉 가감차 값이 양일 때에는 그 값을 경삭, 경망에 더하는 가차로 삼았고, 음일 때에는 그 값을 경삭, 경망에서 빼는 감차로 삼았다.

① 달이 원지점에서 근지점으로 이동하고 있었다고 했으므로 달의 실제 위치가 평균 속도로 운행한 달의 위치보다 뒤처져 있었을 것이다.

② 가감차 값에서 두 가령 모두 영축차에서 지질차를 뺀 값에는 차이가 없다. 다만 속도항 값에는 두 가령이 차이가 있다. 『칠정산 내편 정묘년 교식 가령』은 달의 이동 속도를, 『교식 추보법 가령』은 달의 이동 속도에서 태양의 이동 속도를 뺀 값을 활용했다. 그러므로 분모에 해당하는 속도항 값은 『칠정산 내편 정묘년 교식 가령』이 『교식 추보법 가령』보다 크다. 따라서 가감차 값은 『교식 추보법 가령』이 더 컸을 것이다.

팩트✓체크 **5** [40]가감차 값은 영축차에서 지질차를 뺀 값을 속도항 값으로 나누어 구했다.

④ 하지를 지나 동지로 가는 시점이므로 4문단에 따르면 두 가령 모두 가감차 계산에 축차를 사용했을 것이다.

팩트✓체크 **4** [28]그리고 동지부터 하지 사이를 영, 하지부터 동지 사이를 축이라 했다.

⑤ 5문단에 따르면 지구가 태양과 달 사이에 있을 때는 삭이 아니라 망이다. <보기>에서는 경삭이 일어날 때라 하였다.

팩트✓체크 **5** [36]달이 태양과 지구 사이에 놓여 태양을 가릴 때를 삭(朔), 지구가 태양과 달 사 이에 놓여 달을 가릴 때를 망(望)이라 한다.

4 지구와 태양의 거리

"그러므로 북반구에서 관측한 태양은 동지 즈음에 가장 빠르게 운행하는 것으로 보이고, 하지 즈음에 가장 느리게 운행하는 것으로 보인다."

➡ 역법, 천체, 태양, 지구 등은 지문에서 자주 다뤄지는 소재들이다. 지구와 태양의 관계 등을 설명하는 부분이 나온다면, 기본적으로 태양을 중심으로 타원형 궤도를 그리는 지구를 떠올린 후, 지문의 내용을 대입하여 이해할 수 있다. 4문단에서 설명하는 근일점과 동지(겨울), 영과 축은 다음과 같다.

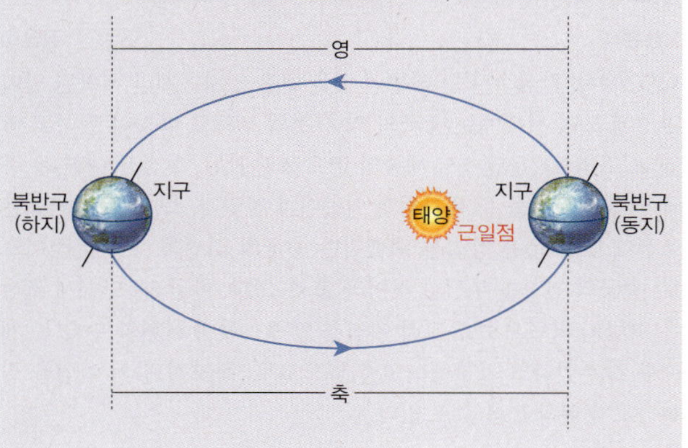

05

정답 분석　　　　　　　　　　　　　　　　　　　　　　　정답 ③

지질차란 달의 실제 위치에서 평균 위치를 뺀 값으로, 근지점에서 지질차의 값이 0이 된다는 것은 달의 실제 위치와 평균 위치가 일치한다는 것을 의미한다.

오답 분석

① 세종은 수시력에 통달했다고 자부했음에도 불구하고 교식 추보에 오차가 생기자, 교식 추보의 정확성을 높이기 위해 수시력이 아닌 한양을 기준으로 한 입성을 제작하려 했다.

② 북반구에서 태양은 동지 즈음에 가장 빠르게 운행하는 것으로 관측된다는 것은 근일점과 동지가 일치한다는 것이지, 낮의 길이와 공전 속도가 비례하는 것은 아니다.

④ 지질차는 달의 실제 위치에서 평균 위치를 뺀 값이므로 '질차'는 양의 값을, '지차'는 음의 값을 가진다.

⑤ 달이 태양보다 같은 방향으로 더 빨리 이동하는 것처럼 보이므로, 『교식 추보법 가령』의 속도항 값은 음의 값을 가질 수 없다.

06

정답 분석　　　　　　　　　　　　　　　　　　　　　　　정답 ②

ⓑ '통달'의 사전적 의미는 '사물의 이치나 지식, 기술 따위를 훤히 알거나 아주 능란하게 함.'이다. '예리한 관찰력으로 사물을 꿰뚫어 봄.'은 '통찰'의 사전적 의미이다.

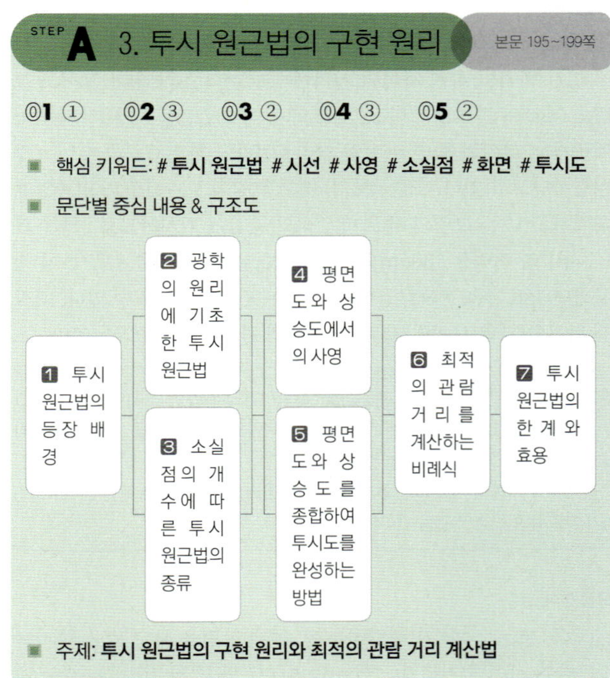

1 　**01** 　자연적 원근법과 투시 원근법은 모두 눈에 보이는 장면을 유사하게 표현하기 위한 기법이다.

O 　[1, 2문장] 가까이 있는 사물은 크게, 멀리 있는 사물은 작게 그리는 원근법은 눈에 보이는 장면을 재현하기 위한 기법이다.

02 　자연적 원근법과 달리, 투시 원근법은 일정한 원리에 따라 대상을 재현하였다.

O 　[3문장] 자연적 원근법은 일정한 비례나 법칙이 없지만, 투시 원근법은 자연적 원근법과 달리 수학과 과학의 원리를 적용하여 대상을 표현하였다.

2 　**03** 　시선과 사영은 서로 만나지 않는다.

× 　[6문장] 시선은 화가의 눈과 사물 위의 한 점을 직선으로 연결한 선이고, 사영은 시선이 유리판과 만나는 점이다. 따라서 유리판에서 시선과 사영은 만날 수 있다.

04 　알베르티가 유리판에 들어온 사물의 상을 그대로 그린다면, 원근법이 적용되지 않는다.

× 　[8문장] 유리판에는 상자의 각 점의 사영들을 모아 생기는 상이 나타나는데, 이는 실제 모습과 비례한다고 하였다. 사물을 눈에 보이는 그대로 담게 되므로 원근법이 적용되며, 이러한 알베르티의 기법이 투시 원근법이다.

3 　**05** 　투시 원근법으로 그리는 경우, 실제로 만나지 않는 대상이 그림에서는 한 점으로 모이기도 한다.

O 　[9문장] 실제로 평행한 두 선을 투시 원근법으로 그린 그림에서는 두 선이 한 점에서 모이는 것을 볼 수 있다고 하였다.

06 　실제 대상이 복잡하고 많이 흩어져 있을수록 소실점의 개수가 줄어들 것이다.

× 　[9, 10문장] 실제 대상이 복잡하고 많이 흩어져 있을수록 실제로 평행한 두 선이 있을 가능성이 높으므로, 소실점의 개수가 늘어날 것이라 추론할 수 있다.

4 　**07** 　상승도의 A', B'는 투시도의 소실점과 연결된다.

× 　[〈그림 1〉] 상승도의 A', B'에서 점선을 따라가면 투시도의 A', B'와 만난다.

08 　평면도의 중앙선과 상승도의 중앙선은 투시도의 소실점과 연결된다.

O 　[〈그림 1〉] 평면도의 중앙선(검은 실선)과 상승도의 중앙선(검은 실선)이 투시도에서 만나는 지점은, 투시도에서 두 선이 한 점에서 모이는 소실점에 해당한다.

09 　투시도에서 받침목이 눈에서 멀어질수록 A', B' 간의 거리는 짧아진다.

O 　[16문장] 투시도에서 눈에서 가장 가까운 받침목 간의 거리가 A' B'라면, 두 번째 받침목부터의 A', B' 모두 처음 A', B'보다 중앙선에 가깝게 위치하게 된다. 즉, 받침목이 눈에서 멀어질수록 A', B' 간의 거리는 짧아진다.

5 　**10** 　대상을 정면에서 보지 않아도, 평면도와 상승도가 있으면 대상을 정면에서 보는 그림을 그릴 수 있다.

O 　[22문장] 대상을 정면에서 본 그림이 투시도이다. 평면도와 상승도를 종합하면 투시도를 완성할 수 있다고 하였으므로, 평면도와 상승도가 있으면 투시도를 그릴 수 있을 것이다.

11 　평면도와 투시도의 A', B', 그리고 상승도와 투시도의 A', B'는 각각 일직선상에 있다.

O 　[24, 25문장] 평면도의 A', B'를 아래로 연장하면 투시도의 A', B'와 만나고, 상승도의 A', B'를 옆으로 연장하면 투시도의 A', B'와 만난다.

6 　**12** 　최적의 관람 거리를 알기 위해서는 화가와 화면 사이의 거리를 알아야 한다.

O 　[28문장] 최적의 관람 거리는 화가와 화면 사이의 거리에 해당한다고 하였다.

13 　〈그림 2〉는 소실점이 V 하나이므로, 한 점 투시 원근법으로 그린 그림이다.

O 　[30, 31문장] 〈그림 2〉에서 두 선이 한 점에 모이는 V가 소실점이며, 소실점의 개수가 1개이므로 〈그림 2〉는 한 점 투시 원근법으로 그린 그림이다.

14 <그림 2>에서 C(가로의 길이)와 D(세로의 길이)가 고정 값일 때, V와 V' 사이의 거리가 멀수록 화가와 화면 사이의 거리도 멀다.

○ [34문장] C와 D가 고정값이라면, 비례식에 따라 c(V와 V' 사이의 거리)의 값이 커질수록 d(화가와 화면 사이의 거리)의 값도 커진다.

☑ 15 프란체스카는 원근법의 한계를 지적하며 새로운 재현 방법을 고안하였다.

✕ [35문장] 프란체스카가 원근법의 한계를 지적하였지만, 새로운 재현 방법을 고안하였는지는 언급되지 않았다.

0**1**

정답 분석   **정답 ①**

이 글은 투시 원근법이 등장하게 된 배경을 밝힌 뒤 투시 원근법의 원리를 소개하고, 투시 원근법으로 그린 그림을 감상하는 위치를 예를 들어 설명하였다. 그리고 이러한 원근법의 한계와 의미를 설명하면서 글을 마무리하고 있다. 그러나 투시 원근법이 변화해 온 과정을 통시적, 곧 시간의 흐름에 따라 여러 시대에 걸쳐 서술한 부분은 나타나지 않는다.

오답 분석

② 4문단에서 철로를 그린 투시도를 예로 들어 투시 원근법의 구현 원리를 설명하고 있다.

③ 7문단에서 프란체스카가 투시 원근법의 한계를 지적했음을 밝히고 있다.

④ 2문단과 3문단에서 시선, 사영, 소실점 등을 통해 투시 원근법의 내용을 설명하고 있다.

⑤ 1문단에서 투시 원근법이 자연적 원근법과 달리 수학과 과학의 원리를 활용하여 대상을 정확하게 재현했음을 밝히고 있다.

0**2**

정답 분석   **정답 ③**

[상승도]에서 받침목들은 화면으로부터 멀어질수록 받침목 양 끝점의 사영이 중앙선과 가까워진다. <그림 1>의 [상승도]에서 중앙선은 바닥면과 평행하고, A'와 B'는 하나의 점으로 표시된다는 점에서 확인할 수 있다.

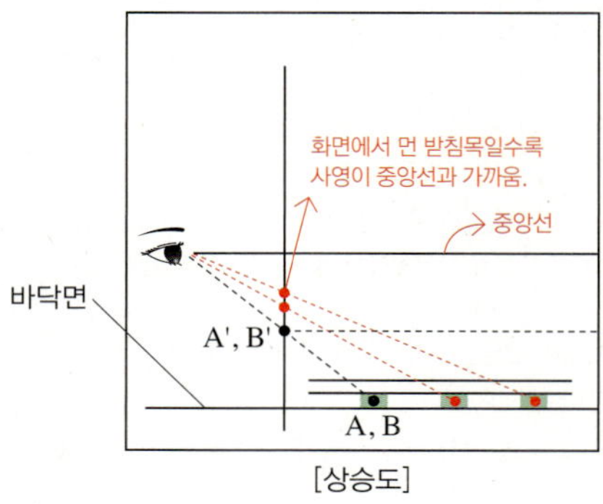

오답 분석

① [평면도]에서 화면과 가장 가까이 있는 받침목의 양 끝점 A와 B는 각각 화면에 A'와 B'로 표시된다. 그리고 그 뒤에 있는 받

침목의 양 끝점의 사영은 A'와 B'보다 중앙선과 가깝다. 이처럼 받침목이 화면에서 멀어질 때 받침목의 끝점을 잇는 시선과 중앙선 사이의 각은 작아진다.

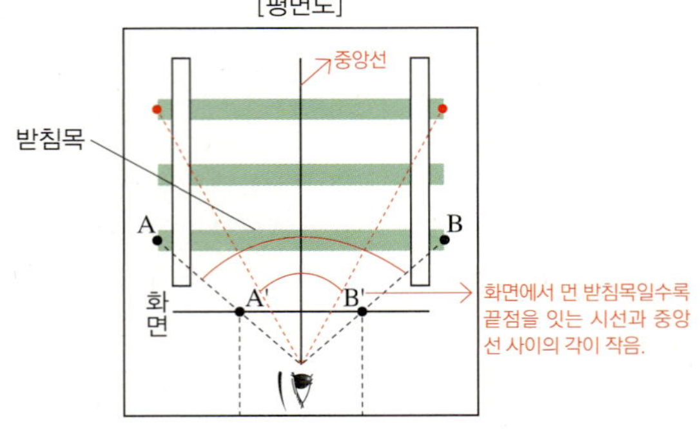

② 4문단에서 받침목 양 끝점 A와 B는 바닥으로부터 같은 높이에 있기 때문에 [상승도]에서 A'와 B'는 하나의 점으로 화면에 표시된다고 하였고, <그림 1>에서 이를 확인할 수 있다.

─────────

팩트✓체크 ④ [20]눈에서 가장 가까운 받침목의 양 끝점 A와 B는 바닥으로부터 같은 높이에 있기 때문에 상승도에서 A'와 B'는 하나의 점으로 화면에 표시된다.

④, ⑤ [투시도]에서 멀리 보이는 받침목은 그 상이 평면도의 중앙선과 상승도의 중앙선이 만나는 지점, 즉 소실점에 가까워진다.

─────────

팩트✓체크 ⑤ [24]그리고 평면도의 중앙선을 아래로 연장하고, 상승도의 중앙선을 오른쪽으로 연장하면 투시도의 한 점에서 만나게 된다.

0**3**

정답 분석   **정답 ②**

6문단에서 최적의 관람 거리는 그림을 그리기 위해 실제 장면을 보고 있는 화가와 화면 사이의 거리에 해당한다고 하였다. 그리고 그림의 가로의 길이가 C이고, 세로의 길이가 D, 점 V와 V' 사이의 거리가 c, 화가와 화면 사이의 거리를 d라고 하면 $C : D = c : d$가 성립한다고 하였다. 또한 <보기>에서 그림의 V는 그림의 정중앙에 위치하고 V'는 그림의 세로 테두리의 중앙에 위치하므로 , 즉 V와 V' 사이의 거리는 180cm의 절반인 90cm이다. 이를 <보기>에 적용하면 $180 : 180 = 90 : d$가 되어, d는 90cm임을 알 수 있다. 따라서 화가와 화면 사이의 거리, 곧 최적의 관람 거리는 90cm이다.

팩트✓체크 ⑥ [28]관람 거리는 관람자와 그림 사이의 거리로, 투시 원근법으로 그린 그림의 최적의 관람 거리는 그림을 그리기 위해 실제 장면을 보고 있는 화가와 화면 사이의 거리에 해당한다.
[34]점 V와 V' 사이의 거리를 c, 화가와 화면 사이의 거리를 d라고 하면 C : D = c : d가 성립하여 최적의 관람 거리를 구할 수 있다.

오답 분석

① '$C : D = c : d$'가 성립하는데, 실제 장면을 보고 있는 화가와 화면 사이의 거리가 120cm라면, c(V와 V'의 거리)는 90cm이므로 실제 타일의 가로 길이와 세로 길이의 비는 90 : 120이 된다. 따라서 화가가 보고 그린 실제 타일은 가로의 길이가 세로의 길이보다 짧다.

③ V는 그림의 정중앙에 위치해 있고, 지평선과 그림 속 타일의 대각선을 연장한 선은 그림의 세로 테두리에서 한 점(V')으로 만난다고 하였다. 따라서 어느 위치에 있는 타일이든 V와 V' 사이의 거리는 달라지지 않는다.

④ '$C : D = c : d$'에서 가로의 길이를 100cm, 세로의 길이를 50cm로 계산하면, $100 : 50 = 90 : d$이므로 d(최적의 관람 거리)는 45cm이다.

⑤ 그림 속 타일의 대각선을 연장한 선과 지평선이 만나는 점이 V'이므로, V'는 실제 타일의 크기와 상관없이 달라지지 않는다.

ⓞ4

정답 분석   **정답 ③**

4문단에서 화면과 수직으로 만나는 시선을 중앙선이라고 하고 이 선이 철로와 평행이라고 하였으므로, ㉢은 철로가 화면과 수직 방향으로 뻗어 있다는 것이다.

오답 분석

① 상자의 각 점의 사영들을 모아 생기는 상이 화가의 눈에 비친 상자의 상이라고 하였으므로, ㉠은 사물의 각 점의 사영들을 모아서 그린다는 의미이다.

② 소실점의 개수에 따라 투시 원근법을 나누므로, ㉡은 소실점을 하나로 설정하여 그린 것이다.

④ 평면도에서 받침목이 화면에 멀어질수록 상의 길이가 작아지면서 화면의 상들은 중앙선과 화면이 만나는 점에 가까워진다.

⑤ 상승도에서 화면과 수직으로 만나는 선이 중앙선이므로, 중앙선이 바닥면과 평행하다는 것은 바닥면이 화면과 수직이 된다는 것이다.

ⓞ5

정답 분석   **정답 ②**

'원리에 기초한'에서 ⓑ '기초'는 '근거를 둠.'의 의미이다. 이와 달리 '독립 선언문을 기초한'의 '기초'는 '글의 초안을 잡음.'의 의미이다.

오답 분석

① ⓐ는 '알맞게 이용하거나 맞추어 씀.'의 의미로, '신기술을 적용하여'의 '적용'도 이와 같은 의미이다.

③ ⓒ는 '완전히 다 이룸.'의 의미로, '보고서를 완성하여'의 '완성'도 이와 같은 의미이다.

④ ⓓ는 '어떤 상태나 상황을 그대로 보존하거나 변함없이 계속하여 지탱함.'의 의미로, '간격을 유지해야'의 '유지'도 이와 같은 의미이다.

⑤ ⓔ는 '다시 나타냄.'의 의미로, '마을을 재현한'의 '재현'도 이와 같은 의미이다.

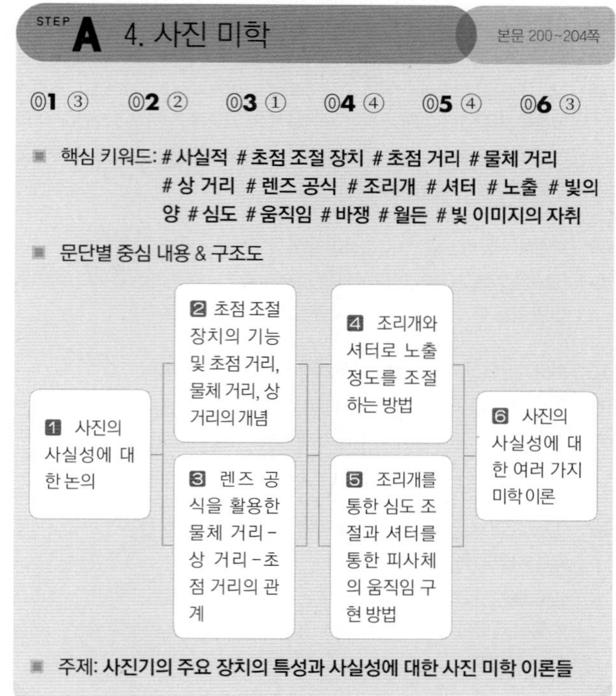

1　**01** 대상을 정확히 재현할 수 있다는 점에서 초상화보다 초상 사진을 더 사실적으로 느낀다.

ⓞ [1, 2문장] 우리는 사진이 기계적 장치에 의해 대상을 정확히 재현할 수 있기 때문에 초상화보다는 초상 사진이 더 사실적이라고 느낀다고 하였다.

02 사진은 대상을 정확히 재현할 수도 있지만, 대상을 변형시킬 수도 있다.

ⓞ [2, 3문장] 사진은 기계적 장치에 의해 대상을 정확히 재현할 수도 있지만, 초점이나 노출을 조절하여 대상을 변형시킨 것도 있다고 하였다.

2　**03** 사진기 렌즈의 중심보다 가장자리에서 빛이 더 많이 굴절된다.

ⓞ [8문장] 사진기 렌즈는 볼록 렌즈이기에 렌즈 면이 굽을수록 더 많이 굴절된다고 하였다.

04 초점 조절 장치를 통해 렌즈의 초점 거리와 물체 거리를 조절할 수 있다.

✕ [6, 10, 11문장] 초점 조절 장치는 렌즈와 필름 사이의 거리를 조절한다고 하였다. 따라서 렌즈마다 고정되어 있는 초점 거리나, 렌즈의 중심과 피사체 사이의 거리인 물체 거리는 초점 조절 장치로 조절할 수 없다.

3　**05** 렌즈 공식에서 렌즈의 초점 거리(f)는 고유한 값이므로, 물체 거리(o)가 클수록 상 거리(i)는 작아진다.

ⓞ [10, 12문장] 렌즈 공식이 $\frac{1}{o}+\frac{1}{i}=\frac{1}{f}$이라고 하였고, 2문단에서 렌즈의 초점 거리(f)는 고유한 값이라고 하였다. 따라서 물체 거리(o)가 클수록 상 거리(i)는 작아진다.

06 <그림>에서 f가 10cm이고, 연필의 o가 20cm인 경우, 연필의 i는 10cm이다.

✕ [12문장] $\frac{1}{20}+\frac{1}{i}=\frac{1}{10}$이므로, i는 20cm가 된다.

07 $\frac{i}{o}$가 2인 경우, 피사체의 실제 크기보다 상의 크기가 더 크다.

ⓞ [21문장] 상의 크기를 피사체의 크기로 나눈 값은 i를 o로 나눈 값과 같다고 하였다. 그 값이 '2'이므로, 상의 크기가 피사체의 실제 크기보다 크다.

| 4 | **08** 조리개 지름이 커질수록 빛의 양이 증가하여 사진이 허옇게 번져 나올 수 있다. |

- [25, 29문장] 노출이 과하면 사진이 허옇게 번져 나온다고 하였고, 조리개 지름이 커지면 조리개 면적이 넓어져 빛의 양도 증가한다고 하였다. 따라서 조리개 지름이 커질수록 빛의 양이 증가하여 사진이 허옇게 번져 나올 수도 있다.

09 사진이 어둡게 나온 경우, 조리개 값을 작은 수로 바꾸어야 한다.

- [28~30문장] 사진이 어둡게 나온 것은 노출이 부족하다는 것이다. 따라서 빛의 양을 증가시키도록 조리개 값을 작은 수로 바꾸어야 한다.

10 셔터 속도의 표시값을 크게 설정할수록 빛의 양이 감소한다.

- [32~34문장] 셔터 속도의 표시값은 셔터가 열려 있는 시간의 분모에 해당하므로, 값이 클수록 셔터 속도가 빨라지고 노출 시간은 짧아져 빛의 양이 감소한다.

| 5 | **11** 조리개 값을 작은 수로 바꾸면, 광축에 가까운 빛만 입사되어 심도 깊은 사진을 찍을 수 있다. |

- ✕ [29, 39문장] 조리개 값을 작은 수로 바꾸면 조리개 지름은 커진다. 조리개 지름이 작아야 초점이 맞는 물체 거리의 범위가 넓어져 심도 깊은 사진을 찍을 수 있다.

12 피사체의 잔상을 필름 위에 남기고 싶으면, 셔터 속도를 느리게 설정한다.

- [45문장] 노출 시간이 짧으면 피사체의 잔상이 필름 위에 남을 가능성이 적어진다고 하였으므로, 피사체의 잔상을 필름 위에 남기고 싶으면 반대로 셔터 속도를 느리게 설정하여 노출 시간을 길게 해야 한다.

| 6 | **13** 바쟁은 모든 사진은 사실성을 갖고 있다고 본다. |

- [48문장] 바쟁은 사진은 기계 장치에 의해 만들어지므로 사실성을 띤다고 본다고 하였다.

14 월든은 대상을 정확히 재현했다면, 그림과 사진 모두 사실성을 띤다고 주장한다.

- ✕ [50, 52문장] 월든은 사진이 기계에 의존하여 대상을 정확히 재현한다는 점에서 사실성을 띤다고 주장하였으나, 그림은 대상의 가시적 특징을 추가하거나 누락할 수 있다고 본다.

15 최근의 또 다른 견해에 따르면, 대상의 실재를 함축한다는 점에서 사진은 대상 자체의 자취이다.

- ✕ [58문장] 사진은 대상의 실재를 함축한다고 보지만, 사진은 대상 자체의 자취가 아니라 대상에서 나오는 빛 이미지의 자취를 기록한다고 본다.

⓪1

정답 분석　　　　　　　　　　　　　　　　　　　정답 ③

1문단에서 사진의 사실성에 대한 여러 가지 미학 이론이 있으며, 이를 이해하기 위해서는 사진기의 주요 장치의 특성을 알아야 한다고 언급한 뒤, 2~5문단에서 사진기의 주요 장치인 초점 조절 장치, 조리개, 셔터에 대해 설명하고, 6문단에서 사진의 사실성에 대한 여러 가지 미학 이론을 제시하고 있다.

팩트✓체크　**1** [4]이런 경우에도 사진이 사실성을 갖고 있다고 볼 수 있을지에 대해 여러 사진 미학 이론에서 다양한 논의를 펼쳤다. [5]이런 논의를 이해하기 위해서는 사진기의 주요 장치인 초점 조절 장치, 조리개, 셔터 등의 특성을 이해할 필요가 있다.
6 [48]대상을 변형시킨 사진 역시 사실성을 갖고 있다고 볼 것인지에 대해 바쟁은 사진은 기계 장치에 의해 만들어지므로 사실성을 띤다고 본다. … [50]월든은 사진은 우리가 육안으로 직접 보았을 법한 대로 대상을 묘사한다고 보고, 그런 의미에서만 사진이 사실성을 갖는다고 생각한다. … [53]최근에는 또 다른 견해도 …

오답 분석

① 사진기의 역사나 사진기를 다룰 때 유의해야 할 점을 설명한 부분은 찾을 수 없다.

② 사진의 사실성과 관련된 미학 이론을 소개하고 있지만 사진 기술의 발전 과정을 밝히는 부분은 나타나지 않는다.

④ 초점 조절 장치, 조리개, 셔터와 같은 사진기의 여러 기능을 설명하고 있지만, 사진이 대상의 실제 모습을 드러내는 데 한계가 있음을 강조하는 부분은 찾을 수 없다.

⑤ 초점과 노출에 대해 설명한 부분을 통해 두 장치가 중요한 이유를 알 수 있지만, 사진 미학이 사진기 발달에 끼친 영향을 설명하는 부분은 나타나지 않는다.

⓪2

정답 분석　　　　　　　　　　　　　　　　　　　정답 ②

2문단에 따르면 초점 조절 장치는 렌즈와 필름 사이를 조절하여 피사체의 상을 필름 면에 맺히게 하는 장치인 것은 맞지만, 렌즈의 초점 거리는 렌즈를 제작할 때 결정되므로 초점 거리를 변경할 수 없다.

팩트✓체크　**2** [6]초점 조절 장치는 렌즈와 필름 사이의 거리를 조절하여 피사체의 상을 필름 면에 맺게 한다. … [10]렌즈의 초점 거리는 렌즈를 제작할 때 결정되므로 렌즈마다 고유한 초점 거리를 갖는다.

오답 분석

① 4문단에서 조리개 값이 작아질 때마다 조리개 지름이 커진다고 하였으며, 5문단에서 조리개 지름이 작아지면 광축에 가까운 빛만 입사되어 심도가 깊어진다고 하였다. 이를 통해 조리개 값이 커지면 조리개의 지름이 작아지므로, 광축에 가까운 빛만 입사됨을 알 수 있다.

팩트✓체크　**4** [29]조리개 값을 작은 수로 바꿀 때마다 조리개 지름은 약 1.4배 커져 조리개 면적이 약 2배 넓어진다. [30]따라서 빛의 양도 약 2배 증가한다.
5 [39]조리개 지름이 작아지면 광축에 가까운 빛만 입사되어 초점이 맞는 물체 거리의 범위가 넓은데, ~

---

③ 3문단의 렌즈 공식은 물체 거리, 상 거리, 초점 거리의 연결 관계를 나타내므로, 초점 거리와 상 거리를 알면 렌즈 공식을 통해 물체 거리를 구할 수 있다.

팩트✓체크 ❸ [12]물체 거리(o)와 상 거리(i)가 렌즈의 초점 거리(f)와 어떻게 연결되는지는 $\frac{1}{o}+\frac{1}{i}=\frac{1}{f}$로 표현될 수 있는데, 이를 렌즈 공식이라 한다. [13]렌즈 공식을 활용하면 i 를 구할 수 있다.

④ 2문단에 따르면 사진기 렌즈는 중심보다 가장자리가 더 많이 굽은 볼록 렌즈이다. 그리고 광축에 평행으로 입사한 빛들은 렌즈 면이 굽을수록 더 많이 굴절된다. 따라서 광축에 평행으로 입사한 빛들이 사진기 렌즈의 가장자리에서 더 많이 굴절될 것이다.

팩트✓체크 ❷ [8]사진기 렌즈는 중심보다 가장자리가 더 많이 굽은 볼록 렌즈인데, 렌즈 면이 굽을수록 더 많이 굴절되므로 광축에 평행으로 입사한 빛들은 광축의 한 점에 모인다.

⑤ 사진기의 주요 장치에는 초점 조절 장치, 조리개, 셔터 등이 있는데, 6문단에서 사진기 장치들의 특성이 대상을 사진으로 정확하게 재현할 수도, 의도적으로 변형할 수도 있게 한다고 하였다.

팩트✓체크 ❻ [47]이와 같은 사진기 장치들의 특성은 대상을 사진으로 정확하게 재현할 수도, 의도적으로 변형할 수도 있게 한다.

03

정답 분석   정답 ①

<그림>에서 렌즈의 초점 거리(f)는 20cm, 연필의 물체 거리(o)는 40cm, 공의 물체 거리(o)는 30cm이다. 따라서 연필을 렌즈 공식 $\frac{1}{o}+\frac{1}{i}=\frac{1}{f}$로 표현하면 $\frac{1}{40}+\frac{1}{i}=\frac{1}{20}$이기 때문에 연필의 i는 40cm이다. 그리고 공을 렌즈 공식으로 표현하면 $\frac{1}{30}+\frac{1}{i}=\frac{1}{20}$이므로 공의 i는 60cm이다. 따라서 공의 i가 연필의 i보다 더 크다.

[렌즈 공식에 따른 〈그림〉 분석]

	물체 거리(o)	상 거리(i)
나무	10,000cm	≒20cm
연필	40cm	40cm
공	30cm	60cm

팩트✓체크 ❸ [12]물체 거리(o)와 상 거리(i)가 렌즈의 초점 거리(f)와 어떻게 연결되는지는 $\frac{1}{o}+\frac{1}{i}=\frac{1}{f}$로 표현될 수 있는데, 이를 렌즈 공식이라 한다.

오답 분석

② 3문단에서 나무의 o는 f보다 100배 이상 커서 무한대의 거리에 있는 것과 마찬가지이기 때문에 나무의 i는 렌즈의 f와 거의 같다고 하였다.

팩트✓체크 ❸ [16]o가 10,000cm인 나무의 i는 어떻게 될까? [17]o가 f보다 100배 이상 크면 물체가 무한대의 거리에 있는 것과 마찬가지로 작용한다. [18]따라서 $\frac{1}{o}$이 매우 작아서 무시할 수 있으므로 나무의 i는 f와 거의 같다.

③ 3문단에서 상의 크기를 피사체의 크기로 나눈 값은 i를 o로 나눈 값과 같다고 했는데, 연필의 i와 o는 모두 40cm이므로 연필의 크기와 그 상의 크기는 같을 것이다.

④ 3문단에서 상의 크기를 피사체의 크기로 나눈 값은 i를 o로 나눈 값과 같다고 하였다. 즉, '상의 크기/피사체의 크기=i/o'이므로, 공의 i는 60cm이고 o는 30cm일 때 '공의 실제 크기/피사체의 크기=60/30'이다. 따라서 공의 실제 크기보다 상의 크기가 더 클 것이다.

팩트✓체크 ❸ [20]렌즈 공식을 활용하면 상의 크기도 파악할 수 있다. [21]상의 크기를 피사체의 크기로 나눈 값은 i를 o로 나눈 값과 같다.

⑤ 3문단에서 만약 o가 렌즈의 f보다 작으면 렌즈 뒤에는 상이 맺히지 않는다고 하였다. 따라서 o가 15cm이고 f가 20cm이면, o가 f 보다 작아서 렌즈 뒤에 상이 맺히지 않을 것이다.

팩트✓체크 ❸ [19]만약 o가 f보다 작으면 피사체의 빛이 퍼져서 모이지 않아 렌즈 뒤에는 상이 맺히지 않는다.

04

정답 분석   정답 ④

5문단을 통해 피사체의 잔상이 보이는 것은 셔터 속도가 느려 노출 시간이 길기 때문임을 알 수 있다. 따라서 셔터 속도를 빠르게 해야 잔상이 보이지 않는다. 그런데 셔터 속도를 빠르게 하면 노출량이 줄어들기 때문에 피사체가 어둡게 보일 수 있다. 이때 원래의 밝기를 유지하려면 조리개 값을 적절히 작게 하여 빛의 양을 늘려야 한다.

팩트✓체크 ❺ [44]노출 시간이 짧아 피사체의 잔상이 필름 위에 남을 가능성이 적어지기 때문이다. [45]반면에 느린 셔터 속도를 사용하면 움직임을 암시하는 사진을 얻을 수 있다.

❹ 노출 정도

킬링 지문 이해 하기

"조리개 값과 셔터 속도로 노출 정도를 결정할 수 있다."

⟶ 조리개 값과 셔터 속도의 값에 따라 노출 정도가 어떻게 변하는지를 글로 풀어 설명하고 있어서 복잡해 보이지만, 값에 따라 변하는 요소들의 관계만 간략하게 정리해 놓으면 문제에 바로 적용할 수 있다. 이때 반대되는 경우도 같이 표시해 놓으면, 실수하지 않고 문제를 풀 수 있다.

1. 조리개

조리개 값	조리개 지름	조리개 면적	빛의 양
↓	↑	↑	↑
↑	↓	↓	↓

2. 셔터 속도

셔터 속도 수치	노출 시간	빛의 양
↓	↑	↑
↑	↓	↓

오답 분석

① 피사체의 주변 사물까지 선명하게 보였다면, 초점이 맞는 물체

거리의 범위가 넓은 것이기에 심도가 깊다고 표현할 수 있다. 반면 피사체만 선명하게 보이게 하고 싶다면, 조리개 값을 적은 수로 조절해 조리개 지름을 크게 함으로써 심도를 얕게 해야 한다.

팩트✓체크 **5** [38]심도란 상이 필름에서 적절하게 초점이 맞는 물체 거리의 범위라고 할 수 있다. [39]조리개 지름이 작아지면 광축에 가까운 빛만 입사되어 초점이 맞는 물체 거리의 범위가 넓은데, 이를 심도가 깊다고 표현한다. [40]반대로 조리개 지름이 커지면 초점이 맞는 물체 거리의 범위는 좁다.

② 사진에 피사체가 허옇게 번져 보이는 것은 노출이 과했기 때문이므로, 빛의 양을 두 배로 늘리는 것은 적절하지 않다.

팩트✓체크 **4** [24]노출은 필름에 입사되는 빛의 양이다. [25]노출이 과하면 사진이 허옇게 번져 나오고, 노출이 부족하면 사진이 어둡게 된다.

③ 사진에 피사체의 상이 어둡게 보이는 것은 노출이 부족하기 때문이므로 빛의 양을 늘려야 한다. 따라서 셔터 속도를 더 적은 수로 조절하는 것은 적절하지 않다.

팩트✓체크 **4** [34]셔터 속도가 2배 빨라지면 노출 시간 역시 2배 짧아지므로 빛의 양이 2배 감소한다.

⑤ 사진에 초점이 맞는 피사체의 거리가 넓은 것은 심도가 깊기 때문이다. 심도를 얕게 하고 싶으면 셔터 속도가 아니라 조리개 값을 더 작게(=조리개 지름을 더 크게) 조절해야 한다.

0**5**

정답 분석   정답 ④

ⓒ은 모든 사진은 빛 이미지의 자취라는 점에서 사실성을 띠므로 사진가가 적극 개입한 사진이건 우연히 찍힌 사진이건 모두 사실성을 띠고 있다고 주장하였다. 따라서 인간의 주관이 포함되었는지의 여부로 사진의 사실성을 판단하지 않는다.

팩트✓체크 **6** [60]사진 형성 과정에 사진가가 적극 개입한 사진이건 우연히 찍힌 사진이건 빛 이미지의 자취라는 점에서는 모두 사실성을 띤다는 것이다.

오답 분석

① ㉠은 인간의 주관이 개입되는 측면을 인정하더라도 기계적 방식으로 대상을 기록한다는 본질은 변하지 않는다고 했으므로, 피사체의 일부가 초점이 맞지 않더라도 그 사진은 사실성을 띤다고 볼 것이다.

팩트✓체크 **6** [49]조리개와 셔터 등의 요소에서 인간의 주관이 개입되는 측면을 인정하더라도 기계적 방식으로 대상을 기록한다는 본질은 변하지 않는다는 것이다.

② ㉡은 육안으로 직접 보았을 법한 대로 대상을 묘사하는 사진이 사실성을 갖는다고 했으므로, 육안으로 보는 것과 마찬가지로 자동차의 불빛을 표현한 사진은 사실성을 갖는다고 볼 것이다.

팩트✓체크 **6** [50]㉡ 월든은 사진은 우리가 육안으로 직접 보았을 법한 대로 대상을 묘사한다고 보고, 그런 의미에서만 사진이 사실성을 갖는다고 생각한다.

③ ㉡은 그림은 대상의 가시적 특징을 추가하거나 누락할 수 있지만, 사진은 그렇게 하기 어려우므로 사실성을 띤다고 주장하였다. 따라서 정밀한 초상화라고 하더라도 인물의 특징을 추가하거나 누락할 수 있으므로, 사실적이라고 보기 어렵다고 할 것이다.

팩트✓체크 **6** [52]그래서 그림은 그 대상의 가시적 특징을 추가하거나 누락할 수 있지만 사진은 그렇게 하기 어렵기 때문에 그림과 달리 사진이 사실성을 띤다고 주장한다.

⑤ ㉢은 발자국은 대상 자체의 자취인 반면 사진은 대상에서 나오는 빛 이미지의 자취를 기록한다는 점에서 서로 구별된다고 하였다.

팩트✓체크 **6** [58]이 견해에 의하면 사진은 대상 자체의 자취가 아니라 대상에서 나오는 빛 이미지의 자취를 기록한다는 점에서 발자국과 구별된다.

0**6**

정답 분석   정답 ③

ⓒ의 '줄이다'는 '물체의 길이나 넓이, 부피 따위를 본디보다 작아지게 하다.'라는 의미로 사용되었다. '평수를 줄여'의 '줄여' 역시 이와 같은 의미로 쓰인 것이다.

오답 분석

① ⓐ는 '생각 따위를 전개하거나 발전시키다.'의 의미인데, '날개를 펼쳤다'의 '펼치다'는 '접히거나 개킨 것 따위를 널찍하게 펴다.'라는 의미로 쓰인 것이다.

② ⓑ는 '한데 합쳐지다.'의 의미인데, '세 명밖에 모이지 않았다'의 '모이다'는 '여러 사람이 한곳에 오게 되거나 한 단체에 들게 되다.'라는 의미로 쓰인 것이다.

④ ⓓ는 '영향이나 작용 따위를 대상에 가하다.'의 의미인데, '결승점에 못 미쳐서'의 '미치다'는 '공간적 거리나 수준 따위가 일정한 선에 닿다.'라는 의미로 쓰인 것이다.

⑤ ⓔ는 '어떤 대상을 촬영기로 비추어 그 모양을 옮기다.'의 의미인데, '점을 찍었다'의 '찍다'는 '점이나 문장 부호 따위를 써넣다.'라는 의미로 쓰인 것이다.

01 ②　　**02** ⑤　　**03** ④　　**04** ①　　**05** ②　　**06** ④

(가)

- 핵심 키워드: # 음악 # 여씨춘추 # 자연적 욕구 # 감정 # 조화 # 교화

- 문단별 중심 내용 & 구조도

1 『여씨춘추』에 담긴 좋은 음악에 대한 정의	**2** 『여씨춘추』에 담긴 음악의 효용	**3** 『여씨춘추』에 담긴 좋은 음악의 조건	**4** 『여씨춘추』의 귀생의 원칙에 따른 음악의 선별

- 주제: 『여씨춘추』에서 주장하는 좋은 음악과 음악의 효용

(나)

- 핵심 키워드: # 음악 # 조성 음악 # 표현주의 음악 # 무조음악

- 문단별 중심 내용 & 구조도

1 음악의 아름다움에 대한 한슬리크의 주장과 조성 음악		
2 표현주의 음악의 개념과 특성	**3** 쇤베르크의 '달에 홀린 피에로'에 반영된 표현주의 음악의 특징 ①	**4** 쇤베르크의 '달에 홀린 피에로'에 반영된 표현주의 음악의 특징 ②

- 주제: 조성 음악을 탈피한 표현주의 음악의 미적 가치와 특징

(가)

1 **01** 묵자에게 좋은 음악이란 모든 사람들에게 즐거움을 주는 것이다.

✕ [2, 3문장] 좋은 음악이란 모든 사람들에게 즐거움을 주는 것이라는 주장은 묵자가 아니라 『여씨춘추』의 입장이다.

02 묵자와 달리, 『여씨춘추』는 지배층의 사치스러운 음악 향유를 비판했다.

✕ [3문장] 지배층의 사치스러운 음악 향유를 거론한 사람은 묵자이다. 『여씨춘추』는 음악을 거부한 묵자에 대해 음악이 인간의 자연적 욕구라며 비판했을 뿐, 지배층의 사치스러운 음악에 대해 비판했는지는 언급되지 않았다.

2 **03** 『여씨춘추』는 슬픈 곡조의 음악은 듣는 사람 모두에게 슬픔을 유발한다고 볼 것이다.

✕ [4문장] 『여씨춘추』에서 동일한 음악이라도 음악을 듣는 주체의 수준과 감성에 따라 상이한 느낌과 결과를 유발한다고 보았다.

04 『여씨춘추』는 모든 음악에는 감정이 담겨 있으며, 음악에 담긴 감정이 인간의 감정에도 영향을 끼친다고 본다.

○ [5문장] 『여씨춘추』는 음악에도 감정이 담겨 있다고 전제하였고, 음악을 통해 인간의 감정을 적절히 해소하거나 표현할 수 있다고 본다.

05 『여씨춘추』는 음악이 감정 정화를 넘어 인간의 육체에도 긍정적인 영향을 끼친다고 주장하였다.

○ [6문장] 『여씨춘추』는 음악을 통해 사람의 마음이 편안해지며, 생명 연장까지도 가능하다고 보았다.

3 **06** 『여씨춘추』는 음악이 자연의 기와 조화를 이룰 때 천지와 인체 모두에 긍정적 작용을 한다고 본다.

○ [7문장] 『여씨춘추』는 천지를 채운 기(氣)가 음악을 통해 균형을 이루는데, 이러한 조화로운 소리는 천지의 조화에 기여할 수 있고, 인체 내에서도 기의 원활한 순환을 돕는다고 하였다.

07 『여씨춘추』는 음악을 자연스러운 감정의 표출로 여겼기 때문에 인위적인 음악을 거부했다.

✕ [2, 8문장] 『여씨춘추』는 음악을 자연스러운 감정의 표출로 여겼으나, 조화로운 소리는 적절함을 위해 인위적 과정을 거쳐야 한다고 지적하였다.

4 **08** 『여씨춘추』는 생명에 도움이 되는 음악이 민심을 교화하는 음악보다 낫다고 여겼다.

✕ [11, 13문장] 생명에 도움이 되는 음악과 민심을 교화하는 음악 모두 좋은 음악으로 보고 있을 뿐, 어느 음악이 더 낫다고 비교한 내용은 찾을 수 없다.

09 『여씨춘추』는 음악을 개인적인 욕구에 따른 자연적 음악과, 인간의 감정과 욕구를 절도 있게 표현한 음악으로 구분하였다.

○ [12문장] 『여씨춘추』는 자연적 음악보다 인간의 감정과 욕구를 절도 있게 표현한 선왕들의 음악을 더 중시하였다고 했으므로, 음악을 각각 구분하고 있음을 알 수 있다.

(나)

1 **10** 한슬리크는 음들의 결합과 가사의 조화를 통해 음악의 아름다움이 이루어진다고 보았다.

✕ [15문장] 한슬리크는 "음악의 아름다움은 외부의 어떤 것에도 의존하지 않고, 오로지 음과 음의 결합에 이루어진다."고 했으므로, 가사의 조화를 통해 음악의 아름다움이 이루어진다고 보았다는 것은 적절하지 않다.

2 **11** 모차르트와 달리, 쇤베르크는 음악이 아름다워야 한다는 생각에 반발하며, 음악을 통해 사회에 대한 이념을 드러내려 하였다.

✕ [19문장] 쇤베르크는 표현주의 음악가의 한 명으로, 전통적인 아름다움의 개념을 거부하고 새로운 미적 가치를 추구한 것이지, 음악의 아름다움을 거부한 것은 아니다. 또한 지난 시기의 미학에 반발하며 새로운 미적 가치에 대한 이념을 드러낸 것이지, 음악을 통해 이념을 드러내려 했다고 볼 수 없다.

12 표현주의 미술과 달리, 표현주의 음악에서는 인간 내면의 감성을 충실하게 표현하는 것을 중시하였다.

✕ [21, 22문장] 표현주의는 미술에서 시작하여 음악과 문학 등에 영향력을 미쳤다고 하였다. 표현주의 예술은 소외된 인간 내면의 주관적인 감성을 충실하게 표현하려는 사조라고 하였으므로, 미술에서도 인간 내면의 감성을 충실하게 표현하는 것을 중시했으리라 짐작할 수 있다.

3 **13** '달에 홀린 피에로'는 기존의 조성 음악처럼 12개의 음을 자유롭게 사용하였다.

✕ [17, 26문장] 1문단에서 조성 음악은 7개의 음을 사용한다고 하였다. 이와 달리 무조 음악은 12개의 음을 자유롭게 사용한다.

14 무조 음악은 조성 음악의 체계를 거부하면서도, 조성 음악과 동일하게 음악에 음악 외적인 어떤 것도 개입하지 않는다.

✕ [23, 27, 28문장] 2문단에서 무조 음악에서는 조성 음악의 체계가 상실되었다고 하였다. 또한 쇤베르크의 작품에 제목과 가사가 붙은 것으로 보아 무조 음악에는 음악 외적인 것도 개입함을 알 수 있다.

4 **15** '달에 홀린 피에로'에서 피에로로 분장한 낭송자는 성악가의 역할을 하고 있다.

○ [30문장] 피에로로 분장한 낭송자는 가사를 읊는다고 하였고, 낭송조의 표현적 측면을 강조한 새로운 성악 기법을 시도하였다고 하므로, 낭송자가 성악가의 역할을 하고 있다고 볼 수 있다.

01

정답 분석 정답 ②

ⓐ (가)는 『여씨춘추』에 나타난 음악에 대한 견해를 설명하기 위해 그와 대비되는 묵자의 견해를 제시하였고, (나)는 20세기 초 표현주의 음악이 추구하는 미적 가치를 설명하기 위해 1문단에서 그와 대비되는 음악의 아름다움에 대한 한슬리크의 견해를 제시하였으므로 ⓐ는 공통점으로 적절하다.

ⓑ (가)에는 예시 작품이 제시되지 않았으나, (나)에는 쇤베르크의 '달에 홀린 피에로'가 제시되었으므로 ⓑ는 차이점으로 적절하다.

ⓒ (가)에는 다른 예술 갈래에 대한 언급이 없고, (나)는 2문단에서 '표현주의는 20세기 초반에 나타난 예술 사조로서 미술에서 시작하여 음악과 문학 등 예술의 제 분야에 영향을 미쳤다.'라고 언급하고는 있으나, 이는 음악을 다른 예술 갈래와 비교한 것이 아니므로 ⓒ는 부적절하다.

02

정답 분석 정답 ⑤

2문단에서 『여씨춘추』에서는 음악을 듣는 주체의 수준과 감성에 따라 동일한 음악이라도 상이한 느낌과 결과를 유발한다고 보았다.'라고 하였다. 따라서 슬픈 곡조를 듣는다고 누구나 슬픈 감정 상태에 이르는 것이 아니라, 감상 주체의 수준과 감성에 따라 다르게 느껴질 것이다.

___

팩트✓체크 (가) **2** ⁴이전까지는 음악이 모든 사람에게 동일한 영향을 미친다고 여겨졌지만, 『여씨춘추』에서는 음악을 듣는 주체의 수준과 감성에 따라 동일한 음악이라도 상이한 느낌과 결과를 유발한다고 보았다.

___

오답 분석

① (가)의 3문단에서 『여씨춘추』는 '조화로운 소리는 적절함을 위해 인위적인 과정을 거쳐야' 하며 '좋은 음악은 소리의 세기와 높낮이가 적절해야 한다'고 주장하였다. 따라서 너무 큰 소리와 너무 작은 소리로 이루어진 음악은 적절하지 않은 음악이라고 할 것이다.

팩트✓체크 (가) **3** ⁸좋은 음악은 소리의 세기와 높낮이가 적절해야 한다고 주장하였다.

___

② (가)의 1문단에서 『여씨춘추』는 '좋은 음악이란 신분, 연령 등을 막론하고 모든 사람에게 즐거움을 주는 것'이라고 주장했다고 하였다. 따라서 훌륭한 음악은 군주와 신하, 아버지와 자식, 어른과 어린 아이 모두에게 즐거움을 주는 것이라고 할 것이다.

팩트✓체크 (가) **1** ³좋은 음악이란 신분, 연령 등을 막론하고 모든 사람들에게 즐거움을 주는 것이라고 주장하였다.

___

③ (가)의 1문단에서 『여씨춘추』는 음악을 아예 거부하는 묵자에 대해 '인간의 자연적 욕구를 거스르는 것이라 비판'했다고 하였다. 따라서 음악을 즐기는 것은 선천적 욕구에 따른 것이니 음악은 사람이 억지로 부정할 수 없다고 할 것이다.

팩트✓체크 (가) **1** ³지배층의 사치스러운 음악 향유를 거론하며 음악을 아예 거부하는 묵자에 대해 이는 인간의 자연적 욕구를 거스르는 것이라 비판하고, ~

___

④ (가)의 2문단에서 『여씨춘추』는 '인간이 감정을 가진 것처럼 음악에도 감정이 담겨 있다'고 전제하고, '음악을 통해 감정의 표현이 적절해지면 사람의 마음은 편안해'진다고 하였다. 따라서 음악을 듣고 감정을 적절히 해소하면 마음이 쾌적해진다고 할 것이다.

___

팩트✓체크 (가) **2** ⁶음악을 통해 감정의 표현이 적절해지면 사람의 마음은 편안해지며, ~

03

정답 분석 정답 ④

<보기>에서 장자는 음악이 인간의 삶에서 결여될 수 없다고 주장하였으므로, 음악을 거부한 묵자의 태도에 대해 부정적일 것이다. 또한 『여씨춘추』에서도 음악을 거부한 묵자를 비판하고 있으므로, 묵자에 대한 장자의 관점이 『여씨춘추』와 다르다고 볼 수 없다. 따라서 장자와 『여씨춘추』 모두 음악에 대한 묵자의 태도에 대해 부정적으로 보고 있다.

___

팩트✓체크 (가) **1** ³지배층의 사치스러운 음악 향유를 거론하며 음악을 아예 거부하는 묵자에 대해 이는 인간의 자연적 욕구를 거스르는 것이라 비판하고, ~

___

오답 분석

① <보기>에서 노자는 현실 속 음악을 거부하고, 도(道)의 모습을 닮아 거의 들리지 않는 음악을 최고의 음악이라고 하였다. 3문단에서 『여씨춘추』는 조화로운 소리를 위해서 인위적인 과정을 거쳐야 한다고 하였다. 따라서 노자는 『여씨춘추』와 달리 인위적인 음악에 대해 부정적이라고 볼 수 있다.

팩트✓체크 (가) **3** ⁸조화로운 소리는 적절함을 위해 인위적 과정을 거쳐야 한다고 지적하고, ~

___

② <보기>에서 장자는 노자와 같이 음악을 우주 근원에서 비롯되었다고 본다고 하였고, 3문단에서 『여씨춘추』는 음악은 우주 자연의 근원에서 비롯되어 음양의 작용에 따라 생겨난다고 하였으므로 적절하다.

팩트✓체크 (가) **3** ⁸음악은 우주 자연의 근원에서 비롯되어 음양의 작용에 따라 자연에서 생겨나지만, ~

___

③ <보기>에서 장자는 선왕들이 백성들을 위해 제대로 된 음악을 만들었다고 보았다고 하였고, 4문단에서 『여씨춘추』는 인간의 감정과 욕구를 절도 있게 표현한 선왕들의 음악을 중시하면서 선왕들의 음악이 민심을 교화하는 도덕적 기능이 있다고 보았으므로 둘 다 선왕들의 음악에 긍정적이라고 볼 수 있다.

팩트✓체크 (가) **4** ¹³그리고 선왕들의 음악이 민심을 교화하는 도덕적 기능이 있다고 지적하였다.

___

⑤ <보기>에서 장자는 음악을 천지만물의 조화와 결부하여 설명

했다고 하였고, 3문단에서 『여씨춘추』에 따르면 음악의 조화로운 소리가 천지의 조화에 기여할 수 있다고 하였으므로, 둘 다 조화를 중심으로 음악을 본 것이다.

팩트✔체크 (가) ❸ ⁷음악의 조화로운 소리가 자연의 기와 공명하여 천지의 조화에 기여할 수 있고, ~

0**4**

정답 분석   정답 ①

(나)의 2문단에서 쇤베르크는 "지난 시기 미학의 모든 울타리를 부쉬버렸으며, 사명을 띠고 [한 이념]을 부르짖는다."라고 하였다. 따라서 이러한 이념에 따른 실천 내용은 조성 음악을 기본틀로 하는 전통적 아름다움의 개념을 거부한, 표현주의의 음악의 특성을 드러낼 것이다. 2문단에 따르면 "표현주의 음악의 주된 특성은 조성 음악의 체계가 상실된 것이며, 이는 곧 '무조 음악'의 탄생"으로 이어졌다고 했으므로, '조성에서 벗어난 무조적 짜임새로 표현하는 것'은 [한 이념]의 실천 내용으로 적절하다.

팩트✔체크 (나) ❷ ²³표현주의 음악의 주된 특성은 조성 음악의 체계가 상실된 것이며, 이는 곧 '무조 음악'의 탄생으로 이어졌다.

오답 분석

② 음계를 7개의 음으로 구성하는 것은 조성 음악의 특징이며, 표현주의 음악은 12개의 음을 자유롭게 사용하고 있다.

팩트✔체크 (나) ❸ ²⁶무조 음악은 12개의 음을 자유롭게 사용하며, 다양한 불협화음을 다룬다.

③ 음악 외적인 요소인 사회 비판과 풍자를 담은 가사는 표현주의 음악의 특징이라 할 수 있으나, '정확한 음높이로 표현하는 것'은 표현주의 음악의 특징과 거리가 멀다. 3문단에서 표현주의 음악인 무조 음악은 12개의 음을 자유롭게 사용하여 다양한 불협화음을 다룬다고 하였다.

팩트✔체크 (나) ❸ ²⁶무조 음악은 12개의 음을 자유롭게 사용하며, ~ ❹ ³⁰피에로로 분장한 낭송자가 날카로운 사회 비판과 풍자를 담은 가사를 읊는다.

④ (나)의 2문단에서 '불협화음이 반드시 협화음으로 해결되어야 한다는 기존의 조성 음악'이라고 한 것으로 보아, 불협화음을 사용할 경우 협화음으로 해결하려는 것은 표현주의 음악의 특징으로 볼 수 없다.

팩트✔체크 (나) ❷ ²⁰불협화음이 반드시 협화음으로 해결되어야 한다는 기존의 조성 음악으로부터의 탈피를 보여 주는 대표적인 음악들 중의 하나가 표현주의 음악이다.

⑤ 전통적인 아름다움을 거부하고 감정이 드러나지 않도록 표현하는 것은, 소외된 인간 내면의 주관적인 감정을 충실하게 표현하려 했던 표현주의 음악의 특징과는 거리가 멀다.

팩트✔체크 (나) ❷ ²²표현주의 예술은 소외된 인간 내면의 주관적인 감성을 충실하게 표현하려는 사조이다.

0**5**

정답 분석   정답 ②

ⓛ은 한슬리크의 주장으로, 음악의 아름다움은 외부의 어떤 것에도 의존하지 않아야 한다는 내용이다. 그런데 ⓒ '달에 홀린 피에로'에서는 피에로로 분장한 낭송자가 사회 비판과 풍자를 담은 가사를 읊는다고 했으므로, 한슬리크의 입장에서 ⓒ은 음악 외적인 것이 개입한 것이다.

팩트✔체크 ❹ ³⁰피에로로 분장한 낭송자가 날카로운 사회 비판과 풍자를 담은 가사를 읊는다.

오답 분석

① (나)의 2문단에서 주관적인 감성을 강조하는 것은 표현주의 음악의 특징이라는 것을 알 수 있다. ⓛ의 한슬리크는 음악 외적인 요소의 개입에 부정적이었으므로, ⓒ에 대해 주관적인 감성을 제대로 표현하지 못했다고 비평하는 것은 적절하지 않다.

③ '무조적 경향'을 추구하는 음악은 표현주의 음악의 특징으로, 무조 음악은 12개의 음을 자유롭게 사용하며 다양한 불협화음을 다룬다. (나)의 1문단에서 ⓛ의 한슬리크는 7개의 음을 사용하여 음계를 구성하고 규칙적인 화성 진행을 한 조성 음악의 체계를 추구했음을 알 수 있으므로, ⓛ의 관점에서 ⓒ에 대해 무조적 경향을 깨뜨리므로 바람직하지 않다는 비평을 하는 것은 적절하지 않다.

팩트✔체크 ❷ ²³표현주의 음악의 주된 특성은 조성 음악의 체계가 상실된 것이며, 이는 곧 '무조 음악'의 탄생으로 이어졌다. ❸ ²⁶무조 음악은 12개의 음을 자유롭게 사용하며 다양한 불협화음을 다룬다.

④ ⓒ은 12개 음을 자유롭게 사용하며, 다양한 불협화음을 다룬 무조 음악의 사례이다. 이에 대해 규칙적인 화성 진행을 따른다고 말하는 것이나 12개의 음을 사용하는 조성 음악의 체계에서 벗어난다고 말하는 것은 적절하지 않다. 규칙적인 화성 진행을 따르는 것은 조성 음악이며, 조성 음악은 12개의 음이 아니라 7개의 음을 사용한다.

⑤ (나)의 1문단에서 ⓛ의 한슬리크는 제목, 가사 등 음악 외적인 어떤 것도 개입하지 않는 것을 추구함을 알 수 있다. 따라서 ⓛ의 관점에서 ⓒ이 전체가 아닌 일부만 가사로 사용한 것을 바람직하지 않다고 비평하는 것은 적절하지 않다.

0**6**

정답 분석   정답 ④

(가)는 동양의 음악에 대한 견해로 『여씨춘추』의 주장을 설명하면서 그와 대비되는 묵자의 견해도 언급하였다. 또한 (나)는 서양의 음악에 대한 견해로 20세기 초 표현주의 음악이 제시한 음악의 미적 가치를 설명하면서 그와 대비되는 내용으로 19세기의 한슬리크의 관점과 조성 음악의 특징을 언급하였다. 그리고 (가)의 『여씨춘추』에서는 음악에 감정이 담겨 있다고 보았고, (나)의 표현주의 음악은 인간 내면의 주관적인 감성을 충실하게 표현하려는 표현주의 예술 사조의 경향에 따른 것이라고 하였으므로, 이를 바탕으로 두 글이 '동서양을 막론하고 음악이 감정을 표현하는 도구로 쓰였지

만, 음악에 대한 인식이 고정되어 있는 것은 아님을 보여 주었다.'
고 정리할 수 있다. 그리고 그에 대한 적용으로 '작곡을 할 때 다양
한 시도를 해 보아야겠다.'는 내용을 제시할 수 있으므로, ④가 재
구성하기 단계에서 쓴 글로 가장 적절하다.

팩트✔체크 **(가) ②** [5]인간이 감정을 가진 것처럼 음악에도 감정이 담겨 있다고 전
제하고, 음악을 통해 감정을 적절히 해소하거나 표현하면 결과적으로 장수할 수
있다고 주장하였다.
(나) ② [22]표현주의 예술은 소외된 인간 내면의 주관적인 감성을 충실하게 표현하
려는 사조이다.

오답 분석

① (가)는 구조적인 기본틀에 대해 언급하지 않았고, (나)는 조성
음악의 구조적 틀을 언급하고 있으나 표현주의 음악에서 그 틀
을 탈피하고자 했음을 밝히고 있으므로, 두 글의 내용을 분석
한 내용으로 적절하지 않다.

② (가)와 (나) 모두 창작가와 감상자가 각각의 입장에 따라 음악
의 가치를 서로 다르게 판단한다는 내용은 제시되어 있지 않다.

③ (가)에서는 음악의 도덕적 기능을 언급하고 있으나, (나)에서는
그러한 언급을 찾을 수 없다.

⑤ (나)에서는 20세기 초반에 나타난 예술 사조인 표현주의가 음
악에 끼친 영향이 드러나고 있지만, (가)에서는 시대적 상황이
음악에 영향을 끼친다는 점이 드러나지 않는다.

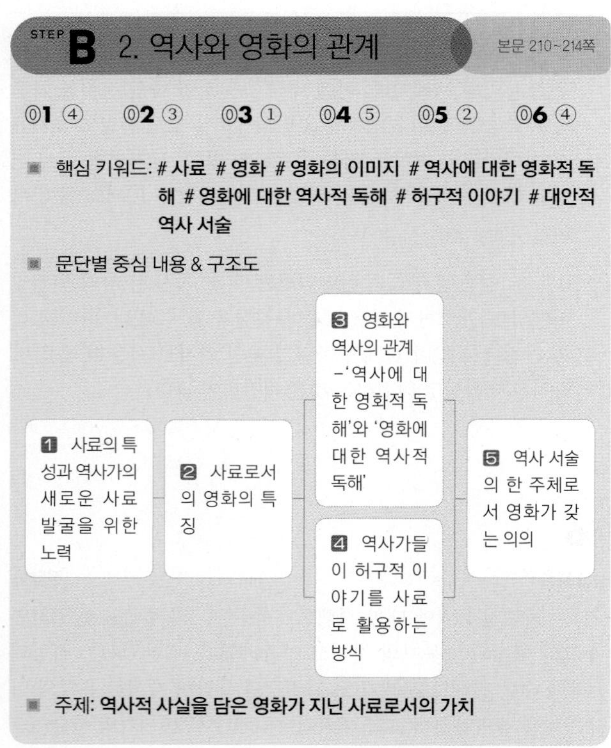

❶ 01 사료가 과거를 그대로 재현하지 않기 때문에 역사는 끝없이 다시
서술된다.

○ [3, 4문장] 사료는 과거를 그대로 재현하는 것은 아니기 때문에 불완전하
며, 이러한 불완전성 때문에 역사는 끝없이 다시 서술된다고 하였다.

02 문헌 사료는 과거를 그대로 재현하지만, 유물이나 그림, 구전은 과거를 그대
로 재현하지 못한다.

✕ [3, 6, 7문장] 사료는 모두 과거를 그대로 재현하는 것은 아니기 때문에 불
완전하다고 하였다.

03 기존의 자료를 새롭게 사료로 활용하거나 새로운 방향에서 파악하는 것도
사료 발굴에 해당한다.

○ [8, 9문장] 역사가들이 새로운 사료를 발굴하기 위해 노력한다고 하면서,
알려지지 않았던 사료를 찾아내기도 하지만 중요하지 않게 여겨졌던 자료
를 새롭게 사료로 활용하거나 기존의 사료를 새로운 방향에서 파악하기도
한다고 하였다.

❷ 04 문헌 사료의 언어는 상징성이 강하고, 영화의 이미지는 지표성이 강
하다.

○ [13, 16문장] 문헌 사료의 언어는 대개 지시 대상과 물리적, 논리적 연관이
없는 추상화된 상징적 기호라고 하였다. 그리고 영화의 이미지는 도상적 기
호이자 그 피사체가 있었음을 지시하는 지표적 기호이기도 하다고 하였다.

05 영화의 이미지와 달리, 다큐멘터리 영화의 이미지는 지표성이 약하다.

✕ [16, 17문장] 영화의 이미지는 그 피사체가 있었음을 지시하는 지표적 기호
이기도 하다고 밝히며, 그 예로 다큐멘터리 영화를 들고 있다. 따라서 다큐
멘터리 영화의 이미지 역시 지표성이 강하다고 볼 수 있다.

06 다큐멘터리 영화는 문헌 사료에 비해 호소력 있게 역사를 전달할 수 있다.

○ [17문장] 다큐멘터리 영화는 피사체와 밀접한 연관성을 갖기 때문에 피사
체의 진정성에 대한 믿음을 고양하여 '문헌 사료'와 같은 언어적 서술에 비
해 호소력 있는 서술로 비춰지게 된다고 하였다.

❸ 07 역사에 대한 평가를 영화로 표현하는 것은 '역사에 대한 영화적 독
해'이다.

○ [20, 21문장] 역사에 대한 영화적 독해는 영화라는 매체로 역사를 해석하고
평가하는 작업과 연관된다고 하였다. 이어 영화인은 영화를 통해 역사를
비평한다고 하였으므로, 역사에 대한 평가를 영화로 표현하는 것은 '역사
에 대한 영화적 독해'라고 볼 수 있다.

08 영화가 실제 역사적 사건을 토대로 제작되더라도 그 속에는 영화인 나름
의 시선이 담겨 있다.

○ [21문장] 영화인은 자기 나름의 시선을 서사와 표현 기법으로 녹여내어 역
사를 비평할 수 있다고 하였다. 따라서 실제 역사적 사건을 토대로 영화를
제작하더라도 영화의 서사와 표현 기법에 영화인 나름의 시선이 담겨 있을
것이다.

09 역사가가 영화를 통해 당시의 풍속, 생활상 등을 검토하는 것은 '역사에 대
한 영화적 독해'에 해당한다.

✕ [26, 27문장] 영화에 담겨 있는 역사적 흔적과 맥락을 검토하는 것은 '영화
에 대한 역사적 독해'와 연관된다고 하였다.

10 역사가는 문헌 사료에 담겨 있지 않은 당시 대중들의 집단적 무의식이나
지배적 이데올로기를 영화에서 발견할 수 있다.

○ [28문장] 역사가는 영화에서 영화 제작 당시 대중이 공유하던 집단적 무의
식과 더불어 이상, 지배적 이데올로기 같은 가려진 역사를 끌어내기도 한
다고 하였다.

❹ 11 역사가는 문헌 기록을 바탕으로 하는 역사 서술과 달리, 영화는 허구
일지도 모른다는 의심을 버리지 않고 이를 확인하고자 한다.

✕ [29, 31, 32문장] 영화는 주로 허구를 다룬다고 하였고, 역사가는 자료에 기
록된 사실이 허구일지도 모른다는 의심을 버리지 않고 이를 확인하고자 한
다고 하였다. 따라서 역사가는 영화가 허구일지도 모른다는 의심을 버리지
않고 진위 여부를 가리며 이를 확인할 것이다. 그러나 문헌 기록을 바탕으

로 하는 역사 서술에서도 허구가 배격되어야 할 대상만은 아니라고 하였으므로, 문헌 기록에도 허구의 내용이 담겨 있을 수 있다. 따라서 역사가는 문헌 기록을 바탕으로 하는 역사 서술에서도 의심을 버리지 않고 이를 확인하고자 할 것이다.

12 역사서를 쓰면서 동시대의 설화집이나 소설의 문장을 차용하는 것은, 허구의 이야기를 활용하여 사료에 기반한 역사적 서술을 보완하는 행위이다.

O [35문장] 어떤 역사가들은 사료에 직접적으로 나타나지 않은 과거를 재현하기 위해 허구의 이야기를 활용하여 사료에 기반한 역사적 서술을 보완하기도 한다고 하였다. 역사서를 쓰면서 동시대의 설화집이나 소설과 같은 허구의 이야기를 활용하는 것은 그 예에 해당한다.

5 13 영화는 아래로부터의 역사의 형성에 기여한다는 점에서 대안적 역사 서술의 가능성을 지닌다.

O [37, 38문장] 영화는 새로운 사료의 원천이 될 뿐 아니라, 대안적 역사 서술의 가능성까지 지닌다고 하였다. 그리고 이는 공식 제도가 배제했던 역사를 사회에 되돌려 주는 '아래로부터의 역사'의 형성에 기여하는 것임을 밝히고 있다.

14 영화는 공식 역사를 반박하는 주변화된 집단의 목소리를 표현해 낸다.

X [40문장] 영화가 하층 계급, 피정복 민족처럼 역사 속에서 주변화된 집단의 묻혀 있던 목소리를 표현해 낸다고는 하였으나, 이것이 공식 역사를 반박하는 내용이라고는 볼 수 없다. 이는 위로부터의 역사인 공식 역사에서 배제했던 이야기로 역사를 풍성하게 보완한다.

15 영화는 지배 계층의 역사를 담을 수 없다는 점에서 역사 서술의 주체로서 한계가 있다.

X [41문장] 영화는 지배 계층이 아닌, 주변화된 집단의 묻혀 있던 목소리를 표현해 낸다는 점에서 역사 서술의 한 주체가 된다고 하였다.

⓪1

정답 분석　　　　　　　　　　　　　　　　　　　　　　　정답 ④

1문단에서 사료의 종류와 새로운 사료 발굴의 노력을 제시한 뒤, 2문단에서 영화의 사료로서의 특성을 밝히고 있다. 그리고 3문단부터 5문단까지 영화와 역사의 관계를 중심으로 역사적 사료로서 영화가 지닌 대안적 역사 서술의 가능성을 제시하고 있다.

오답 분석

① 역사의 개념은 언급되지 않았고, 영화와 역사 간의 공통점과 차이점을 비교하고 있는 것도 아니다.

② 시간의 흐름에 따른 영화의 변천 과정은 나타나 있지 않다.

③ 4문단에서 영화의 허구성이 역사 서술에서 지니는 의미에 대해 다른 견해가 있음을 제시했지만, 사료로서 영화가 지닌 한계를 비판하지는 않았다.

⑤ 영화의 유형이나 그 유형에 따른 장단점을 분석하는 내용은 나타나 있지 않다.

⓪2

정답 분석　　　　　　　　　　　　　　　　　　　　　　　정답 ③

1문단에서 '역사가들은 새로운 사료를 발굴하기 위해 노력한다. 알려지지 않았던 사료를 찾아내기도 하지만, 중요하지 않게 여겨졌

던 자료를 새롭게 사료로 활용하거나 기존의 사료를 새로운 방향에서 파악하기도 한다.'라고 하였다. 그리고 미시사 연구에서 재판 기록, 일기, 편지, 탄원서 등 서사적 자료에 주목한 것은 사료 발굴을 위한 노력의 결과라고 하였다. 따라서 사료의 발굴에는 알려지지 않았던 사료를 찾아내는 것뿐만 아니라 기존의 사료를 새로운 방향에서 파악하는 것도 해당됨을 알 수 있다.

───────────────

팩트✔체크　**1** ⁹알려지지 않았던 사료를 찾아 내기도 하지만, 중요하지 않게 여겨졌던 자료를 새롭게 사료로 활용하거나 기존의 사료를 새로운 방향에서 파악하기도 한다.

오답 분석

① 1문단에서 미시사 연구에서는 개인적 기록인 '일기, 편지 등도 사료로 활용될 수 있다고 하였다.

───────────────

팩트✔체크　**1** ¹⁰평범한 사람들의 삶의 모습을 중점적인 주제로 다루었던 미시사 연구에서 재판 기록, 일기, 편지, 탄원서, 설화집 등의 이른바 '서사적' 자료에 주목한 것도 사료 발굴을 위한 노력의 결과이다.

② 1문단에서 역사가는 과거의 사실과 직접 만나는 것이 불가능하기에 사료를 매개로 과거와 만난다고 하였다. 따라서 역사가가 활용하는 공식적인 문헌 사료는 매개를 거치지 않은 과거의 사실이 아니라, 과거와 만날 수 있도록 하는 매개라 할 수 있다.

───────────────

팩트✔체크　**1** ²역사가는 사료를 매개로 과거와 만난다.

④ 2문단에서 문헌 사료의 언어는 지시 대상과 물리적·논리적 연관이 없는 추상화된 상징적 기호이지만, 영화의 이미지는 피사체가 있었음을 지시하는 지표적 기호라고 밝혔다. 따라서 문헌 사료의 언어가 다큐멘터리 영화의 이미지에 비해 지시 대상에 대한 지표성이 약하다고 할 수 있다.

───────────────

팩트✔체크　**2** ¹³역사가들이 주로 사용하는 문헌 사료의 언어는 대개 지시 대상과 물리적·논리적 연관이 없는 추상화된 상징적 기호이다. ¹⁶광학적 메커니즘에 따라 피사체로부터 비롯된 영화의 이미지는 그 피사체가 있었음을 지시하는 지표적 기호이기도 하다.

⑤ 2문단에서 영화의 이미지는 닮은꼴로 사물을 지시하는 도상적 기호라고 하였다. 즉, 카메라를 매개로 얻어진 영화의 이미지는 상징적 기호가 아닌 도상적 기호이다.

───────────────

팩트✔체크　**2** ¹⁵즉, 영화의 이미지는 닮은꼴로 사물을 지시하는 도상적 기호가 된다.

⓪3

정답 분석　　　　　　　　　　　　　　　　　　　　　　　정답 ①

㉮는 허구의 이야기 속에서 당시 시대적 상황을 발견하는 것을 의미한다. ㄱ은 '판소리'(구전)라는 허구의 이야기를 통해 조선 후기 시대적 상황인 음식 문화의 실상을 파악하고자 한 사례이므로 ㉮의 사례로 적절하다. 그리고 ㄷ은 '소설'이라는 허구의 이야기를 통해 명나라 때의 시대적 상황인 상업 활동을 분석한 사례이므로 ㉮의 사례로 적절하다.

㉯는 허구의 이야기를 활용해 역사 서술을 보완하는 것을 의미한

다. ㄹ은 17세기 평범한 여성의 삶에 대한 '역사서'를 쓰면서 그 여
성의 심리를 보완하기 위해 설화집이라는 허구의 이야기 속 문장
을 활용하고 있으므로 ㉯의 사례로 적절하다.

오답 분석

ㄴ. 경전의 어휘 분석을 통해 해당 경전의 일부가 편찬 시기로 알
   려진 B.C. 3세기경 이후에 첨가되었을 가능성을 연구한 사례
   이다. 이는 문헌 사료를 분석한 것이지, 허구의 이야기를 활용
   한 것이 아니므로 ㉮와 ㉯의 사례로 적절하지 않다.

０4

정답 분석　　　　　　　　　　　　　　　　　　　정답 ⑤

[A]에는 평범한 사람들의 회고나 증언, 구전 등의 비공식적 자료를
토대로 만들어진 영화가 역사의 사료로서 가치가 있다는 입장이
다. 반면 ㉠의 역사가는 자료에 기록된 사실이 허구일지도 모른다
는 의심을 갖고 계속해서 자료의 사실성 여부를 확인해야 한다는
입장(사료의 객관성을 중시하는 입장)이므로, [A]의 '회고나 증언,
구전' 등은 허구일 수도 있으므로 그 사실성 여부를 확인해야 한다
고 주장할 것이다. 따라서 ㉠의 역사가는 [A]에 대해 기억이나 구술
증언은 다른 자료와 비교하여 진위 여부를 검증한 후에야 비로소
사료로 사용할 수 있다고 비판할 것이다.

오답 분석

① ㉠의 역사가는 영화가 허구로 이루어진 이야기이기 때문에 많
   은 사실 정보를 담고 있다고 판단하지 않을 것이고, 사료로서
   의 가능성도 낮게 평가할 것이다.

② ㉠의 역사가는 하층 계급의 역사를 서술할 때에 영화와 같이
   허구를 포함하는 서사적 자료에 주목해야 한다고 보기보다는
   사실에 기반한 자료로 역사를 서술해야 한다고 판단할 것이다.

③ 영화가 지배적 이데올로기를 선전하는 수단으로 활용된다는
   비판은 ㉠과 관련이 없다.

④ ㉠의 역사가는 사실과 허구를 구분하는 것이지, 집단의 이해관
   계를 반영하는지 여부를 확인하는 것은 아니다.

０5

정답 분석　　　　　　　　　　　　　　　　　　　정답 ②

3문단에서 '영화에 대한 역사적 독해'는 영화에 담겨 있는 역사적
흔적과 맥락을 검토하는 것과 연관되며, 영화 속에 나타난 풍속과
생활상, 제작 당시 대중의 집단적 무의식, 이상, 지배적 이데올로기
등을 통해 역사의 외연을 확장한다고 하였다. 그리고 <보기>에서
영화 「서머스비」는 허구적 인물과 사건으로 구성되어 있으나 19세
기 중엽 미국을 배경으로 하므로, 19세기 중엽 미국의 생활상과 미
국 근대사를 긍정적으로 평가하고자 하는 당시 대중의 욕망을 반
영했을 것이다. 따라서 「서머스비」를 통해 당시의 생활상이나 영화
에 반영된 당대 대중의 욕망 등을 검토하여 영화에 대한 역사적 독
해를 시도할 수 있다.

 ❸ ²⁶영화에 대한 역사적 독해는 영화에 담겨 있는 역사적 흔적과 맥
락을 검토하는 것과 연관된다.

오답 분석

① 3문단에서 집단적 무의식은 제작 당시 대중이 공유하던 욕망,
   강박, 믿음, 좌절 등임을 알 수 있는데, <보기>에서 「서머스비」
   는 '가짜 남편을 마을에~ 평가하고자 하는 대중의 욕망을 반영
   했다.'라고 하였다. 따라서 「서머스비」에 반영된 미국 근대사를
   긍정적으로 평가하려는 대중의 욕망은 영화가 제작된 당시 사
   회의 집단적 무의식에 해당한다고 이해할 수 있다.

③ 3문단에서 영화인은 자기 나름의 시선을 서사와 표현 기법으
   로 녹여 내어 역사를 비평할 수 있다고 하였으므로, 「마르탱 게
   르의 귀향」에도 역사에 대한 영화인 나름의 시선이 표현 기법
   으로 나타났을 것이라고 이해할 수 있다.

　　　 ❸ ²¹영화인은 자기 나름의 시선을 서사와 표현 기법으로 녹여
　　　내어 역사를 비평할 수 있다.

④ 3문단에서 개연적 역사 서술 방식은 역사적 고증에 충실한 영
   화라고 하였는데, <보기>에서 「마르탱 게르의 귀향」은 16세기
   중엽의 재판 기록을 토대로 하고 당시 생활상을 있는 그대로
   복원하는 데 치중했다고 하였으므로 개연적 역사 서술 방식에
   가깝다고 볼 수 있다.

　　　 ❸ ²²역사를 소재로 한 역사 영화는 역사적 고증에 충실한 개연
　　　적 역사 서술 방식을 취할 수 있다.

⑤ 1문단에서 재판 기록은 서사적 자료이며, 미시사 연구는 평범
   한 사람들의 모습을 중점적인 주제로 다룬 연구라고 하였으므
   로, 「마르탱 게르의 귀향」은 미시사 연구의 방식을 취했다고 이
   해할 수 있다.

　　　 ❶ ¹⁰평범한 사람들의 삶의 모습을 중점적인 주제로 다루었던
　　　미시사 연구에서 재판 기록, 일기, 편지, 탄원서, 설화집 등의 이른바 '서사
　　　적' 자료에 주목한 것도 사료 발굴을 위한 노력의 결과이다.

０6

정답 분석　　　　　　　　　　　　　　　　　　　정답 ④

ⓓ의 '이루다'는 '몇 가지 부분이나 요소들을 모아 일정한 성질이나
모양을 가진 존재가 되게 하다.'라는 의미이다. 그런데 '결합하다'
는 '둘 이상의 사물이나 사람이 서로 관계를 맺어 하나가 되다.'라
는 뜻이므로 ⓓ와 바꿔 쓰기에 적절하지 않다. ⓓ와 바꿔 쓰기에 적
절한 단어는 '몇 가지 부분이나 요소들을 모아서 일정한 전체를 짜
이루다.'라는 뜻인 '구성(構成)하다'이다.

오답 분석

① ⓐ의 '만나다'는 '어떤 사실이나 사물을 눈앞에 대하다.'라는 의
   미이므로, '서로 얼굴을 마주 보고 대하다.'라는 뜻인 '대면하
   다'와 바꿔 쓸 수 있다.

② ⓑ의 '여겨지다'는 '마음속으로 그러하다고 인정하거나 생각하
   다.'라는 뜻인 '여기다'의 피동형이므로, '상태, 모양, 성질 따위

가 그와 같다고 여겨지다.'라는 뜻인 '간주되다'와 바꿔 쓸 수
있다.

③ ⓒ의 '나타나다'는 '어떤 새로운 현상이나 사물이 발생하거나
생겨나다.'라는 의미이므로, '어떤 세력이나 현상이 새롭게 나
타나다.'라는 뜻인 '대두하다'와 바꿔 쓸 수 있다.

⑤ ⓔ의 '펼치다'는 '생각 따위를 전개하거나 발전시키다.'라는 의
미이므로, '내용을 진전시켜 펴 나가다.'라는 뜻인 '전개하다'와
바꿔 쓸 수 있다.

01 ③   **02** ④   **03** ⑤   **04** ②   **05** ①   **06** ④

■ **핵심 키워드:** # 개체 # 유사성 # 유기적 상호작용 # 인과성 # 진핵세
포 # 원핵세포 # 미토콘드리아 # 공생발생설 # 내부 공
생 # DNA # 고세균 # 원생미토콘드리아

■ **문단별 중심 내용 & 구조도**

1 개체성의 조건 - 부분들의 강한 유기적 상호작용	**4** 공생발생설의 개념과 공생발생설이 인정받게 된 과정
3 세포의 특징과 분류 및 진핵세포의 구성	**5** 공생발생설에 따른 진핵생물의 생성 과정과 미토콘드리아가 원래 박테리아였다는 근거
2 상이한 시기에 존재하는 두 개체의 동일성 판단 조건 - 두 대상 사이의 인과성	**6** 미토콘드리아가 진핵세포의 세포 소기관이 되었다고 보는 근거

■ **주제:** 공생발생설에 따른 진핵생물의 발생 과정과 미토콘드리아의 개
체성 판단

1 **01** 부분들의 유사성이 매우 강하면 하나의 개체로 볼 수 있다.

✕ [3문장] 부분들 사이의 유사성은 개체성의 조건이 될 수 없다고 하였다.

02 바닷물은 부분들의 강한 유기적 상호작용이 없기 때문에 하나의 개체로 볼
수 없다.

○ [1, 5문장] 하나의 개체로 볼 수 있는 조건은 부분들의 강한 유기적 상호작
용이라고 하였다. 따라서 바닷물을 개체라고 하지 않는 이유는 부분들의
강한 유기적 상호작용이 없기 때문이다.

2 **03** 과거의 '나'와 현재의 '나'의 모습이 달라졌더라도 서로 강한 인과성
이 있기 때문에 하나의 개체로 본다.

○ [9문장] 상이한 시기에 존재하는 두 대상을 동일한 개체로 판단하는 조건은
두 대상 사이의 인과성이라고 하였다. 그래서 과거의 '나'와 현재의 '나'는
강한 인과성이 존재하기 때문에 동일하다고 볼 수 있다고 하였다.

04 '나'와 '나의 후손'은 강한 인과성이 있기 때문에 하나의 개체로 본다.

✕ [12문장] '나'와 '나의 후손'은 다른 개체들 사이에 비해 더 강한 인과성으로
연결되어 있지만, '나'와 '나의 후손'이 동일한 개체는 아니라고 하였다.

3 **05** 진핵세포는 핵 안에 DNA가 있지만, 원핵세포는 핵과 DNA가 없다.

✕ [14, 16문장] 세포는 유전 정보가 담긴 DNA를 가진다고 하였으므로, 원핵
세포에도 DNA가 있다. 다만 진핵세포는 핵이 있으므로 그 안에 DNA가 있
고, 원핵세포는 핵이 없으므로 세포 안에 DNA가 있다.

06 원핵세포와 진핵세포는 모두 생체 에너지를 생산하는 미토콘드리아를 가지
고 있다.

✕ [17, 18문장] 진핵세포에는 여러 종류의 세포 소기관이 있다고 하였고, 그
중 생체 에너지를 생산하는 미토콘드리아는 대부분의 진핵세포가 필수적
으로 가지고 있다고 하였다. 이는 원핵세포와 대조적인 특성이므로, 원핵
세포에는 세포 소기관인 미토콘드리아가 없음을 짐작할 수 있다.

4 **07** 공생발생설은 공생 관계의 두 개체가 하나의 개체로 탄생했다고 보
는 이론이다.

○ [20문장] 공생발생설 이론에서는 두 원핵생물 간의 공생 관계가 지속되면
서 진핵세포를 가진 진핵생물이 탄생했다고 설명한다. 따라서 서로 다른
두 개체(원핵생물)가 공생 관계를 지속하다가 하나의 개체(진핵생물)가 되
었다고 보는 이론이라 할 수 있다.

08 한 생명체가 다른 생명체의 세포 속에서 살 수 있다는 내부 공생의 사례
를 찾지 못했기 때문에 생물학계에서는 한동안 공생발생설이 인정받지 못
했다.

✕ [22, 23문장] 생명체 간의 공생 관계 사례가 이미 알려졌음에도 불구하고 미
토콘드리아가 과거에 독립된 생명체였다는 것을 쉽게 믿을 수 없었기 때문
에 공생발생설이 인정받지 못했다고 하였다.

09 미토콘드리아의 DNA가 세포핵의 DNA와 다르고 자신만의 리보솜을 가지고
있으므로, 미토콘드리아는 과거에 독립된 생명체였다고 볼 수 있다.

○ [25문장] 미토콘드리아의 유전 정보가 담긴 DNA가 세포핵의 DNA와 다르
고, 자신만의 리보솜을 가지고 있다는 사실이 밝혀지면서 미토콘드리아가
독립된 생명체였다는 공생발생설이 부각되었다고 하였다.

5 **10** 공생발생설에 의하면 원생미토콘드리아는 고세균과의 내부 공생 과정
에서 개체성을 잃고 세포 소기관이 되었다.

○ [26, 27문장] 공생발생설에서는 과거 독립된 생명체였던 원생미토콘드리아
가 고세균의 세포 안에서 내부 공생을 하다가 개체성을 잃고 하나의 진핵
생물로 탄생했다고 본다. 그리고 이때 원생미토콘드리아는 세포 소기관인
미토콘드리아가 되었다고 본다.

11 새로운 미토콘드리아는 진핵세포의 DNA로는 복제되지 않는다.

○ [25, 29문장] 새로운 미토콘드리아는 이미 존재하는 미토콘드리아의 이분
분열을 통해서만 만들어진다고 하였고, 4문단에서 미토콘드리아의 DNA는
세포핵의 DNA와 다르다고 하였다.

12 미토콘드리아의 리보솜이 진핵세포의 리보솜과 유사하므로 미토콘드리아는 박
테리아의 한 종류였다고 볼 수 있다.

✕ [31문장] 미토콘드리아의 리보솜이 진핵세포의 리보솜보다 박테리아의 리
보솜과 더 유사하므로, 미토콘드리아는 박테리아와 관련이 있다고 볼 수
있다.

6 **13** 미토콘드리아와 진핵세포는 유기적 상호작용이 강하기 때문에 미토콘드
리아와 진핵세포는 공생 관계에 있다고 할 수 있다.

✕ [33문장] 미토콘드리아와 진핵세포 간의 유기적 상호작용이 매우 강하기
때문에 둘은 공생 관계가 아닌 하나의 개체로 본다.

14 미토콘드리아는 스스로 증식할 수 없으므로, 진핵세포와 공생 관계에 있다
고 보지 않는다.

○ [34문장] 진핵세포가 미토콘드리아의 증식을 조절하고, 자신을 복제하여
증식할 때 미토콘드리아도 함께 복제하여 증식시킨다고 하였다. 따라서 미

토콘드리아는 진핵세포와 강한 유기적 상호작용을 지니므로, 진핵세포와 공생 관계에 있는 별개의 개체로 보지 않는다.

15 세포핵의 DNA로부터 합성된 단백질은 같은 세포질 안에 있는 미토콘드리아로 이동한다.

○ [17, 36문장] 3문단에서 진핵세포의 세포질 안에는 막으로 둘러싸인 세포핵과 막으로 둘러싸인 여러 종류의 세포 소기관이 있다고 하였다. 그리고 6문단에서 미토콘드리아에서 일어나는 대사 과정에 필요한 단백질은 세포핵의 DNA로부터 합성된다고 하였다. 따라서 세포핵의 DNA에서 합성된 단백질은 미토콘드리아로 이동하여 막을 통과한 뒤 미토콘드리아의 대사 과정에 쓰일 것임을 알 수 있다.

⓪**1**

정답 분석　　　　　　　　　　　　　　　　　　　　　**정답 ③**

1문단과 2문단에서 개체성의 조건을 제시한 뒤, 4문단에서 공생발생설을 설명하고 있다. 그리고 5문단에서는 진핵생물은 원생미토콘드리아가 고세균의 세포 안에서 내부 공생을 하다가 탄생했음을 밝히고, 6문단에서는 미토콘드리아와 진핵세포 간의 유기적 상호작용은 둘을 다른 개체로 볼 수 없을 만큼 강하기 때문에 둘은 공생 관계가 아니라 하나의 개체임을 밝히면서 세포 소기관의 개체성에 대해 설명하고 있다.

오답 분석

① 1문단에서 자동차, 바닷물, 일란성 쌍둥이 등 개체성과 관련된 예를 제시하였으나, 공생발생설에 대한 다양한 견해를 비교하고 있지는 않다.

② 1문단과 2문단에서 개체성의 조건을 제시하고 있을 뿐 개체에 대한 정의를 제시하고 있지는 않으며, 세포의 생물학적 개념이 확립되는 과정 또한 나타나 있지 않다.

④ 개체의 유형을 분류한 내용은 찾을 수 없다. 또한 공생발생설을 중심으로 원핵생물이 세포의 소기관으로 변화한 과정을 설명하고 있을 뿐, 세포의 소기관이 분화되는 과정을 설명하고 있지 않다.

⑤ 개체와 관련된 개념으로 개체성의 조건을 설명하고 있지만, 세포가 하나의 개체로 변화하는 과정을 인과적으로 서술하고 있지는 않다.

⓪**2**

정답 분석　　　　　　　　　　　　　　　　　　　　　**정답 ④**

3문단에서 진핵세포의 세포질에 막으로 둘러싸인 핵이 있고 그 안에 DNA가 있으며, 또한 여러 종류의 세포 소기관이 있는데 대부분의 진핵세포는 미토콘드리아를 가지고 있다고 하였다. 그리고 6문단에 따르면, 미토콘드리아에서 일어나는 대사 과정에 필요한 단백질은 세포핵의 DNA로부터 합성된다. 따라서 미토콘드리아의 대사 과정에 필요한 단백질은 미토콘드리아의 막을 통과하여 세포질로 이동해야 하는 것이 아니라 세포핵의 DNA로부터 막을 통과하여 미토콘드리아로 이동해야 한다.

오답 분석

① 1문단에서 '부분들 사이의 유사성은 개체성의 조건이 될 수 없다. 가령 일란성 쌍둥이인 두 사람은 DNA 염기 서열과 외모도 같지만 동일한 개체는 아니다.'라고 한 것을 통해 유사성이 아무리 강하더라도 개체성의 조건이 될 수 없다는 것을 알 수 있다.

② 1문단에서 '바닷물을 개체라고 하지는 않는다.'라고 하면서 개체성의 조건으로 '부분들의 강한 유기적 상호작용'을 들었다. 이를 통해 바닷물을 이루는 부분들 사이의 유기적 상호작용이 약하기 때문에 바닷물을 개체라고 말하기 어렵다는 것을 알 수 있다.

③ 5문단에서 '새로운 미토콘드리아는 이미 존재하는 미토콘드리아의 '이분 분열'을 통해서만 만들어진다.'라고 하였으므로, 새로운 미토콘드리아를 복제하기 위해서는 세포 안에 이미 존재하는 미토콘드리아가 반드시 있어야 한다는 것을 알 수 있다.

⑤ 2문단에서 '나'가 세포 분열을 통해 새로운 개체를 생성할 때도 '나'와 '나의 후손'은 인과적으로 연결되어 있으며, 비록 '나'와 '나의 후손'은 동일한 개체는 아니지만 '나'와 다른 개체들 사이에 비해 더 강한 인과성으로 연결되어 있다고 하였다. 이를 바탕으로 할 때 5문단에서 '고세균은 세포질에 핵이 생겨 진핵세포가 되'었다고 하였으므로, 진핵세포가 되기 전의 고세균이 원생미토콘드리아보다 진핵세포와 더 강한 인과성으로 연결되어 있다고 볼 수 있다.

⓪**3**

정답 분석　　　　　　　　　　　　　　　　　　　　　**정답 ⑤**

공생발생설은 미토콘드리아가 원래 박테리아의 한 종류인 원생미트콘드리아였다는 이론으로, 두 원핵생물 간의 공생 관계가 지속되면서 진핵세포를 가진 진핵생물이 탄생했다는 것이다. 그런데 4

문단에서 미토콘드리아가 과거에 독립된 생명체였다는 것을 쉽게 믿을 수 없었기 때문에 한동안 생물학계로부터 공생발생설이 인정받지 못하였다고 하였다. 하지만 전자 현미경의 등장으로 미토콘드리아 안에 세포핵의 DNA와는 다른 DNA가 있으며 단백질을 합성하는 자신만의 리보솜을 가지고 있다는 사실이 밝혀지면서 공생발생설이 인정받게 되었다. 즉, 미토콘드리아가 고유한 유전 정보가 담긴 DNA를 가지며, 이를 후세에 전달한다는 사실을 알게 되면서 공생 발생설이 인정받은 것이다. 따라서 공생발생설이 인정받지 못했던 것은 미토콘드리아가 과거에 독립된 생명체로서 고유한 유전 정보가 담긴 DNA를 가지며, 이를 복제하여 증식하고 번식하는 과정을 통해 자신의 유전 정보를 전달할 수 있다는 사실을 몰랐기 때문이다.

팩트✓체크 ▣ ²³미토콘드리아의 기능과 대략적인 구조, 그리고 생명체 간 내부 공생의 사례는 이미 알려졌지만 미토콘드리아가 과거에 독립된 생명체였다는 것을 쉽게 믿을 수 없었기 때문이었다.
²⁵그러다가 전자 현미경의 등장으로 미토콘드리아의 내부까지 세밀히 관찰하게 되고, 미토콘드리아 안에는 세포핵의 DNA와는 다른 DNA가 있으며 단백질을 합성하는 자신만의 리보솜을 가지고 있다는 사실이 밝혀지면서 공생발생설이 새롭게 부각되었다.

오답 분석

① 4문단에서 진핵세포의 소기관으로서 미토콘드리아의 기능과 구조는 이미 알려졌다고 했으므로, 진핵세포가 세포 소기관을 가지고 있다는 사실은 알았을 것이다.

② 4문단에서 전통적 유전학에서 공생발생설은 주목받지 못했다고 하였다.

③ 한 생명체가 다른 생명체의 세포 속에서 사는 것은 내부 공생을 의미한다. 4문단에서 생명체 간 내부 공생의 사례는 이미 알려져 있었다고 하였다.

④ 당시 생물학계에는 미토콘드리아의 기능과 대략적인 구조가 알려져 있었다고 하였다. 따라서 미토콘드리아가 진핵세포의 활동에 중요한 기능을 한다는 사실은 알고 있었을 것이다.

◎**4**

정답 분석　　　　　　　　　　　　　　　　　　　정답 ②

'세포 소기관이 박테리아로부터 비롯되었다'는 것은 서로 다른 개체였던 박테리아가 개체성을 잃고 세포 소기관이 되었다는 것을 의미한다. 이는 공생발생설의 입장, 즉 개체인 원생미토콘드리아가 진핵세포의 세포 소기관인 미토콘드리아가 되었다는 이론에 해당한다.

ㄱ. 3문단에서 세포는 생명체의 고유한 유전 정보가 담긴 DNA를 가지며 이를 후세에 전달한다고 하였고, 4문단에서 '미토콘드리아 안에는 세포핵의 DNA와는 다른 DNA가 있으며 단백질을 합성하는 자신만의 리보솜을 가지고 있다.'는 사실이 밝혀졌다고 하였다. 그리고 5문단에서 미토콘드리아가 원래 박테리아의 한 종류였다는 근거로, '박테리아와 마찬가지로 새로운 미토콘드리아는 이미 존재하는 미토콘드리아의 '이분 분열'을 통해서만 만들어진다.'고 하였으므로, 이를 바탕으로 할 때 세포 소기관이 자신의 DNA를 가지고 있다는 것과 이분 분열을 한다는 것을 확인하였다면 이 세포

소기관은 박테리아로부터 비롯되었다고 판단할 수 있다.

팩트✓체크 ▣ ²⁵미토콘드리아 안에는 세포핵의 DNA와는 다른 DNA가 있으며 단백질을 합성하는 자신만의 리보솜을 가지고 있다는 사실이 밝혀지면서 공생발생설이 새롭게 부각되었다.
▣ ²⁹박테리아와 마찬가지로 새로운 미토콘드리아는 이미 존재하는 미토콘드리아의 '이분 분열'을 통해서만 만들어진다.

ㄹ. 5문단에서 미토콘드리아 막에는 박테리아 세포 막에 있는 카디오리핀이 존재한다고 했으므로, 세포 소기관 막에 다량의 카디오리핀이 있는 것을 확인하였다면 이 세포 소기관은 박테리아에서 비롯되었다고 판단할 수 있다.

팩트✓체크 ▣ ³⁰미토콘드리아의 막에는 진핵세포막의 수송 단백질과는 다른 종류의 수송 단백질인 포린이 존재하고 박테리아의 세포막에 있는 카디오리핀이 존재한다.

오답 분석

ㄴ. 3문단에서 박테리아는 원핵생물이라고 하였으므로 진핵세포의 리보솜을 가지고 있다는 것을 확인하였다면 이 세포 소기관이 박테리아로부터 비롯되었다고 판단할 수 없다.

ㄷ. 5문단에서 '미토콘드리아의 막에는 진핵세포막의 수송 단백질과는 다른 종류의 수송 단백질인 포린이 존재'한다고 한 것으로 보아, 수송 단백질이 있는 것을 확인한 것만으로 이 세포 소기관이 박테리아로부터 비롯되었다고 판단할 수 없다. 진핵세포막의 수송 단백질과는 다른 종류의 수송 단백질인 포린이 존재한다는 점을 확인하여야 박테리아로부터 비롯되었다고 판단할 수 있다.

◎**5**

정답 분석　　　　　　　　　　　　　　　　　　　정답 ①

6문단에서 미토콘드리아가 세포 소기관이 되었다고 보는 근거는 진핵세포가 미토콘드리아의 증식을 조절하고, 자신을 복제하여 증식할 때 미토콘드리아도 함께 복제하여 증식시킨다는 것임을 알 수 있다. <보기>에서 병원성을 잃은 아메바의 세포질에서 서식하는 박테리아는 스스로 복제하여 증식할 수 있다고 하였으므로, 아메바와의 유기적 상호작용이 강하다고 볼 수 없다. 즉, 박테리아가 세포 소기관으로 변했다고 볼 수 없다.

팩트✓체크 ▣ ³⁴미토콘드리아가 개체성을 잃고 세포 소기관이 되었다고 보는 근거는, 진핵세포가 미토콘드리아의 증식을 조절하고, 자신을 복제하여 증식할 때 미토콘드리아도 함께 복제하여 증식시킨다는 것이다.

오답 분석

② 1문단에 따르면 부분들의 강한 유기적 상호작용이 나타날 때 그 부분들이 모여 하나의 개체를 이룬 것으로 볼 수 있다. 따라서 <보기>에서 복어의 체내에서 서식하는 미생물과 복어의 유기적 상호작용이 강해진다면 미생물과 복어를 하나의 개체로 볼 수 있게 되고, 이때 미생물은 개체성을 잃을 수 있다.

③ <보기>에서 복어는 독소를 생산하는 미생물에게 서식처를 제공하는 대신 포식자로부터 자신을 방어할 수 있는 무기를 갖게 된 것일 뿐, 복어와 미생물 간에 유기적 상호작용이 강한 것은

아니다. 따라서 복어의 세포가 증식할 때 미생물의 DNA도 함께 증식한다고 볼 수는 없다.

④ 6문단에서 미토콘드리아의 유전자의 많은 부분이 세포핵의 DNA로 옮겨 가 미토콘드리아의 DNA 길이가 현저히 짧아졌다는 것을 근거로 미토콘드리아가 개체성을 잃고 세포 소기관이 되었다고 하였다. 이를 참고할 때 <보기>의 아메바의 세포질에서 서식하는 박테리아가 개체성을 잃었다면, 그 DNA 길이는 짧아졌을 것으로 추론할 수 있다.

> 팩트✓체크 6 [35]또한 미토콘드리아의 유전자의 많은 부분이 세포핵의 DNA로 옮겨 가 미토콘드리아의 DNA 길이가 현저히 짧아졌다는 것이다.

⑤ 6문단에 따르면 두 생명체가 서로 떨어져서 살 수 없더라도 각자의 개체성을 잃을 정도로 유기적 상호작용이 강하지 않다면 그 둘은 공생 관계에 있다고 할 수 있다. <보기>에서 아메바에게는 무해하지만 박테리아는 치명적인 항생제를 투여하면 둘 다 죽는 것으로 보아 두 생명체는 서로 떨어져서 살 수 없다. 그런데 박테리아는 아메바와 관계없이 스스로 복제하고 증식할 수 있으므로, 각자의 개체성을 잃을 정도로 유기적 상호작용이 매우 강한 것은 아니다. 따라서 아메바와 박테리아 사이의 관계는 공생 관계로 볼 수 있다. 또한 <보기>에서 복어의 체내에 있는 미생물을 제거하면 복어는 독소를 가지지 못하나 생존에는 지장이 없다고 한 것으로 보아 복어와 미생물 사이의 관계 역시 공생 관계로 볼 수 있다.

> 팩트✓체크 6 [33]두 생명체가 서로 떨어져서 살 수 없더라도 각자의 개체성을 잃을 정도로 유기적 상호작용이 강하지 않다면 그 둘은 공생 관계에 있다고 보는데, 미토콘드리아와 진핵세포 간의 유기적 상호작용은 둘을 다른 개체로 볼 수 없을 만큼 매우 강하기 때문이다.

06

정답 분석　　　　　　　　　　　　　　　　　**정답 ④**

'조명(照明)되다'는 '어떤 대상이 일정한 관점으로 바라보이다.'라는 의미이므로, ⓓ의 '밝혀지면서'와 바꿔 쓰기에 적절하지 않다. ⓓ의 '밝혀지다'는 '어떤 사실이 판단되어 명백하게 밝혀지다.'라는 의미의 '판명되다'로 바꿔 쓰는 것이 적절하다.

오답 분석

① '구성(構成)하다'는 '몇 가지 부분이나 요소들을 모아서 일정한 전체를 짜 이루다.'라는 의미이므로, ⓐ의 '이룬다고'와 바꿔 쓸 수 있다.

② '존재(存在)하다'는 '현실에 실재하다.'라는 의미이므로, ⓑ의 '있고'와 바꿔 쓸 수 있다.

③ '보유(保有)하다'는 '가지고 있거나 간직하고 있다.'라는 의미이므로, ⓒ의 '가지고'와 바꿔 쓸 수 있다.

⑤ '생성(生成)되다'는 '사물이 생겨나다.'라는 의미이다. ⓔ의 '만들어진다'는 문맥상 새로운 미토콘드리아는 이미 존재하는 미토콘드리아의 '이분 분열'을 통해서만 '생겨난다'는 의미이므로, ⓔ는 '생성된다'와 바꿔 쓸 수 있다.

01 ⑤　　02 ④　　03 ②　　04 ①　　05 ④　　06 ③

■ **핵심 키워드:** #근대 도시 #생산학파 #노동자 #착취 #소비학파 #환상 #쾌락 #소비 정신 #벤야민 #복합 #충격 체험 #영화 #시각 무의식

■ **문단별 중심 내용 & 구조도**

> **1** 근대 도시의 노동 양식에 주목한 생산학파의 견해
>
> **2** 생산학파를 비판한 소비학파의 견해
>
> **3** 생산학파와 소비학파의 입장을 아우르는 벤야민의 견해
>
> **4** 영화의 제작 과정과 체험에 드러나는 근대 도시의 복합적 특성
>
> **5** 근대 도시와 영화의 체험에 대한 벤야민의 견해의 의의

■ **주제: 근대 도시에 대한 생산학파와 소비학파의 견해와 이를 아우르는 벤야민의 견해**

1 　**01** 생산학파는 근대 도시의 노동 양식을 관심의 대상으로 삼는다.

○ [2, 3문장] 생산학파는 산업 혁명을 통해 근대 도시 특유의 노동 양식이 형성되는 점에 관심을 기울였다고 하였다. 그리고 사람들이 어떻게 획일적으로 움직이는 노동자가 되는지 탐구하였다고 하였으므로, 생산학파의 관심의 대상은 근대 도시의 노동자임을 알 수 있다.

02 생산학파는 근대 생산 체제가 대규모의 노동력을 바탕으로 상품을 대량 생산해 내는 특성을 지닌다고 볼 것이다.

○ [4, 5문장] 생산학파는 근대 생산 체제가 대규모의 노동력을 끌어모으는 현상과 사람들이 대규모 기계의 리듬에 맞추어 획일적으로 움직이는 것을 탐구했다고 하였다. 이를 통해 근대 생산 체제가 대규모의 노동력을 바탕으로 한다는 점과, 대규모 기계를 통해 상품을 대량 생산해 내는 특성이 있음을 알 수 있다.

03 미셸 푸코는 유순한 몸으로 금욕 노동을 하는 노동자들을 긍정적으로 평가하였다.

✕ [6문장] 미셸 푸코는 노동자가 훈육 전략에 의해 착취당하고 있다고 보고 있으므로, 금욕 노동을 하는 노동자들을 긍정적으로 평가한다고 볼 수 없다.

2 　**04** 소비학파는 생산학파와 달리 근대 도시인이 환상을 지닌 존재라고 여긴다.

○ [8, 12, 13문장] 1문단에서 생산학파의 관점에서는 근대 도시에 어떠한 쾌락과 환상도 끼어들지 못한다고 하였으나, 2문단에서 소비학파는 이를 비판하며 근대 도시에서는 미래 상태에 대한 주관적 환상을 자아내고, 이런 환상이 기대를 불러일으킨다고 하였다.

05 소비학파와 생산학파 모두 근대의 테크놀로지를 부정적으로 평가한다.

✕ [4, 13문장] 1문단에서 생산학파는 근대의 테크놀로지에 맞춰 노동자가 착취당한다고 보았으나, 2문단에서 소비학파는 새로운 테크놀로지의 발달 덕분에 미래 상태에 대한 환상이 실현 가능한 현실이 될 것이라는 기대를 불러일으킨다고 보았다.

06 소비학파에 따르면 결핍을 충족시키려는 욕망과 욕망이 충족된 상태 사이의 간극은 소비를 통해 좁힐 수 있다.

✕ [11, 12문장] 결핍을 충족시키려는 욕망과 욕망이 충족된 상태 사이에는 시간적 간극이 존재할 수밖에 없다고 하였는데, 이 간극을 소비를 통해 좁힐 수 있다고 언급하지는 않았다. 다만 소비학파는 그러한 간극이 좌절이 아

니라 환상을 자아낸다고 보았다.

07 캠벨은 금욕주의 정신을 지닌 청교도들의 영향으로 근대 도시인의 소비 정신이 생겨났다고 본다.

× [10, 14문장] 캠벨은 금욕주의 정신을 지닌 청교도들조차 소비 양식에서 자기 환상적 쾌락주의를 가지고 있었다고 주장한 것이지, 금욕주의 정신을 지닌 청교도들의 영향으로 근대 도시인의 소비 정신이 생겨났다고 본 것은 아니다. 캠벨은 근대 도시인의 소비 정신은 미래에 대한 기대가 쾌락을 유발하여 북돋워진다고 보았다.

③ 08 벤야민은 노동의 소외를 인정하면서도 노동자를 감성과 감각을 지닌 존재로 보았다.

○ [17, 19, 26문장] 벤야민은 새로운 테크놀로지의 도입이 노동의 소외를 심화한다는 점은 인정하였다고 하였다. 그러나 소비 행위가 가져다주는 복합적인 체험을 인정하며, 이러한 체험이 근대 도시인의 새로운 감성과 감각을 일깨운다고 하였다.

09 벤야민은 소비가 복합적인 체험을 가져다주기 때문에 자본가에게 이윤을 가져다줄 수 없다고 본다.

× [18, 19문장] 벤야민은 소비 행위가 자본가에게 이윤을 가져다주는 구매 행위임은 인정했다. 그러나 그보다 더 복합적인 체험을 가져다준다고 보았다.

10 벤야민은 근대 도시에서 이질적인 것들이 병치되고 뒤섞이며 빠르게 흘러가는 것은 근대 도시인에게 충격을 가져다준다고 생각한다.

○ [21, 25문장] 벤야민은 근대 도시에서는 서로 다른 것들이 병치되고 뒤섞이며 빠르게 흘러간다고 보았고, 이러한 체험이 근대 도시인에게 충격을 가져다주었다고 보았다.

④ 11 근대 도시인은 영화를 통해 근대 도시의 일상 체험에서 받는 정신적 충격을 경험할 수 있다.

○ [32, 33문장] 영화는 일종의 충격 체험이며, 예측 불가능한 이미지의 연쇄로 이루어진 영화를 체험하는 것은 근대 도시의 일상 체험과 유사하다고 하였다.

12 벤야민은 관객들이 예측할 수 없는 내용으로 전개되는 영화만이 근대 도시인에게 새로운 감성과 감각을 불러일으킬 수 있다고 보았다.

× [34문장] 벤야민은 영화의 형식 원리가 관객에게 일종의 충격을 주고, 이는 새로운 감성과 감각을 불러일으킨다고 보았다. 영화의 내용에 대해서는 언급하지 않았다.

13 벤야민은 영화가 제공하는 시각적 무의식이 관객들을 획일적으로 움직이는 노동자로 만든다고 보았다.

× [38문장] 벤야민은 영화의 시각적 무의식 체험을 관객들이 집단적으로 공유하며, 이를 통해 개인적인 꿈의 세계를 향유한다고 하였다. 따라서 시각적 무의식이 관객들을 획일적으로 움직이는 노동자로 만든다고 볼 수 없다.

⑤ 14 벤야민은 근대 도시의 노동자를 기계화된 노동으로 착취당하는 한편 내면세계에서 꿈을 꾸는 존재로 본다.

○ [40문장] 벤야민은 근대 도시인이 사물화된 노동자이지만 그 자체로 내면세계를 지닌 꿈꾸는 자이기도 하다는 사실을 보여 준다고 하였다.

15 생산학파나 소비학파와 달리, 벤야민은 근대 도시의 여러 특성을 복합적으로 바라본다.

○ [41문장] 벤야민이 말한 근대 도시는 착취의 사물 세계와 꿈의 주체 세계가 교차하는 복합 공간이라고 하였다. 이는 근대 도시에 대한 일면적인 시선을 지닌 생산학파나 소비학파와 차별화된다.

ⓞ1

정답 분석　　　　　　　　　　　　　　　　　　　　　**정답 ⑤**

1문단과 2문단에서 근대 도시의 삶의 양식에 대한 생산학파와 소비학파의 서로 다른 견해를 각각 소개한 후, 3문단~5문단에서 두 학파의 입장을 포괄하는 견해를 제시한 벤야민의 이론을 소개하고 있다. 벤야민은 근대 도시가 복합적 특성을 가지고 있다고 보았으며, 이러한 특성이 새로운 예술 형식인 영화에 드러난다고 주장했다.

오답 분석

① 벤야민의 주장은 나타나지만, 근대 도시의 산물인 영화를 유형별로 분류한 내용은 찾을 수 없다.

② 근대 도시의 삶의 양식에 대한 견해를 제시하고 있을 뿐, 근대 도시나 영화의 개념을 정의하고 있지는 않다. 또한 벤야민의 견해가 지닌 한계는 나타나 있지 않다.

③ 근대 도시의 기원이나 영화의 탄생을 다룬 것은 아니므로 그 공통점과 차이점에 대한 비교는 나타나 있지 않다.

④ 영화의 변화 양상을 통시적으로, 즉 시간의 흐름 속에서 살피고 있지 않으며, 벤야민의 주장에 대한 비판 역시 제시되어 있지 않다.

ⓞ2

정답 분석　　　　　　　　　　　　　　　　　　　　　**정답 ④**

ⓒ '소비학파'는 근대 도시인이 사물로 전락했다고 본 생산학파와 달리, 새로운 테크놀로지의 발달 덕분에 근대 도시인은 자신들이 가진 욕망이 실현 가능할 것이라는 기대를 가지게 된다고 보았다.

팩트✓체크 **②** [13]생산학파와 달리 캠벨은 새로운 테크놀로지의 발달 덕분에 이런 환상이 단순한 몽상이 아니라 실현 가능한 현실이 될 것이라는 기대를 불러일으킨다고 보았다.

오답 분석

① 1문단에 따르면 생산학파는 근대 도시인은 내면세계를 상실하고 사물로 전락하기 때문에 어떠한 쾌락이나 환상을 가질 수 없다고 보았다. 따라서 생산학파가 근대 도시가 근대 도시인의 환상에 의해 작동된다고 본 것은 아니다.

팩트✓체크 **①** [7]또한 생산학파는 노동자가 기계화된 노동으로 착취당하는 동안 감각과 감성으로 체험하는 내면세계를 상실하고 사물로 전락했다고 고발하였다.

---

② 새로운 테크놀로지의 발달로 성립된 근대 생산 체계가 욕망과 충족의 간극을 해소할 수 있다는 것은, 생산학파가 아니라 2문단에 제시된 소비학파의 입장에 가깝다.

팩트✓체크 **②** [12]그런데 근대 도시에서는 이 간극이 좌절이 아니라 오히려 욕망이 충족된 미래 상태에 대한 주관적 환상을 자아낸다.

---

③ 소비학파는 금욕주의 정신을 지닌 청교도들조차 소비 양식에서 자기 환상적 쾌락주의를 가지고 있다고 보았을 뿐, 근대 도시인의 소비 정신이 금욕주의 정신에 의해 만들어졌다고 보지는 않았다.

⑤ 생산학파는 집단 규율에 의해 노동자가 금욕 노동을 하는 유순한 몸이 된다고 보았다. 소비가 집단 규율을 완화하여 유순한 몸을 만든다는 입장은 제시되어 있지 않다.

⓪3

정답 분석　　　　　　　　　　　　　　　**정답 ②**

4문단에서는 영화 제작 과정이나 서로 다른 시·공간의 연결, 변화하는 시점, 느린 화면과 빠른 화면의 교차와 같은 영화의 형식 원리가 ㉮의 '정신적 충격'을 가져왔다고 언급했을 뿐, 영화의 주제는 언급하고 있지 않다. 따라서 '정신적 충격'을 영화가 다루고 있는 독특한 주제와 연결 짓는 것은 적절하지 않다.

오답 분석

① 영화는 일종의 충격 체험을 통해 근대 도시인에게 새로운 감성과 감각을 불러일으키는 매체라고 하였으므로 적절하다.

③ 벤야민은 영화가 근대 도시의 작동 방식과 리듬에 상응하는 매체라고 보았다. 따라서 관객이 영화를 통해 받는 정신적 충격은 근대 도시의 일상적 체험에서 유발되는 충격과 유사하다고 할 수 있다.

④ 영화는 서로 다른 시·공간의 연결, 카메라가 움직일 때마다 변화하는 시점, 느린 화면과 빠른 화면의 교차 등의 형식 원리를 통해 관객에게 정신적 충격을 일으킨다고 하였으므로 적절하다.

⑤ 영화는 보통 사람의 육안이라는 감각적 지각의 정상적 범위를 넘어서는 체험을 관객에게 제공한다고 하였으므로 적절하다.

⓪4

정답 분석　　　　　　　　　　　　　　　**정답 ①**

베르토프의 다큐멘터리 영화에서 영화인들은 주체적이고 자율적으로 영화를 제작하는 모습으로 등장한다. 이를 분업화로 인해 영화 제작 과정에서 소외된 모습으로 보는 것은 적절하지 않다.

오답 분석

② 생산학파의 견해에 따르면 노동자는 기계화된 노동으로 착취당하여 내면세계를 상실하고 사물로 전락하게 된다. 반면 베르토프의 영화 속에서 노동자는 생산의 주체이자 새로운 시대의 주인공으로 묘사되므로 생산학파가 묘사하는 훈육된 노동자의 모습과 다르다고 할 수 있다.

③ 베르토프는 다중 화면, 화면 분할 등 다양한 영화 기법을 도입하여 도시의 일상적 공간을 새롭게 재구성했는데, 벤야민의 견해에 따르면 영화의 형식 원리는 감각적 지각의 정상적 범위를 넘어선 충격 체험, 즉 시각적 무의식을 유발한다.

④ 베르토프는 <카메라를 든 사나이>에서 편집을 적극 활용하여 짧은 이미지들을 빠르게 교차해 제시했다. 벤야민의 견해에 따르면 영화는 예측 불가능한 이미지의 연쇄로 이루어졌으므로, 짧은 이미지들의 빠른 교차는 예측 불가능한 이미지의 연쇄를 보여 준다고 할 수 있다.

⑤ 베르토프의 영화에 등장하는 관객들은 영화관에서 신기한 장면에 즐겁게 반응하는데, 이는 영화를 즐기는 근대 도시인의 모습으로 볼 수 있다.

⓪5

정답 분석　　　　　　　　　　　　　　　**정답 ④**

3문단에 따르면 벤야민은 근대 도시에서 새로운 테크놀로지의 도입이 노동의 소외를 심화한다는 점을 인정하였다. 따라서 근대 도시가 새로운 테크놀로지의 도입으로 인해 노동의 소외가 극복된 공간이라는 진술은 벤야민의 견해에 부합하지 않는다.

오답 분석

① 5문단에 따르면 벤야민은 근대 도시인이 근대 생산 체제에 종속된 노동자인 동시에 그 자체로 내면세계를 지닌 꿈꾸는 자이기도 하다고 보았다.

② 5문단에 따르면 벤야민은 근대 도시를 착취의 사물 세계와 꿈의 주체 세계가 교차하는 복합 공간으로 본다. 생산 과정에서 노동자는 기계화된 노동으로 인해 착취당하는 경험을 하게 되지만 근대 도시인은 소비 행위의 주체로서 욕망이 충족된 미래 상태에 대한 꿈을 가지게 되므로, 소비 행위는 노동자에게 복합 체험을 가져다준다고 할 수 있다.

③ 3문단에 따르면 벤야민은 근대 도시에서 서로 다른 것들이 병치되고 뒤섞이며 빠르게 흘러간다고 보았다.

⑤ 노동자들이 집단 규율에 따라 기계화된 노동을 하고 있다고 보는 것은 생산학파의 견해인데, 5문단에 따르면 벤야민은 이러한 노동자도 그 자체로 내면세계를 지닌 꿈꾸는 자로 본다.

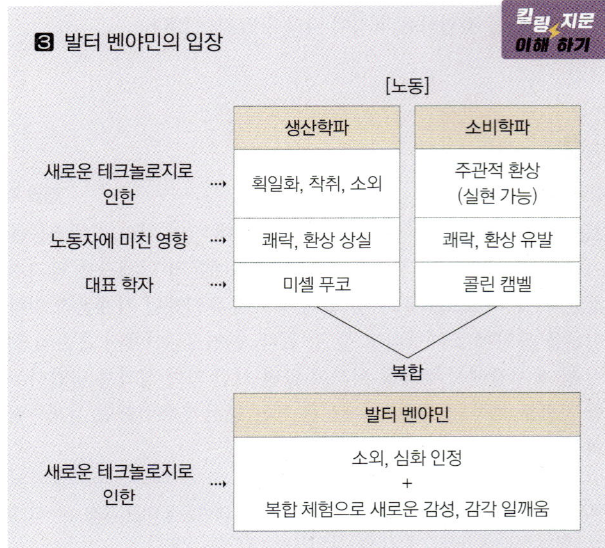

	생산학파	소비학파
새로운 테크놀로지로 인한	획일화, 착취, 소외	주관적 환상 (실현 가능)
노동자에 미친 영향	쾌락, 환상 상실	쾌락, 환상 유발
대표 학자	미셸 푸코	콜린 캠벨

복합

발터 벤야민
소외, 심화 인정 + 복합 체험으로 새로운 감성, 감각 일깨움

새로운 테크놀로지로 인한 …

06

정답 분석   정답 ③

'연상(聯想)하다'는 '하나의 관념이 다른 관념을 불러일으키다.'라는 의미이므로, ⓒ의 '떠올리다'와 바꿔 쓰기에 적절하다.

오답 분석

① '봉합(縫合)하다'는 '수술을 하려고 절단한 자리나 외상(外傷)으로 갈라진 자리를 꿰매어 붙이다.'라는 의미이다. ⓐ의 '아우르다'는 '여럿을 모아 한 덩어리나 한 판이 되게 하다.'라는 의미이므로 바꿔 쓰기에 적절하지 않다.

② '보증(保證)하다'는 '어떤 사물이나 사람에 대하여 책임지고 틀림이 없음을 증명하다.'라는 의미이다. ⓑ의 '가져다주다'는 '어떤 상태나 결과를 낳게 하다.'라는 의미이므로 바꿔 쓰기에 적절하지 않다.

④ '의지(依支)하다'는 '다른 것에 마음을 기대어 도움을 받다.'라는 의미이다. ⓓ의 '빗대다'는 '곧바로 말하지 아니하고 빙 둘러서 말하다.'라는 의미이므로 바꿔 쓰기에 적절하지 않다.

⑤ '개편(改編)하다'는 '책이나 과정 따위를 고쳐 다시 엮다.'라는 의미이다. '바로잡다'는 '그릇된 일을 바르게 만들거나 잘못된 것을 올바르게 고치다.'라는 의미이므로 바꿔 쓰기에 적절하지 않다.

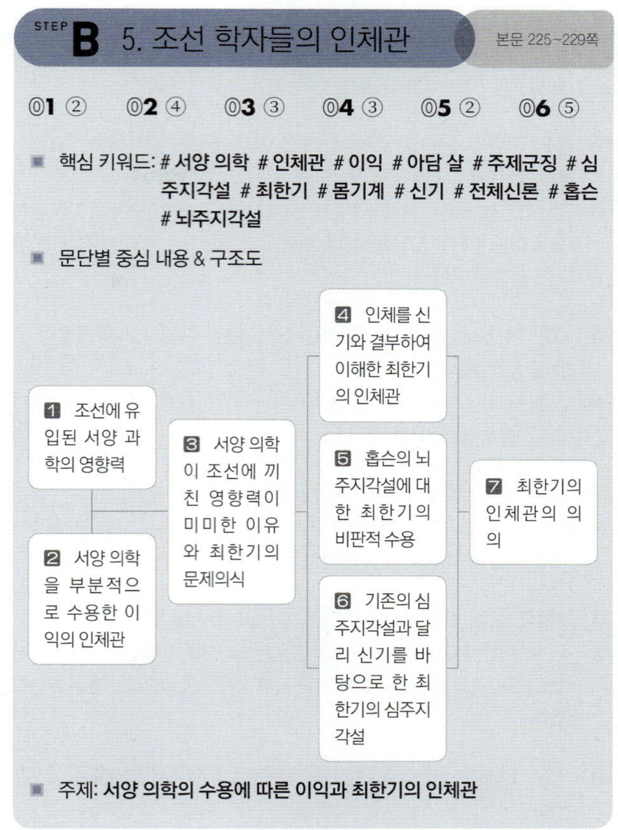

1 **01** 조선에 유입된 서양의 과학 지식 중 천문·지리 지식이 의학 지식보다 영향력이 더 컸다.
O [2문장] 서양 의학의 영향력은 천문, 지리 지식에 비해 미미했다고 하였다.

2 **02** 아담 샬은 『주제군징』에서 당대 유행했던 기계론적 의학 이론을 소개했다.
✕ [6문장] 아담 샬의 『주제군징』에는 기계론적 인체관은 담기지 않았고, 로마 시대의 생리설, 중세의 해부 지식 등이 실려 있었다고 하였다.

03 아담 샬과 달리, 이익은 뇌가 신체의 동작을 주관한다고 생각했다.
✕ [9문장] 아담 샬은 뇌가 몸의 운동과 지각 활동을 주관한다고 하였고, 이익도 몸의 운동을 뇌가 주관한다는 것은 긍정했다고 하였다.

04 아담 샬과 달리, 이익은 심장을 중심으로 인간의 지각 활동을 이해하였다.
O [9문장] 아담 샬은 뇌가 지각 활동을 주관한다고 하였지만, 이익은 지각 활동은 심장이 주관한다는 전통적인 심주지각설을 고수했다고 하였다.

3 **05** 조선에서 서양 학문을 정책적으로 배제했음에도 불구하고 당시 유학자들은 서양 의학의 필요성을 인지하고 있었을 것이다.
✕ [11, 13문장] 서학에 대한 조정의 금지 조치도 걸림돌이었다고 한 것을 통해 조선에서 서양 학문을 정책적으로 배제했음을 알 수 있다. 그러나 당시 유학자들도 서양 의학의 필요성을 느끼지 못하여 서양 의학의 영향력이 미미했다고 하였다.

06 19세기에 이르러 조선의 유학자들과 서양의 지식인들이 서로 영향을 주고받으며 인체관을 정립해 나갔다.
✕ [14문장] 19세기 실학자 최한기가 지각적, 생리적 기능에 주목하여 서양 의학을 받아들였음은 알 수 있으나, 조선과 서양이 서로 영향을 주고받았는지는 이 글에서 알 수 없다.

4 **07** 최한기는 『전체신론』을 통해 기존의 인체관인 몸기계에 대한 인식을 바꾸었다.

× [18문장] 최한기는 『전체신론』을 접한 후 기존의 인체관에 대한 생각이 더 분명해졌다고 하였다. 따라서 최한기는 홉슨의 저서를 접하기 전부터 인체를 일종의 기계로 파악하였음을 알 수 있다.

08 홉슨과 달리, 최한기는 인체의 기계적 운동의 원인은 인체 내에 있는 신기라고 보았다.

O [22, 23문장] 인체의 기계적 운동의 원인에 대해 홉슨은 창조주와 같은 질적으로 다른 존재를 상정하였는데, 이와 달리 최한기는 인체를 구성하는 신기를 상정하였다고 하였다.

09 『전체신론』과 달리, 최한기는 신체 운동을 주관하는 뇌의 역할과 중요성을 인정하였다.

× [24문장] 최한기는 『전체신론』에 수록된 신체 운동을 주관하는 뇌의 역할과 중요성을 인정하였다고 하였다.

10 뇌주지각설과 심주지각설에서 지각을 주관하는 주체는 동일하다.

× [25, 26문장] 뇌주지각설은 뇌가 지각을 주관한다고 보는 견해이고, 심주지각설은 '심'이 지각 운용을 주관한다고 보는 견해이다.

11 이익과 달리, 최한기는 뇌가 지각을 주관한다는 점을 부인하였다.

× [9, 26문장] 2문단에서 이익도 지각 활동은 뇌가 아닌 심장이 주관한다고 하였으므로, 이익과 최한기 모두 뇌가 지각 운동을 주관한다는 점을 부인하였다.

12 최한기는 이익의 심주지각설을 바탕으로 『전체신론』의 견해를 부정하였다.

× [27문장] 최한기가 종래의 심주지각설을 그대로 수용한 것은 아니라고 하였다.

13 최한기의 신기는 몸을 구성하는 요소이나 신체 기관과 독립적으로 기능한다.

× [29문장] 최한기는 신기가 몸을 구성하는 요소이나 인체 기관은 아니라고 하였다. 그러나 몸을 두루 돌아다니며 생명 활동과 지각이 이루어지게 하므로, 신체 기관과 독립적으로 기능한다고 볼 수 없다.

14 최한기는 신기의 크기에 따라 운용하는 인체 기관이 다르다고 보았다.

× [31문장] 신기는 상황에 따라 더 높은 밀도로 몰린다고는 하였으나, 신기의 크기를 대소로 나누지 않았고, 이에 따라 신기가 운용하는 인체 기관이 다르다고 보지도 않았다.

15 최한기는 서양 의학을 주체적으로 수용하여 새로운 인체관을 정립하였다.

O [36문장] 최한기는 서양 의학과 신기 개념을 접합하여 새로운 인체관을 정립하였고, 이는 서양 의학을 주체적으로 수용한 시도로 평가받고 있다.

01

정답 분석   **정답 ②**

이 글은 서학 서적이 조선에 유입되면서 서양 의학이 조선 학자들의 인체관에 끼친 영향을 설명하고 있다. 18세기 실학자 이익은 뇌가 몸의 운동을 주관한다는 서양 의학을 부분적으로 수용하였지만 지각 활동은 심장이 주관한다는 종래의 심주지각설을 고수하였다. 그리고 19세기 실학자 최한기는 홉슨의 저서를 통해 인체를 몸기계로 파악한 자신의 견해를 더욱 분명히 하면서도, 인체가 외부 동력에 의한 기계적 인과관계에 지배되는 것이 아니라 신기에 의해 자발적인 운동을 하고 있다고 설명하였다. 그러므로 이 글은 서양 의학을 주체적으로 수용하면서 나타난 조선 학자들의 인체관의 변화를, 이익과 최한기의 견해를 통해 제시하고 있다.

오답 분석

① 조선에서 인체관이 분화되는 과정을 언급하지는 않았고, 서양과 대조하여 단계적으로 서술하고 있지도 않다.

③ 인체관에 대한 학자들의 견해를 제시하고 있을 뿐, 그 주장이 지닌 문제점을 열거하고 있지는 않으며, 역사적인 시각에서 비판하는 내용 또한 나타나지 않는다.

④ 지각 활동을 주관하는 것에 대해 이익은 '심장', 최한기는 '신기'라는 서로 다른 견해를 내놓았으나, 이들의 견해를 절충하여 새로운 결론을 제시하고 있지는 않다.

⑤ 서양 의학이 조선 학자들의 인체관에 영향을 미쳤음이 나타나 있을 뿐, 동양과 서양의 지식인들이 서로 영향을 주고받으며 인체관을 정립하는 과정이 나타나 있지는 않다.

02

정답 분석   **정답 ④**

2문단에서 아담 샬의 『주제군징』에는 '당대 서양 의학의 대변동을 이끈 근대 해부학 및 생리학의 성과나 기계론적 인체관은 담기지 않았다.'고 하였으므로, 아담 샬이 당시에 유력했던 기계론적 의학 이론을 동양에 소개했다고 볼 수 없다. 한편 3문단에서 홉슨의 책이 당대 서양에서 주류를 이루고 있던 최신 의학 성과를 담았다고 한 것으로 보아, 홉슨의 『전체신론』에는 당시에 유력했던 기계론적 의학 이론이 담겨 있었다고 볼 수 있다.

팩트✓체크 **2** [9]『주제군징』에는 당대 서양 의학의 대변동을 이끈 근대 해부학 및 생리학의 성과나 그에 따른 기계론적 인체관은 담기지 않았다.
3 [14]그러던 중 19세기 실학자 최한기는 당대 서양에서 주류를 이루고 있던 최신 의학 성과를 담은 홉슨의 책들을 접한 후 ~

오답 분석

① 4문단에서 최한기는 인체를 형체와 내부 장기로 구성된 일종의 기계로 파악하고 있었고, 이러한 생각은 『전체신론』 등 홉슨의 저서를 접한 후 더 분명해졌다고 하였다. 이로 보아 최한기는 홉슨의 저서를 접하기 전부터 인체를 일종의 기계로 파악하고 있었음을 알 수 있다.

팩트✓체크 **4** [18]이러한 생각은 『전체신론(全體新論)』 등 홉슨의 저서를 접한 후 더 분명해져서 인체를 복잡한 장치와 그 작동으로 이루어진 몸기계로 형상화하면서도, ~

② 2문단에서 뇌가 몸의 운동과 지각 활동을 주관한다는 아담 샬의 설명에 대해, 이익은 심장이 지각 활동을 주관한다는 심주지각설을 내세웠다고 하였다.

팩트✓체크 **2** [9]뇌가 몸의 운동과 지각 활동을 주관한다는 아담 샬의 설명에 대해, 이익은 몸의 운동을 뇌가 주관한다는 것은 긍정하였지만, 지각 활동은 심장이 주관한다는 전통적인 심주지각설(心主知覺說)을 고수하였다.

③ 2문단에서 이익은 몸의 운동을 뇌가 주관한다는 것은 긍정하였음을 알 수 있다. 그리고 5문단에서 홉슨 역시 뇌가 운동뿐만 아니라 지각을 주관한다고 하면서 '뇌주지각설'을 내세웠다고 하였다.

팩트✔체크 **2** [9]이익은 몸의 운동을 뇌가 주관한다는 것은 긍정하였지만, ~
5 [25]하지만 뇌가 운동뿐만 아니라 지각을 주관한다는 홉슨의 뇌주지각설(腦主知覺說)에 관심을 기울이면서도, ~

⑤ 2문단에서 아담 샬의 『주제군징』에는 기독교를 효과적으로 전파하기 위해 신의 존재를 증명하려 했던 로마 시대의 생리설, 중세의 해부학 지식이 실려 있다고 하였다. 그리고 5문단에서 홉슨의 『전체신론』은 인체의 기계적 운동의 인과 관계를 설명하기 위해 기독교적 세계관에 입각하여 창조주의 존재를 상정하였다고 하였다. 따라서 두 책에는 모두 기독교적 세계관이 투영된 서양 의학 이론이 포함되어 있었다고 볼 수 있다.

팩트✔체크 **2** [7]대신 기독교를 효과적으로 전파하기 위해 신의 존재를 증명하려 했던 로마 시대의 생리설, 중세의 해부 지식 등이 실려 있었다.
5 [26]뇌가 지각을 주관하는 과정을 창조주의 섭리로 보고 지각 작용과 기독교적 영혼 사이의 연관성을 부각하려 한 『전체신론』의 견해를 부정하고, ~

ⓞ**3**

정답 분석 **정답 ③**

3문단에서 서양 의학이 조선 사회에 끼친 영향이 미미한 이유를 밝히고 있다. 첫째는 유학자들이나 의원들의 관심이 적었다는 점, 둘째는 내용 면에서 부족했다는 점, 셋째는 천문 지식에 비해 충격적이지 않았다는 점, 넷째는 윤리적 문제가 있었다는 점, 다섯째는 서학에 대한 조정의 금지 조치가 있었다는 점이다. 당대의 의원들이 서양 의학의 한계를 지적했다는 내용은 제시되어 있지 않다.

오답 분석

① 3문단에서 '서학에 대한 조정의 금지 조치도 걸림돌이었다.'고 한 것을 통해 조선에서 서양 학문을 정책적으로 배척했음을 알 수 있다.

팩트✔체크 **3** [13]서학에 대한 조정(朝廷)의 금지 조치도 걸림돌이었다.

② 3문단에서 '당시에 전해진 서양 의학 지식은 내용 면에서 부족'했다고 하였다.

팩트✔체크 **3** [12]당시에 전해진 서양 의학 지식은 내용 면에서도 부족했을 뿐 아니라, ~

④ 3문단에서 '서양 해부학이 야기하는 윤리적 문제도 서양 의학의 영향력을 제한하는 요인으로 작용했다.'고 한 것을 통해 서양 해부학이 조선의 윤리 의식에 위배되었던 것이 이유임을 알 수 있다.

팩트✔체크 **3** [13]서양 해부학이 야기하는 윤리적 문제도 서양 의학의 영향력을 제한하는 요인으로 작용하였으며, ~

⑤ 3문단에서 '당시 서양 의학은 지구가 둥글다거나 움직인다는 것과 같은 천문 지식처럼 충격적이지 않았다.'고 하였다.

팩트✔체크 **3** [12]지구가 둥글다거나 움직인다는 주장만큼 충격적이지는 않았다.

ⓞ**4**

정답 분석 **정답 ③**

ㄴ. 6문단에 따르면 최한기는 신기가 한 몸을 주관하며 그 자체로 하나로 통합되어 있기 때문에 감각을 통합할 수 있다고 보았다. 따라서 귀에 쏠린 신기는 청각을 통해, 눈에 쏠린 신기는 시각을 통해 외부 세계의 정보를 받아들이며, 이것이 하나로 통합될 수 있다는 것은 최한기의 견해에 부합한다.

팩트✔체크 **6** [33]그는 경험 이전에 아무런 지각 내용을 내포하지 않고 있는 신기가 감각 기관을 통한 지각 활동에 의해 외부 세계의 정보를 받아들여 기억으로 저장한다고 파악하였다. [34]신기는 한 몸을 주관하며 그 자체가 하나로 통합되어 있기 때문에 감각을 통합할 수 있으며, ~

ㄷ. 6문단에 따르면 최한기는 신기가 신체와 함께 생성되고 소멸되는 것이라고 생각했으므로, 신기가 온몸의 기관이 갖추어짐에 따라 생긴다는 것은 최한기의 견해와 부합한다. 또한 최한기는 지각 내용의 종합과 확장, 곧 스스로의 사유를 통해 지각 내용을 조정하고, 그러한 작용에 적응하여 온갖 세계의 변화에 대응한다고 보았으므로, 지각 작용에 익숙해져 변화에 대응한다는 것 또한 최한기의 견해와 부합한다.

팩트✔체크 **6** [29]그에 따르면, 신기는 신체와 함께 생성되고 소멸되는 것으로, 뇌나 심장 같은 인체 기관이 아니라 몸을 구성하면서 형체가 없이 몸속을 두루 돌아다니는 것이다.
[34]지각 내용의 종합과 확장, 곧 스스로의 사유를 통해 지각 내용을 조정하고, 그러한 작용에 적응하여 온갖 세계의 변화에 대응할 수 있다고 보았다.

오답 분석

ㄱ. 심장이 지각 활동을 주관한다는 것은 이익의 견해와 부합한다. 6문단에서 최한기는 종래의 심주지각설을 그대로 수용하지 않고 '심'을 심장이 아닌, 신기로 파악하였다고 하였다.

ㄹ. 6문단에 따르면 최한기는 신기는 상황에 따라 인체의 특정 부분에 더 높은 밀도로 몰린다고 보았을 뿐, 신기가 대소로 구분된다고 본 것은 아니다.

ⓞ**5**

정답 분석 **정답 ②**

6문단에 따르면 최한기는 신체 운동을 주관하는 뇌의 역할과 중요성을 인정했을 뿐 지각 내용의 종합과 확장, 곧 스스로의 사유를 통해 지각 내용을 조정하고 세계의 변화에 대응하는 것은 뇌가 아니라 신기의 작용에 의해 이루어지는 것이라 보았다. 이는 인간의 사고 작용이 두뇌에서 일어나는 것이 아니라 신기의 작용에 의한 것이라 본 것이다. 반면 데카르트는 정신이 사유라는 특징을 가지며, 두뇌에 깃들어 있다고 보았으므로 인간의 사고 작용이 두뇌에서 일어난다고 보았음을 알 수 있다.

팩트✔체크 **6** [34]신기는 한 몸을 주관하며 그 자체가 하나로 통합되어 있기 때문에 감각을 통합할 수 있으며, 지각 내용의 종합과 확장, 곧 스스로의 사유를 통해 지각 내용을 조정하고, 그러한 작용에 적응하여 온갖 세계의 변화에 대응할 수 있다고 보았다.

'실린'으로 바꿔 쓸 수 있다.

오답 분석

① <보기>에서 데카르트는 정신과 물질(신체)은 서로 독립적이라고 주장하고 있다. 반면에 6문단에서 최한기는 신기가 신체와 함께 생성되고 소멸되는 것으로 몸을 구성하면서 몸속을 두루 돌아다닌다고 하였으므로, 신기와 신체가 서로 독립적이지 않다고 보았음을 알 수 있다.

> 팩트✓체크 **6** ²⁹그에 따르면, 신기는 신체와 함께 생성되고 소멸되는 것으로, 뇌나 심장 같은 인체 기관이 아니라 몸을 구성하면서 형체가 없이 몸속을 두루 돌아다니는 것이다.

③ 데카르트는 물질과 정신을 구분하여 정신이 물질의 하나인 두뇌에 깃든다고 하였으므로, 정신 자체로는 형체를 갖지 않는다고 본 것이다. 6문단에서 최한기도 신기는 형체가 없이 몸속을 두루 돌아다닌다고 하였으므로, 데카르트의 '정신'과 최한기의 '신기'는 모두 그 자체로는 형체를 갖지 않는 것이라고 볼 수 있다.

④ 6문단에서 최한기는 신기가 신체와 함께 생성되고 소멸되는 것으로 몸을 구성하면서 몸속을 두루 돌아다니며 신기가 감각 기관을 통한 지각 내용을 종합하고 확장하는 사유를 할 수 있다고 보았다. 따라서 최한기는 인간의 사고가 신체(감각 기관)와 영향을 주고받음을 설명할 수 있다. 이와 달리 <보기>에서 데카르트는 정신은 사유로서 물질의 하나인 두뇌에 깃들지만, 정신과 물질은 독립적이라고 하였으므로 정신과 물질이 영향을 주고받음을 설명할 수 없다는 비판을 받았다.

⑤ 4문단에서 최한기는 인체를 구성하는 '신기'를 기계적 운동의 최초 원인으로 규정함으로써 무한 소급의 문제를 해결하려 했다는 것을 알 수 있다. <보기>의 데카르트도 물질의 기계적 운동을 옹호했다고 하였으므로, 기계적 운동의 인과 관계를 설명하는 과정에서 발생하는 무한 소급을 끝맺으려면 운동의 최초 원인을 상정해야 한다. 따라서 데카르트도 최한기처럼 이 문제를 해결하기 위해 기계적 운동의 최초 원인을 상정하면 무한 소급의 문제를 해결할 수 있을 것이다.

> 팩트✓체크 **4** ²³기독교적 세계관을 부정했던 최한기는 인체를 구성하는 신기를 신체 운동의 원인으로 규정하여 이 문제를 해결하려 하였다.

⓪6

정답 분석

정답 ⑤

ⓔ의 '맹신하다'는 '옳고 그름을 가리지 않고 덮어놓고 믿다.'라는 의미이다. '가리다'는 '여럿 가운데서 하나를 구별하여 고르다.'라는 의미이므로, ⓔ와 바꿔 쓰기에 적절하지 않다.

오답 분석

① ⓐ의 '유입되다'는 '문화, 지식, 사상 따위가 들어오게 되다.'라는 의미이므로, '들어오기'로 바꿔 쓸 수 있다.

② ⓑ의 '제시하다'는 '어떠한 의사를 말이나 글로 나타내어 보이게 하다.'라는 의미이므로, '드러내었다'로 바꿔 쓸 수 있다.

③ ⓒ의 '전파하다'는 '전하여 널리 퍼뜨리다.'라는 의미이므로, '퍼뜨리기'로 바꿔 쓸 수 있다.

④ ⓓ의 '수록되다'는 '책이나 잡지에 실리다.'라는 의미이므로,

⓪1 ③　　**⓪2** ③　　**⓪3** ④

■ **핵심 키워드:** # 4차원주의자 # 영원주의자 # 3차원주의자 # 현재주의자 # 시간 여행 # 도착지 비존재 # 출발지 비존재 # 출발지 미결정 # 조건부 결정론자

■ **문단별 중심 내용 & 구조도**

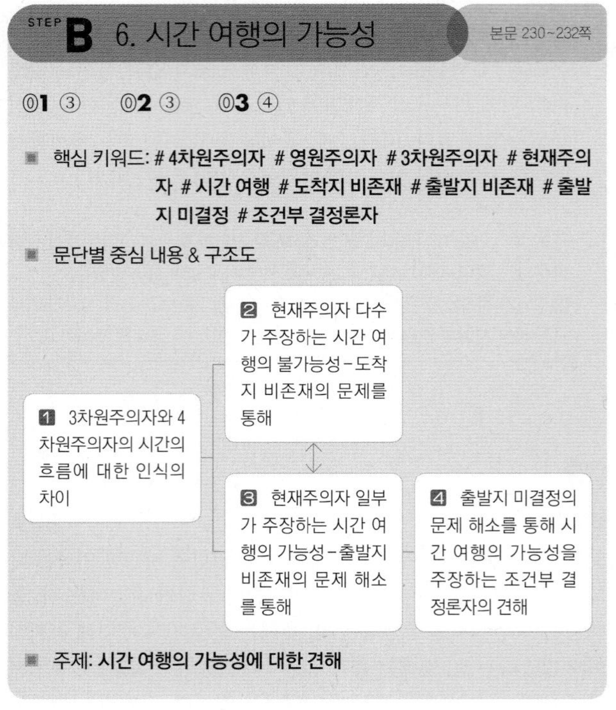

■ **주제: 시간 여행의 가능성에 대한 견해**

---

1 **01** 4차원주의자는 시간이 흐르지 않으므로, 세상이 변화를 겪는다고 생각하지 않을 것이다.

○ [1~3문장] 세상이 변화를 겪는다는 인식은 시간이 흐른다고 생각하기 때문이다. 그런데 4차원주의자는 시간이 흐르지 않는다고 주장한다고 하였다. 따라서 세상이 변화를 겪는다고 생각하지 않을 것이다.

02 4차원주의자는 어떤 사람에게 흰머리가 생기면, 시간이 흐르면서 노화된 것으로 인식할 것이다.

✕ [10, 11문장] 4차원주의자의 견해는 영원주의자의 견해와 같다. 이들은 어떤 사람이 수염을 기르면 시간의 흐름에 따른 변화가 아니라 서로 다른 단계 사이의 차이로 인식한다고 하였다. 따라서 어떤 사람에게 흰머리가 생기면 이는 시간의 흐름에 따른 것이 아니라, 서로 다른 단계 사이의 차이로 인식할 것이다.

03 3차원주의자와 4차원주의자의 시제에 대한 개념은 동일하다.

✕ [8, 13문장] 영원주의자에게 시제는 특별한 의미를 가지지 않으며, 과거, 현재, 미래 사이에는 앞 또는 뒤라는 관계만이 존재한다고 하였다. 반면 3차원주의자는 과거, 현재, 미래 시제는 모두 다른 의미나 표상을 지닌다고 하였다. 따라서 3차원주의자와 4차원주의자의 시제에 대한 개념은 서로 다르다.

04 현재주의자는 과거는 실재하지만, 미래는 존재하지 않는다고 본다.

✕ [15문장] 현재주의자는 이미 지나간 과거와 아직 도래하지 않은 미래는 존재하지 않고, 지금 주어진 현재만이 존재한다고 생각한다. 따라서 과거 역시 실재하지 않는다고 볼 것이다.

2 **05** 영원주의자와 달리, 현재주의자 중에 다수는 미래가 이미 결정되어 있는 시간이라고 본다.

✕ [18, 19문장] 영원주의자는 현재, 과거, 미래가 시간 퍼즐의 여러 조각처럼 이미 존재하는 시간이라고 인식한다. 그러나 다수의 현재주의자들은 과거나 미래는 실재하지 않는다고 본다.

---

06 현재주의자 중에 다수는 시간 여행에 필요한 출발지는 실재하나, 도착지는 실재하지 않는다고 주장한다.

○ [19, 20문장] 1문단에서 현재주의자에게는 지금 주어진 현재만이 존재한다고 하였고, 2문단에서 시간 여행을 하려면 과거나 미래로 이동할 수 있어야 하지만, 도착지인 과거와 미래는 실재하지 않는다고 하였다. 따라서 현재주의자 중에 다수는 시간 여행에 필요한 출발지인 '현재'는 실재하나, 도착지인 '과거나 미래'는 실재하지 않는다고 주장하는 것이다.

③ **07** 시간 여행이 가능하다고 보는 현재주의자는, 시간 여행을 하여 도착하면 그 지점이 현재가 된다고 주장한다.

○ [23문장] 시간 여행이 가능하다고 보는 현재주의자는, 현재 시점 T_n에서 과거의 시점 T_{n-1}로 이동하면 도착 시점이 현재가 되어 존재한다고 생각한다.

08 현재주의자 견해에 따르라 T_n 시점에서 시간 여행을 하여 T_{n-1} 시점에 도착하면, T_{n-1} 시점이 현재가 되고 T_n 시점은 미래가 되므로 존재하지 않는 미래에서 출발했다는 모순이 발생한다.

○ [28문장] 시간 여행이 가능하다고 보는 현재주의자 견해에 따라 도착한 시점을 현재로 인식한다면, 출발했던 시간은 미래가 된다. 현재주의자는 미래의 비존재를 주장하므로, 시간 여행을 할 경우 출발지가 존재하지 않게 되는 문제가 발생한다.

09 시간 여행이 가능하다고 보는 현재주의자가 도착지 비존재의 문제를 해결하면 출발지 비존재의 문제도 해결할 수 있다.

× [21, 30문장] 시간 여행이 가능하다고 보는 현재주의자가 도착지 비존재의 문제를 해결하기 위해 도착한 지점을 현재로 인식하면, 출발했던 지점이 미래가 되므로 출발지 비존재의 문제가 발생하게 된다.

④ **10** 모든 4차원주의자와 3차원주의자는 시간 여행이 가능하다고 생각한다.

× [17, 18, 31문장] 4차원주의자(영원주의자)는 시간 여행이 시간 퍼즐의 여러 조각 중 하나를 찾아가는 것이므로 가능하다고 생각할 것이다. 그러나 3차원주의자(현재주의자)는 시간 여행이 불가능하다고 생각하는 사람과 가능하다고 생각하는 사람으로 나뉜다.

11 출발지 미결정의 주장이 받아들여지면, 현재주의자는 시간 여행이 가능하다고 볼 것이다.

○ [31문장] 시간 여행이 가능하다고 주장하는 현재주의자는 출발지 비존재의 문제가 출발지 미결정으로 해소될 수 있다고 본다. 따라서 출발지 미결정의 주장이 받아들여지면 현재주의자는 시간 여행이 가능하다고 볼 것이다.

12 조건부 결정론자는 시간 여행에 필요한 도착지가 존재한다고 본다.

○ [34, 36문장] 조건부 결정론자는 시간 여행이 가능하다고 본다. 즉, 시간 여행을 하는 지점을 현재로 인식하여, 시간 여행에 필요한 도착지가 존재한다고 본다.

13 조건부 결정론자는 T_n 시점에서 T_{n-1} 시점으로 시간 여행을 하면, 사건은 T_n 시점에서 이미 발생한 것으로 여긴다.

○ [34문장] 조건부 결정론자는 T_n 시점에서 시간 여행을 하여 T_{n-1} 시점에 도착한 순간, 이 사건의 원인은 T_n에서의 출발이라고 본다. 따라서 사건은 이미 T_n 시점에서 발생한 것으로 여기는 것이다.

14 조건부 결정론자는 시간 여행을 하여 과거에 도착한 순간, 출발지 비존재의 문제가 해결된다고 본다.

○ [36문장] 조건부 결정론자는 시간 여행을 한 순간, 미래 사건이 되는 시간 여행은 도착 시점에서 이미 결정된 사건으로 여겨질 수 있다고 본다. 즉, 시간 여행을 하면 출발지가 미래 시점이 되지만 이는 곧 사건의 원인이 되므로 이미 결정된 사건으로 여겨지는 것이다.

15 시간 여행의 가능성을 부인하는 3차원주의자는 시간 여행을 할 경우에만 미

래는 결정될 수 있다고 볼 것이다.

× [37문장] 시간 여행의 가능성을 부인하는 3차원주의자는 미래가 존재하지 않는다고 보기 때문에 어떤 경우에도 미래가 결정될 수 있다고 보지 않는 것이다. 이들은 시간 여행이 3차원주의와 양립할 수 없음을 고수한다.

⓪1

정답 분석   **정답 ③**

1문단에서 영원주의자에게 '매 순간은 시간의 퍼즐을 이루는 하나의 조각처럼 이미 주어져 있다.'고 하였고, 2문단의 '현재에서 과거, 미래의 특정 시점을 찾아가는 것은 영원주의자의 생각처럼 시간 퍼즐의 여러 조각 중 하나를 찾아가는 것'을 통해 영원주의자(㉠)는 시간 여행을 현재에서 과거, 미래의 특정 시점을 찾아가는 것이라고 보고 그것이 가능하다는 견해를 갖고 있음을 알 수 있다. 한편 4문단에서 조건부 결정론자(㉢)는 출발지 미결정의 문제가 해소되어 시간 여행에 걸림돌이 없다고 주장한다고 하였다. 따라서 ㉠과 ㉢은 모두 과거로 출발하는 시간 여행이 가능하다고 볼 것이다.

팩트✔체크 **1** [7]영원주의자들에게 매 순간은 시간의 퍼즐을 이루는 하나의 조각처럼 이미 주어져 있다.
2 [17]현재주의자에 따르면, 현재에서 과거, 미래의 특정 시점을 찾아가는 것은 영원주의자의 생각처럼 시간 퍼즐의 여러 조각 중 하나를 찾아가는 것이 아니다.
4 [36]이에 ㉢ 조건부 결정론자는 출발지 미결정의 문제가 해소되어 시간 여행에 걸림돌이 없다고 주장한다.

오답 분석

① 1문단에서 ㉠은 시간이 흐르지 않는다고 주장하며, 매 순간은 시간의 퍼즐을 이루는 하나의 조각처럼 이미 주어져 있다고 하였다. 따라서 미래도 이미 주어진 것으로 볼 것이다. 그런데 현재주의자는 '이미 지나간 과거와 아직 도래하지 않은 미래는 존재하지 않으므로, 지금 주어진 현재만이 존재한다.'라고 하였다. 따라서 ㉡은 미래가 이미 결정되어 있다고 보지 않을 것이다.

팩트✔체크 **1** [14]이러한 생각을 지니는 이들 중에 오직 현재만이 존재한다고 보는 사람이 바로 현재주의자이다. [15]그들에게는 이미 지나간 과거와 아직 도래하지 않은 미래는 존재하지 않으므로, 지금 주어진 현재만이 존재한다.

② 3문단에서 '현재주의자는 미래의 비존재를 주장하므로, T_{n-1}에 도착한 시간 여행자는 존재하지 않는 미래에서 출발하여 현재에 도착한 셈이다.'라고 하였다. 이로 인해 '출발지 비존재의 문제'가 발생한다고 했으므로, ㉡은 과거에 도착하는 순간 출발지는 더 이상 존재하지 않는다고 볼 것이다. 그러나 1문단에서 ㉠은 매 순간 과거, 현재, 미래가 존재한다고 보고 있으므로, 출발지는 항상 실재한다고 볼 것이다.

팩트✔체크 **3** [28]그런데 현재주의자는 미래의 비존재를 주장하므로, T_{n-1}에 도착한 시간 여행자는 존재하지 않는 미래에서 출발하여 현재에 도착한 셈이다.

④ 1문단에서 영원주의자에게 시제는 특별한 의미를 가지지 않는다고 하였다. 반면 3차원주의자, 곧 현재주의자는 '과거, 현재, 미래 시제는 모두 다른 의미나 표상을 지닌다.'라고 하였다. 따라서 현재주의자인 ㉡과 ㉢은 모두 시제가 특별한 의미를 지닌

다고 볼 것이다.

⑤ 2문단에서 ⓛ은 이미 흘러간 과거와 아직 오지 않은 미래는 실재하지 않으므로 도착지 비존재의 문제가 있다고 주장한다. 따라서 도착지가 존재하지 않는다고 볼 것이다. 반면 3문단에서 ⓒ은 '과거 시점 T_{n-1}에 도착한다면, 과거는 이제 현재가 된다.'라며 도착지는 존재하나, 출발지가 비존재하는 문제에 직면한다고 하였다. 그리고 4문단에서 T_{n-1}에 도착하는 순간 미래 사건이 되는 시간 여행은 도착 시점에서 이미 결정된 사건으로 여겨질 수 있기 때문에, 도착지의 존재 여부는 시간 여행 여부에 따라 결정되었다고도 할 수 있다는 주장으로 해소했음을 알 수 있다.

장한다.'라고 하였다. 따라서 시간 여행이 가능하다고 믿는 3차원주의자는 출발지 미결정의 문제가 해결되면 출발지 비존재의 문제가 해소된다고 생각할 것이다.

⑤ 시간 여행의 가능성을 부인하는 3차원주의자는 현재주의자 중에 다수이다. 2문단을 통해 이들은 도착지 비존재의 문제가 있으므로 시간 여행의 가능성을 부인함을 알 수 있다. 그런데 3문단에서 현재주의자 중 일부는 과거에 도착하면, 과거가 현재가 되므로 도착지 비존재의 문제를 해결할 수 있다고 본다. 하지만 이럴 경우 출발지가 미래가 되므로, 출발지 비존재의 문제가 발생한다. 따라서 시간 여행의 가능성을 부인하는 3차원주의자는 도착지 비존재의 문제가 해결되더라도 출발지 비존재의 문제가 남아 있다고 비판할 것이라고 추론할 수 있다.

0**2**

정답 분석 정답 ③

1문단에서 '4차원주의자는 시간이 흐르지 않는다고 주장'한다고 하였다. 그리고 매 순간은 시간의 퍼즐을 이루는 하나의 조각처럼 이미 주어져 있고, 시간은 흐르는 것이 아니라 단계라고 주장함을 알 수 있다. 따라서 4차원주의자는 미래를 '도래하지 않은 시간'이라거나 과거를 '이미 지나간 시간'이라고 인식하지 않고 이미 주어진 것으로 볼 것이다. 또한 시간의 흐름을 거스른다고 인식하지도 않을 것이다.

오답 분석

① 1문단에서 3차원주의자는 현재주의자라고 하였으며, 2문단에서 현재주의자 중에 다수는 과거와 미래는 실재하지 않으므로 시간 여행이 불가능하다고 주장한다고 하였다. 따라서 3차원주의자 중에는 과거를 거슬러 올라갈 수 없는 시간으로 여기는 사람이 있을 것이다.

② 1문단에서 한 사람이 없던 수염을 기르면, 영원주의자는 이를 시간의 흐름에 따른 변화가 아니라 단계 사이의 차이로 인식한다고 하였다. 반면 3차원주의자, 곧 현재주의자는 시간이 흐른다는 견해를 내세운다고 하였으므로 현재주의자는 누군가의 외모가 변한 것을 보면 시간이 흘렀기 때문이라고 생각할 것이다.

④ 시간 여행이 가능하다고 믿는 3차원주의자는 조건부 결정론자이다. 4문단에서 '시간 여행의 가능성을 믿는 3차원주의자는 '출발지 비존재'를 '출발지 미결정'으로 보게 되면 문제가 해소된다고 주장할 수 있다.'라고 하였고, 조건부 결정론자는 '출발지 미결정의 문제가 해소되어 시간 여행에 걸림돌이 없다고 주

0**3**

정답 분석 정답 ④

<보기>는 레논이 시간 여행을 한다고 할 때, '동일한 것은 서로 구별될 수 없다.'라는 원리(ⓐ)와 '동일한 사람이 무명이면서 동시에 스타이다.'라는 논리적 모순(ⓑ)을 해소하지 않으면 레논이 시간 여행을 할 수 없다는 내용을 담고 있다. 즉, ⓐ와 ⓑ는 시간 여행이 불가능하다는 주장의 근거가 된다. 이를 바탕으로 할 때, ④에서 미래에 도착하는 시점의 레논과 미래에 있던 레논이 동일한 외모를 가질 수 있다고 가정하면, 외모는 동일해도 서로 다른 시점에 있는 사람이 각각 존재할 수 있으므로 시간 여행이 가능하다고 볼 수 있다. 따라서 시간 여행이 불가능하다고 보는 다수의 현재주의자는 ⓐ에 위배되는 일이 발생했다고 주장할 것이다.

오답 분석

① <보기>에서 레논이 시간 여행을 할 경우, '동일한 것은 서로 구별될 수 없다'는 ⓐ의 원리에 위배된다고 하였다. 그리고 2문단에서 알 수 있듯이, '도착지 비존재'의 논리는 시간 여행이 불가능하다고 주장하는 다수의 현재주의자의 입장이므로, 이에 따르면 ⓐ의 원리에 위배되는 일, 곧 시간 여행은 아예 일어나지 않을 것이다.

② 레논이 서로 다른 단계 중에 현재 단계가 뒤의 단계를 방문할 수 있다고 가정하는 것은 1문단에서 알 수 있듯이 과거, 현재, 미래를 단계로 파악하는 영원주의자의 입장이다. 이들은 과거, 현재, 미래가 똑같이 존재하되 단계의 차이라고 생각하므로 동일한 사람이 무명이면서 동시에 스타일 수 있다고 생각할 것이다. 따라서 영원주의자에게 ⓑ는 문제가 되지 않을 것이다.

③ 4문단에서 조건부 결정론자는 미래는 계속 미결정된 것이 아
니라 시간 여행 여부에 따라 결정과 미결정이 판단되며, 시간
여행이 이루어지면 출발지 미결정 문제가 해소된다고 보았다.
그리고 출발지 미결정 문제가 해소되면 출발지 비존재의 문제
도 해소될 것이라고 본다. 즉, 이들은 'T_{n-1}에 도착하는 순간 미
래 사건이 되는 시간 여행은 도착 시점에서 이미 결정된 사건
으로 여겨질 수 있다.'라고 하였다. 따라서 레논이 미래에 도착
하면, 자신의 10년 후 모습을 직접 보기 이전이라도 도착 순간,
곧 시간 여행이 이루어진 상황에 이미 출발지 비존재의 문제가
해소되어 시간 여행이 가능하다고 주장할 것이다.

⑤ 제3자가 보기에 두 사람이 만나는 시간이 동시인 것처럼 보이
지만 각자의 시간 흐름에서 동시가 아니라고 가정하면, 레논이
시간 여행하는 것이 가능해진다. 따라서 현재주의자 중 조건부
결정론자는 ⓑ가 해소되어 시간 여행이 가능하다고 주장할 것
이다.

memo

JINHAK

선배들의 **수행평가**

생 기 부
때 문 에
힘든사람
주   목

합격자의 실제 수행 족보, **무료** 로 이용해보세요!

원하는 주제를 찾는  가지 방법

희망 진로 로 찾아보기

진로심화주제	교과목 연계 주제
의학 ▼	
의학 · 치의학 ▼	

과목별 로 찾아보기

진로심화주제	**교과목 연계 주제**
수학 ▼	
미적분 ▼	
공학 ▼	

키워드 로 검색하기

DNA ✕ 🔍

선배들의 수행평가 레퍼런스

#X선 회절 연구
서울대 약학계열
헬륨-네온 레이저를 이용한 DNA 분자 X선 회절 연구 재현
#연구 #레이저 #DNA분자 #회절 #헬륨-네온

선배들의 수행평가로 시간과 노력은 **DOWN↓** 내용과 대학은 **LEVEL UP↑**